Geschlechterungleichheiten in der Universitätsmedizin

Marina Ginal

Geschlechterungleichheiten in der Universitätsmedizin

Zum Einfluss der Organisationskultur auf den Ausstieg von Habilitandinnen

Marina Ginal
München, Deutschland

Dissertation Ludwig-Maximilians-Universität München, 2018

ISBN 978-3-658-27994-3   ISBN 978-3-658-27995-0 (eBook)
https://doi.org/10.1007/978-3-658-27995-0

Die Deutsche Nationalbibliothek verzeichnet diese Publikation in der Deutschen Nationalbibliografie; detaillierte bibliografische Daten sind im Internet über http://dnb.d-nb.de abrufbar.

Springer VS
© Springer Fachmedien Wiesbaden GmbH, ein Teil von Springer Nature 2019
Das Werk einschließlich aller seiner Teile ist urheberrechtlich geschützt. Jede Verwertung, die nicht ausdrücklich vom Urheberrechtsgesetz zugelassen ist, bedarf der vorherigen Zustimmung des Verlags. Das gilt insbesondere für Vervielfältigungen, Bearbeitungen, Übersetzungen, Mikroverfilmungen und die Einspeicherung und Verarbeitung in elektronischen Systemen.
Die Wiedergabe von allgemein beschreibenden Bezeichnungen, Marken, Unternehmensnamen etc. in diesem Werk bedeutet nicht, dass diese frei durch jedermann benutzt werden dürfen. Die Berechtigung zur Benutzung unterliegt, auch ohne gesonderten Hinweis hierzu, den Regeln des Markenrechts. Die Rechte des jeweiligen Zeicheninhabers sind zu beachten.
Der Verlag, die Autoren und die Herausgeber gehen davon aus, dass die Angaben und Informationen in diesem Werk zum Zeitpunkt der Veröffentlichung vollständig und korrekt sind. Weder der Verlag, noch die Autoren oder die Herausgeber übernehmen, ausdrücklich oder implizit, Gewähr für den Inhalt des Werkes, etwaige Fehler oder Äußerungen. Der Verlag bleibt im Hinblick auf geografische Zuordnungen und Gebietsbezeichnungen in veröffentlichten Karten und Institutionsadressen neutral.

Springer VS ist ein Imprint der eingetragenen Gesellschaft Springer Fachmedien Wiesbaden GmbH und ist ein Teil von Springer Nature.
Die Anschrift der Gesellschaft ist: Abraham-Lincoln-Str. 46, 65189 Wiesbaden, Germany

Danksagung

Ein solches Dissertationsprojekt lässt sich nicht allein bewältigen. Deshalb möchte ich mich an dieser Stelle bei allen Personen bedanken, die zur Entstehung dieser Studie beigetragen haben. Allen voran gilt mein besonderer Dank Prof. Dr. Sabine Walper für die Begleitung dieser Arbeit. Sie ermöglichte mir mit ihrer wertschätzenden Offenheit, meinen interdisziplinären Fragestellungen nachzugehen und meinen Erkenntnisinteressen zu folgen. Sie begleitete die Studie mit wertvollen Hinweisen, die neue Perspektiven einbrachten und zur reflexiven Prüfung anregten. Prof. Dr. Paula-Irene Villa danke ich für ihre äußerst hilfreiche Unterstützung, ihre bereichernden Ideen und wertvollen Rückmeldungen.

Darüber hinaus möchte ich allen weiteren Personen danken, die einen maßgeblichen Anteil an der Realisierung dieses Dissertationsprojektes hatten: Zuallererst trifft dies auf die Wissenschaftlerinnen und Wissenschaftler der Hochschulmedizin zu, die ich über einen längeren Zeitraum begleiten durfte, und die mir Einblicke in ihre Arbeitswelt erlaubten, offen über Erfahrungen und Problemlagen berichteten und mir trotz knapper Zeitfenster ihre Zeit schenkten. Ohne sie wäre diese Arbeit nicht möglich gewesen. Die Studie basiert auf Daten, die durch meine Tätigkeiten als wissenschaftliche Mitarbeiterin an der Koordinierungsstelle für Chancengleichheit und Karriereplanung (KeCK) an der Technischen Universität München, Fakultät für Medizin, erhoben wurden. Ich danke Dr. Barbara Cramer, sowie dem kollegialen Arbeitsumfeld im Team der Koordinierungsstelle, Olena Besserer, Dagmar Dehne, Rose Fleck und Pia Singer. Mein Dank gilt zudem dem „Forum Mentoring – Bundesverband Mentoring in der Wissenschaft" sowie dem Einsatz von Maike Busson-Spielberger, Ulla Heilmeier, Dr. Stefanie Hülsenbeck und Elke Mätschke. Ohne das Stipendium *Wege zur HaW-Professur* der Landeskonferenz der Frauenbeauftragten an Bayerischen Hochschulen des Bayerischen Staatsministeriums für Bildung und Kultus, Wissenschaft und Kunst, wäre diese Arbeit nicht in der Zeitspanne und dieser intensiven Form realisierbar gewesen. Der Initiative der Frauenbeauftragten und namentlich der Sprecherin, Prof. Dr. Christine Süß-Gebhard, gilt deshalb besonderer Dank – das Stipendium war für mich ein Meilenstein für die Fertigstellung dieser Studie.

Dankbar bin ich auch für die wertvolle Unterstützung zahlreicher weiterer Personen: Für ihre unentbehrlichen Rückmeldungen möchte ich mich explizit bei Dr. Anna Buschmeyer, wissenschaftliche Referentin der Arbeitsstelle „Gender" am Deutschen Jugendinstitut, bedanken. Nicht nur ihre Forschungsvorhaben waren äußerst bereichernd, sie gab mir auch wichtige Ratschläge und zentrale inhaltliche Rückmeldungen. Prof. Dr. Sabine Pankofer wurde für mich in dieser Phase eine unverzichtbare Mentorin, die meinen wissenschaftlichen Werdegang beratend mitverfolgte, bei Auswahlverfahren mitfieberte, mir Mut zusprach und mir neue Perspektiven eröffnete. Dafür kann ich ihr gar nicht genug danken. Auch bei Dr. Herwig Reiter, Wissenschaftlicher Referent der Abteilung „Zentrum Dauerbeobachtung und Methoden" am

Deutschen Jugendinstitut, möchte ich mich für die detaillierten Rückmeldungen und Diskussionen bezüglich meines methodischen Vorgehens bedanken. Mein Dank gilt zudem Herrn Prof. Dr. Phil Langer sowie Herrn Prof. Dr. Hans Pongratz, die mir wichtige Hinweise für diese Studie gaben. Die Künstlerin Maria Graf ermöglichte es, mit ihren Illustrationen von Fotografien der Feldforschungsaufenthalte einen Einblick in die Forschung zu geben und zugleich die Anonymität der Teilnehmerinnen zu wahren – vielen lieben Dank dafür. Diese Dissertation wurde darüber hinaus bereichert, durch all diejenigen, die Korrektur gelesen haben, mit mir Gedanken austauschten und Anteil am Prozess der Arbeit genommen haben. Für inhaltliche Rückmeldungen möchte ich neben den bereits Genannten vor allem Dr. Lisa Abbenhardt, Eva Bahl, Dr. Susanne Becker, Dr. Yvonne Berger, Prof. Dr. Gabriele Fischer, Dr. Ulrike Lux, Dr. Maria Uhanyan, Pia Singer, Dr. Sarah Schönbauer und Michel von Wirth danken. Und zu guter Letzt der wunderbaren und unverzichtbaren Arbeit der Lektorin Monika Kopyczinski.

Meiner Nahfamilie bestehend aus Oma, Tante, Onkel und unserem lieben ‚Untermieter', der sich beharrlich um die Datensicherung kümmerte, danke ich von ganzem Herzen für ihren wichtigen Beistand. Mein allerliebster Dank aber gilt meiner Mutter, Christine Ginal, die mich fortwährend unterstützte und an mich glaubte. Mit seiner Gelassenheit, seinem Verstand, Humor und seiner positiven Weltsicht begleitete Simon Schneider-Eicke den gesamten Prozess aus nächster Nähe – dafür ein besonders großer Dank!

Inhalt

Einleitung 1

TEIL A   Problemstellung, Methode und Theorie 7

1.   Die Hochschulmedizin:
Habilitation, Karrierewege und Geschlechterungleichheiten 9
   1.1.   Habilitation: Der Schereneffekt in der Hochschulmedizin 9
       1.1.1.   Historie: Geschlechterunterschiede in der Medizin 9
       1.1.2.   Geschlechterunterschiede im horizontalen und vertikalen Vergleich 11
   1.2.   Das Feld „Hochschulmedizin" und seine Karrierewege 19
       1.2.1.   Aufgabenvielfalt: Habilitation zwischen Forschung und Klinik 20
       1.2.2.   Leistungskriterien im wissenschaftlichen Wettbewerb 24
       1.2.3.   Arbeitsbedingungen: Befristung, Hierarchie und Verausgabungsrisiken 26
       1.2.4.   Recht: Mutterschutz und Gleichstellung in der Wissenschaft 30
   1.3.   Erklärungsansätze im Hinblick auf die Fragestellung 33
       1.3.1.   Individuelle Unterschiede zwischen Frauen und Männern 34
       1.3.2.   Geschlechterverhältnisse der Organisation:
                Diskriminierung und psychische Folgen 36
       1.3.3.   Wissenschaft als Feld: Die Konstruktion von Weiblichkeit als Negativfolie ... 38

2.   Methodischer Zugang:
Komplexe Wechselwirkungen erheben und auswerten 49
   2.1.   Studiendesign: Habilitandinnen im Mentoring-Programm 51
   2.2.   Feldforschung als erkenntnistheoretische Haltung 53
   2.3.   Theorie der Teilnehmenden Beobachtung: Dichte Daten sammeln 57
   2.4.   Teilnehmende Beobachtung im Mentoring-Programm 61
   2.5.   Problemzentriertes Interview 70
   2.6.   *Grounded Theory* als Forschungsstil 78
       2.6.1.   Verschränkte Datenerhebung und -auswertung, theoretische Sensibilität 79
       2.6.2.   Theoretical Sampling und resultierende Stichprobe 82
   2.7.   Auswertungsprozess: Kodieren, Fallauswahl und Anonymisierung 87

2.7.1. Überblick Auswertungsprozess und Kodierverfahren 88

2.7.2. Re-Analyse: Einzelfall 94

2.7.3 Personenschutz, Anonymisierung und Sprache 100

2.8. Methodische Erweiterungen und Limitierungen 103

3. Vergeschlechtlichte Organisation:
Feld, Habitus und Auswirkungen auf Selbstkonzepte 107

3.1. Universitätsmedizin als vergeschlechtlichte Organisation 107

3.2. Ausschlüsse durch eine Kultur männlicher Herrschaft nach Pierre Bourdieu 116

3.2.1. Feld, Habitus und männliche Herrschaft als symbolische Gewalt 116

3.2.2. Möglichkeiten des Wandels? Männliche Herrschaft als Anrufung 126

3.2.3. Hegemoniale Männlichkeit in den ernsten Spielen des Wettbewerbs 129

3.3. Organisationskultur und Auswirkungen auf das Selbst 134

3.3.1. Geschlechterstereotype und Auswirkungen auf das Selbst 134

3.3.2. Organisationskulturelle Einflüsse auf Selbstwert und Selbstwirksamkeitserwartung 146

3.4. Resümee 157

4. Gouvernementale Wissenschaft:
Entgrenzung, emotionaler Kapitalismus und individueller Stressabbau 161

4.1. Die gouvernementale Universitätsmedizin 161

4.1.1. Allgemeine Einführung in Michel Foucaults Machttheorie 163

4.1.2. Gouvernementale Subjekte:
Unternehmerische Ausschlüsse im emotionalen Kapitalismus 168

4.2. Arbeitsbezogener Stress und individueller Stressabbau 177

4.2.1. Stress und Stressmodelle: Von Belastungen, Ressourcen und Stressoren 179

4.2.2 Arbeitsbezogener Stress und Selbstausbeutung 190

4.3 Resümee 194

5. Zwischenfazit 197

TEIL B   Empirie und Ergebnisse 205

**6. Aus der Perspektive von Habilitandinnen:
Fallbeschreibung hürdenreicher Habilitationsverläufe** 207

6.1. Idealtypische Fallbeschreibung eines hürdenreichen Habilitationsverlaufs 209

6.2. Deskriptiv: Die Phasen hürdenreicher Habilitationsverläufe 211

6.3. Hürden der Organisationskultur, Einflüsse auf Organisationssubjekte 215

**7. Vergeschlechtlichte Organisationskultur:
Die Hürden im Habilitationsverlauf** 217

7.1. Hierarchie:
Ausschluss von Frauen durch Gatekeeping „ohne Korrekturfaktor" 218

 7.1.1. Ausschlüsse durch Gatekeeping im akademischen Feudalismus 218

 7.1.2. Gatekeeping in intransparenten Werdegängen 222

 7.1.3. Normalisierung: „Individuelle Positionierung" statt „Korrekturfaktor" 224

7.2. Leistung:
Auswirkung homosozialer Reproduktion auf die Anerkennung von Leistung .. 231

 7.2.1. Wettbewerb als „harte Ellenbogenkultur" 231

 7.2.2. *Lack of fit*: Stereotype Wahrnehmung von Frauen 233

 7.2.3. Homosoziale Kooptation: Von Ziehsöhnen und kleinen Mädchen 234

 7.2.4. Habitusdifferenz: Die gleiche Sprache sprechen, um „gemocht" zu werden .. 236

 7.2.5. Erfolg als soziale Anerkennung von Leistung 237

7.3. Zeitnot:
Zeitverknappung für Frauen in Arbeitsalltag und Leben 241

 7.3.1. Intraprofessionelle Arbeitsteilung: Zwischen Station und Forschung 242

 7.3.2. Vereinbarkeit Familie, Freizeit und Beruf 244

 7.3.3. Schablonen einer männlichen Normalbiographie 247

7.4. Resümee 249

8.	**Auswirkungen auf Selbstkonzepte:**	
	Individualisierende Ausschlüsse im Habilitationsverlauf	**255**
8.1.	Torpediert:	
	Abwertungen und fehlende Wertschätzung im Gatekeeping	256
8.1.1.	Einfluss fehlender Wertschätzung auf den Selbstwert	256
8.1.2.	Abwertung: Selbstwertbedrohung und Abnahme des beruflichen Selbstvertrauens	260
8.1.3.	Selbstattribution ungleicher Belastungen und Gefühle von Machtlosigkeit	264
8.2.	Unpassend gemacht:	
	Anpassungsforderungen im Wettbewerb	268
8.2.1.	Stereotype und Selbstadressierung	268
8.2.2.	Backlash-Effekte: Begrenzungen durch Stereotype	270
8.2.3.	Self-Handicapping unter stereotyper Bedrohung	271
8.3.	Ausgebrannt:	
	Vergeschlechtlichte individuelle Positionierungen	273
8.3.1	Prioritätensetzung: Arbeitsteilung zwischen Station und Forschung	274
8.3.2.	Überlastung:	
	Selbstausbeutung, interdependentes Selbstkonzept und Arbeitsethos	275
8.3.3.	Familie: partnerschaftliche Arbeitsteilung und Unterstützung mit schlechtem Gewissen	280
8.3.4.	Erhöhte Belastungen und die Exit-Option „Fachärztliche Praxis"	284
8.4.	Resümee	289
9.	**Wandel in den Geschlechterverhältnissen?**	
	Ein Ressourcenvergleich zwischen den Kontrastgruppen	
	„Hürdenreich" und „Anerkannt"	**297**
9.1.	Klare Rahmenbedingungen und weniger feudale Hierarchien	299
9.2.	Anerkennung von Leistung und feldadäquaten Persönlichkeitseigenschaften	301
9.3.	Organisationale Einflüsse auf personale, habituelle und soziale Ressourcen	303
9.4.	Kohärenzgefühl als Quelle von Gesundheit	311
9.5.	Resümee	317

10. Einfluss der Organisationskultur auf den Ausstieg von Wissenschaftlerinnen: Empirische Interdependenzen, theoretische Verortungen und praktische Anregungen **319**

10.1. Hochschulmedizin: Hürden im Habilitationsverlauf 321

10.1.1. Hierarchie und Gatekeeping 322

10.1.2. Anerkennung von Leistung 323

10.1.3. Zeitnot durch Arbeitsteilung 324

10.1.4. Für die Praxis der Organisationsentwicklung: Veränderungen in der Organisationskultur 325

10.2. Habilitandin: Ausgebrannt statt „Anerkannt" 327

10.2.1. Torpediert statt unterstützt 327

10.2.2. Unpassend gemacht statt feldadäquater Passförmigkeit 329

10.2.3. Ausgebrannt statt Ressourcengewinne 330

10.2.4. Für die Praxis individueller Förderung: Stärkung personaler Ressourcen 334

10.3. Ausstieg als individuelle Problemlage im emotionalen Kapitalismus 334

10.3.1. Für die Praxis: Machtsensibilität in der Förderung 338

10.4. Methode und Limitierung 339

10.5. Forschungsbedarf 341

10.6. Es ist Zeit! Ein Ausblick 343

Literaturverzeichnis **347**

Tabellenverzeichnis

Tabelle 1: Beispielhafter wissenschaftlich-ärztlicher Karrierepfad der Universitätsmedizin .. 22

Tabelle 2: Die wichtigsten Interviewformen nach differenzierenden Merkmalen 71

Tabelle 3: Gegenüberstellung Fragebogensample und Feldforschungssample
im Hinblick auf soziodemographische und berufliche Daten................................ 85

Tabelle 4: Überblick des verschränkten Auswertungs- und Erhebungsprozesses................... 89

Tabelle 5: Offenes Kodieren von In-vivo-Kodes zu vorläufigen Kategorisierungen............... 90

Tabelle 6: Kodierliste aus MAXQDA 12 und 2018 mit Schlüsselkategorien,
Kategorien und Subkategorien.. 91

Tabelle 7: Die Phasen der hürdenreichen Habilitation 96

Tabelle 8: Formale Charakteristika von Attributionen mit Beispiel....................................... 154

Tabelle 9: Vergleich der Kontrastgruppen „Hürdenreich" und „Anerkannt"........................ 297

Abbildungsverzeichnis

Abb. 1: Frauenanteile an Habilitationen, Neu-Berufungen, Professuren und W3/C4-Professuren, 1980 bis 2016. 11

Abb. 2: Anteile aller Studierenden an den Fächergruppen 2016 13

Abb. 3: Schereneffekt in der Hochschulmedizin 15

Abb. 4: Frauenanteile an W3/C4- und vergleichbaren Professuren im internationalen Vergleich (2013) 16

Abb. 5: Frauen in Führungspositionen der Universitätsklinika 17

Abb. 6: Anteil an Oberärztinnen in den einzelnen Fächergruppen 18

Abb. 7: Darstellung der Arbeitszeit von *Clinician Scientists* 21

Abb. 8: Werdegang vom Medizinstudium bis zur Universitätsprofessur 23

Abb. 9: Überblick Studiendesign und Erhebungsphasen 52

Abb. 10: Verlauf Feldforschung 56

Abb. 11: *Roles in Sociological Field Observations* 58

Abb. 12: Nähe unterschiedlicher qualitativer Interviewformen zum Alltagsgespräch 59

Abb. 13: Einführungsworkshop 65

Abb. 14: Planung zum wissenschaftlichen Werdegang 66

Abb. 15: Kollegiale Fallberatung 67

Abb. 16: Austausch in der Gruppe 68

Abb. 17: Ethnographisches Gespräch 69

Abb. 18: *The Epistemological Framework of the PCI* 73

Abb. 19: Generierung eines gesättigten Leitfadens 74

Abb. 20: Interviewleitfaden als Mindmap 76

Abb. 21: Parallelität der Arbeitsschritte im Verfahren der *Grounded Theory* 80

Abb. 22: Der „rollende" Forschungsprozess der GTM 82

Abb. 23: *Theoretical Sampling* der vorliegenden Studie 83

Abb. 24: *A Streamlined Codes-to-Theory Model for Qualitative Inquiry* 88

Abb. 25: Ausschnitt aus der Map des Forschungsprozesses zu kodierten Hürden im Habilitationsverlauf 93

Abb. 26: Map aus dem Forschungsprozess zu Hürden im Habilitationsverlauf 94

Abb. 27: Fall-Typisierung der Kontrastgruppen „Hürdenreich" und „Anerkannt" 99

Abb. 28:	Pole des Gesamtsamples	99
Abb. 29:	Anonymisierte M. L.	101
Abb. 30:	*(In-)Visbility-Vortex*	115
Abb. 31:	Stereotype von Mann und Frau	141
Abb. 32:	Das Semantisch-prozedurale Interface (SPI) des Selbst	144
Abb. 33:	Wechselwirkung zwischen dem Individuum, einem anderen, dessen Bild vom Individuum (Fremdbild) und dem Bild der Person von sich selbst (Selbstbild)	151
Abb. 34:	Diagramm des Unterschieds zwischen Selbstwirksamkeitserwartung und Ergebnis-Erwartung	153
Abb. 35:	Veränderung berufliche Selbstwirksamkeit	156
Abb. 36:	Schematische Darstellung des Allgemeinen Adaptionssyndroms	179
Abb. 37:	Transaktionales Stressmodell nach Lazarus	181
Abb. 38:	Modell der Ressourcenbeibehaltung	184
Abb. 39:	Vereinfachte Darstellung des Modells der Salutogenese	187
Abb. 40:	*Efford-Reward-Imbalance-Modell*	193
Abb. 41:	Geschlechterungleichheiten zwischen Organisation und Individuum in der Habilitationsphase, Zwischenfazit	199
Abb. 42:	Fall-Typisierung der Kontrastgruppe „Hürdenreich"	210
Abb. 43:	Pole des Gesamtsamples	211
Abb. 44:	Phasen des hürdenreichen Habilitationsverlaufs	215
Abb. 45:	Vernetzte Kodes im Habilitationsverlauf	250
Abb. 46:	Überblick Einfluss der Organisationskultur auf das Selbst	256
Abb. 47:	Efford-Reward-Imbalance-Modell, Zusammenhang „Kontruktion von Weiblichkeit als Negativfolie und Überlastung"	288
Abb. 48:	Habilitationsverlauf in der Organisationskultur, Fremdpositionierung, Selbsterleben versus zunehmende Machtlosigkeit in der Organisation	305
Abb. 49:	Habilitationsverlauf in der Organisationskultur, Kulturelles Kapital, Subjektposition und *Sense of entitlement*	309
Abb. 50:	Efford-Reward-Imbalance-Modell, Positive Wirkung auf Gesundheit	315
Abb. 51:	Schereneffekt in der Hochschulmedizin als individuelle Problemlage – Wirkweisen zwischen Hochschulmedizin und Wissenschaftlerin	320

Zusammenfassung (Abstract)

Warum verlassen überdurchschnittlich viele Frauen in der Habilitationsphase die Hochschulmedizin und warum stellt sich dieses Verlassen als individuelle Problemlage dar? Mittels einer zweijährigen teilnehmenden Beobachtung von Habilitationsprozessen in der Medizin sowie anhand von problemzentrierten Interviews wird diese Fragestellung aus der Perspektive von Wissenschaftlerinnen beleuchtet. Ziel ist dabei die Entwicklung einer gegenstandsbegründeten Theorie *(Grounded Theory)*, die möglichst breit die multikausalen Ausschlussmechanismen in dieser Phase darzustellen und zu erklären vermag. Die Studie ist interdisziplinär in den Bereichen „Psychologie" und „Soziologie" angelegt, um an den jeweiligen Rändern der Disziplinen blinde Flecken im Hinblick auf diese Frage zu explorieren und zu explizieren. Mittels der Gesellschaftstheorie Pierre Bourdieus werden die Wechselwirkungen zwischen einer spezifischvergeschlechtlichten Organisationskultur und den psychologischen Wirkmechanismen für die in der Organisation situierten Wissenschaftlerinnen analysiert. Dabei wird auf die konstruktivistischen Geschlechterannahmen Raewyn Connells zurückgegriffen, die davon ausgehen, dass sich organisationskulturelle Praktiken an einer hegemonialen Männlichkeitsform orientieren, aufgrund derer Frauen sowie Männer, die dieser Männlichkeitsform nicht entsprechen, benachteiligt werden. In der vorliegenden Studie wird dies jedoch nur für Frauen untersucht.

Diese sind von spezifischen Hürden betroffen, die im Habilitationsverlauf hervortreten und sich akkumulierend verstärken. Kodiert nach zwei Extremtypen, die die jeweiligen Pole des Gesamtsamples zwischen besonders hürdenreichen Verläufen bzw. anerkannten Wissenschaftlerinnen abbilden, zeigt die soziologische Analyse in der Gegenüberstellung drei Hürdenkategorien – Hierarchie, Leistung und Zeit – die auf einen Ein- oder Ausschluss aus der Hochschulmedizin hinwirken. Die Untersuchung macht deutlich, dass sich diese Kategorien in hürdenreichen Verläufen so verdichten, dass es zu krisenhaften Umorientierungen im Lebenslauf kommt. Für diese Verläufe ist in Bezug auf die Kategorie „Hierarchie" festzustellen, dass die in einem „akademischen Feudalismus" (Peter Ullrich) angelegten Machtmöglichkeiten zu einem ‚aktiven Blockieren' von Frauenkarrieren in Konkurrenz zu männlichen Kollegen führen. Diese geschlechterorientierten Förderstrategien wirken sich auf das Zustandekommen von Leistung in diesem Feld aus. Entgegen der Annahme, Erfolg entstünde in der Wissenschaft allein aufgrund individueller Leistung, wird als Ergebnis sichtbar, dass vergeschlechtlichte Praktiken in der Habilitationsphase bewirken, dass Arbeitsaufwand als Erfolgsfaktor realisiert werden muss. Darüber hinaus zeigt sich, dass Geschlechterkonstruktionen zu einer ungleichen Zeitnot innerhalb (zwischen Forschung und stationärer Versorgung) sowie außerhalb des Berufs (Familie und Care-Aufgaben) elementar beitragen. Die Konstruktion von Weiblichkeit führt also quer zu diesen Kategorien zu Ressourcenentzügen in der Habilitationsphase.

Diese Ressourcenentzüge wirken sich auf psychologischer Ebene als Veränderungen in den Selbstkonzepten der Wissenschaftlerinnen dahingehend aus, dass sich die befragten

Medizinerinnen als „torpediert", „unpassend gemacht" und „ausgebrannt" wahrnehmen: Die Habilitandinnen schildern torpedierende Rahmenbedingungen, die sich in Abwertungen und Selbstwertbedrohungen ausdrücken. Ein weiteres Ergebnis ist, dass im Verlauf der Habilitation die berufliche Selbstwirksamkeitserwartung (Albert Bandura) abnimmt sowie Gefühle von Machtlosigkeit ansteigen (Martin Seligman). Die Frauen beschreiben sich als in den organisationalen Praktiken als „unpassend gemacht", wodurch Stereotypen im „dynamischen Selbst" (Bettina Hannover) aktiviert werden. Diese werden reflexiv zurückgewiesen oder so integriert, dass Prozesse des Self-Handicapings zu beobachten waren. Zusammen mit einem hohen Disstress führen diese personalen Ressourcenentzüge zu einer Verschärfung der gesundheitlichen Risiken – es kommt zu einem krisenhaften Ausgebrannt-Sein. Erklärt werden die Verausgabungserscheinungen, die auf berufliche Umorientierungen hinauslaufen, anhand der „Theorie der Ressourcenerhaltung" (Stevan Hobfoll) sowie dem „Efford-Reward-Imbalance-Modell" (Johannes Siegrist).

Dadurch zeigt sich, dass sich eine vergeschlechtlichte Organisation nicht nur negativ auf Selbstkonzepte auswirken kann, sondern auch, dass Umorientierungen in der Habilitationsphase durch diese Selbst-Veränderungen, die zunehmend in Erschöpfungszuständen münden, internalisierend als eigene Problemlage attribuiert und individualisiert werden. Im Ergebnis führt dies dazu, dass sich der Schereneffekt in der Habilitationsphase als individuelle und vor allem ‚freie' Entscheidung, die Universität zu verlassen, darstellt und damit die organisationale Herstellung dieser Prozesse und Mechanismen verschleiert wird. Deutlich wurde, dass psychische Gesundheit in Wissenschaft und Medizin durch Ökonomisierungsprozesse wie Personalknappheit, Beschäftigungsunsicherheit und der Entgrenzung von Arbeit an Bedeutung gewonnen hat. Vor dem Hintergrund eines „emotionalen Kapitalismus" (Eva Illouz) werden aber gerade bestimmten Personengruppen Ressourcen im Umgang mit diesen Rahmenbedingungen ungleich entzogen. Die Hochschulmedizin zeigt sich hier in Anlehnung an Michel Foucault als ein zentraler Ort gouvernementaler ‚Machtspiele'. Die Studie lotet – neben den neuralgischen Punkten einer Habilitation – Machtformationen auf soziologischer und psychologischer Ebene aus, die auch Rückschlüsse auf andere Disziplinen zulassen sowie für Ressourcenentzüge in anderen entgrenzten Arbeitsfeldern sensibilisiert. Sie umfasst darüber hinaus vergleichend Werdegänge erfolgreicher Forscherinnen, wodurch sich wichtige Anregungen für notwendige Veränderungen auf organisationaler Ebene ableiten lassen, und gibt Hinweise auf machtsensible Möglichkeiten der Stärkung individueller Ressourcen.

Einleitung

„Und wenn er denkt, du bist der Zukünftige, dann wird es auch was. Das ist einfach so." Dieser Ausspruch einer Wissenschaftlerin widerspricht der universitären Vorstellung, dass, wer innovativ forscht und exzellente Ergebnisse generiert, es im Laufe einer Wissenschaftskarriere weit bringen kann. Denn obgleich in der Wissenschaft objektive Leistung und vor allem neue wissenschaftliche Erkenntnisse zählen, beträgt der Anteil an Lehrstuhlinhaberinnen in Deutschland gerade einmal ein Zehntel. Wie ist das also mit der personenunabhängigen Erkenntnis? Forschen Männer schlicht besser? Ein Blick in die Historie der universitären Medizin deutet in eine andere Richtung. Gerade die Medizin ist seit ihrer Etablierung und Professionalisierung als universitärer Disziplin durch Frauenausschlüsse geprägt – obwohl es doch gerade die Heilerinnen, Pflegerinnen und Hebammen waren, die den Beruf einst ausübten. Ängste plagten damalige Universitätsprofessoren an der Schwelle zu einer institutionalisierten Medizin, die einen „physiologischen Schwachsinn des Weibes" (Möbius 1900) propagierten oder prophezeiten, es könne „grenzenloses Unglück entstehen, das die Universität vernichten würde, dass nämlich […] die Zahl der Studentinnen eines Tages größer würde als die der Studenten" (Hermann 1872). Ein Teil der Prophezeiung hat sich derweil erfüllt – zwei Drittel der Studierenden in der Medizin sind Frauen – und dass, ohne die Universität in ihren Grundfesten zu erschüttern.

Die Wissenschaft und so auch die Medizin waren und sind Schauplätze gesellschaftlicher Kämpfe um elitäre und prestigeträchtige gesellschaftliche Positionen. Im ‚Hochglanztalk' der Universitäten geht es heute um Talente und die besten Köpfe im globalen Wettbewerb der Forschungsstandorte. Chancenungleichheiten und eine mangelnde Vereinbarkeit von Familie und Beruf führen hier zu Wettbewerbsverzerrungen in Zeiten des Fachkräftemangels. So ist auf der Webseite der Technischen Universität München zu lesen: „Wir verfolgen konsequent das Ziel, Deutschlands attraktivste Technische Universität für Frauen zu werden und investieren als familienbewusste Universität in die Vereinbarkeit von Familie, Studium und Beruf. In unserer Mitte stehen die jungen Talente" (Technische Universität München 2018). Frauenanteile an Leitungspositionen in Wissenschaft und Medizin haben sich in den letzten Jahren etwas erhöht, doch besteht weiterhin eine deutliche Kluft zwischen Leitbildern und Realität – und das ganz besonders in der Medizin. So beschlich, um auf das Eingangszitat zurückzukommen, auch immer mehr Wissenschaftlerinnen dieser Untersuchung auf dem Weg zur Professur der Eindruck, es gehe spätestens nach der Promotion nicht mehr um die eigene Leistung allein:

> „Entweder sieht ein Gruppenleiter etwas in dir oder nicht. Und wenn nicht, dann hat man Pech gehabt. Dann kann man sich aufarbeiten, wie man nur kann und dann wird aus einem nichts. Und wenn er denkt, du bist der Zukünftige, keine Ahnung was, dann wird es auch was. Es ist einfach so".

Dieser subjektive Eindruck wird von einer Reihe von Studien gestützt, die darauf verweisen, dass Geschlechterungleichheiten durch die Meritokratie der Wissenschaft hindurch wirken. Es wird sich demnach nicht allein an einer objektiv erbrachten Leistung orientiert (vgl. u. a. Rossiter 2003; Moss-Racusin et al. 2012; Trix und Psenka 2003; West et al. 2013; Jagsi et al. 2006; Filardo et al. 2016; Wenneras und Wold 1997). Die vorliegende Analyse macht sich deshalb zum Ziel, diejenigen Prozesse und Mechanismen zu untersuchen, die die meritokratischen Prinzipien so unterlaufen, dass Geschlechterdisparität auf dem Weg zur Professur in derart eklatanter Größe entstehen kann. Die Studie konzentriert sich auf die Habilitationsphase, da gerade diese zu einem sogenannten Schereneffekt zwischen den Geschlechtern führt. So wird Kapitel 1 darlegen, dass die meisten Frauen nach der Promotion die Hochschulmedizin verlassen. Die Analyse des aktuellen Forschungsstandes zeigt, dass dies nicht darin begründet liegt, dass Männer schlichtweg die bessere Forschung betreiben, sondern dass es Barrieren innerhalb der Organisation „Wissenschaft und Medizin" sind, die zu diesem Verlassen beitragen. Untersucht wird deshalb, wie organisationale Praktiken innerhalb der Hochschulmedizin so auf Wissenschaftlerinnen einwirken, dass sie sich gegen eine berufliche Laufbahn in dieser Organisation entscheiden. Einerseits wird es damit notwendig, einen detaillierten Blick auf diejenigen Praktiken innerhalb der Organisation zu werfen, die auf spezifische Weise Nachteile für Wissenschaftlerinnen erzeugen. Andererseits wird ein Schwerpunkt der Analyse auf dem psychologischen Einfluss dieser Praktiken auf die Wissenschaftlerinnen liegen. Die Studie beschäftigt sich also nicht damit, wie Frauen sich von Männern unterscheiden, sondern welche komplexen Prozesse innerhalb einer spezifischen Organisationskultur dazu führen, dass Weiblichkeit als Negativfolie der beruflichen Anforderungsparameter konstruiert wird. Die Analyse macht aber nicht bei der Konstruktion von Geschlecht halt. Im Mittelpunkt sollen vielmehr die psychologischen Wirkweisen stehen, die sich zwischen diesen gesellschaftlichen Konstruktionen und deren individuellen Auswirkungen zeigen. Hier lassen sich blinde Flecken an den disziplinären Grenzen erkennen. Die multikausalen Wirkweisen, die auf den unterschiedlichsten Ebenen dazu führen, dass Geschlechterungleichheit ein soziokulturell wirkmächtiges Phänomen darstellt, macht es erforderlich, die gegenwärtigen Forschungsstränge aus Ethnologie, Soziologie und Psychologie zusammenzudenken.

Um den Zielen dieser Studie adäquat nachgehen zu können, wurde ein qualitativer Zugang gewählt: Mittels Feldforschung und problemzentrierten Interviews wurden Habilitandinnen über einen Zeitraum von über zwei Jahren begleitet (Kapitel 2). Anhand der Grounded-Theory-Methode, bei der sich Erhebungs- und Auswertungsverfahren miteinander verschränken (vgl. u. a. Strauss und Corbin 1996; Glaser und Strauss 1998; Clarke 2012; Charmaz 2014), ist es möglich, Beziehungen zwischen Situationen, Prozessen und Subjekten auszuwerten. Die empirischen Annahmen werden somit nicht hypothesengeleitet erklärt, sondern dienen einer gegenstandsbegründeten Theoriebildung. Möglich wurde damit die dichte Begleitung von Habilitandinnen durch meine eigene Rolle als wissenschaftliche Mitarbeiterin in der Forschung und

Gleichstellungsarbeit in der Organisation. So zeigte sich bereits früh, dass die praktische Arbeit nicht an den disziplinären Grenzen endet, zugleich aber ein hoher Forschungsbedarf für deren Verknüpfung besteht. Die interdisziplinäre Verortung zwischen Ethnologie, Soziologie und Psychologie gewährleistet eine theoretische Sensibilität, die es sich zum Ziel macht, an diesen Schnittstellen Neues zu erkunden. So untersucht die Studie, wie sich aus der Perspektive von Habilitandinnen Machtverhältnisse in der Hochschulmedizin ausgestalten, wie sich diese auf psychologischer Ebene auswirken und welche Frauen sich als erfolgreich und anerkannt beschreiben. Daraus entsteht ein theoretisch und empirisch strapazierfähiges Gedankenmodell, dass sich weder allein auf die strukturelle oder individuelle Ebene beschränkt, sondern deren Zusammenwirken auslotet. Da Machtverhältnisse „in gestreuter Form" (McRobbie 2010: 96) durch Individuen wirken, geht es darum, diese in ihrer Fülle und ihrem Zusammenwirken nachvollziehbar zu machen. Kapitel 2 macht sich zudem zur Aufgabe, der bislang nur in geringem Maße eingelösten Forderung, den Prozess der Forschung nachvollziehbar offenzulegen, nachzukommen (Rich 2012).

Nach dieser Erläuterung und Klärung methodischer Fragen und Probleme, widmen sich die Kapitel 3 und 4 der theoretischen Verortung von Geschlechterungleichheiten in der Hochschulmedizin. Hierfür wird ein breites theoretisches Repertoire als ‚Werkzeugkasten' genutzt. Die medizinische Welt stellt sich in ihrer Arbeitsteilung, ihren Abläufen, Prozessen und Interaktionen als von Geschlecht geprägt dar. Untersucht wird in Kapitel 3 daher zunächst, inwiefern sich die Organisation „Hochschulmedizin" als „sozial situierte Praxis" (Halford et al. 1997: 13) beschreiben lässt, innerhalb derer kulturelle Praktiken Sinn vermitteln und Handlungsprogramme vereinheitlicht werden (Lutz von Rosenstiel 2015: 227). Diese Organisation erweist sich nicht als geschlechtsneutral (Müller et al. 2013: 11), formal, rational und unpersönlich (Rastetter 1994: 92), sondern als ein Rahmen, in dem das Maskuline als das Universelle vermittelt wird (Acker 2013: 87). Hier wirken gesellschaftliche Machtprozesse in der Organisation sowie auf Organisationsangehörige, die sich mit Pierre Bourdieu als ein Zusammenwirken von Feld und Habitus bezeichnen lassen (Bourdieu und Wacquant 2006 [1996]: 160). Soziale Praxis kann im Zusammenwirken zwischen vergeschlechtlichtem Feld und vergeschlechtlichendem Habitus Wissenschaftlerinnen so tangieren, dass sich die sozial ungleichen Verhältnisse reproduzieren. Deutlich wird, dass in dieser Organisationskultur vor allem autonome und agentische Selbstkonzepte als vorteilhaft konstruiert werden. Da in den „ernsten Spielen des Wettbewerbs" (Bourdieu 1997: 203), die sich an hegemonialer Männlichkeit orientieren, Weiblichkeit aber als Negativfolie abgewertet wird, kann mit der Stereotypenforschung dargelegt werden, wie im Habilitationsverlauf Selbstkonzepte von Wissenschaftlerinnen nachteilig beeinträchtigt werden. Geschildert wird nicht nur, dass Leistung durch stereotype Bedrohungen beeinflusst wird (Cadinu et al. 2005; Steele 1997), sondern auch, dass sich Frauen von Bereichen abwenden, in denen sie entsprechende Bedrohungen fürchten müssen (Davies et al. 2005). Zudem wird theoretisch nachvollziehbar, dass diese Prozesse inkorporierend kommunale und interdependente

Selbstkonzepte, das berufliche Selbstvertrauen (bereichsspezfische Selbstwirksamkeitserwartung) sowie Attributionsstile negativ verändern und den Selbstwert tangieren.

Erweitert wird dieser Blick in Kapitel 4 durch die Betrachtung der ökonomisierenden Aspekte innerhalb des wissenschaftlichen Feldes. Gerade in der medizinischen Wissenschaft spielt die Implementierung von Wettbewerbskriterien mit gleichzeitiger Beschäftigungsunsicherheit eine große Rolle für berufliche Erfolge. Theoretisiert werden diese Veränderungen der Wissenschaft hin zur „unternehmerischen Hochschule" (Clark 1998). Es wird aufzeigt, dass im Sinne gouvernementaler Machttechnologien (Foucault 2006) in diesem Feld „emotionale Güter" (Illouz 2006) für die „unternehmerischen Selbste" (Bröckling 2002) der Wissenschaft essentiell werden. Zugleich bergen diese Veränderungen aber auch Risiken für Verausgabungen als Zeitphänomen des „erschöpften Selbsts" (Ehrenberg 2004). Vor diesem Hintergrund begibt sich die Studie auf die Suche nach den Auswirkungen dieser beruflichen Anforderungen auf der individuellen Ebene. Das Kapitel stellt deshalb die Frage nach der Relevanz personaler Ressourcen im Umgang mit Unsicherheit und Entgrenzung. Es diskutiert hierfür mehrere Stressmodelle, die erklärbar machen, wie der Entzug personaler Ressourcen zu krisenhaften Verlustspiralen (Theorie der Ressourcenerhaltung, Hobfoll 1988) beitragen kann und welche Rolle Coping-Strategien (Transaktionales Stressmodell, Lazarus und Folkman 1987) dabei spielen. In Bezug auf arbeitsbezogene Stresstheorien stehen zudem die Ausführungen zu gesundheitlichen Risiken durch ein Ungleichgewicht zwischen Arbeitsinvestitionen und -belohnung (Efford-Reward-Imbalance-Modell, Siegrist 2012) sowie Selbstwertbedrohungen innerhalb der Organisation (*Stress-as-Offense-to-Self*, Semmer et al. 2007) im Vordergrund. Ziel des Kapitels ist es, diese Mechanismen vor dem Hintergrund einer kompetitiv-entgrenzten und gesundheitlich riskanten Hochschulmedizin im Hinblick auf Geschlechterungleichheiten zu theoretisieren.

Aus dem Blickwinkel dieser beiden Theorie-Kapitel ergeben sich Fragen an die Empirie, die nur in einem Wechsel aus organisationskulturellen Praktiken und zirkulären Einflüssen auf Wissenschaftlerinnen verstanden werden können. Kapitel 5 fasst dieses Zusammenwirken im Rahmen eines Modells zusammen und bildet den Übergang zur Ergebnispräsentation im empirischen Teil.

Kodiert nach zwei Extremtypen, die die jeweiligen Pole des Gesamtsamples zwischen hürdenreichen Verläufen und anerkannten Wissenschaftlerinnen am treffendsten abbilden, steht der hürdenreiche Typus im Mittelpunkt der Analyse. Eingeleitet werden die folgenden Auswertungskapitel durch eine verdichtete Fallbeschreibung der hürdenreichen Habilitationsverläufe (Kapitel 6). Hier zeigt sich, dass insbesondere die Akkumulation von Hürden im Habilitationsverlauf zu einer Verlustspirale und zu krisenhaften Verausgabungen beitragen. Um welche Hürden es sich dabei konkret handelt, erläutert Kapitel 7. An dieser Stelle wird aus soziologischer Perspektive untersucht, inwiefern gerade die Charakteristiken eines hochschulmedizinischen Werdegangs durch Geschlechterungleichheiten limitiert sein können. Die Aspekte der Wechselwirkungen zwischen Organisationskultur und Wissenschaftlerinnen analysiert Kapitel 8. Im

Zentrum stehen die psychologischen Veränderungen in den Selbstkonzepten der Wissenschaftlerinnen in der Habilitationsphase. Machttheoretisch wird begründet, warum sich ein Ausstieg aus der Wissenschaft vor allem als scheinbar individuelle Problemlage darstellt und wie diese Internalisierung von Ungleichheiten auf eine Stabilisierung der organisationskulturellen Praktiken rückwirkt. Daran anschließend folgt in Kapitel 9 ein Vergleich zwischen den beiden beschriebenen Extremtypen sowie zu den Wechselwirkungen, die zu Aus- bzw. zu Einschlüssen in die Organisation führen. Die Studie schließt mit der Zusammenfassung der Ergebnisse vor deren theoretischem Hintergrund (Kapitel 10), die die multikausalen Mechanismen zwischen Organisationskultur und Wissenschaftlerinnen abbildet. Auf diese Weise gibt die vorliegende Arbeit Anregungen, wie solche komplexen Prozesse empirisch erforscht werden können. So wird im Ergebnis – gemäß der *Grounded Theory* – ein *theoretical sampling* möglich, das auf andere Wissenschaftsdisziplinen übertragbar sowie – im besten Sinne – die hier beschriebenen Prozesse veränderbar macht. Ziel dieser Studie ist es daher, neben der konkreten Beforschung von gesellschaftlichen und individuellen Wechselwirkungen in der Habilitationsphase, neue interdisziplinäre Verknüpfungen herzustellen und Denkmodelle anzubieten, die zum Verständnis dieser spezifischen Form verschleierter Ungleichheiten im emotionalen Kapitalismus beitragen können, und damit konkrete Ansätze für eine größere Geschlechtergerechtigkeit zu liefern.

TEIL A

Problemstellung, Methode und Theorie

1. Die Hochschulmedizin: Habilitation, Karrierewege und Geschlechterungleichheiten

Die Fragestellung der vorliegenden Studie bezieht sich auf den Ausstieg von Frauen aus der Hochschulmedizin nach der Promotion. Das Kapitel klärt deshalb zum einen, wie sich konkret Geschlechterungleichheiten in diesem Fach und vergleichend mit anderen Disziplinen darstellen. Zum anderen arbeitet das Kapitel die Besonderheiten der Universitätsmedizin im Gegensatz zu anderen Fächern heraus. Es liefert insofern eine ‚Feldbeschreibung' möglicher Karrierewege in der universitären Medizin und erläutert, welche Kriterien für den beruflichen Werdegang notwendig sind. Im Mittelpunkt steht hierbei die Funktion der Habilitation sowie deren Rolle für Geschlechterungleichheiten. Das Kapitel schließt, indem es mögliche Erklärungsansätze für das ‚Frauensterben' in der Hochschulmedizin umreißt und unter zur Hilfenahme dieser Ansätze zugleich die Fragestellung dieser Studie konkretisiert.

1.1. Habilitation: Der Schereneffekt in der Hochschulmedizin

Historisch betrachtet haben sich Geschlechterunterschiede in der Medizin deutlich verschoben – haben Frauen einst um ihr Recht zu studieren gekämpft, hat sich die ‚gläserne Decke' heute in Richtung „Habilitation" verschoben. Dieses Kapitel widmet sich deshalb einer Zustandsbeschreibung der Geschlechterverhältnisse im Fach „Medizin". Es gibt sowohl einen Überblick über historische Entwicklungen und ordnet diese in aktuelle Zahlen im Hinblick auf Unterschiede zwischen den Fächern (horizontale Verteilung) und den hierarchischen Positionen (vertikale Verteilung) in den Professuren und klinischen Positionen der Medizin ein.

1.1.1. Historie: Geschlechterunterschiede in der Medizin

Bis 1908 wurden Frauen in Deutschland aus dem Studium ausgeschlossen und erst 1920 zur Habilitation zugelassen (Rusconi und Kunze 2015: 8). Gerade die Medizin war historisch betrachtet ein umkämpftes Feld. So reichte bereits 1888/89 der Deutsche Frauenverein eine Petition beim preußischen Abgeordnetenhaus ein und drängte darauf, „den Frauen den Zutritt zu den ärztlichen Berufen und dem wissenschaftlichen Lehrberufe durch Freigebung und Beförderung der dahin eingeschlagenen Studien zu ermöglichen" (vgl. Otto-Peters 1890: 81, aus Franzke 2016: 74). So zeigt Astrid Franzke in ihrer Untersuchung zum historischen Zusammenhang von Hochschulorganisation und Geschlecht, dass die bürgerliche Frauenbewegung zu den wesentlichen gesellschaftlichen Veränderungen beitrug und hierbei zuerst auf Fächer wie die Medizin setzte, die als Frauenberufe galten (Franzke 2003: 74). Auch Angelika Wetterer führt in ihren Arbeiten zur Professionalisierung der Medizin aus, dass sich gerade die mit dieser Profession verknüpften Tätigkeiten bis ins 19. Jahrhundert als „Domänen der Frauen" (1993:

59) bezeichnen lassen. Frauen bildeten sich in diesen Berufen in privaten Räumen weiter, das heißt, Bildungsmöglichkeiten von Mädchen und Frauen funktionierten hier gerade nicht über Schulen oder Universitäten (Opitz 2010: 50). Zwar befürworteten einige Hochschullehrer den Zugang von Frauen, doch mit beschränkten Möglichkeiten und nicht in allen Fachbereichen. Arthur Kirchhoff, der sich mit seinen Studien für den Zugang von Frauen stark machte, führte 1897 eine Umfrage zum Frauenstudium unter 122 Universitätsprofessoren durch. Das Ergebnis war, dass fast die Hälfte der Befragten keine stichhaltigen Gründe für den Ausschluss von Frauen angaben. Die stärksten Gegner waren die Mediziner (Glaser 1996: 318). Nach Franzke waren die Hauptgründe, dass Frauen ihre Erfüllung als Gattin und Mutter zu suchen hatten, dass sie Konkurrenten von Männern würden und das Studium einen schädlichen körperlichen Einfluss auf Mädchen habe (Franzke 2003: 81). Gestützt wurden diese Annahmen durch eine prominente Studie des Medizinprofessors Paul Möbius *Ueber den physiologischen Schwachsinn des Weibes* (2000 [1900]). Dieser vertrat die Auffassung, dass aufgrund physiologisch-biologischer Gegebenheiten Frauen nicht zu intellektuellen Höchstleistungen fähig seien (Mertens 1989: 11 f.). Diese Kämpfe fallen nach Wetterer in die Zeit der Professionalisierung der Medizin als autonomem Berufsstand. Die Reformen des Medizinalwesens im 19. Jahrhundert sowie der Ausbildung des ärztlichen Personals waren für Frauen vernichtend.[1] Und da seit der Einrichtung des Einheitsstandes nur noch approbierte Ärzte heilend tätig sein durften, war ihnen auch der Zugang zum gesamten Tätigkeitsfeld versperrt. Die Etablierung der Medizin als Profession gingen mit der sozialen Schließung für Frauen Hand in Hand (Wetterer 1993: 59 ff.). Zwar vollzog sich der Einschluss von Frauen aufgrund des Widerstandes der medizinischen Professorenschaft vergleichswiese langsam. Ein wichtiger Schritt war die Beantragung von Gasthörerschaften einzelner Frauen als mühevoller, immer wieder zu erwirkender Weg, der jedoch nicht zu einem akademischen Grad führte (Mertens 1991: 36 f.). So wurde Deutschland zu einem der letzten europäischen Länder, die die reguläre Zulassung von Frauen zum Studium

---

[1] Bis ins 19. Jahrhundert lassen sich die Tätigkeiten des Gesundheitswesens als Domäne der Frauen bezeichnen. Doch führte eine populationistische Politik, die auf Bevölkerungsmehrung und Senkung der Sterblichkeitsrate abzielte, bereits ab dem 18. Jahrhundert zur Einrichtung einer ‚Bevölkerungspolicey', mit immer schärferen Kontrollen der Hebammen, die der Kumpanei mit verhütungs- und abtreibungswilligen Frauen verdächtigt wurden, und zur Bekämpfung der Ammenwesens, das für die hohe Säuglingssterblichkeit verantwortlich gemacht wurde. Diese Politik führte im Verlauf des 19. Jahrhunderts zu mehreren Reformen des Medizinalwesens und der ärztlichen Ausbildung, deren Ziel es war, die gesundheitliche Versorgung auf dem Land und in den unteren Bevölkerungsschichten der Städte zu verbessern. Hier fanden die um Anerkennung ihres Sonderstatus auf dem Gesundheitsmarkt kämpfenden akademischen Ärzte einen Bündnispartner, ohne den ihre Professionalisierungsbemühungen im obrigkeitsstaatlichen Preußen kaum durchsetzbar gewesen wären. In dieser Entwicklung der Professionalisierung findet explizit ein Kampf statt, in dem es von staatlicher wie ärztlicher Seite um die Zurückdrängung des „schädlichen Einflusses" der Frauen ging, denen die Schuld an Säuglingssterblichkeit, Verhütung und Abtreibung und damit an der Behinderung der Bevölkerungsvermehrung zugewiesen wurde. Die in Preußen 1852 verabschiedeten Gesetze zur Verankerung des Einheitsstandes und der Standardisierung der universitären Ausbildungs- und Prüfungsbedingungen angehender Ärzte, verstellte den Frauen fortan den Zugang zur Profession. Jeglicher ‚erlaubter' Zugang wurde Frauen verwehrt, sofern sich Frauen nicht als Krankenschwester, Hebamme oder fürsorgliche Familienmutter der Kontrolle und den Anweisungen eines Arztes unterwarfen. Die Etablierung der medizinischen Profession und die soziale Schließung gegenüber Frauen in ihrer schärfsten Form, gingen so Hand in Hand. Durch diese generelle Schließung der Profession wurde der akademisch ausgebildete Arzt zum Prototypen des Arztes überhaupt (Wetterer 1993: 60 ff.).

erwirkte (Franzke 2016: 37). 1908 gelang nach einem langen Weg endlich die Formalisierung eines Zugangs. Es erfolgte die Zulassung zum Frauenstudium per Gesetz (Dickmann et al. 2002). Seither haben sich die Frauenanteile deutlich verändert. Betrugen die Frauenanteile bis in die 1980er-Jahre unter den W3/C4-Professuren noch knapp über 0 %, so liegen sie heute bei knapp 20 % (siehe Abbildung 1).

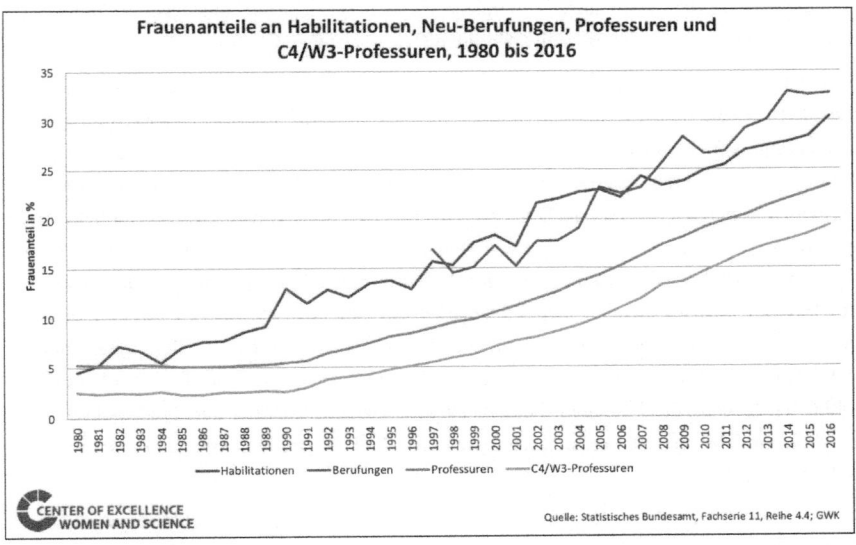

Abb. 1: *Frauenanteile an Habilitationen, Neu-Berufungen, Professuren und W3/C4-Professuren, 1980 bis 2016.* Aus: *Center of Excellence Women and Science (CEWS) 2016b*

1.1.2. Geschlechterunterschiede im horizontalen und vertikalen Vergleich

Heute erreichen Mädchen und junge Frauen schulische Bestnoten und auch der Anteil der Studentinnen ist im Geschlechtervergleich paritätisch verteilt: Im Jahr 2015 betrug der Frauenanteil an den insgesamt 444.859 Schulabschlüssen mit Studienberechtigung 52,7 % (Gemeinsame Wissenschaftskonferenz (GWK) 2017, Tabelle 1.1). Einige Stimmen sprechen bereits von der Feminisierung der Wissenschaft (Aulenbacher et al. 2012) und insbesondere der Medizin (Tarnawska 2007; Hibbeler und Korzilius 2008). Bei näherer Betrachtung stellen sich diese im horizontalen Vergleich zwischen den Fachbereichen sowie vertikal zwischen den hierarchischen Positionen der Wissenschaft aber als ein drastisches Auseinanderklaffen dar.

Studium: Medizin als „feminisiertes" Fach

Horizontal lassen sich im Jahr 2016 in den Studienfächern deutliche Unterschiede zwischen Frauen und Männern in der Fächerwahl feststellen. Die MINT-Fächer (Mathematik, Informatik, Naturwissenschaft und Technik) sowie Sport zeigen sich als männliche Domänen. Frauen dominieren dagegen die Fächergruppen der Geisteswissenschaften mitsamt Kunst und Kultur sowie die Humanmedizin und die Rechts-, Wirtschafts- und Sozialwissenschaften, die seit dem Wintersemester 2015/2016 auch die Bereiche „Psychologie", „Erziehungswissenschaften" und „Sonderpädagogik" umfassen (siehe Abbildung 2).

Bei den Erstimmatrikulierten ist im Jahr 2015 laut Gemeinsamer Wissenschaftskonferenz (2017: 14 ff.) über alle Fächer hinweg ein Frauenanteil von 50,2 % zu verzeichnen. In den einzelnen Studienrichtungen zeigen sich erhebliche Unterschiede. In den vergangenen 20 Jahren ist der Anteil der Frauen, die ein Studium der Ingenieurwissenschaften aufnahmen, um 4,8 % gestiegen, wenngleich immer noch nicht einmal jede vierte Studienanfängerin weiblich ist. Die größte Steigerung (um 17,9 %) ist in den Studiengängen der Humanmedizin oder der Gesundheitswissenschaften festzustellen. In der Fächergruppe „Sprach- und Kulturwissenschaften/Geisteswissenschaften" liegt der Frauenanteil bei Studienabschluss bei 77,3 %. Anders verhält es sich bei der Fächergruppe „Mathematik, Naturwissenschaften", wo der Frauenanteil bei Studienabschluss mit 38,8 % niedriger ist als der Frauenanteil an Erstimmatrikulierten (49,6 %). In den MINT-Fächern beträgt der Frauenanteil 2015 bei den Studienabschlüssen 29,8 %, darunter in den Ingenieurwissenschaften 23,1 % und in Mathematik, Naturwissenschaften 38,8 %.

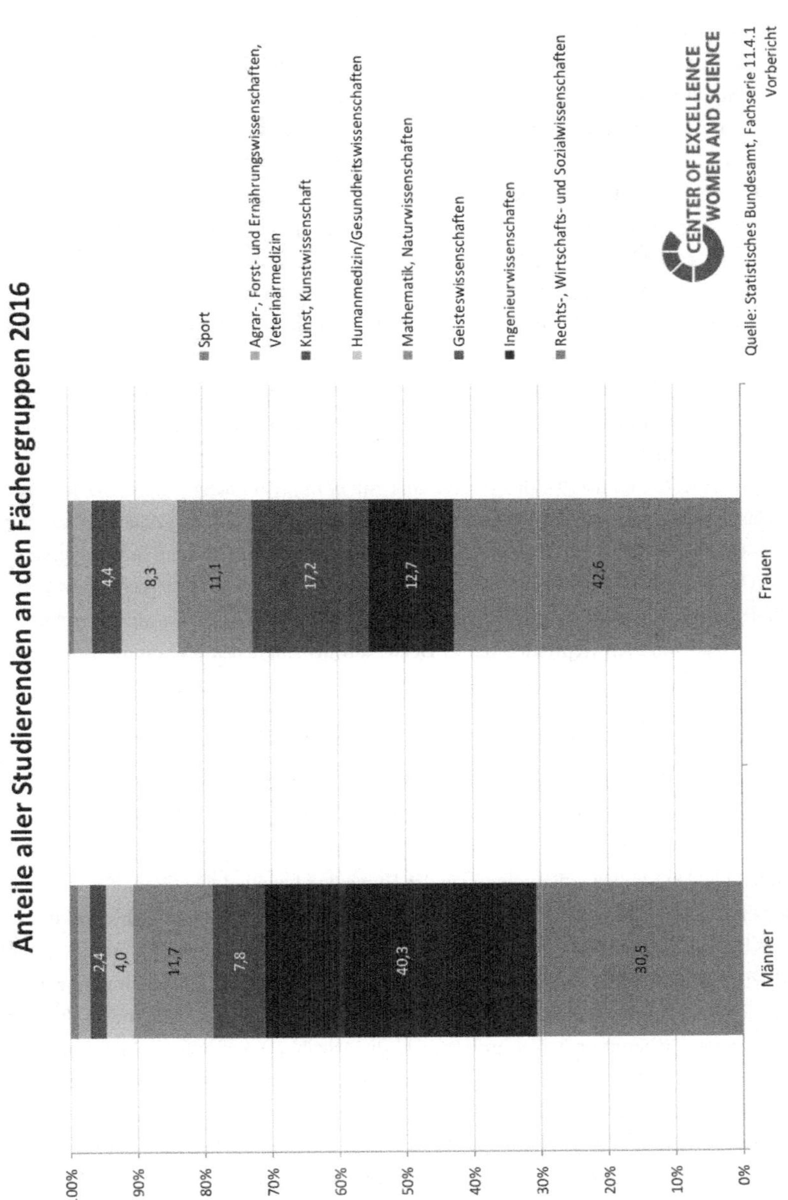

Anteile aller Studierenden an den Fächergruppen 2016

Fächergruppe	Männer	Frauen
Sport	2,4	—
Agrar-, Forst- und Ernährungswissenschaften, Veterinärmedizin	4,0	4,4
Kunst, Kunstwissenschaft	—	8,3
Humanmedizin/Gesundheitswissenschaften	11,7	11,1
Mathematik, Naturwissenschaften	7,8	17,2
Geisteswissenschaften	—	12,7
Ingenieurwissenschaften	40,3	—
Rechts-, Wirtschafts- und Sozialwissenschaften	30,5	42,6

Quelle: Statistisches Bundesamt, Fachserie 11.4.1 Vorbericht
CENTER OF EXCELLENCE WOMEN AND SCIENCE

Abb. 2: Anteile aller Studierenden an den Fächergruppen 2016. Aus: Center of Excellence Women and Science (CEWS) 2016a

Das überdurchschnittliche Abschneiden von Schülerinnen wirkt sich auf Fächer mit Numerus Clausus, also den Fächern mit einer Zugangsbeschränkung durch Bestnoten, aus. Es lässt sich so eine quantitative Feminisierung vormaliger Männerdomänen u. a. auch im Fach „Jura" feststellen (vgl. Gildemeister et al. 2003: 38) und es zeigt sich im Hinblick auf das Fach „Medizin" eine deutliche quantitative Feminisierung. Hierbei handelt es sich um gesellschaftlich prestigeträchtige Fächer, die paritätisch oder etwas überdurchschnittlich von Frauen studiert werden – hier schlagen Regine Gildemeister et al. (ebd.) vor, eher von einer Normalisierung als einer Feminisierung zu sprechen. So lag die Gesamtzahl der Studierenden in der Medizin 1975 noch bei 43.368, hiervon waren nur 29 % Frauen. Im Jahr 2016 immatrikulierten sich 92.011 Studierende, mit einem Frauenanteil von 62 %. Auffällig ist im Fach „Medizin" aber darüber hinaus eine geringe Diversität der Studierenden im Hinblick auf Migrations- und akademischer Herkunft. Es fällt der relativ hohe Anteil deutscher Studierender mit 87 % sowie im Jahr 1975 92,5 % (Statistisches Bundesamt (Destatis) 2017) auf. Weiterhin stellt der Deutsche Studiensurvey fest, dass sich das Fach „Medizin" gerade durch eine äußerst geringe soziale Durchlässigkeit auszeichne. So sei die „Bildungsvererbung" nicht in allen Fächergruppen gleich groß. Die weitaus höchste „akademische Reproduktion" weisen die Studierenden der Medizin auf: Im Wintersemester 2015/16 haben 59 % von ihnen zumindest einen Elternteil mit Universitätsabschluss (Multrus et al. 2017: 7). Das Medizin-Studium charakterisiert sich gegenwärtig also durch einen hohen Frauenanteil mit gleichzeitig relativ niedrigem Migrationshintergrund und einer hohen akademischen Reproduktion. In Bezug auf den Frauenanteil kommt es nach der Promotion dann aber zu einer deutlichen Umkehrung der Geschlechteranteile.

Habilitation: Von einem „feminisierten" zu einem männlich dominierten Fach

Während also mehr Frauen als Männer das Fach „Medizin" als Studienfach wählen, verändert sich das Geschlechterverhältnis im zeitlichen Verlauf der Ausbildung und es zeigt sich ein deutlicher Schereneffekt zwischen Promotion und Habilitation (Abbildung 3). Lag im Jahr 2015 der Frauenanteil bei den Studienanfängerinnen in der Humanmedizin und den Gesundheitswissenschaften bei 69,3 %, so fällt dieser zu den Promotionen hin ab (59,7 %) und halbiert sich noch einmal bis hin zur Habilitation (28,3 %). Der Anteil an den Professuren beträgt nun insgesamt nur noch 20,6 %, der Anteil an den gut dotierten W3/C4-Professuren fällt noch geringer aus (12,5 %) (Gemeinsame Wissenschaftskonferenz (GWK) 2017, Tabelle 1.6, Seite 2). Im Vergleich zu anderen Fächergruppen war im Jahr 2015 die Anzahl erfolgreicher Habilitationen mit 796 sehr hoch, in den anderen Fächergruppen liegen diese bei etwa 200 bis 250. Für das Jahr 2015 kommt das Statistische Bundesamt zu dem Ergebnis, dass insgesamt mehr Frauen als im Vorjahr habilitierten. Im Vergleich tun dies Frauen in den Geisteswissenschaften (32,6 %) sowie den Rechts-, Wirtschafts- und Sozialwissenschaften (30,8 %). Die Medizin, obgleich von Studentinnen quantitativ geprägt, nähern sich hier mit dem Anteil von 28,3 % eher den männlich dominierten Naturwissenschaft an.

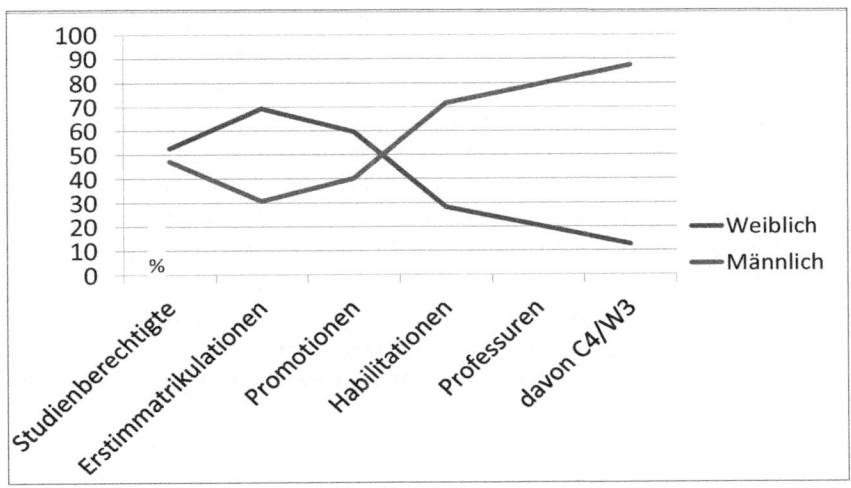

Abb. 3: Schereneffekt in der Hochschulmedizin (eigene Darstellung). Zahlen aus: Gemeinsame Wissenschaftskonferenz (GWK) 2017 für den Zeitraum 2011–2015: 17, Tabelle 1.6, Seite 2

Hier liegt der Frauenanteil bei nur 26,7 % (Statistisches Bundesamt (Destatis), Pressemitteilung Nr. 219 vom 28.06.2016).[2] Vor dem Hintergrund der anderen Fachbereiche kann mit dem Schereneffekt in der Medizin ein interessantes Phänomen beobachtet werden: Das Fach wandelt sich von einem Fach mit einem hohen Studentinnenanteil zu einem Fach mit einem vergleichsweise geringen Frauenanteil an den Professuren. Aus dem vormals feminisierten Fach auf horizontaler Ebene wird vertikal ein männlich dominiertes. So reiht sich die Medizin, die sich in Bezug auf den Frauenanteil horizontal mit kulturwissenschaftlich-weiblich konnotierten Fächern vergleichen lässt, vertikal in die naturwissenschaftlich-technisch männlich dominierten Fachgruppen ein.

Eine wissenschaftliche Karriere basiert auf Statuspassagen, die sich in Studium, eine prae-doc-Phase, Abschluss der Dissertation und der post-doc-Phase unterscheiden lassen. Inken Lind kommt zu dem Schluss, dass das Potenzial weiblicher Nachwuchskräfte für die Wissenschaft in diesen Statuspasssagen verloren geht (Lind 2006: 15). Sie verweist darauf, dass dies insbesondere in Disziplinen mit hohem Studentinnenanteil der Fall sei, wohingegen in den Ingenieurwissenschaften Frauen prozentual deutlich bessere Aufstiegschancen hätten (Lind 2006: 15). Die Habilitation gilt in der Medizin als maßgebliche Statuspassage, da die Promotion in diesem Fach als verhältnismäßig unaufwendig betrachtet wird (Kahlert 2013b). Im

---

[2] Leider lagen für das Jahr 2016 noch keine für alle Stufen vergleichbaren Zahlen vor, weshalb hier ein Vergleich aus dem Jahr 2015 herangezogen wurde. Es ist darauf hinzuweisen, dass der Frauenanteil an den Habilitationen im Jahr 2016 auf 30 % weiter anstieg, der Anteil an den Habilitationen in der Medizin jedoch auf 25,7 % sank; https://www.destatis.de/DE/PresseService/Presse/Pressemitteilungen/2017/06/PD17_217_213.html.

deutschsprachigen Raum ist die Habilitation die höchste Hochschulprüfung, mit der die Befähigung, ein wissenschaftliches Teilgebiet in Lehre und Forschung selbstständig zu vertreten, festgestellt wird. Sie wurde in der ersten Hälfte des 19. Jahrhunderts eingeführt, um das Niveau in der akademischen Lehre und Forschung an deutschen Hochschulen zu sichern. Zwar können seit der Novelle des Hochschulrahmengesetzes 2002 auch habilitationsäquivalente Leistungen anerkannt werden. Die *Venia legendi* ist aber bis heute der übliche Weg zum Nachweis der Qualifikation für eine Berufung in der Medizin (Weineck et al. 2015). Die Habilitation ist im deutschsprachigen Raum sowie in Frankreich, Liechtenstein und einigen osteuropäischen Ländern verbreitet und gilt in diesen als höchste akademische Prüfung. Während der Habilitationsphase verlassen die meisten Frauen die Universität, wie die Statistiken belegen. Die Habilitation ist damit zu der zentralen Statuspassage mit dem geringsten Anteil von Frauen an Professuren geworden. Im europäischen Vergleich zeigt sich Deutschland als eines der Schlusslichter, allerdings nicht nur in der Medizin, sondern fächerübergreifend.

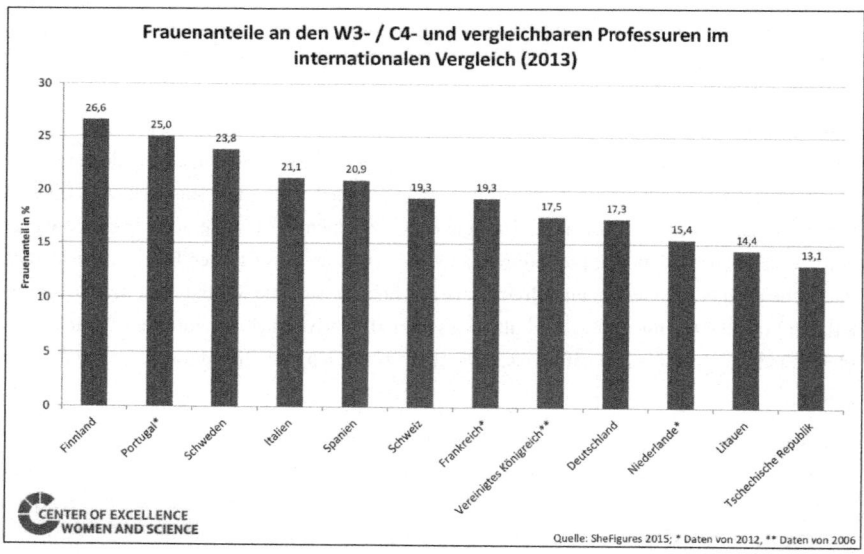

Abb. 4: Frauenanteile an W3/C4- und vergleichbaren Professuren im internationalen Vergleich (2013). Aus: Center of Excellence Women and Science (CEWS) 2015

Abbildung 4 zu den Frauenanteilen zeigt deutlich, dass sich Deutschland in Bezug auf die Professur auf den hinteren Plätzen befindet. Vergleichbare Einstufungen sind beispielsweise in Großbritannien (Vereinigtes Königreich) „full professor", in Italien „ordinary professor" oder in den Niederlanden „hoogleraren". Nach den Erläuterungen des CEWS liegt in allen europäischen Ländern der Frauenanteil bei diesen Stellen deutlich niedriger als bei Studierenden oder bei niedrigeren Positionen im Wissenschaftssystem. In Finnland und Portugal, den Ländern mit den höchsten Frauenanteilen, ist jede vierte Professur dieser Position mit einer Frau besetzt. Deutschland liegt im europäischen Vergleich an viertletzter Stelle vor den Niederlanden, Litauen und der Tschechischen Republik (Center of Excellence Women and Science (CEWS) 2015; aktuelleste Zahlen sind hier nur aus dem Jahr 2013 verfügbar).

Männer in den Führungspositionen der Kliniken

Eine Besonderheit in der Medizin, die diese Disziplin von anderen Fächergruppen und Professuren unterscheidet, ist die Parallelität des wissenschaftlichen und fachärztlichen Karriereweges. Es wird diesbezüglich von einer Trias zwischen Lehre, Krankenversorgung und Forschung gesprochen, die im nächsten Unterkapitel noch näher ausgeführt werden soll. Diese deutliche Verzahnung zeigt sich auch in den Karriereschritten innerhalb der Kliniken, in Führungspositionen, ärztlichen Fachbereichen und den hierarchischen Positionen innerhalb dieser Bereiche. Eine aktuelle Dokumentation des Deutschen Ärztinnenbundes e.V. zeigt eine unverändert geringe Repräsentanz von Frauen in Spitzenpositionen der Universitätsklinika (Deutscher Ärztinnenbund e.V. 2016).

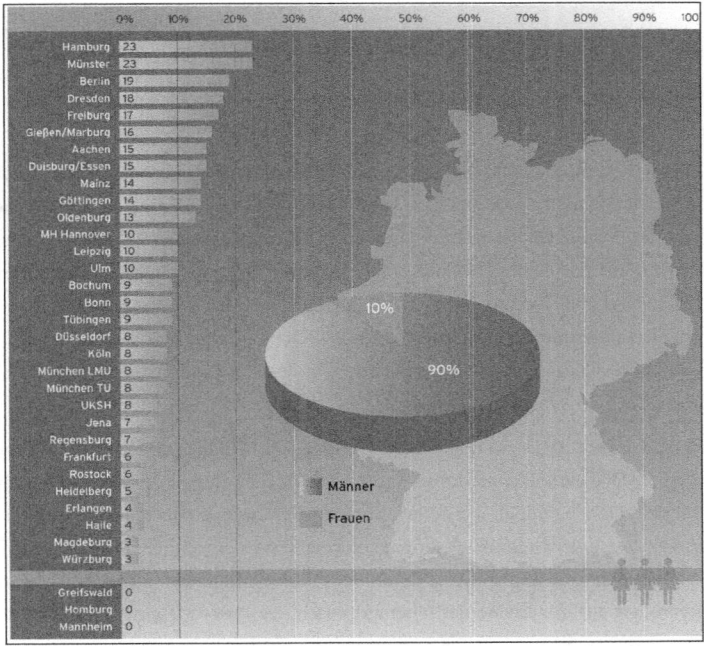

Abb. 5: Frauen in Führungspositionen der Universitätsklinika. Aus: Deutscher Ärztinnenbund e.V. 2016

Die Abbildung 5 stellt den prozentualen deutschlandweiten Anteil von 10 % Frauen in Führungspositionen in 16 Fächern der universitären Medizin dar. Der prozentuale Frauenanteil liegt zwischen 23 % (Hamburg und Münster) und 0 % (Greifwald, Homburg, Mannheim). Der Anteil unter den Oberärztinnen liegt im Durchschnitt bei 31 % in den Universitätskliniken. Auch hier ist ein deutlicher Standortunterschied zwischen Dresden (43 %) als Spitzenreiter und Mannheim (24 %) als Schlusslicht zu verzeichnen (nicht abgebildet). Im Hinblick auf Oberarztstellen zeigt sich ein nach Fachbereichen sehr unterschiedliches Bild.

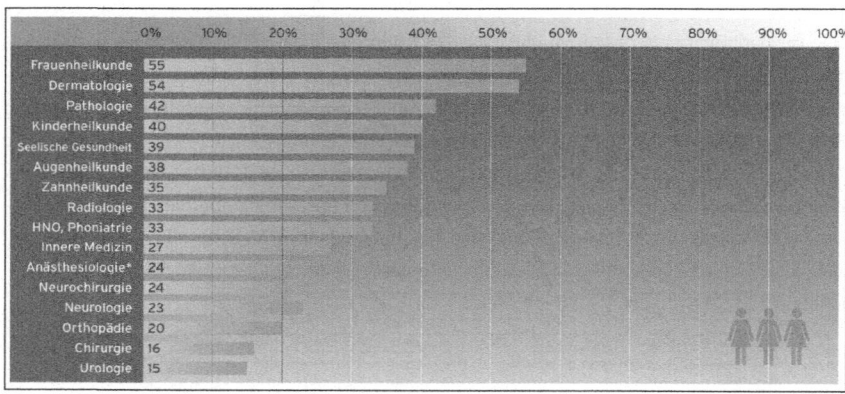

Abb. 6: Anteil an Oberärztinnen in den einzelnen Fächergruppen. Aus: Deutscher Ärztinnenbund e.V. 2016

Die Abbildung 6 veranschaulicht den prozentualen Anteil von Oberärztinnen in 16 Fächern der universitären Medizin. Ihr prozentualer Anteil liegt zwischen 55 % (Frauenheilkunde) und 15 % (Urologie). Diese Anteile weisen, auch unter Hinzuziehung der Frauenanteile unter den Anerkennungen zur Facharztbezeichnung der einzelnen Fächer (Bundesärztekammer 2016b) auf eine geschlechtliche Kodierung dieser Fachbereiche hin. So lässt sich eine leichte weiblich-geschlechtliche Kodierung der Frauenheilkunde und Dermatologie an dem einen Ende und eine deutlich männliche Kodierung der Urologie und Chirurgie am anderen Ende des Fächerkontinuums ablesen.

Insgesamt wird in der BRD ein quantitativer Wandel der Bildungsanteile von Mädchen und Frauen sichtbar. Obgleich sich die Leistungen von Mädchen in Schule und Studium auf Bestniveau befinden, lässt sich doch feststellen, dass diese Leistungen nach der Promotion nicht in entsprechendes Prestige in höheren Positionen übersetzt werden können. Dies zeigt sich sowohl an den professoralen Lehrstühlen als auch auf der Führungsebene der Universitätsmedizin und etwas abgemildert auf der Ebene der Oberarztposten. Es lässt sich eine deutliche Schere im Übergang vom Bildungssystem in das Erwerbssystem „Universitätsklinik" ablesen. Gerade die Medizin mit ihrer historischen Bedeutung für Frauen und deren Veränderung im Hinblick auf die Feminisierung kann hierbei exemplarisch als Ort alter Strukturen und neuen Entwicklungen der Geschlechterverhältnisse untersucht werden. Diese Studie widmet sich deshalb dezidiert der Statuspassage „Habilitation" und folgt den Ausschlussprozeduren in dieser Phase, die dazu führen, dass die Medizin in höheren Positionen zu einer ‚Männerdomäne' wird. Ausgangspunkt bildet folgende Feststellung des Ärztinnenbundes, der die Untersuchung zu Führungspositionen in den Universitätsklinika durchführte:

> „Es geht in dieser Untersuchung um unabhängige Führungspositionen, in denen therapeutische Konzepte, medizinische Meinungsbildungen, Strategien in der studentischen Lehre, Personalpolitik, Außendarstellung usw. entstehen. Hier bestehen die besten Möglichkeiten zur Gestaltung, zur Veränderung, zur Verbesserung der klinischen Medizin und durch Vorbildcharakter zur Ermutigung des Nachwuchses zu relevanter klinischer Forschung. Aktuell wird die klinische universitäre Medizin durch die Besetzung von 90 % der Führungspositionen durch Männer fast ausschließlich von diesen geprägt und gestaltet" (Deutscher Ärztinnenbund e.V. 2016: 6).

Es handelt sich insofern auch um machttheoretische Überlegungen einer geschlechtlichen Prägung der Hochschulmedizin durch den hohen Anteil männlich besetzter Führungspositionen. Um die Wege hin zu diesen Positionen nachvollziehen zu können, sowie weitere Karrierewege und die Bedeutung der Habilitation in diesen Kontext, beleuchtet das nächste Unterkapitel daher das *Feld* der Hochschulmedizin.

1.2. Das Feld „Hochschulmedizin" und seine Karrierewege

Die Universitätsklinika in Deutschland nehmen zusammen mit den medizinischen Fakultäten an 33 Standorten eine Sonderrolle in der Klinik- und Hochschullandschaft ein, da sie Forschung, Lehre und Krankenversorgung unter einem Dach vereinen. In ihrer Selbstdarstellung bildet dies die Grundlage für den Einsatz wissenschaftlicher Erkenntnis in der Krankenversorgung und für die Sicherstellung der Weiterbildung der Ärzteschaft in Spezialdisziplinen (Die deutschen Universitätsklinika 2017). Für ein Verständnis beruflicher Werdegänge in der Hochschulmedizin ist daher die Verknüpfung von Forschung, Lehre und Krankenversorgung zentral. Das Spannungsverhältnis, das sich in den deutschen Hochschulkliniken ergibt, beschreibt Stefan Becker ausführlich in *Das Recht der Hochschulmedizin* (2005: 5 f.). Demnach befasst sich die Medizin als wissenschaftliche Disziplin mit Pathologie, Diagnose, Therapie und Prophylaxe. Die Humanmedizin umfasst dabei etwa 40 Fachgebiete. Diese können in vorklinisch-theoretische Grundlagenforschung (wie Chemie, Zellbiologie, medizinische Soziologie, Pharmakologie usw.), klinisch-theoretische Grundlagen für eine spätere Therapie (wie Hygiene, Virologie, Parasitologie, Immunologie, Pathologie usw.) sowie in klinische Fächer der unmittelbaren Krankenbehandlung wie operative (Chirurgie, Orthopädie, Urologie, Gynäkologie usw.) bzw. in nicht operative Fächer (wie Innere Medizin, Neurologie, Dermatologie,

Anästhesiologie, Psychiatrie usw.) unterteilt werden (ebd.: 7). Die Hochschulmedizin umfasst als Sammelbegriff Fachbereiche, Zentren, Kliniken, medizinische Institute und Betriebseinrichtungen. Diese werden unter einem Dach vereint und nehmen mit unterschiedlichen Schwerpunkten die Aufgaben der Universitätsmedizin wahr. Hierzu gehört neben Forschung, Lehre und ärztlicher Aus- und Weiterbildung auch die Ausbildung des nicht ärztlichen Personals (ebd.: 38). Die Beibehaltung dieser Bündelung von Aufgaben erklärt sich aus einem wechselseitigen Beziehungsgeflecht, von dem alle Bereiche profitieren (ebd.: 61), zugleich ist dieser Zusammenschluss aber auch problematisch, da sich die Organisationsprinzipien der einzelnen Bereiche wesentlich voneinander unterscheiden. Dies betrifft insbesondere den Unterschied zwischen Krankenversorgung und Wissenschaft. Klinische Strukturen sind durch eine klare Abgrenzung der ärztlichen Verantwortungsbereiche und durch einen hierarchischen Aufbau mit Weisungsbefugnissen der Leitung der medizinischen Einrichtung bis zur behandelnden Ärzteschaft geprägt. Wissenschaft hingegen verlangt nach einem hohen Maß an Freiheit, kooperativen Strukturen und eher autonomer Selbstverwaltung. Zudem konkurrieren personelle und finanzielle Ressourcen in diesen beiden Bereichen miteinander (ebd.: 62 f.). Diese Konkurrenz hat sich seit den Gesundheitsreformen noch verschärft. Der marktwirtschaftliche Umbau der Krankenversorgung (vgl. u. a. Bode und Vogd 2016; Vogd 2006) kann beispielsweise in einen Konflikt mit ethischen Überlegungen geraten (vgl. u. a. Ihmdahl 2013; Dietz 2011; Vogd et al. 2018; Karsch 2015). Die stationären Fallzahlen haben sich seit 2004 in den Universitätsklinika um 15,7 % erhöht (Wissenschaftsrat 2016: 123). Laut Wissenschaftsrat hat der zunehmende, dadurch bedingte Kostendruck in der Versorgung dazu geführt, dass

> „der Personaleinsatz vielfach dem wirtschaftlichen Primat der Krankenversorgung untergeordnet wird. Früher bestehende Forschungsfreiräume wurden durch die erhebliche Arbeitsverdichtung in der Klinik, die fehlende Entlastung der ärztlichen Tätigkeit durch geeignetes Assistenzpersonal, den zunehmenden Dokumentationsaufwand und die Zunahme der Fallzahlen bei gleichzeitig abnehmender Liegedauer weiter reduziert" (Wissenschaftsrat 2016: 102).

So kommt eine Analyse zur Situation des wissenschaftlichen Nachwuchses in der klinischen Forschung zu dem Ergebnis, dass sich die Wissenschaftlerinnen und Wissenschaftler mehr Freiräume für die Forschung wünschen, da ihnen hierfür durchschnittlich nur noch ca. ein Fünftel ihrer Arbeitszeit zur Verfügung steht (Loos et al. 2014b: 137 f.).

1.2.1. Aufgabenvielfalt: Habilitation zwischen Forschung und Klinik

Ein Werdegang in der Universitätsmedizin ist durch Zeitengpässe zwischen Lehre, stationärer Versorgung in der fachärztlichen Ausbildung und Forschung geprägt. In der Medizin wird hierbei zwischen zwei Karrieremustern unterschieden. Ein *Clinician Scientist* arbeitet in der forschenden Medizin, im Gegensatz zu den *Medical Scientists*, die mit einem nicht ärztlichen

Hintergrund, wie Biologie, Physik, Soziologie etc., an den Universitätskliniken forschen (Gaehtgens 2013). Für diese trifft die Vereinbarkeitssituation zwischen Station und Forschung nicht zu. Im Vordergrund der vorliegenden Untersuchung sollen deshalb die *Clinician Scientists* stehen, also forschende Ärztinnen und Ärzte. Eine Studie zur Arbeitszeit von *Clinician Scientists*, die zum Zeitpunkt der Befragung bereits habilitiert waren, kommt so auch zu dem Ergebnis eines hohen Arbeitsaufwands:

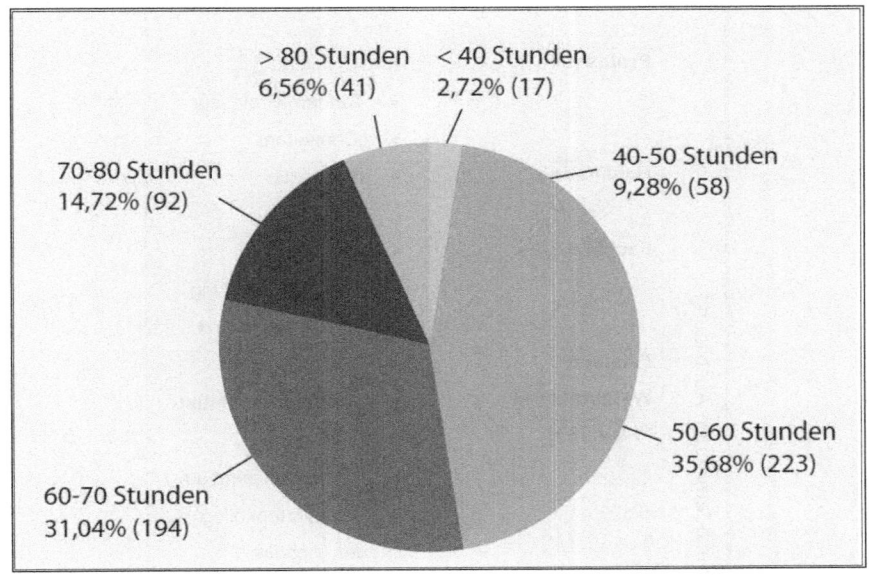

Abb. 7: *Darstellung der Arbeitszeit von Clinician Scientists. Aus: Sorg et al. 2016: 521*

Ein Großteil von ihnen arbeitet zwischen 50–60 Stunden (35,68 %) bzw. 60-70 Stunden (31,04 %) in der Woche. Ein geringerer Anteil arbeitet 70–80 Stunden (14,72 %) oder noch mehr (6,56 %), wohingegen nur 9,28 % zwischen 40–50 Stunden oder darunter (2,72 %) arbeitet.

Neben der Forschung selbst beinhaltet dieser Werdegang typischerweise die Verzahnung mit der klinischen Qualifikation. Ein strukturierter Werdegang in diese Richtung kann exemplarisch nach dem Vorschlag des Wissenschaftsrates (siehe Tabelle 1) vonstattengehen als eine stufenweise Abfolge von Studium und Promotion, Facharzt, Habilitation und Oberarzt sowie Professur und Klinikleitung. Einzelne Etappen vollziehen sich jedoch teilweise parallel. Der Werdegang verläuft insofern verzahnt, insbesondere zwischen Fach-, Funktions- bzw. Oberarztzeit, Klinikleitung sowie Habilitation und Professur. Schematisch gestaltet sich ein

Werdegang in der Medizin hin zu einer Universitätsprofessur damit folgendermaßen (siehe Abbildung 8).

Tabelle 1: Beispielhafter wissenschaftlich-ärztlicher Karrierepfad in der Universitätsmedizin

		Stelle/ Funktion
Stufe der akademischen Ausbildung	Professur	• Klinikleitung • Tandem-Professur • „Consultant"
	Habilitation	• Oberarzt
	Facharzt	• Fellowship • Subspezialisierung • Funktionsoberarzt
	Facharzt-Weiterbildung (5-8 Jahre)	• Startprogramm • **Clinician Scientist-Programm** • Auslandsstipendium • Graduiertenkolleg oder - schule • Forschungs-Stipendium
	Studium & Promotion (6 Jahre)	• MD/PhD-Programm • Stipendium

Aus: Ständige Senatskommission für Grundsatzfragen in der Klinischen Forschung 2015, S. 24

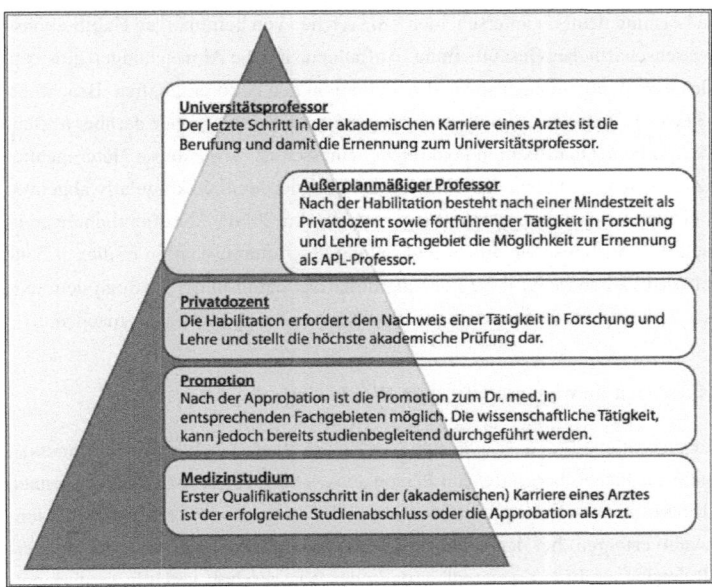

Abb. 8: Werdegang vom Medizinstudium bis zur Universitätsprofessur. Aus: Sorg et al. 2016

Nach dem abgeschlossenen Medizinstudium als erstem Qualifikationsschritt folgt eine Promotion zum Dr. med. Diese im Vergleich zu anderen Fächern meist relativ unaufwendige Dissertation (Kahlert 2013b: 45) kann bereits studienbegleitend durchgeführt werden. Als wichtige Statuspassage gilt nun die Habilitation als erforderlicher Nachweis einer Tätigkeit in Forschung und Lehre (Sorg et al. 2016). Sie geriet in die Kritik, da aufgrund des hohen Zeitaufwands in fortgeschrittenem Alter Nachteile im internationalen Wettbewerb entstehen.

Daraus ging die Forderung hervor, die Habilitation abzuschaffen (vgl. u. a. Berning et al. 2001; Blanke 2007). So äußerte sich beispielsweise auch der ehemalige Präsident der DFG, Prof. Dr. Ernst-Ludwig Winnacker, kritisch: „Die Habilitation, letztlich ein Herrschaftsinstrument altgedienter Professoren über den Nachwuchs, gibt es immer noch. Für die klinische Forschung herrschen in Deutschland fast überall beklagenswerte Rahmenbedingungen" (aus: Sentker 2007). Eine Studie, die diese Kritik aufgreift, kommt hingegen zu dem Schluss, dass die Habilitation auch weiterhin eine hohe Akzeptanz genießt (Weber et al. 2000). Die Bedingungen eine Habilitation abzuschließen seien jedoch lokal sehr verschieden, wie eine umfassende Auswertung der Habilitationskriterien im deutschsprachigen Raum betont (Weineck et al. 2015). Die Studie stellt fest, dass sich die Habilitationen in der Medizin im Hinblick auf ihre wissenschaftliche Leistung deutlich unterscheiden.[3] Sie reichen von kumulativen Habilitationsschriften bis zu wissenschaftlicher Gesamtleitung. Auffallend sind die Abweichungen hinsichtlich der Anzahl der Veröffentlichungen sowie der Stellung in den Autorenschaften. Beachtlich ist zudem, dass 13 (von 43!) Standorte im deutschen Sprachraum keine Aussage darüber treffen, woran die wissenschaftliche Qualifikation konkret zu bemessen ist. Trotz dieser Heterogenität und Intransparenz lässt sich festhalten, dass Habilitationen in der Medizin kumulativ abgefasst werden und die Leistung – neben Lehrtätigkeiten – nach der Anzahl der Veröffentlichungen in renommierten Fachzeitschriften sowie durch die Stellung der Autorenschaften in diesen Zeitschriften bewertet wird. Wissenschaftliche Leistung unterliegt damit in der Medizin dem universitären Versuch, Leistung im Wettbewerb quantifizierbar und vergleichbar zu machen.

1.2.2. Leistungskriterien im wissenschaftlichen Wettbewerb

Eine nach wie vor umstrittene Frage ist, wie sich wissenschaftliche Leistung objektiv messen lässt. In einer Studie zur fächerübergreifenden Personalauswahl in der Wissenschaft benennen Braun et al. (2015: 8) die entscheidenden Kriterien zur Bewertung von Leistung in wissenschaftlichen Auswahlverfahren, bei denen neben Veröffentlichungen auch Drittmitteleinwerbung von hoher Relevanz ist. Eine Karriereplanung in der Wissenschaft verläuft insofern entlang eines H-Indexes bzw. Impact-Points[4] und über die Höhe der eingeworbenen Drittmittel.[5] Während diese Kriterien weit verbreitet und anerkannt werden, wird gleichzeitig immer wieder kritisiert, dass die Implementierung dieser quantitativen Messinstrumente zu einer Fehlentwicklung der Hochschulen geführt habe.[6] Zudem wurde hier mehrfach ein Genderbias festgestellt, wie in Kapitel 1.3. noch deutlich werden wird. Die nationalen Akademien in Deutschland (Leopoldina), Frankreich (Académie des Sciences) und Großbritannien (Royal Society) setzen sich deshalb dafür ein, dass in Begutachtungen wieder die Qualität der Leistungen, nicht die Quantität den Ausschlag gibt (Institut de france et al. 2017): „Success in raising research grant

---

[3] Auch wurde ein Unterschied in der Notwendigkeit einer Begleitung durch eine Fachdozentur deutlich. 33 der 43 Habilitationsrichtlinien sehen eine direkte Verfahrenseinleitung durch Nachweis erforderlicher Kriterien vor und zehn eine explizite Qualifizierungsphase unter Begleitung eines Fachmentorats.
[4] Ein hoher H-Index ergibt sich, wenn Publikationen in anderen Veröffentlichungen in großer Anzahl zitiert werden (Hirsch 2005). Der Journal Impact Factor stellt eine errechnete Zahl dar, deren Höhe den Einfluss einer Fachzeitschrift wiedergibt. Er ist mit dem H-Index zum wohl bekanntesten bibliometrischen Indikator zur Bewertung von Forschungsleistung geworden. Ursprünglich zur Einstufung von Zeitschriften als Ganzes innerhalb enger Fachkategorien erfunden, wird er inzwischen vielfach zur Bewertung wissenschaftlicher Publikationen herangezogen (Bornmann et al. 2007).
[5] Drittmittel sind Mittel, die zur Förderung von Forschung und Entwicklung sowie des wissenschaftlichen Nachwuchses und der Lehre zusätzlich zum regulären Hochschulhaushalt (Grundausstattung) von öffentlichen oder privaten Stellen eingeworben werden. Drittmittel können der Hochschule selbst, einer ihrer Einrichtungen (z. B. Fakultäten, Fachbereiche, Institute) oder einzelnen Forschenden im Hauptamt zur Verfügung gestellt werden (Statistisches Bundesamt (Destatis) 2016).
[6] Vielfach standen die Messverfahren selbst und ihre Objektivität in der Kritik (Bornmann et al. 2007; Hecht et al. 1998). Aus medizinischer Perspektive werden diese als ein „Excellence of Nonsens" (Bartling und Friesike 2014) bzw. als nicht mehr zweckdienlich (Herrmann-Lingen et al. 2014) und als „time for change" bezeichnet (Bloch und Walter 2001).

funding should, where relevant, be only one and not the dominant factor in assessing research performance. The main criteria must be the quality, originality and importance of the scientific research" (ebd.: 4). Der gestiegene quantifizierte Leistungsdruck habe falsche Anreize geschaffen, so die Ansicht. Auch komme es unter Quantitätsdruck zu vermehrtem wissenschaftlichen Fehlverhalten (Dirnagl et al. 2002).

Im Hinblick auf die Medizin konnte identifiziert werden, dass die am weitesten verbreiteten Arten wissenschaftlichen Fehlverhaltens den angemessenen Umgang mit (Ko-)Autorschaften umfasst. Hierbei handelt es sich sowohl um die „Vergabe von (Ko-)Autorschaften ohne substanziellen Beitrag" sowie um die „Nicht-Aufnahme von Wissenschaftler/innen mit substanziellem Beitrag als Koautoren" (Krempkow und Landrock 2013: 67 f.). In den letzten Jahren wurden so gerade auch in der Medizin häufige Fälle von wissenschaftlichen Fehlverhalten aufgedeckt, die bis zu Fälschungen reichten (Begley und Ellis 2012; Nowbar et al. 2014). Die internationalen Fälschungsfälle haben eine hohe Aufmerksamkeit auf sich gezogen (Urban 2015) und zu Aufrufen eines Umdenkens in Richtung einer „Kultur der Redlichkeit" geführt (DGK – Deutsche Gesellschaft für Kardiologie, 04.04.2013). Dieses Thema ist in Deutschland jedoch noch relativ wenig beforscht (vgl. u. a. Reinhart 2017). Erste belastbare Zahlen kommen nicht aus der Wissenschaft selbst, sondern aus einer Befragung von Ombudspersonen, die die Anlaufstellen für Verdachtsfälle an den Universitäten im Sinne der Selbstverwaltung sind, durch den Bayerischen Rundfunk (Wreschniok und Knetsch 2017). Eine Empfehlung der DFG zu den Perspektiven der Hochschulmedizin unterstreicht die Notwendigkeit einer Qualitätssicherung, die sich darüber hinaus auch auf den wissenschaftlichen Nachwuchs und die Methodenausbildung bezieht:

> „Die Universitätsmedizin sollte ihre Verantwortung für die Qualitätssicherung der Forschung und für die wissenschaftliche Kultur des Fachs entschlossener als bisher wahrnehmen. Dazu gehört neben der Vermittlung wissenschaftlicher und methodischer Kompetenzen in allen Phasen der Aus- und Weiterbildung auch die aktive Beteiligung an der Weiterentwicklung qualitätssichernder Instrumente und Steuerungsmaßnahmen" (Wissenschaftsrat 2016: 9).

Doch trotz aller Kritik an quantitativen Rankings zählen diese Kriterien als ausschlaggebend für einen universitären Werdegang. Sabine Maasen und Peter Weingart verknüpfen diese noch mit anderen Entwicklungen der Hochschulen. Wie das Theoriekapitel (vgl. 4.1.2) näher ausführen wird, hat diese Veränderung in Universität und Medizin eklatante Auswirkungen auf die Art und Weise wie sich die Wissenschaftlerinnen und Wissenschaftler innerhalb des Feldes positionieren müssen (Maasen und Weingart 2006). Der Wettbewerb in den Lebenswissenschaften, wie Biologie oder Medizin, wird daher auch als „Hypercompetition" bezeichnet (Fochler et al. 2016), in der der Nachwuchs möglichst jung sein sollte und internationale Erfahrungen sowie innovative, hochrangig publizierte Forschung vorweisen können sollte. Eine Ausgabe der Zeitschrift *Nature* zu diesem Thema kommt so zu dem Schluss:

„So, let's be clear: young scientists today face a harsher, more competitive, stricter, more dispiriting workplace than their bosses and senior colleagues did at the same stages of their own careers. Things are simply not the same as they were back in the day. They are more difficult" (Editorials 2016).

Die Implementierung managerialer Steuerungsinstrumente im Sinne eines *new-public-management* im Zuge der Hochschulreformen an deutschen Hochschulen haben zu Quasi-Wettbewerben geführt (vgl. u. a. Meier 2009). In diesem Kontext haben sich auch die Beschäftigungsverhältnisse maßgeblich verändert.

1.2.3. Arbeitsbedingungen: Befristung, Hierarchie und Verausgabungsrisiken

Die Instrumente und Mechanismen haben zum Ziel, kompetitiv Exzellenz in wissenschaftlichen Leistungen zu fördern und zu steigern (Binner et al. 2013: 9). Unter dem Vorzeichen der unternehmerischen Hochschule verändern sich Arbeits- und Karrierebedingungen.[7] Kurzfristige und drittmittelabhängige Stellenfinanzierung halten Beschäftigungsstrukturen flexibel und führen parallel zu prekären Beschäftigungsverhältnissen und diskontinuierlichen Karrierewegen (vgl. u. a. Klecha und Krumbein 2008). Im internationalen Vergleich stellen sich Wissenschaftskarrieren in Deutschland somit auch als deutlich risikoreicher dar. So ist eine deutsche Besonderheit das Fehlen unbefristeter Positionen unterhalb der Professur sowie eine hohe Abhängigkeit des Mittelbaus von den Lehrstuhlinhabenden. Letztere verfügen über Autorität und Ressourcen, die Positionen darunter lassen sich nicht als unabhängige Forschung verstehen, sondern bilden den sich qualifizierenden Nachwuchs (Zippel et al. 2013, aus Rusconi und Kunze 2015).

„Auf diese Weise wird ein hierarchisches und patriarchalisches System erschaffen und reproduziert, das durch eine starke Personenorientierung, geringe Formalisierung und Transparenz bei der Stellenvergabe, sowie einen langen und mit großen Unsicherheiten bei höher Abhängigkeit verbundenen Qualifikationsprozess gekennzeichnet ist" (ebd.: 55).

Diese Kennzeichen des deutschen Wissenschaftssystems verschärfen sich noch in der Universitätsmedizin. Der Wissenschaftsrat konstatierte bereits im Jahr 2004 als Belastung in der Assistenzphase „Aspekte der starren hierarchischen Führung im Chefarztsystem,

---

[7] Die ursprüngliche Idee der unternehmerischen Hochschule geht auf Burton Clark (1998) zurück. Clark analysiert die wesentlichen Elemente, die die unternehmerische Transformation der Hochschule und die aktive Umgestaltung bestehender Praktiken kennzeichnen. Hierunter fallen unter anderem die Stimulierung des akademischen Kernlands und eine integrierte unternehmerische und wettbewerbsorientierte Kultur. Dadurch wird die neue Kombination aus Elementen eines sowohl zunehmend ausgeprägten Managements als auch einer traditionellen akademischen Kultur ermöglicht (vgl. u. a. Badillo Vega 2018). Die Veränderungen im Zuge der Hochschulreformen seit dem Ende der 1990er-Jahre werden idealtypisch als Abnahme der staatlichen Regulierung und der akademischen Selbstorganisation und Zunahme zielbezogener Außensteuerung, Wettbewerb und hierarchischer Selbststeuerung beschrieben (Löther und Vollmer 2014: 19).

Unzulänglichkeiten der Dienstplanung, mangelnde sachliche wie personelle Unterstützung sowie die in Relation gesehene niedrige Bezahlung" (Wissenschaftsrat 2016: 101). Wenngleich in diesen Punkten bereits seit einiger Zeit Überlegungen bezüglich der Reformierung der Weiterbildungsstrukturen sowie der Verbesserung der ärztlichen Führung existieren (vgl. u. a. Bundesärztekammer 2007), sind Karrieren doch nach wie vor durch deutliche Abhängigkeiten innerhalb dieser Hierarchien gekennzeichnet. So herrscht einerseits die Auffassung vor, dass an die Stelle der traditionellen Klinikhierarchie arbeitsteilige Organisationen mit flachen Hierarchien treten müssen, die dem klinisch-wissenschaftlichen Nachwuchs strukturierte Karrierewege und Zielpositionen bieten (Heinze und Hans-Jochen 2016). Dem gegenüber steht aber eine Realität, die ein Hierarchiedenken ausgeprägter als „beim Militär" aufweist (vgl. u. a. Flintrop und Gerst 2007). Jüngst mahnte auch der Wissenschaftsrat die intransparenten und wenig planbaren Karrierewege der *Clinician Scientist* an, die für viele zunehmend abschreckend wirken (2016: 31). Eine Studie zu *Forschung und Innovation in der Universitätsmedizin* kommt zu dem Schluss, dass Karrieren in der Hochschulmedizin immer unattraktiver werden (Loos et al. 2014a), und dass es der Nachwuchs in Deutschland deutlich schwerer hat als in anderen Ländern. Fehlende Anerkennung, schlechte Vereinbarkeit wissenschaftlicher mit klinischer Tätigkeit, geringe Aufstiegschancen und bessere Verdienstmöglichkeiten außerhalb der Wissenschaft machen medizinische Forschung für die Ärzteschaft wenig anziehend (IGES Institut 2014). Im Gegensatz zu anderen Disziplinen der Lebenswissenschaften verfügt die Medizin jedoch über alternative, teilweise besser bezahlte und sicherere Arbeitsmöglichkeiten in öffentlichen oder privaten Kliniken, Praxen, im Gesundheitsmanagement, im Präventionsbereich etc. Die Universitätsmedizin hingegen ist meist eine auf Dauer gestellte Befristungsschleife, die erst durch eine Berufung auf eine Professur oder durch eine Beförderung auf eine leitende Position beendet wird. Der Bericht der Gemeinsamen Wissenschaftskonferenz (GWK 2016) sowie das Konsortium Bundesbericht Wissenschaftlicher Nachwuchs (2017) des Bundes bestätigen, dass wissenschaftliche Karrierewege fächerübergreifend in Deutschland von einer hohen Anzahl an befristeten Arbeitsverträgen geprägt sind. Sigrid Metz-Göckelt et al. stellen diesbezüglich fest:

> „Auf dem Weg zur Professur ist der wissenschaftliche Nachwuchs in der Regel entlang einer Kette befristeter Arbeitsverträge beschäftigt. Eine genauere Analyse der Beschäftigungsverhältnisse im wissenschaftlichen Mittelbau und im Zeitvergleich deutet auf eine zunehmende Prekarisierung" (Metz-Göckel et al. 2010: 14).

Das Gesetz über befristete Arbeitsverträge in der Wissenschaft (Bundesministeriums der Justiz und für Verbraucherschutz) regelt befristete Anstellungen in der Wissenschaft. Wissenschaftliches Personal kann bis zu sechs Jahre befristet beschäftigt werden; sind diese promoviert, ist eine weitere Beschäftigungsdauer von sechs Jahren möglich. In der Medizin gilt hier eine Dauer von neun Jahren, um die längere Qualifikationsdauer durch die Facharztausbildung anzuerkennen (vgl. WissZeitVG, § 2). Das Gesetz steht in der Kritik, eine deutliche Zunahme befristeter

Arbeitsverhältnisse ermöglicht zu haben (vgl. u. a. Gewerkschaft Erziehung und Wissenschaft (GEW) 2017): Von den wissenschaftlichen Mitarbeiterinnen und Mitarbeitern, die die größte Beschäftigtengruppe sind, waren im Jahr 2014 93 % befristet angestellt, davon 42 % mit einer Vertragslaufzeit von unter einem Jahr (Konsortium Bundesbericht Wissenschaftlicher Nachwuchs 2017: 9 f.). In den vergangenen Jahren wurde die Situation der wissenschaftlich Mitarbeitenden an deutschen Hochschulen vielfach kritisch betrachtet und als problematisch klassifiziert (Hochschulrektorenkonferenz 2014; Ullrich 2016; Münch 2016). Am 17. März 2016 trat so eine Novelle des Gesetzes in Kraft, deren Veränderungen aber die vorliegende Untersuchung nicht mehr tangieren.[8]

Befristungen betreffen die leitende Ärzteschaft in der Hochschulmedizin nicht, da diese mit ihren Aufgaben in Forschung, Lehre, Krankenversorgung und wissenschaftlicher Nachwuchsförderung Daueraufgaben im Universitätsklinikum wahrnimmt. So fehlt in aller Regel ein sachlicher Befristungsgrund (Deutscher Hochschulverband 2017). In der Universitätsmedizin trägt daher eine wissenschaftliche und/oder klinische Karriere in ihrer Verzahnung auch zu Beschäftigungssicherheit bei. Assistenzärztinnen und -ärzte hingegen können bis zu 15 Jahre befristet, auch mit sehr kurzen Laufzeiten, angestellt bleiben.

In der Hochschulmedizin verschärfen sich durch die Aufgabenverschränkungen zwischen Klinik und Forschung die oben beschriebenen Mechanismen des Hyperwettbewerbs. Dies drückt sich sowohl in einem hohen Arbeitspensum aus und führt gerade in dieser Berufsgruppe zu erhöhten Verausgabungen. Ein internationales Review wertete diesbezüglich durch Stichwortsuche identifizierte Publikationen nach der Arbeits- und Berufszufriedenheit von Medizinerinnen und Medizinern aus (N=2889) und kommt zu dem alarmierenden Ergebnis, dass

> „das Zusammenspiel von individuellen, beruflichen und organisationalen Faktoren die Morbidität und Mortalität von Ärzten erhöht. Die Prävalenz psychischer Erkrankungen scheint in der Ärzteschaft höher zu sein als in den meisten anderen Berufsgruppen" (Schwartz 2010: 11).

Das Berufsfeld charakterisiert sich damit auch durch ein hohes gesundheitliches Risiko. So führt das Review weiter aus, dass die Themenkomplexe „Schlafverlust", „Müdigkeit", „Erschöpfung", „Arbeitsbelastung", „Stress" und „Burn-out" breiten Raum einnehmen (ebd.: 12).

---

[8] Nach Gassmann und Emrich (2018: 9) wurde in § 2 Abs. 1 Satz 3 der Novelle des WissZeitVG festgelegt, dass die Befristungsdauer nun so zu gestalten sei, dass sie der angestrebten Qualifizierung angemessen ist. § 2 Abs. 2 bestimmt zudem in Bezug auf Drittmittelbefristungen, dass die Vertragsdauer dem Projektzeitraum entsprechen „soll" (WissZeitVG 2016). Nicht festgelegt wurden Qualifikationsziele und eine Definition der Angemessenheit der Dauer von Qualifikationsphasen. Neben den Änderungen zu den Vertragslaufzeiten wurde der Geltungsbereich des Gesetzes eingeschränkt. Dass WissZeitVG ist seitdem lediglich auf Personen anwendbar, deren Ziel eine Qualifizierung ist. Daueraufgaben können nicht mehr befristet werden. Nach Gassmann und Emrich (2018: 20) kann unter einigen Einschränkungen festgestellt werden, dass diese Novelle bereits einen Einfluss auf die Dauer von Neuverträgen hat.

Verausgabung durch Stress stellt in der Medizin ein alarmierend hohes gesundheitliches Risiko dar (Bauer und Groneberg 2014; Romani und Ashkar 2014; Shanafelt et al. 2015). So können in diesem Bereich länderübergreifend deutlich höhere Suizidraten als in anderen Berufsgruppen (vgl. u. a. Arnetz et al. 1987; Lindeman et al. 1996; König 2001; Schernhammer und Colditz 2004) sowie erhöhte Angstsymptomatik und Depression (Arnetz 2001) beobachtet werden. Ärztliche Direktoren schätzen dementsprechend zu 95 % das von Klinikbeschäftigten abverlangte Arbeitstempo als sehr hoch ein (Pfaff et al. 2010). Etwa ein Viertel der chirurgisch tätigen Krankenhausärztinnen und -ärzte ist von einer beruflichen Gratifikationskrise, das heißt, von einem Missverhältnis von Verausgabung und Belohnung betroffen. Bei über 22 % liegt nach dem Anforderungs-Kontroll-Modell „Job Strain" vor, das bedeutet, sie sind mit hohen Anforderungen bei gleichzeitig niedriger Kontrolle konfrontiert. Als besonders hoch belastet erweist sich in beiden Fällen die Assistenzärzteschaft mit und ohne Weiterbildung. Darüber hinaus haben rund ein Fünftel der chirurgisch tätigen Krankenhausärztinnen und -ärzte einige Male im Monat oder häufiger daran gedacht, ihren Beruf aufzugeben. Etwa 44 % der Befragten sehen die Qualität der Patientenversorgung manchmal oder oft durch Überarbeitung beeinträchtigt (Knesebeck et al. 2010). Diese und weitere Studien zu dem Thema gelangen deshalb auch zu der Ansicht:

> „Insgesamt machen die Ergebnisse deutlich, dass chirurgisch tätige Krankenhausärzte in Deutschland unter erhöhten psychosozialen Arbeitsbelastungen sowie Burnout leiden und dass ein signifikanter Zusammenhang zwischen psychosozialen Arbeitsbelastungen und Burnout besteht" (Klein et al. 2010: 378).

Aufgrund des demographischen Wandels droht auch der Medizin ein Fachkräftemangel. Laut Ärztestatistik 2016 gehe die Schere zwischen Behandlungsbedarf und -kapazität immer stärker auseinander (Bundesärztekammer 2016a). So werde ein stetig steigender Bedarf an Ärztinnen und Ärzte verzeichnet (Gerst 2016). Die Empfehlungen der Ständigen Senatskommission für Grundsatzfragen in der klinischen Forschung der DFG betonen deshalb auch die Notwendigkeit, einem drohenden Mangel qualifizierten wissenschaftlichen ärztlichen Nachwuchses entgegenzuwirken. Dies sei ein vorrangiges Ziel (2015):

> „Gerade aber die Situation des klinisch-wissenschaftlichen Nachwuchses stellt nach wie vor eine große Herausforderung dar und ist von einer Reihe vielfach ungelöster Schwierigkeiten gekennzeichnet. So ist die Problemlage einer Kombination von qualitätsgesicherter ärztlicher und qualifizierter wissenschaftlicher Tätigkeit ein globales und lang bekanntes Phänomen. Karrieren in der für das Gesundheitssystem unabdingbaren und notwendigen translationalen Forschung weisen viele Brüche auf, erfordern erhebliche organisatorische Eigeninitiative und erfolgen dennoch in hohem Maße zufallsbestimmt. In Deutschland werden […] insbesondere aus dem Kreis des wissenschaftlichen Nachwuchses in der Medizin Forderungen nach definierten und verlässlichen Karrierewegen

in der Universitätsmedizin, nach besserem Kompetenzerwerb in der Forschung, besserer Sichtbarkeit, kollegialer Akzeptanz und nach einer angemesseneren Vergütung der Ärztinnen und Ärzte, die sowohl klinisch als auch wissenschaftlich tätig sind, erhoben" (ebd.: 9).

Es wird also deutlich, dass sich ein Fachkräftemangel in der Medizin abzeichnet und zugleich fast 80 % der Frauen eines zunehmend feminisierten Faches die Hochschulmedizin vor der Habilitation verlassen. Die Universitätsmedizin gerät somit unter Druck, vor dessen Hintergrund auch die erhöhte Aufmerksamkeit und die Bemühungen um Frauenförderung gedeutet werden können. Wie der gegenwärtige Forschungsstand den Ausstieg von Frauen erklärt, soll im übernächsten Unterkapitel dargelegt werden. An dieser Stelle sollen jedoch zunächst noch rechtliche Aspekte zu Gleichstellung in der Wissenschaft und Mutterschutz Erwähnung finden.

1.2.4. Recht: Mutterschutz und Gleichstellung in der Wissenschaft

Ein kurzer Exkurs soll das Kapitel im Hinblick auf das Thema „Gleichstellung in deutschen Universitäten" komplettieren. Die Ausgestaltung unterscheidet das deutsche Wissenschaftssystem von anderen.

Gleichstellung an Universitäten

Nach der Sonderauswertung der Gemeinsamen Wissenschaftskonferenz (GWK) ist ein Kennzeichen der Hochschul- sowie der Gleichstellungspolitik in Deutschland ihre föderale Struktur (Gemeinsame Wissenschaftskonferenz (GWK) 2016: 9). Für Hochschulen und Forschungseinrichtungen gelten unterschiedliche rechtliche, finanzielle und strategische Rahmenbedingungen. Das Allgemeine Gleichstellungsgesetz (AGG) wirkt neben den Gleichstellungs- und Hochschulgesetzen der Länder auf die Gleichstellungspraxis an Wissenschaftseinrichtungen in Deutschland ein. Gleichstellungspolitik an Hochschulen und Forschungseinrichtungen wird in der Regel mithilfe von Gleichstellungsplänen oder -konzepten bzw. Frauenförderplänen implementiert. Einige Bundesländer legten in den letzten Jahren Landesprogramme auf, um beispielsweise den Anteil von Studentinnen in MINT-Fächern zu erhöhen, die Qualitätssicherung bei der Implementierung von Gleichstellungsmaßnahmen zu fördern, oder führten landesspezifische Gleichstellungsstandards ein. Die Bestellung bzw. Berufung von Frauen- und Gleichstellungsbeauftragten ist Pflicht der Hochschulen und Forschungseinrichtungen (Gemeinsame Wissenschaftskonferenz (GWK) 2016). Die Politikansätze, Strategien und Instrumente der Gleichstellungspolitik an Hochschulen sind hierbei mit den Veränderungen der Hochschulsteuerung, wie sie obig unter dem Begriff der unternehmerischen Hochschule angedeutet wurden, verknüpft. Beruhte die Gleichstellungspolitik anfangs auf staatlicher Steuerung, wurden ab den Hochschulreformen 1998 Gleichstellungsaspekte in die neuen Steuerinstrumente, Mittelvergaben und Evaluationen integriert (Löther und Vollmer 2014: 7). Es kam zu einer Gleichzeitigkeit von hierarchischer Steuerung der Gleichstellung und etablierten, gesetzlich verankerten Strukturen der Gleichstellungsbeauftragten (ebd.: 8). Birgit Riegraf und Lena Weber sehen dabei die Gefahr, dass durch die Ökonomisierungstendenzen der Gleichstellung nicht ökonomisch begründete politische Maßnahmen vernachlässigt würden. Es käme auf diese Weise zu einer Verabschiedung von einem Gleichheitsanspruch und zu einer ökonomischen Passförmigkeit: „Es werden sich auch diejenigen Diskriminierungsdimensionen nicht im Managing Diversity finden, die sich nicht in ökonomische Belange übersetzen lassen" (Riegraf und Weber 2014b).

Aufgrund des Risikos für Kind und Mutter weicht insbesondere der Mutterschutz in der Medizin von anderen Fachbereichen ab und wird intensiv diskutiert, weshalb an dieser Stelle rechtliche Aspekte und entsprechende Diskussionen kurz thematisiert werden.

Mutterschutz

Für Frauen gilt in Deutschland der Mutterschutz sechs Wochen vor und acht Wochen nach der Entbindung. Pro Kind kann Elternzeit von beiden Elternteilen von bis zu drei Jahren genommen werden. Die wichtigsten Forschungsfördereinrichtungen (AvH, DFG, DAAD, Wissenschaftsakademie Leopoldina, MPG) haben spezielle Elternzeitregelungen bzw. finanzielle Unterstützung und Verlängerungen der Stipendiendauer für die von ihnen geförderten Wissenschaftlerinnen und Wissenschaftler eingeführt (GWK-Sonderauswertung in Gemeinsame Wissenschaftskonferenz (GWK) 2016: 12 f.). Das Mutterschutzgesetz (MuSchG) ist eine wichtige historische Errungenschaft, bei zu restriktiver Auslegung kann es jedoch für die betroffenen Mitarbeiterinnen im Gesundheitswesen zu weitreichenden Einschränkungen in der Berufsausübung kommen. Die ersten gesetzlichen Regelungen zum Schutz von Schwangeren und Stillenden wurden in Deutschland im Jahr 1878 festgelegt. Das heutige „Gesetz zum Schutz der erwerbstätigen Mutter – Mutterschutzgesetz (MuSchG)" wurde am 24.01.1952 verabschiedet und aktuell zum Jahr 2018 geändert (Bundesministerium für Familie, Senioren, Frauen und Jugend 2017). In der Medizin gelten darüber hinaus weitere Regelungen. Durch die Veränderungen der Arbeitsbedingungen im Gesundheitswesen (z. B. Einführung sicherer Instrumente und minimal-invasiver Verfahren, Optimierung der Narkosetechnik sowie Substitution von Anästhetika und Gefahrstoffen), stellt sich die Frage, ob die gesetzlichen Regelungen zum Mutterschutz in der Medizin noch zeitgemäß sind oder ob auch diesbezüglich eine Aktualisierung sinnvoll wäre (Ochmann und Winkler 2013). Durch verschiedenste Initiativen, vor allem aus dem Fachbereich der Chirurgie wurde es 2015 möglich, dass nun Ärztinnen in der Schwangerschaft unter individuell abgesicherten Bedingungen operieren dürfen. Da gerade in der Frühschwangerschaft das werdende Kind besonders vulnerabel für Infektionen und Gefahrstoffe ist, endete bislang die Operationstätigkeit von Müttern nach Bekanntgabe der Schwangerschaft und bremste sie in der beruflichen Entwicklung aus (Operieren in der Schwangerschaft 2015). Nun können Kliniken unter Rücksprache mit der zuständigen Aufsichtsbehörde schwangeren Ärztinnen die Fortführung der operativen Tätigkeit ermöglichen. Verschiedentliche Initiativen versuchen durch Aufklärung und Leitfäden eine Grundlage zu schaffen, um den Kinderwunsch der Mitarbeiterinnen mit dem Wunsch nach Weiterführung der operativen Tätigkeit zu vereinbaren (vgl. u.a. Haase, Weigelt 2015; FamSurg o. J.; Alfermann o. J.).

Für das Feld „Hochschulmedizin" und seine Karrierewege lässt sich zusammenfassend sagen, dass eine Habilitation für eine Karriere in der Hochschulmedizin ausschlaggebend ist. Die Phase der Habilitation spielt sich zwischen Klinik und Forschung ab und ist geprägt von quantitativen Leistungskriterien bei einem gleichzeitig extrem hohen Arbeitspensum. Befristungsschleifen und starke Abhängigkeiten von Vorgesetzten begleiten diesen Weg, der ein hohes Risiko für Verausgabungen mit sich bringt. Diese haben sich durch Personalknappheit und die Implementierung von Wettbewerb in der Wissenschaft deutlich verschärft. Die Bedingungen für den wissenschaftlichen Nachwuchs erweisen sich so als relativ prekär. Zudem ist der Weg geprägt von Unsicherheiten, Intransparenz und Heterogenität in den Leistungskriterien. Diese Entwicklungen fallen mit einem ansteigenden Fachkräftemangel zusammen, der die Organisation „Hochschulmedizin" zunehmend unter Druck setzt.

1.3. Erklärungsansätze im Hinblick auf die Fragestellung

Nach Metz-Göckel et al. (2010) hatte die Integration der Frauen nur geringen Einfluss auf die universitäre Kultur und deren formale Organisation. Die zunächst vereinzelten Studentinnen und Wissenschaftlerinnen passten sich den vorgefundenen Verhältnissen an und die Universitäten ihrerseits sahen sich kaum veranlasst, die Karrierebedingungen auch auf Frauen auszurichten. Heike Kahlert weist in diesem Zusammenhang auch darauf hin, dass die Unterrepräsentanz von Frauen zuerst durch die Sozialisation und erst spät durch Strukturen männlich geprägter Wissenschaftskulturen erklärt wurde (Kahlert 2013b). Entsprechend fokussierten sich Gleichstellungsbemühungen zunächst auf die individuelle Frau und ihre Förderung (vgl. Blome et al. 2013).[9]

Andere Erkenntnisse, wie nun folgend dargestellt, argumentieren, dass die Problematiken der Geschlechterungleichheiten nicht bei den Frauen, sondern in den „Funktionsmechanismen des Wissenschaftsbetriebs" zu suchen seien (Krais 2000: 23). Dieser Blick auf die Unterrepräsentanz von Frauen bezieht stärker organisationale Strukturen mit ein und etabliert den Begriff der „gläsernen Decke" als Metapher für Prozesse und Faktoren, die Frauen vom Zugang in Führungspositionen abhalten (Morrison et al. 1987; Morrison und Glinow 1990). Definiert wird dieser Effekt als „a transparent barrier that (keeps) women from rising above a certain level in corporations" (Morrison et al. 1987: 13). „Gläsern" bezeichnet hierbei die relative Unsichtbarkeit von Barrieren, die Frauen von einem Aufstieg bis zu dieser Decke abhalten. Seither wurde diese Metapher weitläufig rezipiert (vgl. u. a. Powell und Butterfield 2015) und als „Glass Slipper", „Leaky Pipeline", „Labyrinth", „Firewall", „Glass Cliff", „Sticky Floor" etc. bezeichnet (Ashcraft 2012; Carli und Eagly 2016; Smith et al. 2012; Alper 1993). Deutlich machen diese Ausführungen ein zähes Phänomen von Ungleichheiten aus, das sich in der Wissenschaft und hier vor allem in der Medizin in Richtung „Habilitation" verschoben hat. Global existiert eine ähnliche Tendenz, wobei sich wie in Kapitel 1.1. dargestellt, Deutschland im internationalen Vergleich als besonders träge erweist. Insofern ist auch die fast unüberschaubare internationale Literatur zu diesem Thema sehr ausführlich. An dieser Stelle soll diese deshalb, vor dem Hintergrund ausgewählter Studien, auf die Fragestellung der vorliegenden Analyse eingegrenzt und

---

[9] Parallel veränderten sich auch Gleichstellungsbemühungen von Frauenförderung hin zu organisationsorientierten Ansätzen, ohne auf Frauenförderung zu verzichten (Blome et al. 2013). Zudem etablierte sich Gleichstellung, neben ihrer rechtlichen Umsetzung durch Gleichstellungsbeauftragte auch als Teil von Governance-Strukturen innerhalb der Organisation. Sie wurden zu einem Teil der Leitungsaufgaben und damit in das organisationale Management der Hochschulen integriert (Löther und Vollmer 2014). Kritisiert wird daran, dass in der Gleichstellungsarbeit nun weniger Gerechtigkeitstheorie und Herrschaftskritik im Vordergrund steht, als vielmehr eine Gleichstellung die auf mehr Effizienz und Wettbewerbsvorteil abzielt und damit eine ressourcenorientierte Perspektive im Zuge des Fachkräftemangels verfolgt (Blome et al. 2013; Bührmann 2014; Amstutz 2010; Krell 2014). Geprägt von ökonomischen Argumentationsfiguren, die Chancengleichheiten als Verschwendung der Begabung und Gleichstellung als Gewinn von Talenten von Frauen vorstellt, sollte diese nicht weiter „brach liegen" (Kahlert 2013a).

erläutert werden. Die Auswahl nimmt zentrale Ergebnisse auf, um diese im weiteren Verlauf für den Untersuchungskontext fruchtbar zu machen.

1.3.1. Individuelle Unterschiede zwischen Frauen und Männern

Ein in der Psychologie verorteter Forschungsstrang zum Ausschluss von Frauen aus der Universitätsmedizin befasst sich mit den individuellen Unterschieden zwischen Männern und Frauen. Bei diesen individuellen Hindernissen von Frauen standen Studien zum Selbstkonzept, also die Kognitionen einer Person über sich sowie die damit verknüpften Bewertungen der eigenen Person (Selbstwert) und der eigenen Fähigkeiten (Selbstvertrauen) im Mittelpunkt (Sieverding 1990, 2003; Beyer 1990; Eagly 2016; Krimmer und Zimmer 2003; Zeldin et al. 2008). So wurde in Vergleichen zwischen Männern und Frauen festgestellt, dass Wissenschaftler ihre Karriereerfolge eher der eigenen Leistung und Anstrengung zuschrieben als Wissenschaftlerinnen (Krimmer und Zimmer 2003). Auch zeigen sich Studentinnen wesentlich geringer erfolgszuversichtlich als männliche Studenten, wenn zuvor eine Selbstkategorisierung nach Geschlecht ausgelöst wurde (Hannover 2002: 37). Monika Sieverding beobachtete, dass sich Frauen in der leistungsbezogenen Selbstbeurteilung geringer einschätzen als männliche Probanden. Frauen unterschätzen ihre eigene Leistung im Verhältnis zu objektiven Leistungstests (Sieverding 2003). Renate Petersen weist ein geringes Selbstvertrauen in die eigene Leistungsfähigkeit in Bezug auf Promotionsvorhaben nach (2007: 69). Auch Matthias Zimmermann sieht einen höheren Selbstzweifel von Frauen gegenüber Kommilitonen. Zugleich hätten Frauen aber ein höheres Interesse an Forschung und kritischer Auseinandersetzung, verfügten über eine hohe intrinsische Berufsmotivation sowie einen Wunsch nach beruflicher Selbstverwirklichung (Zimmermann 1996: 40 ff.). Dies bestätigt sich auch bei T. D. Sikhwari, die einen hohen Zusammenhang zwischen Selbstkonzept, Motivation und akademischem Erfolg ausmachen konnte und hierbei eine höhere Motivation von Studentinnen identifizierte (2017). So gilt auch für die naturwissenschaftlichen Fächer, dass Frauen die Universität nicht aus Gründen der intrinsischen Motivation verlassen, sondern dass sich hoch Motivierte gegen eine universitäre Karriere entscheiden, wenn sie über vergleichsweise geringe Unterstützung enttäuscht sind (Dautzenberg et al. 2013). Um universitär erfolgreich zu sein, wird Selbstwirksamkeitserwartung (*self-efficacy beliefs*), also die Erwartung einer Person aufgrund eigener Kompetenzen eine gewünschte Handlung erfolgreich selbst ausführen zu können, in der internationalen Literatur zentral rezipiert (vgl. u. a. Huang 2013; Zeldin et al. 2008; Zeldin und Pajares 2000; Artino 2012; Isaac et al. 2012; MacPhee et al. 2013; Franzblau und Moore 2001). Eine Meta-Analyse zu Geschlechterungleichheiten in der akademischen Selbstwirksamkeit kommt zu dem Ergebnis, dass Männer über eine gering höhere Selbstwirksamkeit verfügen. Hierbei spielen die geschlechtlichen Konnotationen der Fächer eine große Rolle. Frauen weisen in Sprache und Kunst eine höhere Selbstwirksamkeitserwartung auf. Bei Männern traf dies in den Bereichen Mathematik, Computer und Sozialwissenschaften zu. Dieser Effekt vergrößert sich in der

Lebensspanne ab dem Alter von 23 Jahren (Huang 2013). Eine Differenz entsteht nicht nur zwischen den Fächern, auch weisen Untersuchungen darauf hin, dass insbesondere in männlich dominierten Fächern Selbstwirksamkeit für Frauen wichtiger erscheint als in anderen Disziplinen (Zeldin und Pajares 2000). Es wird davon ausgegangen, dass Selbstwirksamkeit zu mehr Resilienz und Selbstvertrauen im Umgang mit den Barrieren in einem männlich dominierten beruflichen Umfeld führt (Zeldin et al. 2008). Zudem wurde das sogenannte Hochstaplerphänomen (*imposter phenomenon*) thematisiert, das die inneren Kämpfe von Frauen im universitären Kontext zu beschreiben sucht (Howe-Walsh und Turnbull 2014). Dieses Phänomen bezieht sich nicht ausschließlich auf Frauen, beschreibt aber den Glauben, dass Erfolg entweder Glück oder ein Fehler war. Frauen leiden demnach stärker darunter, als unintelligent oder inkompetent demaskiert zu werden (vgl. u. a. Clance und Imes 1978; Neureiter und Traut-Mattausch 2016; Jöstl et al. 2012). Aufgrund der obig beschriebenen Prozesse unterschiedlicher Erfolgsattributionen, bei denen Frauen eher von Glück als eigener Leistung ausgehen, kommt es bei Frauen häufiger zu diesem Hochstaplerphänomen (Langford und Clance 1993; Clance und O'Toole 1987). Selbstwirksamkeit ist also nicht nur ein wichtiger Indikator, in der medizinischen Wissenschaft zu bleiben (Epstein et al. 2016). Zudem wirkt sich Selbstwirksamkeit und Selbstwert als Schlüsselkategorie auf den universitären Erfolg, akademische Performance und Leistung aus (vgl. u. a. Rosli et al. 2012). Dies zeigt sich unter anderem in Kommunikationsstilen, bei denen Frauen eher zurückhaltend agieren (Carter et al. 2017). Diese Ausführungen zeigen individuelle Hindernisse von Frauen auf und deuten Möglichkeiten eines entsprechenden Empowerments an. Cynthia Cockburn spricht bei diesen Bemühung der Herstellung von Gleichheit für die individuelle Frau von einer „kurzen Agenda", die jedoch die Formen der Herstellung von Ungleichheit vernachlässige und Frauen in ein männerdominiertes System einpasse (Cockburn 1991). Im Sinne einer „Defizit-Hypothese" (Dautzenberg et al. 2013) würden Frauen nicht als organisational benachteiligt, sondern als defizitär konzeptualisiert (Blome et al. 2013; Cockburn 1991). Die individuelle Perspektive übersieht damit das Soziale hinter den individuellen Unterschieden zwischen Männern und Frauen im universitären Kontext und dies gerade vor dem Hintergrund sozialer Ungleichheiten. So wird vielmehr angenommen, dass diese Rahmenbedingungen Vulnerabilität mitproduziert (Endreß und Maurer 2015: 18). Diese individuell orientierte Perspektive der Frauenforschung steht für eine Gleichzeitigkeit von biologischem Geschlecht und unterschiedlich gelebter Sozialisationserfahrung zwischen Männern und Frauen, die dementsprechend anders leben, handeln, fühlen und erleben (vgl. Maihofer 2004). Eine solche Perspektive ermöglicht zwar eine individuelle Frauenförderung, nimmt aber Männlichkeit als geschlechterneutral an und fördert Frauen in Differenz. Die „lange Agenda" der Herstellung von Gleichheit der Geschlechter nach Cockburn zielt hingegen auf die Transformation der Organisation selbst (1991). Auch Beate Krais ist der Ansicht, dass für „eine lange Zeit strukturelle Bedingungen unterschätzt, individuelle Faktoren und vor allem Defizitannahmen in ihrer Bedeutung überschätzt wurden" (Krais 2008: 180). Laut Isabell Welpe stellen somit nicht die Frauen das Problem dar, sondern die in der Organisation wirkenden

Stereotype. Sie ist vor diesem Hintergrund der Ansicht: „Don't fix the woman, fix the Organization" (Welpe und Reich 2015). Mit der Rolle der Organisation für den Ausschluss von Frauen befasst sich eine sozialpsychologisch orientierte Geschlechterforschung, die im Folgenden ausgeführt werden soll.

1.3.2. Geschlechterverhältnisse der Organisation: Diskriminierung und psychische Folgen

Neben den individuellen/psychologischen Wahrnehmungen der eigenen Person sind für die Sozialpsychologie eher die von außen einwirkenden Zuschreibungen interessant, beispielsweise das Erleben von Diskriminierung. So befassen sich sozialpsychologische Studien mit der kognitiven Verarbeitung von Wissen und deren psychologischen Wirkweisen (vgl. u. a. Deaux 1995; Weber 2005; Degner et al. 2009; Förster 2010; Correll et al. 2002; Fiske et al. 2002). Obgleich Stereotype eine zentrale Funktion bei kognitiven Verarbeitungsprozessen einnehmen, führen sie aufgrund ihrer Vereinfachungsfunktion auch zu Vorurteilen oder Diskriminierung (Heilman 2012). In Bezug auf Führungspositionen ist eine Passung zwischen Person und Erwartungen an eine berufliche Position ausschlaggebend. Nachgewiesen wurde dies vielfach in Studien zu Geschlechtsstereotypen und Führungspositionen (vgl. u. a. Eagly und Chin 2010; Carli und Eagly 2016; Heilman und Eagly 2008.). Auch Untersuchungen zur Personalauswahl in der Wissenschaft in Deutschland kommen zu ähnlichen Ergebnissen (Braun et al. 2015). So werden Frauen durch stereotype Annahmen deutlich benachteiligt. Ein *lack of fit* (Heilman 2001, 2012; Heilman und Eagly 2008), also stereotyp angenommene fehlende Passung zwischen Erwartung und Position, führt dazu, dass Frauen zwar als insgesamt positiver wahrgenommen werden (Woman-are-Wonderful-Effekt nach Eagly und Mladinic 1994), ihnen aber Eigenschaft abgesprochen werden, die mit Führungspositionen assoziiert werden (Think-Manager-Think-Male-Effekt nach Schein et al. 1996). Frauen unterliegen damit einem Doublebind-Effekt, denn entsprechen sie den stereotypen Erwartungen gegenüber Frauen, werden sie als weniger kompetent wahrgenommen (vgl. Rudman und Glick 1999; Heilman und Okimoto 2007); widersprechen sie diesen, wirken sie unsympathisch (vgl. Heilman et al. 2004). Dies verstärkt sich bei Müttern deutlich, die aufgrund der Assoziation mit weiblich konnotierten Persönlichkeitseigenschaften noch stärker Gefahr laufen, dass ihnen Kompetenzen aberkannt werden (vgl. u. a. Cuddy et al. 2004; Fiske et al. 2002). Stereotype wirken sich aber nicht nur auf die Wahrnehmung von Persönlichkeitsmerkmalen als passend oder unpassend aus, sondern wirken auch auf die Zuteilung von Personen zu bestimmten geschlechtlich kodieren Tätigkeitsbereichen. Ärztinnen kümmern sich so weitaus stärker um die *academic family*, indem sie Aufgaben auf der Station oder Verwaltungstätigkeiten übernehmen, wohingegen sich männliche Kollegen um die Performance nach außen kümmern (Guarino und Borden 2016). Zum einen übernehmen Frauen selbst stärker diese Tätigkeiten (Majcher und Zimmer 2010: 707), zum anderen werden Frauen im Hochschulkontext deutlich stärker in entsprechenden, nicht karriereförderlichen Bereichen, wie der Lehre eingebunden als ihre männlichen Kollegen (Ceci und Williams 2011). Da aber gerade Leistungseinbringung in männlich konnotierten Bereichen der Forschung für eine Wissenschaftskarriere unentbehrlich ist, müssen Frauen auf diese Weise *hidden costs* (Deiana o. J.) tragen. Sind Frauen erfolgreich, wird dies zudem nicht unbedingt honoriert. Denn arbeiten Frauen und Männer bei männlich konnotierten Aufgaben zusammen, so wird im Erfolgsfall den Frauen weniger Anteil zugeschrieben. Gibt es keine klaren Beweise wird ihr Erfolg mit externalen Gründen wie Glück oder einem Mentor verursacht betrachtet (Heilman und Haynes 2005).

Wie mittlerweile viele andere Studien auch gezeigt haben, konnten Rhea Steinpreis et al. bereits 1999 in einer experimentellen Studie für den universitären Bereich nachweisen, dass männliche Bewerber bevorzugt werden. In einer randomisierten Studie an der Universität Yale erhielten Professorinnen und Professoren in den Fächern „Biologie", „Chemie" und „Physik" Bewerbungsunterlagen für eine Labormanager-Stelle. Die Unterlagen waren identisch, die Vornamen variierten. Das Geschlecht hatte in allen Untersuchungskategorien (Kompetenz, Eignung, Einstiegsgehalt und Mentoring) eine signifikante Auswirkung auf eine negativere Bewertung der Frauen (Moss-Racusin et al. 2012). Bereits in den Leistungskriterien vor einer Bewerbung wirken sich Ungleichheiten zwischen den Geschlechtern deutlich aus. So konnte anhand von Studien belegt werden, dass Frauen in der Medizin schlechter betreut werden und sie bereits die Promotionsphase als hürdenreich erleben (Bickel 2000; Angelis 2000). Aber auch Empfehlungsschreiben für männliche Stellenbewerber wurden in einer medizinischen Fakultät positiver formuliert (Trix und Psenka 2003). Darüber hinaus erweisen sich auch essentielle Leistungskriterien einer universitären Karriere, wie Erstautorenschaften, als ungleich verteilt (West et al. 2013; Jagsi et al. 2006; Filardo et al. 2016). Zudem werden Frauen deutlich weniger zitiert als ihre männlichen Kollegen (Sugimoto et al. 2013; Maliniak et al. 2013). Ein Gendereffekt zeigte sich auch bei Drittmittelvergaben (Ragna et al. 2012) und Gutachteranteilen in Auswahlkommissionen (Zuber 2001). Eine der meist rezipierten Studien zu diesem Thema konnte anhand von 114 Habilitationsstipendien in der Medizin einen deutlichen Genderbias nachweisen. Christine Wenneras und Agens Wold untersuchten 1995 die Anträge von 52 weiblichen und 62 männlichen Wissenschaftlern, die an den Schwedischen Wissenschaftsrat Medizin (Medical Resarch Council MRC) gerichtet waren. Die Autorinnen fanden heraus: „Um denselben Kompetenzwert zu erhalten wie die männlichen Antragsteller muss eine Frau zusätzliche 64 Produktivitätspunkte aufweisen" (Wenneras und Wold 1997: 342), was je nach Renommee der Zeitschrift mehr als 2 bis 20 zusätzliche Veröffentlichungen bedeutete. Neben dem Geschlecht spielte eine gleich große Rolle, ob die Befragten mit den Gutachterinnen und Gutachtern persönlich bekannt waren (Nepotismus-Faktor).

In der Konsequenz kann das durch Stereotype geprägte Umfeld dazu führen, dass sich Frauen von männlich konnotierten Bereichen abwenden (Hannover 2002) und weniger nach Führungspositionen streben (Davies et al. 2005). Zudem kann es zu einem tatsächlichen Leistungsabfall kommen (Cadinu et al. 2005). Diese Untersuchungen belegen damit, wie Stereotype wissenschaftlichen Erfolg von Frauen unterminieren und dazu führen, dass ein Ausstieg aus der Wissenschaft dem Selbstwertschutz dient (Aronson et al. 1998). Die nachlassenden Karriereambitionen von Ärztinnen (Rothe et al. 2012) können also auch als stereotype Wirkungen innerhalb der Organisation betrachtet werden.

Andrea Abele-Brehm widerspricht der Annahme eines geringen Selbstvertrauens von Studentinnen und Kommilitonen als mögliche Ursache für einen geringeren Karriereerfolg von Akademikerinnen (Abele 2002: 60). Sie sieht eher einen Zusammenhang zwischen Werdegang in der Organisation und der Abnahme der Selbstwirksamkeitserwartung mit Eintritt in den medizinischen Beruf im Krankenhaus (Abele-Brehm 2013). Eine Studie von Ceci et al. macht zudem deutlich, dass es innerhalb dieser Verläufe heute nicht mehr nur Diskriminierungen sind, die auf Frauen nachteilig wirken (Ceci und Williams 2011; Ceci et al. 2014). Es sind vielmehr aktuelle Barrieren, die diese Chancenungleichheiten in der Wissenschaft erzeugen. Gerade in der Medizin, die von hohen gesundheitlichen Risiken geprägt ist, kann diese Gemengelage zu gesundheitlichen Ungleichheiten und erhöhter Stressbelastung von Frauen beitragen (vgl. u. a. Nelson und Burke 2002). So wurde nachgewiesen, dass Frauen in männlich konnotierten Fächern der Wissenschaft sowie im Speziellen in der Chirurgie (Klein et al. 2010) deutlich stärker von Burn-out betroffen sind (Pedersen und Minnotte 2017).

Die genannten Studien akzentuieren im Gegensatz zu den Untersuchungen der psychischen Unterschiede zwischen Männern und Frauen die Erzeugung dieser Differenzen. Diese beziehen sich auf äußere Faktoren, wie Personalauswahl und Aufgabenzuteilung, sowie auf innere Prozesse, die Einfluss auf das Selbstkonzept von Frauen in Führungspositionen der Wissenschaft nehmen. Der Fokus liegt, neben diskriminierenden Ausschlüssen, auf den Einflüssen der Organisation auf individualpsychologische Konstrukte, die erklären können, warum sich Frauen aus der Universität verabschieden. Unklar bleibt aber, wie diese prozessual und machttheoretisch gedeutet werden können. Die komplexen und vielfältigen Konstruktionsprozesse von Geschlecht, die situational in spezifische Organisationspraktiken gebettet sind und zugleich verschleiert werden, bleiben in dieser Perspektive unterbeleuchtet.

1.3.3. Wissenschaft als Feld: Die Konstruktion von Weiblichkeit als Negativfolie

Die soziologisch orientierte Geschlechterforschung ist sich mittlerweile einig, dass die Ursachen für den Ausschluss von Frauen in den Strukturen der männlich geprägten Wissenschaftskultur und den interaktionellen Mechanismen im wissenschaftlichen Alltag liegen (vgl. u. a. Engler 2001; Beaufaÿs 2003; Kahlert 2013b; Rusconi und Kunze 2015). Die Organisationsforscherinnen Julia Nentwich und Martina Stangel-Meseke sprechen diesbezüglich von einem „Paradigmenwechsel" gegenüber den obig ausformulierten Ansätzen (2010: 331). In Bezug auf Organisationsforschung geht es demnach darum, Geschlecht und Organisation als miteinander verwoben zu theoretisieren (vgl. u. a. Acker 1990; 2012; 2013; Lewis und Simpson 2012; Müller et al. 2013; Wilz 2013; Nentwich und Stangel-Meseke 2010; Apelt und Scholz 2014; Gherardi und Poggio 2014; Funder 2014). Nicht das handelnde Individuum als stabile Einheit innerhalb eines Kontextes organisationaler Gegebenheiten wird beschrieben, sondern Organisation und Individuum als sich reflexiv konstituierende Phänomene.

Zentral für diese Veränderung in der organisationsorientierten Geschlechterforschung ist die Infragestellung der Unterscheidung von *Sex* und *Gender*, also biologischem und sozialen Geschlecht als Differenz zwischen Anatomie und Schicksal. Kritisiert wird vielmehr der kausale Zusammenhang zwischen Biologie und Geschlechterrolle (Gildemeister 1992). Im Zuge der Abwendung von dieser Begrifflichkeit wird die Konstruktion von Geschlecht als interaktiver (Connell 1987; Zimmermann etc.) und performativer Akt (Butler 2012 [1991]) betrachtet. Im Sinne Erving Goffmans Theorie des *Doing Gender* wird Geschlecht in täglichen Interaktionen aufgeführt (Goffman 2016), in denen ein „Sameness taboo" (Gayle 1997) dafür sorgt, dass sich die Geschlechter relational geschlechtsgemäß und in Abgrenzung zueinander verhalten. Geschlecht ist so eine grundlegende soziale Kategorie der Wahrnehmung, Zweigeschlechtlichkeit erweist sich so als soziokulturelle Konstruktion (Wetterer 2008).[10] Anthropologinnen erinnern in diesem Zusammenhang an die in der Neuzeit begründete Konstruktion zwischen Natur und Kultur, die mit der Zweiteilung von Geschlecht verknüpft wurde (MacCormack und Strathern 1989; Ortner 1972). Diese kulturanthropologischen Untersuchungen machen deutlich, dass Zweigeschlechtlichkeit keine natürlich-alternativlose Tatsache darstellt. Eine Vielzahl von Studien weisen ferner darauf hin, dass nicht in allen Kulturen Zweigeschlechtlichkeit als lebenslang konstitutiv betrachtet wird, Wechsel und mehr als zwei Geschlechter möglich sein können und Geschlecht nicht biologisch rückgebunden sein muss (vgl. u. a. Ortner 1993; 1996; Schröter 2003; 1995). Die Geschlechterforschung sieht in der Naturalisierung von Geschlecht eine spezifisch machttheoretische Leistung, die durch die Subjekte selbst hindurch wirken (Bleier 1997; Butler 2012 [1991]; Bourdieu 1997; Beauvoir 2017 [1951]). Pierre Bourdieu, dessen Standpunkt in Kapitel 3.2. noch ausführlich dargestellt werden soll, spricht in diesem Kontext von einer „männlichen Herrschaft", die die Hierarchie zwischen den Geschlechtern aufrechterhält, indem sie diese als natürlich „verschleiert" (Bourdieu 1997). Diese Macht schreibt sich in einen vergeschlechtlichten und vergeschlechtlichenden Habitus ein und führt dazu, dass diese Natürlichkeit verkörpert wird (ebd.). Geschlecht ist somit auch eine unentrinnbare und

---

[10] Auch kulturhistorische Arbeiten betonen diese Konstruktionsleistung in Abgrenzung zu historischen anderen Formen von Geschlechtlichkeit. So zeichnen körperhistorische Arbeiten eine grundsätzlich andere Körperwahrnehmung nach. Der Körper kann historisch als ein offenes Gefäß betrachtet werden, das keine geschlechtlichen Markierungen enthält (Duden 2002). Thomas Laquer (1992) zeigt zudem auf, dass in der europäischen Kultur ein *one sex model* (Ein-Geschlecht-Modell) dominierte, das weibliche und männliche Geschlechtsorgane nicht als grundsätzlich verschieden dachte. Das Zwei-Geschlechter-Modell ist demnach eine „Erfindung" des 18. Jahrhunderts (ebd.: 149), das einen Umbruch in den Geschlechterverhältnissen markiert. Mann und Frau werden nun zu zwei grundsätzlichen Prinzipien, die auf diesen biologischen Annahmen basieren und sich in sozialen Rollen übersetzen.

somatisierte Kategorie, ein Soziales, das sich in den Körper einschreibt, ihn formt und dessen somatische Seite entfaltet (Krais 1993; Bourdieu und Wacquant 2006 [1996]: 161). Diese Naturalisierung wurde in den bürgerlichen Vorstellungen des Zusammenlebens von Männer und Frauen ausagiert. Männer wurden so mit Kultur und Öffentlichkeit verbunden, Frauen wurden hingegen mit Natur und dem Privaten assoziiert:

> „Frauen [sind] die Repräsentanten der Sitte, der Liebe, der Scham, des unmittelbaren Gefühls, wie die Männer die Repräsentanten des Gesetzes, der Pflicht, der Ehre und des Gedankens; jene vertreten vorzugsweise das Familienleben, diese vorzugsweise das Geschäftsleben" (Allgemeine deutsche Real-Enzyklopädie für die gebildeten Stände. Aus: Opitz 2010: 44).

Die Sphäre der Reproduktion wurde so zu einem weiblich konnotierten Tätigkeitsbereich. Die Sphäre der Wissenschaft wurde mit Männlichkeit verknüpft. Frauen wurde die Fähigkeit des abstrakten Denkens abgesprochen (vgl. Franzke 2016: 83). Vor allem wissenschaftshistorische Forschungen aus den Naturwissenschaften zeigen auf, dass sich die Teilung der Geschlechter auch in den Wissensproduktionen niederschlägt. In Bezug auf die Medizin und die medizinische Wissenschaft stellt Londa Schiebinger fest:

> „Viele Leute werden bereit sein, einzuräumen, dass den Frauen keine faire Chance gegeben wurde, daß soziale Einstellungen und wissenschaftliche Institutionen reformbedürftig sind. Sie geben vielleicht noch zu, daß Frauen auf subtile und häufig unmerkliche Art und Weise ausgeschlossen werden. Sie schrecken jedoch zurück, wenn es darum geht, die Wirkung von geschlechtsbezogenen Praktiken und Ideologien auf das Wissen zu analysieren. Hat der Ausschluss von Frauen aus den Naturwissenschaften Folgen für die Inhalte der Naturwissenschaften?" (Schiebinger 2000: 147).

Wissenschaftlerinnen wie Donna Haraway (1988; 1995; vgl. auch Alaimo und Hekman 2008), Karan Barad (2012), Londa Schiebinger (2000, 1995) oder Evelyn Fox Keller (1995) würden diese Frage bejahen, indem sie nach Prozessen und Strategien fragen, wie die scheinbar natürliche Einheit von Männlichkeit und Wissenschaft sich auch in der Produktion von naturwissenschaftlichem Wissen niederschlägt. Evelyn Fox Keller schlägt deshalb vor, Gender und Wissenschaft in der Taxonomie a) Frauen in der Wissenschaft, b) wissenschaftliche Konstruktion der Geschlechterdifferenz und c) deren Anwendung in der Wissensproduktion zu untersuchen („the uses of scientific constructions of subjects and objects that lie both beneath and beyond the human skin (or skeleton)" (Fox Keller 1995: 32). Neben der Produktion wissenschaftlichen Wissens stehen damit die Konstruktion der Geschlechterdifferenz innerhalb der Wissenschaft als Organisation sowie die in der Wissenschaft situierten Frauen im Mittelpunkt der vorliegenden Untersuchung.

Mit dieser konstruktivistischen Forschungsperspektive wird es möglich, „Weiblichkeit" nicht als biologische Ausgestaltung sozialer Rollen zu untersuchen, sondern als machtvollnaturalisierte Konstruktionsleistung innerhalb der Organisation „Wissenschaft". Ausgangspunkt bildet die Konstruktion von Weiblichkeit als naturalisierte Negativfolie. Das bedeutet, dass mit Weiblichkeit assoziierte Persönlichkeitseigenschaften oder Tätigkeitsbereiche eine Abwertung erfahren und sich negativ auf die mit diesen Bereichen oder Eigenschaften assoziierten Personen auswirken. Verdeckt bleibt, dass es sich hierbei um Machtkämpfe handelt. „Männlichkeit" und „Weiblichkeit" sind damit keine Persönlichkeitsmerkmale individueller Personen, sondern eine in machtvolle Formen verwobene Positionierungen innerhalb von Beziehungsstrukturen. Sie werden in der sozialen Interaktion zwischen den Geschlechtern hergestellt und verfestigen deren Handlungspraxis in Institutionen (Connell 1993: 602).

Die beschriebenen Perspektiven auf Geschlecht sowie die Assoziation von Weiblichkeit mit Tätigkeitsbereichen und Persönlichkeitseigenschaften nehmen Einfluss auf die Werdegänge von mit „weiblich" assoziierten Organisationssubjekten in Wissenschaft und Medizin. Die eingangs skizzierten Ungleichheiten bei den Leistungskriterien in der Wissenschaft machen dies deutlich. Denn so gilt zwar einerseits das Prinzip der Meritokratie, also, dass Positionen unabhängig von Geschlecht, Herkunft, Aussehen usw. nach definierten und insofern transparenten Leistungskriterien vergeben werden. Zugleich wird dies aber nicht eingelöst. Soziale Kriterien und Ausschlüsse machen sich vorrangig in den Leistungskriterien bemerkbar, die zugleich aber durch die Dethematisierung und Naturalisierung von Geschlecht verschleiert werden (vgl. Beaufaÿs und Krais 2007). Margaret W. Rossiter bezeichnet die systematische Verdrängung und Leugnung des Beitrags von Wissenschaftlerinnen in der Forschung als „Matilda-Effekt" (Rossiter 2003). Benannt wurde dieser nach der Frauenrechtlerin Matilda Joslyn Gage, deren Ausführungen Rossiter weiterdachte. Dieser Effekt beschreibt – Rossiter bezieht sich hierbei auf Robert K. Merton – die Umkehrung des Matthäus-Gelübtes als Akkumulation von Vorteilen in Anschluss an das Matthäus-Evangelium: „Denn wer da hat, dem wird gegeben werden, daß er die Fülle habe, wer aber nicht hat, dem wird auch noch genommen, was er hat" (Die Bibel 1999: 13:12, nach Rossiter 2003: 191). Rossiter zeichnet wissenschaftshistorisch entlang unterschiedlicher Frauenkarrieren nach, wie die Leistung dieser Frauen verunsichtbart wurden. So arbeitete Lise Meitner jahrzehntelang mit Otto Hahn zusammen. Sie erkannten 1939, dass das, was sie vollbracht, aber nicht erklären konnten, eine Kernspaltung war. 1944 erhielt Otto Hahn alleine den Nobelpreis für eine der größten gemeinschaftlichen Entdeckungen. Nach Rossiter handelte es sich hierbei um eine systematische Unterbewertung von Beiträgen von Frauen in der Wissenschaft, die sich über den Zeitverlauf akkumulieren.

Jutta Allmendinger konstatiert, dass es vor allem diese Anhäufung von Punkten ist, an denen sich Unterschiede für Männer und Frauen in der Wissenschaft auftun (Allmendinger et al. 2000). Die Meritokratie wird erklärungsbedürftig. Auch Bourdieu war der Ansicht, dass die Ideologie der Neutralität wissenschaftlicher Arbeit, die sie von sozialen Bezügen freispricht dazu führt, dass gesellschaftliche Ungleichheiten im Feld reproduziert werden (Beaufaÿs 2003: 16). Für das Feld der Wissenschaft kann mit Steffani Engler gesagt werden, dass die Art und

Weise wie Leistung anerkannt wird, mit der Zuschreibung der im wissenschaftlichen Feld konstruierten Persönlichkeitseigenschaften verknüpft ist (Engler 2001). Schon Max Weber sprach von Wissenschaft als Beruf, von leidenschaftlicher Hingabe und harter Arbeit (Weber 2017 [1919]). Merton stellt bei Nobelpreisträgern eine außerordentliche Ich-Stärke und Selbstsicherheit fest (1985: 165). Das Streben nach Leistung durch harte Arbeit reicht in der Wissenschaft nicht aus. Sie muss in den sozialen Spielen, in Relation zu anderen, anerkannt werden (Engler 2001: 447). Auf dem Weg zur Professur geht es nach Engler darum, dass wissenschaftliche Arbeit von Persönlichkeiten gemacht wird und dass diese Persönlichkeiten im Kosmos der Wissenschaft einem sozialen Spiel entworfen werden:

> „Es ist nicht die herausragende Leistung, die AkteurInnen zu wissenschaftlichen Persönlichkeiten macht, sondern umgekehrt, die herausragende Leistung wird ebenso wie die Persönlichkeit in einem sozialen Spiel hervorgebracht. Ohne Zuschreibungsprozesse gibt es die herausragende Leistung ebenso wenig wie die wissenschaftliche Persönlichkeit" (ebd.: 448).

Insofern sind Frauen nicht von der Wissenschaft im Sinne von Erkenntnis ausgeschlossen, sondern aus den Spielen um die Anerkennung dieser Erkenntnis. Das Geschlecht funktioniert nach Sandra Beaufaÿs offenbar als „Herabstufungsmodus" der Wahrnehmung (2003: 248). Professorinnen und Professoren nennen Ausdauer, Frustrationstoleranz, Einsatzbereitschaft, Begeisterungsfähigkeit und originelles Denken als wichtige Voraussetzung für Karrieren. In den Zuschreibungsmustern werden diese zu vergeschlechtlichten Persönlichkeitsprofilen, die junge Wissenschaftler als leistungsfähiger einstufen (ebd.). Beaufaÿs kommt zu dem Schluss, dass das wissenschaftliche Feld nicht deshalb männlich dominiert sei, „weil Männer Männer sind und Frauen Frauen, sondern weil das Feld von Akteuren dominiert wird, die mit einem Habitus ausgestattet sind, dem ein männlicher Habitus am nächsten kommt" (Beaufaÿs 2003: 254). Beaufaÿs erklärt so auch die quantitativ und qualitative Unterrepräsentanz von Frauen in Exzellenzeinrichtungen. Anhand der „Sprecherfunktion" zeigt sie auf, dass Personen über Zuschreibung und Anerkennung als führungstauglich hervorgebracht werden (Beaufaÿs 2012: 111). Implizit werden männlich geprägte Spielkulturen als maßgeblich vorausgesetzt (Meuser 2008a). Wollen Frauen mitspielen, führt dies dazu, dass Frauen an einer *male substructure* mitwirken (Beaufaÿs 2012: 112).

In der Wissenschaft und insbesondere der Medizin lassen sich hohe Formalisierungsmechanismen diagnostizieren, an denen sich die Akteurinnen und Akteure orientieren. Für die Chirurgie arbeitet Gabriele Fischer heraus, dass berufsinterne Normen als ausschlaggebend für den Werdegang betrachtet werden. Um sozial anerkannt zu werden müssen sich die Ärztinnen und Ärzte diesen Normen fügen (Fischer 2015: 211 f.). Es geht darum, einen professionellen Habitus auszubilden, der gerade in der Chirurgie hochgradig vergeschlechtlicht ist (Cassell 2000: 40). Unzählige Studien zeigen also auf, dass Wissenschaft ein vergeschlechtliches Feld darstellt, in dem sich Geschlecht und Wissenschaft gegenseitig konstituieren (Krais 2008; Beaufays 2012;

Beaufaÿs 2003; Beaufaÿs et al. 2012; Riegraf und Weber 2014a). Gefördert wird die Figur des weißen, akademischen, männlichen Wissenschaftlers (Paulitz 2012), der sich an einer „männlichen Normalbiographie" (Lind 2006) orientiert, und Frauen einen deutlich schlechteren Zugang zum sogenannten *old boys network* zuweist (van den Brink und Benschop 2014; Leemann 2013; Lind 2006). Kahlert stellt in Bezug auf das Gatekeeping fest, dass die Wahl von homosozialer Kooptation geprägt ist, also einer Hinzuwahl nach homosozialer Nähe (Kahlert 2015). Diese Mechanismen unterlaufen formale Strukturen und wirken durch informelle Praktiken („informelle Substruktur", vgl. Mattheis 2006). In stark informellen Settings reproduziert sich Wissenschaft homosozial nach dem impliziten Leitprinzip „Gleiche fördern Gleiche" (Paulitz 2012: 168 f.). Hier ist für Frauen die Intransparenz von Werdegängen in der Wissenschaft, die in der Medizin hoch ausgeprägt ist (Ständige Senatskommission für Grundsatzfragen in der Klinischen Forschung 2015), besonders hinderlich (Allmendinger 2003). Diese Untersuchungen belegen demnach, dass sich die Förderung in Wissenschaft und Medizin an der Konstruktion von Persönlichkeiten im Feld der Wissenschaft orientieren. Mit Weiblichkeit assoziierte Persönlichkeitseigenschaften werden in diesem Feld zur Negativfolie. Diese entfaltet eine hohe Wirksamkeit, da sie gleichzeitig dethematisiert und verschleiert wird.

Neben der Konstruktion von Weiblichkeit als Persönlichkeitseigenschaft zeigt sich dies in der Assoziation von Weiblichkeit mit bestimmten Tätigkeitsbereichen als Formen geschlechter*konstituierender* Arbeitsteilung, also einer Arbeitsteilung, die diese Teilung nicht als geschlechts*spezifische* Arbeit von Frauen oder Männern begreift, sondern als einen konstitutiven Effekt von Prozessen der sozialen Konstruktion von Geschlecht (Wetterer 2002a: 20). In Wissenschaft und Medizin ist Arbeit ungleich verteilt und honoriert (vgl. Wetterer 1993; Beaufaÿs und Krais 2007; Aulenbacher et al. 2013; Haffner 2007; Engler 2001). Die professionelle Arbeitsteilung steht im Vordergrund. Nicht nur erhalten vertikal männlich konnotierte Tätigkeitsbereiche innerhalb der Medizin, wie die Chirurgie, eine höhere soziale Anerkennung (Fischer 2015; Buddenberg-Fischer und Klaghofer 2003; Bourdieu 2010 [1992]). Auch innerhalb dieser Bereiche sind männlich konnotierte Tätigkeiten wie Forschung im Gegensatz zu Lehre, Verwaltung oder stationärer Versorgung im Sinne „intraprofessioneller Arbeitsteilung" (Wetterer 2002b: 373 ff.) mit einem höheren Prestige verknüpft. Diese männliche Konnotation bestimmter Bereiche führt zu einer besseren Passförmigkeit von Männlichkeit und Forschung sowie Weiblichkeit und Station, Pflege und Patientenversorgung. Im Ergebnis geraten Frauen, die sich in der Forschung engagieren möchten, in einen zeitlichen Konflikt zwischen der Arbeitseinteilung auf der Station und den Zeitfenstern für ihre Forschungstätigkeit. Die medizinische Wissenschaft ist, wie beschrieben, durch eine Vereinbarkeitsproblematik zwischen stationärer Versorgung, Lehre und Forschung geprägt. Diese kann sich so für mit Weiblichkeit assoziierte Personen deutlich verstärken.

Ein weiterer zentraler Aspekt trifft Frauen ungleich: die Arbeitsteilung zwischen Beruf und Familie. An dieser Stelle kann nicht der gesamte Forschungskanon zur Vereinbarkeit von

Familie und Wissenschaft rezipiert werden, aber doch sollen einige Schwerpunktthemen angedeutet werden[11]. Wie oben ausgeführt, hat sich in der Stereotypenforschung gezeigt, dass Frauen von einem *double bind* betroffen sind, der sich für Mütter deutlich zuspitzt, wenn sie als weniger kompetent wahrgenommen werden (Cuddy et al. 2004) und zu Resignation führen kann (Walters und Whitehouse 2013). Darüber hinaus lässt sich nachweisen, dass sich Elternschaft bei Ärzten positiv auf das berufliche Selbstvertrauen auswirkt, bei Ärztinnen aber ist das Gegenteil der Fall (Abele-Brehm 2013). Frauen sind damit im ärztlichen Beruf (vgl. Abele 2002; 2005; Abele-Brehm 2013; Buddenberg-Fischer und Klaghofer 2003; Bestmann et al. 2004; Rothe et al. 2012;) sowie in der Wissenschaft (vgl. u. a. Krempkow und Sembritzki 2017; Rusconi und Solga 2011; Brandt 2012; Hess et al. 2011b; Lind 2012) von der Vereinbarkeitsproblematik stärker betroffen. Für den ärztlichen Bereich konnte nachgewiesen werden, dass Frauen bereits beim Berufseinstieg berufliche Abstriche bei einer möglichen Familienplanung antizipieren (Buddenberg-Fischer und Klaghofer 2003). Frauen werden nicht nur als care-verantwortlich adressiert, sondern es erfolgt auch eine stärkere Selbstadressierung dieser Verantwortlichkeiten. Es existieren zwar kulturelle Leitbilder von Gleichberechtigung (Wetterer 2005), auch im Sinne egalitärer Partnerschaft und „gleichberechtigter Sorge" (Kerschgens 2009), in akademischen Haushalten werden diese Vorstellungen aber nicht immer realisiert (Meuser 2006b). Und dies, obgleich sich andeutet, dass Elternschaft beim wissenschaftlichen Nachwuchs immer stärker als gemeinsame Aufgabe betrachtet wird (Hess et al. 2011a). Gerade in den Haushalten, die sich an Egalität und beruflicher Selbstentfaltung orientieren, sind es trotzdem Frauen, die im Geheimen die Familienarbeit bewerkstelligen (Koppetsch und Speck 2015: 55 ff.). Partnerschaft zeigt sich für Medizinerinnen als weniger vorteilhaft als für ihre männlichen Kollegen, sie sind auch weniger häufig verheiratet (Abele 2003). Auch der Kinderwunsch verschiebt sich bei Ärztinnen deutlich nach hinten (Abele 2005). Zusammengenommen sind damit Mütter stärker von einem Arbeitspensum betroffen, wenn sie Vollzeit tätig sind. Das Zeiteinsatzverhältnis der Frauen zu ihren männlichen Partnern beträgt bei (weiblicher) Vollzeiterwerbstätigkeit rund 1,5 zu 1 (Boll 2017: 34 f.)! Aufgrund der geschlechterkonstituierenden Arbeitsteilung zwischen Beruf und Familie sind Frauen auch stärker von den entgrenzten Arbeitsbedingungen der Wissenschaft betroffen. Dieser als „Lebensform" (Haffner und Krais 2008) bezeichnete Zusammenfall von subjektivierter Arbeit (Voß und Moldaschl 2003) und privatem Leben in der Wissenschaft wird zu einer enormen Herausforderung. Die Konstruktion des ‚Wissenschaftlers', der sein Leben völlig der Wissenschaft opfern kann, zeigt sich als

---

[11] Das Thema „Vereinbarkeit von Familie und Beruf" wird in der Forschungslandschaft zum Ausstieg von Frauen aus der Universitätsmedizin schwerpunktmäßig thematisiert. Problematisch daran ist, dass damit Frauen mit Mutterschaft gleichgesetzt werden. Doch soll an dieser Stelle betont sein, dass gerade die Gleichsetzung von Frauen als Mütter eine der Hauptursachen von Diskriminierung darstellt. Diese Studie möchte dieser Gleichung nicht Folge leisten. Der Fokus dieser Arbeit stellt Aspekte dethematisierter Formen von Geschlechterungleichheiten in den Mittelpunkt, im Bewusstsein, dass für Mütter die Vereinbarkeit von Familie und Beruf eine ungleich hohe Herausforderung darstellt.

privilegierte und zugleich gegenderte Verkörperung eines Wissenschaftlers, für den andere Personen die Aufgaben der Sorge übernehmen. Sie haben die „Freiheit arbeiten zu dürfen" (Beaufaÿs 2015):

„Sie sind Wissenschaftler, sie verkörpern ihre Praxis, und das 24 Stunden lang. Das aber ist Ausdruck einer relativ privilegierten sozialen Position im Allgemeinen, die nur gehalten werden kann, wenn der Akteur es als Lebensaufgabe begreift, wissenschaftlich zu arbeiten – und möglichst ansonsten keine weiteren ernsthaften Lebensaufgaben hat bzw. davon frei gehalten wird" (Beaufaÿs 2015: 54).

Für diejenigen mit, wie im obigen Zitat bezeichneten „ernsthaften Lebensaufgaben" außerhalb der Wissenschaft kommt es zu belastenden Zeitverknappungen. So stellt Brigitte Aulenbacher in Bezug auf Assistenzprofessorinnen fest, dass diese „von einer gelingenden Balance weiter entfernt sind als ihre Kollegen, die nicht den gleichen Preis der Überverausgabung von Kräften um der Familie willen zahlen, sondern, besser versorgt, in anderem Umfang für sich selbst sorgen können" (Aulenbacher et al. 2013: 188). Verschärft wird diese Entwicklung durch die oben geschilderten Veränderungen in der unternehmerisch-wettbewerbsorientierten Universität (vgl. u. a. Binner et al. 2013; Aulenbacher et al. 2012). Die damit verbundene Beschäftigungsunsicherheit der Wissenschaft trifft Frauen deutlich stärker. Wissenschaftlerinnen werden häufiger als gleich qualifizierte Kollegen auf statusniedrigeren Positionen, häufiger mit befristeten Arbeitsverträgen mit zudem kürzeren Laufzeiten sowie auf Teilzeitstellen beschäftigt (vgl. u. a. Rusconi und Kunze 2015; Metz-Göckel et al. 2010; Sigl 2015).

Auch die Anforderungen an Mobilität und Internationalisierung von Lebensläufen unterliegt einem Genderbias (Bauschke-Urban et al. 2010). Insgesamt sind Wissenschaftlerinnen von dem Thema „Sorge und Selbstsorge" stärker betroffen (Paulitz et al. 2015; Flick 2013; Rau et al. 2017). Dieses Thema ist aufgrund der gesundheitlichen Risiken des Berufs nicht irrelevant (vgl. u. a. Klein et al. 2010; Schwartz 2010; Dauenheimer et al. 2002). Kahlert weist diesbezüglich auf einen Cooling-out-Effekt hin, also einem Auskühlen von Weiblichkeiten aus der Wissenschaft, verursacht durch weiche Faktoren, wie das Arbeitsklima oder die Beziehung zu Vorgesetzten (Kahlert 2011). Sie geht davon aus, dass auch Männer, die dem hegemonialen Männlichkeitsmuster nicht entsprechen und sich mit diesem auch nicht arrangieren (können), wie Frauen auf dem Karriereweg mit Abwertung rechnen müssen und wie diese aus der Wissenschaft herausfallen oder herausgedrängt werden. Im Kontext geht es damit nicht um die biologische Rückbindung von Geschlecht, sondern um die Frage von Weiblichkeit als Konstruktion von Persönlichkeit und Tätigkeit, die damit auch Männer, die sich mit dieser Folie assoziieren oder assoziiert werden, betreffen. Aus dieser Perspektive zeigen sich strukturelle, informelle und kulturbedingte Barrieren, von denen Weiblichkeiten stärker betroffen sind. Deutlich wird, dass „eine Wissenschaftskarriere mit vielen Hürden und Stolpersteinen verbunden ist, sodass Wissenschaftlerinnen immer wieder zwischen einem Aussteigen oder Weitermachen, einem Aushalten oder Umorientieren abwägen müssen" (Kortendiek et al. 2013: 400). Die Mehrheit der Studien kommt zu dem Ergebnis, dass sich Ausschlussmechanismen sowie offene und subtile Diskriminierung im Wissenschaftsbetrieb nachweisen lassen, die davon betroffenen Wissenschaftlerinnen aber häufig davon ausgehen und angeben, nicht persönlich tangiert zu sein. Sie gehen eher davon aus, diese durch individuelle Anpassungsprozesse und effektivere Organisation der Lebenssituation überwinden zu können. Strukturelle Hindernisse und kulturelle Hürden werden so personalisiert, auf die eigene Person bezogen und als zu überwindende Problemlage umgedeutet (Majcher und Zimmer 2008: 592). Umorientierungen in beruflichen und wissenschaftlichen Karrieren oder gar Karriereabbrüche aufgrund der Konstruktion von Weiblichkeit als Negativfolie erscheint dann als subjektive (Einzel-)Entscheidung, deren institutionelle Herstellung verdeckt bleibt (Kahlert 2011: 116). Wie konkret diese Selbstattributionen zustande kommen, bleibt bislang unterbelichtet.

Für das Kapitel zu den Erklärungsansätzen zur Geschlechterungleichheit in der Medizin kann zusammengefasst werden: Eine individuell orientierte Perspektive der Frauenforschung steht für eine unterschiedliche Sozialisationserfahrung zwischen Männern und Frauen, die dementsprechend anders leben, handeln, fühlen und erleben (vgl. Maihofer 2004). Diese Perspektive ermöglicht eine individuelle Frauenförderung, impliziert aber eine Perspektive, die Männlichkeit als geschlechterneutral annimmt und Frauen in Differenz fördert. Die dargelegten Studien zu Geschlechterungleichheiten in der Organisation untersuchen entsprechend die Herstellung von Ungleichheiten durch Diskriminierungsformen sowie deren psychische Wirkweisen. Diese Perspektive zeigt Strukturen und Verhältnisse, die Unterschiede zwischen den Geschlechtern erzeugen. Kritisiert wird an dieser Perspektive, dass sich die Forschung auf eine Gleichheit von *Sex* und *Gender* sowie auf eine Unterscheidung zwischen Frauen und Männern fokussiert. Geschlecht als zentrales gesellschaftliches Ordnungs- und Herrschaftsprinzip wird dabei übersehen (ebd.). Auch läuft sie Gefahr, diese verallgemeinerte Sichtweise und deren Machtverhältnisse zu reproduzieren. Die Perspektive der sozialkonstruktivistischen Geschlechterforschung hingegen nimmt an, dass Geschlecht in sozialen Interaktionsprozessen konstruiert wird. Diese Konstruktionsprozesse finden sich in Interaktionen, im Handeln, in der Sprache, in Diskursen und in Symbolen wieder und situieren diese machttheoretisch in ihrer kulturellen Verwobenheit.

Für die vorliegende Studie ist vor allem diese sozialkonstruktivistische Perspektive als grundlegend anzusehen. Da diese jedoch offenlässt, welche psychologischen Prozesse dazu führen, dass Frauen die Hochschule verlassen und dieses Verlassen als individuelles Problem erscheint, reicht diese Perspektive alleine nicht aus. Es wurde deutlich, dass es sich bei dem Ausstieg von Frauen um ein multikausales und komplexes Feld handelt. Welche Prozesse und Wechselwirkungen sich aus den individual- und organisationspsychologischen Erkenntnissen vor dem Hintergrund soziologischer Theoriebildung ergeben, blieb bislang unterbelichtet. Vielmehr sind zwischen diesen disziplinären Feldern blinde Flecken entstanden, die nicht erklären können, wie konkret, durch welche Prozesse und Wechselwirkungen, vor dem Hintergrund dieser

Ausführungen, Weiblichkeiten auf eine selbstattribuierende Art und Weise aus der Hochschule ausgeschlossen werden. Die Ausführungen des Forschungsstandes zeigen, dass diese, jeweils für die einzelnen Disziplinen gut bearbeiteten Ergebnisse geradezu darauf drängen, machtsensibel miteinander in Beziehung gesetzt zu werden. Die vorliegende Studie untersucht deshalb interdisziplinär zwischen Psychologie, Soziologie und Sozialanthropologie die komplexen Wechselwirkungen zwischen der Konstruktion von Weiblichkeit als Negativfolie und deren Auswirkungen auf Selbstkonzepte, die einen Ausschluss aus der Universität zu einem Selbstausschluss aus der Wissenschaft werden lassen. Hierbei geht es aber nicht um individuelle Gründe für einen Weggang aus der Universität, sondern um psychologische Wirkweisen der geschilderten Geschlechterkonstruktionen. Die vorliegende Untersuchung nutzt deshalb Ansätze der psychologischen Theorie für die Analyse von organisationalen Ausschlüssen und individuellen Wirkweisen. An dieser Stelle bleibt die Soziologie entsprechende Erklärungsansätze schuldig. Zugleich sollen diese individualisierten Selbstausschlüsse vor dem Hintergrund machttheoretischer Überlegungen reflektiert werden. Denn zum einen zeigt sich, dass hier in einem zentralen Feld Machtkämpfe ausgetragen werden und zum anderen sich der Ausschluss für von diesen Kämpfen Betroffenen als individuell (nicht) zu lösende Aufgabe darstellt. Die Untersuchung fokussiert damit auf komplexe Wechselwirkungsprozesse zwischen organisationskultureller Praxis und adressierten Subjekten. Interdisziplinär wird vor dem Hintergrund kultureller Praktiken (ethnologische Perspektive) innerhalb der Organisation untersucht, wie die Konstruktion von Weiblichkeit als Negativfolie (soziologische Perspektive) durch Veränderungen im Selbstkonzept (psychologische Perspektive) zu personalisierten Selbstausschlüssen führt. Doch zuvor soll im nächsten Kapitel danach gefragt werden, wie diese multikausalen und komplexen Prozesse methodisch untersucht werden können.

2. Methodischer Zugang: Komplexe Wechselwirkungen erheben und auswerten

„Es ist kein linguistischer Zufall, daß „Bau", „Konstruktion" und „Arbeit" sowohl einen Prozeß als auch dessen fertiges Ergebnis bezeichnen. Ohne die Bedeutung des Verbs bleibt die des Substantivs leer."
(John Dewey, Art as Experience, 1934, S. 65. Aus: Strauss und Corbin 1996: 222)

Die vorliegende Untersuchung beschäftigt sich mit der Frage, wie komplexe Prozesse zwischen Organisation und Individuum so ineinandergreifen, dass Frauen in der Habilitationsphase die Hochschulmedizin verlassen. Wie im vorangegangen Kapitel dargestellt, ist das Ziel dieser Studie soziologische und psychologische Mechanismen darzustellen, die zu diesen Ausschlüssen beitragen. Diese prozessorientierte Fragestellung bedarf sowohl in der Datenerhebung als auch in deren Auswertung unterschiedlicher Perspektiven auf denselben Gegenstand. Aufgrund der für das Feld der Hochschulmedizin dürftigen Datenlage zu diesem Thema sowie der bislang unterbelichteten Frage im Hinblick auf Wechselwirkungen zwischen soziologischen und psychologischen Prozessen, war ein offen-exploratives Forschungsdesign angeraten. Die vorliegende Analyse basiert daher auf einer zweijährigen Feldforschung sowie auf problemzentrierten Interviews. Ausgewertet wurde mittels Kodierverfahren der Grounded-Theory-Methodologie, mit dem Ziel eine in den Daten begründete Theorie zu entwerfen.

Mit den Ausführungen dieses Kapitels soll deutlich werden, wie ein strapazierfähiges, empirisch und theoretisch gesättigtes Gedankenmodell generiert werden kann, das Wechselwirkungen und Prozesse, unterschiedliche Ebene und Beziehungen sowie soziologische und psychologische Zugänge fassbar macht. Die Studie gründet folglich auf einem qualitativen Forschungsdesign, das aufgrund der unterschiedlichen Facetten, Blickwinkel und Auswertungsperspektiven nach einer ausführlichen Darstellung verlangt. Dieses Kapitel soll damit auch der bislang nur in geringem Maße eingelösten Forderung nachkommen, den Prozess der Forschung nachvollziehbar und detailliert offenzulegen (Rich 2012), denn:

> „Wissenschaft produziert eben gerade nicht Letztgültiges, dafür sind ihre Erkenntniswege überprüfbar und nachvollziehbar, ist Wissen durch neues Wissen widerlegbar. Gute Wissenschaft lässt Irrtum zu und knüpft Wissen an Bedingungen, die hinterfragbar sein sollen" (Kleiner 2017).

Das Kapitel liefert eine fokussierte Beschreibung des Forschungsablaufs und unterbreitet zudem einen Vorschlag, wie ein multikomplexes Ineinandergreifen aus Organisation und Subjekt beforscht werden kann. So soll es auch anderen Forschenden als Anregung und Orientierung für die eigene forschende Praxis dienen. Dies macht eine ausführliche Reflexion entsprechender Erhebungs- und Auswertungsmethoden notwendig. Nach der Feldbeschreibung und der Eingrenzung der Fragestellung soll dargelegt werden, wie sich der Feldzugang ausgestaltete und wie die Daten erhoben bzw. ausgewertet wurden. Während bei vielen quantitativen

Untersuchungen statistische Repräsentativität angestrebt wird, sucht qualitative Forschung nach der Generalisierbarkeit von Ergebnissen (Merkens 2015: 291). Demgemäß versteht sich die vorliegende Untersuchung als Interpretation von Sinnzusammenhängen oder subjektiven Sichtweisen. Dieser Forschungsrichtung geht es nicht um ein Messen, sondern um ein Verstehen von Zusammenhängen (Helfferich 2011: 21). Qualitative Forschung ist also ein Oberbegriff für unterschiedlichste Forschungsansätze, die nach Cornelia Helfferich (ebd.) von Kommunikation und Offenheit als kleinstem gemeinsamen Nenner ausgehen. Nach Uwe Flick et. al (2015) hat qualitative Forschung vor allem den Anspruch, Lebenswelten „von innen heraus" aus der Sicht der handelnden Menschen zu beschreiben. Damit möchte sie zu einem besseren Verständnis sozialer Wirklichkeit(en) beitragen. Untersucht werden Abläufe, Deutungsmuster und Strukturmerkmale.

> „Mit ihren genauen und ‚dichten' Beschreibungen bildet qualitative Forschung weder Wirklichkeit einfach ab, noch pflegt sie einen Exotismus um seiner selbst willen. Vielmehr nutzt sie das Fremde oder von der Norm Abweichende und das Unerwartete als Erkenntnisquelle und Spiegel, der in seiner Reflexion das Unbekannte im Bekannten und Bekanntes im Unbekannten als Differenz wahrnehmbar macht und damit erweiterte Möglichkeiten von (Selbst-)Erkenntnis eröffnet" (Flick et al. 2015: 14).

Die vorliegende Analyse möchte Unbekanntes im scheinbar Bekannten entdecken, indem sie die Sichtweisen der Beteiligten mitsamt ihren subjektiven und sozialen Konstruktionen ihrer Welt integriert (ebd.: 17). Dem Forschungsvorhaben geht es daher um eine gegenstandsbegründete Theoriebildung, die sich aufgrund ihrer Beschaffenheit in ihren Gütekriterien deutlich von quantitativen Vorgehen unterscheidet. Ines Steinke weist in diesem Zusammenhang darauf hin, dass sich die zentralen Gütekriterien quantitativ-standardisierter Forschung auf intersubjektive Überprüfbarkeit beziehen, also darauf, ob Ergebnisse unabhängig von Personen zustande kommen (Objektivität, Reliabilität und Validität). Diese Kriterien lassen sich aufgrund der Kontextabhängigkeit, Offenheit und Intersubjektivität qualitativer Daten nicht übertragen. Vielmehr liegt die Stärke qualitativer Daten in diesen Bedingungen begründet (Steinke 2015: 321 f.). Eines der zentralen Kriterien neben Offenheit und Reflexivität besteht nach Helfferich (2011: 154 ff.) in der intersubjektiven Nachvollziehbarkeit der Ergebnisse. Dieses Methodenkapitel dient der Erfüllung dieses Kriteriums, indem es den Forschungsprozess offenlegt. Auf diese Weise lässt sich die Untersuchung Schritt für Schritt nachverfolgen und die resultierenden Ergebnisse lassen sich entsprechend bewerten. Die Herstellung intersubjektiver Nachvollziehbarkeit wird auch als ein Hauptkriterium zur Prüfung weiterer Kriterien betrachtet (Steinke 2015: 324). Neben der Offenlegung der Erhebungsmethoden und des Erhebungskontextes sollen daher das Sampling und die Auswertungsmethoden vorgestellt werden. Diese Offenlegung erfolgt mittels einer detaillierten Darlegung des kodifizierten Auswertungsprozesses. Bei Steinke bleibt die intersubjektive Nachvollziehbarkeit insofern unterbeleuchtet, als dass es gilt, diese gegenüber ethischen Fragestellungen qualitativer Forschung abzuwägen. Aus diesem

Grund werde ich abschließend in diesem Kapitel darauf eingehen, wie es möglich ist, eine Balance zwischen Offenlegung und „Informantenschutz" jenseits handwerklicher Anonymisierung zu finden.

2.1. Studiendesign: Habilitandinnen im Mentoring-Programm

Um, wie oben beschrieben, den Gegenstand vielfältig zu betrachten, orientiert sich das Studiendesign an einer qualitativen Triangulation, die beabsichtigt den Gegenstand aus mehreren Gesichtspunkten zu betrachten. Um dies zu erreichen, wurden nach Norman Denzin (1978) die unterschiedlichen Methoden gegeneinander ausgespielt, um eine hohe Validität der Daten zu erreichen.[12] Theorie und Methoden sollen demgemäß so eingesetzt werden, dass einer Analyse eine hohe Breite und Tiefe verliehen wird, ohne eine objektive Wahrheit anzustreben. Es handelt sich also um eine „Strategie, Erkenntnisse durch die Gewinnung weiterer Erkenntnisse zu begründen und abzusichern" (Flick 2015: 311). In Bezug auf die vorliegende Untersuchung ist damit keine Verknüpfung von quantitativer und qualitativer Forschung gemeint. Die Studie verfolgt vielmehr eine „methodologische Triangulation" (Denzin 1978: 310 f.), bei der unterschiedliche Facetten subjektiver Auseinandersetzung mit dem Gegenstand ermöglicht werden. Nach Uwe Flick ist insbesondere in Feldforschungsverfahren diese Art der Triangulation implizit in ihrem Selbstverständnis angelegt. „Explizite Triangulation findet hier statt, wenn ethnographische Methoden der längeren Teilnahme und Beobachtung in einem Feld ausdrücklich mit dem Einsatz von (z. B. berufsbiographischen oder episodischen) Interviews mit einzelnen Akteuren an gesonderten vereinbarten Terminen kombiniert werden" (Flick 2015: 314). Die vorliegende Studie folgt diesem Vorschlag. So wurde im Studiendesign, das nun überblickshaft dargestellt wird, Feldforschung im Längsschnitt mit problemzentrierten Interviews an mehreren Standorten verknüpft. Ergänzt wurden die Erhebungsverfahren durch biographische und berufsbezogene Daten wie Fragebögen und Lebensläufe.

Die hier vorgestellte Datenerhebung basiert auf einer über zweijährigen Feldforschungsphase.[13] In dieser Zeit wurden Gruppen mit 34 Habilitierenden (m/w) im Rahmen von Mentoring-Programmen für Post-Docs teilnehmend beobachtet. Da männliche Mentees nur an einem Programmstandort teilnahmen, wurden diese aus Gründen der Rückverfolgbarkeit nicht explizit ausgewertet, fließen aber als Hintergrundwissen in die Studie ein. Darüber hinaus fand eine

---

[12] Denzin unterscheidet zwischen a) Daten-Triangulation, also der Kombinierung verschiedener Daten aus unterschiedlichen Quellen, die zu verschiedenen Zeitpunkten erhoben wurden (Denzin 1978: 297 ff.); einer b) Theorien-Triangulation, die sich auf unterschiedlichen theoretischen Wegen dem Gegenstand nähert; einer c) Investigator-Triangulation unterschiedlicher Erhebungspersonen sowie hier im Zentrum stehend d) der methodischen Triangulation.
[13] Die Datenerhebung dieser Studie wurde durch den Zugang als Mitarbeiterin der Gleichstellungsarbeit der Universitätsmedizin ermöglicht. Für die Verwendung von Interviews, die Bereitschaft, Beratungsgespräche teilnehmend beobachten zu können sowie aufgezeichnete Gespräche aus den Gesprächsformaten des Mentoring-Programms für diese Studie zu verwenden, danke ich der Gleichstellungsstelle sowie den Habilitierenden sehr. Zudem gilt mein Dank den weiteren teilnehmenden Programmstandorten (siehe auch Danksagung).

problemzentrierte Befragung von Habilitandinnen in Mentoring-Programmen an fünf über Deutschland verteilten Standorten statt, darunter auch Mentees aus der Gruppe der Teilnehmenden Beobachtung. Die Studie basiert damit, wie in Abbildung 9 veranschaulicht, auf einem qualitativen Längsschnitt an fünf Standorten und sieben Mentoring-Programmen (zur Spezifizierung der insgesamt einbezogenen Mentees vgl. Tabelle 3). Der Feldzugang gestaltete sich aus einer Gleichzeitigkeit als Mitarbeiterin in einem Referat für Gleichstellungsfragen der Hochschulmedizin mitsamt der Einrichtung eines Mentoring-Programms für Habilitierende sowie der wissenschaftlichen Begleitung und Ausarbeitung dieser Studie. So wurde es möglich Medizinerinnen in der Habilitationsphase in verschiedenen Rollen an mehreren Standorten eng zu begleiten. Zentraler Ausgangspunkt der Studie waren Teilnehmenden Beobachtungen, die durch die weiteren erhobenen Daten gesättigt wurden. Die Erhebungsphasen der Feldforschung (siehe Abbildung 9) basieren auf einer Methodenvielfalt, die neben Zwischen- und Abschlussberichten, Berichten von Netzwerktreffen, Dokumentenanalysen, Fragebögen, ethnographischen Feldgesprächen, Beratungsgesprächen sowie vor allem Teilnehmende Beobachtungen von Programmkomponenten und organisierten Netzwerkveranstaltungen der Mentoring-Programme sowie problemzentrierte Interviewphasen umfasste. Mittels dieser Beobachtungen wurde explorativ eine Fragestellung entwickelt.

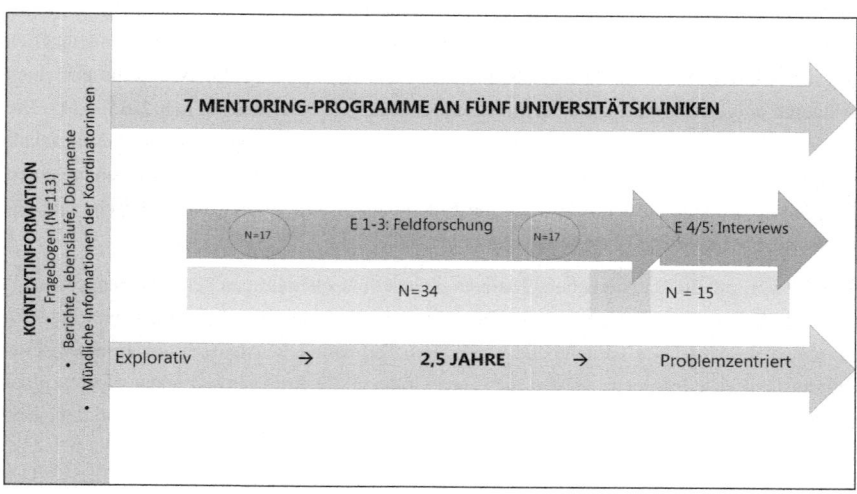

Abb. 9: Überblick Studiendesign und Erhebungsphasen (eigene Darstellung)

Die Phasen der Datenerhebung waren einer ethnographisch-offenen Herangehensweise geschuldet. Im Sinne der Grounded-Theory-Methodologie fanden zwischen allen Erhebungsphasen Zwischenauswertungen statt, die die fokussierte Überarbeitung der Fragestellungen sicherstellten. Diese wurden durch das kontinuierliche Abfassen von Auswertungs-, Entscheidungs-, Theorie- sowie methodischen Verlaufsmemos begleitet, die wichtige Entscheidungen im Forschungsverlauf reflektieren (Mey und Mruck 2009: 113). Begleitet wurde dieser Entscheidungsprozess unter Einbezug von Theorie und sukzessiver Anpassung der Forschungsfrage an das Forschungsfeld durch eine feldsituierte Fallauswahl auf Basis eines Fragebogens (N=113). Dieser Fragebogen wurde vor Beginn und nach Abschluss der jeweiligen Mentoring-Programme an alle Teilnehmenden verteilt und von diesen ausgefüllt. Für die finale vierte und fünfte Erhebungsphase wurde auf Basis der bisherigen Erhebung und Auswertung ein Leitfaden für die problemzentrierten Interviews ausgearbeitet. Die fünfte Erhebungsphase diente der Nacherhebung noch ungesättigter Kategorien aus Phase vier. Feldforschungsnotizen begleiteten diesen Prozess und dokumentierten die eigene Feldsituiertheit für spätere Reflexionen. Die einzelnen Phasen werden nun vor dem Hintergrund des jeweiligen Erkenntnisgewinns detailliert beschrieben.

2.2. Feldforschung als erkenntnistheoretische Haltung

Methodische Kontrolle ist in der qualitativen Forschung umso mehr gegeben, je offener und je weniger standardisiert die Erhebungsverfahren erfolgen (Helfferich 2011: 155 f.). Dies liegt darin begründet, dass ein Gütekriterium qualitativer Forschung darauf beruht, dass Befragte ihre Sprache und Sichtweise einbringen können (ebd.). Ein offenes Verfahren erreicht zudem die Gegenstandsangemessenheit der Methodenwahl. Dies ist nicht ein nur Kennzeichen qualitativer Forschung, sondern auch ihr Anspruch (Steinke 2015: 326). Die Datenerhebung der vorliegenden Studie basiert daher auf einer multimethodisch-qualitativen Untersuchung, deren Ausgangspunkt eine umfangreiche Feldforschung nahm.[14] Die Begleitung der Habilitandinnen basiert auf einer Rollengleichzeitigkeit, bestehend aus derjenigen der Gleichstellungsmitarbeiterin und der Forscherin. Die Rolle als wissenschaftlich Tätige bestand in der Forschungskonzeption, der Datenerhebung und -auswertung sowie der Verschriftlichung. Die Rolle der Mitarbeiterin in der Gleichstellungsarbeit hingegen brachte den Mitaufbau der Gleichstellungsstelle mitsamt Mentoring-Programm, bundesweite Vernetzung in der Gleichstellungsarbeit sowie die Teilnahme an entsprechenden Workshops an mehreren Standorten mit sich. Vor allem aber ermöglichte diese Rolle einen intensiven Feldzugang als Organisationsmitglied und führte

---

[14] In der Ethnologie stellt eine Feldforschung im Gegensatz zu soziologischen oder psychologischen Ansätzen eine weiter gefasste Haltung gegenüber einem Feld dar (Hammersley und Atkinson 2010). In der ethnologischen Forschung wird Feldforschung nicht in Abgrenzung zu anderen qualitativen Erhebungsverfahren genutzt, sondern umfasst vielmehr eine ganze qualitative und quantitative Methodenvielfalt, die sich an dem Feld selbst orientiert (Beer 2008b). In der Soziologie wird Ethnographie weniger umfassend als Ergänzung zu weiteren qualitativen Verfahren betrachtet (Breidenstein et al. 2015). In der Psychologie muss Ethnographie dagegen in weiten Teilen noch als Methode entdeckt werden (Stefan 2010). Da die vorliegende Studie eine Feldforschung zum Ausgangspunkt ihrer Untersuchung nahm, feldorientiert weitere Methoden integrierte sowie das Ziel der Studie die Beforschung von kulturellen Praktiken beinhaltet, orientiert sie sich an ethnologischer Feldforschung als einem globalen Begriff von Methodenvielfalt und methodischer Haltung.

über die Zeitspanne zu einem professionell-vertrauten Umgang mit den Habilitierenden. Das Besondere dieser Studie ist damit ein intensiver Kontakt mit Wissenschaftlerinnen, die durch die beiden beschriebenen Rollen als unterstützende Ansprechpartnerin in der Gleichstellungsarbeit sowie als wissenschaftlich Tätige an mehreren Standorten möglich wurde. Dies erklärt die teilweise sehr persönlichen Interviewpassagen, stellt aber auch Anforderungen an die Repräsentation der Ergebnisse, die durch eine verfremdende Falltypisierung, die später in Kapitel 2.7.2. näher erläutert wird, gelöst wurde.

Vor diesem Hintergrund des Erhebungskontextes soll Feldforschung an dieser Stelle vor allem als erkenntnistheoretische Haltung ausformuliert werden, die Prozesse und Wechselwirkungen erforschbar macht. Feldforschung kann als Methode, oder aber im Sinne des Paradigmas der Sozial- und Kulturanthropologie, als eine erkenntnistheoretische Haltung zu einem „Feld" begriffen werden. Feldforschung beschreibt damit eine methodische Grundhaltung und umspannt in diesem Rahmen eine ganze Methodenvielfalt (Davies 2002). Hier werden nicht nur Daten „im Feld" erhoben, das Erkenntnisinteresse der Studie orientiert sich auch an seinen Fragestellungen (Beer 2008a). Zu Beginn der Feldforschung, mit der diese Studie ihren Anfang nahm, stand damit eine explorative Phase, in der die zentralen Fragen des Feldes eruiert wurden. Ziel war eine induktive Datenerhebung, also eine Hypothesengenerierung aus dem Feld heraus, im Gegensatz zu einer deduktiv hypothesengeleiteten Fragestellung, die formulierte theoretische Annahmen über ein Phänomen zu prüfen sucht.[15] Zielsetzung der Induktion ist eine erkenntnisoffene Haltung gegenüber den Fragestellungen des Feldes. Veranschaulicht werden kann dies anhand des Forschungsverlaufs. So war das institutionelle Interesse die Beforschung von Mentoring-Programmen mit der Frage, inwiefern diese Gleichstellungsmaßnahen positiv auf das Selbstwertgefühl einwirkt (hypothesengeleitet). Es wäre also durchaus möglich gewesen, mittels einer revidierten Fassung der deutschsprachigen Skalen zum Selbstwertgefühl von Morris Rosenberg (Herzberg und Collani 2003) das Konstrukt „Selbstwertgefühl" von Habilitandinnen messbar zu machen. Hingegen lenkte die Gruppe und ihre Fragestellung die Thematik in eine andere Richtung, nämlich hin zu der Frage, welche Hürden im Habilitationsverlauf auftreten und wie diese gelöst werden können. So dokumentiert ein forschungsbegleitendes Memo: „Mir erscheint es, als ginge es im Rahmen des Mentoring-Programms vor allem um eine Entscheidung bleiben zu wollen oder die Wissenschaft zu verlassen und welche Hürden auftreten. In den Erzählungen erscheint mir das Umfeld zudem als menschenunfreundlich" (Memo_11.2015). Im Gegensatz zur hypothesengeleiteten Messung des Selbstwerts und dessen Veränderung in der Habilitationsphase veranschaulicht dieses Beispiel eine induktive

---

[15] Ohne hier auf die umfassende Rezeptionsgeschichte qualitativer und quantitativer Erkenntnisinteressen und Methodenstreits einzugehen, soll an dieser Stelle darauf verwiesen werden, dass diese Entwicklung auf eine langwährende Methodendiskussion zurückgeht (siehe u. a. Hammersley und Atkinson 2010). In Abgrenzung zu positivistischen Annahmen subjektunabhängiger Überprüfbarkeit wissenschaftlicher Erkenntnis betonen qualitative Methoden die intersubjektive Konstruktion von Daten sowie deren Abhängigkeit von Diskursen und Machtverhältnissen (vgl. u. a. Berg und Fuchs 2016; Langer et al. 2013; Clifford 2008).

Vorgehensweise. Dieses Zitat zeigt hier einen der zentralen Ausgangspunkte in Richtung Umorientierung der qualitativen Studie. Die Forschung verschob sich dann in Richtung („menschenunfreundlicher?") Organisationskultur, mit ihren Auswirkungen auf Organisationssubjekte. Zugleich soll aber eingewandt sein, dass sich die beiden Gegenüberstellungen (deduktiv vs. induktiv) bei genauerer Betrachtung als idealisiert und kaum durchführbar erweisen, es handelt sich eher um graduelle Orientierungen. So führen Kelle und Kluge (2010) aus, dass Forschende bei der Entwicklung theoretischer Konzepte und Hypothesen durchaus rational begründete Schlussfolgerungen ziehen (2010: 24 ff.). Ein einseitig deduktives Vorgehen vernachlässige die wichtige Seite wissenschaftlicher Entdeckung und übersehe, dass empirische Daten den Ausgangspunkt wissenschaftlicher Erkenntnis bilden. Zwar betone die Induktion diesen Aspekt, doch sei hier wiederum übersehen worden, dass Theorien nicht einfach eine Zusammenfassung, sondern eine Erklärung von Daten darstellen. Zudem sei dieses Verstehen in einen umfassenden theoretischen Kontext eingebettet. Qualitative Konzepte und Typologien seien demnach empirisch begründet und zugleich theoretisch informiert. Kelle und Kluge nennen dies einen „Zangengriff" (ebd.: 23) des theoretischen Vorwissens und empirischen Datenmaterials. Die Datenerhebung für die vorliegende Analyse erfolgte also eher als eine, wie ich es daraus abgeleitet bezeichnen möchte, theoretisch informierten Exploration. Für dieses Verfahren soll auf den Begriff der Abduktion von Charles Sanders Peirce zurückgegriffen werden (ebd.: 13), da sich diese hin zu einer empirisch begründeten Generierung von Konzepten und theoretischen Annahmen wendet. Hierbei wird theoretisches Vorwissen mit empirischem Beobachtungswissen sowohl kreativ als auch methodisch kontrolliert verknüpft. Durch ein solches Vorgehen behält die qualitative Forschung (und insbesondere die Feldforschung) ihren explorativ offenen Charakter, ohne theoretische Informiertheit zu begrenzen. Datenerhebung und -auswertung orientieren sich erkenntnistheoretisch stattdessen an einem hermeneutischen Zirkel als einer grundlegenden Haltung methodischen Verstehens.[16] Bei qualitativer Forschung geht es darum, Sinn zu rekonstruieren und subjektive Sichtweisen, also in diesem Fall von Habilitandinnen, zu verstehen. Das Forschungsvorhaben war zudem gerahmt durch eine Sensibilisierung in der Gleichstellungsarbeit sowie dem eigenen theoretischen Vorwissen aus Ethnologie, Soziologie und Psychologie. So setzt sich auch die Fragestellung vor dem Hintergrund der eigenen beruflichen Erfahrung (Gleichstellungsarbeit) interdisziplinär mit den Auswirkungen hegemonialer Männlichkeit als Orientierungsmuster (Soziologie) innerhalb organisations-

---

[16] Hermeneutik bedeutet in ihrer ursprünglichen Form eine antike Bibelexegese. Unverständlicher Text wurde durch diesen Zirkel in verständliches Wissen transformiert. In einer Zirkelbewegung des Denkens bewegte sich diese Exegese vom Einzelnen zum Ganzen und von diesem wieder zurück. Es handelt sich also um eine paradoxe Verstehensform, bei der das Verstehen des „Einzelnen schon das Verstehen des Ganzen voraussetzt" (Schleiermacher 1995: 328, nach Kurt und Herbrik 2014: 476). Wilhelm Dilthey gilt als Begründer dieses Denkstils in den Geisteswissenschaften und emanzipierte auf diese Weise qualitatives Verstehen gegenüber naturwissenschaftlichem Erklären (Kurt und Herbrik 2014). Es entstand also eine grundsätzlich hermeneutische Haltung qualitativer Forschung.

kultureller Praktiken (Ethnologie) auf Selbstkonzepte und Attributionen von Wissenschaftlerinnen und Wissenschaftlern (Psychologie) auseinander.

Feldforschung und Teilnehmende Beobachtungen sind eng miteinander verknüpft, bilden Letztere doch meist die Grundlage explorativer Forschung. Nach der Darstellung von Georg Breidenstein et al. 2015 (Abbildung 10) folgt eine Feldforschung schematisch den Phasen der umfassenden Datensammlung im Feld, der Datenauswertung mittels Kodierung oder/und Einzelfallanalysen sowie dem Bilden plausibler Theoreme. Begleitet wird dieser Prozess von kontinuierlichen Re-Analysen, die der Verdichtung in Richtung Problemzentrierung dienen.

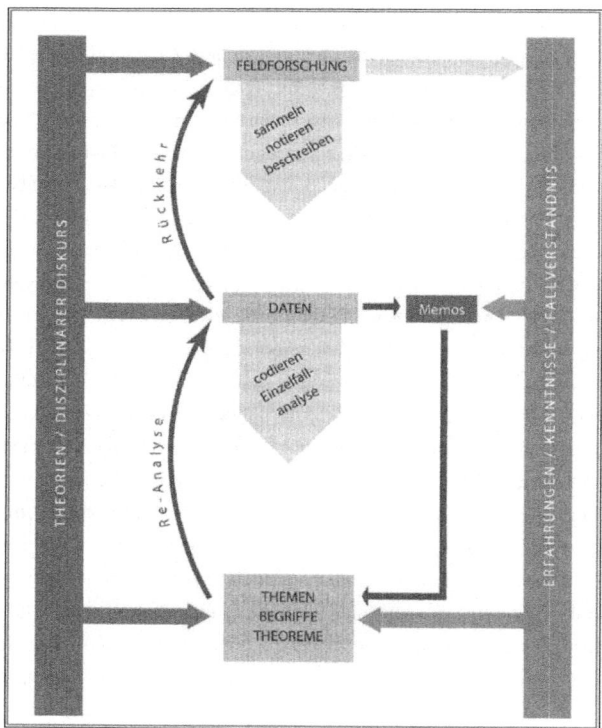

Abb. 10: Verlauf Feldforschung nach Breidenstein et al. 2015: 176

Der methodische Zusammenhang von Datensammlung, Auswertung und Theoriebildung findet sich in den Ausführungen zur Grounded-Theory-Methodologie (vgl. Kapitel 2.7.), auf der sowohl die nachstehende erkenntnistheoretische Haltung als auch das Vorgehen der

Datenerhebung basieren. Was konkret das Sammeln von Daten innerhalb dieses Studiendesigns bedeutet, soll nun in den nächsten Unterkapiteln ausgeführt werden.

2.3 Theorie der Teilnehmenden Beobachtung: Dichte Daten sammeln

Die systematische Teilnehmende Beobachtung gilt als paradigmatische Methode der Kultur- und Sozialanthropologie und wird seit Ende des Ersten Weltkrieges maßgeblich mit dem Namen Bronislaw Malinowski verbunden. Dieser etablierte mit seinen Forschungen auf den Trobriand Inseln eine Form stationäre Feldforschung, die über einen längeren Zeitraum beobachtend dem Leben der Menschen vor Ort folgte (Illius 2003: 75 f.). Die Methoden und Verfahren wurden seither vielfach macht- und repräsentationstheoretisch (vgl. u. a. Clifford 2008; Berg und Fuchs 2016) sowie im Kontext veränderter örtlicher Settings (vgl. u. a. Marcus 1995) reflektiert. Teilnehmende Beobachtungen in Organisationen finden demgemäß nicht in entlegenen Dörfern im (post-)kolonialen Kontext, sondern in zumeist partiellen Lebenswelten statt (Bachmann 2009: 250). Insgesamt stellt die Teilnehmende Beobachtung eine qualitativ intersubjektive Methode da, die von der Interaktion der Forschenden mit den Partizipierenden sowie dem Zugang zum Feld abhängt. Ethnographische Lehrbücher (z. B. Hammersley und Atkinson 2010) gestehen den Herausforderungen dieser Doppelrolle eine hohe Aufmerksamkeit zu, denn diese Rolle will etabliert sein und über den Verlauf des Forschungsprozesses hinweg aufrechterhalten werden (Schindler 2012: 174). Die Rolle der Forschenden ist damit auch mit einer organisationalen Position verknüpft, die wiederum intersubjektiv weitere Themenkomplexe rahmt. So beeinflusste meine Rolle als Mitarbeiterin in der Gleichstellungsarbeit das Sprechen über entsprechende Themenfelder mit. Die beiden beschriebenen Rollen bestehen zudem aus einem für diese Methode grundlegenden Wechsel zwischen Nähe und Distanz:

> *„Teilnahme bedeutet Nähe, Beobachten Distanz*: Teilnehmende Beobachtung setzt sich deshalb aus widersprüchlichem Verhalten zusammen, nämlich so zu sein, wie einer, der dazu gehört und gleichzeitig mit einer Wahrnehmung wie einer, der außerhalb steht" (Hervorhebung im Original, Hauser-Schäublin 2008: 42).

Nähe bestand in der vorliegenden Untersuchung nicht in einer zweiten Sozialisation *(going native)*, sondern in einem Zugang als Organisationsmitglied. Es ging also eher um ein systematisches *doing being ordinary* (Sacks 1985). Eine Distanz wurde hingegen mit meiner Rolle als Forscherin etabliert. Raymond Gold fächert diese graduellen Nuancen Teilnehmender Beobachtung folgendermaßen auf:

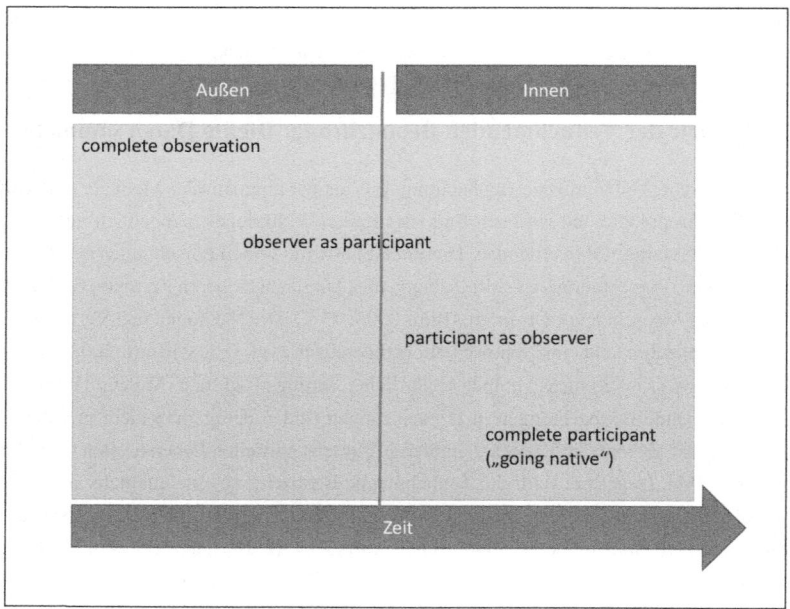

Abb. 11: Roles in Sociological Field Observations. In Anlehnung an Gold 1958 (eigene Darstellung)

Die erhobenen Daten während der Teilnehmenden Beobachtung bestanden aus einem Wechsel zwischen vorrangiger Beobachtung, beispielsweise am Rande eines Trainings, das für die Gruppenmitglieder organisiert wurde, bis hin zu einer „dichten Teilnahme" im Sinne Gerd Spittlers in ethnographischen Gesprächen (Spittler 2001). Spittler beschreibt dichte Teilnahme als eine Form der Nähe, die den Fokus weniger auf das Beobachten, als vielmehr auf empathische Teilnahme verlagert (ebd.: 19 f.). Wie Abbildung 11 verdeutlicht, wurde in der vorliegenden Untersuchung diese Teilnahme vor allem durch „Zeit", also den relativ langen Zeitraum der Begleitung sowie das häufige Zusammentreffen mit Habilitierenden möglich. Im Gegensatz zu Spittlers ethnologischen Ausführungen ging es hierbei jedoch nicht um das Mitleben des Alltags, wie dies beispielsweise Joan Casell (2000) bei Chirurginnen unternahm, die diese mehrere Tage teilnehmend beobachtete, sondern um organisierte Zusammentreffen *(observer as participant)* sowie um ethnographische und beratende Gespräche *(participant as observer)*. Im Gegensatz zum sogenannten problemzentrierten Interview handelt es sich bei diesen ethnographischen Gesprächen um eher natürliche Dialoge, wie Unterhaltungen, Austausch von Neuigkeiten oder begleitenden Telefonaten. Cornelia Hellferich (2011: 48) stellt die Unterschiede qualitativer Interviews zur ethnographischen Forschung und dem Alltagsgespräch deshalb wie in Abbildung 12 gezeigt dar:

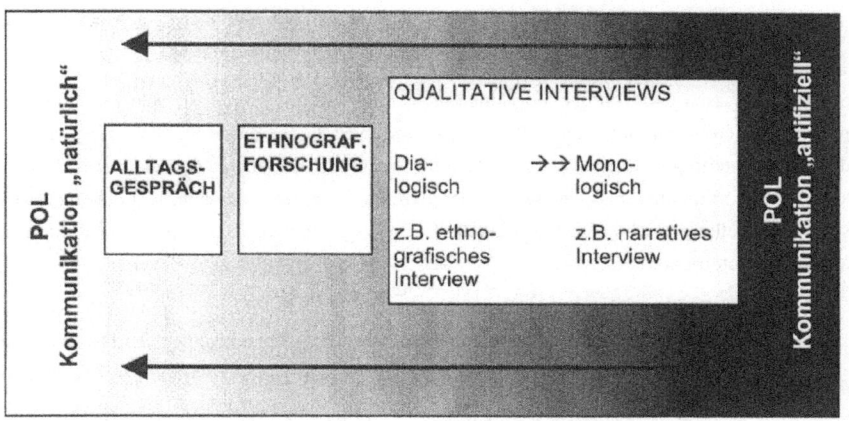

Abb. 12: Nähe unterschiedlicher qualitativer Interviewformen zum Alltagsgespräch. Aus: Helfferich 2011: 48

Sie ist der Ansicht, dass Teilnehmende Beobachtungen der Alltagsorientierung von Gesprächssituationen am nächsten kommen. Auch für Spittler liefern formalisierte Interviewformate nur einen begrenzten Ausschnitt potentieller Gesprächs- und Erzählinhalte (ebd.: 18). Ethnographische Gespräche haben hingegen den Vorteil, dass sie gewährleisten, feldsituiert die Perspektiven der Teilnehmenden in die Forschung zu integrieren. Im Gegensatz zu einmaligen Erhebungsverfahren mittels Interviewformaten wird es so möglich, Prozesse, Widersprüche und Abweichungen von Aussagen in die Auswertung miteinzubeziehen.

Angelika Wetterer weist zudem darauf hin, dass sich durch die Modernisierung der Geschlechterungleichheiten auch neue Fragen an die Methoden der Erforschung dieser Ungleichheiten stellen. So beruhe das Verständnis der Geschlechterkonstruktion heute nicht mehr auf einer Gleichzeitigkeit von Alltagswissen, Alltagshandeln und den Strukturen der Geschlechterverhältnisse (Wetterer 2005: 76). Es existierten vielmehr kulturelle Deutungsmuster, Leitbilder, Geschlechterdiskurse und Selbstkonzepte, die sich von alten Selbstverständnissen erkennbar entfernt hätten. Ungleichheiten seien begründungsbedürftig geworden. Zugleich existierten sie in den sozialen Strukturen und Institutionen weiter. Hier komme es zu einer Diskrepanz kultureller Leitbilder, einer Dethematisierung latenter Geschlechternormen und institutionalisierten Strukturvorgaben, die das soziale Handeln weiter bestimmen. Wetterer bezeichnet dies als eine „Rhetorische Modernisierung", innerhalb derer die hierarchische Struktur der Geschlechterunterscheidung aus dem Sprechen ausgeschlossen werde:

> „Die rhetorische Modernisierung schließt als ihre Kehrseite die De-Thematisierung der Ungleichheit zwischen den Geschlechtern ein. Im Prozess der rhetorischen Modernisierung verändert sich nicht nur das Reden über die Geschlechter, sondern auch das

Schweigen; verschiebt sich die Grenze zwischen dem, worüber sich sprechen, und dem, worüber sich nur Stillschweigen bewahren lässt" (Wetterer 2005: 77).

So passen Wissen und Tun der Individuen nicht mehr zusammen und stecken in dieser Ungleichzeitigkeit in den Individuen selbst (ebd.). Warum ist dies an dieser Stelle wichtig? Gerade da Geschlechterungleichheiten heute implizit und latent bleiben, und da diese kulturell-rhetorischen *versus* strukturellen Widersprüche sich durch die Individuen ziehen, legt dies methodische Fragestellungen nahe. Denn punktuelle Befragungen zielen, so die Annahme Wetterers, auf diese Rhetorik ab:

> „Das Schweigen, das die Kehrseite der rhetorischen Modernisierung darstellt, ist zwar oftmals sehr beredt. Aber zur Sprache und damit zum Vorschein bringen lässt sich die Diskrepanz zwischen der einen und der anderen Seite nur, wenn man Zugang zu dem findet, worüber die Gesellschaftsmitglieder keine Auskunft geben (können oder wollen). Man braucht, anders gesagt, eine Kontrastfolie, etwas, mit dem sich das Gesagte vergleichend in Beziehung setzen lässt, damit sichtbar wird, was im Reden verdeckt bleibt" (ebd.: 78).

Die Teilnehmende Beobachtung bietet eine Möglichkeit, einen Blick hinter diese Rhetorik zu werfen, da widersprüchliche Aussagen erfasst, kontextualisiert und jenseits der Sprache der Alltagspraxis mit in die Auseinandersetzung einfließen können. Eine problemzentrierte Begleitung über einen längeren Zeitpunkt kann hier zu Erkenntnissen jenseits dieser Rhetorik führen. Ein Beispiel aus der Forschung soll dies verdeutlichen: So betont eine Habilitandin im Interview, dass sie sich den Haushalt mit ihrem Partner sehr gut aufgeteilt habe. Zwar sei es trotzdem schwer, alles unter einen Hut zu bekommen, doch sei ihr Partner diesbezüglich sehr engagiert. Am Ende eines organisierten Netzwerktreffens stand ich mit drei Wissenschaftlerinnen des Programms am Buffet. Die Frauen kannten sich nun bereits seit etwa einem Jahr. Hier beklagt die Teilnehmerin in vertrauter Atmosphäre die Schwierigkeit der Vereinbarkeit von Familie und Beruf: Am Schluss sei sie es, die die Hauptverantwortung für die Kinder und den Haushalt trage, obgleich sie die Hauptverdienerin sei (vgl. Kapitel 8). Das Beispiel macht deutlich, dass Formen empathischer Nähe sowie die Begleitung über einen längeren Zeitraum ambivalente Themensetzungen ermöglichen, denn „methodisch gesehen, kommt man der rhetorischen Modernisierung gerade dann nicht auf die Spur, wenn man die Akteure einfach fragt" (Wetterer 2005: 77). Durch die Teilnehmende Beobachtung konnten Widersprüche sowie Themensetzungen der Habilitandinnen einbezogen werden. Vor allem aber konnten Entwicklungen mitverfolgt und nachvollzogen werden. So basiert die Studie auf bis zu zehn Kontakten mit den jeweiligen Personen, was eine stärkere Annäherung an die zu erforschenden Prozesse unterhalb diskursiver Oberflächen möglich machte. Als Qualitätsmerkmal qualitativer Forschung wird daher auch die „dichte Beschreibung" nach Clifford Geertz verstanden. In Rückbezug auf Gilbert Ryles unterscheidet dieser zwischen dünner und dichter Beschreibung am Beispiel des

Augenzwinkerns. Dieses kann als versehentliches Zucken, ein Zuzwinkern oder eine Nachahmung und Parodie verstanden werden. Eine dünne Beschreibung wäre demnach lediglich eine deskriptive Ausführung des Gesehenen (das Augenlied bewegen). Eine dichte Beschreibung hingegen ziele auf „eine geschichtete Hierarchie bedeutungsvoller Strukturen, in deren Rahmen Zucken, Zwinkern, Scheinzwinkern, Parodien und geprobte Parodien produziert, verstanden und interpretiert werden" (Geertz 1987: 12 f.). Welche Daten hierbei als reichhaltig betrachtet werden können, formuliert folgender Fragenkatalog von Kathy Charmaz (2014: 33):

- Have I collected enough background data about persons, processes, and settings to have ready recall and to understand and portray the full range of context of the study?
- Have I gained detailed description of a range of participants' views and actions?
- Do the data reveal what lies beneath the surface?
- Are the data sufficient to reveal chances over time?
- Have I gained multiple views of the participants range of actions?
- Have I gathered data that enable me to develop analytic categories?
- What kinds of comparisons can I make between data? How do these comparisons generate and inform my ideas?

In der vorliegenden Untersuchung ging es also darum, die Daten immer wieder im Hinblick auf Hintergrundinformationen, unterschiedlich detaillierte Beschreibungen von Habilitationsverläufen, Perspektivenvielfalt, Prozesshaftigkeit, unterschiedliche Settings zwischen Handlung und Sprache zu befragen und nach Vergleichsdaten zu suchen. Es wurde demnach zwischen reaktiven und weniger reaktiven Verfahren der Teilnahme variiert. Diese verschiedenen Zugänge ermöglichten es, die Habilitation als Prozess aus unterschiedlichen Blickwinkeln zu betrachten und sich aus der Perspektive der Frauen „dicht" der Produktion von Geschlechterungleichheiten zu nähern. Wie diese Prozesse durch den Kontext der Mentoring-Programme gerahmt wurden, soll das folgende Unterkapitel darstellen.

2.4. Teilnehmende Beobachtung im Mentoring-Programm

Ein Feld besteht aus mehreren Situationen, die mittels Stift, Tonband, Mikrophon, Protokollen, Transkripten, Feldtagebuch etc. eingefangen werden (Schindler 2012: 174). Die Datenerhebung für die vorliegende Studie erfolgte während der Begleitung von Mentoring-Programmen. Diese bildeten den Rahmen der Datenerhebung und regten auf die eine oder andere Weise Gruppenthemen an und beeinflussten somit die explorative Phase. Zum Zweck der intersubjektiven Nachvollziehbarkeit wird dieser Kontext nachstehend näher beschrieben.

Zugang: Mentoring-Programm

Um neben Einzelverläufen auch Gruppenperspektiven von Habilitierenden in die Forschung miteinzubeziehen, stellte sich der Zugang über Mentoring-Programme als ideal heraus, da auf diese Weise Gruppen im Habilitationsverlauf begleitet werden konnte. Mentoring-Programme in der Hochschulmedizin wenden sich in der Regel explizit an Frauen und verstehen sich im Sinne der Frauenförderung als Unterstützung in der beruflichen Weiterentwicklung. Der Kontakt zu den Standorten wurde über das Forum Mentoring e.V., einem bundesweiten Zusammenschluss aller Mentoring-Programme in der Wissenschaft, ermöglicht. So konnte durch den tatkräftigen Einsatz der jeweiligen Koordinatorinnen vor Ort der Kontakt zu den begleiteten Frauen hergestellt werden. Zudem standen mir die Koordinatorinnen hilfreich bei der Fallauswahl zur Seite, da diese über informelles Wissen bezüglich einzelner Werdegänge verfügten. So war es auch möglich, Wissen über Verläufe und Problematiken auszutauschen, die in die Studie einfließen.

Mentoring-Programme in der Wissenschaft können mittlerweile auf eine längere Geschichte zurückblicken. So feierte der Bundesverband des Forums Mentoring im Jahr 2016 sein zehnjähriges Jubiläum und veröffentlichte hierzu ein *Praxishandbuch Mentoring in der Wissenschaft* (Petersen et al. 2017), das Mentoring in seiner konkreten Umsetzung, in seinen Unterschieden und Zielgruppen sowie seiner Historie praxisnah beschreibt. Bereits seit Mitte der 1990er-Jahre etablierte sich eine Vielzahl an Programmen an den Universitäten in Deutschland (Franzke 2003). In der Hochschulmedizin haben 90 % der insgesamt 34 staatlichen deutschen Universitäten mit dem Studienfach „Humanmedizin" Mentoring-Programme implementiert (Hülsenbeck 2017: 360). Mentoring-Programme in der Hochschulmedizin richten sich aufgrund der beschriebenen Geschlechterungleichheiten (vgl. Kapitel 1) in der Regel an Postdoktorandinnen. Nach Stefanie Hülsenbeck, die sich im Praxishandbuch mit Mentoring in der Universitätsmedizin befasst, richten sich die Programme an ärztliches und wissenschaftliches Personal, das eine Wissenschaftskarriere in der Medizin anstrebt (ebd.: 361). Die Gruppen, die teilnehmend beobachtet wurden, bestanden zum größten Teil aus Ärztinnen (82 %) sowie zu einem geringen Anteil aus Teilnehmerinnen aus den Naturwissenschaften (12 %) und sonstigen Fächern (12 %), wie Biologie, Physik und Psychologie (vgl. Kapitel 2.6.2). Voraussetzung für das Mentoring ist eine hohe Motivation für eine wissenschaftliche Karriere, eine entsprechende Vita sowie in einigen Fällen ein Empfehlungsschreiben der Vorgesetzten. Die Mentees werden auf Basis dieser Unterlagen, in persönlichen Bewerbungsgesprächen oder in eigens hierfür eingerichteten Auswahlkommissionen, die sich an den Verfahren von Berufungskommissionen orientieren, ausgewählt. Wenngleich der Begriff „Mentoring" kaum einheitlich zu definieren ist und auch Mentoring-Programme in der Wissenschaft in Teilen variieren, so geht es im Mentoring der Frauenförderung vor allem darum, durch ein formelles und institutionalisiertes Instrument einen beruflichen Prozess durch eine erfahrene Person zu begleiten. Die Mentorin oder der Mentor sollen im Schwerpunkt während des Programmzeitraums von ein bis zwei Jahren die Mentee beratend bei wichtigen professionellen Entscheidungen begleiten, Netzwerke der Mentees erweitern sowie als Rollenvorbild dienen. Wie sich die Beziehung ausgestaltet, ist sehr unterschiedlich gelagert. So können unterschiedliche Grade der Nähe, die

Häufigkeit der Kontakte sowie die angebotenen Unterstützungsmöglichkeiten deutlich variieren (Barzantny 2008: 88 ff.). Zwar ist die Mentoring-Beziehung ein wichtiger Teil des Programms, im Großen und Ganzen handelt sich aber bei diesen Programmen um Personalentwicklungsmaßnahmen, bestehend aus mehreren Komponenten. Die Inhalte der Teilnehmenden Beobachtung, die in Abbildung 9 als chronologische Erhebungsphasen aufgeführt sind, umfassen Folgendes:

Erhebungsphase 1 (Zeitraum von sechs Monaten):
- Teilnehmende Beobachtung von Kennenlerngesprächen zwischen Mentoring-Programm-Verantwortlichen und Mentee
- Teilnehmende Beobachtung von eintägigen Einführungsveranstaltungen der Mentoring-Programme
- Teilnehmende Beobachtung von Netzwerktreffen von jeweils fünf bis sechs Personen
- Teilnehmende Beobachtung von zweitägigen Workshops zum Themen wie „Führung" oder „Gleichstellung"
- Die Beobachtungen wurden durch Telefonate, Zwischengespräche zur Wahl der Mentorinnen und Mentoren, Mentee-Berichte zu Netzwerktreffen, Lebensläufen, Motivationsschreiben etc. kontexualisiert

Erhebungsphase 2 (Zeitraum sieben Monate):
- Teilnehmende Beobachtung sowie Durchführung von fünfzehn Beratungsgesprächen (ca. einstündig)
- Teilnehmende Beobachtung u. a. von zweitägigen Workshops und Übernachtung zur Planung des wissenschaftlichen Werdegangs
- Teilnehmende Beobachtung von Abschlussveranstaltungen zur Reflexion des Mentoring-Prozesses

Erhebungsphase 3 (Zeitraum sechs Monate):
- Durchführung von vertiefenden Beratungs- und Kennenlerngesprächen
- Problemzentrierte Teilnehmende Beobachtung weiterer Workshops

Nach jeder Erhebungsphase wurde eine Re-Analyse der jeweiligen Themenspektren durchgeführt, die die weiteren Analysen beeinflusste. Diese Re-Analysen führten so zu der Trennung in aufeinanderaufbauenden Phasen. Im Folgenden sollen die Komponenten dieser Erhebungsphasen in der konkreten Praxis vorgestellt werden. Sie orientierten sich an der in Abbildung 11 vorgestellten „Roles in Sociological Field Oberservation" (Gold 1958) in der Sortierung von außen (Beobachtung) nach innen (Dichte Teilnahme), also in der Unterscheidung nach Beobachtung und Nähe. Zuerst sollen deshalb die Kontextmaterialien der Partizipantinnen vorgestellt werden, darauf folgend wird der Fokus auf die Teilnehmenden Beobachtungen der

Programmkomponenten gerichtet und abschließend werden die ethnographischen und beratenden Gespräche beschrieben.

Material von Teilnehmerinnen: Dokumente und Berichte

Die erhobenen empirischen Daten und Fragestellungen wurden durch weitere Quellen vertieft und kontextualisiert. Hierbei handelte es sich um Lebensläufe, Motivationsschreiben sowie Empfehlungsschreibung durch Vorgesetzte. Als Hintergrundinformation für die Gespräche und Interviews diente ein personalisierter Bogen, der die akademische Laufbahn, Forschungsprojekte, den Habilitationsverlauf, klinische Tätigkeiten, wissenschaftliche Auszeichnungen, Drittmitteleinwerbungen, Karriereziele und Unterstützungsbedarf aufführte. Ergänzt wurde das Material durch verschiedene Berichte aus den Netzwerktreffen sowie durch Fortschritts- und Abschlussberichte. Diese Papiere gaben einen Einblick in selbstgewählte Themenschwerpunkte innerhalb der Gruppeninteraktionen sowie innerhalb des individuellen Habilitationsprozesses. Sie dienten darüber hinaus als Grundlage für weitere Gespräche. Das Abschlusspapier stellt ein Resümee des Zeitverlaufs dar. All diese Materialien wurden als Hintergrundinformationen für die Interview- und Gesprächsführung genutzt und flossen zudem in die Kodierung und Re-Analyse der Kodierungsverfahren ein.

Teilnehmende Beobachtung in den Programmkomponenten

Im Folgenden werden die Teilnehmenden Beobachtungen der Programmkomponenten vorgestellt. Neben der Beobachtung strukturierter Gespräche im Rahmen des Programms (Auswahl) handelte es sich hierbei um organisierte Treffen wie Workshops und Netzwerktreffen. Zum Zweck der intersubjektiven Nachvollziehbarkeit soll hier eine Auswahl maßgeblicher Inhalte für die vorliegende Studie getroffen sowie auf die Rahmung durch bestimmte Themenfelder der Workshops hingewiesen werden. Bei den Teilnehmenden Beobachtungen der Workshops nahm ich meist gleichzeitig die Rolle der Organisatorin als auch die der Forscherin ein. Illustriert werden die Komponenten durch Illustrationen der Künstlerin Maria Graf, die auf Fotografien der Feldforschung basieren. Diese verfremdeten Bebilderungen gewährleisten die Anonymität der Mentees und geben zugleich einen Einblick in Situationen der Teilnehmenden Beobachtungen.

Abb. 13: Einführungsworkshop (Illustration von Maria Graf)

– *Einführung*

Angeleitet wurden die eintägigen Einführungs-Workshops durch eine professionelle Trainerin aus der Gleichstellungsarbeit. Ziel dieses Treffens war das Kennenlernen der Gruppe, die Kleingruppenfindung sowie die Reflexion persönlicher und wissenschaftlicher Ziele. Der Workshops hatte, neben der Funktion über den Ablauf des Programms zu informieren und die Treffen mit der Mentorin/dem Mentor vorzubereiten, auch die Funktion über Geschlechterungleichheiten in der Wissenschaft zu informieren. Dies wurde dann auch zu einem zentralen Thema der Gruppe und führte im Programmverlauf zu einer diesbezüglichen Sensibilisierung.

– *Führung reflektieren*

Neben einem Überblick über Führungstheorien sowie Genderfragen in der Führung reflektierten die Workshops die eigene Führungsverantwortung. In den Gruppendiskussionen ging es neben den eigenen Werten gegenüber Geführten, um die Frage des Umgangs mit der eigenen Führungskraft. Diskutiert wurden die Führungskultur in der Medizin sowie die eigenen Erfahrungen mit schwierigen und stereotyp gelagerten Anforderungen an die eigene Führungsrolle. Dieser Workshop trug zu einer ersten Vertrautheit innerhalb der Gruppe sowie zwischen den Mentees und der Forscherin bei. Zudem machte der Workshop deutlich, inwiefern die Führungskultur in der Medizin einen Einfluss auf den Habilitationsprozess nimmt.

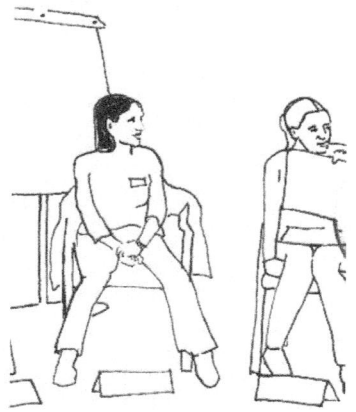

Abb. 14: Planung zum wissenschaftlichen Werdegang (Illustration von Maria Graf)

– *Planung des wissenschaftlichen Werdegangs*

Die Teilnehmende Beobachtung zur Planung wissenschaftlicher Werdegänge stellte sich als zentral für die vorliegende Untersuchung dar. Ziel war die Reflexion des bisherigen Werdegangs, den eigenen roten Faden im Lebenslauf weiterzuentwickeln sowie in Diskussion mit der Gruppe nächste Schritte zu planen. Ein maßgeblicher und wichtiger Aspekt für die vorliegende Studie war eine ausführliche Beschreibung der derzeitigen Situation der Teilnehmerinnen, die in eine Gruppendiskussion zu problematischen Arbeitsbedingungen mündete. Bedeutsam waren zudem mehrstündige berufsbiographische Einzel- und Gruppenarbeiten, die jeweils im Plenum besprochen wurde. Leitfragen waren hierbei: Welche wichtigen Ereignisse / Entscheidungen / Höhen / Tiefen gab es in meinem Leben? Welche Stärken / Ressourcen haben mich aus den Tiefen geführt? Wo haben sich Richtungen ergeben? Diese wurden graphisch festgehalten und entwickelte sich im Austausch mit dem Plenum zu der Frage „Wohin des Weges?"

– *Kollegiale Fallberatung und Peer-to-Peer*

Ein weiterer Part war eine kollegiale Fallberatung. Diese ermöglichte das offene Einbringen eigener habilitationsbezogener Themenschwerpunkte, bei denen Rat durch das kollegiale Umfeld gesucht wurde. Der Ablauf gestaltete sich in vier Schritten: Eine Person aus dem Kollegium schildert ein selbst gewähltes Thema für das sie sich unterstützend Rat erhofft. Das Kollegium stellt Verständnisfragen. In einem zweiten Schritt generiert das Kollegium mögliche Lösungsoptionen, wobei die Ratsuchenden sich Notizen machen, aber nicht kommentieren. In einem dritten Schritt reagiert die Person dann auf die Vorschläge, um in einem vierten Schritt in eine offene Gruppendiskussion zu treten. Die Möglichkeiten der Fallberatung wurden intensiv genutzt und generierten für die vorliegende Studie explorativ wichtige, aus der Gruppe entstehende Themenfelder. Darüber hinaus wurden mehrere angeleitete Peer-to-Peer-Treffen begleitet sowie entsprechende Protokolle in die Auswertung einbezogen. Bei diesen Treffen nahmen vier bis sechs Personen teil, die sich über fachliche Themen, Begleitung der Habilitation, Gestaltung des Arbeitsalltags sowie Konflikte im Arbeitsumfeld austauschten.

Abb. 15: Kollegiale Fallberatung (Illustration von Maria Graf)

– *Zwischenbilanz und Abschluss*

Diese mehrstündigen Formate dienten vor allem der Reflexion des Habilitationsverlaufs. Hier ging es jeweils um den Austausch in der Gruppe zum aktuellen beruflichen Stand sowie dem Verlauf der Habilitation. In einem Abschlussworkshop integrierte ich ein forschungsmethodisches Element, das zudem der Selbstreflexion dienen sollte. So wurden die Teilnehmenden gebeten, mittels Karten an der Tafel ihre beruflichen Erfahrungen seit Beginn des Programms zu reflektieren. Drei leitende Fragestellungen wurden dabei beantwortet: Auf welche bedeutenden Veränderungen (Meilensteine) können Sie zurückblicken? Welche wichtigen Entscheidungen haben Sie getroffen? Was haben Sie als positiv oder negativ für ihre berufliche Entwicklung erlebt? Insgesamt wurde so ein Diskurs über berufliche Verläufe in der Gruppeninteraktion sichtbar, der wiederum mit dem Wissen über diese Verläufe kontextualisiert werden konnte.

Abb. 16: Austausch in der Gruppe (Illustration von Maria Graf)

Ethnographische Gespräche

Die Teilnehmenden Beobachtungen leben von den ethnographischen Gesprächen in den Mittagspausen, die im Verlauf immer stärker dazu dienten, ins Gespräch zu kommen, sich über den jeweiligen Stand auszutauschen und explorativ, neue Fragestellungen zu generieren. Hierfür war es essentiell, über die Hintergründe und Schwerpunkte der einzelnen Teilnehmenden informiert zu sein, um an Themenkomplexe anschließen zu können. Diese Gespräche basierten auf einem zwanglosen Austausch, im Plaudern über Privates und offene Themenspektren.

Strukturierte Gespräche und Beratung

Die ersten teilnehmend beobachteten Gespräche dienten einem Feldzugang. Diese fragten nach der Motivation, sich für das Programm zu bewerben, den Unterstützungsbedarf sowie den eigenen wissenschaftlichen Zielen. Neben Fragestellungen zum Programm ging es in der Halbzeit der Programmlaufzeit vor allem um Herausforderungen während der Habilitationsphase, die bisherigen Fortschritte sowie die nächsten Schritte. Die Gespräche wurden anhand eines Gesprächsleitfadens strukturiert geführt, aufgezeichnet und jeweils im Nachgang auf Themenschwerpunkte hin kodiert. Zudem fließen aktiv durchgeführte Beratungs- und Kennenlerngespräche in die Auswertung ein.

Abb. 17: Ethnographisches Gespräch (Illustration von Maria Graf)

Informed Consent

Alle Teilnehmenden wurden vor Beginn des Programms danach befragt, ob sie damit einverstanden seien, dass das Programm forschend begleitet wird. Zudem wurde bei jeder Workshop-Komponente erneut auf mich in der Rolle der Teilnehmenden Beobachterin hingewiesen und in den Workshops immer wieder nach einer Einwilligung gefragt, wenn einzelne Personen beobachtet wurden. Meine Rolle als ständig schreibende und dokumentierend in der Runde Sitzende, wurde im Verlauf normalisiert und ich wurde häufig nach dem Stand der Arbeit gefragt. Zur Aufzeichnung der Einzelgespräche wurden zudem weitere schriftliche Einverständniserklärungen eingeholt.

Im Nachgang: Dokumentation

Die Protokolle der Teilnehmenden Beobachtungen beinhalteten neben dem gesprochenen Wort die Beschreibung des entsprechenden Ortes, die eigene Wahrnehmung der Gruppe und Gruppeninteraktionen etc. Vor dem Hintergrund bereits geführter Gespräche war interessant, wer sich wie präsentiert, welche Themen angesprochen werden und was nicht thematisiert wurde. Die handschriftlichen Notizen und Mitschriften wurden in ca. zwanzig bis fünfzigseitige Protokolle übertragen. Zudem flossen etwa jeweils fünfzig Fotografien, Workshop-Leitfäden und Fotoprotokolle in die, jeweils im Nachgang durchgeführten, Auswertungen ein[17]. Darüber hinaus boten mir vereinzelte Kleingruppen dankenswerter Weise an, ihre Interaktionen, an denen ich nicht teilnahm, für eine spätere Auswertung audiographisch festzuhalten. Auch diese

---

[17] Sowohl bei den Abschriften der Protokolle als auch bei den Transkriptionen wurde ich personell wie finanziell durch die Gleichstellungsstelle unterstützt (siehe auch Danksagung).

wurden transkribiert und kodiert. Im Späteren wurde dieses Material fokussiert nach Themenschwerpunkten ausgewertet. Die Beratungsgespräche wurden vollständig transkribiert.

Dieses Kapitel sollte die Datenerhebung intersubjektiv nachvollziehbar machen, Wie deutlich wurde, beeinflussten die beschriebenen Themenbereiche wie „Führung" oder „Lebensplanung" auch die Themensetzungen in der explorativen Phase. Zudem ist erkennbar, dass innerhalb des Programms für Geschlechterungleichheiten sensibilisiert und eine solche Themensetzung verstärkt wurde. Die Beiträge der männlichen Kollegen in den Workshops fließen als Hintergrundinformation in die Studie mit ein, wurden aber nicht systematisch ausgewertet.

2.5. Problemzentriertes Interview

Die skizzierten Verfahren der Datenerhebung innerhalb der Feldforschung (Erhebungsphasen 1–3) können bereits als Datentriangulation betrachtet werden. Darüber hinaus wurde mit der problemzentrierten und fokussierten Einzelgesprächsführung noch eine weitere Methode innerhalb der Erhebungsphasen 4–5 integriert. Die Methodentriangulation ermöglicht es, den Gegenstand aus mehreren Gesichtspunkten zu betrachten. Das problemzentrierte Interview kann insofern als Erweiterung einer Within-Method-Triangulation angesehen werden, das die unterschiedlichen Facetten subjektiver Auseinandersetzung mit dem Gegenstand ergänzt. Zudem wurden die Interviews nicht nur mit Frauen aus den begleiteten Mentoring-Programmen geführt, sondern auch Frauen an weiteren Standorten in das Sample integriert (Abbildung 9).

Bei dem problemzentrierten Interview handelt es sich um eine Interviewform, die sich klar von teil- oder stark strukturierten Befragungen unterscheidet. Diese orientieren sich an einem festen Leitfaden und dienen in ihrer strukturierten Form vor allem der Messung größerer Datenmengen wie Panelbefragungen (Atteslander 2010: 133). Von anderen, ebenfalls strukturierten und zugleich weniger „natürlichen" Interviewformen unterscheidet sich das problemzentrierte Interview hingegen durch eine dialogische, gemeinsame Arbeit zwischen Fragenden und Befragten. Der/die Interviewende engagiert sich dabei aktiv und bringt sein/ihr Vorwissen ein. Der Ablauf des Interviews kann flexibel gehandhabt werden. Die Übersicht von Hellferich (2011: 45) veranschaulicht die Eigenschaften des problemzentrierten Interviews im Vergleich zu anderen Interviewformaten (Tabelle 2)

Tabelle 2: Die wichtigsten Interviewformen nach differenzierenden Merkmalen (Aus: Hellferich: 45)

	Forschungsgegenstand	Beurteilung der Äußerungen als „ausreichend"	Setting/Situationsdefinition	Rederecht/Dialog	„Aufdeckend" arbeiten	Aktives Engagement der Interviewenden	Strukturiertheit/Flexibilität	Haltung Indifferenz Fremdheitsannahme
Narratives Interview	Textorientiertes Sinnverstehen	Erzählperson	Wissenschaftlich	monologisch	Nein	Wenig	Flexibel: keine Vorgaben	Ja
Episodisches Interview	Kombination	Erzählperson	Wissenschaftlich	Kombination	Möglich	Mittel	Leitfaden, flexibel	Teils
Fokussiertes oder semi-strukturiertes Interview	Kombination	Erzählperson/Interviewende	Wissenschaftlich	Kombination	Möglich	Mittel	Flexibel	Teils
Problemzentriertes Interview	Problemorientiertes Sinnverstehen	Interviewende	Wissenschaftlich	Dialogisch gemeins. „Arbeit"	Ja	Stark	Flexibel, ev. Leitfaden	Vorwissen einbringen
Ero-episches oder ethnografisches Interview	Rekonstruktion und Deskription von Kultur(en)	Interviewende	Eher „natürlich"	Dialogisch alltagskommunikativ	Möglich	Interviewer aktiv, aber nicht unbedingt steuernd	Flexibel: keine Vorgaben	Ja

Ein problemzentriertes Interview (PZI oder PCI) charakterisiert sich damit folgendermaßen: „the PCI can be described as a qualitative-dialogic method of reconstructing knowledge about relevant problems" (Witzel und Reiter 2012: 4). Bei diesem Interview geht es also darum, einer spezifischen Fragestellung zu folgen, die durch die befragte Person beantwortet werden kann. Ziel ist, dass sich in der Interaktion an den Forschungsgegenstand angenähert wird. Hierbei sind nach Andreas Witzel (2000: 3) drei Grundpositionen leitend:

- *Problemzentrierung:* Die Interviews werden vor dem Hintergrund des Wissens einer erkenntnistheoretisch relevanten Problemstellung geführt und entsprechende Fragestellungen beziehen sich auf diesen Gegenstand. Die Kommunikation ist von der Interpretationsleistung des Interviewers/der Interviewerin getragen, wobei der Prozess sich im Laufe der Kommunikation zuspitzt.
- *Gegenstandsorientierung:* Diese Interviewform wird in den Zusammenhang einer Methodenkombination gestellt, innerhalb derer das Interview das wichtigste Instrument darstellt. Laut Witzel kann es so sinnvoll sein, „sich auf Interviews mit einer neuen Forschungsthematik dahingehend vorzubereiten, dass man zunächst eine Gruppendiskussion durchführt, um einen ersten Überblick über Meinungsinhalte in der zu untersuchenden Stichprobe zu bekommen" (ebd.:). In der vorliegenden Studie ist das problemzentrierte Interview vor allem in der Verschriftlichung das zentrale Element, basierend auf der ausführlich explorativen Phase.
- *Prozessorientierung:* Der Kommunikationsprozess sollte demnach sensibel und akzeptierend auf die Rekonstruktion von Bedeutungen angelegt sein. Die Teilnehmenden sollten sich in ihrer Problemsicht ernst genommen und in der Selbstreflexion angeregt fühlen. Nach Witzel sollten die Befragten ihre Problemsicht in Kooperation mit dem Interviewer/der Interviewerin entfalten und im Verlauf des Gesprächs immer wieder neue Aspekte zum gleichen Thema entwickeln (ebd.).

Im Prozess des Dialogs sollen sich die Befragten graduell immer stärker Gefühle und Erwartungen bewusstmachen, die in der Vergangenheit nicht zugänglich oder nur verzerrt wahrnehmbar waren. Im Dialog treffen hierbei das Wissen der forschenden Person mit dem Alltagswissen der Befragten zusammen (Witzel und Reiter 2012: 18 f.). Die Narrative werden hier zur primären Quelle der weiteren gemeinsamen Entdeckung eines bestimmten Problems (Witzel und Reiter 2012: 31). Die interviewende Person hat hierbei insofern eine Mehrfachrolle, da sie den Prozess stimuliert, ihn durch das Strukturieren unterstützt und zugleich darüber spricht (Witzel und Reiter 2012: 32). Dieser Prozess ist damit eingebettet in ein „Sensitising Framework" (siehe Abbildung 18), das in dem Fall der vorliegenden Untersuchung auf der beschriebenen Feldforschungsphase mit den entsprechenden ersten Auswertungen und sensibilisierenden theoretischen Konzepten beruht. Laut Andreas Witzel und Herwig Reiter handelt es sich hierbei um verschiedene Wissensarten. Bezogen auf die vorliegende Analyse bestand dieses Wissen zu diesem fortgeschrittenen Zeitpunkt der Erhebungsphase aus einem Kontextwissen über die

Hochschulmedizin *(Contextual Knowledge)*, eine theoretische Informiertheit in Bezug auf die Forschungsfrage *(Research Knowledge)* sowie ein durch die berufliche Praxis ausgeprägtes Alltagswissen *(Everyday Knowledge)*. In Anlehnung an die Ausführungen von Witzel und Reiter begegneten sich Interviewerin und Interviewpartnerin wie in Abbildung 18 gezeigt.

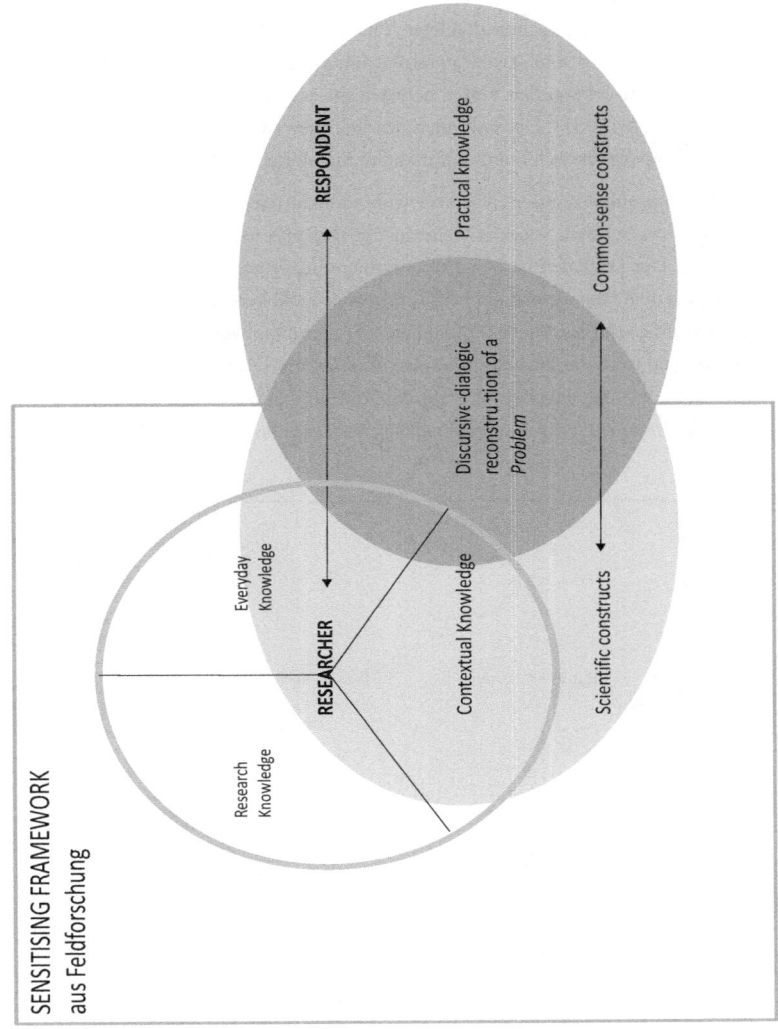

Abb. 18: In Anlehnung an „The Epistemological Framework of the PCI". Aus: Witzel und Reiter 2012: 18 (eigene Darstellung)

Leitfaden und Interviewdurchführung

Wie in Abbildung 19 „Generierung eines gesättigten Leitfadens" veranschaulicht, entwickelte sich der Leitfaden dieses Interviews aus dem *Sensitising Framework* der Feldforschung (vgl. Abbildung 18). Im Verlauf der Feldforschung wurden die Fragestellung problemzentrierter und zielten schließlich auf eine fokussierte Datenerhebung. Abbildung 19 zeigt, dass die Erstellung des Leitfadens als Zwischenergebnis und letzte Phase der Forschung zu betrachten ist. So weisen Witzel und Reiter auf den *interview guide* als „immediately related to the sensitising framework and thus the most important bridge between the researchers interest and the field" hin (Witzel und Reiter 2012: 51). Der Leitfaden des Interviews richtete sich an den Themen der Gruppen aus und erweiterte den Fokus auf mehrere Standorte.

Der Leitfaden im problemzentrierten Interview dient nicht wie in strukturierten Verfahren einem Frage-Antwort-Schema, sondern vielmehr der Organisation von Hintergrundwissen und Frageinteressen. Der Leitfaden ist Vorstrukturierung und Erinnerungshilfe im Inter-viewprozess und soll, vor dem Hintergrund der bereits erhobenen und kodierten Daten, dieses Themenfeld möglichst umfassend erschließen. Die leitende Fragestellung der Analyse lautete zu diesem Zeitpunkt: Wie und wo wirkt die Organisationskultur auf den (Selbst-)Ausschluss der begleiteten Frauen? Der Fokus lag dabei auf den Hürden im Habilitationsverlauf sowie auf deren psychosoziale Auswirkungen auf Ausschlüsse und Selbstausschlüsse.

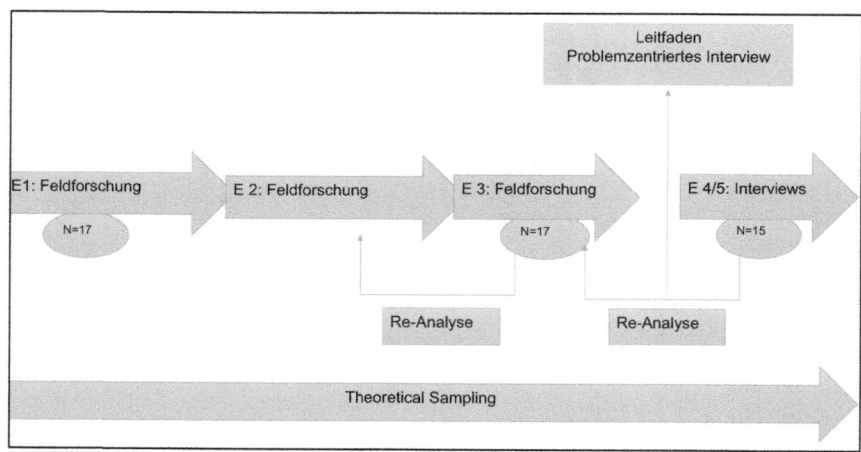

Abb. 19: Generierung eines gesättigten Leitfadens

Die Art der Darstellung des Leitfadens, bei dem vielmehr von einem Mindmap gesprochen werden kann (vgl. auch Witzel und Reiter 2012: 52), deutet bereits die Prämissen der Interviewführung an. Alle Interviews bearbeiteten die in dieser Interviewart als

Themenschwerpunkte sortierten Fragestellungen zum derzeitigen Beschäftigungsverhältnis, zur Bildungsbiographie und der Motivation, der Entscheidung für ein Universitätsklinikum, dem Erleben des eigenen Werdegangs, dem konkreten Resümee der letzten beiden Jahre, der damit verbundene Habilitationsprozess sowie die Frage – falls gegeben – nach einer Entscheidung gegen die Habilitation. Als Ausstieg diente die Frage nach den Vorteilen und Veränderungspotentialen in der Hochschulmedizin. Der Leitfaden verfügt über eine trichterförmige Dramaturgie vom Allgemeinen zum Spezifischen sowie eine chronologische beginnend mit dem Studium hin zu zur Habilitationsphase. Der Verlauf des Dialogs orientierte sich aber maßgeblich an den Narrativen des Gegenübers, zog bei Bedarf Fragestellungen vor oder wandte sich neuen Themenspektren zu. Es wurde aber darauf geachtet, dass alle diese Fragebausteine bis zum Ende des Interviews besprochen wurden. Die Fallauswahl basierte nach dem Prozess erster Auswertungen aus der Feldforschung auf einem umfangreichen Fragebogen zur beruflichen Situation und soziodemographischen Daten sowie einem darauf aufbauenden Theoretical Sampling, dass unter Kapitel 2.7.2 genau erläutert wird.

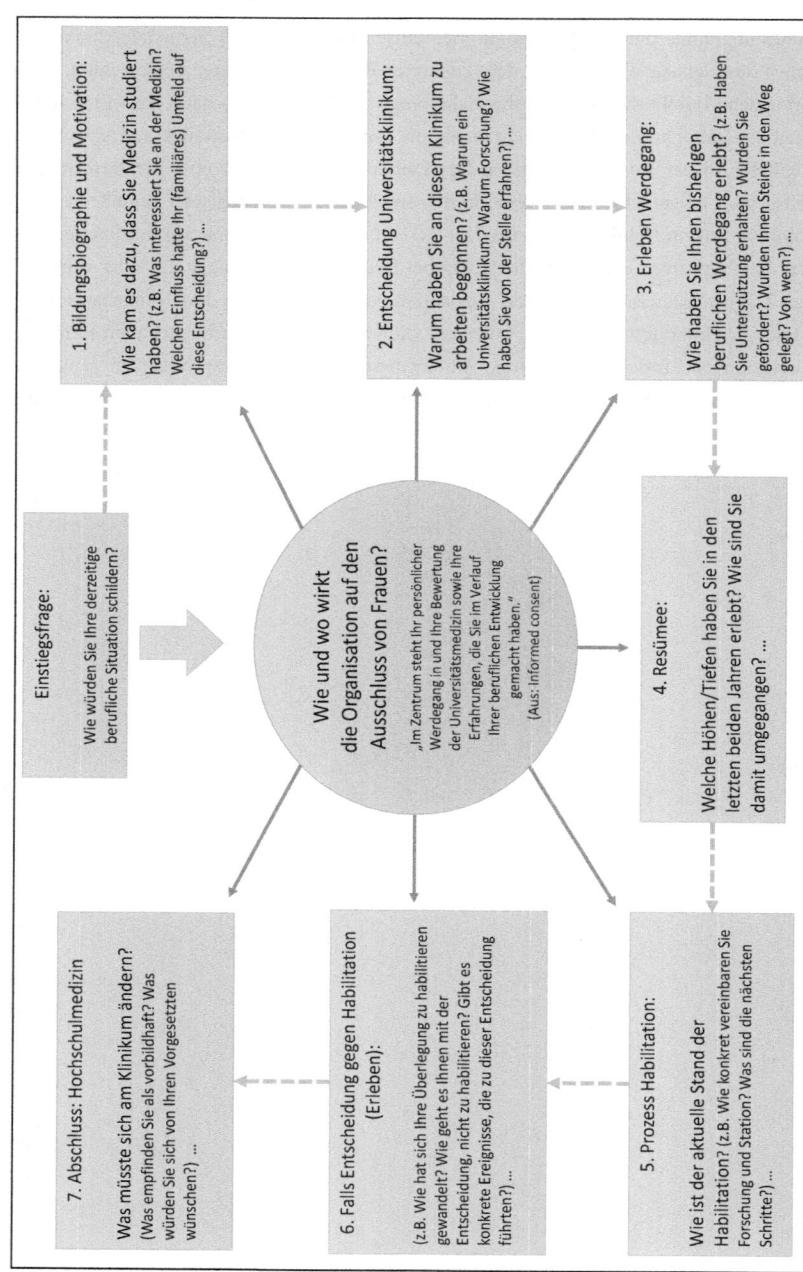

Abb. 20: Interviewleitfaden als Mindmap

Die Interviewten wurden Face-to-Face oder mittels Telefoninterview etwa zwei Stunden interviewt. Vor der Interviewaufzeichnung wurde zum Zweck einer informierten Einwilligung das Forschungsprojekt erläutert. Im Vordergrund stand hierbei die Frage, warum Wissenschaftlerinnen die Hochschulmedizin verlassen bzw. sich entscheiden zu bleiben. „Im Zentrum steht Ihr/Dein persönlicher Werdegang in und Ihre/Deine Bewertung der Universitätsmedizin sowie Ihre/Deine Erfahrungen die Sie/Du im Verlauf Ihrer/Deiner beruflichen Entwicklung gemacht haben/hast" (Zitat aus der informierten Einwilligung der Studie). Zudem wurde der Kontext der Datenerhebung erläutert und Rückfragen beantwortet. Die Interviews basierten neben dem Fragebogen auf einem Lebenslauf, der durch die Befragten vorab übermittelt wurde. Diese wurden kontextualisiert durch Recherchen wie die Webseiten der Universitätsklinika. Hier konnten beispielsweise Frauenanteile in den unterschiedlichen Positionen oder die Forschungsvorhaben der Habilitandinnen in Erfahrung gebracht werden und als Vorwissen in das Interview einfließen. Diese Hintergrundinformationen ermöglichten einen hohen Grad an dialogisch gemeinsamer Arbeit im Sinne eines „Aufdeckend arbeiten" (Helfferich 2011: 45). Hierdurch war es möglich, nach der Einstiegsfrage zur derzeitigen beruflichen Situation Fragen individuell anzupassen. Das problemzentrierte Interview (PZI) lebt von einem geübten Interviewstil, der sich, basierend auf Vorwissen und Hintergrundwissen zu der Person, an den Kommunikationsregeln des PZI orientiert (2012: 78) und den diskursiven Dialog zu einem Thema befördert. Insbesondere das dialogische Nachfragen (Spiegeln, Verstehensfragen und Konfrontationsfragen) ermöglichte in Erhebungsphase 4, weitere Themenfelder zu erschließen und bereits bekannte vergleichend oder kontrastierend zu vertiefen. So ging es bei dieser Form der Interviewführung darum, in einen Dialog zu treten, Antworten aufzunehmen und mittels der Techniken spezifischer Exploration auf neuem Wege, das Problem erweitert zu erörtern. Die Interviews waren insbesondere in der letzten Phase (Erhebungsphase 5) von Vorwissen geleitet, die auf Vergleichen mit den anderen Interviews beruhten und auf eine letzte Sättigung zielten. So konnte beispielsweise im Laufe dieser Interviewphase ein für diese Studie fruchtbarer Vergleich bezüglich der Transparenz von Rotationen, der Fördersituation durch Vorgesetzte, dem Umgang mit Autorenschaften oder des sozialen Hintergrundes angesprochen werden. Abgeschlossen wurden die Interviews jeweils mit einem kurzen Postscript, in dem das Interviewsetting sowie Themenschwerpunkte und neue Pfade, die durch das Interview entstanden sind, vermerkt wurden. Wie deutlich wurde, orientiert sich die vorliegende Studie an einer qualitativen Methodentriangulation, die den Ausschluss von Frauen während der Habilitationsphase aus unterschiedlichen Perspektiven beleuchtet. Dies ermöglicht eine ‚dichte' Datenerhebung, die Themenspektren erweitert, Gruppendiskurse integriert, Verläufe im Längsschnitt erhebt sowie Einzelstandpunkte miteinbezieht. Mit dem Ziel, Wechselwirkungen zwischen Situationen und Personen zu erheben, machen es die explorativen und problemzentrierten Verfahren möglich, den Gegenstand aus unterschiedlichen Gesichtspunkten zu betrachten. Wie diese Erhebungen in der Auswertung weiterverfolgt werden, beleuchtet das nächste Unterkapitel.

2.6. *Grounded Theory* als Forschungsstil

Erhebung und Auswertung dieser Studie basieren auf der Grounded-Theory-Methodologie (GTM), bei der sich Erhebungs- und Auswertungsverfahren abwechseln und miteinander verschränken (vgl. u. a. Strauss und Corbin 1996; Hildenbrand 2015; Strübing 2014; Mey und Mruck 2009; Glaser und Strauss 1998; Clarke 2012; Charmaz 2014). Diese Methode wurde vor mehr als 40 Jahren von den Soziologen bzw. Sozialpsychologen Barney Glaser und Anselm Strauss vorgestellt.[18] Beide hatten Mitte des 20. Jahrhunderts zum Umgang mit Tod in Hospitälern gearbeitet und entwarfen im Anschluss eine in der Praxis bewährte Forschungsstrategie (Mey und Mruck 2009: 100 f.). Seitdem haben sie die Methode unabhängig voneinander weiterentwickelt. Darüber hinaus haben auch ehemalige Schülerinnen und Schüler die GTM modifiziert und ergänzt (vgl. u. a. Charmaz 2014; Clarke 2012). In einem der zentralen Werke der GTM, *Grounded Theory: Grundlagen qualitativer Sozialforschung* (Strauss und Corbin 1996), werden die Ziele der Methode folgendermaßen beschrieben:

> „Eine ‚Grounded' Theory ist eine gegenstandsverankerte Theorie, die induktiv aus der Untersuchung des Phänomens abgeleitet wird, welches sie abbildet. Sie wird durch das systematische Erheben und Analysieren von Daten, die sich auf das untersuchte Phänomen beziehen, entdeckt, ausgearbeitet und vorläufig bestätigt. Folglich stehen Datensammlung, Analyse und die Theorie in einer wechselseitigen Beziehung zueinander. Am Anfang steht nicht eine Theorie, die anschließend bewiesen werden soll. Am Anfang steht vielmehr ein Untersuchungsbereich – was in diesem Bereich relevant ist, wird sich erst im Forschungsprozeß herausstellen" (ebd.: 8).

Heiner Legewie und Barbara Schervier-Legewie führen aus, dass *Grounded Theory* für Anselm Strauss bedeutete, theoretische Begriffe in „aller Abstraktheit erfahrungsgesättigt, d. h. in sorgfältiger Beobachtung und Feldforschung zu gründen (grounded)" (Legewie und Schervier-Legewie 2004: 4). Grounded-Theory-Methodologie bezeichnet damit nicht eine Auswertungsmethode unter vielen, sondern einen Denk- bzw. Forschungsstil. So sei nach Strauss die GTM „weniger eine Methode oder ein Set von Methoden, sondern eine Methodologie und ein Stil, analytisch über soziale Phänomene nachzudenken" (ebd.: 58). Franz Breuers macht in seinen Ausführungen zur Reflexiven Grounded Theory deutlich (2010: 39 ff.), dass dieses Set von Methoden den oben ausformulierten erkenntnistheoretischen Haltungen eines hermeneutischen Verstehens und Interpretierens folgt (vgl. Kapitel 2.3.). Die GTM orientiert sich demgemäß in der Methodenwahl an dem Gegenstandbezug, traditionell handelte es sich hierbei um Feldforschungen. Zudem wendet sie sich nach dem Psychologen Günter Mey und der Psychlogin Katja Mruck kritisch gegen Universaltheorien sowie die reine Deskription eines empirischen

---

[18] Strauss publizierte 1949 zusammen mit Alfred Lindesmith ein zentrales Werk der Sozialpsychologie mit dem Titel *Social Psychology*. In der deutschsprachigen Literatur werden Strauss und seine Schülerinnen und Schüler (vgl. u. a. Charmaz 2014) zumeist als „Soziologen" bezeichnet (vgl. u. a. Mey und Mruck 2009).

Vorfindens (2009: 104). Die GTM ist vielmehr eine Kunst des Auslegens. Diese besteht in der Frage, wie Kunstschaffende oder Forschende mit ihrem Material (dem Sujet eines Bildes, dem Thema eines Forschungsprojekts) umgehen (Hildenbrand 2015: 33). In diesem Prozess entsteht eine Wechselbeziehung der Auseinandersetzung mit dem Thema, die die Beteiligten verändert. Hierbei ist „es das Material, das den Forschungsprozess steuert, und es ist die Kreativität des Forschers, die die Strukturiertheit des Materials offen legt" (ebd.). In einem Interview mit Legewie und Schervier-Legewie umreißt Strauss die wichtigsten Aspekte dieses künstlerischen Denk- und Forschungsstils:

> „Wenn ich nun sagen sollte, was zentral ist, würde ich drei Punkte hervorheben: Erstens die Art des Kodierens. Das Kodieren ist theoretisch, es dient also nicht bloß der Klassifikation oder Beschreibung der Phänomene. Es werden theoretische Konzepte gebildet, die einen Erklärungswert für die untersuchten Phänomene besitzen. Das Zweite ist das theoretische Sampling. Ich habe immer wieder diese Leute in Chicago und sonst wo getroffen, die Berge von Interviews und Felddaten erhoben hatten und erst hinterher darüber nachdachten, was man mit den Daten machen sollte. Ich habe sehr früh begriffen, dass es darauf ankommt, schon nach dem ersten Interview mit der Auswertung zu beginnen, Memos zu schreiben und Hypothesen zu formulieren, die dann die Auswahl der nächsten Interviewpartner nahelegen. Und das Dritte sind die Vergleiche, die zwischen den Phänomenen und Kontexten gezogen werden und aus denen erst die theoretischen Konzepte erwachsen. Wenn diese Elemente zusammenkommen, hat man die Methodologie" (Legewie und Schervier-Legewie 2004: 59).

Im Anschluss an dieses Zitat soll im Folgenden am konkreten Studienverlauf geklärt werden, wie durch eine sukzessive Auswertung mittels verschiedener Kodierverfahren theoretische Konzepte entstanden, wie diese die Auswahl das Sampling beeinflussten *(Theoretical Sampling)* und wie es durch ein multiperspektivisches Kodierverfahren möglich wurde, multifaktoriale Prozesse in die Analyse zu integrieren.

2.6.1. Verschränkte Datenerhebung und -auswertung, theoretische Sensibilität

Die erkenntnistheoretische Haltung der GTM drückt sich nicht nur in einer gegenstandsorientierten Methodensammlung aus, sondern auch in der Art und Weise ihrer Auswertung. Nach Günter Mey und Katja Mruck (2011: 23) unterscheidet sich diese Auswertungsauffassung deutlich von jenem traditionellen sequenziellen Vorgehen, in der Planung, Datenerhebung, Datenanalyse (und Theoriebildung) als getrennte Arbeitsphasen aufgefasst werden. Im Gegensatz dazu bedeutet Forschen in der GTM, einem iterativen, also wiederholenden Stil zu folgen. Dies erfordert einen ständigen Wechsel zwischen Handeln (Datenerhebung) und Reflexion (Datenanalyse und Theoriebildung). Festzuhalten ist, dass die GTM eine zeitliche Parallelität und wechselseitige Abhängigkeit der Prozesse von Datenerhebung, -analyse und Theoriebildung betont (Strübing 2014: 12).

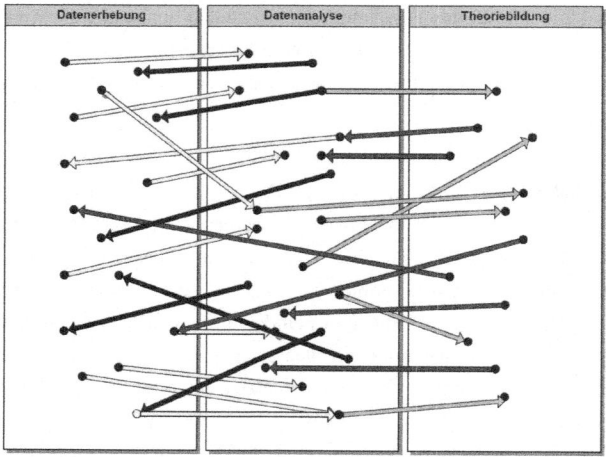

Abb. 21: *Parallelität der Arbeitsschritte im Verfahren der Grounded Theory (nach Strübing 2014: 12)*

Jörg Strübing knüpft mit dieser Überlegung an die für die interpretative Sozialforschung gängige Vorstellung an, derzufolge Forschende nie neutral Beobachtende sind, sondern stets auch Interpretierende und damit zwangsläufig immer auch Subjekte des Forschungsprozesses (Strübing 2014: 12). Ebenso heben Mey und Mruck (2009:23) hervor dass Analyse und Theoriebildung bereits mit den ersten erhobenen Daten ihren Anfang nehmen. Diese dienen in ihrer Vorläufigkeit als Beginn für weitere Präzisierungen der Forschungsfrage und der kontinuierlichen Hypothesen- und Theoriegenerierung (ebd.). Entscheidend bei der GTM ist also, die Phase der Erhebung von der der Analyse dieses Materials nicht zu trennen und so viele Daten zu erheben, wie für den Analyseprozess erforderlich ist (Hildenbrand 2015: 36). Theoretische Konzepte, die in einer Untersuchung entwickelt werden, werden im Zuge der Analyse von Daten entdeckt und müssen sich an den Daten bewähren (ebd.: 33). Es entsteht ein zirkulärer Prozess, in dem induktive und deduktive Verfahren verknüpft werden (ebd.: 34).[19] Theoretische Konzepte

---

[19] Um die Begriffe „induktiv", „deduktiv" und „abduktiv" entbrannte eine Diskussion um die induktive Haltung der GTM (Mey und Mruck 2009, vgl. Kapitel 2.3.). In Abgrenzung zu einer theoriefokussierten und der empirischen Arbeit vorausgehenden Methode resultierte in der GTM eine Fokussierung auf eine rein induktive, allein auf sorgfältiger Datenanalyse beruhende Theoriegenese. So entstand nach Strübing der Eindruck, *Grounded Theory* fordere die Forschenden dazu auf, sich vor jedem Feldkontakt ihres theoretischen Vorwissens vollständig zu entledigen (2014: 52). Dies ist jedoch nach Strauss und Corbin (1994) ein „induktivistisches Missverständnis" (ebd.: 277).

wirken in diesem Prozess als *Sensitizing Concepts*, durch deren Brille die Forschenden auf ihr Feld blicken. Strauss und Corbin definieren theoretische Sensibilität folgendermaßen: „Theoretische Sensibilität bezieht sich auf die Fähigkeit, Einsichten zu haben, den Daten Bedeutung zu verleihen, die Fähigkeit zu verstehen und das Wichtige vom Unwichtigen zu trennen" (1996: 25 f.). Erst diese erlaube es „eine gegenstandsverankerte, konzeptuell dichte und gut integrierte Theorie zu entwickeln" (ebd.). Theoretische Konzepte dienen der Sensibilisierung für die Wahrnehmung sozialer Bedeutungen und stellen zugleich konzeptuelle Begrifflichkeiten für eine empirische Theoriebildung bereit (ebd.). Die diesem Kapitel folgenden Theoriekapitel (3 und 4) sind somit also nicht als metatheoretische Annahmen zu begreifen, die allumfänglich Empirie zu erklären suchen. Vielmehr handelt sich um sensibilisierende Konzepte, die die theoretischen Zugänge reflektieren. Meine eigene Erfahrung während der Untersuchung machte deutlich, dass diese Methode nicht nur eine hohe Flexibilität der Forschenden im Hinblick auf die Anwendung induktiv-gegenstandsbezogener Methoden, sondern auch im Hinblick auf theoretische Konzepte verlangt. Im Rahmen der vorliegenden Untersuchung bedeutete dies, kontinuierlich neue theoretische Annahmen, die die empirischen Daten nahelegen, zu integrieren. In der Konsequenz wurden für diese Studie theoretische Konzepte kontinuierlich angepasst, erweitert und verworfen. Mey und Mruck weisen auch darauf hin, dass, um eine gehaltvolle Theorie im Sinne der GTM zu generieren, der Stichprobenziehung bzw. der Frage, welche Daten für die Theoriebildung zu berücksichtigen sind, eine zentrale Bedeutung zukommt (2009: 110). Die Auswahl des Materials werde hierbei durch das *Theoretical Sampling* gesteuert, dessen Grundidee auch als rollende oder absichtsvolle Stichprobenziehung bezeichnet wird. Die Fallauswahl geschieht hierbei nicht in der ersten Phase der Forschung, sondern wird sukzessive, vor dem Hintergrund der beschriebenen Auswertungsschritte vollzogen. Die Fallauswahl beruht also auf der Entscheidung für deren theoretische Relevanz. Im Mittelpunkt steht die Frage, welche Stichprobe am besten dabei hilft, das infrage stehende Phänomen zu verstehen. *Theoretical Sampling* bedeutet insofern eine Strategie, „Fälle und Material sukzessive nach theoretischen Gesichtspunkten auszuwählen und in die Analyse einzubeziehen" (Mey und Mruck 2009: 111). Mey und Mruck verweisen darauf, dass es bei diesem Sampling um inhaltliche Entscheidungen in einem rollenden Forschungsprozess geht und stellen diesen graphisch wie in Abbildung 22 gezeigt dar.

Ziel des Sampling ist eine theoretische Sättigung des Materials. Gesättigt bedeutet im Sinne der GTM, dass empirische Leerstellen des Verstehens gefüllt sind und keine weiteren Daten mehr hinzugezogen werden müssen, damit eine Ausarbeitung einer empirisch gesättigten Theorie gelingt (Mey und Mruck 2009: 134). Um dies zu erreichen, empfiehlt sich eine minimale und maximale Kontrastierung. Das bedeutet, einerseits eine Verfeinerung von Gemeinsamkeiten im Material, der Prüfung und der Sättigung (minimaler Vergleich). Dem gegenüber steht der maximale Kontrast.

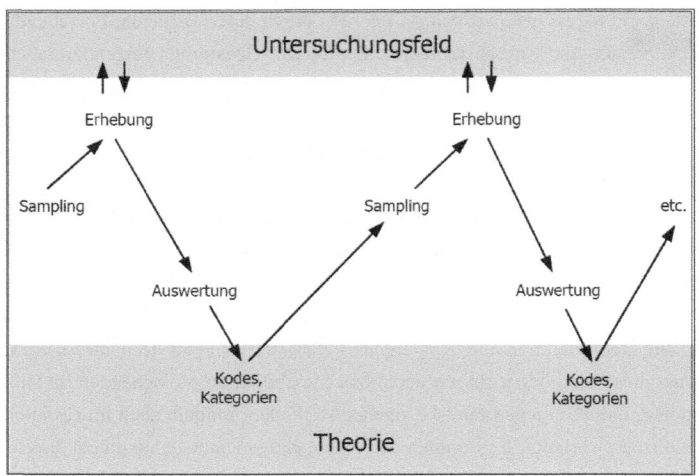

Abb. 22: Der „rollende" Forschungsprozess der GTM. Aus: Mey und Mruck 2009: 111

Durch einen Blick auf Differenzen soll die Breite des untersuchten Gegenstandes explizit werden (ebd.: 112). Wie dieses Verfahren mit Blick auf Auswertung, Entwicklung einer Fragestellung und der unterschiedlichen Kodierverfahren in der Forschungspraxis angewendet wurde, wird in Kapitel 2.8. rekonstruiert. Nachstehend soll das Sample vorgestellt werden.

2.6.2. Theoretical Sampling und resultierende Stichprobe

Theoretical Sampling ist ein zentraler Aspekt der *Grounded Theory*, da sich hier die Fallauswahl sukzessive mit dem Studienverlauf entwickelt. Nach Strauss und Glaser meint *Theoretical Sampling*

> „den auf die Generierung von Theorie zielenden Prozeß der Datenerhebung, währenddessen der Forscher seine Daten parallel erhebt, kodiert und analysiert sowie darüber entscheidet, welche Daten als nächste erhoben werden sollen und wo sie zu finden sind. Dieser Prozeß der Datenerhebung wird durch die im Entstehen begriffene – materiale oder formale – Theorie kontrolliert" (Glaser und Strauss 1998: 53).

In der Praxis orientierte sich das theoretische Sampling somit auch an einer Kette aufeinander aufbauender Auswahlentscheidungen entlang eines Forschungsprozesses. Das theoretische Sampling der vorliegenden Studie wurde, begleitet durch die später noch detailliert dargelegten Kodierverfahren und das Festhalten der entsprechenden Entscheidungen (Memos), durchgeführt wie in Abbildung 23 veranschaulicht.

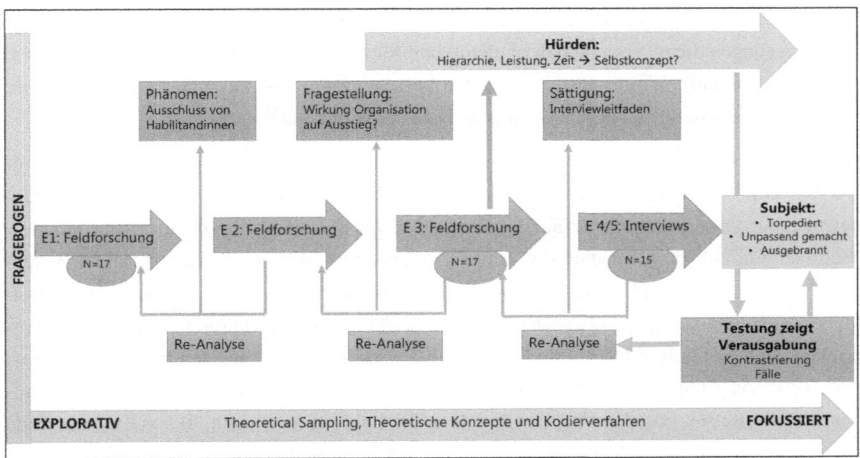

Abb. 23: Theoretical Sampling der vorliegenden Studie (eigene Darstellung)

Die Abbildung 23 zeigt den Forschungsprozess und den Verlauf des theoretischen Sampling. Sie soll schematisch verdeutlichen, dass jede Erhebungsphase mit einer Auswertungsphase verknüpft wurde. Jede Erhebungsphase hatte eine thematische Fokussierung der Untersuchung zur Folge. Der Unterschied zwischen Feldforschung (Erhebungsphasen 1–3) sowie problemzentriertem Interview (Erhebungsphasen 4–5) drückt sich in der Problemfokussierung und immer stärkeren Sättigung der Forschungsfrage aus. Bereits in den Erhebungsphasen 1–3 wurde deutlich, dass sich die Gruppeninteraktionen vor allem um die Hürden des Habilitationsverlaufes drehen. Vor dem Hintergrund einer theoretischen Sensibilisierung interessierte im Studienverlauf, wie es zu Verdrängungsprozessen in der Habilitationsphase kommt. Es konnten spezifische Hürden sowie deren Einfluss auf Selbstkonzepte herausgearbeitet werden. In der Re-Analyse wurden diese Hürden nicht nur im Gesamtmaterial verifiziert, es wurde auch deutlich, dass in denjenigen Fällen, bei denen all diese kodierten Hürden zu verzeichnen waren, krisenhafte Situationen beschrieben wurden. Vor diesem Hintergrund wurde untersucht, welcher Zusammenhang zwischen den kodierten Hürden und krisenhaften Selbstausschlüssen vor dem Hintergrund einer spezifischen Organisationskultur besteht. Dieser analytischen Frage wurde mittels einer Idealtypisierung nachgegangen. Geleitet wurde der Prozess von der nun folgend vorgestellten Stichprobe.

Stichprobenbeschreibung

An dieser Stelle soll ausgeführt werden, welche Daten Teil des Samplings wurden. Ein Fragebogen, der das Gesamtsample umfasste, diente einer informierten Stichprobenziehung über den Zeitverlauf. Er wurde von den Mentees vor Beginn des jeweiligen Programms ausgefüllt.

Hierbei handelte es sich um 113 Mentees in sieben Programmen an fünf Universitätskliniken. Der Fragebogen diente vor allem der Fallauswahl für die problemzentrierten Interviews sowie als Hintergrundinformation für den gesamten Forschungsprozess, da er einen Überblick über soziodemographische und berufsspezifische Daten ermöglichte.[20]

Teil der Feldforschung waren Personen, die im Rahmen von Mentoring-Programmen an Universitätskliniken begleitet wurden. Diese Begleitung bildet die Grundlage der vorliegenden Untersuchung, die dann durch eine, auf dem Fragebogen basierende Stichprobenziehung durch die Befragung mittels problemzentrierter Interviews erweitert und vertieft wurde. Tabelle 3 stellt das Fragebogen- und Feldforschungssample im Hinblick auf soziodemographische und berufliche Daten einander gegenüber. Die Personen der Fragebogenstichprobe entstammen hauptsächlich der Ärzteschaft (60 %) sowie zu einem geringeren Anteil aus den Naturwissenschaften, wobei der Anteil innerhalb der Feldforschungsgruppe deutlich höher zugunsten der Medizin ausfällt (82 %). Insgesamt haben etwas über die Hälfte (Fragebogen: 61 % / Teilnehmende Beobachtung: 55 %) der Teilnehmenden ihre Facharztausbildung noch nicht abgeschlossen. Alle sind bereits promoviert, ein sehr großer Teil der Fragebogengruppe (81 %) sowie fast alle aus der Gruppe der Teilnehmenden Beobachtung (97 %) planen eine Habilitation. Es befinden sich 6 % Männer in der Stichprobe, deren Angaben aus Anonymisierungsgründen verschleiert wurden, aber als Hintergrundinformation miteinfließen.

Die Personengruppen in Fragebogen und Feldforschung sind im Schwerpunkt zwischen Ende 20 und Anfang 40 Jahren alt. Nicht ganz die Hälfte der Personen beider Gruppen sind verheiratet, 26 % leben in Partnerschaft, etwa 30 % sind ledig. Etwa zwei Drittel der Befragten haben keine Kinder, nur 3 % sind alleinerziehend. Im Hinblick auf die beruflichen Daten zeigt sich zudem, dass nur ein geringer Anteil in Teilzeit arbeitet (24 % bzw. 27 %). Fast alle (97 % bzw. 100 %) sind befristet angestellt und dies mit einer Laufzeit von durchschnittlich etwa zwei Jahren, wobei sich dies bei der Gruppe der Feldforschung etwas verschärft darstellt. In beiden Gruppen herrscht eine verhältnismäßig hohe Heterogenität in den Laufzeiten zwischen sechs Monaten und fünf Jahren. Bei den Vorgesetzten handelt es sich hauptsächlich um Männer, insbesondere in der Gruppe der Teilnehmenden Beobachtung haben nur sehr wenige Frauen eine weibliche Vorgesetzte (6%). Wie in Kapitel 1.2. beschrieben, bilden auch hier die Fachrichtungen eine Bandbreite der geschlechtlichen Kodierung von männlich (Chirurgie) bis weiblich (Gynäkologie) ab.

---

[20] Vor dem Ausfüllen des Bogens wurden die Teilnehmenden darüber informiert, dass dieser mit einer ID-Nummer versehen war, um für ein eventuelles Interview die jeweilige Person über die Koordinatorinnen der Mentoring-Programme kontaktieren zu können. Die Personen des Gesamtsamples können entsprechend der Tabelle umrissen werden. Es sei betont, dass es sich bei der vorliegenden Studie nicht um statistisch-repräsentative Aussagen handelt. Die Daten dienen aber der Veranschaulichung des Gesamtsamples sowie der Darstellung der aus dem Fragebogen herangezogenen Hintergrundinformationen.

Tabelle 3: Gegenüberstellung Fragebogensample und Feldforschungssample im Hinblick auf soziodemographische und berufliche Daten

	Fragebogen	Feldforschung
Fachrichtung	60 % Medizin 26 % Naturwissenschaften 14 % Sonstiges	82 % Medizin 12 % Naturwissenschaften 6 % Sonstige
Facharztausbildung	61 % ohne Facharztausbildung 20 % mit Facharztausbildung 19 % ohne Angabe (o. A.)	55 % ohne Facharztausbildung 29 % mit Facharztausbildung 16 % ohne Angabe (o. A.)
Promotion/Habilitation	100 % promoviert 81 % planen Habilitation	100 % promoviert 97 % planen Habil. (3 % o. A.)
Geschlecht Mentees	6 % Männer, 92 % Frauen (2 % o. A.)	23 % Männer, 77 % Frauen
Alter	25–50 Schwerpunkt: 28–42	28–41 Schwerpunkt: 30–40
Familienstand	28 % ledig 43 % verheiratet 26 % in Partnerschaft, 3 % o. A.	32 % ledig 41 % verheiratet 26 % in Partnerschaft, 1 % o. A
Kinder	67 % ohne Kinder 33 % mit Kindern 3 % alleinerziehend	62 % ohne Kinder 38 % mit Kindern 3 % alleinerziehend
Arbeitszeit	72 % Vollzeit, 27 % Teilzeit, 1 % o. A.	76 % Vollzeit 24 % Teilzeit
Arbeitsvertrag	110 Mentees befristet, 2 unbefristet (1 % o. A.)	100 % befristet
Laufzeiten durchschnittlich	2,4 Jahre (Durchschnitt) (Spanne von 3 % sechsmonatig bis 9 % fünf Jahre)	2 Jahre (Durchschnitt) (Spanne von 6 % sechsmonatig bis zu 3 % fünf Jahre)
Vorgesetzte	75 % männlich, 25 % weiblich	94 % männlich, 6 % weiblich
Fachrichtungen		Allgemeinmedizin, Anästhesiologie, Chemie, Chirurgie, Dermatologie, Gynäkologie, Innere Medizin, Kardiologie, Mikrobiologie, Neurologie, Neuroradiologie, Orthopädie, Physik, Psychologie, Psychiatrie, Radiologie, Sportmedizin,
Staatsangehörigkeit	88 % Deutschland 5 % innerhalb Europas 3 % außerhalb Europas (4 % k. A.)	82 % Deutschland 9 % innerhalb Europas 3 % außerhalb Europas (6 % k. A.)
Bildungsabschluss der Mutter	12 % Hauptschule 32 % Realschule 8 % Hochschulreife 37 % Studium 9 % Promotion, 2 % k. A. 0 % Habilitation	9 % Hauptschule 30 % Realschule 10 % Hochschulreife 41 % Studium 9 % Promotion, 1 % k. A. 0 % Habilitation
Bildungsabschluss des Vaters	5 % Hauptschule 17 % Realschule 10 % Hochschulreife 36 % Studium 23 % Promotion 5 % Habilitation, 4 % o. A.	0 % Hauptschule 11 % Realschule 12 % Hochschulreife 44 % Hochschulabschluss 18 % Promotion 15 % Habilitation

In dem Fragebogensample wurde zu fast 90 % die deutsche Staatsangehörigkeit angegeben, nur ca. 10 % verfügt über eine andere Staatsangehörigkeit innerhalb oder außerhalb Europas. Die Staatsangehörigkeiten in der Gruppe der Feldforschung sind innerhalb Europas geringfügig diverser. Der Bildungsgrad der Mutter liegt bei Haupt- und Realschule bei insgesamt 40 %, bei Hochschulreife und Studium bei etwa 50 %. Der Schwerpunkt liegt bei den Abschlüssen auf einem Studium (ca. 40 %), wobei 10 % der Mütter über einen Promotionsabschluss verfügen. Die Bildungsabschlüsse der Mütter in der Gruppe der Teilnehmenden Beobachtung sind etwas höher. Der Bildungsgrad der Väter ist im Vergleich zu den Müttern auf einem höheren Niveau. In der Fragebogengruppe sind Väter mit Haupt- und Realschule (22 %) wesentlich geringer vertreten als Väter mit Abitur und Hochschulabschluss (46 %). In der Gruppe der Feldforschung ist der Bildungsgrad der Väter im Vergleich noch höher. Dieser liegt bei Haupt- und Realschulabschlüssen bei 11 %, bei Hochschulreife und Studium bei 62 %. Insgesamt gehört in beiden Gruppen das Studium der Väter zu den am meisten vertretenen Abschlüssen (36 % und 44 %). Es fällt aber der hohe Grad an Promotionen und Habilitationen der Väter in beiden Gruppen auf. So verfügen in der Fragebogengruppe 23 % der Väter über eine Promotion, in der Feldforschungs-Gruppe 18 %. Darüber hinaus sind 5 % der Väter in der Fragebogengruppe habilitiert, in den beobachteten Gruppen sind es sogar 15 %.

Diese Daten fließen damit in die minimale und maximale Kontrastierung im *Theoretical Sampling* ein. Setzt man die Daten der Personen aus der Teilnehmenden Beobachtung mit den charakteristischen soziodemographischen Personendaten in der Hochschulmedizin mitsamt den entsprechenden beruflichen Rahmenbedingungen, wie in Kapitel 1.2. ausführlich dargestellt, in Beziehung, so bildet das Sample das Feld der Hochschulmedizin gut ab. Die Charakteristika in der Gruppe der Feldforschung spitzen zudem einige Tendenzen der Hochschulmedizin weiter zu, was insbesondere im Hinblick auf eine Idealtypisierung klare Aussagen zulässt.

Die Interviewpartnerinnen des PZT wurden aus dem Fragebogensample ausgewählt. Es wurde vergleichend darauf geachtet, dass die Interviewten sowohl eine Habilitation ernsthaft anstreben sowie vor der Herausforderung standen, Station und Forschung zu vereinbaren. Eine minimale und maximale Kontrastierung, die der Sättigung des Materials diente, wurde in Bezug auf folgende Bereiche vorgenommen:

- Eigene Position in der Ärztehierarchie: Ober-/Assistenzärztin, Fachärztin
- Befristung und Laufzeit: 0,5–5 Jahre
- Geschlechtliche Kodierung der Fachbereiche (von Chirurgie bis Gynäkologie)
- Herkunft: Migration und akademische Herkunft (mit Ärztefamilien)
- Familienstand und Elternschaft
- Wahrgenommene Förderung durch Vorgesetzte
- Geschlecht der Vorgesetzten

2.7. Auswertungsprozess: Kodieren, Fallauswahl und Anonymisierung

Das Kodieren gilt zwar als Kriterium für intersubjektive Nachvollziehbarkeit, doch bleibt das Verfahren selbst in den meisten Studien unklar. Auch gibt es kaum Anregungen für mögliche Repräsentation innerhalb eines zirkulären Forschungsprozesses. Dabei ist die Frage der Rekonstruktion dieses Verfahrens nicht trivial, vielmehr wird problematisiert, dass in den meisten Arbeiten das Kodieren eine „Black Box GTM" darstelle (Rich 2012). Das heißt, es wird auf eine Nachvollziehbarkeit des Kodierprozesses verzichtet. Dieses Unterkapitel möchte stattdessen eine Form der Darstellung anbieten und zugleich im Hinblick auf die Fragestellung darstellen, wie komplexe Wechselwirkungen, die nach einer Auswertung aus unterschiedlichen Perspektiven verlangen, untersucht werden können. Aufbauend auf die bereits rezipierten Ansätze der GTM nach Strauss und Corbin orientiert sich die vorliegende Studie an postmodernen Reflexionen dieser Methodologie (Charmaz 2014; Clarke 2012). In diesem Kapitel geht es demnach nicht darum, im Geiste früherer Überlegungen der GTM die ‚Richtigkeit' der Auswertungsschritte und -abfolgen zu belegen (Strauss und Corbin 1996: 214 f.). Diese Arbeit orientiert sich an den zeitgenössischen Ansätzen der GTM (Charmaz 2014; Clarke 2012), bei denen die Empirie auch Auswertungsverfahren maßgeblich leitet und deshalb umso mehr darauf drängt, das eigene Vorhaben transparent zu machen. Daher möchte ich zunächst klären, was Kodieren in der qualitativen Forschung bedeutet, um dann mein eigenes Vorgehen und die gewählten Kodierschritte darzulegen.

In der qualitativen Forschung steht das Kodieren für eine Tätigkeit der Forschenden, den Daten Bedeutung beizumessen. Ein Kode steht gemäß für ein

> „researcher-generated construct that symbolizes or translates data and thus attributes interpreted meaning to each individual datum for later purposes of pattern detection, categorization, assertion or proportioin development, theory building, and other analytic processes" (Saldaña 2016: 4).

Adele Clark beschreibt, als Vertreterin postmoderner *Grounded Theory*, das Kodierverfahren folgendermaßen:

> „Bei dieser Methode kodiert der Analytiker zunächst – Wort für Wort, Abschnitt für Abschnitt – die Daten (offene Kodierung) und vergibt vorläufige Überschriften (Kodes) für bestimmte Phänomene. Dann ermittelt der Analytiker, ob Kodes, die durch eine Datenquelle generiert wurden, auch an anderer Stelle erscheinen und beschreibt deren Eigenschaften. Verwandte Kodes, die diesen Prozess überdauern, werden dann zu dauerhaften, analytisch anspruchsvollen ‚Kategorien' verdichtet, welche letztlich in eine theoretische Analyse des Forschungsgegenstands eingebunden werden" (Clarke 2012: 33).

Die Generierung von Theorie durch den Prozess der Verdichtung von Kodes und Kategorien kann vereinfacht durch Abbildung 24 veranschaulicht werden:

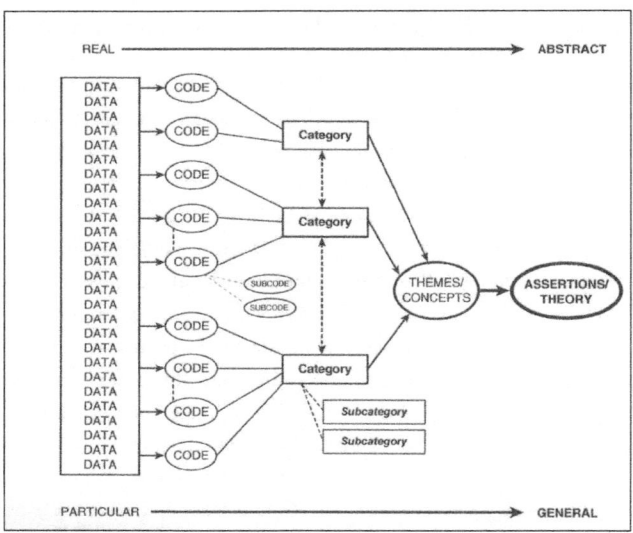

Abb. 24: A Streamlined Codes-to-Theory Model for Qualitative Inquiry. Aus: Saldaña 2016: 14

Sie zeigt, wie aus Daten Kodes, Subkodes, Kategorien und Subkategorien erzeugt werden, die in Konzepten und schließlich in Theorie münden. Diese sowie die Ausführungen von Strauss und Corbins (1996) in *Grundlagen Qualitativer Sozialforschung* suggerieren eine Schrittabfolge mit aufeinanderfolgenden Kodier-Einheiten (Truschkat et al. 2011: 354). Um das Ziel der Daten-Saturierung zu erreichen, wechseln sich aber verschiedene Kodierformen zirkulär ab. Strauss und Corbin sprechen hier von einem offenen, fokussierten und axialen Kodieren, das nachstehend in Bezug auf die vorliegende Studie ausformuliert werden soll.

2.7.1. Überblick Auswertungsprozess und Kodierverfahren

Der Überblick über den Auswertungsprozess in Tabelle 4 verweist auf die beschriebene Gleichzeitigkeit von Linearität (Sättigung) und Zirkularität (Re-Analysen) in der Auswertungsphase. Die Hypothesengenerierung wurde im Verlauf fokussierter und ging mit der zielgerichteten Erweiterung der Datenbasis (Stichprobenziehung) einher. Wie dieses Verfahren mit Blick auf Auswertung, Entwicklung einer Fragestellung und der unterschiedlichen Kodierverfahren in der Forschungspraxis dieser Studie dargestellt und rekonstruiert werden kann, zeigt Tabelle 4.

Tabelle 4: Überblick des verschränkten Auswertungs- und Erhebungsprozesses dieser Studie

	Erhebungsphase 1	Feldforschung	
	Offenes Kodieren	Vergeben von in-vivo-codes, erste Kategorisierung	
	Theoretische Sensibilität	Reflektierende erste Einordnungen	
	Erste Fragestellung	Warum verlassen Frauen die Universitätsmedizin?	
	Erhebungsphase 2	**Feldforschung**	
	Offenes Kodieren	Erfassung Gesamtgruppe	
	Fragenkonkretisierung	Welche Hürden führen zu einem Ausschluss von Weiblichkeit?	
Sukzessive Sättigung, Theoretical Sampling	**Erhebungsphase 3**	**Feldforschung**	Re-Analyse im Gesamtmaterial
	Zentrale Feststellung	Diejenigen, die kündigen möchten, klagen über hohe Belastungserscheinungen (Entzug personaler Ressourcen)	
	Fragenkonkretisierung	Wie wirkt die Organisation auf den Entscheidungsverlauf auf psychosozialer Ebene ein?	
	Fokussiertes Kodieren	Fokus "Hürden"	
	Vorlauf. Schlüsselkategorien	Hürden: Hierarchie, Leistung und Zeitnot	
	Saturierung/Verifizierung	Re-Analyse der Schlüsselkategorien	
	Erhebungsphase 4	**Interviews (Fallauswahl basierend auf Fragebogen)**	
	Personenbezogen fokussiertes Kodieren	Biographische Timeline	
	Mapping statt axialem Kodieren	Beziehungsnetz von Überkategorien	
	Fallauswahl und Verifizierung	Re-Analyse der Überkategorien	
	Fragenkonkretisierung	Wie wirken die Schlüsselkategorien auf den Ausschluss von Weiblichkeit? Wie wirken diese so auf das Selbstkonzept ein, dass es zu einem Ausstieg als individuelle Problemlage kommt?	
	Theoretical Sampling	Verschränkung Theorie/Empirie	
	Erhebungsphase 5	**Interviews (Fallauswahl basierend auf Fragebogen)**	
	Saturierung	Letzte Sättigung durch Nacherhebung bestimmter noch lückenhafter Themenbereiche	
	Theoretical Sampling	Fokussierte Theoriearbeit	
	Hürden der Organisation als personaler Ressourcenentzug	Auswirkungen auf Subjekt: Torpediert, Unpassend gemacht, Ausgebrannt	

Die Darstellung basiert auf der Vereinfachung und Zusammenfassung einer monatsgenauen Rekonstruktion der eigenen Arbeitsschritte des verschränkten Auswertungs- und Erhebungsprozesses. In der Rekapitulation des Forschungsverlaufs wurde sehr deutlich, dass eine klare Trennung zwischen den Erhebungsverfahren und den Kodierschritten kaum möglich ist. Insbesondere die Wechselbewegung zwischen einer sukzessiven Datensättigung und deren Re-Analyse im bereits erhobenen Material erzeugte eine Parallelität in den Arbeitsschritten. Im Forschungsverlauf spitzte sich, nach Schleifen und Umwegen, die Forschungsfrage zu. Die detaillierte Schilderung der verwandten Kodierverfahren soll nun das konkrete Vorgehen darstellen. Die Kodierung erfolgte mit dem Programm MAXQDA 12 und 2018.

Offenes Kodieren: Daten aufbrechen

Im Sinne eines offenen Kodierens wurden zu Beginn, wie am Beispiel eines Beobachtungsprotokolls veranschaulicht, Passagen nah an den Daten kodiert. Diese Phase ermöglichte es mir, einen Überblick über das Material zu gewinnen sowie eine erste Auswahl zu treffen. Diese Kodierphase bezeichnet damit den Prozess des Aufbrechens, Untersuchens, Vergleichens, Konzeptualisierens und Kategorisierens von Daten (Strauss und Corbin 1996: 44). Es wurden Begriffe vergeben, die hinter den einzelnen empirischen Vorfällen liegen und diese am besten bezeichnen. Verwendet wurden sowohl In-vivo-Kodes in der Wortwahl der Empirie oder geborgte Kodes, die unter Rückgriff auf Vorwissen verwendet wurden. Ein nächster Abstraktionsschritt war, die Kodes miteinander zu vergleichen und nach inhaltlichen Gemeinsamkeiten zusammenzufassen (Mey und Mruck 2009: 115). Zusammengefasst bedeutet offenes Kodieren also: „Initial Coding breaks down qualitative data into discrete parts, closely examines them, and compares them for similarities and differences" (Saldaña 2016: 115).

Tabelle 5: Offenes Kodieren von In-vivo-Kodes zu vorläufigen Kategorisierungen

Kodes *in vivo*	Erste Kategorisierung	Vorläufige Kategorisierung (Übergang Fokussiertes Kodieren)
Situation: Überlastung, da zu wenig Zeit für Forschung, wird zu häufig auf Station eingesetzt	Vereinbarkeit Klinik und Forschung als Barriere? …	STATION vs. FORSCHUNG? → ÜBERLASTUNG …
Derzeit: Ich befinde mich an einer Kreuzung. Frage: ob es sich für einen lohnt, diesen Weg zu gehen.	Kreuzung: Bin ich bereit, diesen Weg zu gehen. …	VERHÄLTNIS INPUT/OUTCOME? …
Vertrag bis Ende des Jahres, ich suche ab sofort, ich habe mich beworben.	Vertrag bis Ende des Jahres befristet/ Aktive Suche nach Alternativen …	UNSICHERE ARBEITSBEDINGUNGEN ALS EXIT-GRUND …

Nach dem Kodieren des Gesamtmaterials fand als Übergang zum fokussierten Kodieren eine erste Kategorisierung statt. Dieses ermöglichte einen besseren Überblick des Gesamtmaterials und ließ bereits Vorwissen aus Vergleichen einfließen. Erste vorläufige Kategorisierungen, die später einbezogen oder wieder verworfen wurden, führten so zu ersten Abstrahierungen. In Erhebungsphase 1-3 (Feldforschung) wurde eine Auswahl wichtiger Transkripte, Protokolle und Textstellen vorgenommen, die möglichst alle Gruppenmitglieder und eine Vielfalt an Gruppenthemen umfassen sollte.

Fokussiertes Kodieren: Kategorien bilden

Beim fokussierten Kodieren ging es nun darum, erste Kategorien und Subkategorien zu bilden. Nach Johnny Saldaña geht es in diesem Prozess um die Suche nach häufigen und zentralen Kodes innerhalb des Materials. Hierbei sollten die hervorstechenden Kategorien im Datenkorpus aufgedeckt werden (Saldaña 2016: 240). In den Worten von Kathy Charmaz ist mit Fokussierung Folgendes gemeint: „Focused coding requires decisions about which initial codes make the most analytic sense to categorize your data" (Charmaz 2014: 138). Tabelle 6, die aus einer mehrseitigen Kodeliste aus MAXQDA 12 und 2018 exportiert wurde, zeigt eine erste Zusammenstellung dieser Verdichtung von Kodes zu Kategorien. Bei diesen Kategorien handelt es sich um vorläufige Arbeitskategorien, die durch die Verifizierung im Material sowie im Forschungsverlauf kontinuierlich an das Material angepasst wurde. Hier werden bereits die zentralen Kategorien, die Hürden der Organisation, deutlich: Hierarchie, Zeitnot und Leistung (siehe Kapitel 6.1.). Zugleich macht dies die intersubjektive Entstehung dieser Kategorisierungen deutlich, die immer auch andere Möglichkeiten der Benennung und Verdichtung beinhalten. Tabelle 6 zeigt zudem, dass sich Kategorien doppeln und überkreuzen. Ein wichtiger nächster Schritt war deshalb, diese Kategorien in ihren Beziehungen zueinander zu analysieren.

Tabelle 6: Kodierliste aus MAXQDA 12 und 2018 mit Schlüsselkategorien, Kategorien und Subkategorien

Erste zentrale Kategorien ←	Mögliche Kategorien ←	Subkategorie
Hierarchie	Abhängigkeit von Vorgesetzten	Willkür des Vorgesetzten
	Selbstwirksamkeitserwartung	
	...	
Hierarchie	Abhängigkeit von Vorgesetzten	Abwertung durch Vorgesetzte
Leistung	Selbstwertbedrohung	
	...	
Hierarchie	Abhängigkeit von Vorgesetzten	Verbote durch Vorgesetzte für ein
Zeitnot	Selbstwirksamkeitserwartung	‚Forschungsfrei'
	...	
Leistung	Autorenschaften objektiv?	Erstautorenschaft von Vorgesetzten
Hierarchie	Merikotratie?	aberkannt
	...	
Zeitnot	Vereinbarkeit Forschung Station	Einteilung auf Station
Hierarchie	Abhängigkeit von Vorgesetzten	
	...	

Axiales und Selektives Kodieren im Mappingprozess

Axiales Kodieren stellt ein Verfahren dar, das erste Verbindungen zwischen Kategorien erzeugt, indem es diese auf neue Art und Weise zusammensetzt. Nach Saldaña beinhaltet axiales Kodieren das Ziel „to strategically reassemble data that were ‚split' or ‚fractured' during the

Initial Coding process" (Saldaña 2016). Oder nach Strauss und Corbin (1996: 75): „Eine Reihe von Verfahren, mit denen durch das Erstellen von Verbindungen zwischen Kategorien die Daten nach dem offenen Kodieren auf neue Art zusammengesetzt werden." Hierfür wird ein „Paradigmatisches Modell" (Strauss und Corbin 1996: 78 f.) vorgeschlagen. Dieses Paradigma ist ein Vorschlag einzelne empirische Vorkommnisse zu untersuchen und deren Abstraktion zu fördern. Es handelt sich um ein Handlungsschema, dass es ermöglicht, ein Phänomen im Hinblick auf ursächliche Bedingungen, Kontext, intervenierende Bedingungen, Handlungs- und interaktionale Strategien sowie im Hinblick auf Konsequenzen in theoriegenerativer Absicht zu untersuchen (ebd.). Mit dem so sensibilisierten Blick auf das Material lässt sich eine spezifische Organisationskultur untersuchen, die als Bedingung auf die Handelnden trifft und mit der sie umgehen müssen (Strübing 2008: 27 ff.) sowie situativ und prozessual die jeweiligen Wechselwirkungen und Konsequenzen für die Organisationssubjekte. Im Verfahren der sukzessiven Sättigung mittels Kodierung wurde deutlich, dass die an axialer Kodierung orientierten Fragestellungen Erkenntnisreichtum generierten, zugleich aber nicht in jeder Konsequenz als für die Empirie passend erschienen. Es entstand vielmehr der Eindruck, als solle die Empirie an manchen Stellen für das Modell passend gemacht werden. Neuere Ansätze der *Grounded Theory* (Charmaz 2014; Clarke 2012), wie der von Kathy Charmaz, verzichten daher explizit auf dieses Modell (2014: 148) und orientieren sich auch in den Kodierverfahren an der Empirie:

> „Axial coding provides a frame for researchers to apply. The frame may extend or limit your vision, depending on your subject matter and ability to tolerate ambiguity. Researchers who prefer to work with a preset structure will welcome having a frame. Those who prefer simple, flexible guidelines – and can tolerate ambiguity – do not need to do axial coding. Instead they can follow the leads that they define in their empirical materials. Although I have not used axial coding according to Strauss and Corbin's formal procedures, I have developed subcategories of a category and showed the links between them" (Charmaz 2014: 148).

Charmaz weist darauf hin, dass

> „Axial coding aims to link categories with subcategories, and asks how they are related. Adele Clarke views axial coding as elaborating a category and uses diagramming to integrate relevant categories. For her, an integrative diagram aims to link categories with categories to form a substantive theory of action" (2014: 148).

Solche „Mappings" sollen die „Elemente der Forschungssituation verdeutlichen und es ermöglichen, die Beziehung zwischen ihnen zu analysieren. Sie sind dazu gedacht, die chaotische Komplexität der dichten Verflechtungen und Permutationen der jeweiligen Situation zu erfassen und zu diskutieren" (Clarke 2012: 38). Adele Clarke möchte mit den Map-Verfahren, durch die sie die GTM in die Postmoderne verschiebt, darauf verweisen, dass in Anlehnung an Donna Haraway Wissen „situiert" ist. *Situated knowledge* meint, dass Wissen lokal begrenzt ist, nicht für alle Menschen verallgemeinert werden kann und wissenschaftliches Wissen grundsätzlich bedingt ist. Zugleich ist dieses Wissen multiperspektivisch zwischen den Disziplinen angeordnet (Haraway 1988). Clarke geht es darum, Komplexität zu thematisieren, anstatt sie zu negieren. Maps sind ein Mittel, sich auf die „Suche nach heterogenen Positionen und Beziehungen" zu machen (ebd.: 36). Vor diesem Hintergrund wurde für die vorliegende Studie das paradigmatische Modell insofern verworfen, als dass diese Fragestellungen in die Flexibilität von Maps übersetzt wurden. Diese Maps wurden eine Variante des selektiven Kodierens, indem nun Kernkategorien gewählt, validiert und systemisch mit anderen Kategorien in Beziehung gesetzt wurden. Hier wurden Kategorien verdichtet, verfeinert und an einem roten Faden der Geschichte gearbeitet (Strauss und Corbin 1996: 95). Diese Maps begleiteten den gesamten Forschungsprozess. Hierbei ging es weniger um eine Integration von Arenen und Diskursen, vielmehr dienten sie als Werkzeug zur Visualisierung und Analyse der Beziehungen zwischen den Kodes, Sub- und Kategorien mit dem Ziel der Verdichtung zu Schlüssel- oder Kernkategorien. Maps des Forschungsprozesses stellen unabgeschlossen Artefakte dar, die, wie in diesem Fall, ein Netz aus Schlüssel-, Kategorien und Subkategorien zeigen, sowie deren Beziehung untereinander. In der Mitte der Abbildung 25 steht die Wechselwirkung (Ausstieg) zwischen 1) Organisation und 2) Subjekt mit ihren zentralen Kategorien 1.1.) Hierarchie, 1.2.) Leistung und 1.3) Zeitnot sowie 2.1.) Torpediert, 2.2) unpassend gemacht und 2.3) ausgebrannt. Bei dieser Map handelt es sich um einen Ausschnitt aus dem Forschungsprozess, dem weitere Mappings vorausgingen. Diese versuchten, die Wechselwirkungen auf unterschiedliche Art und Weise und in verschiedenen Ausschnitten zu thematisieren, um sie handhabbar zumachen, zu verwerfen und neu zu ordnen.

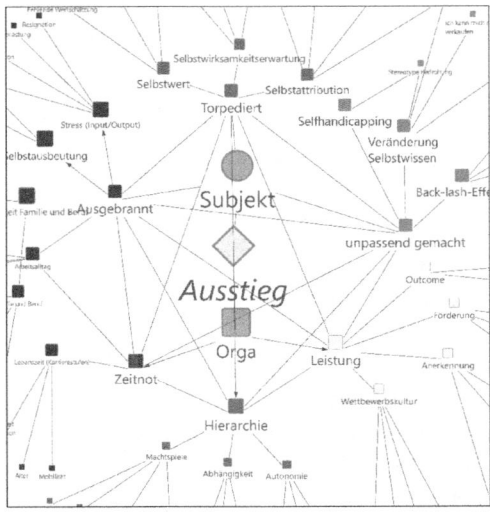

Abb. 25: Ausschnitt aus der Map des Forschungsprozesses zu kodierten Hürden im Habilitationsverlauf

Ziel dieses Verfahrens war eine Visualisierung der komplexen Prozesse zwischen Organisation und Subjekt. Sie erfüllen auch die Funktion des Memorings, also wie die bereits in Kapitel 2.1. dargestellte Dokumentation des Studienverlaufs im Hinblick auf wichtige Entscheidungen, Theoriegenerierung oder des Forschungsprozesses. Das Nutzen von Maps in diesem Verfahren nennt Charmaz „Clustering" (2014: 184), da es Daten, Theorie und Zusammenhängen kontinuierlich mithilfe dieses Clusterings visualisiert.

2.7.2. Re-Analyse: Einzelfall

Das multifaktoriale Ineinandergreifen zwischen Organisationskultur und Subjekt verlangt neben einer Verdichtung von Situationen eine Situierung dieser Prozesse in personalisierte Entscheidungsverläufe. Auch Breitenstein et al. verweisen in ihren Ausführungen zur Feldforschung und Auswertung auf Einzelfallanalysen (siehe Abbildung 10). Um also die kodierten und hierbei von Individuen losgelösten Daten an die jeweiligen Personen rückzubinden, wurden parallel zum Kodierverfahren Einzelfallanalysen angefertigt, die zugleich die Funktion der Re-Analyse im Material erfüllten. Diese bestanden in der Auswahl von Fällen, für die eine personalisierte Timeline angefertigt wurde. Ausgewählt wurden diese ebenfalls im Sinne minimaler und maximaler Kontrastierung auf Basis von bis zu zehn Messpunkten (Fragebogen, Interviews, Gespräche, Teilnehmende Beobachtung) in den Habilitationsverläufen. Diese Timelines wurden ebenfalls im Hinblick auf Beziehungsmuster durch Mapping kodiert.

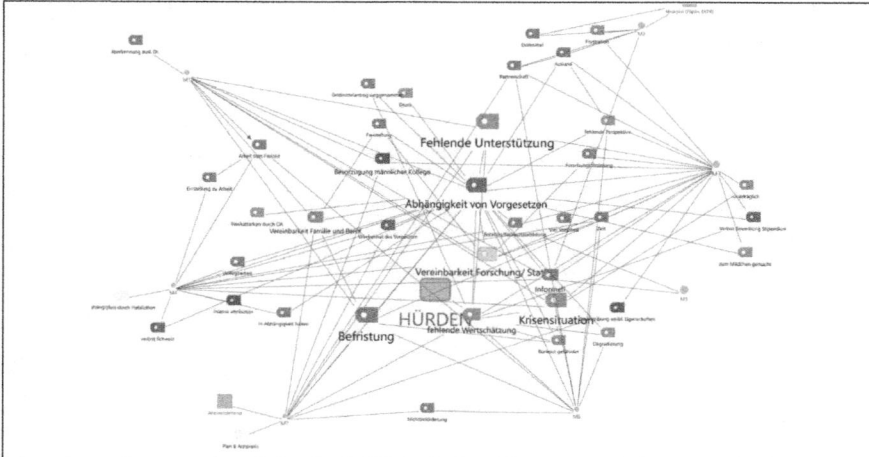

Anmerkung: Mentees werden mit dem Symbol Kreis, der Bezeichnung ‚M' und einer entsprechenden Nummer versehen, z. B. ⬚. Bedeutende Ereignisse, Hürden, Überlegungen etc. in der Habilitationsphase werden mit einem Kodesymbol versehen, z. B. ⬚. Die Größe des Kodesymbols macht deutlich, wie wichtig diese Kategorie zu diesem Zeitpunkt der Forschung erschien.

Abb. 26: Map aus dem Forschungsprozess zu Hürden im Habilitationsverlauf

Für Abbildung 26 wurden einzelne Mentees, mit jeweilig relevanten Habilitationsereignissen visualisiert und verbunden. Hier wurde sichtbar, welche Kodes bedeutsam erschienen. Ein besonders wichtiger Moment der Forschung war die Verifizierung des Kodessystems in ausgewählte, als besonders hürdenreich charakterisierte Fälle. Diese bestätigten die Analysen. So wurden deren Verläufe durch die drei im Gesamtsample gebildeten Schlüsselkategorien (Hierarchie, Leistung, Zeitnot) organisationaler Hürden maßgeblich bestimmt. Um nun zu einer Vertiefung der Analyse zu gelangen, wurde von jedem einzelnen Fall eine Verlaufsbeschreibung angefertigt. Aus forschungsethischen Erwägungen wurden diese aber nicht als Einzelfallbeschreibung Teil dieser Studie, sondern als Idealtypisierung verdichtet und verschriftlicht. In diesen Fallverläufen wurden so die kodierten Situationen und personalen Verläufe verknüpft.

Tabelle 7 stellt eine Verdichtung der „hürdenreichen" Habilitationsprozesse im Zeitverlauf dar, auf die alle kodierten Hürden zutrafen. Sie sind entsprechend der zentralen Kategorien (organisationale Hürden: Hierarchie, Leistung, Zeitnot; und Auswirkungen auf Subjekte: torpediert, unpassend gemacht und ausgebrannt) sortiert.

Diese zeigen ein Muster, das in Kapitel 6 noch ausführlich beschrieben werden soll.

Tabelle 7: Die Phasen der hürdenreichen Habilitation

		PHASE: Abwertung und Aberkennung von Leistung	PHASE: Erhöhter Belastung und Stress	PHASE: Ausgebrannt und Kündigung
Organisationskultur	**Hierarchie**	- Die bisherige gute Förderung nimmt ab, die Kommunikation mit dem Vorgesetzten wird immer schlechter - Zusage Förderung wird von Chef zurückgenommen: Prinzip blocken - Vertragsverlängerung: kurz vor Auslaufen wurde dieser verlängert, alle männlichen Kollegen sind entfristet - Vertragsverlängerung erscheint willkürlich und von „Meinung" des Chefs abhängig, Vertrag von Kollegin wurde einfach nicht weiter verlängert - über Angst regiert, es wird immer unmöglicher unter dem Chef zu arbeiten - in Abteilung geht es darum, wer wen kennt, über wen Einfluss ausgeübt werden kann - Gespräch eskaliert - ihr sollte gezeigt werden, wo ihr Platz ist - aufgrund persönlicher Merkmale verhindert ihr direkter Vorgesetzter nächste berufliche Schritte und eine weiterführende Selbstständigkeit in der Forschung (regelwidriges Verhalten)	- Vorgesetzter stoppt ihre Bemühungen um Kooperation und Weiterentwicklung - wenn sie jetzt gehe, würden alle Projekte an jemand anderen übergeben - Chef unterdrückt „Standing" der Medizinerin: sie wäre sonst weniger ausnutzbar und manipulierbar - Ein „Big Player lässt einen fliegen", mit einem Sklaventreiber kann man irgendwann nicht mehr arbeiten - Autorenschaft wird in Abrede gestellt	- Ihr wurden erneut weitere berufliche Schritte verunmöglicht - direkter Vorgesetzter sieht sie nicht in weiterer Position - Vorgesetzter hatte sie schon im Frühjahr „abgeschrieben" - für ihn war es ein Wettbewerb auf hohem Niveau - für ihn wird sie immer die „Kleine" bleiben - sie hätte sich einen strategischen Berater gewünscht, jemand, mit dem man konkret Schritte besprechen kann - ihr fehlt eine Frau als Vorbild - Karrieren werden von einzelnen Personen abhängig gemacht - Gekungel bei Förderung nervt: wer fördert sie?
	Anerkennung, Leistung	- Erhebung läuft gut, nur Paper müssen noch fertiggestellt werden - Kritik an ihrem Führungsstil als „zu sich" - erst wird ihr vermittelt, sie könne überhaupt nichts, dann wird ihr wieder auf die Schulter geklopft, das verunsichert sie sehr - Bevorzugung männlicher Kollegen mit der Begründung „Durchsetzungsfähigkeit" bei Beförderung aktiviert berufliche Perspektivenveränderung - Ihr Auftreten wird als zu „forsch" wahrgenommen - Eindruck, dass für sie und ihre Leistung kein Raum frei ist - sie hat den Eindruck ihre Leistung bleibt unsichtbar - Habitusähnlichkeit macht Anerkennung von Leistung wahrscheinlicher	- Universitätsklinik erscheint als belastend „ellenbogenmäßig" - diejenigen die so „gezüchtet" werden, sind auch die, die bleiben, die anderen gehen, weil sie es nicht aushalten - realistisch hat sie als Frau kaum Chancen auf eine Ordinatstelle - ihr Vorgesetzter glaube nicht an sie als Wissenschaftlerin	- Positionen von Autorenschaften werden „vergeben" (regelwidriges Verhalten) - ständiger Kampf um Anerkennung von Leistung wird zunehmend zur Überlastung - sie hat den Eindruck, dass für ihre Leistung kein Platz ist, da die Forschung von ihrem direktem Vorgesetzten besetzt wird - sie misstraut durch die gemachten Erfahrungen bei Forschungskooperationen - sie hat den Eindruck, sie sei seit der Mutterschaft „abgeschrieben"
	Zeit, Zeitnot	- Überlastung durch Familie und Beruf führt zu großer Zeitnot - sie bekommt keine Zeit für Forschung zugeteilt - sie wird hauptsächlich nur noch auf Station eingeteilt - fehlender Betreuungsplatz führt zu großem Problem und wird existenziell - ihr werden immer mehr Aufgaben zugeteilt, die ihre bezahlte Stelle weit übersteigen. Bei Grenzsetzung wird sie gefragt, ob sie nun gar nicht mehr arbeiten wolle - Paper werden im Urlaub geschrieben - Perspektiven in der Abteilung fehlen - möchte wechseln, weil Dauerbelastung über Jahre schwer auszuhalten ist - Vorgesetzter entscheidet, wer Zeit für Forschung zugeteilt bekommt - Vorgesetzter ist der Meinung, sie müsse dringend ins Ausland, damit sie weiterhin eine Perspektive in der Abteilung habe, das komme für sie nicht infrage - ihr Vorgesetzter hat bestimmte Vorstellung, wie ein Karriereverlauf aussehe, der aber zu ihr absolut nicht passt	- sie arbeitet sehr viel am Wochenende - mit Partner ausgehandelt, dass sie jeden Freitag von 20-24h arbeiten kann, da könne sie eh nicht abschalten - die hohe Aufgabenvielfalt mit der damit einhergehenden hohen Zeitintensität beginnt zunehmend zu überfordern - zusätzlich soll sie noch weitere Aufgaben übernehmen - sie fühlt sich wie in einem Strudel und weiß nicht, wie sie herauskommen kann - Grenzziehungen erscheinen kaum noch möglich - männliche Normalbiographie als Anforderung passt immer weniger - sie muss eigene Wege finden	- die Kündigung fällt schwer, da sie über viele Jahre sehr viel Zeit in die Arbeit investiert hat - Frauen werden schnell auf Schiene Praxis abgeschoben und erhalten dann keine Zeit für Forschung mehr

Subjekt	Torpediert	- sie hält es kaum noch aus - hat den Eindruck, sie werde kaum gefördert - ihr Vorgesetzter traut ihr bezüglich wissenschaftlicher Arbeit nichts zu - ihr Selbstvertrauen nimmt langsam ab - die Kritik ihres Vorgesetzten mobilisiert Selbstzweifel - sie halte sich nun zurück und bespreche nur noch minimal - zunehmend fehlt die Wertschätzung für ihre Arbeit - ihr fehlt immer stärker ein Zugeständnis, ob der vielen geleisteten Arbeit	- sie müsste sich besser abgrenzen können - ist sie das Problem oder ihr Vorgesetzter? - ständige Torpedierungen kosten sehr viel Kraft	- cholerisches Angeschrienwerden wird kaum noch ertragen - Gefühl des „totalen Ausgeliefert-seins", es gibt keinen „Korrekturfaktor" in der Medizin - hat den Eindruck belächelt zu werden - absolute Einzelkämpferin, es interessiert niemanden - wenn der eigene Chef nichts von einem hält, zehrt dies am Selbstwertgefühl: bin ich doof und nichts wert?
	Unpassend gemacht	- Wunsch sich in Männerwelt besser durchzusetzen, können männliche Kollegen besser Grenzen setzen? Respekt durch „Nein" sagen? - sie will nicht so sein, wie die männlichen Kollegen, die immer „nein" sagen, sie muss einen eigenen Weg finden - vielleicht könnte sie an ihrer Durchsetzungsfähigkeit arbeiten - zugleich sei ihr Auftreten aber dann auch zu fordernd gewesen - bestimmte Personen können besser Forderungen stellen - Eindruck entsteht, dass Förderung Einzelner nicht nur von Leistung, sondern von Performance abhängt - in der Runde kommuniziere sie nicht von sich aus, das tun andere, da müssen sich Frauen besonders anpassen	- sie möchte Patienten helfen und eine gute Ärztin sein - sie kann sich gut in Patienten hineinversetzen und will diese Arbeit nicht hintenanstellen	- man muss sich gut verkaufen könnten, das kann sie nicht gut genug - die Luft nach oben wird immer dünner und ellenbogen-mäßiger, so ist sie nicht „gestrickt", es wäre eine Qual - sie möchte nicht bei anderen betteln
	Ausgebrannt	- Angst, dass Chef Wunsch, „Grenzziehung im Hinblick auf Work-Life-Balance" gemeldet wird - „ich bin nicht der Typ, der sich über Arbeit beschwert" - kann immer schlechter mit zeitlich begrenzter Sicherheit in der Beschäftigungssituation der Forschung leben - Paper werden im Urlaub geschrieben, der nächste Urlaub ist allerdings bereits für eine medizinische Weiterbildung verplant - der Druck wird zu hoch - ich bin nicht länger bereit nur in der Freizeit zu forschen	- sie sehnt sich immer mehr nach Sonne und Ruhe - sie möchte mehr Platz für sich und die Familie - Habil wird als Selbstprojekt gesehen und nicht als etwas wovon auch die Institution profitiert - sie hat ständig ein schlechtes Gewissen, weil weder für Familie noch für Beruf genug Zeit bleibt - Grenzziehungen bezüglich der Zeit erscheinen als kaum durchsetzbar, Gefühl zunehmender Handlungsunfähigkeit - zugleich möchte sie gerne an ihre Leistungsgrenzen gehen, um keine Langeweile zu spüren - Freizeit werde immer wichtiger, weil sie als absoluter Mangel erscheint, sie stand kurz vorm Burn-out	- zu fertig und zu erschöpft mit Mitte 30 und die Alternativen sind wo so viel besser (Praxis oder andere Kliniken) - eine harte Phase, wie im Hamsterrad - Partnerschaft und Familie nimmt einen immer größeren Stellenwert ein - durch Partnerschaft unterstützt, sonst hätte sie es nicht ausgehalten - Unsicherheit durch Befristung steht sie nicht länger durch - Zeit ist sehr wertvoll geworden - Forderung nach Basisstrukturen für Forschung
Verlauf		- Hohe Motivation für Forschung - im Moment ist es sehr holprig, dafür wisse sie jetzt was sie wolle - es fehlen nur noch zwei Publikationen, der Antrag liegt in Dekanat - sie strebt eventuell einen Fachwechsel an	- Leben ist ein totales „Wirr-Warr" - sie sieht sich ständig nach Stellen um - will sie ihre Habil wirklich machen oder habilitiert sie nur, damit sie das Ziel erreicht hat? - wann soll sie glücklich sein?, die letzten Monate waren sehr schwer, so wie es ist, geht es nicht weiter - wenn es klappt gut, wenn nicht, dann nicht - sie möchte eigene Ziele umsetzen und nicht nur Arbeitskraft sein, Weg ist immer mehr mit Frustration verbunden - soll sich sich weiter quälen?	- Versuch der Neuausrichtung in der Forschung, Erwägung eigene Praxis, parallel Stellensuche extern - wichtig wird, zu sehen, was mit Leben kompatibel ist - Sinn der Arbeit ging verloren - totale Blockade und Motivationstief - was sind meine Werte? Ist das wert? - es war eine extrem harte Phase, sie könnte es nicht mehr ertragen, nahm gesundheitsgefährdende Züge an - erleichtert über Entscheidung zu kündigen

Durch die Einzelfallanalysen wurde es also möglich, die hürdenorientierten Kodes situativ an personale Prozesse rückzubinden. Innerhalb der jeweiligen Spalten bezeichnen die Unterstriche die vorgefundenen Vorkommnisse der Einzelverläufe zu den jeweiligen Kategorien. Auf eine Phase zunehmender Abwertung und Aberkennung von Leistung folgt eine erhöhte Stressbelastung, die schließlich in Verausgabung und einer Kündigung mündet. Im Sinne einer gläsernen Decke wird hier der organisationale Einfluss auf personale Ressourcenentzüge deutlich, die sich in Auseinandersetzung mit dem Selbstkonzept auf die Habilitationsentscheidungen auswirkten.

Diese Analysen ermöglichten methodisch eine immer stärkere Fokussierung, die in einer Verdichtung von Fällen mündete. Bei diesem Verlauf handelt es sich um eine idealtypisierte Fallbeschreibung, die in dieser Studie als „hürdenreich" bezeichnet wird. Charakteristisch ist die hohe Anhäufung von Hürden in der Habilitationsphase, die zu deutlichen Zweifeln an einer Durchführung bis hin zum Verlassen der Hochschulmedizin führte. Der Modellfall beruht (basierend auf der Auswertungsarbeit im Zuge der GTM) auf einer Ideal-Typen-Bildung (Kluge 1999: 280).

Diese Form der Repräsentation ist durch die Empirie selbst begründet. Sie wurde gewählt, da damit in hohem Maße eine Anonymisierung und Nicht-Rückführbarkeit auch gegenüber Gruppenleitung und Vorgesetzten der eigenen Klinik sowie des Kollegiums gewährleistet und zugleich der Qualität der Daten in ihrer ‚Dichte' und Tiefe Rechnung getragen werden kann. Im Gegensatz zu einer biographisch-narrativen Einzelfallauswertung (Schütze 1983; Rosenthal und Loch 2002), die eine hohe Konzentration auf einen Fall ermöglicht oder eine prototypische Auswertung (Kuckartz 2010: 106), die sich darauf konzentriert mithilfe eines Falls einen Typus zu charakterisieren und damit individuelle Besonderheiten abzugrenzen, orientiert sich eine idealtypische Konstruktion (Ludwig 1996: 96 ff.) an der Verdichtung mehrerer Verläufe hin zu der für alle geltenden Essenz. Diese Idealtypen verkürzen und glätten durch Zuspitzung ambivalente und situierte Realitäten (Kluge 1999: 165 ff.). Gleichzeitig bietet diese Glättung aber auch Schutz, da gerade in einem vernetzten Feld wie der Hochschulmedizin, individuelle Besonderheiten in ihrer Abfolge Gefahr laufen, durch das Umfeld erkannt zu werden. Die Typenbildung versteht sich an dieser Stelle eher als eine Hilfsmethode, um auf eine Verlaufsbeschreibung aufgrund forschungsethischer Ansprüche nicht verzichten zu müssen. Zudem wird die Heterogenität in der Auswahl thematisiert und insofern nicht geglättet, da diese Verdichtungen des Gesamtsamples darstellen, und, um eine hohe Sättigung zu erreichen, im Vorfeld der Auswahl die Heterogenität des Samples verfolgt wurde. In einem weiteren Schritt wurden diese Idealtypisierungen im Sinne von Extremtypen (Gerhardt 1986: 273 ff.) gegenübergestellt. Es handelt sich hierbei um jeweils ähnlich hürdenarm oder hürdenreich verlaufende Habilitationsverläufe von Frau Dr. A, B, C, D etc. Diese wurden in die beiden Kontrastgruppen „Hürdenreich" bzw. „Anerkannt" typisiert. Abbildung 27 veranschaulicht dieses Typisierungsverfahren.

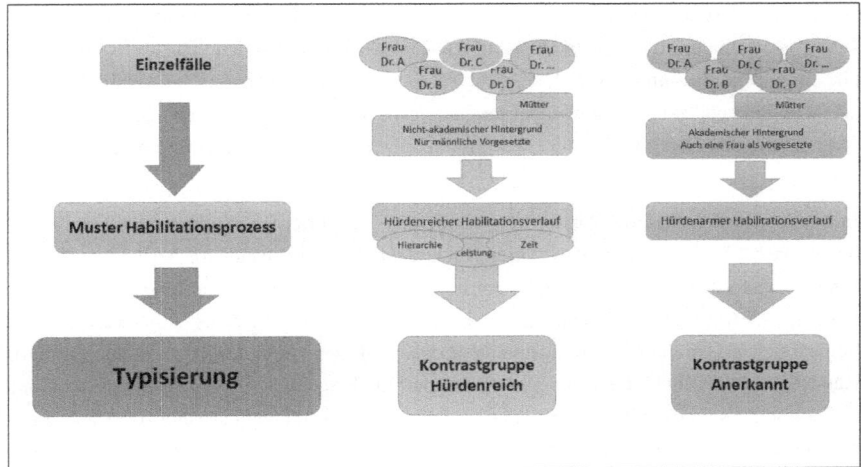

Abb. 27: Fall-Typisierung der Kontrastgruppen „Hürdenreich" und „Anerkannt"

Kapitel 6 greift diese Graphik auf und beschreibt den idealtypischen Verlauf einer hürdenreichen Habilitationsphase. In Kapitel 9 folgt zudem ein Vergleich der beiden Kontrastgruppen. Durch das beschriebene methodische Vorgehen entstammen die auf die Fallbeschreibung angewandten und hier verifizierten Kategorien damit nicht allein einer Typenbildung, sondern der Auswertung des Gesamtsamples, die sich in den Extremtypen verdichten. Es können damit zwei Pole des Gesamtsamples ausgemacht werden:

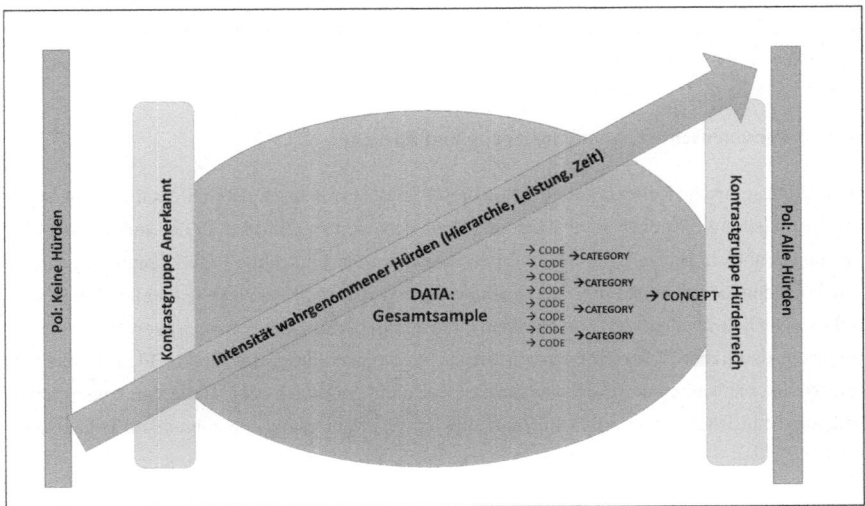

Abb. 28: Pole des Gesamtsamples

Abbildung 28 veranschaulicht die beiden Pole der Extremfälle. Die Kontrastgruppe „Anerkannt" ist kaum von Hürden betroffen. Auf die Kontrastgruppe „Hürdenreich" treffen hingegen alle aus dem Gesamtsample kodierten Hürden zu. In Anlehnung an Abbildung 24 „A streamline codes-to-theorey model for qualitative inquiry" wird deutlich, dass die Typisierung auf dem Kodierverfahren der GTM gründet und die Daten des Gesamtsamples miteinbezieht.

In den letzten Schritten der Auswertung wurde das Kategoriensystem durch die letzte Erhebungsphase *(Theoretical Sampling)* verdichtet und durch entsprechende Re-Analyse verifiziert. Eine Herausforderung bestand in der Verschriftlichung darin, diese Vernetzung in eine lineare Form einer Gliederung zu gießen. Kapitel 6 gibt deskriptiv einen Einblick in den Verlauf einer hürdenreichen Habilitation und untersucht Muster in diesen Verläufen (Habilitationsphasen). Kapitel 7 verschriftlicht das Mapping in Bezug auf die Frage, wie die Organisationskultur auf den Ausschluss von Weiblichkeiten einwirkt und bezieht sich hierbei auf die Kodes auf Organisationsebene. Kapitel 8 formuliert das Mapping, dass die Auswirkungen der in Kapitel 7 beschriebenen Kodes auf Habilitandinnen widergibt. Zudem befasst sich das Kapitel mit der Schlüsselkategorie des Mappings: dem „Ausstieg". Kapitel 9 dient der Verifizierung durch den Kontrastfall „Anerkannt".

Die Ausführungen in diesem Unterkapitel zeigen insgesamt, dass sich nicht nur um eine multiperspektivische Erhebung, sondern auch Auswertung handelte. Der Fokus der Auswertung lag hierbei auf Beziehungsnetzen zwischen Personen und Situationen im Kontext von Habilitationsverläufen. So wurden Situationen in Form von Hürden mitsamt ihren psychosozialen Auswirkungen kodiert und an individuelle Habilitationsverläufe rückgebunden. Durch ein entsprechendes Mapping wurde es so möglich diese in der Organisationskultur situierten Prozesse in ihren Wechselwirkungen zu erfassen.

2.7.3 Personenschutz, Anonymisierung und Sprache

Forschungsethische Reflexivität nimmt in dieser Studie einen besonderen Stellenwert ein, wenn es darum geht, die Rückverfolgbarkeit einzelner Personen zu schützen. In der qualitativen Forschung geht es in Bezug auf die Gütekriterien qualitativer Forschung (vgl. Kapitel 2.1) darum, die Forschungsergebnisse unter den konfligierenden Prämissen „so viel wie möglich" (intersubjektive Nachvollziehbarkeit) und „so wenig wie nötig" (Schutz der Personen) vorzustellen. Hier liegt ein deutlicher Unterschied zur formalen Anonymisierung, die direkte Identifizierungsmerkmale wie Namen und Adressen der Befragten unkenntlich macht. Hella von Unger veranschaulicht in Rückbezug auf Jasmin Siri dies in einer Vorlesung mit folgendem Bild (Unger 2017):

Abb. 29: Anonymisierte M. L.

Die anonymisierte M.L. wird trotz Anonymisierung entweder sofort erkannt oder ihre Identität wäre nach einfachen Recherchen leicht rückverfolgbar. Der Schutz von Personen hört also nicht bei der formalen Anonymisierung auf, sondern ist selbst gebettet in einen Prozess der Forschungsreflexion. Forschungsethik orientiert sich neben dem Prinzip informierter Einwilligung *(informed consent)*, die obig im Kontext des Forschungsverlaufs beschrieben wurde (vgl. Kapitel 2.4 und 2.5), an dem Prinzip der Nicht-Schädigung (Hopf 2015):

> „Personen, die in Untersuchungen als Beobachtete oder Befragte oder in anderer Weise, z. B. im Zusammenhang mit der Auswertung persönlicher Dokumente, einbezogen werden, dürfen durch die Forschung keinen Nachteilen oder Gefahren ausgesetzt werden." (Deutsche Gesellschaft für Soziologie (DGS); Berufsverbandes Deutscher Soziologinnen und Soziologen (BDS) 2017: § 2, Abs. 5)

Zugleich weist Van den Hoonaard darauf hin, dass in qualitativer Sozialforschung eine vollständige Anonymität, die den Partizipierenden jegliche Nicht-Rückverfolgbarkeit garantiert ein „unerreichbares Ziel" sei (2003: 14). Diese Studie zielt somit auf das Erreichen einer möglichst hohen Nicht-Rückverfolgbarkeit, die mit Saunders et al. die Anonymisierung gegenüber anderen Personen als den primär Forschenden meint (2015: 617). Saunders et. al. bezeichnen die Anonymisierung von Daten deshalb auch als einen „balancing act", als einen „komplexen Prozess", in dem die Veränderungen von Namen und Orten nur ein erster Zugang zu diesem Thema sein kann (ebd.).

Bezogen auf diese Studie bedeutet dies, nicht nur die Empfehlungen des Rates für Sozial- und Wirtschaftsdaten heranzuziehen und damit u. a. folgende Charakterisierungen unkenntlich zu machen (Liebig et al. 2014: 13 f.):

- direkte Identifizierungsmerkmale: Name, Adresse (formale Anonymisierung)
- Anonymisierung von Namen und Standorten der Mentoring-Programme
- Erarbeitung einer Anonymisierungsliste, die Orte, Kontexte und Zeitpunkte der Erhebung numerisch erfasst
- systematische Veränderung schützenswerter Daten (faktische Anonymisierung)

Darüber hinaus leiteten ethische Fragestellungen qualitativer Forschung auch die Form der Ergebnisdarstellung sowie der methodischen Auswertung an. Leitend waren dabei unter anderem der hohe Vernetzungsgrad innerhalb der diversen medizinischen Wissenschaftsdisziplinen, die eine hohe Maskierung der Personen notwendig macht. Die Repräsentation der Ergebnisse zielt damit auf die Vermeidung von Eindeutigkeiten, insbesondere sollten Datensätze nicht als zusammengehörig identifiziert werden können. Dies machte zum einen methodische Überlegungen notwendig, die darin mündeten für die Darstellung der Ergebnisse eine Idealtypisierung zu wählen sowie auf eine rückverfolgbare Zitation innerhalb dieser Studie zu verzichten. Dies ist methodisch insofern möglich, da in der Grounded Theory Methodologie nicht Einzelfälle und deren Narrationen im Mittelpunkt stehen, sondern Kategorien über den Einzelfall hinweg entwickelt werden, die hier in der Typen-Bildung als Extremfall unter Verwendung vergleichender Originalzitate vorgestellt werden (vgl. hierzu ausführlicher Kap. 2.7.2.).

Im Hinblick auf die Transkription wurde folgendermaßen vorgegangen: Ethnographische Gespräche, Teilnehmende Beobachtungen und Erstgespräche wurden, unter teilweiser Zurverfügungstellung personeller wie finanzieller Ressourcen der Gleichstellungsstelle, protokolliert und ins Reine geschrieben. Deren Länge variierte zwischen wenigen und etwa 50-seitigen Protokollen. Zudem wurden die teilnehmend beobachteten oder selbst geführten Beratungsgespräche zu großen Teilen vollständig transkribiert. Die problemzentrierten Interviews wurden als Postscripts protokolliert sowie ebenfalls vollständig transkribiert. Die Transkription bezog sprachliche Äußerungen sowie Betonungen (Dabei) sowie nonverbale Äußerungen (lacht) ein. Hierfür wurde die Zeilenschreibweise genutzt, die sich an den Regeln des Gesprächsanalytisches Transkriptionssystem (GAT) orientierte.

Die Studie selbst verwendet einen geschlechtergerechten Sprachgebrauch und orientiert hierfür an den Richtlinien zur Manuskriptgestaltung der Deutschen Gesellschaft für Psychologie (DGPs) (Deutsche Gesellschaft für Psychologie und Hogrefe-Verlag 2016: 45 f.; vgl. auch Ferstl 2017; AG Feministisch Sprachhandeln 2014).

2.8. Methodische Erweiterungen und Limitierungen

In Kapitel 2 wurde deutlich, dass ein triangulierendes Erheben und Auswerten unterschiedliche Perspektiven auf den Standpunkt ermöglicht. Dabei geht es nicht um die Frage repräsentativer Aussagen, sondern um eine theoretische Verallgemeinerung qualitativer „dichter" Daten (vgl. u. a. Flick 2015) aus Teilnehmenden Beobachtungen, ethnographischen Gesprächen und Beratungsgesprächen sowie problemzentrierten Interviews, die sowohl Gruppenperspektiven, Verlaufs- und Einzelgeschichten miteinbeziehet. Die Theoriebildung ist dabei so angelegt, dass die Möglichkeit besteht, Neues zu entdecken. Auf der Seite der Datenauswertung bedeutet dies eine Untersuchung von Beziehungen innerhalb und zwischen Situationen, Prozessen und Subjekten. Die Theorieprüfung wurde aus den Theorien gefolgert und in dem Datenmaterial verifiziert (Steinke 2015: 328). Das methodische Vorgehen erlaubt, ein strapazierfähiges, in Empirie und Theorie gegründetes Gedankenmodell komplexer Wechselwirkungen zu entwickeln, das sowohl die Ebene der Organisation sowie die Ebene des Individuums einbezieht und miteinander in Beziehung setzt. Mit Blick auf die Fragestellung der Studie ermöglichte es damit, den Ausstieg von Frauen aus der Hochschulmedizin als ineinandergreifende Wechselwirkungen zu beforschen und entsprechend darzustellen.

Diese Methode ist zugleich aber auch limitiert. Zum einen hängt dies mit den subjektiven Perspektiven der Frauen zusammen, deren Wahrnehmung durch die eigene Lebensgeschichte beeinflusst ist. Der Fokus dieser Studie zielt somit auf die Perspektive von Frauen im Hinblick auf eine als „ausschließend" betrachtete Hochschulmedizin. Damit macht diese Studie durch eine enge Begleitung „dicht" die Perspektiven von Frauen auf das Feld fruchtbar und gibt Hinweise für Veränderungen aus diesem Blickwinkel. So ist der Auswertungs- und Erhebungsprozess nicht von den beteiligten Subjekten zu lösen und fasst, in theoretischer Rückbindung, situiert eine intersubjektive Konstruktion von Wirklichkeit zusammen. Die Untersuchung hängt damit maßgeblich von den Interaktionen zwischen den Habilitandinnen und mir (in den Rollen als Organisationsmitglied und als Forscherin) ab, die wiederum eine „dichte" Begleitung erst möglich machten.

Die Studie umfasst in ihrer Breite mehrere Annahmen aus der Soziologie und der Psychologie und lehnt sich methodisch an einem ethnologischen Vorgehen an. Dankenswerterweise können die psychologischen Fragestellungen bereits auf bestehende Messungen zentraler Konstrukte zurückgreifen. So wurden bereits die Veränderung der Selbstwirksamkeitserwartung und stressbedingte Überlastungen von Medizinerinnen und Medizinern untersucht (Klein et al. 2010; Abele-Brehm 2013). Erweitert werden könnte der Forschungskanon durch Messungen zu entsprechenden Veränderungen in der Habilitationsphase.

Begrenzt wurde die Studie durch den Kontext des Mentoring-Programms. So konnten nur Personen befragt werden, die Teil der Programme waren (vgl. Tabelle 3, Kapitel 2.6.2.). Wie das Sampling zeigte, handelt es sich, dem Fach der Medizin entsprechend, um eine Gruppe mit geringer Diversität bezüglich Staatsbürgerschaft sowie einer relativ hohen Quote akademischfamilialer Hintergründe. Zudem ist der Anteil an Frauen mit Kindern in der Altersspanne zwischen dreißig und vierzig relativ gering, was sich auch in dem Fokus dieser Studie ausdrückt. So wird das Thema „Vereinbarkeit von Familie und Beruf" zwar als Querschnittsthema für Mütter sowie als Ausstiegsgrund bei geplanter Elternschaft behandelt, es ist aber nicht das zentrale Thema dieser Studie. Zudem ist aufgrund der geringen Frauenquote unter dem Führungspersonal keine weitreichende Heterogenität im Hinblick auf Unterschiede im Förderverhalten zwischen männlichen und weiblichen Vorgesetzten zu verzeichnen. Dies wäre im Hinblick auf den Ein- oder Ausschluss von Weiblichkeit und/oder Frauen eine weitere bereichernde Perspektive. Das Sample entspricht damit den geringen Diversity-Tendenzen der Hochschulmedizin, streift aber, aufgrund der Breite dieser Studie, einzelne Facetten, die für eine vertiefende Analyse erkenntnisreich sein könnten, nur am Rande. So deuten sich bereits in der Stichprobe intersektionale Fragestellungen hinsichtlich der Überschneidung verschiedener Diskriminierungsformen, wie Gender, akademischer Hintergrund und Migrationsgeschichte, an. Hier könnte danach gefragt werden, welche höheren psychischen „Kosten" durch dieses Zusammenwirken von Geschlecht und weiteren sozialen Ausschlusskategorien im Hinblick auf die Veränderungen in den Selbstkonzepten zu verzeichnen sind.

Auch kann nicht klar differenziert werden, wie der Rahmen „Mentoring-Programm" auf das Sample eingewirkt hat. In der vorliegenden Studie geht es nicht darum, die Wirksamkeit von Programmen zu diskutieren, sondern einige Aspekte dieses Kontextes im Hinblick auf die Ergebnisse zu thematisieren. So wurde ausgeführt, dass bestimmte Themenkomplexe, wie Führung in der Medizin oder die Planung des Werdegangs, durch entsprechende Workshops mitangeregt wurden (vgl. Kapitel 2.4.). Bedacht sein soll, dass sich die Programme als Maßnahmen der Frauenförderung verstehen. Das bedeutet für die Datenerhebung, dass aufgrund der Sensibilisierung innerhalb dieser Programme Ungleichheiten weniger latent bleiben, als dies in anderen Kontexten vielleicht der Fall wäre. Da ein wichtiger Aspekt dieser Studie auf der Individualisierung von Geschlechterungleichheiten liegen wird, ist zudem anzumerken, dass Mentoring-Programme hier eine zu reflektierende Stellung einnehmen können. So handelt es sich bei diesen Programmen um Maßnahmen, die zum Empowerment der Teilnehmenden beitragen (Magg-Schwarzbäcker 2014: 54), zugleich aber eine Tendenz aufweisen können, die Problematik der Ungleichheit in die Subjekte selbst zu verlagern (Bröckling 2003). So wirken diese Programme einerseits bestärkend, andererseits werden Frauen aber als defizitär adressiert. Das ist eine Tendenz, die sich auch in der Empirie zeigen wird, nämlich, dass sich nicht geförderte Habilitandinnen zunehmend als unpassend und defizitär wahrnehmen und einem hohen Anpassungsdruck ausgesetzt sind. Dieser könnte durch die Programmteilnahme noch verstärkt worden sein. Zudem wird kritisiert (vgl. u. a. Vries 2011), dass solche Programme gouvernementale Tendenzen aufweisen, Selbsttechniken aktivieren, die die organisationalen Problematiken ausblenden und Frauen selbstregulierend in die wettbewerbsorientierte Organisation einpassen

(Devos 2004). Auch hier kann nicht klar zwischen organisational-subjektivierenden Tendenzen und einer eventuell additiv verstärkten Erzeugung eines selbstattribuierenden Anpassungsdrucks differenziert werden.

Zusammenfassend zielt die vorliegende Datenerhebung und -auswertung daher auf eine breit angelegte Studie, die prozesshaft komplexe Wechselwirkungen und Mechanismen von Situationen und Personen erforschbar macht. Sie macht Subjektivitäten produktiv und entwickelt so eine, auf den Perspektiven der Frauen basierende theoretische Verallgemeinerung (vgl. Kapitel 10).

3. Vergeschlechtlichte Organisation: Feld, Habitus und Auswirkungen auf Selbstkonzepte

Nach der Vorstellung der methodischen Erhebungs- und Auswertungsverfahren, mit dem Ziel, die multikausalen Prozesse zwischen Individuum und Organisation erforschbar zu machen, widmen sich die folgenden beiden Kapitel 3 und 4 den theoretischen Konzepten, die die empirischen Auswertungen nahelegten. In diesem Kapitel wird detailliert untersucht, wie eine Konstruktion von „Weiblichkeit" als Negativfolie auf den Ausschluss von Frauen einwirkt. So werden in einem ersten Schritt theoretische Annahmen an eine Hochschulmedizin als „vergeschlechtliche Organisation" formuliert. Die Wirkweisen dieser Vergeschlechtlichung werden machttheoretisch mit der Feld- und Habitustheorie von Pierre Bourdieu analysiert. In Bezug auf Geschlecht geht Bourdieu von „männlicher Herrschaft" aus, die auf eine bestimmte Art und Weise die Dominanz von Männlichkeit gegenüber Weiblichkeit sicherstellt. Die theoretischen Annahmen Bourdieus zeigen diesbezüglich eine von allen anerkannte Macht, die Geschlechterungleichheiten reproduziert. Diese werden durch Raewyn Connells differenzierten Blick auf Männlichkeiten und Weiblichkeit ergänzt. Connell führt diesbezüglich den Begriff „Hegemonialer Männlichkeit" ein, der untenstehend erläutert und auf Organisationskulturen rückbezogen werden soll.

Nach einer ausführlichen Beschreibung einer durch Geschlechtlichkeit geprägten Organisationskultur, wendet sich die theoretische Perspektive deren Internalisierung und Subjektivierung zu. Wie also wirkt diese Organisationskultur auf ihre Organisationssubjekte? Vor dem Hintergrund der empirischen Auswertungen sollen Stereotype, Selbstwert und Selbstwirksamkeitserwartungen im Fokus stehen. Die leitende theoretische Fragestellung ist hierbei, inwiefern und an welchen Stellen eine vergeschlechtliche Organisationskultur das Selbstwissen tangiert und so zu Ausschlüssen aus der Organisation führt.

3.1. Universitätsmedizin als vergeschlechtlichte Organisation

Die Hochschulmedizin feminisiert sich vertikal, doch horizontal bleiben die hohen Positionen männlich besetzt. Organisationskulturell blickt die Universitätsmedizin auf eine lange Kultur des Frauenausschlusses zurück, die auch heute noch Nachteile für Frauen auf den unterschiedlichsten Ebenen produziert (vgl. Kapitel 1). Um die gegenwärtige Querlage zwischen horizontaler Ungleichheit vor dem Hintergrund der historischen und kulturellen Entwicklungen zu verstehen, sollen grundlegende Theorien im Hinblick auf Geschlecht in Organisationen betrachtet werden. Theorien zu vergeschlechtlichten Organisationen wenden sich gegen die Vorstellung, Organisationen seien geschlechtsneutral (Müller et al. 2013: 11), formal, rational und unpersönlich (Rastetter 1994: 92). Diese geschlechtsneutrale Perspektive verstellte lange den Blick auf Organisationen als vergesellschaftete Institutionen, die auf ihre Subjekte wirken und somit sowohl Zugehörigkeiten wie Ausschlüsse produzieren (Hofmann 2014: 133). Es entwickelte sich ein ganzer Kanon an Forschung, der herausstellte, dass Organisationen in dem Sinne vergeschlechtlicht sind, indem das Maskuline als das Universelle angenommen wird:

> „As a relational phenomenon, gender is difficult to see when only the masculine is present. Since men in organizations take their behavior and perspectives to represent the human, organizational structures and processes are theorized as gender neutral." (Acker 2013: 87)

Bei näherer Betrachtung, so Joan Acker, stellen sich organisationale Strukturen und Prozesse als vermännlicht dar, werden aber als genderneutral vermittelt. Aus der Mikroperspektive sind Organisationen „zu sehen als Netze sozialer Beziehungen und Handlungen, nicht als entpersonalisierte Systeme oder weitgehend durch gesellschaftliche Strukturen vorgeordnete soziale Gebilde" (Wilz 2013: 154). Die unterschiedliche Ausgestaltung der Gleichzeitigkeit von Geschlechteregalität und -differenzen in den diversen Organisationen rückt den jeweiligen Kontext in den Blick (Wilz 2013: 152). Gerade Frauen, die nach Positionen mit einem niedrigen Frauenanteil streben, sind noch stärker von gegenderten persönlichen Vorannahmen von Vorgesetzten und Kollegium betroffen. So stellte Rosabeth Moss Kanter bereits in den 1970er-Jahren fest, dass Frauen, die sich in einer extremen zahlenmäßigen Minorität befinden (weniger als 15 % der Gruppe), ein „Token"-Status zuteilwird. Sie stehen unter einer besonderen Sichtbarkeit, werden beobachtet und verspüren einen enormen Performancedruck. Sie werden isoliert und ihre Unterschiedlichkeit häufig betont, wobei ihr Status als stereotype ‚Frau' und nicht als Individuum Präsenz erhält und unter Druck Gefahr laufen, diese Annahmen auch auf sich selbst anzuwenden (2010 [1977]: 207 ff.). Kanter gilt als Klassikerin der Organisationstheorie und nimmt 1977 als Pionierin zwar noch an, dass sich mit der Zunahme von Frauen in diesen Positionen das Problem von selbst löse, liefert jedoch erste fruchtbare Zugänge, in denen auch die, in die Organisation eingeschriebenen kulturellen Prozesse in den Blick genommen werden (vgl. u. a. Yoder 1991; Zimmer 1988; Lewis und Simpson 2012). Mit Kanter gilt es festzuhalten: Professorinnen in der Hochschulmedizin erhalten eine besondere Sichtbarkeit. Doch inwiefern gilt dies auch für Frauen, die sich in diese Positionen begeben möchten, und wie gehen sie damit um? Susan Ferguson ging 1988 nicht mehr von einer organisationalen Geschlechterneutralität „an sich" aus. Übertragen auf die historisch und kulturell auf männliche Erwerbsarbeit basierende Organisationen wie die Hochschulmedizin konstatierte sie, dass Organisationen „maskulinistisch" sind. Formale Organisationen seien dem Wesen nach männlich. Der zahlenmäßige Zuzug von Frauen in das höhere und mittlere Management ändere an dieser Tatsache deshalb nichts, da die Organisation nichts von ihrem patriarchalen Charakter verliere. Es begegneten sich nicht geschlechtsneutrale Beschäftige, sondern feminine Frauen und maskuline

Männer (Ferguson 1984 nach Funken 2004: 21).[21] Die von Kanter konstatierte Sichtbarkeit müsste damit in bestimmen Kontexten auch für Frauen gelten, die eine der raren Positionen anstreben. Zugleich lässt sich mit Kanter und Ferguson sagen, dass Weiblichkeit zu einer Kontrastfolie gegen die Männlichkeit konstruiert wird, die sich für die Karriere als nachteilig darstellt.

Darüber hinaus soll mit Bezug auf Acker der dualistischen Sicht einer geschlechtsneutralen Organisation ‚an sich' einerseits und einer biologisch rückgebundenen statisch-maskulinen andererseits vorgebeugt werden. Acker unterscheidet analytisch, wie durch Organisationshandeln Trennung, Differenz und Hierarchien zwischen den Geschlechtern entstehen. Hierfür unterscheidet sie in eine Ebene der Zuteilung von Machtressourcen (Gehalt, Arbeitsplätze etc.), eine symbolische Ebene der Bilder und Bewusstseinsformen, die die Geschlechterverhältnisse legitimieren, die Ebene der Bewusstseinsarbeit bzgl. einem Geschlechterwissen in der Organisation sowie einer Ebene des *Doing Gender* in der Interaktion zwischen den Geschlechtern (Acker 1990). Acker differenziert nach Buschmeyer zwischen männlichen und weiblichen Organisationseinheiten bzw. zwischen Frauen- und Männerarbeit, die jeweils unterschiedlich konnotiert werden (Buschmeyer 2013: 68). Ihr geht es also nicht um Frauen und Männer, sondern um „Weiblichkeiten" und „Männlichkeiten" und Berufsfelder, die entlang dieser Konnotationen konstruiert sind. In Anlehnung an Acker zeigt Kirsten Sander, dass das Krankenhaus eine durchweg vergeschlechtliche Organisation darstellt. Hier wird penibel zwischen männlichen (Ärzten) und weiblichen (Schwestern) Organisationeinheiten getrennt. Die Zuteilung von Machtressourcen und ihre Legitimierung sowie die Einteilung in männlich–weiblich ziehen sich bis in die Mikropolitik der Arbeitsinteraktion und materialisieren sich in hierarchisch angeordneten Räumen (Ärzte- und Schwesternzimmer) (2009: 221 ff.). Die Frage, wer am Schluss aufräumt (ebd.: 252), ist genauso einer Geschlechtlichkeit unterworfen, wie die Vorannahme, dass die Patientenschaft von Frauen gepflegt und von Männern operiert wird. Nach wie vor entsprechen Ärztinnen und Pfleger nicht den geschlechtlichen Erwartungen an das jeweilige Berufsfeld, wie ein Einführungswerk für die Arbeit im Krankenhaus anschaulich unter Beweis stellt. Dieses geht auch im Jahr 2013 ganz selbstverständlich noch von einem männlichen Mediziner und einer weiblichen Krankenschwester aus:

> „*Krankenschwestern* sind für die erfolgreiche Arbeit im medizinischen Prozess des Krankenhauses von entscheidender Bedeutung. Allerdings ist die Kooperation mit dem Pflegepersonal aus einer Reihe von Gründen vor allem für jüngere Mediziner nicht immer einfach. Zum einen ist *der Mediziner* nach dem Studium eher daran gewöhnt, in der Hierarchie unten zu stehen und sich zunächst nicht allzu viel Kompetenz zuzutrauen.

---

[21] Nicht alle Organisationen sind prinzipiell männlich, sondern vor ihrem kulturellen Entstehungshintergrund zu betrachten. Beispielsweise stellt Anna Buschmeyer am Beispiel des männlichen Kindergärtners heraus, dass Organisationen der Care-Arbeit weiblich konnotiert sein können und hier neue Ein- und Ausschlüsse produzieren können (vgl. Buschmeyer 2013).

Zum anderen verfügen gut ausgebildete *Krankenschwestern* mit langjähriger Berufserfahrung häufig über ein nicht zu unterschätzendes fachliches Wissen und umfassende praktische Erfahrungen" (eigene Hervorhebung, Kursawe und Guggenberger 2013: 4).

Im Sinne eines „Doing Gender while Doing Work" (Aulenbacher und Wetterer 2009) erläutert Wetterer, wie diese stereotype Arbeitsteilung durch den Prozess der Professionalisierung der Medizin entstand. Frauen wurden aus medizinischen Berufen gedrängt und das Berufsbild erfuhr eine Geschichte männlicher Attribution (Wetterer 1993), das heute mit einem hohen Frauenanteil kontrastiert wird. Darüber hinaus prägte Wetterer im Kontext der Arbeitsteilung den Begriff der „intraprofessionellen Arbeitsteilung" (Wetterer 2002b: 373 ff.), der darauf verweist, dass jenseits vergeschlechtlichter Arbeitsteilung zwischen den Berufen wie „Medizin" und „Pflege" auch Aufgaben innerhalb dieser Berufe unterschiedlich verteilt werden. So sind nicht nur Berufe, sondern auch Berufsgebiete unterschiedlich geschlechtlich kodiert und hierarchisiert (ebd.). Fischer arbeitete im Hinblick auf die Chirurgie heraus, dass männlich konnotierte Berufe und Berufsfelder mehr soziale Anerkennung erfahren und als prestigeträchtiger gelten (2015). Das männlich dominierte und prestigeträchtige Feld der Chirurgie steht z. B. dem weniger honorierten frauendominierten Fach der Kinderheilkunde gegenüber. Auch in der täglichen Aufgabenverteilung werden Unterschiede gemacht, die die Frauen eher auf die Station einteilen und Männern mehr Freiraum für Forschung geben. Den Dreh- und Angelpunkt bilden hier die Weisungsbefugten, wenn sie Aufgaben stereotyp zuteilen und damit auch berufliche Chancen verteilen.

Daher sei noch einmal daran erinnert: In den höchsten Positionen ist es hauptsächlich eine Elite männlicher Direktoren, die die organisationale Macht innehält (Singh und Vinnicombe 2004). In der Medizin sind Vorgesetzte mit umfangreichen Machtressourcen und -mitteln ausgestattet. Sie nehmen eine Gatekeeper-Funktion ein. Das bedeutet, dass sie aufgrund ihrer Position und ihres Wirkungskreises die Möglichkeit besitzen, sowohl Aufstieg wie Ausstieg ihres Personals zu bewirken. Da die *scientific community* eine Wahlgemeinschaft darstellt, in der Mitglieder der Gemeinschaft neue hinzuwählen, erfüllen Gatekeeping-Prozesse in der Universität eine herausragende Funktion. Vorgesetzte nehmen damit eine wichtige Stellung für eine weitere Karriere ein. Nach Kahlert ist im Gatekeeping-Prozess bedeutsam, „wer auswählt, wer zur Wahl steht, welchen Regeln der Selektionsprozess folgt und welche Auswahlkriterien angelegt werden" (Kahlert 2015: 33). Diese Selektionsprozesse finden vor einem spezifisch gegenderten Hintergrund statt, oder mit Goffmann (2016) gesprochen: Sie werden auf der Bühne der täglichen Interaktion aufgeführt.

In der täglichen Aufgabenzuteilung, der Gewährung von Arbeitsressourcen und der damit verbundenen Akkumulation von Karrieremöglichkeiten materialisieren sich organisational-gegenderte Möglichkeiten und Hürden. Zusammenfassend kann konstatiert werden: Stereotype Aufgabenteilung führt zu weniger Zeit in der Forschung, Männer fördern das jüngere (männlich-akademische) Selbst, wissenschaftsimmanente Kriterien wie Peer-Review-Verfahren unterliegen einem Genderbias, Frauen wird die Verantwortung für private Care-Aufgaben übertragen, Teilzeitarbeit ist in Kliniken weiterhin karrierehinderlich, Stereotype führen in der Personalauswahl zu weniger Beförderungs- und Einstellungschancen für Frauen auf hohen Ebenen und Frauen erleiden häufiger Degradierungen und offene Diskriminierungen. Damit wird deutlich: Homosoziale Kooptation – also die Hinzuwahl neuer Mitglieder in eine Gemeinschaft nach dem Kriterium der möglichst hohen Ähnlichkeit (Blome et al. 2013: 59) – ist für Frauen in einer männlich konnotierten Organisation von Nachteil.

Im Gegensatz zu offenen Diskriminierungen verschleiern Genderbias und Gatekeeping die Produktion von Ungleichheiten. ‚Die Frau' wird selbst verantwortlich für ihre Chancengleichheit. Poststrukturalistische Machttheorien weisen darauf hin, dass gerade verschleierte Machtverhältnisse besonders wirksam sind. Neben offenen und direkten Diskriminierungen, in denen sich nach Juliane Achatz et al. „gender status beliefs" (2002: 307) ausdrücken, also stereotype Erwartungsstruktur an Positionen, die Männern einen höheren Status zu schreiben, wirken verschleierte Machtformen vor allem in informellen Organisationspraktiken. So verwundert es kaum, dass für Frauen unstrukturierte Prozesse hinderlich sind. Zu diesem Schluss kommt Jutta Allmendinger in ihrem Vergleich der Universitätssysteme Deutschland, USA, Schweden und Türkei. Sie stellt fest, dass das universitäre System in Deutschland insgesamt als unstandardisiert gelten kann. „Die Auswahl auf die überwiegende Zahl der Promotionsstellen erfolgt oft nicht nach formalisierten und strukturierten Verfahren, gleiches gilt für die Habilitationsstellen" (Allmendinger 2003: 270). Dies benachteiligt Frauen insofern, als sie durch unreflektierte und verdeckte Geschlechterstereotype seltener gewählt werden. Allmendinger kommt zu der Erkenntnis, dass

> „strukturierte Bildungs- und Ausbildungsverläufe – so lange die Strukturen und Leistungsanforderungen transparent gehalten werden – insbesondere die Karrieremöglichkeiten von Frauen fördern, da sie sich so zumindest auf die Normen und Spielregeln ihrer männlichen Mitbewerber einstellen können. Wird das Spiel verstanden, sind Frauen nicht schlechter als Männer. Dann stellt sich nur noch die Frage, ob Frauen das Spiel spielen wollen" (Allmendinger 2003: 273).

Die Unklarheit und Intransparenz bezüglich der Auswahlkriterien und den Wegen des beruflichen Fortkommens verschleiern diese Spielregeln und bevorzugen diejenigen, die sich einen Zugang zu diesem Wissen verschaffen (können). Es entsteht also eine Informalisierung wissenschaftlicher Karrieren, die die Abhängigkeit von der Förderung durch Vorgesetzte erhöht, die in Bezug auf Deutschland auch als „feudal" bezeichnet wird (Ullrich 2016: 389). Dabei überlagern sich die Probleme des „akademischen Kapitalismus" (Kapitel 4.1.) in Form eines verschärften Wettbewerbs mit Qualifikationsverläufen, die durch personalisierte Abhängigkeit geprägt sind. Diese bezeichnet Peter Ullrich als „akademischen Feudalismus" (Ullrich 2016: 393). Feudal drückt dabei aus, dass Vorgesetzte – und das gerade auch in der Medizin – mit weitreichenden Machtmitteln und Weisungsbefugnissen ausgestattet sind. In der Literatur wird die

Gleichzeitigkeit von Wettbewerb und Feudalstrukturen auch als „Neo-Feudalismus" bezeichnet (van Dyk und Reitz 2016) oder aufgrund der personalisierten Abhängigkeiten als „Patronagesystem" (Bérubé und Ruth 2015: 116). Diese förderlichen, neutralen oder hemmenden Patronage-Beziehungen sind für die Wissenschaftskarriere wesentlich. Pierre Bourdieu beschreibt dieses Abhängigkeitsverhältnis zwischen dem gewählten „Patron (Lehrstuhlinhabers oder Klinikchef)" und „Klientel" (Habilitierende) als ein Balancespiel. So ist es für den Patron wichtig, durch seine Klientel künftige Stützen der Macht zu sichern und zugleich den eigenen Favoriten „an der Kandare" zu halten, um eine zu frühe Unabhängigkeit zu vermeiden (Bourdieu 2010 [1992]: 159). Im Mittelpunkt des Abhängigkeitsverhältnisses steht eine gegenseitige Auswahl, ausgestattet mit Machtmitteln. Diese gegenseitige Wahl ist sowohl für Vorgesetzte als auch für Frauen riskant:

> „Investitionen in die wissenschaftlichen Laufbahnen von Frauen sind insofern für die Vorgesetzten deutlich riskanter, da die Wahrscheinlichkeit, dass sich diese Investitionen verzinsen, entscheidend geringer ausfallen als bei Männern. [...] Umgekehrt bleiben auch die Investitionen von Frauen in eine wissenschaftliche Laufbahn riskanter, da ihre Chancen auf die wissenschaftlichen Spitzenpositionen deutlich geringer ausfallen als bei ihren männlichen Kollegen, wofür die seit Jahren stabil niedrigen Frauenanteile Zeugnis ablegen." (Allmendinger 2000: 46).

Die Auswahl reproduziert damit tendenziell das homosoziale System: Sie ist, wie sich empirisch noch deutlich zeigen wird, geprägt von einer Wahl des ‚jüngeren Selbst', den eigenen Karriereerfahrungen und -vorstellungen und den Einstellungen gegenüber den Erfolgsmöglichkeiten von Frauen. Dies macht deutlich, dass erfolgreiche wissenschaftliche Karrieren hochgradig von informellen Prozessen abhängen. In einer Studie zu Karriereverläufen in der Wissenschaft konstatieren Allmendinger et al. auch:

> „Erfolgreiche wissenschaftliche Karrieren entwickeln sich entsprechend nicht nur auf der Grundlage formaler Zertifizierung, sondern beruhen ganz wesentlich auf informellen Strukturen. An der Bereitstellung und (erfolgreichen) Vermittlung dieser informellen Strukturen haben die akademisch und wissenschaftlich Verantwortlichen als Mentoren und Mentorinnen wesentlichen Anteil" (Allmendinger 2000: 37).

Informelle Strukturen sind ausschlaggebend für den wissenschaftlichen Erfolg. Gleichzeitig sind diese aber fragil und abhängig von ihrer Bereitstellung, die oftmals stereotyp geprägt ist (vgl. Kapitel 3.3.1). Beruflicher Erfolg hängt gerade aufgrund der informellen Strukturen maßgeblich von Netzwerken sowie Mentorinnen und Mentoren ab. Universalistische Normen an Erfolg werden angesichts der „empirisch zu beobachtenden Muster der Benachteiligung von Frauen, ethnischen Minderheiten und Mitgliedern niederer sozialer Klassen sowie aufgrund der Bedeutung sozialer Netzwerke" in Zweifel gezogen (ebd.: 465). Ein Forschungsüberblick zum Erfolg wissenschaftlicher Karrieren legt so auch nahe, dass während der Habilitation weniger

Prozesse der Selbstselektion, sondern Diskriminierungen für den Ausstieg verantwortlich sind, da Leistung durch askriptive Merkmale erworben wird (Jungbauer-Gans und Gross 2007: 465). Hier zeigt sich, dass der Erfolg einer wissenschaftlichen Karriere entscheidend von Gatekeeping-Prozessen abhängt, die auch Leistungsindikatoren akkumulieren. Es ist zu vermuten, dass wider des meritokratischen Prinzips wissenschaftlicher Erfolg nicht allein durch individuelle Leistung errungen wird. Ist es nicht vielmehr eine objektivierte Leistung, die durch die individuelle produktive Ausgestaltung gewährter Leistungsmöglichkeiten gepaart mit Leistungsanerkennung im sozialen Umfeld zustande kommt? Leistungsobjektivierung und der Glaube an die Meritokratie verschleiern die Ungleichheiten ihrer Herstellung und lagern sie aus dem Feld der Wissenschaft aus (Engler 2001: 453). Wie ich noch empirisch zeigen werde, findet aber der Wettbewerb um wissenschaftliche Karrieren in einem Dreieck von Abhängigkeit, Leistungsmöglichkeit und -anerkennung statt, in dem Weiblichkeiten tendenziell schlechtere Startchancen zugeteilt werden (vgl. Kapitel 7). Und so sind nach Allmendinger weniger

„Formen offener Feindseligkeit, Diskriminierung oder Herabsetzung – auch wenn wir hierfür weiterhin eindeutige Beispiele in unserer Untersuchung finden – als vielmehr viele, auf den ersten Blick kleine Punkte, an denen sich Unterschiede für Männer und Frauen in der Wissenschaft auftun, die aber in der langen Perspektive große Folgen nach sich ziehen und nicht zuletzt bis zum Ausstieg aus der Wissenschaft führen können" (Allmendinger et al. 2000: 45).

Sind es neben den offenen Diskriminierungen also die verschleierten Formen der Macht, die auf die lange Sicht Machthindernisse akkumulieren und Frauen aus der Organisation so hinausdrängen? Kahlert bezeichnet diesen organisationalen Verdrängungsprozess von Frauen in Universitäten als „Cooling-out", was bedeutet, dass „Umorientierungen in beruflichen und wissenschaftlichen Karrieren oder gar Karriereabbrüche von Frauen [...] als subjektive (Einzel-)Entscheidung (erscheinen), deren institutionelle Herstellung verdeckt bleibt" (Kahlert 2011: 116). Kahlert bettet damit die Entscheidung von Frauen zu bleiben oder zu gehen, in eine Organisationskultur ein. Dies wendet sich gegen eine Vorstellung rationaler Entscheidung. Der Ansatz der *Rational Choice* bzw. der Theorie der rationalen Entscheidung besagt, dass Individuen ihre Handlungen rational im Hinblick auf ihre Nutzenmaximierung abwägen (Braun und Gautschi 2011). Poststrukturalistische Theorien haben jedoch gezeigt, dass Menschen nur begrenzt autonom handeln (vgl. u. a. Bourdieu 2011 [1987]; Butler 2001 [1997]; Foucault 1993; Keupp und Hohl 2006), weshalb nachfolgend im Rückgriff auf Kahlert und das Konzept des Coolingouts eine Perspektive der subjektivierten Verwobenheit von Entscheidungen mit dem Organisationskontext eingenommen wird. Mit dem Begriff „Cooling-out" bezieht sich Kahlert auf Analysen zu Ausschlusspraktiken in Bildungsinstitutionen, die auf Erving Goffman und Burton Clark zurückgehen. Nach Goffman (1952) müssen sowohl Organisationen als auch Individuen Strategien entwickeln, mit Misserfolgen umzugehen. In manchen Organisationen sei dies selten notwendig, in Bildungsinstitutionen hingegen alltäglich, da hier ständig Prozesse der Auswahl stattfänden (Kahlert 2011: 113). Clark (1959, 1980) betont darüber hinaus, dass Cooling-out-Funktionen ein fester Bestandteil demokratischer Gesellschaften seien, da sie zwischen der Motivation Chancen zu erreichen und deren tatsächlicher Grenzziehung vermittelten. „Cooling out fungiere in dieser Diskrepanz zwischen Erwartungen und Wegen im höheren Bildungswesen als Vermittlung zwischen der demokratischen Vorgabe der Chancengleichheit und der organisationalen Funktion der Selektion", so Kahlert weiter (Kahlert 2011: 114). Cooling-out-Prozesse setzen an den weichen Faktoren der Organisationskultur an, wie der Beziehung zu Vorgesetzten, dem Arbeitsklima, wahrgenommenen Handlungsspielräume etc. Sie lassen sich im Vorfeld selten abschätzen und stellen sich erst sukzessive auf dem Karriereweg heraus (Kahlert 2011: 113). Durch Cooling-out werden damit auch Entscheidungsprozesse bezüglich eines Ausstiegs aus der Wissenschaft strukturiert. Diese vor dem Hintergrund einer poststrukturalistischen Perspektive zu deuten heißt, dass organisationale Akteure nicht nur als Individuen, sondern als Produkt einer bestimmten Organisationskultur begriffen werden (Lewis und Simpson 2012: 142). Kultur kann hier mit Geertz als „Bedeutungsgewebe" analysiert werden, in das die Subjekte der Wissenschaft verstrickt sind (Geertz 1987: 9). Dieses Gewebe ist grundsätzlich offen für Veränderungen, begrenzt aber gleichzeitig auch Handlungsmöglichkeiten und kann als von Mächten durchdrungen gelesen werden. Die tief in die Organisation „eingebetteten Geschlechterbeziehungen" werden kontinuierlich in diesem Rahmen ausgestaltet und ausgefochten. Organisation ist „soziale situierte Praxis" (Halford et al. 1997: 13). Organisationskultur lässt sich nach Lutz von Rosenstiel (in Anlehnung an Schreyögg 1992) wie folgt bestimmen:

- Sie ist ein implizites Phänomen, das Selbstverständnis und Eigendefinition der Organisation prägt.
- Sie ist selbstverständlich und wird in der Regel nicht reflektiert.
- Sie bezieht sich auf gemeinsame Orientierungen an Werten, macht organisatorisches Handeln einheitlich und kohärent.
- Sie ist das Ergebnis eines Lernprozesses im Umgang mit Bedingungen, die innerhalb und außerhalb der Unternehmen liegen.
- Sie vermittelt Sinn und Orientierung in einer komplexen Welt und vereinheitlicht so deren Interpretation und enthält Handlungsprogramme.
- Sie ergibt sich aus einem Sozialisationsprozess, der dazu führt, aus einer kulturellen Tradition heraus zu handeln, was bedeutet, dass sie nicht bewusst gelernt wird.

Diese Organisationskultur ist auf unterschiedlichen Ebenen als vergeschlechtlicht zu betrachten. Patricia Lewis und Ruth Simpson etablierten für die Offenheit und gleichzeitige Begrenzung von Veränderungsmöglichkeiten innerhalb dieser Kultur im Hinblick auf Geschlecht (und in Weiterentwicklung der Token-Theorie Kanters) den Begriff des „(In-)Visibility Vortex". Damit gemeint ist eine Machtkonstellation, den die Autorinnen als Wirbel konzipieren (siehe Abbildung 30). In seiner elitären Mitte herrscht eine maskuline Norm, die als chronisch unsicher betrachtet wird, da sie kontinuierlich von den durch die Elite marginalisierten Rändern widerständisch herausgefordert wird. Diese Widerstände werden gleichfalls zurückgewiesen, was wiederum zu einer Remaskulinisierung und Verschleierung der Norm führt. Durch diese Praktiken verschiebt sich sowohl die kulturelle Norm im Zentrum sowie die Praktiken der Herausforderung (Lewis und Simpson 2012: 146 f.).

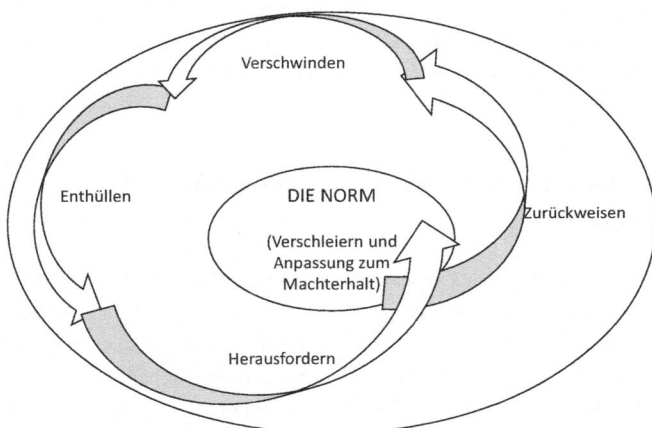

Abb. 30: (In-)Visbility-Vortex in Anlehnung an Lewis und Simpson 2012: 147 (eigene Darstellung)

Für die Hochschulmedizin kann dies bedeuten, dass die in die Organisation eingeschriebenen männlich konnotierten Normen durch die Feminisierung des Faches beständig herausgefordert werden, sich die Normen aber auch entsprechend ändern können, um weiter beständig zu bleiben. Die relativ zähe Veränderung in den Frauenanteilen deutet darauf hin, dass sich eine „paradoxe Gleichzeitigkeit von Wandel und Persistenz/Kontinuität" (Maihofer 2007: 294 f.) der Geschlechterverhältnisse abzeichnet, deren Ausgestaltung im Folgenden empirisch nachgegangen werden soll.

Die Geschlechterverhältnisse in Organisationen wie der Hochschulmedizin sind nicht festgeschrieben, sondern werden in der täglichen Praxis herausgefordert, aber zugleich auch immer wieder aufrechterhalten. Damit ist das Geschlechterverhältnis kein statisches, sondern eine Norm, zu der sich zu verhalten gilt. Die Hochschulmedizin stellt sich insofern als männliche konnotierte und durchweg vergeschlechtlichte Organisation dar, die folgende Fragen aufwirft: Wie verändern sich die Normen der Hochschulmedizin durch die Feminisierung des Faches und wo bleiben sie weiterhin stabil? Gibt es einen wahrgenommenen Anpassungsdruck für Ärztinnen an männliche konnotierte Normen? Wo und wie bilden sich für Medizinerinnen Hürden, die sie benachteiligen und dazu führen, dass sie nicht weiter habilitieren wollen? Welche Rolle spielen Vorgesetzte als Gatekeeper? Für wen und wann kann diese Abhängigkeit förderlich oder hinderlich sein? Wie strukturieren diese Organisationspraktiken darüber hinaus wissenschaftlichen Erfolg? Wie entsteht durch dieses Handeln von Vorgesetzten als Organisationsakteure Differenz und Hierarchie zwischen den Geschlechtern? In Rückbezug auf die dargestellten Theorien geht es in der Analyse der Empirie darum zu zeigen, wie durch eine männlich konnotierte Organisationskultur, verstanden als Produkt von Akteursinteraktionen, Chancenungleichheiten durch Hürden in Habilitationsverläufen entstehen. Mit der Theorie der „männlichen Herrschaft" soll im Folgenden danach gefragt werden, wie sich die beschriebene männlich konnotierte Norm so ausgestaltet, dass sie auf struktureller wie individueller Ebene wirksam und stabil ist.

3.2 Ausschlüsse durch eine Kultur männlicher Herrschaft nach Pierre Bourdieu

Pierre Bourdieu beschäftigte sich Zeit seines Lebens mit gesellschaftlichen Machtverhältnissen und Ungleichheiten. Auch aufgrund seiner eigenen Biographie stellt für ihn Bildung eines der zentralen Felder in der Erhaltung von Ungleichheiten dar. Bourdieu, als Arbeitersohn 1930 geboren in Deguin in der französischen Provinz, setzte sich wissenschaftlich mit seinen eigenen Erfahrungen der „Habitusspaltung" (Schultheis 2007: 28) in Bildungsinstitutionen der französischen Elite auseinander, deren Mitglied er selbst an der *École normale supérieure* (ENS) wurde (ebd.: 29). Da er in seinen Schriften die Frage nach gesellschaftlichen Ein- und Ausschlüssen im Sinne von Ungleichheit und Herrschaft sowie den damit verbundenen verborgenen Mechanismen der Macht stellt, soll mit Bourdieu nach den Verdrängungsmechanismen in der Hochschulmedizin gefragt werden. Um diesem Vorhaben nachzugehen, werden zunächst seine zentralen Annahmen skizziert.

3.2.1 Feld, Habitus und männliche Herrschaft als symbolische Gewalt

Grundlegend für Bourdieus Ansatz ist eine Perspektive auf Gesellschaft im Sinne einer Klassengesellschaft, die er in Oberschicht, Mittel- und Unterschicht unterteilt. Geprägt durch Karl Marx' Klassentheorie und in Weiterentwicklung des Strukturalismus Claude Lévi-Strauss orientiert sich Bourdieus Theorie an ökonomischer Sprache und objektiven Strukturen. Marx Klassentheorie erweitert er unter anderem um nicht ökonomische Kapitalsorten und ergänzt die Vorstellung Lévi-Strauss' einer alles bestimmenden Struktur um seine Grundformel „Struktur, Habitus, Praxis". Mit dieser Formel verfällt er weder in eine „voluntaristische Subjektphilosophie", die die Wirkweise gesellschaftlicher Mächte übersieht, noch in eine Welt ohne Subjekt, die alleine von Strukturen dominiert wird (Müller 2016: 27 f.). Vielmehr bietet er mit seinem Habitus-Begriff eine spezifische Theorie sozialen Handelns an, die als Bindeglied zwischen Gesellschaft und Praxis dient bzw. zwischen gesellschaftlichen Feldern und individuellem Handeln (ebd.: 37). Bourdieus Machtanalyse bezieht sich damit nicht auf das Individuum, sondern auf das Zusammenwirken von Feld und Habitus. Die Theorie ermöglicht so, z. B. über die Hochschulmedizin als Feld sowie über ihre Wirkungen auf die Organisationsakteure als miteinander machtvoll verwoben nachzudenken. Wie in den Überlegungen der Organisationstheorie bereits angedeutet, entstehen Ungleichheiten durch Interaktionen zwischen Organisationsmitgliedern, auf die zugleich die Strukturen des Feldes wirken. Habitus und Feld stehen insofern in einem doppelten Zusammenhang. Um das Zusammenwirken in seiner Komplexität nachzuvollziehen sollen Habitus und Feld im Einzelnen und in ihrer Beziehung zueinander ausführlicher erläutert werden. Da sich die vorliegende Studie dezidiert mit den Wirkungen der Organisation auf deren Akteure sowie deren Geschlechtlichkeit auseinandersetzt, liegt der Fokus verstärkt auf dem Habituskonzept.

Felder und die Spiele der Macht

Bourdieu arbeitete seine Feld- und Kapitaltheorie in unterschiedlichen Kontexten aus.[22] An dieser Stelle sollen die einzelnen Untersuchungen nicht in ihrer Breite, sondern nur für die empirische Analyse des Feldes „Hochschulmedizin" exploriert werden: Wie wirken Feldlogiken auf den Habitus und umgekehrt? Wie werden Machtverhältnisse in Feldern wie der Universitätsmedizin erhalten, ausdifferenziert und verändert? Und wie stehen diese im Zusammenhang mit individuellen Handlungen zwischen Vorgesetzten und Habilitandinnen sowie der Entscheidung zu habilitieren?

Der Analyse Bourdieus folgend bestimmen sich in Feldern wie der Universitätsmedizin Machtpositionen der einzelnen Akteurinnen und Akteure über die Relation zu anderen Positionen im jeweiligen Feld. Macht hat, wer Autorität im Verhältnis zu anderen im Feld erhält. Ein Feld kann mit einem Spiel verglichen werden, wenngleich dessen Regeln nicht bewusst sind. Das Spiel wird von der Konkurrenz um Macht getragen und setzt Investitionen und Spieleinsätze voraus:

„Die Spieler sind im Spiel befangen, sie spielen, wie brutal auch immer, nur deshalb gegeneinander, weil sie alle den Glauben (doxa) an das Spiel und den entsprechenden Einsatz, die nicht weiter zu hinterfragende Anerkennung teilen […] und dieses heimliche Einverständnis ist der Ursprung ihrer Konkurrenz und ihrer Konflikte. Sie verfügen über Trümpfe, mit denen sie andere ausstechen können und deren Wert je nach Spiel variiert." (Bourdieu und Wacquant 2006 [1996]: 128)

---

[22] Er stellte neben seiner weitreichendsten Untersuchung über die „feinen Unterschiede" (Bourdieu 2011 [1987]) und dem akademischen Feld des „Homo academicus" (Bourdieu 2010 [1992]), Studien zum religiösen Feld (1971), dem Feld der Administration (1989) und zu den Feldern der Literatur und Kunst (1992) an. Die gesellschaftlichen Felder sind stetig erweiterbar und verändern sich im sozialen Raum in Anbetracht ihrer Nähe zum Feld der Macht. Der Macht ist damit ein eigenes Feld gewidmet, mit der Vorstellung zentralisierter Machtausübung, um das sich die anderen Felder platzieren (Münch 2004: 418 ff.).

Das Bourdieu'sche Spiel kennt damit Trümpfe, die in allen Feldern stechen, nämlich die Grundkapitalsorten, doch ihr Wert variiert je nach Feld. Um erfolgreich kämpfen zu können, werden ökonomisches, soziales, kulturelles und symbolisches Kapital eingesetzt und um diese Kapitalsorten innerhalb des Feldes gerungen, „um Erfolg gegenüber jenen zu erzielen, die um die gleichen Positionen in der Gesellschaft konkurrieren" (Münch 2004: 437).[23] Übertragen auf den Habilitationsverlauf kann dieser folglich als Spiel gewertet werden, in dem die Verfügbarkeit über hohe Spieleinsätze die Wahrscheinlichkeit erhöht, zum Ziel zu gelangen. In diesem Feld gelten einflussreiche Netzwerke, die Veröffentlichung von Artikeln mit hohen Impact-Punkten, das Einwerben von hohen Summen an Drittmitteln, gute klinisch-operative Erfahrung etc. als hohe Trümpfe, die in anderen Feldern nachrangig bis bedeutungslos sind (vgl. Kapitel 1). Dies stellt die Frage, ob gerade diese Trümpfe einem Genderbias unterliegen, da in diesem Fall davon auszugehen ist, dass insbesondere dann Ungleichheiten im Spiel entstehen. In der empirischen Auswertung hängt daher die Bestimmung des Feldes und seiner Ungleichheitsproduktionen mit den im Feld relevanten Kapitalsorten zusammen. Das Spiel, analog zu einem Kasino mit Spieleinsätzen vorgestellt, beruht auf dem Einsatz von Jetons (Kapitalsorten) durch jede spielende Person. Die Jetons drücken die Stärke im Spiel aus und beeinflussen die Möglichkeiten, sich am Spiel zu beteiligen. Die Strategien und Chancen im Spiel hängen nicht nur vom Kapital „zum betreffenden Zeitpunkt" ab, sondern auch vom Kapital „in der Zeit", das heißt von dem Feld der im Zusammenhang mit dem Habitus ermöglichten Chancen (Bourdieu und Wacquant 2006 [1996]: 129).

Übertragen auf die Habilitationsphase kann dies die Frage aufwerfen, ob die Habilitation nicht nur von den zu diesem Zeitpunkt erworbenen Leistungen, Netzwerken usw. abhängt, sondern auch von Merkmalen wie Gender und Herkunft, die wiederum Erstes mitbeeinflussen. Es existiert damit ein spezifisches Feldkapital, das im Feld die meisten Unterschiede produziert. Im Feld der Medizin sind es die anerkannten Leistungskriterien, die Erfolg und damit die meisten Unterschiede herstellt. Es scheint also angemessen, diese im Hinblick auf die Herstellung von

---

[23] Angelehnt an Marx' Modell der Kapitalsorten unterscheidet Bourdieu drei Haupttypen von Kapital: das a) ökonomische b) soziale und c) kulturelle Kapital sowie als vierte, zusammenfassende Form das d) symbolische Kapital (Bourdieu 1983: 183-198). a) Ökonomisches Kapital ist Basis und Modell für alle Kapitalsorten. Es handelt sich um leicht in monetäre Mittel konvertierbare Einsätze und begründet die tendenzielle Dominanz des ökonomischen Feldes. Das b) soziale Kapital „ist die Gesamtheit der aktuellen und potentiellen Ressourcen, die mit dem Besitz eines dauerhaften Netzes von mehr oder weniger institutionalisierten Beziehungen gegenseitig Kennens oder Anerkennens verbunden sind." (Bourdieu 1983: 191). Es geht also darum, über welches Netzwerk die entsprechenden Personen verfügen, wie machtvoll sich das Netzwerk ausgestaltet, wie verlässlich das Netzwerk sich auszeichnet und in welcher Breite die Beziehungsstruktur mobilisierbar ist. Gerade im universitären Umfeld ist das ein wichtiger Faktor für gelingende Karrieren (vgl. u. a. Engler 2001; Pasero und Priddat 2004; Page und Leemann 2000. c) Kulturelles Kapital ist vereinfacht gesagt Bildungskapital, das sich in Schulabschlüssen und Wissen ausdrückt, also in bestimmten Feldern, wie dem Feld der Universität. d) Symbolisches Kapital umfasst alle Kapitalarten und drückt das Gewicht eines Akteurs oder einer Gruppe anhand der erworbenen und zugeschriebenen Kapitalsorten aus. Es könnte hier auch von Prestige oder gesellschaftlicher Anerkennung gesprochen werden, die diesen Personen(-gruppen) zukommt (Bourdieu 1983). Der Wert der Kapitalsorte wiederum hängt dann davon ab, dass es überhaupt ein Feld gibt, in dem dieser einen Wert besitzt (Bourdieu und Wacquant 2006 [1996]: 128).

Ungleichheiten näher zu untersuchen. Im Spiel um Leistung, Erfolg und Autorität gibt es für Bourdieu die Möglichkeit des Mitspielens, um die eigenen Gewinne zu erhöhen, es kann aber auch versucht werden, die Regeln über das Mitspielen zu verändern. So können Strategien eingesetzt werden, die Kapitalsorten der anderen zu entwerten oder die eigenen aufzuwerten (Bourdieu und Wacquant 2006 [1996]: 129). Die Aufwertung von Frauen in Führungspositionen sowie die Kritik an männlich konnotierten Organisationen aus den Organisationen selbst kann auch vor diesem Hintergrund gelesen werden.

In Anlehnung an den Machtbegriff von Max Weber,[24] sind bei Bourdieu die Herrschenden diejenigen, die die Macht über das Feld halten und dieses nach ihrem Vorteil ausgestalten (Bourdieu und Wacquant 2006 [1996]: 133). Trotzdem ist das Feld nicht durch ihren Einfluss determiniert. Vielmehr wandeln sich Felder permanent, sind umspannt von dynamischen Grenzen, die kontinuierlich erkämpft werden (ebd.: 135). Bourdieu entwirft damit Felder, in denen stetig kompetitiv um Autorität im Feld gekämpft wird, wobei die verschiedenen Kapitalsorten den Zugang zu „den in diesem Feld auf dem Spiel stehenden spezifischen Profite" (ebd.: 127) regeln. In Rückgriff auf das Konzept des „(In)Visibility Vortex" von Lewis und Simpson (2012) (siehe Kapitel 3.1.) ist die Macht in der Mitte des Wirbels insofern unsicher, als dass organisationale Normen der Eliten durch die marginalisierten Positionen kontinuierlich infrage gestellt werden und sich dadurch auch die Normen des Spieles verändern (können).

Habitus

Um zwischen Praxis und Struktur zu vermitteln, entwickelt Bourdieu das Konzept des Habitus. In einer ausführlichen Darstellung des Habitus-Begriffs bezeichnen Beate Krais und Gunter Gebauer diese Kategorie als „Kernstück" seiner Theorie der sozialen Praxis, das sich in allen seinen Arbeiten wiederfindet (2015: 5). In seinem Werk *Sozialer Sinn* ist Habitus zu verstehen als „System dauerhafter und übertragbarer Dispositionen", die als „Erzeugungs- und Ordnungsgrundlage für Praktiken und Vorstellungen" fungieren, ohne Wissen und Bewusstsein (Bourdieu 1987: 98 nach ebd.: 5). In dem bereits eingeführten Werk *Reflexive Anthropologie* beschreibt Bourdieu das Konzept des Habitus darüber hinaus, als ein „sozial konstituierendes System von strukturierten und strukturierenden Dispositionen, das durch Praxis erworben wird" (Bourdieu und Wacquant 2006 [1996]: 154). Der Habitus steht als „strukturierte und strukturierende Struktur" in einem „Doppelverhältnis" mit dem Feld, da der Habitus durch das Feld strukturiert ist sowie strukturierend auf das Feld rückwirkt. Der Habitus ist für Bourdieu ein dauerhaftes und übertragbares System „der Wahrnehmungs-, Bewertungs- und Handlungsschemata" sowie das „Ergebnis des Eingehens des Sozialen in die Körper (oder in die biologischen Individuen)" (Bourdieu und Wacquant 2006 [1996]: 160). Wenn Bourdieu von Habitus spricht, meint er damit, dass das Individuelle etwas Kollektives beinhaltet. Der Habitus ist „sozialisierte

---

[24] Macht ist „ jede Chance, innerhalb einer sozialen Beziehung den eigenen Willen auch gegen Widerstreben durchzusetzen, gleichviel worauf diese Chance beruht" (Weber 2009: 28).

Subjektivität" (ebd.: 159). Da Menschen nur über begrenzte Informationen verfügen und nicht alle Situationen immer vollständig gedacht werden können, ist für ihn rationales Handeln begrenzt. Ihm geht es nicht um die Analyse eines Individuums, sondern um das, was aus der Beziehung zwischen Habitus und den Feldern entsteht (ebd.: 160).

Im Habitus artikulieren sich die Regeln des Feldes, in dem sie den Habitus strukturieren und dieser gleichzeitig auf das Feld in Form unbewusster Praxis rückwirkt. Der Habitus trägt darüber hinaus dazu bei, das Feld als eine sinnhafte Welt zu erschaffen, in die es sich zu investieren lohnt: „Die menschliche Existenz, der Habitus als das Körper gewordene soziale, ist jene Sache der Welt, für die es eine Welt gibt. [...] Ich bin in der Welt enthalten, aber die Welt ist auch in mir enthalten" (ebd.: 161). Da der Habitus das inkorporierte, das körpergewordene Soziale ist, ist er auch in dem Feld zu Hause, in dem er sich bewegt und das er unmittelbar als sinn- und interessenhaltig wahrnimmt. Mit dem „körpergewordenen Sozialen" ist damit auch eine unbewusste Seite des Habitus angesprochen. Ein Soziales, das sich in den Körper einschreibt, ihn formt, seine somatische Seite entfaltet, in der psychische und physische Ebene zusammenfallen. Der Habitus beinhaltet auch die psychosomatische Dimension des Sozialen. Bourdieu spricht in diesem Zusammenhang von „Einverleibung" und meint damit die im Körper gespeicherten und vergessenen Gehalte des Habitus (Fuchs-Heinritz und König 2005: 134 ff.). Mit diesem Begriff macht er deutlich, wie stark sich die soziale Welt in die Körper der Menschen einsenkt und ihre Handlungsweisen prägen. Doch setzt der Habitus durch seine Inkorporation auch Grenzen im Hinblick auf Chancen? Für Bourdieu ist Habitus ein „System von Grenzen", das die Handlungsfähigkeit, das Denken, den Körper usw. einschränkt (Bourdieu 1992: 207).

Bezogen auf die Wirkung von Organisationen auf ihre Akteurinnen und Akteure bedeutet das, dass sie auf eine unbewusst-psychosomatische Art von ihren Normen und Grenzziehungen geprägt sind. Normen werden anerkannt, es wird nach ihnen gehandelt. Die „Koinzidenz von Dispositionen und Positionen" lässt den Akteur tun, „was er im Spiel zu tun hat, ohne daß dies explizit als Ziel formuliert werden müßte, also jenseits von Kalkül und selbst Bewußtsein" (Bourdieu und Wacquant 2006 [1996]: 162). Strategisches Handeln ist nicht zwangsläufig bewusstes Handeln, sondern eines, dass sich auf objektive Möglichkeiten in der unmittelbaren Gegenwart, als Zusammentreffen zwischen Habitus und Feldkonstellation, richtet. Im Sinne eines an die Organisation rückgebundenen Entscheidungsprozesses kann mit Bourdieu gefragt werden, ob in einem langen und komplexen Konditionierungsprozess die objektiven Chancen, die sich bieten, an das Handeln angepasst werden. „Die Dialektik von subjektiven Erwartungen und objektiven Chancen ist überall in der sozialen Welt wirksam, und meist sorgt sie tendenziell für eine Anpassung der Erwartungen an die Chancen" (ebd.: 164). Damit schließt die Habitus-Theorie keineswegs strategische Entscheidungen aus. Habitus ist nicht Schicksal, sondern als Produkt der Geschichte handelt es sich um ein offenes Dispositionssystem, „das ständig mit neuen Erfahrungen konfrontiert und damit unentwegt von ihnen beeinflußt wird. Er ist dauerhaft, aber nicht unveränderlich" (ebd.: 167). Entscheidungen sind somit strukturiert, aber nicht determiniert.

Wie das sozialisierte Individuum entsteht, ist äußerst komplex, denn alle
> „Stimuli und alle konditionierten Erfahrungen werden in jedem Augenblick über Kategorien wahrgenommen, die bereits von früheren Erfahrungen konstruiert werden. Daraus ergibt sich ganz unvermeidlich eine Bevorzugung dieser ursprünglichen Erfahrung und, als Folge davon, eine *relative* Geschlossenheit des für den Habitus konstitutiven Dispositionensystems" (Hervorhebung im Original, ebd.: 168).

Darüber hinaus wird der Habitus manifest, wenn er im Verhältnis zu einer bestimmten Position steht. Vorzustellen wäre demnach der Habitus wie eine gespannte Feder, die je nach Stimulus und Feldstruktur verschiedene Praktiken hervorbringen kann (ebd.: 168). Der Habitus ist insofern kein deterministisches Modell. Bourdieus Theorie reflektiert Determinierungen vor dem Hintergrund einer bestimmten Position als mehrfach gefiltert, „nämlich durch die erworbenen und während des gesamten Lebenslaufs des Akteurs aktiven Dispositionen sowie durch die strukturelle Geschichte dieser Position im sozialen Raum" (ebd.: 169).

Soziale Akteurinnen und Akteure sind ein Produkt der Geschichte des sozialen Feldes und den damit zusammenhängenden Erfahrungen des Lebenslaufs: „die sozialen Akteure bedingen, vermittelt über sozial und historisch zustandegekommene Wahrnehmungs- und Bewertungskategorien, aktiv die Situation, die sie bedingt" (ebd.: 170). Die Kenntnis dieses Mechanismus kann auch dazu dienen sich seinen Dispositionen zu entziehen. Durch eine reflexive Analyse, die uns lehrt, dass „wir selber der Situation einen Teil der Macht geben" (ebd.), wird es möglich, an der Veränderung der Wahrnehmung der Situation und der damit verbundenen Reaktion zu arbeiten. Nur im Schutz des Unbewussten kommt der Determinismus voll zum Tragen. Das bedeutet, dass

> „die Akteure eine Chance, überhaupt so etwas wie ‚Subjekte' zu werden, nur in dem Maße haben, wie sie das Verhältnis, in dem sie zu ihren Dispositionen stehen, bewußt beherrschen und wie sie wählen, ob sie sie ‚agieren' lassen oder im Gegenteil am Agieren hindern, oder, noch besser, sie […] einem ‚indirekten Willen' unterwerfen und der einen Disposition eine andere entgegensetzen" (ebd.: 171).

In Bezug auf einen Ausstieg aus der Hochschulmedizin kann es hier also auch darum gehen, inwiefern Entscheidungen durch Reflexion auch Zurückweisungen von Herrschaft beinhalten können und wie diese auf das Feld zurückwirken.

Zusammenfassend und übertragen auf das hier diskutierte Thema kann gesagt werden, dass der Habitus von Medizinerinnen und Mediziner, der als strukturierendes und strukturiertes System sowohl den Körper als auch die mentale Struktur prägt, im Bewusstsein verändert werden kann, aber aufgrund seiner historischen Verankerung in den Feldern relativ träge ist (ebd.: 173).

Gefragt werden kann also, welche Feldlogiken in der Hochschulmedizin wirken, ohne die Reproduktion der sozialen Ordnung in Krankenhaus und Universität als mechanischen Prozess zu begreifen. Vielmehr ermöglichen voneinander unabhängige, konfligierende und zugleich aufeinander abgestimmte Strategien und Praktiken aller Betroffenen, dass die soziale unabgeschlossene Struktur mit Unwägbarkeiten und Ausfällen reproduziert wird (ebd.: 174). Die Hürden, die sich im Prozess der Habilitation auftun, können so als Materialisierung der Kämpfe zwischen Feld und Habitus im Spiel um Macht betrachtet werden. Unterworfen sind diese Spiele einer männlich konnotierten Kultur. Doch welche Bedeutung hat männliche Herrschaft für die Spiele und die Spielenden in der Hochschulmedizin? Wie gestaltet sie sich aus? Was führt letztlich zum (freiwilligen?) Ausstieg aus der Universitätskultur?

Männliche Herrschaft als symbolische Gewalt

Die männliche Herrschaft als (Spät-)Werk Bourdieus macht es möglich, die Hochschulmedizin als nicht nur vermachtetes, sondern auch spezifisch vergeschlechtliches Feld zu denken. Bourdieus Theorie zeigt, welche Konsequenzen, insbesondere verschleierte Formen von Macht, für die betroffenen Frauen haben können, welche Handlungsmächte sich ergeben oder wie durch Verschleierung soziale Ungleichheiten im Feld fortgeschrieben werden. Aufgrund ihrer historisch- und psychosozialen Prägung spielt männliche Herrschaft, als eine von allen anerkannte Macht, eine bedeutende Rolle. Doch was bedeutet dies für die konzeptionell-theoretische Ebene?

In *Die männliche Herrschaft* greift Bourdieu seine zentralen theoretischen Begriffe – Feld, Spiel, Kapital und Habitus – erneut auf und macht diese für das Verständnis von Geschlechterasymmetrien fruchtbar. Um den Blick auf die eigene Gesellschaft zu schärfen, nutzt er seine ethnographischen Studien der kabylischen Berber aus den 1970er-Jahren als Vergleichs- und Kontrastfolie.[25] Eine erste Fassung seines Werkes legte er 1990 mit dem Artikel *La Domination masculine* vor, es folgte ein Absatz in der bereits mehrfach erwähnten *Reflexiven Anthropologie* (Bourdieu und Wacquant 2006 [1996]): 207-209). Beide münden 1998 in einer Buchversion, die 2005 in der deutschen Übersetzung *Die männliche Herrschaft* erscheint.[26]

Analog zu seiner Gesellschaftstheorie beschäftigt sich Bourdieu auch in *Die männliche Herrschaft* mit der Reproduktion von Ungleichheiten und widmet sich der Aufgabe, Gesellschaftstheorie und Geschlechtertheorie zu verknüpfen. Geschlecht erhält nun einen konstitutiven Stellenwert für die gesellschaftliche Ordnung (Jäger et al. 2015: 16 ff.). In Anschluss an seine

---

[25] Da Bourdieu selbst die unbewussten Wahrnehmungs- und Bewertungsschemata der männlichen Ordnung verinnerlicht hat, soll dies den Standpunkt des Forschers auf die eigene Gesellschaft objektivieren (Bourdieu 2016 [2005]: 14).
[26] Durch die starke zeitliche Verzögerung der Übersetzung fallen seine Überlegungen mit der prominenten Veröffentlichung Judith Butlers *Das Unbehagen der Geschlechter* (Butler 2012 [1991]) zusammen, unter deren Popularität seine Studie zunächst wenig Aufmerksamkeit fand (Krais 2011). Hinzu kamen Kritiken, da er sich in seinen Analysen nicht auf Diskurse zeitgenössischer feministischer Wissenschaft bezog, sondern ‚lediglich' seine Gesellschaftstheorie ausformulierte.

Gesellschaftstheorie ist die männliche Herrschaft eine spezifische Form von Gewalt, die er „symbolische Gewalt" nennt.

Das Konzept der symbolischen Gewalt soll nachstehend für die Organisation der Hochschulmedizin ausformuliert werden. So geht Bourdieu der Frage nach, die ihn durch alle seine Arbeiten hindurch beschäftigte: Wie wird die bestehende Ordnung mit all ihren Privilegien und Ungerechtigkeiten so erhalten, dass ungleiche Lebensumstände als akzeptabel und natürlich erscheinen? Die männliche Herrschaft sieht Bourdieu als ein Paradebeispiel für symbolische Gewalt (Bourdieu 2016 [2005]) und so schreibt er bereits im Vorwort:

> „Es ist jene sanfte, für ihre Opfer unmerkliche, unsichtbare Gewalt, die im Wesentlichen über die rein symbolischen Wege der Kommunikation und des Erkennens, oder genauer des Verkennens, des Anerkennens, oder äußerstenfalls, des Gefühls ausgeübt wird" (ebd.: 8).

Die Ordnung der Gesellschaft beruht auf einer männlich dominierten Ordnung, die als nicht rechtfertigungsbedürftig, sondern als natürliche Gegebenheit erscheint (ebd.: 21) und als solche von allen Beteiligten anerkannt wird. Dies beinhaltet den Kern symbolischer Gewalt: Sie operiert in der sozialen Interaktion so mit Sinnzuschreibungen, dass die bestehenden Herrschaftsverhältnisse als solche nicht erkannt werden und die Herrschaft die Unterworfenen zum Einverständnis mit ihrer Lage veranlasst. Herrschaft wird in symbolischer Gewalt zugleich erkannt, anerkannt und verkannt. Erkannt, da ein kulturelles ähnliches Verstehen von Machtausübung aufseiten der Beherrschten und Herrschenden existiert, das von beiden Seiten anerkannt wird. So werden beispielsweise in der Hochschulmedizin bestimmte Verhaltensweisen, Normen und Regeln von den Beteiligten auf verschiedenen hierarchischen Ebenen als adäquat anerkannt und für eine gelingende Praxis vorausgesetzt. Paradoxerweise wird diese Herrschaft aber auch verkannt. Die Beherrschten erkennen zwar die Symboliken der Herrschaft an, die aber durch die sozialen Praktiken so naturalisiert und inkorporiert werden, dass das durch die symbolische Gewalt konstituierte gesellschaftliche Gefüge verkannt wird (Lothar 2011: 17 f.). Dies erfordert die Reflexion sozialer Ungleichheiten, da beispielsweise die Rollenverteilungen zwischen den Geschlechtern als natürlich betrachtet werden. Das bedeutet, dass die Beherrschten durch eine Art „sozialer Magie" zu ihrer Beherrschung mitbeitragen, oder auch:

> „Die Beherrschten wenden vom Standpunkt der Herrschenden aus konstruierte Kategorien auf die Herrschaftsverhältnisse an und lassen diese damit als natürlich erscheinen. Das kann zu einer Art systematischer Selbstabwertung, ja Selbstentwürdigung führen" (Bourdieu 2016 [2005]: 65).

Nimmt man das aus der Stereotypenforschung stammende „Think-Manager-Think-Male"-Phänomen (Schein et al. 1996) (also die Vorstellung, dass Manager über männliche Eigenschaften verfügen sollen, um erfolgreich zu sein) als Beispiel und überträgt dies auf den Forschungsgegenstand, kann dies bedeuten, dass Frauen stereotype Vorannahmen (wie sie seien z. B. nicht durchsetzungsfähig genug für Führungsaufgaben) auf sich selbst als defizitär anwenden und damit zugleich anerkennen, dass Führungskräfte männlich konnotierte Eigenschaften aufweisen müssen. Frauen wird damit nicht nur ein defizitäres Gefühl vermittelt, sie vermitteln es sich zugleich selbst. In der Sozialpsychologie wird an dieser Stelle auf Bedrohungen durch Stereotype hingewiesen (Davies et al. 2005). Da es sich hier um eine „sanfte Gewalt" über Köpfe und Körper (Krais 2011: 42) handelt, tritt deren Repressionsgehalt nicht offen zu Tage. Unter bestimmten Umständen kann sie aber deutlich durchdringender wirken als andere repressive Gewaltformen (Bourdieu und Wacquant 2006 [1996]): 203), „da sie über einen sozialen Akteur unter Mittäterschaft dieses Akteurs ausgeübt wird" (ebd.: 204). Symbolische Gewalt wirkt über Sprache, Kommunikationsbeziehungen sowie durch Denk- und Wahrnehmungsschemata (Moebius und Wetterer 2011: 4) sowohl auf Herrschende als auch auf Beherrschte. Es handelt sich um eine Gewalt, die auf das soziale Gefüge rückwirkt und sich in den Habitus der Beteiligten als naturalisierte Gegebenheit einschreibt.

In der Analyse der männlichen Herrschaft geht es heutzutage um eine Rekonstruktion kultureller in natürliche Gegebenheiten. So zählt Bourdieus Studie zum Kanon der *Gender Studies*. Wie in Kapitel 1.3.3. ausgeführt, sieht die Geschlechterforschung in der Naturalisierung von Geschlecht eine spezifisch machttheoretische Leistung (Bleier 1997; Butler 2012 [1991]; Bourdieu 1997; Beauvoir 2017 [1951]). Im Wesentlichen handelt es sich bei Bourdieus Ansatz um eine Dechiffrierung der dichotomen Welteinteilung in „weiblich/männlich" in Rückführung auf deren biologische Gleichzeitigkeit und Deckungsgleichheit (das weiblich-soziale ‚Gender' gründet auf dem weiblich-biologischen ‚Sex'). Im Sinne eines sozialkonstruktivistischen Ansatzes legt Bourdieu im Rückgriff auf die Kabylei die als natürlich erscheinenden Einteilungen in männlich/weiblich als soziokulturelle Kategorien offen. Die symbolische Konstruktionsarbeit, so seine Analyse, schreibt sich in den Körper und Geist ein, die Zugehörigkeit zum jeweils anderen Geschlecht wird aus dem Bereich des Denk- und Machbaren ausgeschlossen: Es entstehen der männliche Mann und die weibliche Frau. Die ‚weiblichen' Dispositionen des Jungen werden genauso unterdrückt wie die ‚männlichen' Dispositionen des Mädchens. Beide Geschlechter existieren so nur in Relation zu- und gegeneinander (ebd.: 46). Es entstehen Männlichkeiten und Weiblichkeiten, die als Kontrastfolie dienen. Sie werden einverleibt und schreiben sich in die Seelen und Körper ein. Wie auch in Bourdieus anderen Studien vermittelt der Habitus hier zwischen Struktur und individuellem Handeln und reproduziert und modifiziert das Geschlechterverhältnis bzw. entwickelt es weiter (Krais 1993). Symbolische Gewalt artikuliert sich als alltägliche Praxis der Klassifizierung durch einen Habitus, der vergeschlechtlicht und vergeschlechtlichend wirkt: Der Habitus als verinnerlichtes Herrschaftsverhältnis ist durchweg geprägt von der Polarisierung zwischen männlich/weiblich (vergeschlechtlicht). Gleichzeitig zwingt der Habitus dem Handeln diese Klassifizierung auf (vergeschlechtlichend). Ein geschlechtsspezifischer Habitus wird erworben, in dem er sich kontinuierlich an diesem binären Kode-System ausrichtet und das jeweils andere Geschlecht verwirft. Beide

Geschlechter werden so in ihren Möglichkeitsräumen eingeschränkt und entwickeln eine der grundlegenden sozialen Identitäten einer Person (Krais und Gebauer 2015: 49 f.). Der männliche Habitus konstituiert sich aufwertend unter Abgrenzung zum Weiblichen als defizitäres, das Weibliche hingegen unter der Selbstwahrnehmung des Defizites. Hier ist symbolische Gewalt im Spiel, da Frauen als das Partikulare und Männer als das Universelle betrachtet werden und dies auf das Denken von Frauen zurückwirkt:

> „Die männliche Herrschaft konstituiert die Frauen als symbolische Objekte, deren Sein (*esse*) ein Wahrgenommen werden (*principi*) ist. Das hat zur Folge, daß die Frauen in einem andauernden Zustand körperlicher Verunsicherung oder, besser symbolischer Abhängigkeit versetzt werden. Sie existieren zuallererst für und durch die Blicke der anderen, d. h. als liebenswürdige, attraktive, verfügbare *Objekte*" (Hervorhebung im Original, Bourdieu 2016 [2005]: 117).

Die Vorstellungen vom Universell-Männlichen und dem Partikular-Weiblichen drücken sich in den Feldern der Macht aus. Dieser Klassifizierungseffekt ist nach Bourdieu so wirkmächtig, dass alle „Gegenstände der Welt und Praktiken nach Unterscheidung klassifiziert werden, die sich auf den Gegensatz von männlich und weiblich zurückführen lassen" (ebd.: 56). So ist es nach Bourdieu eine „Besonderheit der Herrschenden, dass sie in der Lage sind, ihrer besonderen Seinsweise die Anerkennung zu verschaffen, die Seinsweise schlechthin zu sein." (ebd.: 110). Und so ist er der Meinung: „Die Definition des Exzellenten steckt auf allen Gebieten voller männlicher Implikationen, deren Eigenart es ist, nicht als solche in Erscheinung zu treten" (ebd.). Für ihn ist dies einer der Gründe, warum Stellen mit Machtbefugnissen für Männer maßgeschneidert sind und nur so vor männlichen Konnotationen strotzen, mit der Folge, dass viele Positionen für Frauen schlecht zu erreichen sind. So kommt es zu einer Double-Bind-Situation: Handeln Frauen wie Männer, drohen sie ihre Weiblichkeit zu verlieren, handeln sie wie Frauen, erscheinen sie als unfähig (ebd.: 120; vgl. die in Kapitel 1.3. skizzierten Forschungen zu Stereotypen). Weiterhin fügt Bourdieu an, dass diese symbolische Gewalt, in der das Weibliche defizitär erscheint, Auswirkungen auf das Selbstkonzept (Selbstvertrauen, Selbstwert) haben kann. Hier zeigt sich bereits konkret das Zusammenwirken von Feld und Habitus mit seinen möglichen Auswirkungen, denen in Kapitel 3.3. noch ausführlich nachgegangen werden soll. Gefragt werden kann nun, wie die männliche Herrschaft als symbolische Gewalt erkannt, verkannt und anerkannt wird: Wie wirkt symbolische Gewalt in der Habilitationsphase und welche Auswirkungen kann diese Form symbolischer Gewalt auf Entscheidungen nehmen? Oder anders gefragt: Wie hängt die Frage „Was will ich eigentlich?" und ihre Veränderung im Laufe der Habilitation mit symbolischer Gewalt zusammen? Welche neuen Möglichkeitsräume eröffnen sich für Frauen durch die Feminisierung des Faches und den gleichzeitig prognostizierten Fachkräftemangel? Wandelt sich diese grundlegende symbolische Gewalt oder bleibt sie konsistent?

3.2.2. Möglichkeiten des Wandels? Männliche Herrschaft als Anrufung

In *Die männliche Herrschaft* geht Bourdieu davon aus, dass sich die Form symbolischer Gewalt in Gestalt männlicher Herrschaft zwar wandelt, also auch Frauen in höhere Positionen gelangen, die grundsätzliche Ordnung aber bestehen bleibt: „Der Grundgegensatz, dessen kanonische Form sich in der kabylischen Gesellschaft findet, ist wie in einer Brechung in eine Reihe von homologen Gegensätzen untersetzt, die ihn, freilich in versprengten und oft unkenntlichen Formen [...] reproduziert" (Bourdieu 2016 [2005]: 183). Er ist der Ansicht, dass die sichtbaren Veränderungen der Situation der Frauen das Fortbestehen der unsichtbaren Strukturen verdecken (ebd.: 184 f.): „So verschleiert die formelle Gleichheit von Männern und Frauen tendenziell auf jeder Ebene trotz der Effekte der Überselektion, dass die Frauen bei gleichen Voraussetzungen stets die weniger günstigen Positionen bekleiden" (ebd.: 159). Er führt hier das Beispiel der Medizin an und erläutert, dass bei Zunahme des Prestiges eines Faches innerhalb der Medizin, der Frauenanteil deutlich abnimmt. Wie auch die Feldbeschreibung in Kapitel 1 deutlich werden ließ, blieb und bleibt die Chirurgie den Frauen fast verwehrt, die Kinderheilkunde ihnen vorbehalten. Diese Logik regle sowohl den Zugang zu den verschiedenen Berufszweigen, als auch zu den unterschiedlichen Positionen innerhalb. Die „Struktur der Abstände" besteht weiter (ebd.: 158 f.). Positionen, die von Frauen eingenommen werden, sind entweder bereits abgewertet oder in Abwertung begriffen und Zugangschancen sind umso geringer, je seltener und gefragter die Positionen sind (ebd.). Bourdieu nennt dies eine „Permanenz im und durch den Wandel" (ebd.) und spricht von einer Statusunsicherheit der Frauen auf dem Arbeitsmarkt, die sich auch darin ausdrückt, dass sie schlechter bezahlt werden, bei gleichen Voraussetzungen niedrigere Stellen erhalten und proportional stärker von Arbeitslosigkeit und Prekarität betroffen sind. Bourdieu betont deshalb, dass zwar Frauen auch herrschende Positionen einnehmen, diese aber in den untergeordneten Regionen des Feldes der Macht liegen (ebd.: 160 f.). Ihre elitäre Position müssen sie damit bezahlen, ständig mehr zu leisten und im häuslichen Bereich als nicht erfolgreich angesehen zu werden (ebd.: 184). So bleiben Frauen von Männern weiterhin als durch einen „negativen symbolischen Koeffizienten" getrennt (ebd.: 161) und die Positionen der Arbeitsteilung auch weiterhin vergeschlechtlicht und vergeschlechtlichend, der Habitus also insofern konstant. Bourdieu geht davon aus, dass symbolische Macht „jenseits von Bewußtsein und Diskurs erfolgt" (ebd.: 165). Sie entzieht sich „der bewußten Kontrolle und damit der Korrektur oder Veränderung" (ebd.). Frauen werden durch ihre berufliche Emanzipation zu „freien Mitarbeitern" einer Scheinfreiheit, die nur gegen eine neue Unterwerfung unter die symbolische Herrschaft erkauft wird und ihren Beitrag zu dieser Unterwerfung nur umso sicherer erhält (ebd.: 176).

Judith Butler, Konstruktivistin und bedeutende Geschlechtertheoretikerin, würde hier intervenieren. Sie propagiert die Wandlungsmöglichkeiten, die zwischen Anrufung und Annahme der Geschlechteridentitäten angelegt sind. Mit Butler könnte die beschriebene männliche Herrschaft im Kontext der Hochschulmedizin auch als eine Form der Anrufung, zu der es sich zu verhalten gilt, konzeptionalisiert werden. Dieses „Sich-zu-Verhalten" wird mit Butler nachfolgend theoretisch skizziert.

Wie wird das Subjekt zu dem, was es ist – und erhält damit auch ein Geschlecht? In „Psyche der Macht" nennt Butler diesen Prozess „Subjektivation" und meint damit einen „Prozeß des Unterworfenwerdens durch Macht und zugleich den Prozeß der Subjektwerdung" (Butler 2001 [1997]: 8). Sie ist insofern der Überzeugung, dass der Prozess der Subjektwerdung paradox ist, da das Subjekt mit seiner eigenen Unterwerfung erst als solches entsteht:

> „Eine vertraute und quälende Form der Macht erfährt man im Beherrschtwerden durch eine Macht außerhalb seiner selbst. Eine ganz andere Einsicht ist hingegen die, daß ‚man', daß die Bildung unserer selbst als Subjekt, auf die eine oder andere Weise von ebendieser Macht abhängt." (Butler 2001 [1997]: 7)

Das bedeutet, dass nicht nur eine Macht außerhalb des Subjekts existiert, sondern dass das Subjekt nur aufgrund dieser Macht ins Leben gerufen wird. Die scheinbar äußere Macht erhält eine psychische Dimension dadurch, dass sie die Selbstidentität des Subjekts ausmacht (ebd.: 9). Um die „Praxen der Unterwerfung" (Villa 2003: 46) analysieren zu können, lehnt sich Butler an das Konzept der „Anrufung" nach Louis Althusser an. Um zu verdeutlichen, was er mit Anrufung oder Interpellation meint, beschreibt Althusser eine Straßenszene. Ein Polizeibeamter ruft „He, Sie da!" und das angerufene Individuum dreht sich als Reaktion um. Durch die 180-Grad-Wendung wird das Individuum zum Subjekt, weil es anerkennt, dass es und niemand anderes gerufen wurde (Althusser 1977: 142 f.). Nach Butler stellt diese Szene die Anerkennung von Machtinstanzen dar, die durch das Umkehren Anerkennung erfahren, das Subjekt unterwerfen, durch diese Unterwerfung Subjekte generieren und gleichzeitig Handlungsfähigkeit ermöglichen. Erst durch die Anrufung und die Verwerfung alternativer Anrufungen erhält der/die Angerufene ein soziales Dasein als Subjekt. „Nur indem ich diese verletzende Bedingung übernehme – oder indem ich von ihr besetzt bin – kann ich ihr die Stirn bieten und aus der mich konstituierenden Macht die Macht machen, gegen die ich mich wende" (Butler 2001 [1997]: 99). Als Machtverinnerlichung ist damit nach Paula-Irene Villa die „Umwendung" des Ichs zu einer Anrufung und damit zu sich selbst „die psychische Dimension der produktiven Macht der Anrufung" (Villa 2011a: 47). Butlers Kerngedanke ist damit, dass der Prozess des Unterworfenwerdens durch Macht und der Prozess der Subjektwerdung miteinandereinhergehen. Damit existiert kein Handeln außerhalb von Machtverhältnissen, Handlung wird erst durch eine vorstrukturierte machtvolle Welt möglich. Eine der wichtigen Erkenntnisse für die Untersuchung des Habilitationsverlaufs ist, dass sich die Handlungsfähigkeit der Subjekte zwischen der eigenen Unterwerfung, die das Selbst erst ermöglicht, und dem Verhalten zu dieser Unterwerfung abspielt.

Das Subjekt wird also nicht durch einen Zwangsapparat normiert, sondern durch ein „leidenschaftliches Verhaftetsein des Subjekts gegenüber der Norm" (Reckwitz 2008: 82). Es gibt eine

Faszination gegenüber einem Ideal und einer Anerkennung vor sich selbst und anderen (Butler 1997 [1993]: 122). Es entsteht nach Villa ein Spannungsverhältnis zwischen der Norm (wie Rollen und Stereotypen) und den individuellen Praxen. Das Subjekt kann nie ganz das sein, was es sein soll. Aber in dieser Auseinandersetzung zwischen Norm und Individuum bildet sich das Subjekt aus: „Das Wissen um Geschlecht verfängt sich dabei zwischen einem abstrakten Differenzwissen einerseits und dem Wissen um die reale Unfassbarkeit und Komplexität (geschlechtlicher) Existenzweisen andererseits" (Villa 2005: 40). Im Zentrum der Untersuchung geht es um eine innersubjektive Perspektive auf Geschlecht. Das Individuum ist dabei nicht determiniert, sondern es handelt sich um eine aktive, widerspenstige, fragile und immanent umkämpfte Aneignung der Vorgaben (ebd.: 44). Butler betont dabei, dass das Subjekt sich immer im Werden befindet. Es gibt keine vorgängige innere Identität, auf die die Macht sich setzt oder hinzutritt. Die Subjektivation stellt sich umgekehrt dar: Die Identität wird erst durch diese Macht ermöglicht (Reckwitz 2008: 88). Das Subjekt kommt nicht als „Substanz, sondern als eine ‚in Formierung begriffene Struktur' in den Blick: Es wird in einer Prozess-Perspektive unter dem Gesichtspunkt seiner Entstehung, Entwicklung, Erhaltung und Veränderung betrachtet" (Alkemeyer 2014: 34). Ganz im Sinne Simone de Beauvoirs: „Man kommt nicht als Frau zur Welt, man wird es" (Beauvoir 2017 [1951]).

Zusammenfassend kann mit Villa konstatiert werden, dass Butler den Faden der symbolischen Gewalt Bourdieus aufgreift, aber differenzierter untersucht, wie sich das Subjekt unterwirft. Sie betont die interne Instabilität der Macht. Bei Bourdieu bleibt Kritik eine Utopie, ein Noch-nicht-Gegenraum, bei Butler hingegen eine Heterotopie, ein Gegenraum innerhalb der gesellschaftlichen Ordnung (Villa 2011b: 53). In diesem Sinne ist Butler auch der Ansicht:

> „Konkrete Subjekte haben nicht einen fixen Ort, sind nicht mit sich identisch, vielmehr im Gegenteil lebendig, vielfältig und immer wieder anders. In dieser Nichtidentität liegt ihre Widerstandsmöglichkeit gegen die heteronomen Diskurs- und Machtstrategien. Sie können anders werden und versuchen, sich so dem Identitätszwang und der Festlegung zu entziehen" (Butler 2001 [1997]: 19).

Demgegenüber würde Bourdieu entgegnen:

> „Von symbolischer Herrschaft oder Gewalt sprechen heißt davon sprechen, dass der Beherrschte, von einem subversiven Aufruhr abgesehen, der zur Umkehrung der Wahrnehmung- und Bewertungskategorien führt, dazu tendiert, sich selbst gegenüber den herrschenden Standpunkt einzunehmen" (Bourdieu 2016 [2005]: 202).

Und so ist Bourdieu auch der Meinung, dass dies für Frauen, „ihren *beinahe* unvermeidlichen Ausschluss von den Spielen um Macht und Karriereperspektiven" zur Folge hat (eigene Hervorhebung, ebd.: 160).

Deutet das Wörtchen „beinahe" doch auf eine Änderungsfähigkeit der Spiele und damit dem partiellen Einschluss von Frauen hin? Ein Hinweis findet sich in Bourdieus Überlegungen zum Habitus. Denn auch für Bourdieu wirkt dieser nicht determinierend, aber beständig eröffnen sich in der Reflexion der symbolischen Machtformation begrenzte Handlungsmöglichkeiten, die auch im Zusammenhang mit dem eigenen Lebenslauf und der Verfügbarkeit über Kapitalsorten im jeweiligen Feld stehen. Mit Bourdieu und Butler ist es eine der zentralen Fragen, inwiefern die Wissenschaftlerinnen als Subjekte im Habilitationsprozess spezifischen Machtformen unterliegen, die sie formen und gleichzeitig ihre Handlungsfähigkeit vorstrukturieren und ermöglichen: Wie funktioniert die männliche Herrschaft also als Anrufung und welche Möglichkeiten des Wandels entstehen aus der spezifischen Subjektivierung? Wo verschieben sich die Geschlechterverhältnisse in Richtung eines echten Wandels und wo handelt es sich eher um eine „Permanenz im und durch den Wandel" (Bourdieu 2016 [2005]: 159)?

3.2.3. Hegemoniale Männlichkeit in den ernsten Spielen des Wettbewerbs

In welcher konkreten Praxis entsteht für Bourdieu der Ausschluss von Frauen und damit die Konstruktion von Männlichkeit? Der Ausschluss aus den „ernsten Spielen" der Macht beginnt bereits bei den Riten der Mannwerdung. Bei den Kabylen begleiten eine ganze Reihe von Einsetzungsriten in der Gruppe diesen Prozess, um einen Bruch mit der mütterlichen Welt herbeizuführen. Bourdieu zufolge wird der männliche Habitus „konstruiert und vollendet [...] nur in Verbindung mit dem den Männern vorbehaltenen Raum, in dem sich, unter Männern, die ernsten Spiele des Wettbewerbs abspielen" (Bourdieu 1997: 203). Da Frauen nicht Teil dieser Riten sind, ist es ihnen erlaubt mit ihrer Mutter in einer Art Kontinuität zu leben (Bourdieu 2016 [2005]: 49). In den Spielen kommt den Frauen eine marginale, für die Reproduktion von Männlichkeit aber wichtige Position zu: Sie sind Zuschauerinnen, die das Ego des Mannes vergrößern und sie werden zum Objekt der Wettbewerbe zwischen den Männlichkeiten. Es existiert also eine kompetitive Struktur von Männlichkeit, die in den Feldern ausgetragen wird sowie gleichzeitig ein homosozialer Charakter der sozialen Felder, in denen der Wettbewerb stattfindet und unter „Partner-Gegnern" (Bourdieu 2016 [2005]: 83) ausgetragen wird. Dabei trennt der Wettbewerb die Spieler nicht nur, indem er Hierarchie zwischen den Männlichkeiten erzeugt, sondern zugleich entsteht männliche Vergemeinschaftung: „Wettbewerb und Solidarität gehören untrennbar zusammen", so die Ausführungen von Michael Meuser (Meuser 2010: 124). Mit Bourdieu kann hinzugefügt werden: Männlichkeit ist „ein eminent *relationaler* Begriff, der vor und für die anderen Männer und gegen die Weiblichkeit konstruiert ist, aus einer Art Angst vor dem *Weiblichen*" (Hervorhebung im Original, Bourdieu 2016 [2005]: 96). Zugleich sind Männlichkeiten stets unsicher und umkämpft. Die Spiele des Wettbewerbs müssen gespielt werden, damit die nicht verbürgte Männlichkeit immer wieder in den alltäglichen Praktiken des Risikohandelns, im Sinne einer *libido dominandi*, dem Bestreben, die anderen zu dominieren, erworben wird. Es sind die Spiele des Wettbewerbs, in denen Männlichkeit sich formt und in das inkorporierte Geschlechterwissen eingeht. Die ernsten Spiele können auch als Strukturübung bezeichnet werden, in denen männlicher Habitus angeeignet wird (Meuser 2006a: 165).

Meuser, der die Frage nach den ernsten Spielen des Wettbewerbs und deren zentrale Stellung für die Herausbildung von Männlichkeit(en) im deutschsprachigen Bereich prägte, führt aus, dass diese Spiele in all den Handlungsfeldern stattfinden, die als männliche Domänen betrachtet werden können: in der Ökonomie, der Politik, der Wissenschaft usw. Da Männlichkeit traditionell mit Berufstätigkeit verknüpft ist, gestaltet sich der Arbeitsplatz als einer der zentralen Orten der Spiele aus (Meuser 2010b: 330). Darüber hinaus wird aber nicht nur Männlichkeit eingeübt. Die heranwachsenden Männer lernen auch als ein Element des Habitus, die Spiele zu lieben. Und, so Meuser weiter, „das Lieben des Wettbewerbs, verschafft den Männern einen entscheidenden Gender-Vorteil in den hochgradig kompetitiv strukturierten Feldern beruflicher Spitzenpositionen" (Meuser 2008b). Diese Leidenschaft fürs Spiel kann einer der Gründe sein, weshalb Frauen zwar mittlerweile in höheren Positionen Stellungen einnehmen, dass aber die hohen Positionen nach wie vor männlich dominiert bleiben: Weil sie nie gelernt haben, die Spiele zu lieben (ebd.). Hier stellt sich aber auch die Frage nach Spielbedingungen und der Strukturiertheit der Wettbewerbsspiele. Um dieser Frage nachzugehen, verband Meuser als prominentester deutschsprachiger Vertreter die beiden Theoriestränge der Männlichen Herrschaft mit der Theorie Hegemonialer Männlichkeit. Für Meuser handelt es sich bei hegemonialer Männlichkeit um ein „grundlegendes Strukturprinzip" (Meuser 2009: 171) männlicher Herrschaft.

Der Begriff der Hegemonialen Männlichkeit geht auf die Soziologin Raewyn Connell zurück und etablierte sich ab 1995 als eine weitreichende Theorie zum Verständnis hierarchischer Geschlechterverhältnisse zwischen Männlich- und Weiblichkeiten. Mit dem Begriff der Hegemonie bezieht sich Connell auf Antonio Gramscis Analyse von Klassenbeziehungen und auf die Frage gesellschaftlicher Dynamiken, in denen eine Gruppe die Führungsposition im gesellschaftlichen Leben einnimmt und aufrechterhält. Grundlegend ist dabei die Vorstellung, dass durch hegemoniale Männlichkeit Frauen dominiert werden:

> „Hegemoniale Männlichkeit kann man als jene Konfiguration geschlechtsbezogener Praxis definieren, welche die momentan akzeptierte Antwort auf das Legitimitätsproblem des Patriarchats verkörpert und die Dominanz der Männer sowie die Unterordnung der Frauen gewährleistet (oder gewährleisten soll)" (Connell 2015: 130).

Männer und Männlichkeiten profitieren von einer „patriarchalen Dividende" (Connell 2015: 133) und werden gegenüber Frauen und Weiblichkeiten höher bewertet und anerkannt. Männlichkeit und Weiblichkeit sind damit keine Persönlichkeitsmerkmale eines Individuums, sondern eine in machtvolle Formen verwobene Positionierungen innerhalb von Beziehungsstrukturen. Sie werden in der sozialen Interaktion zwischen den Geschlechtern hergestellt und verfestigen ihre Handlungspraxis in Institutionen (Connell 1993: 602).[27] Dass Männer Teil der patriarchalen Dividende sein können, ist nicht selbstverständlich, denn nicht alle Männlichkeiten sind auch als hegemonial zu verstehen. Connell arbeitet anhand ihrer empirischen Arbeiten seit den 1980er-Jahren heraus, dass verschiedene Männlichkeiten in einem Beziehungsgefüge zueinanderstehen und gleichwohl von hegemonialer Männlichkeit dominiert und an den Rand gedrängt werden können oder ihr zuarbeiten. Sie unterscheidet somit neben hegemonialer zwischen untergeordneter, marginalisierter und komplizenhafter Männlichkeit. Untergeordnete Männlichkeit steht für Connell in einer „symbolischen Nähe zum Weiblichen" (Connell 2015: 132). Gemeinsam ist diesen subsumierten Männlichkeiten, dass sie keine legitime Form von Männlichkeit darstellen und zusammen mit marginalisierten Männlichkeiten, womit sie untergeordnete Klassen oder ethnische Gruppen innerhalb der anderen Typen meint, vom Typus der hegemonialen Männlichkeit beherrscht werden. Im Gegensatz zu diesen beiden Gruppen stützt eine komplizenhafte Männlichkeit die Hegemonie, von der sie geführt wird und von der eine große Zahl an Männern profitieren, da sie dadurch teilhaben an der Vormachtstellung von Männlichkeit im Gesamten (Connell 2015: 132 ff.).[28]

Um den Prozess der machtvollen Geschlechterunterscheidung zu verstehen, ist das Konzept hilfreich, jedoch, so wurde häufig kritisiert, vermag es nicht auszudrücken, wie sich der konkrete Idealtyp der hegemonialen Männlichkeit ausgestaltet (Meuser 2009: 161). Und doch formuliert es diejenige Männlichkeit aus, die aufgrund der sozialen Position der Elite hegemonial wird. Demzufolge ist Hegemoniale Männlichkeit nicht starr oder ein „über Zeit und Raum unveränderlicher Charakter. Es ist vielmehr jene Form von Männlichkeit, die in einer gegebenen Struktur des Geschlechterverhältnisses die bestimmende Position einnimmt, eine Position allerdings, die jederzeit in Frage gestellt werden kann." (Connell 2015: 130). Es gibt also eine Form oder Formen hegemonialer Männlichkeit(en), die „in den jeweiligen sozialen Feldern dominieren und gleichzeitig eine normierende Wirkung auch über dieses Feld hinaus verkörpern" (Meuser 2009: 169). Meuser arbeitet in Bezug auf Connell und James Messerschmidt heraus, dass es sich bei hegemonialer Männlichkeit um einen Spieleinsatz und ein „Orientierungsmuster" handelt (Meuser 2009: 162), „ein Modell, das nur von den wenigsten Männern in vollem Umfang realisiert werden kann, das aber, da es normativen Status hat und die sozial anerkannte Weise des Mannseins definiert, von allen Männern verlangt, sich in Relation dazu zu positionieren" (Connell und Messerschmidt 2005: 832). Wichtige Aspekte für die spätere

---

[27] Geschlechterungleichheiten entstehen in und durch alltägliche Praxis auf drei Ebenen: a) Produktion, b) Beziehungsstruktur, c) Machtbeziehungen. Mit diesen Ebenen versteht Connell a) die hierarchisch-geschlechtliche Arbeitsteilung, b) legitime und illegitime Formen des Begehrens und c) eine sozial akzeptierte grundlegende Geschlechterordnung zwischen Männern und Frauen, die die Dominanz von Männern über Frauen legitimiert. Sie garantiert die vollständige Unterordnung aller Formen von Weiblichkeit und macht es für Männer möglich, Teil der patriarchalen Dividende zu sein (vgl. für einen Überblick Buschmeyer und Lengersdorf 2016).
[28] Das Konzept eröffnet eine Differenzierung zwischen verschiedenen Formen von Männlichkeit, weist aber eine „Leerstelle" auf. Anna Buschmeyer spricht diesbezüglich von einer „alternativen Männlichkeit", die hegemonialer Männlichkeit nicht entspricht und auch nicht nach ihr strebt (Buschmeyer 2013: 123).

empirische Auswertung liefert Connells Theorie, da sie erklärbar macht, warum Frauen aus hegemonialen Positionen, wie den Führungsebenen der Universitätsmedizin, ausgeschlossen sind:

> „Die überwiegende Mehrzahl der Führungspositionen sind mit Männern besetzt, weil Einstellung und Beförderung geschlechtsbezogen vorgenommen werden, weil auch die interne Arbeitsteilung und die Kontrollsysteme nicht geschlechtsunabhängig organisiert sind, ebenso wenig die routinemäßigen Handlungsabläufe oder die Konsensbildung" (Connell 2015: 126).

Diese hegemonialen Männlichkeiten gestalten sich in dem jeweilig sozialen Feld und reichen darüber hinaus. Dies schließt ein, das soziale Feld zu beschreiben und die mit ihm verbundenen hegemonialen Praktiken, die vergeschlechtlichte Ausgrenzungen reproduzieren und aufrechterhalten. Aufgrund des enormen Ausschlusses von Frauen aus den hohen Positionen, z. B. in der Hochschulmedizin, ist davon auszugehen, dass es sich um eine Form hegemonialer Männlichkeit handelt, die einerseits insofern Brüche aufweist, da es zu vereinzelten Karrieren von Frauen in diesen Feldern kommt und der Nachwuchs bereits teilweise in mittleren Positionen vertreten ist, andererseits eine starke strukturelle Stabilität im Hinblick auf die im Verhältnis hohen Studentinnenzahlen zu vermerken ist (Kaskadenmodell, vgl. u. a. Gemeinsame Wissenschaftskonferenz (GWK) 2017: 13). Demnach ist zu fragen, welche hegemoniale Männlichkeit als Strukturnorm das Feld prägt und an welchen Stellen diese für Frauen offen ist, da hegemoniale Männlichkeit von einer grundsätzlichen Offenheit des Sozialen (Laclau et al. 2006: 184) ausgeht. Öffnet sich die hegemonial männliche Hochschulmedizin für Frauen, da diese von der Veränderung starrer Geschlechterrollen profitieren und sich damit auch als Frau an die hegemonial männlichen Normierungen anpassen können? Oder beginnt der Wandel durch die Veränderung der Hochschulkultur im Zuge der Aufwertung von Weiblichkeit(en)? Zudem ist die Frage, wie, wo und aufgrund welcher Normierungen sich die Organisation „Hochschulmedizin" hegemonial gegenüber Frauen ausgestaltet (in bestimmten Fächern, in bestimmten Positionen oder generell in allen Bereichen?). Wie legitimiert diese Hegemonie die Ausgrenzung von Weiblichkeit und wie lähmt sie den Fortgang von Frauen? Werden an dieser Stelle Karrieren für Weiblichkeiten oder für Frauen beschnitten?

Die Arbeitsverhältnisse und -bedingungen haben sich seit den Hochschul- und Gesundheitsreformen erheblich verändert (vgl. Kapitel 1.2.). Diese Verschiebungen, die in besonderem Maße die Forschenden betreffen, können mit dem Begriff der „Entgrenzung von Arbeit" treffend beschrieben werden (Voß 1998). Das Konzept meint, dass sich Arbeitsverhältnisse zunehmend aus organisatorischen Strukturen auflösen und Grenzen zwischen Berufs- und Privatleben fließend werden. Die Flexibilisierung von Arbeit ist hier ein zentrales Element (ebd.). Was bedeuten nun diese Veränderungen für das Konzept der Hegemonialen Männlichkeit? Hegemoniale Männlichkeit wird als diejenige Machtform beschrieben, die zu einem bestimmten Zeitpunkt gesellschaftlich dominant erscheint. Sie ist der Ort, an dem die zentralen Machtkämpfe ausgetragen werden (Connell 1993). Die Entgrenzung von Arbeit fordert die männliche Herrschaft heraus. War Männlichkeit in der Moderne immer zentral mit Berufstätigkeit verknüpft, muss sich Männlichkeit nun den neuen Herausforderungen stellen, die mit den sich verändernden Geschlechterverhältnissen und den neuen Arbeitsbedingungen einhergehen. Das männlichkonnotierte, sichere, unbefristete Normalarbeitsverhältnis in Vollzeit für den Familienernährer, mit planbaren klaren Karriereschritten in einem singulären Organisationskontext und der entsprechenden Identifikation mit dieser Organisation verschiebt sich für viele Männer und veranlasst, von einer „Krise der Männlichkeit" (Meuser 2010b: 325 f.) zu sprechen. Zwar sind Frauen stärker von Befristungen und weniger planbaren, in Teilzeit ausgeführten Berufskontexten betroffen sowie sehr viel stärker verantwortlich für Care-Aufgaben (vgl. Kapitel 1.3.). Nichtsdestotrotz fordern diese Veränderungen, die nun auch viele Männer betreffen, alte Männlichkeiten heraus und produzieren neue. In diesem Kontext entsteht eine neue hegemoniale Männlichkeit, die aufgrund der Verschiebungen innerhalb der Hochschulmedizin für diese Organisationskultur von Belang sein kann. Hegemoniale Männlichkeit in entgrenzten Kontexten bedeutet vor allem, mit Unsicherheiten produktiv umzugehen (Apelt und Scholz 2014: 308). Unter diesen Bedingungen ist nicht mehr Verlass auf die Organisation. Selbstverantwortung tritt an die Stelle planbarer, in der Organisation zu verwirklichenden Karrieren. Es könnte damit konstatiert werden, dass es gilt, sich wachsendem Druck, der Verdichtung von Arbeit, Flexibilisierung und Zeitverknappung adäquat auszusetzen. Nach Uwe Bittlingmayer sind es unter Entgrenzungsbedingungen vor allem die „Unsicherheitsbewältigungskompetenzen" (Bittlingmayer 2002: 236), die zum Erfolg führen. Voraussetzung ist, dass der individuelle Lebenslauf von einer kontinuierlichen Karriereplanung bestimmt wird (und werden kann). Diese Männlichkeiten werden stetig in den rigider werdenden Spielen des Wettbewerbs konstruiert (Apelt und Scholz 2014: 308). Die Vergleichsanalyse von Luc Boltansik und Ève Chiapello (2003) zu Managementstilen der 1960er- und 1990er-Jahre zeigt deutlich, dass diese Männlichkeiten ständig auf sich selbst zurückgeworfen werden und das ganze Einbringen der Person für diesen neuen Stil des Managements erforderlich ist. Die globale Führungsriege als Inbegriff hegemonialer Männlichkeit kreiert damit eine neue Norm innerhalb ihrer fast frauenfreien Zone. Im Kern orientiert sich diese Norm an dem – in Anlehnung an Michel Foucault und von Niklas Rose (2002) bzw. im deutschsprachigen Raum von Ulrich Bröckling (2002) erarbeiteten – Konzept des „unternehmerischen Subjekts" (Meuser 2010b: 332; Connell und Wood 2005). Hier zeigt sich eine Verknüpfung hegemonialer Männlichkeit mit der Figur des unternehmerischen Selbsts. Mit dem Konzept des unternehmerischen Selbsts und dessen machttheoretischen Implikationen in der hochschulmedizinischen Wissenschaft befasst sich Kapitel 4.1. Folgend soll nun der Frage nachgegangen werden, wie und in welchen Bereichen eine vergeschlechtlichte Organisationskultur auf Wissenschaftlerinnen so einwirkt, dass diese einen Ausstieg in Betracht ziehen.

3.3. Organisationskultur und Auswirkungen auf das Selbst

Durch das Theoriekapitel hindurch wurde mehrfach die Verinnerlichung und Verschleierung von Ungleichheiten angesprochen. Für Connell ist diese Verschleierung Teil des Ökonomisierungsprozesses und der damit einhergehenden Ablösung des Patriarchats, das sich nunmehr in Form hegemonialer Männlichkeit zeigt (vgl. Kapitel 3.2.3.). Für Bourdieu handelt es sich bei männlicher Herrschaft um eine symbolische Gewalt, die erkannt, verkannt und zugleich anerkannt wird und internalisiert zu Selbstausschlüssen führen kann (vgl. Kapitel 3.2.1.). Gemäß Butler können Subjekte nicht „vordiskursiv" gedacht werden: Subjektivierung sei demnach immer mit Machtverhältnissen verstrickt, die das Subjekt erst erzeugen und in denen Formen von Handlungsmacht angelegt sind (vgl. Kapitel 3.2.3). Was bedeutet nun also diese vielfach erwähnte Internalisierung von Machtverhältnissen für die Subjekte und ihre Selbstkonzepte? In Rückbezug auf ausgewählte psychologische Theorien soll im Folgenden dargestellt werden, wie männlich konnotierte Organisationskulturen auf den Ausschluss von Weiblichkeit hinwirken. Im Zentrum der Untersuchung steht dabei nicht die persönlichen Disposition eines Selbstkonzeptes, sondern ein „dynamisches Selbst" (Hannover 1997), indem sich an der Schnittstelle zwischen Selbst und Organisationskultur Veränderungen abzeichnen, die zu einem Ausstieg führen können. Neben Stereotypen und entsprechenden Auswirkungen auf die Aktivierung bestimmter Selbstkonstrukte fokussiert das folgende Kapitel Veränderungen im Selbstwert *(self-esteem)* im Sinne der Selbstbewertung und der Selbstwirksamkeitserwartung *(self-efficacy)*, also dem (beruflichen) Selbstvertrauen. Nach einer Darstellung der Bedeutung von Selbstwert und Selbstwirksamkeitserwartung für das Selbst soll gezeigt werden, inwiefern und an welchen Stellen sich diese personalen Konstrukte durch eine Organisationskultur verändern können.

3.3.1. Geschlechterstereotype und Auswirkungen auf das Selbst

Wie bereits erwähnt (vgl. Kapitel 1, 3.1. und 3.2.) gelten Stereotype als ursächlich für die Entstehung und Verfestigung von Ungleichheiten. Erinnert sei an dieser Stelle noch einmal an Bourdieus Auffassung, dass eine Konsequenz männlicher Herrschaft darin bestehe, dass die Definition des Exzellenten männlich konnotiert sei, aber als solche nicht in Erscheinung trete (Bourdieu 2016 [2005]: 110). So komme es zu einer ebenfalls schon dargestellten Double-Bind-Situation: Handeln Frauen wie Männer, drohen sie ihre Weiblichkeit zu verlieren, handeln sie wie Frauen, erscheinen sie ungeeignet für eine bestimmte Stelle (ebd.: 120). Bereits Waltraud Cornelißen hat nachgewiesen, dass Geschlechterstereotype Teil des vergeschlechtlichten und vergeschlechtlichenden Habitus (2010: 73) sind, insofern erscheint es wichtig zu untersuchen, wie konkret Feld und Habitus innerpsychisch ineinandergreifen. Im Folgenden soll deshalb in Rückbezug auf die Stereotypenforschung dargestellt werden, wie Stereotype wirken und Selbstprozesse beeinflussen.

Stereotype als kognitive Informationsverarbeitung

Kay Deaux (1995) sieht die Stereotypenforschung in Bezug auf die Geschlechter bis in die 1970er-Jahre hinein methodisch und inhaltlich eher eingeschränkt:

„The study of gender stereotypes evolved from earlier research on racial and ethnic beliefs. Moving from an initial focus on the descriptive characteristics associated with women and men, investigators of gender stereotypes have used the framework of social cognition to analyze structure and process" (ebd.: 11).

Erst durch die Arbeiten von unter anderem Henri Tajfel (1969) verschob sie sich hin zu kognitiven Aspekten von Stereotypen. Seither werden nicht mehr nur persönliche Vorurteile und damit individuelle Persönlichkeitsprobleme fokussiert, sondern auch Kategorisierungsprozesse untersucht (Weber 2005: 116). Die sozialkognitive Forschung konzentriert sich auf die Verarbeitung sozialer Informationen und die Frage, wie diese im Gedächtnis gespeichert und verarbeitet werden. Darüber hinaus befasst sie sich damit, wie diese Verarbeitung das Denken, Fühlen und Handeln beeinflusst. Aus dieser Perspektive dienen Stereotype der Einteilung der Umwelt in einfache und überschaubare Kategorien, was dazu führt, dass andere Menschen nach Ähnlichkeiten und Unterschieden in Gruppenzugehörigkeiten eingeteilt und diesen soziale Bedeutsamkeiten zugeschrieben werden. Diese kategorisierenden Gruppeneinteilungen sind nicht objektiv – sie ergänzen, heben hervor und unterschlagen Informationen (Degner et al. 2009: 75). Auf diese Weise übernehmen kognitive Prozesse eine wichtige Funktion zur schnelleren Informationsverarbeitung, verzerren Realität aber auch. Stereotype können als „mentale Repräsentationen sozialer Gruppen" bezeichnet werden, die Überzeugungen, Wissen und Erwartungen bezüglich der Gruppenmitglieder enthalten (Hamilton und Sherman 1984: 1 ff.). Sie sind „sozial vermitteltes Wissen oder Pseudowissen über eine bestimmte soziale Kategorie, das teilweise zusammenhängende, teilweise aber auch vereinzelte Assoziationen umfasst" (Förster 2010: 24). Stereotype bezeichnen kulturell erlernte Assoziationen typischer Gruppenmerkmale, die durch die bloße Anwesenheit von Gruppenmitgliedern (oder deren symbolischer Repräsentation) automatisch aktiviert werden (Devine 1989: 6). Vorurteile hingegen beruhen auf der Bewertung von Stereotypen und gehen mit affektiven Effekten gegenüber den stereotyp belegten Gruppen einher (Förster 2010: 25). Vorurteile und Diskriminierungsbereitschaft hängen von Sozialisation, Persönlichkeit und den damit verbundenen generalisierten Einstellungen ab (Stößel et al. 2009). Stereotype *(kognitiv bias)* sind demzufolge deutlich von affektiven Vorurteilen *(emotional bias)* und Diskriminierungen als Handlung *(behavioral bias)* zu unterscheiden (Fiske 2017: 1. Abs.).

Ein wichtiges Merkmal von Stereotypen ist, dass sie auf automatisierter Ebene wirken und kognitive wie verhaltensbezogene Effekte erzeugen. Um dies zu veranschaulichen führten Joshua Correll et al. (2002) anhand eines Egoshooter-Computerspiels ein Experiment zu unbewusstem Rassismus durch. Möglichst realistisch sollte eine Konfliktsituation im Polizeidienst nachvollzogen werden. Bei dem für das Experiment entwickelten Spiel sollten die Teilnehmenden auf Personen mit schwarzer oder weißer Hautfarbe schießen, um viele Punkte zu sammeln. Ziel des Spieles war ein Schuss, wenn eine Person tatsächlich eine Waffe in der Hand hielt bzw. ein Sicherheitsknopf, wenn dies nicht der Fall war. Gemessen über die Reaktionszeit zeigte sich, dass es den meisten Versuchspersonen leichter fiel, eine schwarze Person mit der Waffe zu erschießen und diese zudem häufiger erschossen wurden, obwohl sie unbewaffnet waren. Bei diesen Effekten spielte es keine Rolle, ob die Probandinnen und Probanden offen rassistisch waren. Hingegen wirkte die Aktivierung des Stereotyps „Schwarze sind aggressiv" auf die Schussbereitschaft.

Automatische Aktivierung in Bezug auf Geschlechterstereotype wurde u. a. auch von Lisa Irmen (2006) nachgewiesen. Ihrzufolge wird durch die Aktivierung der Geschlechtskategorie „Frau" die stärker stereotype Beurteilung einer geschlechtlich nicht eindeutigen Person beeinflusst. Auch Mary Kite et al. (2008) konstatieren, dass unter kognitiver Belastung, wie Zeitdruck oder Ablenkung, implizite Stereotype eher verhaltens- und entscheidungsrelevant sind. So kann Stereotypen bei ausreichender Kapazität und Motivation der unbewussten Wirkung auch entgegengewirkt werden. Sie können bei Personen mit offener und toleranter Einstellung aber auch zu unbewusstem Handeln führen, wenn nur kurze Reaktionszeiten zur Verfügung stehen. Megumi Hosoda und Dianna Stone (2000) zeigen auf, dass Stereotype den Status quo reproduzieren und dabei über die Zeit relativ konstant sind. Dies hängt, wie oben beschrieben, unter anderem damit zusammen, dass sie funktional für die Informationsverarbeitung sind und es sich um unbewusste Prozesse handelt. Zudem werden zwar stereotypinkonsistente Informationen besser erinnert (Stangor et al. 1992), gleichzeitig führen diese aber nicht unbedingt zu einer Veränderung des Stereotyps. Häufig werden bei Abweichung eher Subgruppenbildungen (*subtyping*) vorgenommen, die das Stereotyp an sich stützen. So werden beispielsweise ‚Karrierefrauen' als Ausnahme von der Regel und insofern als Bestätigung des Stereotyps „Frau" herangezogen. Anders verhält es sich mit geringeren Abweichungen, die tatsächlich über soziales Lernen zu Veränderungen und Verschiebungen von Stereotypen beitragen können (Hewstone et al. 1992). Darüber hinaus wurden von Gordon Moskowitz et al. (1999) festgestellt, dass gesetzte Ziele und eine positive Einstellung zu Geschlechtergerechtigkeit Auswirkung auf die Verarbeitung von Stereotypen haben können. Hier greifen unbewusste Kontrollmechanismen. So ließ sich experimentell belegen, dass bei Personen, für die das Ziel „Chancengleichheit der Geschlechter" wichtig war, Stereotype nicht aktiviert wurden (ebd.). Obgleich Stereotype über die Zeit relative Stabilität aufweisen, lassen sich deutliche Hinweise auf Veränderungen im Laufe des 20. Jahrhunderts erkennen: Da offene Diskriminierung zunehmend als sozial unerwünscht galt, wandelten sich Vorurteile und Stereotype von expliziten hin zu impliziten, subtileren Formen (Rudman und Glick 2008).

Seither stehen Automatisierung, Ambivalenz und Mehrdeutigkeiten von Stereotypen stärker im Mittelpunkt der Forschung. Ging man mit Tajfel (1969) noch davon aus, dass Ingroup-Effekte, also die Aufwertung der eigenen Gruppe und die Abwertung anderer Gruppen zu Diskriminierungseffekten führen, werden Identitäten und Gruppenzugehörigkeiten heute als pluralisiert betrachtet. Der beschriebene Ingroup-Effekt muss zudem nicht zwangsläufig in dieser Form zutreffen. So neigen hegemoniale Gruppen eher zur Selbstaufwertung als marginalisierte Gruppen. Das bereits beschriebene Experiment zum ‚police officer's dilemma' zeigte beispielsweise, dass nach Aktivierung des Stereotyps „schwarz" und „aggressiv" auch *people of color* zum vermehrten Schuss auf die Ingroup neigten (Correll et al. 2002). Um die Verschiebung von Stereotypen zu untersuchen, führten Peter Glick und Susan Fiske (1996) als prominente Vertreter der Stereotypenforschung Studien zu ambivalenter Diskriminierung durch, mit dem Ergebnis, dass benevolente (wohlmeinende) und damit verschleierte, implizite Stereotype besondere Wirksamkeit entfalten. Sie unterscheiden hier zwischen benevolenten und hostilem (feindseligem) Sexismus. Letzterer äußere sich in herabsetzender Weise vor allem Frauen gegenüber, die nicht dem traditionellen Geschlechtsbild entsprechen (Beispiel-Item der ambivalenten Sexismus-Skala von Glick und Fiske, 1996: „Die meisten Frauen interpretieren harmlose Äußerungen oder Handlungen als frauenfeindlich"). Wohlwollend meint hingegen, dass „Frauen stereotyp in eingeschränkten Rollen wahrgenommen werden, die aber subjektiv positiv ist" (ebd.: 491). Ein Beispiel-Item hierfür wäre: „Bei einer Katastrophe sollen Frauen vor Männern gerettet werden". Diese positiven Stereotype werden auch als „Woman-are-Wonderful-Effekt" bezeichnet – so ist die Einstellung gegenüber Frauen insgesamt positiver als Männern gegenüber (Eagly und Mladinic 1994). Diskriminierung entsteht hierbei dadurch, dass die Beziehung zwischen Männern und Frauen durch Macht definiert (entsprechend des in Kap. 3.2. benutzten Machtbegriffs), zugleich aber geleugnet und als unbedeutend dargestellt wird (Athenstaedt und Alfermann 2011: 88). Stereotypen müssen also nicht zwangsläufig negativ ausfallen, um zu benachteiligen.

Vielmehr können divergierende stereotype Erwartungen an die Geschlechter zu Nachteilen führen. Demnach werden Stereotype auch mittels der zwei Dimensionen „Kompetenz und Kälte" sowie „Empathie und Wärme" geordnet (Fiske et al. 2002). Sie gelten als wesentlich für die Wahrnehmung einer Person, wobei Wärme mit Sympathie und Kälte mit Kompetenz assoziiert wird. Wie Fiske et al. (2002) zeigen konnten, werden soziale Gruppen in dieser Dimensionen ambivalent bewertet: Entweder werden sie als warm, dafür aber nicht als kompetent, oder als kompetent, aber nicht warm wahrgenommen. Diese Zuschreibungen von „Wärme" und „Kälte" werden mit Männlichkeit und Weiblichkeit assoziiert. Zudem wird Männlichkeit und Kälte mit bestimmten „agentischen" Persönlichkeitseigenschaften verknüpft. „Agentisch" meint ein Selbstkonzept, das die eigene Person und Ziele fokussiert und mit Individualität, Selbstbehauptung, Durchsetzungsfähigkeit und Performance verbunden wird. Dem gegenüber steht die Dimension „kommunal" für die Einbindung in eine größere soziale Einheit. Diese mit Weiblichkeit verknüpfte Persönlichkeitseigenschaft ist gemeinschaftsbezogen und legt den Fokus auf Bindung, moralisches Verhalten und soziale Interaktion (Abele und Wojciszke 2007: 752):

„We suggest that agency is the dimension primarily related to the interests of the self. As was already noted by Bakan (1966), agentic attributes cover strivings to individuate, expand the self, and efficiently attain one's goals. Agentic traits like being active, decisive, self-confident, and efficient are profitable and useful in the perspective of the self because they help to attain one's goals. Communion, conversely, is the dimension primarily related to the interests of others. Referring to Bakan (1966), communal attributes cover strivings to integrate the self in a larger social unit through caring for others. Regarding the perspective of an observing "other," the actor should respect the interests of this observing other and should be benevolent, trustworthy, friendly, and empathetic. A core distinction between agentic versus communal traits hence seems to be their self-profitability versus other-profitability" (ebd.: 752).

Die auf David Bakan (1966) zurückgehende Einteilung von Persönlichkeitseigenschaften in „agentisch" und „kommunal" lässt so folgende stereotype Aufteilung zu: Von Frauen wird erwartet, dass sie ein kommunal-warmes Selbstkonzept anstreben, von Männern hingegen, dass sie ihr Selbstkonzept agentisch-kalt ausgestalten. Für Frauen ist die Assoziation mit Wärme und kommunalen Persönlichkeitseigenschaften dann problematisch, wenn für berufliche Positionen nach agentischen Persönlichkeiten gesucht wird. Virginia Schein bezeichnet dies auch als „Think-Manager-Think-Male-Effekt", wie oben bereits dargestellt, der die Gleichzeitigkeit von Führung und Geschlechtereigenschaft nachwies (Schein et al. 1996; Schein 2001). Demnach werden Frauen nicht mit negativen Eigenschaften *per se* belegt. Ihre Gruppenzugehörigkeit als „Frau" wird als schlichtweg nicht passfähig mit der Führungskraft wahrgenommen (Heilman und Eagly 2008: 393). Stereotype vermitteln damit nicht nur Vorstellungen davon, wie Frauen sind (deskriptiv), sondern beinhalten auch eine normativ-präskriptive Ebene (wie Frauen sein sollten). In der Nicht-Passung mit einer entsprechenden beruflichen Rollenanforderung spricht Heilman von einem *lack of fit* und meint damit:

„The lack of fit model is based on the idea that expectations about how successful or unsuccessful a person will be in working at a particular job are a driving force underlying personnel decisions. It further specifies that the perceived fit between the individual's attributes and the job's requirements in terms of skills and abilities determines these performance expectations. If the perceived fit is good, then success will be expected; if the perceived fit is poor, then failure will be expected. These fit-derived performance expectations, whether positive or negative, profoundly affect evaluation processes" (Heilman 2001: 660).

Dieser *lack of fit* führt für Frauen zu Benachteiligungen in der Personalauswahl, da hier eine Diskrepanz mit dem beruflichen Erwartungshorizont angenommen wird. Alice Eagly und Steven Karau (2002) haben in diesem Zusammenhang eine „Rollenkongruenztheorie für Vorurteile gegenüber weiblichen Führungspersonen" entwickelt. Durch stereotype

Informationsverarbeitung wird akzeptiertes Verhalten gerahmt und Abweichungen von Gendernormen sanktioniert. Diese Sanktionierung wird auch als „Backlash-Effekt" (Rudman 1998) bezeichnet. Konsequenzen können sein, dass kompetente Frauen als nicht sympathisch und feminine Männer als nicht kompetent betrachtet werden. Diese Prozesse wirken zum einen stabilisierend auf Stereotype (Rudman und Fairchild 2004), zum anderen werden die Leistungen dieser Personen weniger anerkannt. Monica Biernat et al. (1994) haben dies als „Shifting Standard Model" betitelt. Damit ist gemeint, dass Leistung mit zweierlei Maß gemessen wird, da die Beurteilung von Leistung durch männliche wie weibliche Stereotype geprägt sind und innerhalb der homosozialen Gruppen erfolgen. Besonders drastisch trifft dies berufstätige Frauen, die zu Müttern werden. Im Vergleich zu kinderlosen Frauen werden sie aufgrund ihrer Nähe zur „Wärme" als weniger kompetent, dafür aber sympathischer wahrgenommen (Cuddy et al. 2004). Stereotype werden dabei nicht nur unter Männern gegenüber Frauen geteilt, wenngleich hier die Zustimmung höher ausfällt (Schein et al. 1996). Auch Frauen in männerdominierten Berufsfeldern können strukturellen Öffnungen im Weg stehen, um eine Organisationskultur beizubehalten, in der sie erfolgreich waren. Sie heben sich damit auch von anderen Frauen ab (Stahlberg et al. 2009: 207). Eine Studie von Naomi Ellemers et al. (2004) kam zu dem Schluss, dass insbesondere weibliche Fakultätsmitglieder Doktorandinnen als weniger engagiert beurteilten als Doktoranden. Dies widersprach allerdings der Selbstbeschreibung. Unter bestimmten Umständen können, so Dagmar Stahlberg, „Frauen folglich stärkeren Sexismus von anderen Frauen erleben als von Männern" (Stahlberg et al. 2009: 207). Insgesamt kann angenommen werden, dass Frauen umso mehr mit negativen Urteilen konfrontiert sind, je männlicher das berufliche Feld konnotiert ist (Eagly und Karau 2002).

Veränderungen dynamischer Selbstkonzepte durch Stereotype

In der Psychologie wird – in Anlehnung an George Herbert Mead (1934) – unter „Selbst" die Sicht bezeichnet, die das Individuum auf die eigene Person hat. Mead benennt zwei Komponenten des Selbst: I und me. „I" bezeichnet die „Reaktion des Organismus auf die Haltungen anderer", das „Me" beschreibt hingegen „die organisierte Gruppe von Haltungen anderer, die man selbst einnimmt." Die Haltung der anderen bildet das Me, die Reaktion hierauf bezeichnet das I (Mead 1934 [2015]: 218). Das Selbst stellt somit einen Entwicklungsprozess einer Person dar, der von Mitgliedern einer Gesellschaft abhängt. Nach Hans-Dieter Mummendey wird in der Psychologie von dem „Selbst" oder präziser von einem globalen, allgemeinen Selbstkonzept einer Person gesprochen, wenn damit die Summe oder der Inbegriff aller selbstbezogenen psychologischen Prozesse gemeint ist: „Unter dem Selbstkonzept (der Gesamtheit der Selbstkonzepte) eines Individuums verstehen wir die Gesamtheit aller Selbstbeurteilungen" (Mummendey 2006: 38). „Urteile" meint damit all jene psychologischen Vorgänge, die Selbstwahrnehmung, Selbsterinnerung, Selbstbeurteilung, Selbstbewertung, Emotionen gegenüber dem Selbst, Selbstvorstellungen und -erwartungen sowie Ziele und Motivationen betreffen. Das Selbst umfasst demzufolge Kognition, Motivation und Emotion. Selbstkonzepte werden daher auch als die Gesamtheit der Einstellungen zur eigenen Person bezeichnet (ebd.). Diese relativ statische Perspektive auf das Selbst wurde von Bettina Hannover durch eine „dynamische" Perspektive auf das Selbst ergänzt (Hannover 1997). Diese Sichtweise fasst das Selbstkonzept als Ergebnis kognitiver Informationsverarbeitungs- und Selbstregulationsprozesse. Diese Perspektive ist für die vorliegende Arbeit zentral, da mit dieser die möglichen Veränderungen des Selbstkonzepts von Frauen in der männlich-konnotierten Organisationskultur untersucht werden können. Auch Hannover stellt fest, dass sich das Selbst mit dem sozialen Kontext verändert (Hannover 2000). Welche Annahmen diesen Veränderungen zugrunde liegen, soll nun folgend in Bezug auf den Einfluss von Stereotypen auf die kognitive Informationsverarbeitung und im Hinblick auf Selbstregulierungsprozesse analysiert werden. Aus der Perspektive eines dynamischen Selbstkonzeptes kann danach gefragt werden, wie Informationen über das Selbst verarbeitet werden, wie sich das Selbstkonzept verändert und wann welches Wissen über das Selbst zugänglich ist.

Die Sozialpsychologie geht davon aus, dass Stereotype eine der Voraussetzungen für die Konstruktion von Geschlecht im Selbst sind (Hannover 2010: 29). So zeigen einige Studien, dass sich Kinder aktiv Stereotype ihres kulturellen Kontextes aneignen, die zu ihrem Geschlecht ‚passen'. Dies geschieht bereits, bevor sie sich selbst als Mädchen oder Jungen beschreiben können. Stereotype tragen hier dazu bei, dass sich relative stabile binäre Unterschiede in Abgrenzung zum anderen Geschlecht im Selbst konstruieren (ebd.). Stereotype können damit großen Einfluss auf die kognitive Informationsverarbeitung nehmen. Nach dem Konzept des „dynamischen Selbsts" (Hannover 1997) betrifft dies nicht nur das Kindesalter. Hannover zeigt vielmehr auf, wie sich Selbstkonzepte situativ durch unterschiedliche Aktivierungsquellen verändern und auf diese Weise Informationen unterschiedlich verarbeitet werden. In ihren Ausführungen stellt sie die interindividuellen Unterschiede in der Zugänglichkeit und Verfügbarkeit von Selbstkonstrukten vor. Sie geht davon aus, dass im Prinzip alle Menschen mit Aktivierungsquellen konfrontiert werden. Allerdings existieren auch Aktivierungsquellen die bestimmten Gruppen vorbehalten sind. Zudem werden Menschen unterschiedlich häufig mit bestimmten Aktivierungsquellen konfrontiert. Daraus resultiert eine deutlich einfachere und „chronische" Zugänglichkeit zu diesen Selbstkonstrukten (Hannover 1997: 30). Es kann also danach gefragt werden, inwiefern ein männlich-konnotiertes Berufsfeld zu einer Aktivierungsquelle werden kann, die bestimmte Selbstkonstrukte verstärkt aktiviert. Wie bereits Andrea Abele (1997) ausführte, werden in männlich-konnotierten Kontexten Frauen durch Stereotype als „weiblich" adressiert. In ihrer Studie kam sie zu dem Ergebnis, dass akademisch orientierte Frauen zwar in der Selbstbeschreibung über ein ähnlich agentisches Selbstkonzept wie ihre männlichen Kollegen verfügen, sie aber sehr viel stärker mit kommunalen Eigenschaften assoziiert werden (vgl. Abbildung 31). Dies hat nicht nur Auswirkungen auf ihre Beurteilung. Durch die Assoziation mit kommunalen Stereotypen werden Frauen als „weiblicher" adressiert und müssen sich zu diesen Adressierungen auch verhalten. Stereotype werden so zu einer

Aktivierungsquelle, die Frauen anders als Männer bezüglich ihrer Geschlechtlichkeit positioniert. Diese unterschiedliche Adressierung wirkt entsprechend auf die Selbstkonzepte ein.

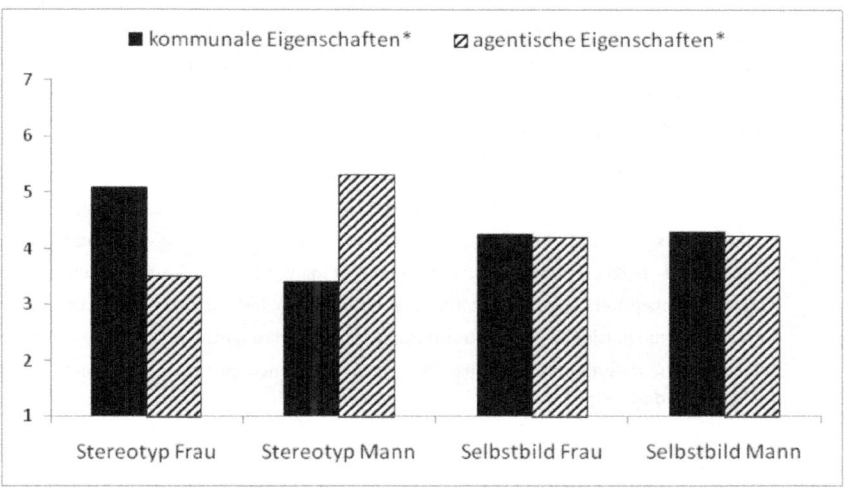

Abb. 31: Stereotype von Mann und Frau (bzgl. agentischer und kommunaler Eigenschaften). Aus: Abele-Brehm 2013: 47

Das deutet zudem darauf hin, dass durch die stereotypen Erwartungen an Frauen bestimmte Selbstkonstrukte verstärkt aktiviert werden. Hierbei deutet sich bereits eine Veränderung von „agentischen" Selbstkonstrukten von Frauen durch die Organisation als vergeschlechtlichte Aktivierungsquelle an. Das bedeutet, dass es in der Habilitationsphase zu situativen Veränderungen im Selbstkonzept kommen kann, die in der männlich-konnotierten Organisationskultur darüber hinaus als negativ bewertet werden. Das selbstbezogene Wissen ist somit kontextabhängig (Hannover 2000). In Bezug auf die begleiteten Habilitandinnen ist daher anzunehmen, dass Geschlecht innerhalb des organisationalen Kontextes in der Statuspassage „Habilitation" verstärkt aktiviert wird – innerlich und äußerlich.

Hannover differenziert zwischen einer chronischen und einer situativen Zugänglichkeit von Selbstkonstrukten. So unterschieden sich Personen darin, über welche Konstrukte sie verfügen. Es bestehen interindividuelle Unterschiede in der chronischen Zugänglichkeit von Konstrukten. Mit jeder situationalen Aktivierung erhöht sich die chronische Zugänglichkeit eines Konstrukts (Hannover 1997: 32). Je ausgeprägter die chronische Zugänglichkeit eines Konstrukts, umso wahrscheinlicher wird ein Selbstkonstrukt durch eine situationale Quelle aktiviert (interaktiv). Bei chronischer und situationaler Aktivierung steigt die Wahrscheinlichkeit für einen Rückgriff auf ein Selbstkonstrukt (additiv) (ebd.: 37). Kommt es also zu einer feminisierten situationalen

Aktivierung des Selbstkonzepts durch die Aktivierungsquelle der Organisationskultur, wirkt dieses besonders nachhaltig, wenn ein entsprechend chronisches Selbstkonzept vorhanden ist. In diesem Fall werden die Frauen unterschiedlich häufig mit bestimmten Aktivierungsquellen konfrontiert. Im Ergebnis unterscheiden sie sich in der chronischen Zugänglichkeit ihrer Selbstkonstrukte (ebd.: 45). Durch eine situationale Aktivierung treten bestimmte Selbstkonstrukte in den Vordergrund. Das situational zugängliche Selbstwissen, das aus chronischen und situationalen Anteilen besteht, wird auch als „Arbeitsselbst" (*working self-concept*) bezeichnet:

> „The working self-concept derives from the set of self-conceptions that are presently active in thought and memory. It can be viewed as a continually active, shifting array of available selfknowledge. The array changes as individuals experience variation in internal states and social circumstances. The content of the working self-concept depends on what self conceptions have been active just before, on what has been elicited or made dominant by the particular social environment, and on what has been more purposefully invoked by the individual in response to a given experience, event, or situation" (Hazel und Nurius 1986: 957).

Das „Arbeitsselbst" entsteht durch Aktivierungsquellen der sozialen Umwelt und beeinflusst temporär das Selbstwissen. Hannover betont, dass insbesondere Selbstkonstrukte aktiviert werden, durch die die Person als Repräsentant einer sozialen Kategorie beschrieben wird (1997: 49). Durch bestimmte Tätigkeiten wird ein geschlechtsspezifisches Selbstwissen aktiviert, dass temporär Gegenstand des Arbeitsselbst und damit entsprechend leichter verfügbar ist. Bezogen auf das Geschlechterverhältnis kann damit angenommen werden, dass bei mit stereotypen Erwartungen assoziierten Frauen situational ein bestimmtes, für eine männliche Organisationskultur eher ungünstiges feminines Selbstwissen präsent wird. Damit beeinflussen kulturelle Vorstellungen über das „Wie-man-sein-soll" das Selbstkonzept deutlich (Oyserman 2003). So wird es möglich, empirisch danach zu fragen, wie im Habilitationsprozess an Frauen Stereotype adressiert werden, wie diese das Selbstkonzept dieser Frauen tangieren und in welcher Art und Weise. Konkret kann dieser Prozess nun im Sinne eines situational zugänglichen „Arbeitsselbsts" (*working self-concept*) nachverfolgt werden: Wie beeinflussen also Stereotype in einer männlich-konnotierten Organisation Selbstkonstrukte und führen so zu einem Ausschluss von Weiblichkeit?

Die Studie von Bettina Hannover und Ulrich Kühnen weist explizit darauf hin, dass ein bestimmter Kontext das Selbstkonzept nachweislich beeinflusst (Hannover und Kühnen 2004). Dies wirkt sich auf die Art und Weise aus, wie Informationen in einem konkreten sozialen Kontext verarbeitet werden. So wird davon ausgegangen, dass, wenn Individuen Stereotype in ihrem Selbstkonzept gespeichert haben, eine situative Aktivierung der Stereotype zu einem stereotypenkonformen Verhalten führen kann. Zudem konnte gezeigt werden, dass die Aktivierung der eigenen Geschlechtszugehörigkeit zugleich eine Aktivierung von entsprechenden Stereotypen im Selbst zur Folge hat (Athenstaedt und Alfermann 2011: 50). Diese Aktivierung tendiert nicht zur Aufwertung der Ingroup und Abwertung der Outgroup, wenn erwartet werden muss, durch negative Stereotype beurteilt zu werden oder durch eigenes Verhalten negative Stereotype zu bestätigen. In einem solchen Kontext kann es zu Leistungsminderungen kommen. Der als „stereotype threat" beschriebene Effekt bezeichnet die nachteilige Wirkung von Stereotypen auf die Leistung von Betroffenen (Steele 1997). Wenn also negative Stereotype über die eigene Gruppe vorherrschen, neigen die Gruppenmitglieder eher zu Ängsten in Hinblick auf ihre Leistungsperformance, was sich wiederum auf die tatsächliche Leistung mitauswirkt. Für Frauen konnte dies beispielweise in Bezug auf Mathematiktests nachgewiesen werden (Cadinu et al. 2005). Stereotype Bedrohung betreffen aber nicht nur vereinzelte Leistungsnachweise. So konnte gezeigt werden, dass Betroffene sich auch von Gruppen distanzieren, die mit negativen Stereotypen assoziiert werden. Beispielsweise kam eine Studie zu dem Ergebnis, dass Frauen unter einem *stereotype threat* weniger nach einer Führungsposition streben (Davies et al. 2005). Stereotype Bedrohungen stellen also ein situationales Dilemma unter Anpassungsdruck da, dass mit einer Selbstwertminderung einhergehen kann (Athenstaedt und Alfermann 2011: 54). Die Aktivierung von Stereotypen im Selbstwissen kann in einem männlich konnotierten Kontext zu negativen Veränderungen im Selbstkonzept beitragen, die dazu führen, dass sich Frauen von diesen Bereichen abwenden (ebd.: 52).

Wie hochgradig die Beeinflussung des Selbstwissens durch einen sozialen Kontext ausfällt, hängt von der sozialen Gebundenheit des Selbstkonzepts ab. Diese Selbstkonzepte werden als inter- oder independent bezeichnet und definieren, wie abhängig Selbstkonzepte von sozialen Kontexten sind. So werden Informationen umso stärker an soziale Inhalte assimiliert, je zugänglicher soziale Selbstinhalte für die Person zu diesem Zeitpunkt sind (Hannover 2000). Ein unabhängiges oder abhängiges Selbstkonzept verarbeitet demnach Informationen auf semantischer und prozeduraler Ebene unterschiedlich (Hannover und Kühnen 2002: 63 f.). Auf semantischer Ebene geht es um die Zugänglichkeit eher autonomen (independenten) oder sozialen (interdependenten) Selbstwissens, das wiederum neu eintreffende Inhalte kategorisiert und sich auch in Wertvorstellungen und Zielen des Individuums ausdrückt. Die prozedurale Ebene betrifft die Modi der Informationsverarbeitung: Bei einer independenten Selbstkonstruktion werden Informationen kontextunabhängig verarbeitet (z. B. „ich bin humorvoll"). Interdependente Selbstkonstruktionen hingegen beziehen Personen und Situationen in die Wahrnehmung und Reflexion des Selbst mit ein (z. B. „ich bin gern mit meinen Freunden zusammen", ebd. 64). Menschen definierten ihr Selbst damit sowohl basierend auf independenten als auch auf interdependenten Konstrukten, die sich darin unterscheiden, welche der beiden Wissensarten im Selbst chronischer zugänglich sind (ebd. 62). Hannover und Kühnen haben für diesen Zusammenhang das Modell des Semantisch-prozeduralen Interfaces des Selbst eingeführt (ebd.) (siehe Abbildung 32).

Sie gehen innerhalb dieses Modells davon aus, dass Inhalt und Grad der Abhängigkeit selbstbezogenen Wissens systematisch miteinander assoziiert sind. Die Aktivierung autonomen vs.

sozialen Selbstwissens hat damit nicht nur semantische Effekte auf die nachfolgende Informationsverarbeitung (semantischer Mechanismus), sondern löst zudem einen kontextabhängigen bzw. kontextunabhängigen Verarbeitungsmodus aus (prozeduraler Mechanismus).

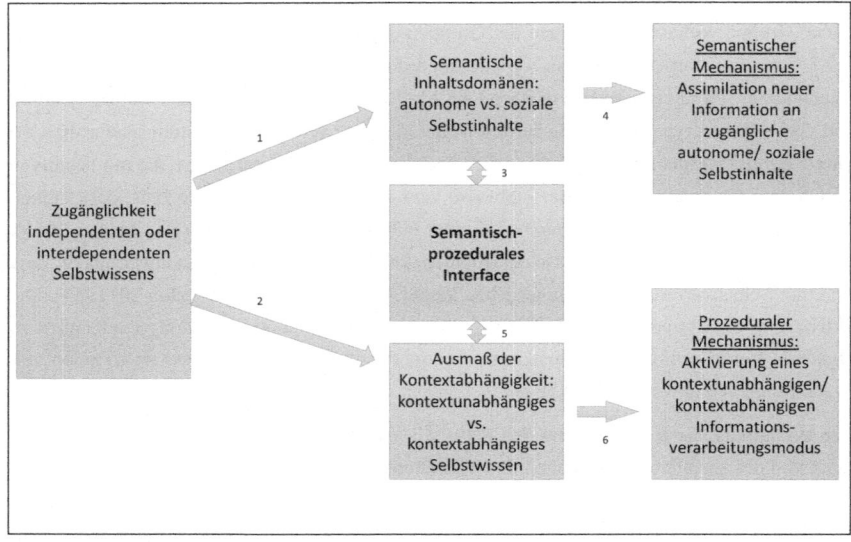

Abb. 32: Das Semantisch-prozedurale Interface (SPI) des Selbst nach Hannover und Kühnen (2002: 63) (eigene Darstellung)

So fanden Paula Niedenthal und Denis Beike (1997) Folgendes heraus: Bei Versuchspersonen, bei denen ein independentes Selbst aktiviert wurde (sie sollten über sich selbst als unabhängig von anderen nachdenken), beschrieben sich diese anschließend in abstrakteren Begrifflichkeiten als diejenigen, die sich im Vergleich zu Geschwistern beschreiben sollten.

Wie die Abbildung 32 zeigt, weist dies darauf hin, dass independente Selbstinhalte mit kontextunabhängigen kognitiven Prozeduren assoziiert sind, interdependente Selbstinhalte hingegen eine kontextabhängige Verarbeitung mitaktiviert. Diese Independenz- und Interdependenz-Normen tragen zur Konstruktion von Geschlecht bei (Hannover 2010: 31). In einem psychologischen Review konstatieren S. E. Cross und L. Madson (1997), dass Frauen und Männer sich darin unterscheiden, wie sie ihr Selbst konstruieren sollen. Maskulin bedeutet, eine independente Selbstkonstruktion anzustreben, bei der das Subjekt als getrennt und individuell einzigartig erscheint. Demgegenüber stellt sich Feminität als interdependent dar, da enge Beziehungen und Gemeinsamkeiten mit anderen bevorzugt werden. Weiblichkeit ist damit mit dem Einbezug interpersonaler Beziehungen in die Selbstdefinition assoziiert. Dies erklärt, warum

Frauen eher zu der Auffassung neigen, dass *key people* ein wichtiger Teil der Selbstbewertung werden können (McConnell et al. 2013: 17). Eine interdependente Selbstkonzeption führt zu einer stärkeren Kontextabhängigkeit der Wahrnehmung, zu einem geringeren personalen Selbstwert bei ausgeprägtem kollektiven Selbstwert, geringerer selbstwertdienlicher Voreingenommenheit und dem stärkeren Verfolgen von sozial verantwortlichen Zielen im Gegensatz zu selbstbezogenen Zielen (vgl. Hannover 2010: 30 ff.). Independente Selbstkonzeptionen neigen hingegen eher zu Attributionsfehlern. So legen die Experimente von Hannover und Kühnen nahe, dass

„Mitglieder individualistischer Kulturen deshalb anfälliger für den fundamentalen Attributionsfehler, für die Actor-Observer-Difference und für den Correspondence Bias sind, weil für sie autonome Selbstinhalte chronisch hoch zugänglich sind (vgl. Kühnen, 1999). Im Ergebnis kategorisieren und interpretieren sie [eine] neue Information so, als wäre sie unabhängig vom aktuellen Kontext, d. h., sie unterschätzen den Einfluss situationaler Faktoren (wie z. B. die Zuweisung einer sozialen Rolle (fundamentaler Attributionsfehler)) oder die Einschränkung von Wahlfreiheit (Correspondence Bias) auf eigenes Verhalten und insbesondere auf das Verhalten anderer (Actor-Observer-Difference)" (Hannover und Kühnen 2002: 72).

Auf dieser theoretischen Basis kann nun empirisch danach gefragt werden, welche Konsequenzen eine vergeschlechtlichte Organisationskultur für die Aktivierung einer interdependenten – und damit einer verstärkten – Kontextabhängigkeit des Selbstwissens haben kann. Trägt eine situativ feminisierte Aktivierung eher zu einem interdependenten und kontextabhängigen Selbstwissen bei? Und welche Folgen zeitigt dies in einem Kontext, der Weiblichkeit eher negativ bewertet?

Stereotype sind für die Informationsverarbeitung essentiell, zugleich erzeugen sie durch ihre Fehlerhaftigkeit aber auch soziale Ausgrenzung und stabilisieren bzw. reproduzieren Geschlechterungleichheiten. In diesem Kapitel wurde dargelegt, dass Stereotype in männlich konnotierten beruflichen Feldern verändernd auf Selbstkonzepte von Frauen einwirken können. Es wurde zudem geklärt, welche Folgen sich aus Geschlechterstereotypen für die Wahrnehmung und Beurteilung von Frauen ergeben. Das Selbst stellt keine konstant-gleichbleibende Einheit dar, sondern wird dynamisch durch den jeweiligen Kontext aktiviert, wie die Ausführungen deutlich werden ließen. Was dies im Hinblick auf die weiteren Aspekte des Selbstkonzepts wie den Selbstwert und die Selbstwirksamkeitserwartung bedeuten kann, soll im nächsten Unterkapitel diskutiert werden.

3.3.2. Organisationskulturelle Einflüsse auf Selbstwert und Selbstwirksamkeitserwartung

Wie in Kapitel 1.3. dargestellt, werden individualpsychologische Bemühungen um Frauenförderung insofern kritisiert, als sie zur Ermächtigung dieser Frauen deren Defizite und Geschlechterzugehörigkeit betonen. Die individualpsychologische Perspektive aus Kapitel 1.3. fokussiert vor allem Unterschiede im Selbstkonzept und hier insbesondere in Bezug auf Selbstwert und Selbstvertrauen von Frauen und Männern. In diesem Unterkapitel wird es nicht um Unterschiede im Selbstwert zwischen den Geschlechtern gehen, sondern umgekehrt, um die Frage, wie bestimmte Organisationskulturen günstiges und ungünstiges Selbstwissen miterzeugen und so Ungleichheiten in den Geschlechterkonstellationen produzieren. Nach einem Exkurs zur Kritik an der zentralen Stellung des Selbstwertes zur Lösung sozialer Probleme wird auf die Bedeutung des Selbstwertes und des beruflichen Selbstvertrauens für berufliche Erfolge sowie das psychische Wohlbefinden eingegangen. Dies geschieht vor dem Hintergrund der Frage, wie ein beruflicher Kontext Einfluss auf diese personalen Konstrukte nehmen kann.

Exkurs: Selbstwert als soziale Problemlösungen

Die Konjunktur eines positiven Selbstwissens im Arbeitsumfeld kann im Kontext individualistischer und neoliberaler Gesellschaften gelesen werden, in der sich die Idee etablierte, dass Menschen ihr Leben schlicht über die Erhöhung des Selbstwertes verbessern und damit soziale Probleme lösen könnten (Hewitt 1998). Selbstwert und Selbstbewusstsein werden in dieser Debatte häufig analog benutzt, obgleich der Selbstwert die Bewertung durch andere in den Vordergrund stellt (Mummendey 2006: 69), Selbstbewusstsein hingegen die inneren Prozesse der Selbstbewertung definiert (ebd.: 61). In Bezug auf die Figur des unternehmerischen Selbst (vgl. Kapitel 4.1.2.) hat diese Vorstellung auch für die Karriere von Frauen eine Flut von Ratgebern und Selbsthilfeliteratur ausgelöst (Bröckling 2002). Überschriften wie *Das neue Selbstbewusstsein: was Frauen zum Erfolg führt* (Kay und Shipman 2018) dienen der beruflich orientierten individuellen Selbsthilfe (Maasen 2011). Um zu erläutern, weshalb Selbstwert einen so hohen Stellenwert im beruflichen Kontext einnimmt, sei auf die Ausführungen von Edgar Cabanas und Eva Illouz vorgegriffen (vgl. Kapitel 4.1.2), die die Ansicht vertreten, dass durch Entgrenzung und Subjektivierung von Arbeit bereits ein hohes Maß an Selbstwertgefühl benötigt wird, um erfolgreich zu sein und in einem nächsten Schritt einen gewissen Grad an ökonomischer Stabilität und Erfolg zu erreichen (2015: 567 f.). Angela McRobbie beschreibt diese Selbstwertzentrierung folgendermaßen:

> „Für diejenigen Frauen, die über die soziale Fähigkeit des selbstbewussten Auftretens und über Ehrgeiz verfügen, stellt sich die Frage, wie sie diese Fähigkeit an den Arbeitsplatz mitnehmen können. Für die, die eben jene Fähigkeiten nicht haben, bringt der Übergang ins Arbeitsleben ziemlich sicher mit sich, dass sie in schlecht bezahlte und unqualifizierte Berufe gedrängt werden – immerhin mit dem Versprechen, dass

diejenigen, die ihre Chancen auf dem Arbeitsmarkt verbessern wollen, tatsächlich Wege in Richtung Weiterbildung, Freistellung und Trainings offenstehen" (2010: 115).

Es ist also ein Wissen um den Selbstwert als Grundlage beruflichen Erfolgs entstanden: Diesen gilt es, beständig aufrecht zu erhalten und mittels Beratung zu optimieren. Hier tritt eine „gouvernementale" Figur in den Vordergrund, die soziale Problemlösungen in ‚die Frau' und ihre selbstwerterhaltenden Kompetenzen verschiebt. Die theoretischen Implikationen der Gouvernementalität als Form neoliberaler Führung und Selbstführung soll in Kapitel 4.1. noch ausführlich beschrieben werden. An dieser Stelle genügt es, darauf zu verweisen, dass ein positives Selbstwissen zu einer beruflichen Ressource wird, die es aufrechtzuerhalten oder herzustellen gilt. Diese Vorstellung liegt auch Formen berufsbezogener Beratung und Coachings zugrunde, die ein Teil von Mentoring-Programmen sind (vgl. Kapitel 2). Kritisiert werden kann, dass Frauen dazu aufgefordert werden, sich zu „optimieren" (Bröckling 2003). Durch die Verlagerung sozialer Problematiken als individuell zu lösende Aufgabe ist gerade in der Wissenschaft die Nachfrage nach Beratung und Coaching gestiegen (Symanski 2006: 91). Coaching und Beratung als Sozialtechnologien (Traue 2011; 2010) basieren auf dieser Vorstellung, soziale Problematiken durch Selbstoptimierung lösen zu können oder zu müssen und bauen sich in ein System ein, das diese Problemlösungen an das Individuum delegiert. Die hohe Nachfrage nach Beratung und Coaching in der Wissenschaft lässt sich so auch vor dem Hintergrund veränderter Rahmenbedingung in der Wissenschaft lesen (vgl. Kapitel 4.1.2). Katharina Gröning fragt deshalb im Hinblick auf die Nebeneffekte individualfokussierter Beratung im Kontext von sozialen Ungleichheiten: „Bleibt Beratung reflexiv, wenn sie das Spannungsfeld von institutionellen Interessen berührt, oder wird sie dann zur Ordnungsfunktion und deutet mithilfe der Psychologie Interessensspannungen zu Persönlichkeitsproblemen um?" (Gröning 2016: 108). Auf diese Frage werde ich in Kapitel 10 eingehen. Roy Baumeister et al. (2004) sprechen aufgrund dieser gesellschaftlich diskursiven Verschiebung von einer Überbewertung des Selbstwertes. Sie kritisieren insbesondere, dass das Anstreben einer hohen Selbstbewertung zur Quelle sozialer Problemlösungen avanciert:

> „People intuitively recognize the importance of self-esteem to their psychological health, so it isn't particularly remarkable that most of us try to protect and enhance it in ourselves whenever possible. What is remarkable is that attention to self-esteem has become a communal concern" (Baumeister et al. 2004: 1).

Ein hoher Selbstwert sei zum Quell alles Positiven geworden, obwohl der Zusammenhang zwischen hohem individuellem Selbstwert und der Lösung sozialer Problematiken bislang nicht belegt sei:

> „So we can certainly understand how an injection of self-esteem might be valuable to the individual. But imagine if a heightened sense of self-worth prompted some people to demand preferential treatment or to exploit their fellows. Such tendencies would

entail considerable social costs. And we have found little to indicate that indiscriminately promoting self-esteem in today's children or adults, just for being themselves, offers society any compensatory benefits beyond the seductive pleasure it brings to those engaged in the exercise" (ebd.: 5).

Dieser Exkurs macht deutlich, dass die Konzentration auf individualpsychologische Konstrukte wie dem Selbstwert als Garant sozialer Gleichheit kritisch zu betrachten ist. Sie laufen Gefahr, Spannungen zwischen Individuum und Organisation auf die benachteiligten Personen zu übertragen. Vielmehr sollte deshalb die Frage gestellt werden, inwiefern soziale Ungleichheiten zu Veränderungen im Selbstwert beitragen und so personale Ressourcen im beruflichen Werdegang entziehen.

Definition „Selbstwert" und mögliche Veränderungen

In der vorliegenden empirischen Untersuchung wird es daher weniger darum gehen, inwiefern ein hoher Selbstwert von Frauen zu einem organisationalen Wandel beiträgt, sondern wie Organisationskulturen auf den Selbstwert als personale Ressource im Habilitationsprozess positiv oder negativ einwirken. Aufgrund der Kritiken an der Fokussierung auf einen hohen Selbstwert wird in der Selbstwertforschung nunmehr weniger die Frage nach einem hohen oder niedrigen Selbstwert als ausschlaggebend betrachtet, sondern vielmehr darauf hingewiesen, dass Selbstwertstabilität eine wichtige Größe für das Wohlbefinden darstellt (Kernis und Waschull 1995). Astrid Schütz weist zudem darauf hin, dass ein hoher Selbstwert für das soziale Umfeld nicht unbedingt günstig ausfallen muss. Diese Fokussierung auf den Selbstwert übersehe Formen von Narzissmus und Arroganz (Schütz 2003: 106 ff.), die auch bei Frauen zugenommen hätten (Twenge und Campbell 2013). Weiterhin hat diese Entwicklung dazu geführt, dass die Frage nach der Art und Weise, wie jemand nach dem Selbstwert strebt, wichtiger wurde und damit die Frage: „Do people need self-esteem?" (Crocker und Nuer 2004). Auch wenn die Konzentration auf den Selbstwert übertrieben sein mag, postulieren die Studien doch, dass der Selbstwert günstige psychische Wirkungen entfalte und eine wichtige Quelle für Gesundheit sei (Pyszczynski und Cox 2004).

Was konkret bedeutet also dieser Selbstwert, der zu einer omnipräsenten Diskursgröße wurde? Ruth Wylie (1974, nach Schütz 2003: 4) beantwortet diese Frage folgendermaßen: Wenn das Selbstkonzept als subjektives Bild der eigenen Personen bezeichnet wird, so ist das Selbstwertgefühl die subjektive Bewertung dieses Bildes. Nach Schütz bezeichnet *self-esteem* damit die Bewertung, die ein Individuum sich selbst zuschreibt: Der Selbstwert sei die evaluative Variante des Selbstkonzeptes (2003: 4). Die Theorie des Selbstwertgefühls geht davon aus, dass Selbstwertprozesse soziale Vergleiche implizieren. Das bedeutet, dass das Selbstkonzept und das Selbstwertgefühl die vermutete Wahrnehmung durch andere mit einschließt (Tice 1992, nach ebd.). Nach der Definition von Stanley Coopersmith (1967) bezeichnet Selbstwert:

„the evaluation which the individual makes and customarily maintains with regard to himself: it expresses an attitude of approval or disapproval, and indicates the extent to which the individual believes himself to be capable, significant, succesful, and worthy. In short, self-esteem is a personal judgement of worthiness that is expressed in attitudes the individual holds toward himself" (ebd.: 4-5).

Claude Steele (1988) geht davon aus, dass ein fundamentales Bedürfnis existiert, zufrieden mit sich selbst zu sein. Dem gegenüber stehen Forschungen, die dieses Bedürfnis als weniger grundlegend beschrieben (Leary et al. 2003). Für Mark Leary et al. ist dieser als fundamental und ur-menschlich beschriebene Hang eher ein psychologischer Glaube als eine nachweisbare Tatsache – „It is time to retire the idea that people have a need for self-esteem" (ebd.: 274). Leary und Baumeister (2000) verstehen das Selbstwertgefühl deshalb eher als eine *sociometer hypothesis*. Diese Hypothese einer Soziometer-Anzeige besagt, dass es sich bei *self-esteem* um ein System handele, das das Ausmaß sozialer Akzeptanz des Individuums kontrolliere. Abgeleitet aus dem ‚Selbstwert-Motiv' versuchen Personen, soziale Missachtung und Zurückweisung zu vermeiden und streben nach sozialer Anerkennung. Wenn also ein Individuum nicht angemessen bewertet wird, entwickelt es Verhaltensweisen, um diese Situation zu verändern. Selbstwert ist demnach eher ein sozialer interpersonaler Maßstab. Wenn dieses Maß Abwertung erkennt, wendet sich das Individuum dieser Quelle zu und versucht, das Problem zu lösen. Bei *self-esteem* handelt es sich damit um eine affektiv besetzte Selbsteinschätzung aufgrund der beschriebenen Soziometer-Anzeige. Als Quellen des Selbstwertgefühls kommen, da es sich um die Bewertung des Selbstkonzepts handelt, prinzipiell alles selbstgezogene Wissen infrage. Siegrun-Heide Filipp und Dieter Frey (1988) gehen explizit von der Beobachtung des eigenen Verhaltens und Erlebens, der Beobachtung physiologischer Zustände sowie den Informationen, die aus sozialer Rückmeldung und aus sozialen Vergleichen gewonnen werden, als Bewertungsgrundlagen aus. Informationsquellen des Selbstwertgefühls sind damit Selbstwahrnehmung, soziale Rückmeldung und soziale Vergleiche, meist in Hinblick auf Erfolg gegenüber Bezugsgruppen (Schütz 2003: 59). Das Selbstwertgefühl wird gehoben, wenn man relevanten Vergleichspersonen gegenüber überlegen ist (Pelham 1991). Die Wahrscheinlichkeit, wer sich mit wem vergleicht, hängt dabei von Ähnlichkeiten „zwischen einer Meinung und/oder Fähigkeit der eigenen Person und der einer anderen" ab (Frey et al. 2001: 92). Die Hypothese der Ähnlichkeit trifft neben Meinung und Fähigkeit auch auf Geschlechtsähnlichkeit zu. So werden Personen im Vergleich bevorzugt, die für ein relevantes Attribut auch in Bezug auf das Geschlecht der eigenen Person ähnlich sind (ebd. 94). Es wird eine Distanz zu der als ‚anders' konzipierten, unähnlichen Gruppe geschaffen. In der empirischen Auswertung wird sich zeigen, dass genau dieser Effekt einen großen Einfluss auf Förderstrukturen nimmt (vgl. Kapitel 7.2.). Damit können homosoziale Fördermaßnahmen aufgrund sozialer Nähe auch in Anschluss an diese Hypothese erklärt werden. Positive soziale Vergleiche sind eine Quelle für den Selbstwert.

Sich in einem Kontext unähnlich zu fühlen, kann hingegen negative Konsequenzen für das Selbstkonzept haben. So beeinflusst beispielsweise der Bildungsgrad der Eltern die soziale Identifikation von Studierenden mit der Wissenschaft und führt zu dem Eindruck eines *personal misfit* (Janke et al. 2017). Demgegenüber steht ein *sense of entitlement* als eine selbstbewusste Anspruchshaltung gegenüber Bildungssystemen und möglichen beruflichen Erfolgen. Prominent entwickelt wurde dieser Begriff des *sense of entitlement* im Kontext von Bildung und Erziehungsstilen durch Annette Lareau (2011). Im Rahmen einer US-amerikanischen Feldstudie fand sie einen Unterschied zwischen der Anspruchshaltung von Mittelklassen-Familien gegenüber Bildungsinstitutionen im Vergleich zu niedrigeren Klassen. Sie differenziert zwischen einem *sense of entitlement* und einem *sense of constrain*. So organisieren Mittelschichts-Eltern den Umgang mit Institutionen im Sinne eines Anspruchs und einer Berechtigung auf Unterstützung und Gewährung von Anliegen. Dem gegenüber äußerten Eltern aus unteren Schichten weniger häufig Probleme und Anliegen. Sie nahmen das Schulsystem eher als Zwangssystem war (Andresen 2008: 41). Die akademische Wertevermittlung zwischen Eltern und Kind wirkt wiederum auf das akademische Selbstkonzept von Kindern und sich damit letztlich auch auf Bildungsungleichheiten aus (Gniewosz und Walper 2017: 189). Übertragen auf den beruflichen Genderkontext fasst der Begriff *sense of entitlement* eine Anspruchshaltung, die sich auf berufliche Erfolge auswirken kann. So zeigen Vanessa McGann und Janice Steil (2006: 178 ff.) auf, dass psychologische Forschungen zu Ungleichheiten einen *sense of entitlement* zwischen den Geschlechtern in Bezug auf homosoziale Vergleiche diagnostizieren. Eine geringere Anspruchshaltung innerhalb der Frauengruppen hatte Auswirkungen auf das eingeforderte Gehalt und berufliche Positionen. Andere Studien zeichnen hingegen nach, wie sich eine Anspruchshaltung durch organisationale Barrieren veränderte und sich zu einem *sense of resignation* wandelte (Walters und Whitehouse 2013). Für die empirische Untersuchung sensibilisiert dies für einen Blick auf entsprechende Veränderungen der Anspruchshaltung durch organisationale Barrieren. Es kann also gefragt werden: Inwiefern wirken unterschiedliche Anspruchshaltungen positiv oder negativ auf den Selbstwert ein und wie beeinflusst die Organisation wiederum diese Haltungen?

Mit der Soziometer-Annahme (Leary et al. 1995) kann daher konstatiert werden, dass die Anerkennung einer Person auf unterschiedlichen Vergleichsparametern basiert und sich im Selbstwertgefühl abzeichnet. In Rückbezug auf die Theorie der sozialen Vergleichsprozsse nach Festinger (1954) gehen Dauenheimer et al. (2000: 163) davon aus, dass soziale Vergleiche nicht nur der möglichst akkuraten Einschätzung des Selbsts (Selbstauthentizität), sondern auch dem Selbstwertschutz dienen. Die Theorie des Selbstwertschutzes besagt, dass Individuen ihren Selbstwert schützen, indem sie sich mit anderen vergleichen, die schlechter abschneiden (Abwärtsvergleich), die Vergleichspersonen abwerten oder den Vergleich vermeiden (Dauenheimer et al. 2002: 163). Um den Selbstwert zu schützen, neigen Personen nicht nur dazu, ihre Leistungen selbstwertdienlich zu erklären, sie bereiten bereits während der Einbringung der

Leistung selbstwertschützende oder -erhöhende Attributionen vor. Diese Vorbereitung kann in engem Zusammenhang mit der Theorie des Impression-Managements betrachtet werden. Diese, von dem Soziologen Erving Goffman entwickelte Theorie besagt, dass Individuen den Eindruck kontrollieren, beeinflussen und steuern möchten, den sie auf andere Personen machen. Das Impression-Management wird in sozialen Prozessen geformt und aufrechterhalten (Arkin 1984). Die Prozesse wirken auf das Selbstbild der Person und dienen damit auch der Selbstkonzeptformung.

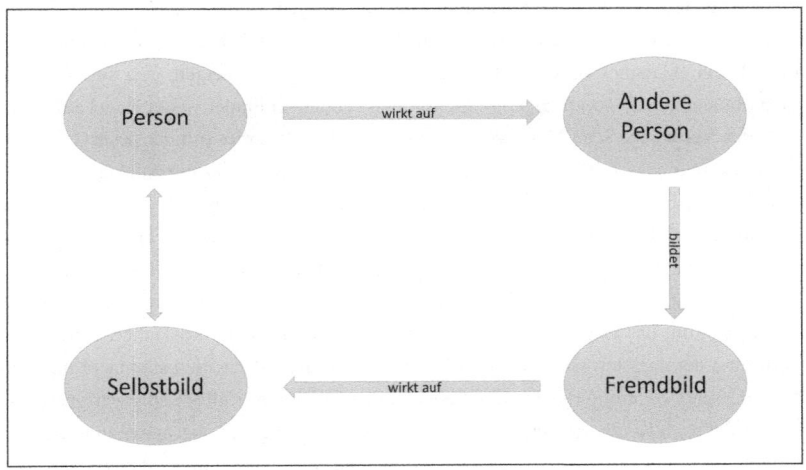

Abb. 33: Wechselwirkung zwischen dem Individuum, einem anderen, dessen Bild vom Individuum (Fremdbild) und dem Bild der Person von sich selbst (Selbstbild). Aus: Mummendey 1995: 213

Wie Abbildung 33 zeigt, postuliert Mummendey hierbei positive Impression-Management-Techniken, die auf eine direkte positive Darstellung der Person rekurrieren, wie die Betonung der eigenen Vorzüge oder der Selbstzuschreibung von Leistung, um nur wenige zu nennen. Dem stellt er negative, selbstherabsetzende Techniken gegenüber. Diese Eindruckskontrolle hat die Funktion indirekter positiver Selbstdarstellung, da man für nachfolgende Misserfolge durch Beeinträchtigung nicht verantwortlich gemacht werden will. Diese Technik wird als Self-Handicapping bezeichnet (Mummendey 2002: 219). Bei Eintreten eines Misserfolgs können durch eine Hürde externe Gründe verantwortlich gemacht und damit der Selbstwert erhalten und geschützt werden. Wenn der Erfolg eintritt, kann dies zu einer Selbstwerthöhung beitragen, da selbst Hürden zum gewünschten Ergebnis beitragen konnten. Self-Handicapping kann jedoch auch dazu führen, dass Erfolg vermieden wird, um das positive Selbstbild vor Misserfolg zu schützen. Zudem kann es zu sich selbsterfüllenden Prophezeiungen führen, wenn genau das Verhalten an den Tag gelegt wird, dass eigentlich vermieden werden sollte. Gemeinhin wird angenommen, dass es aufgrund von Unsicherheit bezüglich einer Performance in der Zukunft entsteht (Berglas und Jones 1978) und so mit einem unsicheren Selbstwert zusammenhängt (Harris und Snyder 1986). Und dies insbesondere bei hoher Wichtigkeit des Ziels (Sheppard und Arkin 1989), wenn dieses egorelevant ist (Pyszczynski und Greenberg 1983) oder in Anwesenheit von Publikum (Hirt et al. 2000), da dies zu einer höheren potentiellen Selbstbedrohung führen könnte. Hierbei wird unterschieden zwischen selbstbehindernder Äußerung (*claim*) und Verhalten (*behavior*). Ersteres meint die Entschuldigung eventuellen Scheiterns wie Stress, Letzteres rekurriert auf tatsächlich beeinträchtigendes Verhalten, wie den Aufwand zu reduzieren oder Hürden selbst herzustellen (Decker und Mitchell 2016). Bei diesen Strategien wurde ein eklatanter Geschlechtsunterschied festgestellt. So neigen zwar sowohl Frauen als auch Männer zu *self-handicapping-claims*, doch verzichten Frauen in der Regel auf ein entsprechendes Verhalten. Sean McCrea et al. (2008) fanden, dass dies mit der positiven und höheren Bewertung von Frauen gegenüber einem Arbeitseinsatz zusammenhängt. So führen Frauen einen ausbleibenden Einsatz eher auf kontinuierliche Persönlichkeits- als auf Situationsmerkmale zurück und beurteilen diese Technik damit deutlich strenger. Da sie selbst geringen Arbeitseinsatz bei anderen negativer bewerten als Männer, erscheint diese Strategie nicht als Selbstwertschutz zu dienen. Frauen neigen deshalb eher zu einer betonten Äußerung möglicher Hürden, um das Gegenüber zu kontrollieren. Insgesamt kann konstatiert werden, dass hier Prozesse der sozialen Interaktion wirksam werden, die auf das Selbstkonzept und daher auch auf dessen Bewertung rückwirken. So existiert zwar ein generelles Selbstwertgefühl (Rosenberg 1965, nach Herzberg und Collani 2003), dessen Anteile sich aber unter anderem durch die aufgeführten Prozesse der sozialen Interaktion situativ verändern und auf das Selbstwissen (Kapitel 3.3.1.) auswirken. Hierunter fällt die Selbstwirksamkeitserwartung, die mit dem Selbstwertgefühl korrespondiert (Brömer und Jonas 2002: 287).

Selbstwirksamkeitserwartung und Attributionsmuster

Eine für die vorliegende Arbeit wesentliche Analyse, auf die im Späteren noch detailliert eingegangen werden soll, liefert Andrea Abele-Brehm (2013). Sie geht davon aus, dass der berufliche Ausstieg von Medizinerinnen mit der Abnahme beruflicher Selbstwirksamkeitserwartung zusammenhängt. Ihre Studie zeigt, dass diese Selbstwirksamkeitserwartung durch die berufliche Tätigkeit im Krankenhaus absinkt. Dieses Absinken nennt sie „Praxisschock" (Abele-Brehm 2013: 50) und weist hier auf den organisationalen Einfluss auf personale Ressourcen, z. B. auch von Ärztinnen hin. Im Nachstehend soll deshalb erläutert werden, was Selbstwirksamkeit konkret bedeutet und wie dieses mit Attributionsstilen zusammenhängt. Mit Rückgriff auf die Studie von Abele-Brehm soll gezeigt werden, welche Veränderungen sich durch eine Organisationskultur ergeben und wie die Ausführungen für eine empirische Analyse fruchtbar gemacht werden können.

Die Theorie der Selbstwirksamkeitserwartung geht aus der sozial-kognitive Lerntheorie von Albert Bandura (1977) hervor. Selbstwirksamkeitserwartung wird definiert durch die „Überzeugung zur eigenen Fähigkeit, bestimmte Handlungen ausführen zu können, die zum Erreichen bestimmter Ziele erforderlich sind" (Haddock und Maio 2014: 225). Nach Bandura ist neben dieser wahrgenommenen Selbstwirksamkeit eine ebenfalls subjektive Einschätzung abzugrenzen – die Ergebnis-Erwartungen. Bei diesem Konstrukt handelt es sich um die Erwartung, dass ein gezeigtes Verhalten auch tatsächlich zu Ergebnissen führen wird (Brömer und Jonas 2002: 285). Ergebnis-Erwartung unterliegt stärker dem Einfluss von Umweltgegebenheiten (Abele et al. 2000: 1). Abbildung 34 verdeutlicht den Zusammenhang von Selbstwirksamkeitserwartung *(efficacy expectations)* und Ergebniserwartung *(outcome expectations)*:

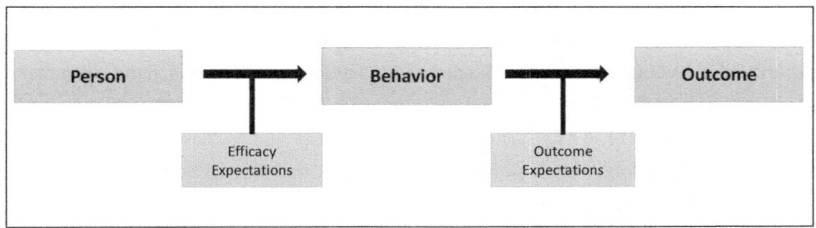

Abb. 34: Diagramm des Unterschieds zwischen Selbstwirksamkeitserwartung und Ergebnis-Erwartung. Aus: Bandura 1977: 193

Selbstwirksamkeitserwartung wird als eine generalisierte personale Ressource betrachtet. Zugleich unterliegt aber auch sie situativen Veränderungsprozessen. Die wahrgenommene Selbstwirksamkeitserwartung ist nach Bandura Ergebnis komplexer Schlussfolgerungsprozesse, die neben dem persönlichen Verhalten auch relative Beiträge sozialer und situativer Einflüsse auf das Verhalten einschätzen. Bandura (1997) unterscheidet vier Informationsgrundlagen: a) die eigenen Bewältigungserfahrungen, b) die stellvertretende Erfahrungen durch die Beobachtung anderer Personen, c) die verbale Informationsvermittlung durch Feedback sozialer Vergleichsstandards sowie d) die (kognitive Interpretation) physiologischer und affektiver Zustände. Selbstwirksamkeit steht darüber hinaus in einem engen Zusammenhang mit Attributionsstilen. So wurde nachgewiesen, dass eine selbstwertdienliche Attribution die Selbstwirksamkeit stärkt (Schwarzer und Jerusalem 2002: 50). Schwarzer und Jerusalem gehen in ihren Ausführungen zu Selbstwirksamkeitserwartungen deshalb dezidiert auf Attributionsmuster ein. Attribution beschreiben sie dabei als eine Interpretationsform bezüglich kritischer Ereignisse. Gelingt es demnach, schwierige Situationen vorteilhaft zu interpretieren, fühle man sich besser und handle auch wirksamer (ebd.: 31). In ihren Überlegungen beziehen sie sich auf Martin Seligman, dessen Überlegungen zu einer der Grundlagen des Verstehens von Attribution und Selbstwirksamkeit avancierten. Sein Ansatz geht zurück auf die Theorie erlernter Hilflosigkeit im Zusammenhang mit Depression und wurde weit darüber hinaus rezipiert. Auch Jerusalem und Schwarzer nutzen diese Überlegungen im Hinblick auf Erfolge in Bildungsinstitutionen (ebd.). Seligman (1999) führt aus, wann und warum sich Menschen machtlos fühlen können. Ausgangspunkt ist die Erfahrung von Menschen, dass zum wiederholten Male der Versuch, Ereignisse und Situationen der Umwelt zu beeinflussen, fehlschlägt. Wenn dann auch die Versuche, Kontrolle zurückzugewinnen, misslingen, führt dies dazu, dass sich die weitere Motivation, Einfluss auszuüben, vermindert. Die Theorie setzt also dort an, wo Versuche der Veränderung ins Leere laufen. Wenn eine Person im Ergebnis zu der Erkenntnis gelangt, dass sie durch keine ihrer zur Verfügung stehenden Handlungsmöglichkeiten einen positiven Einfluss auf die Umwelt nehmen kann, lernt sie, dass sie hilflos ist. Dies erklärt aber nach Norbert Herriger noch nicht, warum dieser Prozess zu einem signifikanten Verlust des Selbstwertgefühls beiträgt. Herriger, der sich u. a. intensiv mit dem Konzept des Empowerment und Formen der Selbstwirksamkeit auseinandersetzt, weist in diesem Zusammenhang auf die Erweiterung der Seligman'schen Theorie durch Attributionsfragen hin. Bei diesen Attributionen handelt es sich um einen inneren Dialog, in dem sich Menschen bemühen, Erklärungen für das Scheitern der Steuerungsversuche zu finden (Herriger 2014: 57 f.). Seligman kam zu der Erkenntnis, dass Menschen, die sich hilflos fühlen, Misserfolge ihrem persönlichen Geschick und ihren Fähigkeiten zuschreiben (= internal) sowie Erfolge eher durch Glück und Zufall erklären (= external). Im Gegensatz dazu suchen ‚nicht hilflose' Menschen bei Misserfolgen die Ursachen eher in äußeren Umständen und sind auf sich stolz, wenn sie Leistungen erbracht haben (1978, nach Seligman 1999: 133). In einer weiteren Reformulierung der ursprünglichen Annahmen führten Abramson et al. komplexere Attributionsstile ein (Seligman 1999: 134). Erfahrene Nichtkontrolle kann damit vielmehr wie folgt attribuiert werden: a) internal/external, b) global/spezifisch und c) stabil/variabel (Seligman 1999: 134). A) meint die Verursachung seitens der Person, b) die zeitliche Dauer des zugrundeliegenden Faktors und c) den Allgemeinheitsgrad des vermuteten Ursachenfaktors. Tabelle 8 veranschaulicht dies am Beispiel der Attributionsmöglichkeiten eines durchgefallenen Studenten (Seligman 1999: 135).

Tabelle 8: Formale Charakteristika von Attributionen mit Beispiel

Dimension	Internal		External	
	Stabil	Variabel	Stabil	Variabel
Global				
Durchgefallener Student	Fehlen der Intelligenz	Erschöpfung	Das Testinstitut wählt unfaire Tests aus.	Heute ist Freitag der 13.
Spezifisch				
Durchgefallener Student	Fehlen von mathematischen Fähigkeiten	Mathematikaufgaben kotzen mich an	Das Testinstitut wählt unfaire Mathematikaufgaben aus.	Es war der 13. Mathematiktest.

Aus: Seligman 1999: 135, leicht verändert durch Seligman aus Abramson et al. 1978: 57

Ein optimistischer Erklärungsstil trägt also die Ausprägung „external/spezifisch/variabel", während ein pessimistischer hingegen „internal/global/stabil" attribuiert. Diese Interpretationsmuster verdeutlichen, wie sich Menschen erklären, warum Ereignisse zustande kommen und wie Erfahrungen von Kontrollverlust verarbeitet werden. Kritische Lebensereignisse können damit auf unterschiedliche Weise attribuiert werden und stehen in einem engen Zusammenhang mit Selbstwirksamkeitserwartung. Denn diese Kausalattributionen beeinflussen die Einschätzung der Belastung, die Planung von Bewältigungsstrategien und die Bewertung von Bewältigungsversuchen. Diese Erklärungen anbietenden Attributionsstile (*explantory stile*) sind Produkt der biographischen Lerngeschichte einer Person und hängen mit den bereits erlebten und bearbeiteten belastenden Lebensereignissen zusammen (Herriger 2014: 58 f.). Mit dem Konstrukt der Erklärungsstile konnte eine moderierende Variable integriert werden, die zwischen belastender Ausgangssituation und Erfahrung fortdauernder Hilflosigkeit vermittelt. Wie sich zeigte, entwickelt sich ein Gefühl der Machtlosigkeit, das sich auf das Selbstbild sowie auf die Motivation auswirken kann und zu Gefühlen der Hoffnungslosigkeit führt (ebd.: 62).

In der empirischen Analyse wird es aber nicht darum gehen, wer von den Befragten wann im Zuge der Lebensgeschichte depressive Formen von Hilflosigkeit erlernt hat. Es interessiert vielmehr, wie sich im Habilitationsverlauf Attributionsmuster zunehmend nicht nur durch individuelle Attributionsmodi, sondern auch durch eine vergeschlechtlichte Organisationskultur verändern und sich Gefühle von Machtlosigkeit einstellen (können). Im Fokus sollen daher folgende Fragen stehen: Wie wirken asymmetrische Machtverhältnisse und vergeschlechtlichte Fremdpositionierungen auf die Attribution von Hürden im Habilitationsverlauf ein? Inwiefern sind die Risiken von Machtlosigkeitsgefühlen innerhalb dieser Organisationen ungleich verteilt? Es geht also letztlich um die Frage, ob sich im Habilitationsprozess eine kollektive Veränderung der Attributionsmuster im Hinblick auf organisationale Rahmenbedingungen abzeichnet und dies ein Absinken der Selbstwirksamkeit erklären kann. Wie können diese Veränderungen gedeutet werden und in welchem Verhältnis stehen diese im Kontext von Ungleichheits- und Verdrängungsfragen?

Dazu gibt es bereits interessante Ergebnisse. Die bereits zu Beginn des Kapitels erwähnte Studie von Abele-Brehm veranschaulicht in Bezug auf eine berufliche Selbstwirksamkeitserwartung deutlich, dass sich Ärztinnen und Ärzte zu Beginn ihrer Tätigkeit kaum bezüglich ihres beruflichen Zutrauens unterscheiden (Abbildung 35). Zudem verfügen Ärztinnen in der Hochschulmedizin in der Regel über besonders gute schulische Leistungen, die ein Medizinstudium erst ermöglichen. Es kann somit angenommen werden, dass diejenigen, die sich für ein Universitätsklinikum als Arbeitsplatz entscheiden und eine Habilitation planen über ein hohes akademisches Selbstkonzept verfügen, das eng mit dem Konstrukt der Selbstwirksamkeit im Zusammenhang steht (Epstein et al. 2016). Die Medizinerinnen des Samples stellen sich also keinesfalls als typisch ‚erlernt hilflos' dar – im Gegenteil. Es scheinen sich stattdessen im beruflichen Verlauf Veränderungen zu ergeben, die auf die Selbstwirksamkeit als eine der zentralen personalen Ressourcen für beruflichen Erfolg und gesundheitliches Wohlbefinden ungünstig einwirken.

Abele-Brehm stellt sich diese Frage explizit in Bezug auf Geschlechterungleichheiten: „Warum entwickelt sich die ‚Schere' immer noch auseinander?" (2013: 41). Obgleich eine generelle Selbstwirksamkeit von Bandura als relativ stabil eingeschätzt wird, zeigt sich in der von ihr untersuchten Gruppe, dass die berufliche Selbstwirksamkeit (bereichsspezifische Selbstwirksamkeit) im Laufe der beruflichen Praxis abnimmt. Die Veränderung des beruflichen Selbstvertrauens wurde durch mehrfache Messung der beruflichen Selbstwirksamkeitserwartung – unmittelbar nach dem Examen, vier Jahre und zehn Jahre später – belegt. Die Entwicklung zwischen den Geschlechtern zeigt hier einen deutlichen Effekt:

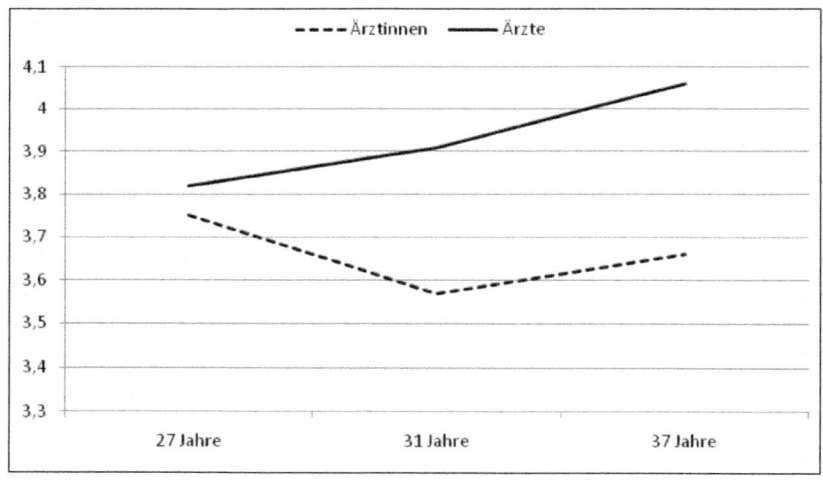

Abb. 35: Veränderung berufliche Selbstwirksamkeit, Wert 1 = niedrig, 5 = hoch (Abele-Brehm 2013: 50)

Es wird deutlich, dass sich das berufliche Selbstvertrauen von Frauen im organisationalen Rahmen signifikant verändert. Um dieses Selbstvertrauen zu messen, wurde die Skala der „Beruflichen Selbstwirksamkeitserwartung" entwickelt. Diese Skala überprüft das Zutrauen in die eigenen beruflichen Fähigkeiten und die eigene berufliche Anstrengungsbereitschaft (Beispiel-Item: „Ich weiß genau, dass ich die an meinen Beruf gestellten Anforderungen erfüllen kann, wenn ich nur will", Abele et al. 2000: Tabelle 1). Abele-Brehm folgert aus ihren Messungen, dass die ärztliche Tätigkeit bei Männern zu einer Steigerung des beruflichen Selbstvertrauens führt, bei Frauen hingegen eine Art „Praxisschock" einsetze, der nach vier Jahren zu einer Verminderung des Selbstvertrauens führe. Sie mutmaßt, dass dies darauf zurückgeführt werden kann, dass Männer potentielle Misserfolge, die alle Berufsneulinge erleben, weniger persönlich nehmen als Frauen, aber auch, dass Ärztinnen ihr Umfeld als weniger ermutigend und mit weniger Handlungsspielraum ausgestattet erleben. Auch könnte dies auf unterschiedliche Aufgabenzuteilungen zurückzuführen sein. Die Autorin konstatiert ebenfalls, dass junge Frauen heute hoch motiviert und ehrgeizig in einen gelingenden Beruf starten, dann aber im Laufe der Zeit auf unterschiedliche Hürden stoßen, die transaktional – also zirkulär zwischen Hürden und Ärztin – einen Schereneffekt bedingen (ebd.). Die Studie zeigt ein deutliches Absinken, unklar bleibt jedoch, welche Prozesse konkret zu diesem Absinken führen. In der vorliegenden Untersuchung soll deshalb danach gefragt werden, wie die Organisationskultur der Hochschulmedizin auf die Attributionsmuster und Selbstwirksamkeitserwartungen von Frauen einwirkt.

3.4. Resümee

Wie die Ausführungen gezeigt haben, scheint es in Hinblick auf die Universitätsmedizin unerlässlich zu betrachten, inwiefern eine vergeschlechtlichte Organisationskultur Differenz und Hierarchie zwischen den Geschlechtern herstellt und damit Ausschlüsse produziert. Mithilfe der vorgestellten sensibilisierenden Konzepte lässt sich besser verstehen, wie innerhalb der „ernsten Spielen des Wettbewerbs" den vielen nachkommenden hochqualifizierten Frauen kontinuierlich essentieller Spieleinsatz entzogen wird, sodass in der Habilitationsphase die vielbeschriebene gläserne Decke entsteht – deutlich höher aufgehängt als noch vor 30 Jahren, aber genauso existent. Theoretisch wurde ausgeführt, dass diese ‚Spiele' durch eine Kultur hegemonialer Männlichkeit als ‚Orientierungsmuster' gerahmt sind.

Für die empirische Arbeit stellt sich also die zu beantwortende Frage, wie hegemoniale Männlichkeit als Orientierungsmuster in der Organisationskultur der Hochschulmedizin wirkt und an welchen Punkten die begleiteten Frauen den „Geschmack und die Lust am Spiel" um hohe Positionen verlieren. Im Folgenden soll differenziert werden zwischen Frauen und Weiblichkeiten, was auch eine Analyse des trägen Einschlusses vereinzelter Frauen in den höheren Positionen der Universitätsmedizin erlaubt. Zugleich wird davon ausgegangen, dass marginalisierte Männlichkeiten ebenfalls von diesen Ausschlüssen betroffen sein können, wenngleich auf andere Art und Weise. Diese sind aber nicht Teil des Samples und stehen nicht im Fokus dieser Arbeit. In der Analyse geht es eben nicht um Frauen und Männer, sondern um Weiblichkeit als machtvolle Positionierung (Fremd- und Selbstpositionierung) innerhalb von Beziehungsstrukturen. Mit Bourdieu konnte gezeigt werden, dass Feld und Habitus vergeschlechtlichend und vergeschlechtlicht in einer Wechselwirkung zueinanderstehen und wie durch eine Verbindung von Feld und Habitus im Kontext von Geschlecht Ausschlüsse produziert werden, nämlich indem sich diese in die Subjekte einschreiben und zu Selbstausschlüssen führen. Self-Handicapping und Double-Bind-Prozesse können als „symbolische Gewalt" gesehen werden, die gleichzeitig anerkannt, erkannt und verkannt wird, da hier „der Standpunkt der

Herrschenden auf sich selbst angewandt wird", ohne als solcher erkannt zu werden (Bourdieu 2016 [2005]: 65). Erinnert sei in diesem Zusammenhang, dass Bourdieu zudem darauf verweist, dass dieser Vorgang nicht zwangsläufig determinierend ausfallen muss. Wie durch die Stereotypenforschung nachgewiesen, kann ein „Erkennen', also eine Reflexion, zu Veränderungen beitragen (vgl. Kapitel 3.2.1).

Geschlechterstereotype lassen sich mit Cornelißen als vergeschlechtlichter und vergeschlechtlichender Habitus betrachten (2010: 73). Insofern drängt sich die Frage auf, wie konkret Prozesse des Ineinandergreifens von Feld und Habitus innerpsychisch vonstattengehen. Vor dem Hintergrund Butlers kann die Organisationskultur hegemonialer Männlichkeit als kontinuierlicher Anrufungsprozess aufgefasst werden, der die Organisationssubjekte mithervorbringt, beschränkt, aber auch Handlungsmöglichkeiten eröffnet. Mit Bourdieu und Butler kann daher gefragt werden, inwiefern die subjektivierten Wissenschaftlerinnen spezifischen Machtformen unterliegen, die sie formen und ihre Handlungsfähigkeit beeinflussen. Wie gestaltet sich also hegemoniale Männlichkeit als Anrufung, Fremd- und Selbstpositionierung aus und wirkt auf die Subjekte der Wissenschaft? Wie wirkt konkret eine vergeschlechtlichte Organisationskultur auf das Selbstkonzept der Organisationssubjekte ein? Es konnte gezeigt werden, dass ein Arbeitsselbst *(working self-concepts)* auf einem chronischen wie situativen Selbstwissen basiert, das sich durch den jeweiligen Kontext verändert. Stereotype und insbesondere stereotype Bedrohungen spielen hierbei eine wichtige Rolle, da sie sowohl negativ auf das Selbst einwirken als auch gleichzeitig Geschlechtlichkeit im Selbst aktivieren. Damit wirkt eine vergeschlechtliche Organisationskultur, die Weiblichkeit als unpassend konstruiert, nicht nur negativ auf das Selbst ein, es aktiviert zudem mit Weiblichkeit assoziierte Selbstkonstrukte und reproduziert so stereotype Vorannahmen. Insbesondere bei chronisch mit Weiblichkeit assoziierten Selbstkonzepten (interdependent und/oder kommunal) lassen sich negative Konsequenzen erwarten. Dies kann zu (Selbst-)Ausschlüssen wie Self-Handicapping führen. Dem gegenüber wurde das hegemonial männliche Ideal independenter und agentischer Selbstkonzepte im Hinblick auf Problematiken für die Organisation selbst hinterfragt, da diese Selbstkonzepte im Extrem zu fundamentalen Attributionsfehlern und Narzissmus neigen. Mithilfe der theoretischen Ausführungen kann also gezeigt werden, wie Organisationskulturen situativ auf chronisch zugängliche Selbstkonzepte einwirken und so Auswirkungen auf personale Ressourcen haben. Im Fokus soll hierbei nicht stehen, welche chronisch zugänglichen Selbstinhalte sich passgenau oder resilienter gegen diese Einwirkungen erweisen, sondern *wie* und *an welchen Stellen* sich Selbstkonzepte aufgrund einer hegemonial-männlichen Norm *wie* verändern und so zu geschlechtlichen Ungleichheiten im Habilitationsverlauf führen. Als eine zentrale Kategorie für den beruflichen Erfolg sollen daher die berufliche Selbstwirksamkeitserwartung und die damit verbundenen Attributionsmuster herangezogen werden. Da diese als eine grundlegende personale und protektive Ressource gilt, soll anhand dieses Konstrukts nach den Wirkungen der Organisation gefragt werden. In Rückbezug auf die Ausführungen von Kahlert, die diesen Prozess als ein

Auskühlen (Cooling-out) von Karrieren begreift, soll ferner danach gefragt werden, wie dieses Auskühlen vonstattengeht. Die zentralen empirischen Fragen sind damit die folgenden: Mit welchen konkreten Hürden haben die begleiteten Frauen in der Habilitationsphase zu kämpfen? Warum stellen sich diese für Weiblichkeiten als problematischer dar und inwiefern wirken diese auf das Selbst auskühlend?

Ausschlüsse spielen sich vor dem Hintergrund veränderter Rahmenbedingungen einer wettbewerbsorientierten, ökonomisierten und nach unternehmerischen Prinzipien veränderten Hochschulmedizin ab. Diesen Veränderungen und deren Bedeutung für Subjektivierungsprozesse widmet sich das nächste Kapitel.

4. Gouvernementale Wissenschaft: Entgrenzung, emotionaler Kapitalismus und individueller Stressabbau

„Alle meine Bücher, sei es Wahnsinn und Gesellschaft *oder dieses da, sind, wenn Sie so wollen, kleine Werkzeugkisten. Wenn die Leute sie aufmachen wollen und diesen oder jenen Satz, diese oder jene Idee oder Analyse als Schraubenzieher verwenden, um die Machtsysteme kurzzuschließen, zu demontieren oder zu sprengen, einschließlich vielleicht derjenigen Machtsysteme, aus denen diese meine Bücher hervorgegangen sind – nun gut, umso besser."* (Michel Foucault: Dits et Écrits II)

In diesem Kapitel werden die ökonomisierenden Rahmenbedingungen der Hochschulmedizin beleuchtet. So wurde bereits umrissen, dass sich Wissenschaft und Medizin durch verschiedene Reformen stark verändert haben (Kapitel 1). An dieser Stelle soll es darum gehen, wie sich diese Veränderungen auf die Akteurinnen und Akteure der Organisation „Hochschulmedizin" auswirken. Das Konzept der „Gouvernementalität", das im Folgenden ausformuliert werden soll, liefert eine Perspektive auf Macht, die den Blick auf die Verlagerung von Ungleichheiten von der Organisation in das Individuum hinein zulässt. Mit diesem theoretischen Werkzeugkasten kann danach gefragt werden, wie sich die neuen Steuerungsmechanismen der Hochschulen auf die Organisationssubjekte auswirken. Gerade in der Wissenschaft spielt die Implementierung von Wettbewerbskriterien mit gleichzeitiger Beschäftigungsunsicherheit und einer hohen intrinsischen Motivation eine große Rolle für berufliche Erfolge. Sie bergen aber auch Risiken für Verausgabung und Erschöpfung. Vor dem Hintergrund der „gesellschaftlichen Zurichtung" gouvernementaler Subjekte (Bröckling 2007: 31) begibt sich die vorliegende Arbeit auf die Suche nach mit diesen Veränderungen verbundenen Ungleichheiten: Wie wirken diese Belastungen ungleich auf sozial positionierte Organisationssubjekte ein? Um dies nachzuvollziehen, sollen weitere theoretische Werkzeuge herangezogen werden, und zwar, indem Stresstheorien im Hinblick auf Wirkmechanismen befragt werden. Wie wirken Organisation und Individuum zusammen? Welchen Einfluss nimmt eine spezifische Organisationskultur auf die Interaktion zwischen negativem Stress (Disstress) und personalen Ressourcen? Zunächst soll aber erläutert werden, wie sich die „Bühne" der Hochschulmedizin so ausgestaltet, dass Belastungen eine außerordentliche Rolle spielen.

4.1. Die gouvernementale Universitätsmedizin

Im vorangegangenen Kapitel wurde dargelegt, dass sich neue Formen von Arbeit etabliert haben, die das sichere und planbare Modell des Familienernährers als Norm ablösen (vgl. Kapitel 3.2.3). Die Rede ist neben der „Entgrenzung von Arbeit" auch von der „Subjektivierung von Arbeit".[29] Gegenwärtige Diagnosen gehen davon aus, dass Beruf und Freizeit in allen

---

[29] Arbeits- und industriesoziologisch steht Günter Voß für den Begriff der Subjektivierung von Arbeit der „eine infolge betrieblicher Veränderungen tendenziell zunehmende Bedeutung von ‚subjektiven' Potentialen und

Arbeitsbereichen immer stärker zusammenfallen. Es ist ein neuer Typus des „Arbeitskraftunternehmers" entstanden, der dazu gezwungen ist, mit seiner Arbeitskraft wie ein Unternehmer umzugehen (Pongratz und Voß 2004). Für den universitären Kontext trifft dies im Besonderen zu (vgl. Kapitel 1), doch handelt es sich hier weniger um eine neue Entwicklung, vielmehr ist das Zusammenfallen von Arbeit und Person in der „Wissenschaft als Beruf", wie Max Weber (2002 [1912]) es ausführt, bereits angelegt: Wissenschaft ist Leidenschaft und Hingabe an das Wissen. Neu ist allerdings eine Verschiebung der Weber'schen Eigenschaften der Eingebung, Leidenschaft und Neugierde hin zum individuellen Karriereerfolg und extrinsischer Belohnung unter Wettbewerbsbedingungen (Weiskopf 2006: 180). Diese Veränderungen ergaben sich durch die Hochschulreformen, durch die sich unternehmerische Steuerungsmechanismen an den Universitäten etablieren konnten. Sabine Maasen und Peter Weingart (2006) weisen darauf hin, dass erst durch diese Reformen Hochschulen zu selbststeuernden Organisationen wurden. Evaluationen und andere Formen des *new public managements* wurden im Zuge dessen implementiert. Sie sprechen von einer *managerial revolution* des deutschen Wissenschaftssystems, das die Wissenschaft mit einem individuellen Selbstmanagement überzog und Forschende zu flexiblen, sich selbst steuernden Wesen machte (Maasen und Weingart 2006: 19 f.). Evaluierungsverfahren und neue Formen der Messbarkeit von Leistung wurden nun sowohl für „die Universität als Akteur" (Meier 2009), als auch für deren Beschäftigte relevant. Die Systeme des Rankings übertrugen sich auf das Selbstranking der Wissenschaftlerinnen und Wissenschaftler, in deren Zentrum die Optimierung des Lebenslaufs steht. Sie befinden sich in diesem wettbewerbsorientierten „akademischen Kapitalismus" (Münch 2011) in einem Geflecht unklar umrissener und gleichzeitig schematisch-enger Karrierekriterien um die hart umkämpften, wenigen Stellen. Die Flexibilisierung des Beschäftigungssystems durch die Einführung befristeter Stellen bildet eine der drastischsten Zäsuren auf personeller Ebene (Aulenbacher et al. 2013: 174). Seitdem Forschung nicht mehr hauptsächlich staatlich über Stellenzuweisungen finanziert wird, muss sie zu großen Teilen über Drittmittel in kompetitiven Verfahren eingeworben werden. Dies hat neben der allgemeinen Ausdünnung des wissenschaftlichen Mittelbaus auch zu einer Prekarisierung durch auf Dauer gestellte befristete Arbeitsverträge geführt. Die Unsicherheit wissenschaftlicher Karrieren hat bis zur Erreichung einer Professur einen neuen Höhepunkt erlangt (Konsortium Bundesbericht Wissenschaftlicher Nachwuchs 2013: 24 ff.). Eine unbefristete Stelle ist für die meisten nur noch durch einen Ruf auf eine Professur erreichbar, gleichzeitig haben proportional zum wissenschaftlichen Nachwuchs Professorenstellen deutlich abgenommen. Die neuen Formen eines ständigen Leistungsdrucks unter befristeten Verträgen, wenig planbaren Karrieren, großer Mobilität und hohen Abhängigkeiten zu Vorgesetzten

---

Leistungen im Arbeitsprozeß [bedeutet] – und zwar in zweifacher Hinsicht: einmal als wachsende Chance, ‚Subjektivität' in den Arbeitsprozeß einzubringen und umzusetzen, zum anderen aber auch als doppelter Zwang, nämlich erstens, mit ‚subjektiven' Beiträgen den Arbeitsprozeß auch unter „entgrenzten" Bedingungen im Sinne der Betriebsziele aufrecht zu erhalten; und zweitens, die eigene Arbeit viel mehr als bisher aktiv zu strukturieren, selbst zu rationalisieren und zu ‚verwerten'" (Voß und Moldaschl 2003: 16).

erzeugen nicht nur eine neuartige Form von Druck, sondern auch permanente Unsicherheit (Weiskopf 2006: 180). Gerade in den naturwissenschaftlichen Fächern, mit ihren Verfahren der Leistungsquantifizierung in Leistungsorientiere Mittelvergabe (LOM) und Impact Points wird Sicherheit durch Leistung und die (Selbst-)Evaluation des Lebenslaufs angestrebt (vgl. Kapitel 1). Das Begehren von „Sicherheit durch Leistung" (Aulenbacher et al. 2013) überträgt die Kriterien der Hochschule (Rechenschaftspflicht, Effizienz und Transparenz) (Maasen und Weingart 2006: 43) mitsamt der daraus folgenden „veritablen Nervosität" (Gugerli 2005) auf ihre Akteurinnen und Akteure. Zugleich wird der akademische Karriereweg von den Beschäftigten als unflexibel wahrgenommen. Sie müssen in relativ kurzer Zeit ein Schema in Richtung ‚schnell nach oben' durchlaufen, in dem Abweichungen kaum möglich sind (Müller 2013: 124). Von denjenigen, die eine Professur anstreben, wird gleichzeitig eine hohe Leistung und das zügige Absolvieren eines vorgefertigten Musters erwartet, das paradoxerweise vage bleibt. Denn die Karrierewege in der Universität(-smedizin) sind intransparent und undurchsichtig. So stellt der Wissenschaftsrat fest: „Karrieren in der für das Gesundheitssystem unabdingbaren und notwendigen translationalen Forschung weisen viele Brüche auf, erfordern erhebliche organisatorische Eigeninitiative und erfolgen dennoch in hohem Maße zufallsbestimmt." (Ständige Senatskommission für Grundsatzfragen in der Klinischen Forschung 2015: 9), weshalb er „definierte und verlässliche Karrierewege in der Universitätsmedizin" fordert (ebd.). Frauen sind auch in der Hochschulmedizin, so wird noch zu zeigen sein, tendenziell von einem Genderbias der neuen Steuerungsmechanismen und Leistungsanforderungen betroffen. Sicherheit wird in einem System, das in der Regel erst mit einem Ruf auf eine Professur eine entfristete Stelle bietet, gleichsam nur durch ständige Leistungsbeweise ermöglicht, die dem Regime neoliberaler hegemonialer Männlichkeit unterliegen und sich in den Habitus der Wissenschaftssubjekte einschreiben. Wie diese Formen universitärer Steuerung, die mit Richard Weiskopf als Einführung gouvernementaler Regierungspraktiken verstanden werden kann (2006: 171 f.), auf die Subjekte der Wissenschaft wirken, soll im Folgenden dargelegt werden. Zwar befasst sich das Konzept der Gouvernementalität nach Foucault nicht mit der Produktion von Geschlechterungleichheiten, es macht aber nachvollziehbar, wie diese neuen Praktiken des Hochschulmanagements auf den Beruf der Wissenschaft an sich und auf die Subjekte der Wissenschaft einwirken. Es wird damit erklärbar, wie durch eine ‚freie' Wahl für oder gegen eine Habilitation geschlechtliche Ungleichheiten reproduziert und zugleich verschleiert werden. Diese Ungleichheitsproduktion wird an die neuen Formen unternehmerischer Selbste rückgebunden und als Antwort auf eine Krise disziplinarisch-männlicher Herrschaft verstanden.

4.1.1. Allgemeine Einführung in Michel Foucaults Machttheorie

Wie Pierre Bourdieu befasst sich auch Michel Foucault mit einer Gesellschaftstheorie, in deren Zentrum die Wirkung von Machtverhältnissen auf allen gesellschaftlichen Ebenen – Mikro, Meso, Makro – steht und diese als miteinander verschränkt denkt. Wie Bourdieu geht es ihm darum aufzuzeigen, dass das Subjekt immer im Zusammenhang mit gesellschaftlichen Verhältnissen zu denken ist. Um diese Verschränkungen zwischen Subjektvierungsprozessen zu Herrschaftsformen herauszuarbeiten, entwickelt er eine Genealogie der Macht und arbeitet historisch verschiedene Machtformen heraus, die zum jeweiligen Zeitpunkt als legitim galten. Seine Untersuchung richtet sich dabei explizit auf Machttechniken: Wie herrscht die Macht? Wie verschafft sie sich Gehorsam? (Foucault 2005a: 144). Im Zentrum seiner Analysen steht die Frage, in welchen kulturellen Artefakten sich Aushandlungen um die richtigen Machtpraktiken artikulieren, welche Machtformen sich gerade in Zeiten der Krise durchsetzen und/oder in Gleichzeitigkeit mit anderen Machtformen bestehen und welche gesellschaftlichen Entwicklungen diese Aushandlungskämpfe rahmen (vgl. u. a. Kammler et al. 2008; Bröckling et al. 2000; Sarasin 2010). Für seine Studien entwickelt Foucault verschiedene Analyseformen, die eigene Forschungsstile wie Diskurs- und Dispositivanalyse hervorbrachten (vgl. u. a. Bührmann und Schneider 2008). Allerdings expliziert Foucault diese Methoden in seinen Werken nicht eindeutig und verändert ihre Beschreibung im Laufe seines Werkes. Rainer Keller beschreibt diese folgendermaßen und gibt damit gleichzeitig einen Einblick in Foucaults Machtverständnis: Diskurse sind keine rein sprachlichen Äußerungen, vielmehr handelt es sich hierbei um einen Ausdruck gesellschaftlicher Kräfteverhältnisse, die sich in ihnen artikulieren (Keller 2008: 137). So ist beispielsweise die Bewertung von richtigem und wahrem Wissen über Sexualität oder auch Geschlecht Teil sozio-kultureller Diskurse. Diskurse werden von „Prozeduren der Ausschließung" (Foucault 2014 [1972]: 11) begleitet, indem sie Wissen in richtig oder falsch bzw. wahr einteilen und damit die vorhandenen Kräfteverhältnisse reproduzieren. Foucault geht davon aus, dass die Produktion des Diskurses „zugleich kontrolliert, selektiert, organisiert und kanalisiert wird – und zwar durch gewisse Prozeduren, deren Aufgabe es ist, die Kräfte und die Gefahren des Diskurses zu bändigen, sein unberechenbar Ereignishaftes zu bannen, seine schwere und bedrohliche Materialität zu umgehen." (ebd.) Diskursanalytisch ließe sich fragen: Was ist zu einem bestimmten Zeitpunkt sagbar, was nicht, was gilt als legitim und was nicht? (Jäger 2008: 336). Aber auch, was zu einem bestimmten Zeitpunkt nicht nur sagbar ist, sondern auch gehört wird (Spivak 2011). Bezogen auf Frauen in männlich konnotierten Organisationen bedeutet dies, welche Eigenschafts- und Persönlichkeitsmerkmale zu einem bestimmten Zeitpunkt als Norm gelten, welche explizit davon ausgeschlossen werden und wie diese mit Vorstellungen von Weiblichkeit und Männlichkeit verknüpft sind. Bei Foucault geht es darum, wie und welche Wirklichkeiten erschaffen werden, welches Wissen zu einem bestimmten Zeitpunkt als wahr und welche Form des Seins als adäquat gilt. So befasst er sich nicht zufällig mit gesellschaftlichen Aushandlungsthemen wie Sexualität (Foucault 1977) und Wahnsinn (Foucault 2015 [1973]), Überwachen und Strafen (Foucault 2015 [1976]) und der „Geburt" der Klinik (Foucault 2011 [1988]) als „Heterotopien" (Foucault 2013: 10), also als den anderen gesellschaftlichen Orten, an denen Machttechniken entwickelt und ausgeübt werden. In ihnen materialisieren sich zu einem bestimmten Zeitpunkt neue Machtformen. An diesen Orten und innerhalb dieser Institutionen werden Ein- und Ausschlüsse generiert und zugleich eine bestimmte Subjektivität hergestellt. Ich folge diesem theoretischen Ansatz, um die Machttechniken innerhalb der Hochschulmedizin und ihre auf diese Weise entworfenen Subjektivitäten zu untersuchen: Welche Subjektivität oder Subjektivitäten werden hier entwickelt? Wie schließen diese spezifischen und situativ entworfenen Subjektivitäten Frauen und/oder Weiblichkeiten aus? Wie ist im Wissen über Weiblichkeit als Kontrastfolie von Männlichkeit bereits ein Ausschluss angelegt und wie ist dieses Wissen umkämpft? Handelt es sich bei der Hochschulmedizin gar um einen der zentralen gesellschaftlichen Orte, an dem sich, durch das Zusammenspiel von Fachkräftemangel, Feminisierung des Faches und der extremen Ungleichverteilung von Machtpositionen, exemplarisch Konflikte um männliche Herrschaft artikulieren?

In der Universitätsmedizin treffen sich zwei organisationale Logiken, die in Personalunion verwoben sind. Die durch hohe Machtbefugnis und Abhängigkeit von Vorgesetzen geprägte Medizin- und Krankenhausstruktur unter Ökonomisierungsdruck, trifft auf eine hochgradig entgrenzende Wissenschaftskultur (vgl. Kapitel 1). Dies wirft die Frage nach Normverschiebungen auf: Liegen in der Hochschulmedizin mehrere Konzepte hegemonialer Männlichkeit vor, wie unterschieden sie sich und wie wirken sie sich unterschiedlich auf Frauen aus? Um dieser Frage nachzugehen, sollen mit Foucault unterschiedliche Konzept von Machtkulturen unterschieden werden. In seiner umfassenden historischen Analyse beschreibt er die Veränderung von Machtepochen mit den Überschriften *Souveränität*, *Disziplin* und *Gouvernementalität*. Ihm geht es hierbei um den Zusammenhang von Führungskultur in einem gesamtgesellschaftlichen Kontext und den Auswirkungen auf die Geführten. Foucault beginnt seine Analyse mit der Macht des Souveräns, der über ein direktes und willkürlich angewandtes Recht über Leben und Tod seiner Untertanen verfügte. Es handelte sich um ein asymmetrisches Recht, symbolisiert durch das Schwert (Foucault 1977: 131 f.). Überdeckt wurde diese Machtform im 18. Jahrhundert durch Machtprozeduren, die er *Disziplin* nennt und der er mit *Überwachen und Strafen* (Foucault 2015 [1976]) eine ausführliche Studie widmet. Im Gefängnis als exemplarisches Beispiel analysiert er eine sich demokratisierende Macht, die auf Rechten und Pflichten sowie auf, für alle geltenden Gesetze samt Strafen beruht.[30] Der Machtausübende ist nun kein willkürlich herrschender Souverän mehr, sondern ein Funktionsträger, der selbst prinzipiell ausgetauscht werden kann (Sarasin 2010: 138 f.). Im Zentrum der Disziplin steht die Dressur des Körpers als Maschine, „die Steigerung seiner Fähigkeiten, die Ausnutzung seiner Kräfte, das parallele Anwachsen seiner Nützlichkeit und seiner Gelehrigkeit, seine Integration in wirksame und ökonomische Kontrollsysteme" (Foucault 1977: 135). Erreicht wird diese Machtkultur durch das

---

[30] Im Zentrum der Machtausübung steht für Foucault das Panoptikum (Foucault 2015 [1976]: 251). Dieses wurde von dem Rechtsphilosophen Jeremy Bentham 1787 als architektonische Struktur für alle Überwachungsinstitutionen entwickelt. Ein ringförmiges Gebäude mit Einzelzellen ohne Kontakt untereinander können von einem zentralen Turm in der Mitte direkt eingesehen werden. So genügt ein einzelner Wächter, um alle Gefangenen in ihren Zellen das Gefühl zu geben, ständig kontrolliert zu werden (Sarasin 2010: 138 f.). Durch das Panoptikum wird ein Sichtbarkeitszustand geschaffen, der das automatische Funktionieren der Macht sicherstellt. Die Wirkung der Überwachung ist permanent, obwohl die Überwachung selbst nur sporadisch ist (Foucault 2015 [1976]: 258).

Gefühl permanenter Überwachung, die ihre tatsächliche Ausübung nachrangig werden lässt (Foucault 2015 [1976]: 258). Mit der Disziplin etabliert sich eine Macht, die Menschen gleichzeitig zu Individuen macht und sie unter allgemein geltende Regeln unterwirft. Auf die Beschäftigung mit Disziplinierung als sich neu etablierender Machtform des Verwaltungsstaates als „Schwelle zur Modernität" (Sarasin 2010: 128), die auf eine Krise des souveränen Staates mitsamt seinen willkürlich auf den Körper bezogenen quälenden Strafen folgt, analysiert Foucault, dass sich Disziplin neben den Körpern nun auch auf die Seelen bezieht. Es geht, im Gegensatz zur Souveränität, nicht mehr darum, Menschen zur Strafe zu quälen, sondern Menschen strikten Normen zu unterwerfen und sie produktiv zu machen:

> „Es geht nicht mehr um den Körper in einem Ritual der übermäßigen Schmerzen, in einem Spiel der brandmarkenden Martern; es geht um den Geist oder vielmehr um ein Spiel von Vorstellungen und Zeichen die diskret, aber mit zwingender Gewißheit im Geiste aller zirkulieren" (Foucault 2015 [1976]: 129).

Diese Technologien der Macht werden über den engen Rahmen des Gefängnisses hinaus in Kasernen, Schulen, Fabriken etc. ausgebreitet und erst durch diese Ausbreitung entsteht eine Seele, auf die die Strafe zielt (Sarasin 2010: 132). Diese Seele wird durch Machtausübung produziert „an jenen, die man überwacht, dressiert und korrigiert, an den Wahnsinnigen, den Kindern, den Schülern, den Kolonialisierten, an denen, die man an einen Produktionsapparat bindet und ein Leben lang kontrolliert" (Foucault 2015 [1976]: 41). Das Subjekt wird durch die Macht produktiv hervorgebracht.[31] Die Fabrikarbeit wird zum Paradebeispiel dieser Machtform in Bezug auf Lohnarbeit, für den der Begriff des Fordismus steht, benannt nach seinem Begründer, dem US-amerikanischen Autofabrikanten Henry Ford. Fabrikarbeit am Laufband, genauestens kontrolliert, begleitet von dem Versuch der maximalen Differenzierung von Arbeitsschritten, Minimierung sozialer Kontakte und Effizienzsteigerung. Hier dominiert ein rigoroser Führungsstil mittels Disziplin (Eichener und Heinze 1997: 134). Im Zuge einer solchen ersten Individualisierung kommt nach Foucault die Disziplin in die Krise:

> „In den letzten Jahren hat sich die Gesellschaft verändert und die Individuen ebenso; sie sind immer mannigfaltiger, unterschiedlicher und unabhängiger. Es gibt mehr und mehr Kategorien von Leuten, die nicht unter dem Zwang der Disziplin stehen, so dass wir die Entwicklung einer Gesellschaft ohne Disziplin denken müssen" (Foucault 2005a: 145).

Die Disziplin verändert sich, es kommt zu einer Verschleierung und im Sinne der Selbstdisziplin zu einer Verlagerung in die Subjekte selbst. Vor diesem Hintergrund kann das Patriarchat als disziplinarische Form von Männlichkeit gelesen werden, die im Gleichklang mit der Disziplin kriselt. Diese Krise basiert nach Meuser auf dem Verlust des männlichen

---

[31] Der in Kapitel 3.2.2. verwendete Subjektbegriff von Judith Butler versteht sich als Weiterentwicklung der Foucault'schen Perspektive auf das Subjekt (vgl. Saar 2013). Butler verweist darauf, dass das Subjekt durch seine Unterwerfung ins Leben gerufen wird. Im Moment der Unterwerfung erfährt das Subjekt Handlungsmacht.

Normalarbeitsverhältnisses (Meuser 2010b: 325 ff.), dessen Sinnbild u. a. der am Fließband stehende, vollzeitbeschäftigte, weiße Alleinversorger der Familie darstellt. Mit der Disziplin, die so effizient war, um die Macht aufrechtzuerhalten und die nun einen Teil ihrer Wirksamkeit einbüßt (Foucault 2005a), verliert auch die disziplinarische Form der Männlichkeit, das Patriarchat, seine Durchsetzungskraft. Zu dieser Veränderung trugen frauenpolitische Kämpfe bei, die in Bezug auf das Medizinstudium zu grundlegenden Änderungen führten: Nach weitreichenden feministischen Kämpfen werden Frauen für ein Studium zugelassen und sind formal nicht mehr aus Universitäten und dem Medizinstudium ausgeschlossen (Franzke 2016; Tarnawska 2007). Junge Mädchen holen in der Schulbildung so auf, dass sie ihre männlichen Mitschüler überholen und damit in Fächern mit hohem Numerus Clausus wie der Medizin in einer Zwei-Drittel-Mehrheit präsent sind (vgl. Kapitel 1.1.). Offene Diskriminierungen sind zumindest im ‚Hochglanztalk' der Universitäten und auf der politischen Agenda passé. Connell spricht hier von Verschiebungen des nicht mehr gesellschaftlich anerkannten Patriarchats hin zu einer hegemonialen Männlichkeit, die nun verschleiert die Unterdrückung von Frauen aufrechterhält (Connell 2015: 326). Diese Verschiebung erklärt den weiterhin extrem geringen Anteil an Frauen in Machtpositionen unter anderem in der Hochschulmedizin. Mit Foucault kann davon ausgegangen werden, dass im Feld der Universität verschleierte Machtformen zu diesen Ausschließungen führen, die an der Schwelle von Disziplin und neuen Machtformen wirken. Foucault sieht diese Veränderungen im Kontext einer fortschreitenden Individualisierung, bedingt durch die Veränderungen des Kapitalismus (Foucault 1977: 136). Und auch Connell ist in Bezug auf die Geschlechterverhältnisse der Ansicht „Neoliberalismus verträgt sich nicht mit dem traditionellen Patriarchat" (2015: 326). Wenn sich nun das Patriarchat als Macht- und Unterdrückungsform verabschiedet, wie würde Foucault diese neue Form beschreiben und was bedeutet sie für Frauen in männlich konnotierten Organisationen? Inwiefern verschieben sich im Zuge veränderter Machtkulturen auch die Praktiken des Ausschlusses von Frauen? Um dieser Frage nachzugehen, sollen im Folgenden Foucaults Überlegungen zu neuen neoliberalen Machtformationen skizziert werden.

Wesentlicher Bestandteil dieser neuen Macht ist der Übergang rein äußerer Einflussfaktoren wie Beobachtung und Strafen in das Innere der Subjekte. Regelwerke wirken nun nicht mehr nur durch Kontrolle von außen über andere, sondern darüber hinaus durch die Menschen selbst. Menschen führen diese Regeln in sich selbst und durch sich selbst aus. Durch Neoliberalisierung und der damit einhergehenden erweiterten Individualisierung werden diese Tendenzen verstärkt (Bröckling et al. 2000: 12). Es etabliert sich eine Machtform, die nun – im Gegensatz zur Disziplin – nicht mehr auf Repression angewiesen ist, sondern verschleiert, aber effektiv durch die Subjekte selbst ausgeführt wird. Es gibt weiterhin eine repressive Seite der Macht, die Teil ihrer Produktivität geworden ist (ebd.: 24). Gab es unter der Kontrolle von außen noch eine prinzipielle Möglichkeit, der Kontrolle und dem Gesehenwerden durch andere zu entgehen, ist die Macht nun allgegenwärtig, verinnerlicht, in jedem von uns. Hier zeigt sich eine

Parallelität zum Konzept der symbolischen Gewalt Bourdieus (vgl. Kapitel 3.2.1.), nämlich der Verschleierung und gleichzeitigen Komplizenschaft durch die Subjekte selbst, die Foucault mit dem Kontext von Neoliberalisierung zusammendenkt und mit den verschiedenen damit verbundenen Selbsttechniken in einen Zusammenhang stellt. Foucaults Genealogie der Machttechniken analysiert Krisensituationen, die neue Machtformen notwendig machen. Dabei lösen sich diese Machtformen nicht ab, sondern existieren überlagert, ergänzend, in Gleichzeitigkeit (Foucault 2006: 161). Dies ist für die folgende empirische Analyse ausschlaggebend, da es die Frage aufwirft, welche Machttechniken sich in der Interaktion zwischen Vorgesetzten und Wissenschaftlerinnen zeigen bzw. auf welche Weise die Hochschulmedizin als Organisation auf den Ausschluss von Frauen wirkt. Es ist damit anzunehmen, dass diese Machtkulturen nur in Verzahnung miteinander betrachtet werden können und je nach Kontext unterschiedliche Formen in den Vordergrund treten. In einem von Abhängigkeit geprägten Feld wie der Medizin ist davon auszugehen, dass disziplinarische Formen offenkundig werden. Werden diese Formen in einem hochgradig individualisierten Feld der Wissenschaft sowie durch die Ökonomisierung des Gesundheitssystems von anderen Formen überlagert? Wie wirken sich diese Verschiebungen auf der Subjektebene aus? Die in Kapitel 1.2. dargestellten Entwicklungen in Gesundheitssystem und Wissenschaft haben zu einer veränderten Subjektivierung wissenschaftlich Tätiger beigetragen. Um diese Veränderung zu verstehen, soll im Folgenden Foucaults Konzept der Gouvernementalität fruchtbar gemacht werden.

4.1.2. Gouvernementale Subjekte:
Unternehmerische Ausschlüsse im emotionalen Kapitalismus

Mit „Gouvernementalität" bezeichnet Foucault eine produktive Machtform, die sich auf eine neue Führung von Menschen bezieht. Führung meint damit eine Kunst des Regierens als „Gesamtheit von Institutionen und Praktiken, mittels deren man die Menschen lenkt, von der Verwaltung bis zur Erziehung" (Foucault 2005b: 166) sowie Formen der Selbst-Führung. Eine Herrschaftstechnik verbindet sich hier also mit „Technologien des Selbst" (Foucault 1993), die auf einem breiten Wissen über Menschen und dem Menschen über sich selbst gründen. Niklas Rose formulierte anschaulich, was diese Foucault'sche Machtanalyse in Bezug auf das Subjekt bedeutet: Das Subjekt hat jetzt nicht mehr nur Pflichten, wie noch zu Zeiten vorherrschender Disziplin, es ist ein Individuum mit Rechten und Freiheiten geworden. Doch gerade in diesen Freiheiten liegen die verschleierten Formen der Macht. Sie sind begrenzt durch neue Pflichten an die Freiheit:

> „The self is to be a subjective being, it is to aspire to autonomy, it is to strive for personal fulfillment in its earthy life, it is to interpret its reality and destiny as a matter of individual responsibility, it is to find meaning in existence by shaping its life through acts of choice. These ways of *thinking* about humans as selves, and these ways of *judging*

them, are linked to certain ways of *acting* upon such selves" (Hervorhebung im Original, Rose 1998: 151).

Diese Beschreibung verdeutlicht eine Art und Weise das Subjekt zu denken, die nach Rose mit einer bestimmten Art des Wirkens auf das Selbst zusammenhängt. Die Führung des Selbst ist nun nicht mehr abhängig von Religion oder Moral, die existenziellen Fragen nach dem Sinn des Lebens werden nun in Form effektiver Alltagsbewältigung gedacht und zur Verbesserung der Lebensqualität transformiert (ebd.). Damit etablieren sich aber auch neue Praktiken im Umgang mit sich selbst, die insofern in das neoliberale Projekt passen, da die Subjekte sich selbst passfähig machen. Das autonome Subjekt, das als Antithese zur Unterwerfung entworfen wurde, verstrickt sich selbst in diesen Unterwerfungen. Der Traum der Selbsterfüllung auch am Arbeitsplatz, einst ein emanzipatorisches Projekt, wurde Teil kapitalistischer Verwertbarkeit. Boltanski und Chiapello beschreiben diesen Umbruch in ihrer großangelegten Studie zum „neuen Geist des Kapitalismus". Sie zeigen auf, wie die Kritik an Lohnarbeit und die Forderung nach mehr „Freiheit und Authentizität" in der Arbeitswelt, in der sich Menschen kreativ entfalten können, kapitalistisch vereinnahmt wurde (Boltanski und Chiapello 2003: 143).[32] Das Vokabular der Selbstverwirklichung durch Arbeit avancierte insbesondere dort, wo Arbeit und Freizeit zusammenfallen, zum geflügelten Wort unter Bedingungen der Beschneidung von Arbeitsrechten und den damit einhergehenden Auswirkungen auf das Selbst: „Prekarisierung, Überausbeutung, gesellschaftliche Polarisierung, schwindende Perspektiven und Planbarkeit des eigenen Lebensentwurfs stellen gesellschaftliche Individuen vor Zerreißproben" (Candeias 2008: 307). Diese Entwicklungen lassen sich auch und insbesondere in der Medizin, die kaum Zeit außerhalb des Klinikums lässt und dessen entgrenzte Arbeitsbedingungen bereits ausführlich beschrieben wurden, ablesen.

Welche Konsequenzen hat das auf der Subjektebene? Unter diesen Bedingungen werden Subjekte existenziell auf ihre Subjektivität zurückgeworfen: „auf ihren innersten Persönlichkeitskern" (Voß und Weiss 2014: 46). Nach Rose wird das Subjekt unter diesen Bedingungen zu einem Projekt-Selbst, das durch permanente Wahl und ‚freie', stets riskante und deshalb möglichst ‚richtige' Entscheidungen, sein Leben und seinen Lebenslauf gestaltet. Damit dies möglich wird, ist es aber auch stets gezwungen sich seiner selbst bewusst zu sein und sich zu eigenen Zielen, Bedürfnissen, Motivationen, Grenzen und Begehren zu befragen. Heute erfolgreich sein, bedeutet unternehmerisch handeln: Tatkraft, Initiative, Ehrgeiz, Berechnung, persönliche Verantwortung (Rose 2000: 12):

---

[32] Die Eigenschaften, die in diesem „neuen Geist" eine Erfolgsgarantie darstellen – Autonomie, Spontaneität, Mobilität, Disponibilität, Kreativität, Plurikompetenz, die Fähigkeit, Netzwerke zu bilden, die Offenheit gegenüber Anderem und Neuem, die visionäre Gabe, das Gespür für Unterschiede, die Neigung zum Informellen – scheinen direkt der antiautoritären Kritik an der Disziplin, der Ideenwelt der 68er entliehen (Boltanski und Chiapello 2003: 143).

"Das unternehmerische Selbst macht ein Unternehmen aus seinem Leben, strebt die Maximierung seines Humankapitals an, plant eine Zukunft für sich und versucht sich zu formen, um zu werden, was es anstrebt. Das unternehmerische Selbst ist damit ein aktives und kalkuliertes Selbst, ein selbst, das über sich selbst Überlegungen anstellt und auf sich selbst einwirkt, um sich zu verbessern" (ebd.).

Unternehmertum ist damit Führung und Selbstführung zugleich, da es eine Norm etabliert, wie Menschen geführt werden und wie sie sich selbst regieren sollten. Sie ist das, was Foucault als „ethisch" oder als gute Herrschaft bezeichnet, denn Regieren heißt deshalb heute nicht „mehr gegen die Subjekte, sondern mit ihnen und *durch* ihre Freiheit hindurch zu regieren" (Hervorhebung im Original, Rose 2000: 12 f.). Die Verinnerlichung von Macht ist ein praktischer Modus, eine Ethik in praktischer Weise (ebd.: 11), die nicht einfach passiert, sondern von den Selbsten aktiv vorangetrieben werden muss, um sich kontextbezogen passend zu machen. Es etablieren sich „Technologien des Selbst", als Techniken, die

> „es dem Einzelnen ermöglichen, aus eigener Kraft oder mit der Hilfe anderer eine Reihe von Operationen an seinem Körper oder seiner Seele, seinem Denken, seinem Verhalten und seiner Existenzweise vorzunehmen, mit dem Ziel, sich so zu verändern, daß er einen gewissen Zustand des Glücks, der Reinheit, der Weisheit, der Vollkommenheit oder der Unsterblichkeit erlangt" (Foucault 1993: 26).

Freie Wahl, Selbstverwirklichung und Erfüllung durch Arbeit sind die positiven Aspekte, die dazu geführt haben, dass das unternehmerische Selbst zu einer hegemonialen Figur wurde (Bröckling 2007: 58). Gleichzeitig generiert sie aber auch eine fortwährende Überforderung, denn das unternehmerische Selbst ist ein nie abgeschlossenes Projekt-Selbst. Das Subjekt soll seinen Selbstwert erhöhen, seine physische und psychische Gesundheit erhalten, erfolgreich sein, Gewinne maximieren etc. Ulrich Bröckling ist in seiner Studie *Das unternehmerische Selbst* der Ansicht, dass diese strukturelle Überforderung gewollt ist, „erzeugt sie doch jene fortwährende Anspannung, die den Einzelnen niemals zur Ruhe kommen lässt, weil er jeden Fortschritt in der einen Richtung durch entsprechende Anstrengungen in der Gegenrichtung ausgleichen muss" (Bröckling 2007: 71). Gefordert sind ein hoher Arbeitseinsatz und gleichzeitig ein achtsamer Umgang mit sich selbst. Bröckling nennt das eine „Grammatik der Härte" und eine „Grammatik der Sorge", in der Selbstdisziplinierung und Selbstenthusiasmus parallel laufen (ebd.). Byung-Chul Han kommt deshalb zu dem Ergebnis, dass Emotionen im Neoliberalismus ein neuer Stellenwert für beruflichen Erfolg zukommt. Ein „konstantes Gefühl der Angst führt zu rastlosen unternehmerischen Tätigkeiten" (Han 2016: 62) und zugleich setzt das „neoliberale Regime […] Emotionen als Ressourcen ein, um mehr Produktivität und Leistung zu erzielen" (ebd.: 64). Auf der Ebene des Subjekts ergibt sich eine kontinuierliche Selbstreflexion und beständiges Arbeiten an den eigenen Emotionen, um diesem Leistungsdruck standzuhalten. Eva Ilouz spricht daher von einem „emotionalen Kapitalismus" (Illouz 2006):

„Der emotionale Kapitalismus ist eine Kultur, in der sich emotionale und ökonomische Diskurse und Praktiken gegenseitig formen, um so jene breite Bewegung hervorzubringen, die Affekte einerseits zu einem wesentlichen Bestandteil ökonomischen Verhaltens macht, andererseits aber auch das emotionale Leben – vor allem das der Mittelschicht – der Logik ökonomischer Beziehungen und Austauschprozesse unterwirft" (ebd.: 13). Emotionen werden heute zu ökonomischen Gütern, die optimiert werden können und sollten. Die Maslow'sche Bedürfnispyramide der Motivation, die davon ausging, dass zuerst die basalen Bedürfnisse des menschlichen Seins, wie berufliche Sicherheit, verwirklicht sein müssten, steht förmlich Kopf. Heute wird bereits ein hohes Maß an Selbstwertgefühl benötigt, um erfolgreich zu sein, um einen gewissen Grad an ökonomischer Stabilität zu erreichen und aufzusteigen (Cabanas und Illouz 2015: 567 f.). In diesem Kontext kann auch die große Nachfrage nach Beratung und Coaching in der Universität(-smedizin) gelesen werden. So etablierte sich parallel zu der sich weiter verunsichernden Wissenschaftswelt sowie dem gleichzeitigen Bestreben nach Selbstverwirklichung durch Arbeit die Notwendigkeit nach externer psychosozialer Expertise. Die Etablierung von Mentoring-Programmen an Universitäten fällt in diese Zeitspanne (Franzke 2003: 93 f.). In Mentoring-Programmen, wie den in dieser Studie beobachteten, werden Habilitandinnen in der Hochschulmedizin in Workshops, Coaching und durch Vernetzung mit einer Mentorin bzw. einem Mentor auf ihrem Karriereweg unterstützt. Diese an Therapieformen angelehnten Techniken der mit einem Experten in Kommunikation entwickelten Selbstreflexion dienen in einer entgrenzten Welt als Subjektivierungstechniken,[33] die erhöhte „Unsicherheitsbewältigungskompetenzen" (Bittlingmayer 2002: 236) und Resilienz im Umgang mit diesen herausfordernden Arbeitskontexten versprechen und ermöglichen können oder sollen. So werden die aufziehenden Spannungen durch Veränderungen im Inneren und nicht im System gelöst. Gleichzeitig schreiben sich diese Veränderungen aber auch in die Psyche ein. Die Techniken adressieren insbesondere Frauen (Bröckling 2002), die damit neben den gebotenen Chancen gleichwohl Gefahr laufen, Selbstoptimierung- und Selbstausbeutungstendenzen noch zu steigern (Altreiter 2011). Das bedeutet für die empirische Analyse, dass neben den durch das medizinische Wissenschaftssystem generierten Normierungen auch das Setting der Datenerhebung, das eine beständige Selbstreflexion einforderte, mitbedacht werden muss (vgl. Kapitel 2). Mehrere Studien kommen daher zu dem Schluss, dass es sich bei Mentoring-Programmen in dem beschriebenen Sinne um neoliberale Subjektivierungsformen handeln kann (vgl. u.a. Vries 2011; Devos 2004; Singer 2017). Im Sinne der Säkularisierung (mit dem Fehlen von Beichte sowie dem Glauben an Vergebung im Jenseits) dienen diese Techniken dazu, Fehlentscheidungen und Schicksalsschläge positiv zu wenden, Leiden zu ertragen und Souveränität an das Subjekt zurückzugeben (Rose 2000: 17). „Arbeite an dir selbst, um gesund

---

[33] Neuere Arbeiten gehen auf sich etablierende Formen von Beratung (Maasen 2011), Coaching (Traue 2011), Therapeutisierung (Illouz 2009) und positiver Psychologie (Cabanas und Illouz 2015) ein, die nun auch in Unternehmenskontexten eine hohe Nachfrage finden.

zu bleiben", so das Credo, das gleichsam zu Erschöpfungszuständen führen kann. Alain Ehrenberg, der den Begriff des „erschöpften Selbst" (Ehrenberg 2004) prägte, verweist hier auf eine Verbindung subjektivierter Arbeit und Erschöpfung. Ganz im Sinne gouvernementaler Subjekte wird dem Individuum vorgeschrieben, autonom zu sein, aber diese Autonomie vollzieht sich über die Annahme von Rahmenbedingungen. Es entsteht ein Paradox der Autonomie das Leiden erzeugt: „Der Widerspruch zwischen dem Ideal der Autonomie als Unabhängigkeit und einer Wirklichkeit, die sie verneint, erzeugt das soziale Leiden und zeigt sich als Herrschaftsprinzip" (Ehrenberg 2011: 374). Aus dieser Perspektive wird Selbstausbeutung in subjektivierten und entgrenzten Arbeitskontexten wie der Wissenschaft zwar durch das Selbst vollzogen. Zugleich hat sich Selbstausbeutung aber auch als Norm subjektivierter Arbeit, gerade in hochqualifizierten Bereichen (Moosbrugger 2008), aber auch darüber hinaus etabliert. Da durch die Subjektivierung von Arbeit ambivalente Freiheiten mit indirekten Herrschaftsformen verknüpft werden, kommt es nach Elin Thunman zu a) freier und b) standardisierter Selbstausbeutung (2014: 75). Gemeint ist, dass mit a) freier Selbstausbeutung alle Potenziale des Selbst durch Experimentieren entfaltet werden können. Dem gegenüber steht zugleich eine Ambivalenz, denn b), standardisierte Selbstausbeutung, bezeichnet eine Forderung des Arbeitgebers auf dessen Art und Weise authentisch zu sein. Aus dem emanzipatorischen Potential unter a) wird unter historischen Veränderungen Repression und Ausbeutung in neuem Gewand. Das Spannungsverhältnis zwischen a) freier und b) standardisierter Selbstausbeutung trägt insofern zur Verausgabung bei, wenn persönliche Verantwortungsübernahme zwar einfordert, gleichzeitig aber nicht mit entsprechenden Ressourcen und Ermöglichungsräumen verknüpft wird (ebd.).

Exkurs: Verausgabung als „Burn-out"

Unternehmerische Subjektivierungsformen bergen Risiken erhöhter Verausgabungen. Empirisch rückbindend schilderte Kapitel 2 so auch, dass der Idealtypus „Hürdenreich" im Habilitationsverlauf von hohen Überlastungserscheinungen betroffen war. In der Selbstbeschreibung wurde diese Situation als „Ausgebrannt-Sein" im Sinne eines „Burn-out" benannt. Da Burn-out als eine Konsequenz erhöhten Stresses im Kontext der Subjektivierung von Arbeit sowie konkret in Bezug auf die Medizin von hoher Bedeutung ist, wird dieser in diesem Exkurs kurz umrissen.

Burn-out wird als Folge chronischen Stresses betrachtet, wenn dieser diverse Krankheitsprozesse in Gang setzt. Nach Ingeborg Hedderich ist die Bezeichnung „Burn-out" der Alltagssprache entliehen und bezieht sich häufig auf den beruflichen Kontext (2012: 10 f.). Eine einheitliche Definition des Begriffs gibt es bislang nicht, dieser findet aber populärwissenschaftlich inflationäre Anwendung. Der Begriff wird von Hedderich als psychologisch hoch relevant eingeschätzt, beschreibt aber keine klinische Diagnose. Sie führt aus, dass der internationale Diagnoseschlüssel zur Klassifikation von Krankheiten (ICD-10) der Weltgesundheitsorganisation einen Eintrag über Burn-out als „Zustand der totalen Erschöpfung" (Schlüssel = Z.73.0) enthält. Wie bereits dargestellt, haben diese Erschöpfungszustände in den letzten Jahren enorm zugenommen. Umstritten ist aber der Grund für die hohe Zunahme, die neben der tatsächlichen Anzahl an Fällen auch auf die gestiegenen Sensibilitäten der Ärzte- und Patientenschaft zurückgeführt wird. Im Gegensatz zur Depression wird die Symptomatik allerdings als diffus wahrgenommen (Jaggi 2008). Burn-out wird häufig auch als eine Form von Depression oder Anpassungsstörung verstanden. Gemäß Matthias Burisch (2014: 14 f.) fehlt es an einer operationalen und universellen Definition. Einen Überblick über „Burn-out aus ressourcenorientierter Sicht im Geschlechtervergleich" gibt Caroline Lanz (2010). Sie führt aus, dass Burn-out als ein Nachlassen oder Schwinden von Kräften definiert wurde (Freudenberger und Richelson 1983, nach Lanz 2010: 55). Eine Erschöpfung also, die durch übermäßige Beanspruchung der eigenen Energie, Kräfte oder Ressourcen, die mit einer „Krankheit des Überengagements" endet. Besonders gefährdet sind demnach ehrgeizige, erfolgreiche und anspruchsvolle Persönlichkeiten. Pines, Aronson und Kafry (1993, nach ebd.) sehen in Burn-out etwas differenzierter einen Zustand physischer, emotionaler und mentaler Erschöpfung, die aus emotionaler Involviertheit in die Situation resultiert und über einen längeren Zeitraum zustande kommt. Es kommt zu einem Abbau von Idealismus, Interessen, Anteilnahme durch Desillusion, die durch die Arbeitsbedingung verursacht werden. Der Eindruck von Sinnlosigkeit nimmt zu, die Einstellungen werden zunehmend zynisch (nach Edelwich und Brodsky 1984; Cherniss 1980, nach ebd.). Eine zentrale Definition von Burn-out ist die vielfach zitierte von Christina Maslach und Susan Jackson, die besagt, dass auf emotionale Erschöpfung, Depersonalisierung und persönliche Leistungseinbußen folgen (Maslach et al. 1981). Ihre Theorie stellt emotionale Erschöpfung in den Mittelpunkt. Durch Depersonalisierung verliert das Individuum zunehmend die Wertschätzung gegenüber anderen Personen. Als Resultat entsteht eine reduzierte persönliche Leistungsfähigkeit als Ergebnis eines Vertrauensverlustes des Individuums in seine eigenen Fähigkeiten. Dieses wiederum ergibt emotionale Erschöpfung und Depersonalisierung. Diese drei Dimensionen bilden die Grundlage für das in der Forschung gut etablierte Erhebungsinstrument „Maslach-Burn-out-Inventory" (ebd.). Zusammengefasst stellt Burn-out also eine Form einer klinisch (noch) nicht genauer definierten Erschöpfungserkrankung dar, die im Zuge veränderter Arbeitsverhältnisse enorm zugenommen hat. In Rückgriff auf die noch auszuführenden Stressmodelle in Kapitel 4.2., kann gezeigt werden, dass Stressoren, insbesondere im Krankenhaus, zu erhöhten Krankheitsrisiken führen, dass dies aber von den individuellen Bewertungsschemata und personalen Ressourcen mit abhängt. Burn-out im gesellschaftlichen Rahmen betrachtet – um damit den Kreis zu den obigen Ausführungen zur gouvernementalen Hochschulmedizin zu schließen – wird hier in einem Zusammenhang mit der Subjektivierung von Arbeit zwischen Selbstverwirklichung und Ausbeutung betrachtet.

Erschöpfte Arbeitsselbste: Neuordnung sozialer Ungleichheiten

Zurückkommend zu den Ausführungen entgrenzter Arbeit und Selbstausbeutung zeigen sich Verausgabung und Burn-out als populäre Phänomene erschöpfter Arbeitsselbste als personalisiertes Problem. So überwiegen in Präventions- und Rehabilitationsprogrammen zu Burn-out-Erkrankungen überwiegend personenzentrierte Ansätze, die zu einer Individualisierung der Problematik beitragen (Awa et al. 2010) und dadurch neue individualisierende Subjektivierungsprozesse in Gang setzen. Negativ gewendet, werden so Machtverhältnisse verschleiert und als eigenes Scheitern erlebt. Positiv gewendet ist Burn-out insofern innovativ, da das Selbst in der Krise lernt, mit Dingen und Kräften hauszuhalten, bevor sie zur Neige gehen. Wo es zuvor stets kompetitiv sein sollte, soll es sich nun empathisch und responsiv verhalten. Machttheoretisch betrachtet, verhilft das jedoch zugleich einem neuen Ressourcenmanagement zum Durchbruch. Steigerungslogiken werden zwar in Zweifel gezogen, zugleich wendet sich das unternehmerische Selbst (vgl. Kapitel 4.1.2) aber vor allem auf sich selbst zurück. Es wirkt integrativ, ohne sich zu verausgaben und als Arbeitskraft auszufallen (Neckel 2014: 215).

„Aus der Burn-out-Klinik kehrt man nicht mit der Kündigung in der Hand zurück, sondern mit den Selbsttechniken nachhaltigen Ressourcenmanagements. Wo die Wachstumslogik des Finanzkapitalismus und das Trugbild unerschöpflicher ökonomischer Quellen in die Krise geraten sind, müssen die Subjekte in sich selbst nach neuen Quellen der Wertschöpfung suchen" (ebd.: 216).

Burn-out wird aber nicht nur für die Erschöpften selbst zu einem Problem. Auch für die (noch) nicht Ausgebrannten führt der omnipräsente Diskurs zu einer Möglichkeit, der es zu entgehen gilt. Bröckling spricht auch von Burn-out als einem „Diskursereignis von geradezu epidemischen Ausmaßen" und konstatiert, dass das „Phänomen der Zeitkrankheit selbstreferenziell geworden" ist (Bröckling 2013: 179). Gleichsam werden durch diese Erschöpfungsbedrängnis Techniken der Selbstsorge zur Prävention des Selbst aktiviert, die wiederum zirkulär die Problematiken in das Selbst verlagern. Bröckling kritisiert so auch, dass ausgerechnet gegen die Zumutung „radikal vermarktlichter Arbeitsverhältnisse" die „konsequente Ökonomisierung des Verhältnisses zu sich selbst helfen" soll (ebd.: 198). Aufgrund dieses vielerorts erzeugten Leidens schlägt Bröckling deshalb auch „Resilienz als Schlüsselbegriff des 21. Jahrhunderts" vor (Bröckling 2017). Doch zugleich wurde dadurch eine Verbindung zwischen Leiden und Ungerechtigkeit hergestellt, die sich nun nach der Quantität des erzeugten Leidens bemisst (Ehrenberg 2011: 374). Die Analyse der Erzeugung des Leids lotet damit auch eine neuartige Erzeugung sozialer Ungleichheiten aus. Die Untersuchung arbeitsbezogenen Stresses und individueller Stressbewältigung stellt sich vor diesem Hintergrund als eine neuartige Vermessung der Produktion von Ungleichheiten dar. Wie werden also unterschiedliche Stressbelastungen durch eine vergeschlechtliche Organisationskultur mit beeinflusst? Welche Rolle spielt hierbei die Konstruktion von Weiblichkeit als Eigenschafts- und Tätigkeitszuschreibung? In der Hochschulmedizin wirken neue Steuerungsmechanismen, die den akademischen Feudalismus (vgl.

Kapitel 3.1.) durch gouvernementale Machtkonstellationen ergänzen. Denn die beschriebenen Machtformen lösen sich nicht gegenseitig ab, sondern überlagern und ergänzen sich. In der empirischen Analyse soll deshalb danach gefragt werden, inwiefern sich die, durch männliche Herrschaft geprägte Organisation, in ihrer Machtpraxis entsprechend verändert und welche Auswirkung diese Verschiebung für den Ausschluss von Frauen haben kann. Gouvernementale Künste des Regierens wirken sowohl durch Selbstführung und aktivierende Fremdführung. Wie gestalten sich diese Fremd- und Selbstführungen so aus, dass sie sich für Weiblichkeiten benachteiligend auswirken? Anthony Giddens verweist darauf, dass eine Politik der Selbstverwirklichung und die Vorstellung vom guten Leben soziale Ungleichheiten neu ordnen:

> „Indeed, class divisions and other fundamental lines of inequality, such as those connected with gender or ethnicity, can be partly defined in terms of differential access to forms of self-actualisation and empowerment discussed in what follows. Modernity, one should not forget, produces difference, exclusion and marginalisation. Holding out the possibility of emancipation, modern institutions at the same time create mechanisms of suppression, rather than actualisation, of self" (Giddens 1997: 6).

Wie werden diese sozialen Ungleichheiten organisiert und auf welche Art und Weise? McRobbie vereint in ihrer Analyse zu „Top Girls" (McRobbie 2010) die theoretischen Stränge von Bourdieu, Butler und Foucault im Hinblick auf die neuen Ungleichheiten, die sich im Zuge der Gouvernementalisierung und den damit entstehenden individualisierten Weiblichkeiten ergeben. Ihre Beschreibung der „Top Girls" könnte auch als eine Analyse der Medizinerinnen des vorliegenden Samples gelesen werden. Nach McRobbie sind diese Frauen besser ausgebildet als jemals zuvor. Nicht nur studieren erstmals mehr Frauen als Männer, auch sind ihre schulischen Leistungen besser als die ihrer Mitschüler. Frauen haben in den letzten Jahrzehnten viel erreicht. Ihre hohe Bildungsqualifikation trug dazu bei, dass das durch einen Numerus Clausus beschränkte Studienfach der Medizin zu einer feminisierten Disziplin wurde. Als Arbeitskraftunternehmerinnen streben sie einem „Adult Worker Model" (Lewis und Giullari 2005; Annesley 2007) nach, dem zufolge, alle erwerbsfähigen Erwachsenen auch erwerbstätig sein sollen (Walgenbach 2015: 30). Für McRobbie (2010) sind deshalb Frauen die neuen Leistungsträgerinnen des kapitalistischen und wohlfahrtsstaatlichen Umbaus. Im Sinne Bourdieus symbolischer Gewalt, wird ihnen nun ein Geschlechtervertrag angeboten, der besagt, dass sie für die vollständige Integration in den Arbeitsmarkt auf einen als überholt geltenden Feminismus verzichten (ebd.: 39). McRobbie betont die neuen Freiheiten für Frauen und deren Einbau in das Projekt des unternehmerischen Selbsts. Demnach streben junge Frauen nach erfüllender Arbeit *(passionate work)* und werden im Kontext der emanzipatorischen Veränderungen als enthusiastische Karrierefrauen angesprochen (McRobbie 2015). Frauen können erfolgreich sein und sind es auch tatsächlich.

Die Kämpfe der Frauenbewegung haben sich für die heutige Generation ausgezahlt. Feministische Werte haben in vielen Institutionen Einzug gehalten. Doch handelt es sich um einen liberalen Feminismus, der auch in Parallelität zum Projekt der Selbstverwirklichung eines unternehmerischen Selbsts gelesen werden kann. Ein sozialkritischer Feminismus, der die soziale Ordnung mitreflektiert, wird hier dethematisiert (McRobbie 2016: 20). So betont McRobbie auch die neuen Freiheiten für Frauen, vergisst aber nicht, auf die Nebeneffekte der neuen „weiblichen Individualisierung" (ebd.: 25 ff.) hinzuweisen. Und so existiert „Patriarchale Autorität […] nun umgeformt innerhalb eines Regimes der Selbstkontrolle, an dessen strengen Kriterien Frauen sich immer und ständig messen müssen, von ihren jüngsten Jahren bis ins fortgeschrittene Alter" (McRobbie 2010: 88). Hier wird die Anrufung eines unternehmerischen Selbsts deutlich: „Frauen sind aufgefordert, ihr Leben zu planen. Sie müssen mehr Reflexivität aufbieten als bisher, und zwar hinsichtlich sämtlicher Aspekte ihres Lebens – von der Wahl des richtigen Ehepartners bis zur Verantwortung für die eigene Karriere" (ebd.: 26).

Frauen sind zu einem integralen Faktor des sozialen Wandels geworden, sie ziehen, wenn sie privilegiert sind, die Grenzen zwischen Arm und Reich mit und feiern ihren beruflichen als einen individuellen Erfolg (McRobbie 2010: 109 f.). Der berufliche Erfolg wurde zu einem wichtigen Faktor im Selbstbild. Sie sind ehrgeizig, motiviert, zielstrebig und bestehen in Wettbewerbssituationen. Dies gilt insbesondere für Frauen in der Medizin, die den Weg bis zu einer Habilitation gegangen sind. Ein geplantes Leben bildet sich als Norm individualisierter Weiblichkeit heraus. Die Negativfolie wird aber gleichzeitig zur Selbst-Attribution: Zum Zeichen des Scheiterns und persönlicher Defizite. Durch die Gouvernementalisierung wird Benachteiligung im Modus der Eigenverantwortung personalisiert anstatt sich als sozial produziertes Phänomen zu zeigen (ebd.: 115). So kommt auch die Mehrheit der Studien zum Ausschluss von Frauen aus der Wissenschaft zu dem Ergebnis, dass sich Ausschlussmechanismen sowie offene und subtile Diskriminierung im Wissenschaftsbetrieb sehr wohl nachweisen lassen, die Betroffenen aber häufig angeben, nicht persönlich tangiert zu sein. Sie gehen eher davon aus, diese durch individuelle Anpassungsprozesse und effektivere Organisation der Lebenssituation überwinden zu können. Strukturelle Hindernisse und kulturelle Hürden werden so personalisiert, auf die eigene Person bezogen und als zu überwindende Problemlage umgedeutet (Majcher und Zimmer 2008: 592). Umorientierungen in beruflichen und wissenschaftlichen Karrieren oder gar Karriereabbrüche aufgrund der Konstruktion von Weiblichkeit als Negativfolie erscheint dann als subjektive (Einzel-)Entscheidung, deren institutionelle Hervorbringung verdeckt bleibt (Kahlert 2011: 116).

Konkret zeigen sich diese Selbstattributionen in Kontexten individueller Stressbelastung. Modelle zur individuellen Stressbewältigung bieten so Problemlösungskompetenzen an, suggerieren aber auch, dass sich diese Problematiken individuell lösen lassen. In der Konsequenz kommt es auf diese Weise zu einer Fokusverschiebung. Im Sinne eines „You are not responsible for being down, but you are responsible for getting up" (Bröckling 2003) kümmert sich diese

Vorstellung von Empowerment nicht mehr um das *getting down* und dessen soziale Herstellung, sondern verschiebt den Fokus zum individuellen *getting up*, für das die Individuen dann tatsächlich selbst verantwortlich gemacht werden (Responsibilisierung).

4.2. Arbeitsbezogener Stress und individueller Stressabbau

Wie oben und in Kapitel 2 bereits angesprochen, stellen Belastungen durch Stress eine der symptomatischen Gesundheitsgefährdungen im Kontext subjektivierter Arbeit dar. Günter Voß und Cornelia Weiss gehen sogar davon aus, dass Burn-out in der Wettbewerbsgesellschaft zu einer der „Leiterkrankungen des subjektivierten Kapitalismus" (Voß und Weiss 2014: 29) wurde. Demnach leidet der „Arbeitskraftunternehmer" (Pongratz und Voß 2004) zwischen Selbstkontrolle, Selbstökonomisierung und Selbstrationalisierung an einer neuen Form des Arbeitsleidens. Historisch betrachtet lösen körperliche Erkrankungen des Proletariats psychosoziale Erkrankungen der Mittel- und gehobenen Schichten ab (Voß und Weiss 2014: 29 ff.). Unter Bedingungen der Beschleunigung (Rosa 2013) hängt beruflicher Erfolg auch mit der Entwicklung individueller Kompetenzen zusammen, um mit der auf Dauer gestellten Überlastung umzugehen, an der immer mehr Menschen scheitern. Dies zeigen unterschiedlichste Berichte zum Anstieg von Stress und Burn-out-Risiken im Beruf. Die in diesem Kontext vielfach zitierte, weil alarmierende, Studie war hier der Fehlzeiten-Report 2010 der AOK. In der zugehörigen Pressemitteilung titelte das Wissenschaftliche Institut der AOK *Burnout auf dem Vormarsch* (19.04.2011) und führte aus, dass die damit in Zusammenhang stehenden Krankschreibungen von 8,1 % in 2004 auf 72,3 % im Jahr 2010 anstiegen.

Der Stressreport der Bundesanstalt für Arbeitsschutz und Arbeitsmedizin (2013) verweist als Gründe eines Burn-outs auf gestiegene psychische Anforderungen in der Arbeitswelt (Lohmann-Haislah 2013: 11). Spitzenreiter sind Multitasking, starker Termin- und Zeitdruck, schnell arbeiten zu müssen sowie Unterbrechungen während der Arbeit (ebd.: 36). Insgesamt zeigen sich aber auch hier Geschlechterdifferenzen. Frauen arbeiten öfter befristet und benennen stärker quantitative Überforderungen als ihre männlichen Kollegen. Insbesondere vollzeitbeschäftigte Frauen mit Führungsverantwortung geben Pausenausfall, Stresszunahmen und Überforderung an. Sie berichten höhere Beschwerdewerte, mehr Erschöpfung und einen schlechteren subjektiven Gesundheitszustand. Die höchsten Werte betreffen dabei vollzeitbeschäftigte Frauen in Führungspositionen selbst, sie geben die höchsten Beanspruchungsfolgen an (ebd.: 166).

Diese Ausführungen zu Stress und Stressbelastungen sind für die vorliegende Analyse deshalb so relevant, da gerade in der Medizin ein hoher Stressgrad herrscht (Gothe 2010: 11 f.; vgl. auch Kapitel 1.1.). Einen direkten Zusammenhang zwischen erhöhtem Stress und gesundheitlichen Risiken unter den medizinisch Tätigen, der Frauen stärker betrifft, konnten Olaf von Knesebeck, Jens Klein, Johannes Siegrist et al. nachweisen (von dem Knesebeck 2010; Klein et al. 2010). Auf diese Studie wird in Kapitel 4.2.2. detailliert eingegangen. An dieser Stelle soll aber gefragt werden, warum gerade Frauen in der Medizin so viel stärker von diesen Belastungen betroffen sind, inwiefern diese Belastungen zum Ausstieg aus der Medizin in der Habilitationsphase beitragen und wie sich im Belastungsgeschehen Ungleichheiten abzeichnen. Um diese Fragen beantworten zu können, soll mit dem folgenden Unterkapitel ein Verständnis für arbeitsbezogenen Stress erreicht werden. Zunächst sollen daher die für die Stressforschung grundlegenden Modelle vorgestellt, anschließend arbeitsbezogene Modelle sowie Erschöpfung und Selbstausbeutung thematisiert werden.

4.2.1. Stress und Stressmodelle: Von Belastungen, Ressourcen und Stressoren

Stress vermittelt zwischen psychosozialen Faktoren sowie körperlichen Veränderungen und bezeichnet eine durch äußere Reize (Stressoren) hervorgerufene Reaktion (Knoll et al. 2011 ff.). Diese können positiv (Eu-Stress) oder negativ (Dis-Stress) ausfallen. Zur Belastung wird Stress, wenn dieser dauerhaft anhält und nicht kompensiert werden kann. Hans Selye (1976) untersuchte die adaptive Reaktion des Körpers auf Stress und fand heraus, dass Menschen über ein „allgemeines Adaptionssyndrom" *(general adaption syndrome)* verfügen, das er in drei Phasen einteilte. Wie in Abbildung 36 dargestellt, reagiert der Körper in der ersten Phase alarmierend auf eine plötzliche Aktivierung des sympathischen Nervensystems aufgrund eines äußeren Reizes. In Phase 2 werden entsprechende Ressourcen für eine adäquate Reaktion mobilisiert. Bei geglückter Anpassungsleistung kann so Stress reduziert werden. Ist dies nicht der Fall und hält dieser Stress länger an, so ist die Energie ausgeschöpft und es entsteht eine Abwärtsbewegung, die in Phase 3 zu Erschöpfung führt (Selye 1976). Der Körper kann also kurzfristig mit Stressoren umgehen, langfristig stellen sich allerdings gesundheitliche Probleme ein (Myers 2014: 528 f.).

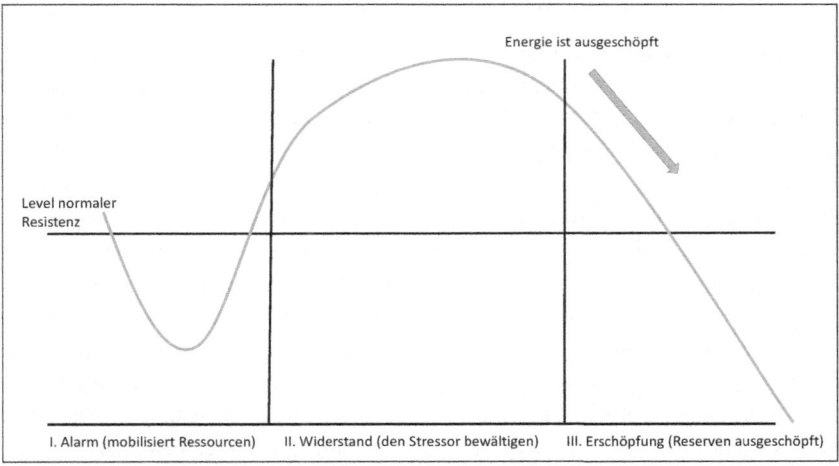

Abb. 36: Schematische Darstellung des Allgemeinen Adaptionssyndroms. Aus: Selye 1976: 6 (eigene Darstellung)

Dieses Modell dient als Grundlage für ein Verständnis von Stress. Stress im negativen Sinne beschreibt also eine „Stimulus-Response-Beziehung" (Jex und Britt 2014: 211), in der unterschiedliche Stressoren auf das Individuum einwirken und das Individuum hierauf reagiert. Jüngere Forschungen unterscheiden sich in ihrem Fokus auf personale Verarbeitung von Stressoren oder Umwelteinflüssen als Stressoren.

Das Transaktionale Stressmodell nach Richard Lazarus

Das Transaktionale Stressmodell von Richard Lazarus et al. (1987; 1990) betont stärker die personal-kognitiven Einflüsse auf die Stresswahrnehmungen. Lazarus et al. untersuchen die subjektive Wahrnehmung von Reizen, basierend auf experimentellen Untersuchungen zur kognitiven Verarbeitung von Stressoren. Transaktional wird das Modell deshalb bezeichnet, da hier Stresssituationen als komplexe Wechselwirkungsprozesse zwischen den Anforderungen der Situation und der handelnden Person betrachtet werden:

> „What does it mean to speak of relationship or transaction? The essential point is that we cannot understand the emotional life solely from the standpoint of the person or the environment per se. We need a language of relationships in which the two basic subsystems, person and environment, are conjoined and considered at a new level of analysis. By this we mean that in the relationship their independent identities are lost in favour of a new condition or state. Threat, for example, is not solely a property of the person or of the environment; it requires the conjunction of an environment having certain attributes with a particular kind of person who will react with threat when exposed to those environmental attributes" (Lazarus und Folkman 1987: 142).

Personen nehmen die Reize der Umwelt unterschiedlich wahr und bewerten diese. Lazarus et al. benennen diese kognitiven Bewertungsprozesse und das Coping (Bewältigen) dieser Bewertungen als *basic constructs* (1987: 145). Ob und wie mit diesen Stressoren umgegangen werden kann, resultiert aus der Qualität und Intensität der daraus resultierenden Emotionen. Wie in Abbildung 37 veranschaulicht, wird in der primären Bewertung der Stressor interpretiert. So kann dieser als Verletzung, Bedrohung, Herausforderung oder als vorteilhaft transaktional wahrgenommen werden (ebd.). Die erste Stufe der Wahrnehmung bezieht sich also auf eine individuelle (nicht unbedingt bewusste, automatisierte) Entscheidung der eigenen Anteile gegenüber einem Stressor: Tangiert dieser Stressor die eigenen Ziele und das Wohlbefinden? Wird der Stressor aus unterschiedlichen Gründen als gefährlich eingestuft, wird zugleich die sekundäre Bewertung *(secondary appraisal)* aktiviert. Es kommt nun zu einer kognitiv-bewertenden Beurteilung der Stressoren sowie zu einer Auswahl von Coping-Möglichkeiten. Die zweite Bewertungsphase ist damit eine wesentliche Ergänzung zur ersten Bewertungsschleife, da Verletzung, Gefahr, Herausforderung und Vorteil auch davon abhängen, wie groß die jeweiligen Kontrollmöglichkeiten sind. So können Risiken bezüglich des Ergebnisses in Gefahrensituationen bestehen. Wenn eine Person aber darauf vertraut, dass dieses abgewendet werden kann, sind Gefahrengefühle eher gering (ebd.: 146). Bewältigt wird Stress emotions- oder problemorientiert *(coping)*. Problemorientiert bedeutet hierbei, durch Informationssuche Situationen zu verändern. Durch emotionsorientiertes Coping wird die emotionale Erregung innerpsychisch abgebaut. Dies ist insbesondere der Fall, wenn die Umstände als kaum veränderbar wahrgenommen werden, dann wird die emotionale Reaktion modifiziert. Die Bedeutung des Ereignisses kann dabei unverändert bleiben (z. B. Vermeidung, Entspannung etc.) oder umgedeutet werden (z. B. Distanzierung, Verleugnung) (Lazarus und Smith 1990: 628). Beide Coping-Strategien sind nicht getrennt voneinander zu betrachten und dienen einer besseren Passung zwischen Person und Umwelt (ebd.: 629). Es findet also eine Anpassungsleistung an die neue Situation statt. Dies kann zu einer Neubewertung der Situation und damit auch der primären Bewertung *(reappraisal)* führen. Durch die Neubewertung in diesem sogenannten bewertungsorientierten Coping wird das Verhältnis zur Umwelt neu beurteilt. Ein neuer Umgang wird möglich. Eine Belastung kann im Anschluss eher als Herausforderung, denn als Disstress betrachtet werden (Lanz 2010: 45). In diesem Prozess spielt die Selbstwirksamkeitserwartung (vgl. Kapitel 3.3.2) insofern eine außerordentliche Rolle, da diese mit beeinflusst, ob ein Stressor als bewältigbar erscheint (Lazarus und Smith 1990: 627). Die Abbildung 37 gibt schematisch den Bewertungsprozess wieder.

Für mögliche empirische Fragestellungen ist dieses Stressmodell aufschlussreich, da es zum einen für den Blick auf Interaktionswirkungen zwischen Umwelt und Individuum sensibilisiert. Für die Forschungsfrage, inwiefern eine Organisationskultur auf Organisationssubjekte wirkt, kann zudem danach gefragt werden, wie diese Kultur Einfluss auf die Bewertungsschleifen nimmt. Verändern sich im Laufe des Habilitationsprozesses z. B. die Wahrnehmung auf Stressoren und wie und aus welchem Grund verändern sich Coping-Strategien bei den Medizinerinnen? Welche Rolle spielt hierbei die Selbstwirksamkeitserwartung und inwiefern sind Weiblichkeiten von diesen Prozessen stärker betroffen?

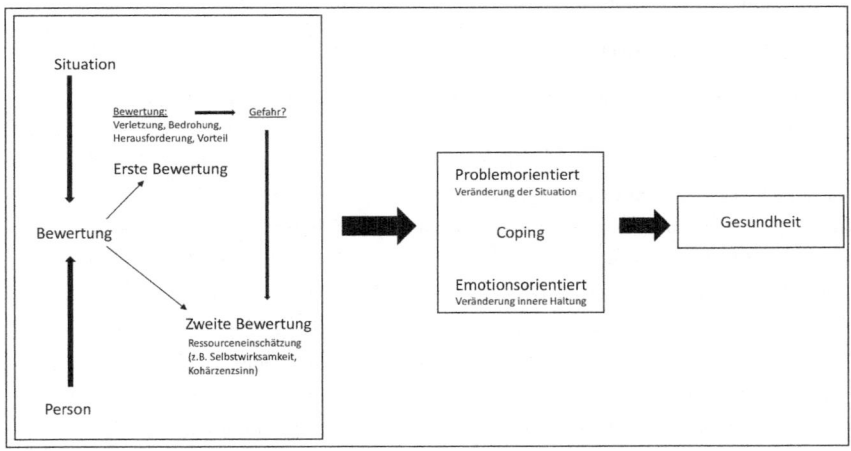

Abb. 37: Transaktionales Stressmodell nach Lazarus, eigene Darstellung angelehnt nach Lazarus und Folkman 1987: 144; Lazarus und Smith 1990: 612 und Knoll et al. 2011: 101

Ein Unterschied in der Stressbewertung zwischen Geschlechtern ist in der neueren Forschung umstritten. So stellte Caroline Lanz Untersuchungen vor, die davon ausgingen, dass Männer eher zu problemzentierten Coping neigen, während Frauen eher emotionszentriertes Coping bevorzugten. Aktuellere Forschungen widersprechen diesem Befund und negieren eher Geschlechterunterschiede, sehen aber Unterschiede in der sozialen Unterstützung (vgl. Lanz 2010: 67 f.). Eine ähnliche Entwicklung deutet sich laut Sieverding in Bezug auf Stress-Belastbarkeit an. Hier wurde festgestellt, dass sich Geschlechterunterschiede auf die Äußerungsform und nicht auf das Ausmaß beziehen. Während Frauen eher durch kognitive Reaktionen (Selbstbeurteilung) stärker reagierten, zeigten Männer eher somatische Indikatoren, wie physiologisch oder biochemisch stärkere Reaktionen (vgl. Sieverding 2010: 194 f.). Der Fokus der vorliegenden Untersuchung ist jedoch anders gelagert: Hier geht es um die Frage, auf welche Art und Weise ein durch die Organisation vergeschlechtlicht adressiertes Selbstkonzept und eine Organisationskultur hegemonialer Männlichkeit miteinander interagieren und so gesundheitliche Ungleichheiten produzieren. Inwiefern wirkt also eine vergeschlechtlichte Organisationskultur als Stressor durch gesundheitliche Risiken auf den Ausschluss von Weiblichkeit? In der empirischen Auswertung wird untersucht, für wen es möglich ist, Stressoren in diesem Kontext als Herausforderung und nicht als Gefahr zu betrachten. Anhand der Ergebnisse der Auswertung wird zudem diskutiert, wie diese unterschiedlichen Bewertungen mit verschiedenen Umwelteinflüssen zusammenhängen und welche Rolle hierbei Ressourcen und Ressourcenentzüge im organisationalen Kontext spielen. Um vor allem diese Frage zu beantworten, eröffnet die „Theorie der Ressourcenerhaltung" (Conservation of Resources, kurz COR) (Hobfoll 1988) eine weitere Perspektive auf Stressoren.

Theorie der Ressourcenerhaltung nach Stevan Hobfoll

Die Theorie der Ressourcenerhaltung nach Stevan Hobfoll entstand in Kritik und Abgrenzung zum Transaktionalen Stressmodell und bezieht stärker als dieses Umwelteinflüsse mit ein (Knoll et al. 2011: 102). In Abgrenzung zu Lazarus thematisiert Stevan Hobfoll in seiner Theorie sowohl die positiven Effekte von Stress als auch eine andere Perspektive auf das Coping. Für ihn geht es im Umgang mit Stress vor allem um eine Minimierung von Ressourcenverlusten sowie eine Maximierung an Ressourcengewinnen (Hobfoll 1988: 26): „The basic premise is that people have an innate as well as learned desire to conserve the quality and quantity of their resources and to limit any state that may jeopardize the security of these resources" (Hobfoll 1988: 25). So stellt die Theorie Lazarus stärker subjektive Sichtweisen in den Mittelpunkt der Analyse. Wird jedoch der Fokus auf Ressourcengewinne und -verluste gelegt, könnte dies interessante Aspekte für die Frage generieren, wie sich Organisationskulturen auf die Veränderung dieser Ressourcen auswirken. Ressourcenerhaltung bildet somit auch den Kern seiner Theorie, unter der Hobfoll Folgendes versteht:

> „Resources are defnded as a) those objects, personal characteristics, conditions, or energies that are valued by the individual or b) the means for attainment of those objects, personal characteristics, conditions, or energies. Implied in this conceptualization of

stress are the notions that there is nothing to stress besides gain and loss of resources and that people are centrally concerned with the conservation of their resources" (Hobfoll 1988: 26).

Seine neben Lazarus sehr einflussreiche Theorie dient damit dem Verständnis, wann Individuen Disstress empfinden und wann dieser zu gesundheitlichen Folgen führen kann. Den Begriff der Ressourcen fasst er insofern weit, als dass er hierbei von Objekten/Gegenständen, Bedingungen, personalen Ressourcen und Energieressourcen ausgeht (siehe Abbildung 38). Hierunter fallen damit Gegenstände, die einen ökonomischen Status symbolisieren, Ressourcen, die dem Erwerb weiterer dienen wie Gesundheit, stabile personale Fähigkeit und solche, die zum Erwerb anderer Ressourcen eingesetzt werden, wie Wissen oder Zeit (Knoll et al. 2011: 103). Welche Ressourcen als wichtig eingeschätzt werden, hängt dabei von der jeweiligen Einschätzung der Person ab.

Abbildung 38 zeigt, dass nach Hobfoll jeder Mensch über bestimmte für ihn oder sie wichtige Ressourcen verfügt. Diese zuerst „rohen" Ressourcen werden durch evaluative Systeme (biophysiologisch, kognitiv oder unbewusst) der jeweiligen Person bewertet und durch diesen Prozess zu „evaluierten Ressourcen", die auf die Stresskompensation einwirken. Kommt es nun zu einem stressigen Erlebnis, wirken diese evaluierten Ressourcen auf eine Ressourcenmaximierung oder einen Ressourcenverlust ein, wodurch entweder Wohlbefinden oder Belastungen entstehen. Diese wirken dann wiederum zurück auf die zur Verfügung stehenden Ressourcen (Hobfoll 1988: 25 ff.).

Aus seiner Theorie leitet Hobfoll deshalb zwei Prinzipen ab, aus denen er weitere vier schließt: Erstens wiegen Ressourcenverluste schwerwiegender als Ressourcengewinne und zweitens müssen Menschen Ressourcen investieren, um sich von Verlusten zu erholen oder um neue Ressourcen zu erwerben. Daraus geht hervor, dass Menschen, die über viele Ressourcen verfügen, weniger vulnerabel sind. Demgegenüber kann sich eine Verlustspirale entwickeln, wenn Menschen durch Verluste verletzlicher werden und dann gegenüber neuen Stresssituationen weniger resistent reagieren. Diese *loss spirals* können dann auch zu Erkrankungen wie Burnout führen (Jex und Britt 2014: 219). Dem gegenüber steht eine Gewinn-Spirale, wobei diejenigen der Verlust-Spirale stärker betroffen sind. Menschen mit wenigen Ressourcen reagieren demgemäß defensiver, um die bestehenden Ressourcen zu schützen.

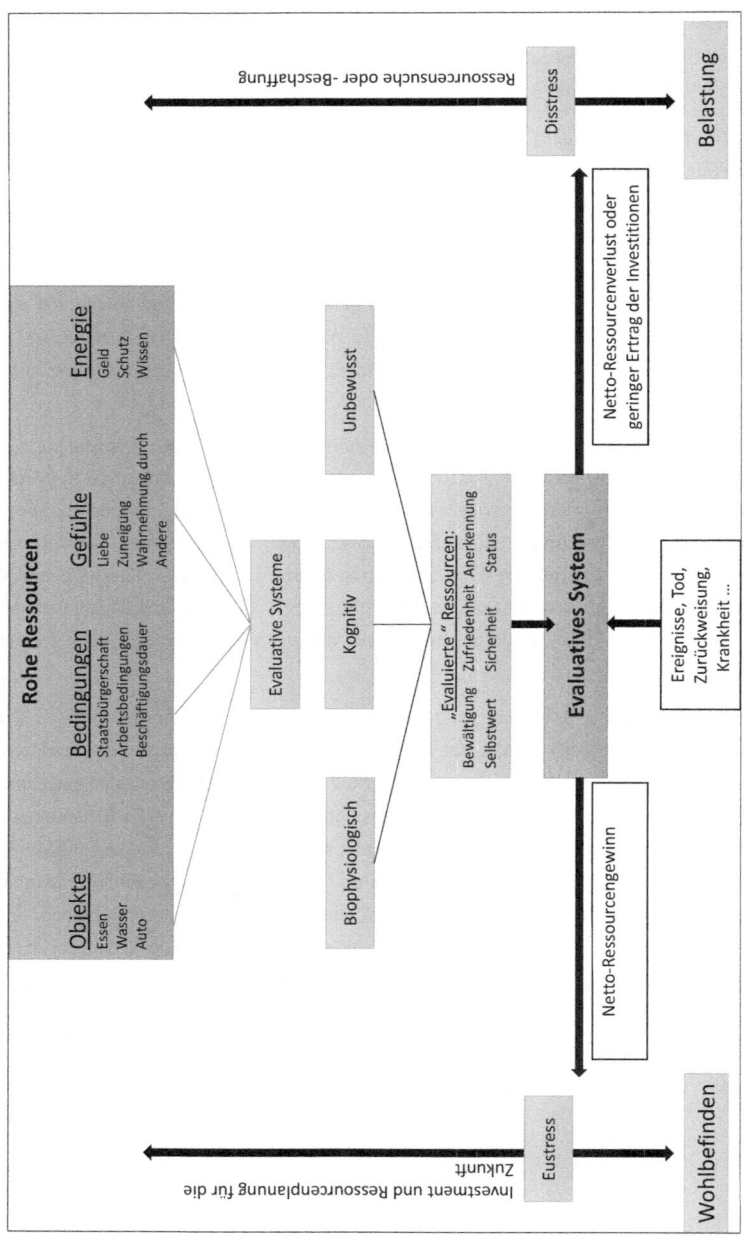

Abb. 38: Modell der Ressourcenbeibehaltung. Aus: Hobfoll 1988: 55 (eigene Darstellung und Übersetzung)

Für Hobfoll bedeutet soziale Ungleichheit auch eine Limitierung von Ressourcen. Die Möglichkeiten, in Ressourcen zu investieren, sind demnach deutlich beschränkter. Diese Theorie ist somit hilfreich für die Auseinandersetzung mit der spannenden Frage, inwiefern im Zuge der Habilitationsphase Ressourcen im Umgang mit den sich im Wettbewerb verschärfenden Bedingungen entzogen werden und welche Wirkungen das auf Medizinerinnen haben kann, als auch darüber, inwiefern sich also die Spiele des Wettbewerbs durch entsprechende Ressourcenentzüge unterschiedlich ausgestalten. Inwiefern verändern sich Bewertungskriterien dieser Ressourcen im Habilitationsprozess so, dass eine Abwärtsspirale entstehen kann? Und welche Ressourcen wirken positiv und ermächtigend auf diesen Prozess ein?

Der Ressourcenbegriff

Der Ressourcenbegriff ist nicht einfach einzugrenzen und wird in der aktuellen Diskussion zum Teil inflationär, als auch vor allem vage gefasst. In der Regel wird zwischen Personenressourcen und externen bzw. Umweltressourcen unterschieden (Herriger 2014: 95). So geht das Job-Demands-Resources-Modell von Evangelia Demerouti et al. davon aus, dass Stress im Arbeitskontext nicht nur aufgrund eines hohen Arbeitspensums entsteht. Auch sie definieren externe Ressourcen wie eine Unterstützung durch die Organisation, Partizipation an Entscheidungsprozessen und Belohnung sowie interne Ressourcen, worunter u. a. die Eigen-Bewertung der Arbeitsleistung verstanden werden kann (Demerouti et al. 2001). Als wichtige Ressource gilt soziale Unterstützung. Demerouti et al. sprechen von sozio-emotionaler Unterstützung in Form von Mitgefühl und Aufmerksamkeit zur Abmilderung negativer psychologischer Auswirkungen sowie von instrumenteller sozialer Unterstützung, also einer direkten tätigkeitsbezogenen Form, in deren Kontext dem Individuum zusätzliche Ressourcen zur Verfügung gestellt werden. Das Ausbleiben von Unterstützung kann wiederum psychische Gefährdungen erhöhen (Hall und Johnson 1988). Im organisationalen Kontext des Arbeits- und Gesundheitsschutzes werden so auch personale und externe Ressourcen durch organisationale Bedingungen zu Ressourcen erweitert. Diese ermöglichen es den Arbeitnehmerinnen und -nehmern, ihre Leistungsfähigkeit und Gesundheit zu entwickeln und gegen Einflüsse zu stabilisieren (Zimolong und Elke 2001: 254 ff.). Angepasst an meine empirische Fragestellung schlage ich daher folgende Aufteilung vor und werde diese im Auswertungskapitel 9 entsprechend nutzen:

a) *Strukturell-habituelle Ressourcen* beziehen sich im theoretischen Rückgriff auf Bourdieu auf Habitusaspekte verschiedener Kapitalarten, wie ökonomisches, kulturelles und symbolisches Kapital (siehe dazu ausführlich Kapitel 3.2.). In der empirischen Auswertung werden diese deshalb auch im Sinne von Machtressourcen als „habituelle Ressourcen" bezeichnet.

b) *Personale Ressourcen* begreifen die physische Konstitution, relationale Ressourcen wie Empathie, Bindungsfähigkeit, Konfliktfähigkeit sowie das Repertoire psychischer Ressourcen wie u. a. Selbstakzeptanz, motivationale Ressourcen und die in Kapitel 3.3.1.

thematisierten Aspekte des Selbstwissens. Verwiesen sei hier zudem auf das Kapitel 3.3.2. mit seinen Ausführungen zu Selbstwert, Selbstwirksamkeit und Attributionsmuster.

c) *Soziale Ressourcen* bezeichnen unter Einbezug der Organisation das soziale Eingebundensein. Dies meint beispielsweise emotionale Unterstützung (Verminderung von Ohnmachtsgefühlen, soziale Anerkennung), instrumentelle Unterstützung (materielle Ausstattung, Informationen etc.) oder die Vermittlung von sozialen Kontakten. Auf die Bedeutung dieser sozialen Ressourcen im organisationalen Kontext werden die noch folgenden Theorien zu arbeitsbezogenem Stress dezidiert eingehen. An dieser Stelle geht es vor allem um berufliche Netzwerke, soziale Unterstützung durch das Kollegium, Anerkennung durch Vorgesetzte sowie ausreichende Zeitfenster (vgl. Kapitel 4.2.2.).

Diese Ressourcen dienen der Aufrechterhaltung von Gesundheit oder deren (potenzieller) Wiederherstellung. So zeigen Studien, dass herausragende Stressoren kritischer Lebensereignisse, wie beispielsweise eine lebensbedrohliche Erkrankung eines Elternteils oder Kindes, nicht zwangsläufig zu anhaltenden Beeinträchtigungen von allen Familienmitgliedern führen müssen (vgl. Walper und Wild 2015: 246 ff.). Sabine Walper und Elke Wild führen aus, dass ausgleichende Ressourcen dazu führen können, dass diese neuen Anforderungen gelingen (2015: 246). Zwar beziehen sich die Autorinnen auf ein an Familien angepasstes Stressmodell, doch macht das Beispiel den Grundgedanken der Stresstheorie Aaron Antonovskys deutlich. Bei ihm geht es im Schwerpunkt um die Frage, warum Menschen überhaupt gesund bleiben und dies, obwohl sie vielen gefährdenden Einflüssen ausgesetzt sind. Seine Ausführungen dienen also der empirischen Auswertung für die Frage, warum bestimmte Habilitandinnen trotz großer Belastungen gesundblieben bzw. ihre Gesundheit wiederherstellen konnten (Kapitel 9), weshalb dieses Modell noch als letztes vorgestellt werden soll.

Kohärenzsinn nach Aaron Antonovsky

Aaron Antonovsky prägte den Begriff der Salutogenese und damit eine neue Ausrichtung der Gesundheitsforschung. Diese betrachtet im Gegensatz zur Pathogenese, also der Fokussierung auf die Entstehung und Behandlung von Krankheit, Gesundheit auf einem Kontinuum (siehe Abbildung 39). Das bedeutet, dass so alle Menschen als mehr oder weniger gesund und gleichzeitig als mehr oder weniger krank betrachtet werden können (Bengel et al. 2009: 24). Seine Theorie geht davon aus, dass Menschen verschiedenen Stressoren ausgesetzt sind. Stressoren werden im Modell der Salutogenese als Stimuli verstanden. Diese lösen eine Dynamik aus und versetzen die Person in einen Spannungszustand, den es körperlich und psychisch zu bewältigen gilt. Gelingt ein Spannungsabbau, bedeutet dies auf dem Gesundheits-Krankheits-Kontinuum eine Positionierung in Richtung Gesundheit (Schneider 2009: 163). Welche Reaktion auf diese Stressoren folgt, hängt damit von der jeweiligen Spannungshandhabe ab. Mittels verschiedener Ressourcen können Stressoren gemindert, vermieden oder im Sinne einer Stressimpfung sogar als profitabel erlebt werden. Zudem geht Antonovsky davon aus, dass Stressoren omnipräsent sind. Man kann ihnen nicht ausweichen, sie sind ständig präsent und verlangen nach permanenter Spannungsbewältigung (Singer und Brähler 2007: 10).

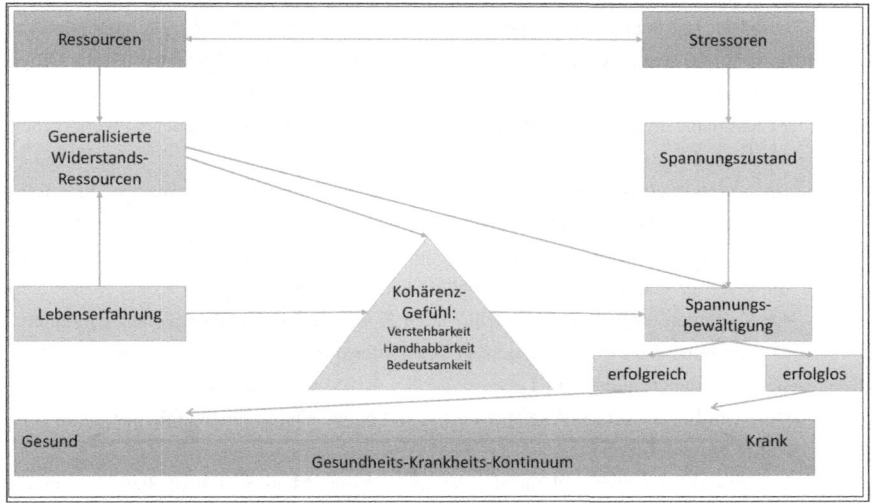

Abb. 39: *Vereinfachte Darstellung des Modells der Salutogenese (eigene Darstellung in Anlehnung an Schneider 2009: 164)*

Ausgangspunkt seiner Überlegungen waren Interviews mit Frauen zur Menopause. Hier interviewte er unter anderem auch Frauen, die im Alter zwischen 16 und 25 Jahren in nationalsozialistischen Konzentrationslagern inhaftiert waren. Im Vergleich zu einer Kontrollgruppe, die zu 51 % nicht in ihrer Gesundheit beeinträchtigt waren, waren 29 % der Frauen, die das Konzentrationslager überlebt hatten, gesund. Für ihn war nicht ausschlaggebend, dass diese Frauen weniger häufig gesund, sondern dass trotz der extremen Beeinträchtigungen in den nationalsozialistischen Lagern diese Frauen gesund geblieben waren (Antônôvsqî 1997: 15). Dies führt er auf ein Kohärenzgefühl *(sense of coherence,* kurz SOC) zurück, das Menschen dazu befähigt, Gesundheit zu erhalten. Unter diesem SOC versteht Antonovsky eine „globale Orientierung, die ausdrückt, in welchem Ausmaß man ein durchdringendes, andauerndes und dennoch dynamisches Gefühl des Vertrauens hat" (Antônôvsqî 1997: 36). Personen, die über ein hohes SOC verfügen, betrachten die Welt demnach als verstehbar, handhabbar und sinnhaft. Konkret ist damit Folgendes gemeint (Antônôvsqî 1997: 34 ff.):

    a) *Verstehbarkeit* meint das Ausmaß, in dem man interne und externe Stimuli als kognitiv sinnhaft wahrnimmt: als geordnete, konsistente, strukturierte und klare Information. Dem gegenüber steht ein chaotisches, ungeordnetes, willkürliches, zufälliges und unerklärliches Rauschen. Eine Person mit einem hohen Maß von Verstehbarkeit geht davon aus, dass Stimuli, denen sie in der Zukunft begegnen wird, vorhersagbar sind, oder diese erklärt werden können. Dabei geht es nicht um die Erwünschtheit der Ereignisse wie Krieg oder Tod, doch kann diese Person sie erklären. Ereignisse werden als Erfahrung gewertet, mit denen man umgehen kann oder als Herausforderung, die angenommen wird. Im Gegensatz dazu können sich Personen mit niedriger Verstehbarkeit die Dinge nicht erklären. Sie ‚passieren' ihnen, sie sind Pechvögel. Die Dinge stoßen einem zu, ausnahmslos unglückselige Dinge mit der Annahme, dass es im Leben so weitergehen werde (ebd.).

b) *Handhabbarkeit* ist das „Ausmaß, in dem man wahrnimmt, dass man geeignete Ressourcen zur Verfügung hat, um den Anforderungen zu begegnen, die von den Stimuli, mit denen man konfrontiert wird, ausgehen" (ebd.). Handhabbarkeit ist mit Selbstwirksamkeit (vgl. Kapitel 3.3.2) vergleichbar, da davon ausgegangen wird, dass Ressourcen zur Verfügung stehen, die man selbst unter Kontrolle hat. Handhabbarkeit ermöglicht, dass Ereignisse die Personen nicht in eine Opferrolle drängen. Diese Menschen fühlen sich damit auch nicht vom Leben ungerecht behandelt. Eher geschehen bedauerliche Dinge im Leben. Wenn diese aber auftreten, können sie mit ihnen umgehen, ohne z. B. endlos zu trauern (ebd.).

c) *Bedeutsamkeit* bezieht sich auf das Ausmaß, in dem Menschen das Leben als sinnvoll empfinden. Sind wenigstens einige der vom Leben gestellten Probleme es wert, dass Energie in sie investiert wird? Sind sie willkommene Herausforderungen oder Lasten?

Zusammenfassend stellt das Modell der Salutogenese den Wirkzusammenhang allgegenwärtiger Stressoren, Widerstandsressourcen und den Faktoren des Kohärenzgefühls dar (siehe Abbildung 39). Der Umgang mit den Stressoren hängt von der Konstitution des Kohärenzgefühls ab. Hier wird entschieden, ob eine Anforderung als Herausforderung betrachtet wird. Ein hohes oder niedriges Kohärenzgefühl entwickelt sich in Abhängigkeit der Lebenserfahrung (Schneider 2009: 163). Kohärenz durch Lebenserfahrung entwickelt sich, wenn ausreichende „psychosoziale generalisierte Widerstandsressourcen" wie materieller Wohlstand, Wissen, Intelligenz, Ich-Stärke etc. sowie „genetisch und konstitutionelle generalisierte Widerstandsressourcen" zur Verfügung stehen (Singer und Brähler 2007: 11). Zirkulär wirkt die gemachte Erfahrung dann auf den Pool generalisierter Widerstandsressourcen. Eine zusätzliche Ressourcen-Quelle stellt der aktuelle Lebenskontext dar (Schneider 2009: 163).

Antonovsky geht in seiner Analyse noch davon aus, dass das Kohärenzgefühl nach der Pubertät und in etwa mit dem 30. Lebensjahr ausgebildet ist und relativ stabil bleibt. Neuere Forschungen verweisen in eine andere Richtung und betonen die Veränderbarkeit des SOC. Zudem wurde auch bei diesem Modell lange angenommen, dass Frauen über einen geringeren SOC als Männer verfügten. Jüngere Studien widerlegen diese Annahme und weisen entweder keine

Unterschiede oder phasenweise Unterschiede nach, die sich bei Frauen teilweise als stärker herausstellen (vgl. Hücker 2014). Auch Renate Höfer verweist auf den Aspekt, dass Antonovsky das Kohärenzgefühl als eine „relativ stabile Persönlichkeitseigenschaft" (Höfer 2010: 66) auffasst. Dadurch verliere dieses aber als statische Variable seine dynamische Kompetenz:

„Das Kohärenzgefühl als Potential, das einer Person zur Verfügung steht und das durch die Erfahrungen aus der Lebenswelt ‚permanent' restabilisiert wird, abstrahiert jedoch davon, dass Individuen Erfahrungen (re-)strukturieren, evozieren, mobilisieren, abweisen und nicht wahrnehmen können" (Höfer 2010: 66).

Sie führt diese Annahme auf Entwicklungsmodelle der 1950-1970er-Jahre zurück und verknüpft ihre Überlegungen mit zeitgemäßen Identitätskonfigurationen. Ohne die umfangreichen Überlegungen zu Identitätskonstruktionen und Kohärenzsinn in der reflexiven Moderne zu vertiefen zu wollen (vgl. dazu Keupp 2013), ist an dieser Stelle zentral, dass der Kohärenzsinn als Bewältigungsstrategie eine Ressource in einem Prozess darstellt, in dem die Individuen permanent innere und äußere Anforderungen in ein Balanceverhältnis bringen (ebd.: 67). Gerade in Bezug auf männlich konnotierte Organisationskulturen spielt die Frage der habituellen Passung innerhalb eines vergeschlechtlichten Feldes (Kapitel 3.2.) und die damit verbundenen permanenten Anpassungsleistungen eine große Rolle. Kohärenzsinn wird hier als eine „personale Ressource" (Strauss und Höfer 2010: 120) begriffen, die Spannungen eher abzubauen vermag. Das verweist aber auch auf die große, mit Disstress verbundene Problematik einer unpassenden Konstruktion von Weiblichkeit. So wird nach Höfer deutlich, dass immer dann, wenn zentrale Aspekte der Identität einer Person bedroht sind und damit identitätsrelevanter Stress über längere Zeit nicht konstruktiv bewältigt werden kann, sich auch das Kohärenzgefühl negativ verändert (Höfer 2010: 63). Spannungen entstehen dann, wenn Selbstwissen und Passungen zwischen inneren und äußeren Anforderungen nicht mehr befriedigend hergestellt werden können (Höfer 2000: 61). In den Ausführungen zur Stereotypenforschung wurde bereits dargelegt, dass eine geschlechtliche Nicht-Passung mit einer entsprechenden beruflichen Rollenanforderung als *lack of fit* bezeichnet wird und zu einem Ausschluss von Frauen führen kann (Kapitel 3.3.1). Hier schließen die Stressforschungen an, die davon ausgehen, dass ein entsprechender *lack of fit* zu erhöhtem Stress im organisationalen Kontext führt (Caplan 1987, nach Jex und Britt 2014: 219). Im Gegensatz zu eher personal fokussierten Stress-Modellen wird durch eine solche Perspektive möglich, die Konstruktion adäquater bzw. unpassender Persönlichkeitseigenschaften innerhalb der Organisationkultur in Bezug auf Disstress zu untersuchen. Sie bietet damit eine Erklärung von Disstress im Hinblick auf soziale Kategorien und Passung an.

Insgesamt stellen die versammelten Theorien Ressourcen im Umgang mit Stress in den Vordergrund, die jeweils entweder stärker das Individuum oder dessen Umwelteinflüsse einbeziehen. Gemein ist ihnen die Auffassung, dass Ressourcen Quellen für den Umgang mit Stress zur Verfügung stellen, die die subjektive kognitive Wahrnehmung von sowie den Umgang mit

Stress lenken (Lazarus), die geschützt werden wollen, um auch künftig mit Stress umzugehen und deren Verknappung eine Bedrohung bedeutet (Hobfoll) oder Menschen dazu befähigt, ihre Gesundheit zu erhalten (Antonovsky). Wie sich Stress in Bezug auf den Arbeitskontext konkret ausgestaltet und zu Erkrankungen führen kann, soll im nächsten Absatz näher beleuchtet werden.

4.2.2 Arbeitsbezogener Stress und Selbstausbeutung

Als Belastungen im Arbeitskontext sollen nun diejenigen Aspekte ausgeführt werden, die relevante Bezüge hinsichtlich der empirischen Ergebnisse anbieten. Hierbei handelt es sich um das Self-as-Offence-to-Self-Modell sowie das Efford-Reward-Imbalance-Modell, die insbesondere in Kapitel 8 und 9 eine große Rolle spielen werden.

Stress-as-Offence-to-Self (SOS) nach Norbert Semmer

Norbert Semmer et al. gehen in ihrer Theorie des „Stress-as-Offence-to-Self" davon aus, dass die Bedrohung des Selbstwertes einer der zentralen Gründe für Stress am Arbeitsplatz ist. In Anlehnung auf die Theorie der Ressourcenerhaltung (Hobfoll 1988, vgl. Kapitel 4.2.1.) stellt diese Theorie den Selbstwert als zentrale Ressource in den Mittelpunkt, den es zu schützen und aufrechtzuerhalten gilt. In Kapitel 3.3.2 wurde die Bedeutung des Selbstwertes bereits dargelegt. Semmer et al. verstehen die Bedrohung des Selbstes, insbesondere des Selbstwertes, als zentrales Element der Stressforschung. Sie konstatieren, dass in der Arbeits- und Organisationspsychologie sozialen Stressoren zu wenig Bedeutung beigemessen worden sei. Selbstwertbedrohung wird in diesem Modell unter drei Punkten gefasst (Semmer et al. 2006; 2007):

1. Evaluation der eigenen Person, also beispielsweise eine Selbstwertbedrohung durch Misserfolg (stress through insufficiency)
2. Missachtung durch andere (stress as disrespect), also Missachtung oder Herabwürdigung durch andere, die direkt oder indirekt zum Ausdruck kommt.
   a) Direkte mangelnde Wertschätzung ist ein sozialer Stressor wie respektloses Benehmen, das als Bruch von Normen in Bezug auf Fairness, Höflichkeit und Respekt bewertet wird und als illegitim gilt (illegitimate behaviour).
   b) Indirekte Herabwürdigung geht weniger auf soziale Stressoren, sondern vielmehr auf Infrastruktur zurück. So kann mangelndes Arbeitswerkzeug zu einem Stressor werden, wenn es als Geringschätzung der Arbeitsleistung interpretiert wird. Je höher die Attribution mit Wertschätzung, desto höher fällt der damit verbundene Stress aus. Am drastischsten wird dies empfunden, wenn dies nicht in der Natur der Sache oder unglücklichen Umstände, sondern auf die Ignoranz des Managements zurückgeführt wird.

3. Legitimität der Arbeitsaufgaben: Sind Stressoren akzeptabel für die Kernrolle des Berufs? Sie beziehen sich auf illegitime Aufgaben oder Arbeitsaufträge, die als unzumutbar und / oder unnötig empfunden werden.

Zusammenfassend deutet dieses Modell, ähnlich wie das Job-Demands-Resources-Modell (Kapitel 4.2.1.), auf die hohe Bedeutung von Wertschätzung und Anerkennung im Arbeitszusammenhang hin und dies sowohl unmittelbar, aufgabenbezogen, technisch, organisational und organisationsbezogen (ebd.). Eine zentrale Stellung für das Wohlbefinden nimmt die Anerkennung in der täglichen Interaktion zwischen Vorgesetzten und Angestellten ein (Stocker et al. 2014). Vergeschlechtlichte Adressierung spielt in diesem Kontext eine wichtige Rolle, da eine Konzeption als „unpassend" auf unterschiedlichen Ebenen Auswirkungen auf das Selbstwissen nimmt (Kapitel 3.3.2.). Als ein Aspekt dieser Wirkungen werden stereotype Bedrohungen auch als Selbstwertbedrohung bezeichnet. So folgern Athenstaedt und Alfermann, dass „Stereotypenbedrohung zugleich eine Selbstwertbedrohung darstellt, der durch Selbstwertbestärkung wieder entgegengewirkt werden kann" (2011: 54). Insofern sensibilisiert diese Theorie den Blick auf spezifische Vorgesetzten-Angestellten-Interaktionen mit Blick auf Selbstwertbedrohungen und deren Zusammenhang mit Vergeschlechtlichung. Eine Frage könnte also sein, inwiefern Weiblichkeiten stärker von diesen Bedrohungen betroffen sein könnten. Eine andere wäre, wie sich konkret Führungskultur ausgestalten sollte, und ob die Art der Führung Unterschiede in Bezug auf Bedrohungen erkennen lässt. Zudem stellt sich die Frage, inwiefern diese Bedrohungen Machtlosigkeit im Sinne der Theorie gelernter Hilflosigkeit und ein Absinken von Selbstwirksamkeitserwartungen (beides Kapitel 3.3.2) bewirken und so zu (Selbst-)Ausschlüssen von Frauen mit beitragen. Weiterhin lässt sich fragen, ob diese Bedrohungen ein „Cooling-out" (Kapitel 3.1.) von Frauen bewirken – setzt dieses doch an den weichen Faktoren der Organisationskultur, wie Arbeitsklima und Arbeitsinteraktion, an. In diesem Modell spielt zudem Gerechtigkeit und Fairness eine tragende Rolle. Gefühle der Ungleichheit zwischen Aufwand und Belohnung können demnach Ungerechtigkeitsempfinden erzeugen, die wiederum in einem direkten Verhältnis zum Selbstwert stehen (Semmer et al. 2006: 88). Dass das Ausbleiben einer Balance zwischen Aufwand und Belohnung zu gesundheitlichen Folgeerscheinungen führen kann, konnte Johannes Siegrist mit dem Efford-Reward-Imbalance-Modell nachweisen, auf das die SOS-Theorie direkten Bezug nimmt (ebd.).

Efford-Reward-Imbalance-Modell (ERI) nach Johannes Siegrist

Für die vorliegende Untersuchung ist das Modell zur Efford-Reward-Imbalance (ERI) (Siegrist 2012b; Klein et al. 2010; Siegrist 2002) eine weitere fruchtbare Perspektive auf berufliche Überlastungen, da es explizit die organisationalen Wirkfaktoren in den Mittelpunkt der Analyse stellt. Es wurde mit hoher Evidenz unzählige Male bestätigt (Siegrist 2012b) und gilt als eines der zentralen Modelle zur arbeitsbezogenen Stressforschung. Das Modell, wie in Abbildung 40 dargestellt, basiert auf der Annahme sozialer Reziprozität. Soziale Reziprozität im Arbeitsumfeld bedeutet, dass Investitionen *(effort)* auf der Erwartung beruhen, eine Gegenleistung *(reward)* zu erhalten. Wird dieses fundamentale Prinzip bedroht, resultieren daraus starke negative Gefühle. Ein Ausbleiben hat damit negative Folgen auf die Selbstregulation. So werden dadurch Selbstwert, Selbstwirksamkeitserwartung und Selbstintegration geschwächt und ein ungesundes Missverhältnis zwischen Person und sozialer Umwelt erzeugt (Siegrist 2002). Das Modell besagt, dass aus hohem Einsatz *(effort)* und geringer Gegenleistung *(reward)* Stress resultiert. Aufwand wird definiert als insgesamt wahrgenommener Input (Beispiel-Item[34]: „I have contant time pressure due to a heavy work load"). Gegenleistung bedeutet in diesem Modell Geld, Wertschätzung (Feedback, Wahrnehmung) und Karrieremöglichkeiten inklusive Arbeitsplatzsicherheit (Beispiel-Item: „Considering all my efforts and achievments, I receive the respect and prestige I deserve at work"). Jede einzelne dieser Komponenten kann sich auf die Gesundheit auswirken. Ein generelles Ungleichgewicht hat hierbei die höchste Evidenz. Die meisten Ergebnisse liegen zu kardiovaskulären Erkrankungen vor (Siegrist 2012). Zudem wurden Auswirkungen auf Depression und Burn-out nachgewiesen (Klein et al. 2010; Bakker et al. 2000). Dies wird in dem Schaubild in Abbildung 40 zusammengefasst.

Beibehalten wird ein Ungleichgewicht mit negativen Vorzeichen dann, wenn keine Alternativen zur Auswahl stehen, wenn strategische Gründe dagegensprechen oder bei „Overcommitment" (2012: 2). Letzteres bedeutet, dass hoch arbeitsmotivierte Personen mit hohen Anerkennungsbedürfnissen im Gegensatz zu weniger involvierten Personen stärker unter Wahrnehmungsverzerrungen im Hinblick auf Ansprüche und ihrer eigenen Coping-Ressourcen leiden (Siegrist 1996, 2001) (Beispiel-Item: „People close to me say I sacrifice too much for my job"). Wahrnehmungsverzerrungen führen dazu, dass die Balance inadäquat abgewogen wird: Coping-Ressourcen werden über- und Anforderungen unterschätzt, ohne dem eigenen Beitrag an dieser Reziprozität bewusst zu sein. Mit dem Modell wird es möglich, folgende drei Punkte, die sich auf die strukturelle und persönliche Ebene beziehen, vorherzusagen (2002: 266):

---

[34] Die Beispiel-Items entstammen der *Efford-Reward-Imbalance at Work* (short version) (Siegrist 2012a).

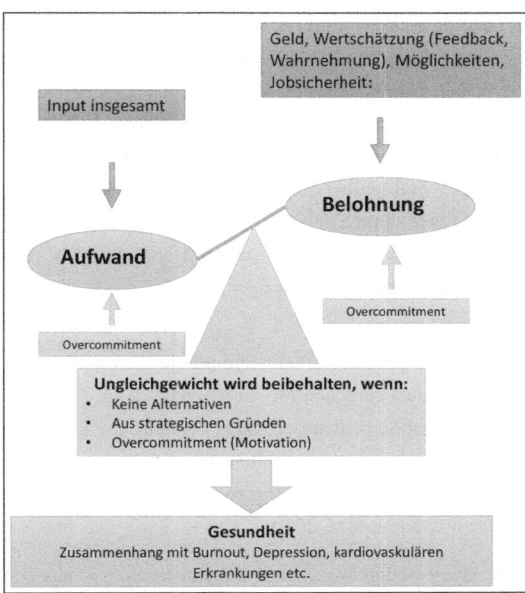

Abb. 40: Efford-Reward-Imbalance-Modell, nach Siegrist 2002: 265 (eigene Darstellung)

1. *Strukturkomponente:* Jede Komponente von Aufwand und Gegenleistung kann Gesundheit schädigen, doch die Ungleichheit zwischen den beiden Komponenten produziert insgesamt die nachteiligsten Effekte.
2. *Personenkomponente:* Ein hohes Level an Selbstausbeutung (Overcommitment) kann als intrinsischer Trigger für Unausgeglichenheit betrachtet werden (Personen antworten auf Arbeitsanforderungen mit höherer Motivation und Erwartungen als üblich, sie übernehmen mehr Verantwortung, sie erreichen mehr Deadlines).
3. Wenn sowohl die Struktur als auch die Personenkomponente betroffen sind, kommt es zu der höchsten gesundheitlichen Auswirkung.

Für Ärtzinnen und Ärzte der Chirurgie konnte nachgewiesen werden, dass die psychosozialen Arbeitsbelastungen ein hohes Risiko für Burn-out bergen. Die Untersuchung basiert auf dem Efford-Reward-Imbalance-Modell sowie einer Skala, die das Verhältnis von Anforderung und Entscheidungsspielraum am Arbeitsplatz misst[35]. Die Studie kommt zu dem Schluss, dass

---

[35] Das *Job-Demands-Model* orientiert sich an den Faktoren „Anforderung" und „Kontrolle" mit den zwei Ausprägungen (hoch, niedrig). Ein hohes Maß an Stress mit hoher Anforderung aber niedriger Kontrolle, ist mit Risiken für die Gesundheit verbunden. Im Gegensatz dazu wird eine ruhige Arbeit durch hohe Kontrolle aber niedrige Anforderungen definiert. Die Höhe des Handlungsspielraums wird als Ressource begriffen, die das Stresserleben vermindert (Karasek 1979, nach Bundesanstalt für Arbeitsschutz und Arbeitsmedizin 2013: 15).

„knapp die Hälfte der Befragten unter Burnout leidet. Dabei fällt insbesondere die höhere Prävalenz bei den Frauen auf" (Klein et al. 2010: 376). Regressionsanalysen zwischen Burn-out und psychosozialer Arbeitsbelastung kommen zu einem hoch signifikanten Ergebnis. Demnach weist die Ärzteschaft in Krankenhäusern, die von beiden Formen betroffen ist, das höchste Burn-out-Risiko auf. Bei der Subgruppe der Frauen steigt das Risiko auf das 12-Fache. Besonders wichtige Komponenten sind hierbei die Verausgabebereitschaft, die sich in dieser Untersuchung für beide Geschlechter ähnlich darstellt. In Bezug auf Belohnung zeigt Wertschätzung die höchsten Zusammenhänge. Verglichen mit anderen Berufsgruppen leidet nach Klein et al. (2010: 377) die (chirurgische) Ärzteschaft häufiger unter Burn-out. Insgesamt kommen sie zu folgendem Ergebnis:

> „Die deutliche Assoziation von Burnout-Symptomen mit Anforderungen bzw. Verausgabungen am Arbeitsplatz sprechen für Änderungen in der Arbeitsorganisation. Insgesamt machen die Ergebnisse deutlich, dass chirurgisch tätige Krankenhausärzte in Deutschland unter erhöhten psychosozialen Arbeitsbelastungen sowie Burnout leiden und dass ein signifikanter Zusammenhang zwischen psychosozialen Arbeitsbelastungen und Burnout besteht" (Klein et al. 2010: 378).

Deutlich wird, dass die Arbeitsbedingungen im Krankenhaus zu psychosozial kritischen Folgen führen können, die sich teilweise für Frauen drastischer ausgestalten. Wie bereits in der Studie *Warum entwickelt sich die Schere immer noch auseinander?* (Abele-Brehm 2013, vgl. Kapitel 3.3.2) zur Abnahme der Selbstwirksamkeitserwartung im Krankenhaus konstatiert, bleibt jedoch auch hier bisher unklar, an welchen Punkten diese Ungleichheiten konkret entstehen. Es deutet sich aber an, dass die organisationalen Rahmenbedingungen einen ungleichen Einfluss auf die Arbeitsgesundheit nehmen. In der qualitativen Analyse wird deshalb die Frage in den Fokus genommen, an welchen Stellen eine vergeschlechtliche Organisationskultur auf die Ungleichheiten einwirkt und warum diese und welche Nachteile sie für Weiblichkeiten mit sich bringt. Die zentrale These ist dabei, dass eine Organisationskultur, die sich an hegemonialer Männlichkeit als Norm orientiert, ungesund ist im Allgemeinen sowie für Weiblichkeiten im Speziellen.

4.3 Resümee

Überlastung und Erschöpfung stellen Folgen chronischen Disstresses dar. Die ausgeführten Stressmodelle verweisen darauf, dass Disstress durch die individuelle Bewertung des Stressors (Lazarus), durch Ressourcenentzüge der Umwelt (Hobfoll) sowie durch Kohärenzsinn (Antonovsky) beeinflusst wird. Die arbeitsbezogenen Modelle verweisen auf den organisationalen Einfluss auf Erschöpfungserkrankungen. Es wird also deutlich, dass Überlastung ein vielfältiges und komplexes Phänomen darstellt, das mit personalen und sozial-organisationalen Bedingungen verbunden ist. Bisher wenig beachtet wurde, wie bestimmte Aspekte der

Organisationskultur auf diese Erschöpfungszustände so einwirken, dass Geschlechterungleichheiten entstehen, und aber auch, welchen Einfluss gesellschaftliche Machtfragen auf diese Prozesse nehmen. Dazu gehört auch die Frage, warum Frauen und/oder Weiblichkeiten hier stärker betroffen sind, wenn davon ausgegangen werden kann, dass diese nicht weniger belastbar sind als ihre männlichen Kollegen (vgl. Kapitel 4.2.1). Diese Aspekte kamen bislang auch in den Erklärungsansätzen zum Ausstieg von Frauen aus der Wissenschaft zu kurz (vgl. Kapitel 1.3.).

Um diese Machtfragen – so werden sie hier gedeutet – in einem weiteren Kontext organisationaler Veränderungen einzuordnen, liegt der Fokus der vorliegenden Untersuchung darin, dass und wie diese Entwicklungen zunehmender beruflicher Überlastungen Medizinerinnen stärker zu betreffen scheinen. Es ist daher notwendig, diese Phänomene vor dem Hintergrund einer gouvernementalisierten Wissenschaft zu betrachten. Offensichtlich wurde, dass sich durch Ökonomisierungstendenzen in Wissenschaft und Medizin Arbeitsverhältnisse subjektiviert und entgrenzt haben. Aus gouvernementaler Perspektive entwickeln sich in diesem Rahmen neue Subjektivitäten, die nicht mehr gegen, sondern durch die Freiheit hindurch regiert werden und sich vor allem selbst regieren. Hier spielt psychische Stabilität eine neuartige Rolle: Psychische Ressourcen gelten im „emotionalen Kapitalismus" (Illouz; vgl. Kapitel 4.1.2.) mehr und mehr als Grundlage für erhöhte Produktivität und als notwendige Ressource, um dem Leistungsdruck standzuhalten und eigene Ziele erreichen zu können. Die beruflichen Belastungen, die durch die Implementierung von Wettbewerb, Beschäftigungsunsicherheiten und Personalknappheit in der Hochschulmedizin zunehmen, treten so nicht als strukturelle Überlastung, sondern als personalisierter Disstress in Erscheinung. Werden hier also Ungleichheiten neu geordnet, wenn es nun darum geht, mit besseren Rahmenbedingungen und ausgestattet mit entsprechenden Ressourcen im Spiel um gesundheitliche Unversehrtheit zu bestehen?

Mit McRobbie könnte im Kontext der Veränderung der Hochschule und deren unternehmerisch-männlich-hegemonialer Kultur die Frage gestellt werden, inwiefern hier neue, im unternehmerischen Kontext verschleierte Ungleichheiten auf „emotionale Güter" (Illouz 2006) im Sinne einer „Grammatik der Härte" wie der „Sorge" (Bröckling 2002) wirken. Da Maja Apelt und Sylka Scholz (2014) davon ausgehen, dass sich männliche Herrschaft mit dem ‚Orientierungsmuster' an unternehmerisch-hegemonialer Männlichkeit auch durch die Möglichkeit des adäquaten Umgangs mit den Bedingungen von Entgrenzung ausdrücken, könnte erwartet werden, dass sich Benachteiligung vor allem hier abzeichnet. Empirisch soll vor diesem Hintergrund danach gefragt werden, welche Bedingungen im Wettbewerb um Positionen im Spiel Frauen und Männer, Männlichkeiten und Weiblichkeiten vorfinden, wenn es darum geht, mit den Charakteristiken der Entgrenzung umzugehen. Welche Rolle spielen hierbei Verausgabungen und wie wirkt die Konstruktion von Weiblichkeit als unpassend auf diese Prozesse ein?

5. Zwischenfazit: Geschlechterungleichheiten zwischen Organisation und Individuum in der Habilitationsphase

Mit den Ausführungen in Kapitel 1 kann konstatiert werden, dass sich in der Habilitationsphase der Hochschulmedizin ein Schereneffekt der Geschlechterverhältnisse abzeichnet. Sind in diesem Fach noch während des Studiums und der Promotion zu zwei Dritteln Frauen vertreten, kehrt sich dies in der Habilitationsphase um. Die in der Hierarchie übergeordneten Positionen in Klinik und Wissenschaft sind nun zu fast 90 % männlich dominiert. Das Fach „Medizin" zeigt sich historisch als ein geschlechtlich umkämpftes Feld, das sich im Zuge seiner Professionalisierung durch den Ausschluss von Frauen kennzeichnen lässt (Franzke 2016; Wetterer 1993, vgl. Kapitel 1.1.).

Die Hochschulmedizin als Feld ist, wie Kapitel 1.2. zeigen konnte, geprägt von einer Aufgabenüberschneidung zwischen Klinik und Forschung (mitsamt Lehrtätigkeiten). Um als forschende Ärztin bzw. forschender Arzt (*Clinician Scientist*) in der Hochschulmedizin erfolgreich zu sein, gilt es damit, parallel zu einer klinischen Facharztausbildung, den kompetitiven Leistungskriterien der Wissenschaft zu entsprechen. Hierbei handelt es sich neben Leistungsoutput in Form von Publikationen, Impact-Points und die Stellung von Autorenschaften auch um das Einwerben von sogenannten Drittmitteln, also durch Dritte finanzierte Forschungsprojekte. Die Rahmenbedingungen in der Hochschulmedizin sind hierbei so gestaltet, dass Forschung häufig nicht Teil der regulären Arbeit darstellt. Sie wird in der Regel durch Stipendien, externe Forschungsgelder, eine Freistellung durch Vorgesetzte oder zu großen Teilen in der Freizeit bewerkstelligt. Für den wissenschaftlichen Nachwuchs wird diese Gemengelage zwischen Klinik und Forschung immer unattraktiver (Loos et al. 2014a), da lange, intransparente Karrierewege mit unsicheren Beschäftigungsverhältnissen, einem hohen Abhängigkeitsgrad zu Vorgesetzten sowie einem entgrenzten personellen Arbeitseinsatz einhergehen. In der Altersphase zwischen dreißig und vierzig erschwert dies zudem die Vereinbarkeit von Familie und Beruf.

Vor dem Hintergrund dieser Feldbeschreibung wurde nun die Frage gestellt, warum so viele Frauen in der Habilitationsphase die Hochschulmedizin verlassen. Die in Kapitel 1.3. dargelegten Erklärungsansätze begründen dies mit psychologischen Unterschieden zwischen Frauen und Männern und führen den Ausschluss von Frauen auf Unterschiede in der Selbstwirksamkeitserwartung, dem Selbstwert sowie weiteren Aspekten des Selbstkonzepts zurück. Sozialpsychologische Studien widmen sich hingegen der Frage, wie innerhalb der Organisation „Wissenschaft" Diskriminierung aufgrund stereotyper Erwartungen zwischen den Geschlechtern entstehen und wie sich diese Benachteiligungen auf das Selbstkonzept der betroffenen Frauen auswirken. Eine geschlechterkonstruktivistische Perspektive nimmt wiederum vergeschlechtliche Prozesse innerhalb der Organisation in den Blick. Sie geht nun nicht mehr von Frauen und Männern und den Unterschieden zwischen den beiden Geschlechtern aus, sondern untersucht, wie eine Konstruktion von Weiblichkeit als Negativfolie zu einem Ausschluss von mit

Weiblichkeit assoziierten Persönlichkeitseigenschaften und Tätigkeitsbereichen beiträgt. Es geht also um gesellschaftliche Machtfragen, in denen Weiblichkeit gegenüber Männlichkeit abgewertet wird und letzterer Macht verleiht. Geschlecht als Konstruktion zu betrachten bedeutet auch, dass von diesen Ausschlüssen sowohl Männer wie Frauen betroffen sein können: *Gender* und *Sex* gehen damit nicht ineinander auf, sondern zeigen sich als Konstruktionsleistung, die durch die gesellschaftliche Naturalisierung von *Sex* und *Gender* Frauen aber auf besondere Weise betreffen.

Für die vorliegende Studie ist damit vor allem die konstruktivistische Perspektive als grundlegend anzusehen. Da diese jedoch offenlässt, welche psychologisch-individuellen Prozesse dazu führen, dass Frauen die Hochschule verlassen, reicht eine solche Perspektive allein nicht aus. Zudem kommt die Mehrheit der Studien zu dem Ergebnis, dass sich Ausschlussmechanismen sowie offene und subtile Diskriminierung im Wissenschaftsbetrieb nachweisen lassen, die Betroffenen aber häufig angeben, entweder nicht persönlich tangiert zu sein bzw. diese durch individuelle Anpassungsprozesse und eine effektivere Organisation der Lebenssituation überwinden zu können. Strukturelle Hindernisse und kulturelle Hürden werden so personalisiert, auf die eigene Person bezogen und als zu überwindende Problemlage umgedeutet (Majcher und Zimmer 2008: 592). Hier blieb bislang unklar, welche Prozesse auf Wissenschaftlerinnen sowohl auf psychologisch wie soziologischer Ebene einwirken, dass dieses Verlassen als individuelles Problem erscheint.

Um den beschriebenen Wechselwirkungen zwischen Individuen und Organisation nachzugehen, bedarf es sowohl in der Datenerhebung als auch in der Datenauswertung einer prozesshaften Perspektive, die diese mulitkausalen theoretischen und empirischen Annahmen zu verzahnen vermag. Aufgrund der für das Feld der Hochschulmedizin dürftigen Datenlage zu diesem Thema sowie der bislang unterbelichteten Frage im Hinblick auf die beschriebenen Wirkweisen, orientiert sich diese Studie – wie Kapitel 2 zeigen konnte – an einem offen-explorativen Forschungsdesign. Sie basiert auf einer prozessorientierten Feldforschung, ergänzt durch problemzentrierte Interviews, im Rahmen einer *Grounded Theory*, die es ermöglichen soll, ein strapazierfähiges, empirisch und theoretisch gesättigtes Modell zu generieren, das Wechselwirkungen und Prozesse, unterschiedliche Ebene und Beziehungen sowie soziologische und psychologische Zugänge fassbar zu machen. Diese Ausführungen der vorangegangenen Kapitel bilden die Ausgangsbasis des vorläufigen Modells in Abbildung 41, das die bisherigen Erkenntnisse dieser Arbeit zusammenfassen soll.

In Anbetracht des Schereneffekts in der Habilitationsphase der Universitätsmedizin (vgl. Kapitel 1.1.) stellt das „Wechselmodell Geschlechterungleichheiten zwischen Organisation und Individuum" (siehe Abbildung 41) die Wechselwirkungen zwischen Organisation und Person in den Mittelpunkt der Analyse.

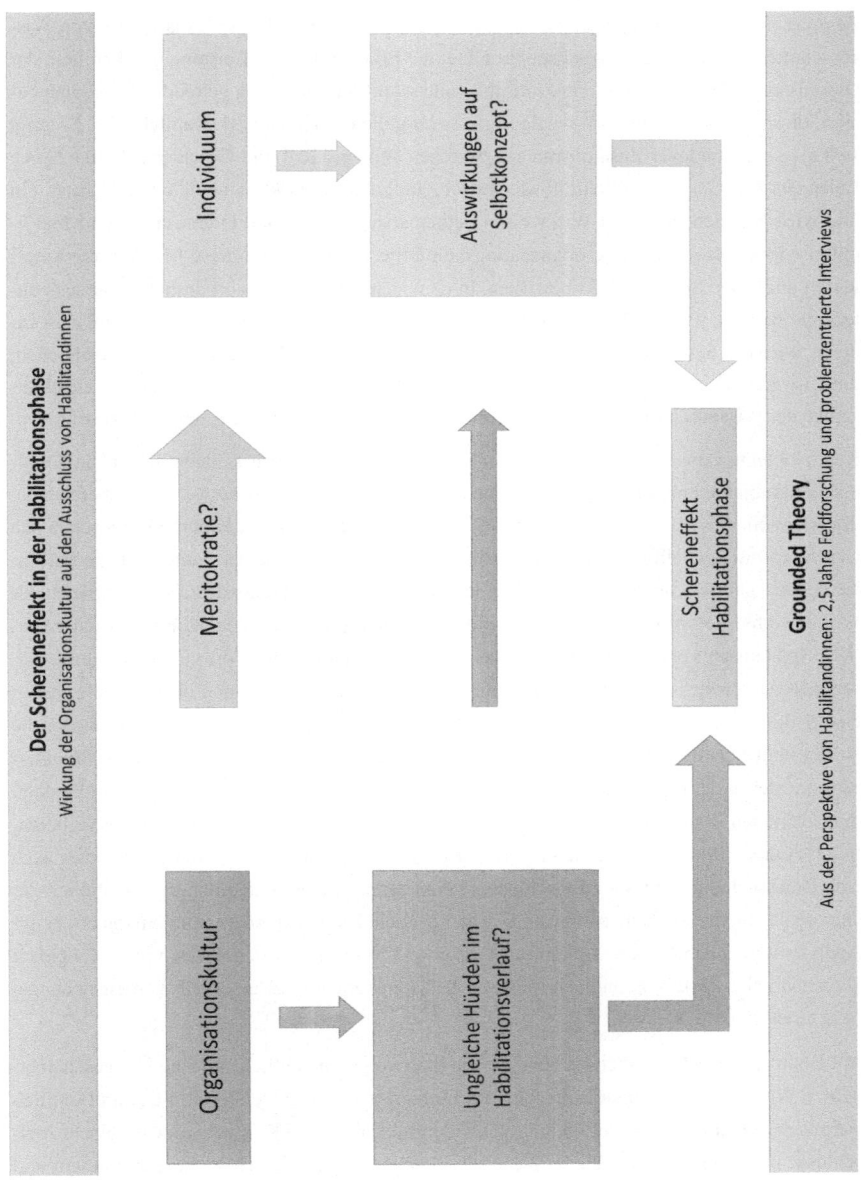

Abb. 41: Geschlechterungleichheiten zwischen Organisation und Individuum in der Habilitationsphase, Zwischenfazit (eigene Darstellung)

Zentrale Fragestellung ist, wie und wo die Organisationskultur auf den Ausschluss von Wissenschaftlerinnen wirkt. Ausgangspunkt bildet die Erkenntnis, dass Leistung und Erfolg in der Organisation einerseits auf meritokratischen und damit für alle gleich geltenden Prinzipien basiert, diese aber für Frauen als weniger gleich zu gelten scheinen (vgl. Kapitel 1.3.). Es zeigt sich also ein paradoxer Zusammenhang zwischen Wissenschaft und Geschlecht (Villa 2014): Einerseits soll Geschlecht keine Rolle spielen, andererseits wirkt es ungleich auf Frauen ein und wird zugleich in seinen Wirkweisen dethematisiert. Zwischen Organisation und Individuum wirken also bestimmte organisationskulturelle Praktiken, die diese Meritokratie unterlaufen und einen Schereneffekt bewirken. In den nächsten Kapiteln soll deshalb einerseits untersucht werden, welche Hürden im Habilitationsverlauf Ungleichheiten erzeugen und zum anderen, wie sich diese Hürden so auf Wissenschaftlerinnen auswirken, dass sie sich entschließen, die Universität zu verlassen. Letzteres bezieht sich auf die Veränderungen in den Selbstkonzepten der Wissenschaftlerinnen, die auf individueller Ebene zu einem Schereneffekt beitragen.

Kapitel 3 legte nahe, dass eine vergeschlechtliche Organisation vergeschlechtlichend auf Organisationssubjekte einwirkt. Für die Universitätsmedizin ist es daher notwendig zu betrachten, inwiefern eine vergeschlechtlichte Organisationskultur Differenz und Hierarchie zwischen den Geschlechtern herstellt und damit Ausschlüsse produziert. Mithilfe der vorgestellten sensibilisierenden Theorie-Konzepte lässt sich besser verstehen, wie innerhalb der „ernsten Spielen des Wettbewerbs" den zahlreich nachkommenden hochqualifizierten Frauen kontinuierlich essentielle Spieleinsätze entzogen werden, sodass in der Habilitationsphase die vielbeschriebene gläserne Decke entsteht. Wie die theoretischen Ausführungen zeigten, sind diese ‚Spiele' durch eine Kultur hegemonialer Männlichkeit als ‚Orientierungsmuster' gerahmt. Für die empirische Arbeit stellt sich also die zu beantwortende Frage, wie hegemoniale Männlichkeit als Orientierungsmuster in der Organisationskultur der Hochschulmedizin wirkt und an welchem Punkten die begleiteten Frauen den „Geschmack und die Lust am Spiel" um hohe Positionen verlieren. In der Analyse wird hierbei differenziert zwischen Frauen und Weiblichkeiten, weil dies auch eine Untersuchung des trägen Einschlusses vereinzelter Frauen in den höheren Positionen der Universitätsmedizin erlaubt sowie implizit den Ausschluss von Männern mitthematisiert. In der Analyse soll es daher explizit nicht um Frauen und Männer gehen, sondern um Weiblichkeit als machtvolle Positionierung (Fremd- und Selbstpositionierung) innerhalb von Beziehungsstrukturen.

Mit Bourdieu kann konstatiert werden, dass in ihrer vergeschlechtlichenden und vergeschlechtlichten Weise Feld und Habitus in einer Wechselwirkung zueinanderstehen. So kann Bourdieu aufzeigen, wie durch eine Verbindung von Feld und Habitus im Kontext von Geschlecht Ausschlüsse produziert werden. Diese Wechselwirkungen schreiben sich in die Subjekte ein und führen zu sogenannten Selbstausschlüssen. Self-Handicapping und Double-Bind-Prozesse können als eine symbolische Gewalt aufgefasst werden, die anerkannt, erkannt und zugleich verkannt wird. Deutlich wurde dies anhand der Stereotypenforschung, die nachweisen kann, wie hochgradig Stereotype innerhalb der Organisation zu Vorurteilen und Diskriminierung beitragen, wie diese das Selbst tangieren, sanktionieren und feminisieren. Laut Cornelißen lassen sich Geschlechterstereotype in Verbindung mit einem vergeschlechtlichten und vergeschlechtlichenden Habitus betrachten (2010: 73) und es lässt sich empirisch untersuchen, wie konkret Prozesse des Ineinandergreifens von Feld und Habitus innerpsychisch vonstattengehen. Wie wirkt konkret eine vergeschlechtlichte Organisationskultur auf das Selbstkonzept der Organisationssubjekte ein? Wie herausgearbeitet wurde, basiert das Arbeitsselbst *(working self-concepts)* auf chronisch wie situativ zugänglichen Selbstinhalten und kann sich durch den jeweiligen Kontext verändern. Stereotype und insbesondere stereotype Bedrohungen spielen hierbei eine wichtige Rolle, da sie sowohl negativ auf das Selbst einwirken als auch gleichzeitig Geschlechtlichkeit im Selbst aktivieren. Damit wirkt eine vergeschlechtliche Organisationskultur, die Weiblichkeit als unpassend konstruiert, nicht nur negativ auf das Selbst ein, es aktiviert zudem mit Weiblichkeit assoziierte Selbstkonstrukte und reproduziert so stereotype Vorannahmen. Insbesondere bei chronisch mit Weiblichkeit assoziierten Selbstkonzepten (interdependent und/oder kommunal) lassen sich negative Konsequenzen erwarten. Dies kann zu (Selbst-) Ausschlüssen wie Self-Handicapping führen. Weiterhin soll das hegemonial männliche Ideal independenter und agentischer Selbstkonzepte im Hinblick auf Problematiken für die Organisation hinterfragt werden, denn, so wurde gezeigt, dass diese Selbstkonzepte im Extrem zu fundamentalen Attributionsfehlern und Narzissmus neigen. Für die theoretische Ebene kann konstatiert werden: Organisationskulturen können situativ auf Selbstkonzepte einwirken und so Auswirkungen auf personale Ressourcen haben. Im Fokus soll dabei nicht stehen, welche chronisch zugänglichen Selbstinhalte sich passgenau oder resilienter gegen diese Einwirkungen zeigen, sondern *wie* und *an welchen Stellen* sich Selbstkonzepte aufgrund einer hegemonial-männlichen Norm *wie* verändern, und so zu Ungleichheiten im Habilitationsverlauf führen. Als eine zentrale Kategorie für den beruflichen Erfolg werden die berufliche Selbstwirksamkeitserwartung und die damit verbundenen Attributionsmuster herangezogen. Da diese als eine grundlegende personale und protektive Ressource gilt, soll anhand dieses Konstrukts nach den Wirkungen der Organisation gefragt werden sowie danach, in welchen Kategorien dieser Prozess, der auch als ein Auskühlen (Cooling-out) von Karrieren verstanden wird, vonstattengeht.

Der Ausstieg aus der Wissenschaft spielt sich vor dem Hintergrund veränderter Rahmenbedingungen einer wettbewerbsorientierten, ökonomisierten und nach unternehmerischen Prinzipien veränderten Hochschulmedizin ab. Diesen Veränderungen und deren Bedeutung für Subjektivierungsprozesse widmete sich aus einer theoretischen Perspektive Kapitel 4. Es verwies auf eine Verknüpfung von personalen Ressourcen mit Ungleichheiten, die in einer entgrenzten Wissenschaft entstehen können. Deutlich wurde, dass sich durch Ökonomisierungstendenzen in Wissenschaft und Medizin Arbeitsverhältnisse subjektiviert und entgrenzt darstellen. Aus gouvernementaler Perspektive entwickeln sich in diesem Rahmen neue Subjektivitäten, die nicht mehr gegen, sondern durch die Freiheit hindurch regiert werden und sich vor allem selbst regieren – soziale Problemlagen werden so privatisiert. Hier spielt psychische Stabilität eine neuartige Rolle: Psychische Ressourcen gelten im „emotionalen Kapitalismus" (vgl. Kapitel 4.1.2.) mehr und mehr als Grundlage für erhöhte Produktivität und notwendige Ressource, um dem Leistungsdruck standzuhalten und eigene Ziele erreichen zu können. Die beruflichen Belastungen, die durch die Implementierung von Wettbewerb, Beschäftigungsunsicherheiten und Personalknappheit in der Hochschulmedizin zunehmen, treten so nicht als strukturelle Überlastung, sondern als personalisierter Disstress in Erscheinung.

Mit McRobbie lässt sich im Kontext der Veränderung der Hochschule und deren unternehmerisch-männlich-hegemonialer Kultur fragen, inwiefern hier neue, im unternehmerischen Kontext verschleierte Ungleichheiten auf „emotionale Güter" (Illouz 2006) im Sinne einer „Grammatik der Härte" bzw. „der Sorge" (Bröckling 2002) wirken. Wie dargelegt wurde, gehen Apelt und Scholz (2014) davon aus, dass sich männliche Herrschaft mit dem ‚Orientierungsmuster' an unternehmerisch-hegemonialer Männlichkeit auch durch die Möglichkeit des adäquaten Umgangs mit den Bedingungen von Entgrenzung ausdrückt, es könnte daher erwartet werden, dass sich Benachteiligungen vor allem hier abzeichnen. Empirisch soll vor diesem Hintergrund gefragt werden, welche Bedingungen im Wettbewerb um Positionen im Spiel Frauen und Männer, Männlichkeiten und Weiblichkeiten vorfinden, wenn es darum geht, mit den Charakteristiken der Entgrenzung umzugehen. Individuelle Überlastung und Erschöpfung stellen hier Folgen chronischen Disstresses dar. Die ausgewählten Stressmodelle verwiesen darauf, dass Disstress durch die individuelle Bewertung des Stressors (Lazarus), durch Ressourcenentzüge der Umwelt (Hobfoll) sowie durch Kohärenzsinn (Antonovsky) beeinflusst wird. Die arbeitsbezogenen Modelle verwiesen auf einen organisationalen Einfluss auf Erschöpfungserkrankungen. Wie deutlich wurde, stellt Überlastung ein vielfältiges und komplexes Phänomen dar, das mit personalen und sozial-organisationalen Bedingungen verbunden ist. Bisher wenig beachtet wurde, wie bestimmte Aspekte der Organisationskultur auf diese Erschöpfungszustände so einwirken, dass Geschlechterungleichheiten entstehen, und damit, welchen Einfluss gesellschaftliche Machtfragen auf diese Prozesse nehmen. Dazu gehört auch die Frage, warum Frauen und/oder Weiblichkeiten hier stärker betroffen sind, wenn davon ausgegangen werden kann, dass diese nicht weniger belastbar sind als ihre männlichen Kollegen (Kapitel 4.2.1). Dieser Aspekt blieb bislang in der Forschung zum Ausstieg von Frauen aus der Wissenschaft unterbelichtet (Kapitel 1.3.). Wie die Ausführungen zeigten, entstehen in der entgrenzten kompetativen Wissenschaft gouvernementale Subjekte, die unternehmerischen Leitlinien folgen. Eine unternehmerisch hegemoniale Männlichkeit etabliert sich als ‚Orientierungsmuster' für die „ernsten Spielen des Wettbewerbs". Sie stellt neue Anforderungen an den individuellen Stressabbau, privatisiert aber zugleich entgrenzte Arbeitsverhältnisse. Vor diesem Hintergrund lässt sich untersuchen, wo sich veränderte und subtile Ausschlüsse von Frauen in der Hochschulmedizin abzeichnen.

Es wurde deutlich, dass es sich bei dem Ausstieg von Frauen um ein multikausales und komplexes Feld handelt. Welche Prozesse und Wechselwirkungen sich aus den individual- und organisationspsychologischen Erkenntnissen vor dem Hintergrund soziologischer Theoriebildung ergeben, blieb bislang ein Graubereich. So sind zwischen diesen disziplinären Feldern blinde Flecken entstanden. Die vorliegende Studie untersucht deshalb in den folgenden Kapiteln interdisziplinär zwischen Psychologie, Soziologie und Sozialanthropologie die komplexen Wechselwirkungen zwischen der Konstruktion von Weiblichkeit als Negativfolie und deren Auswirkungen auf Selbstkonzepte, die einen Ausschluss aus der Universität zu einem Selbstausschluss aus der Wissenschaft werden lassen.

TEIL B

Empirie und Ergebnisse

6. Aus der Perspektive von Habilitandinnen: Fallbeschreibung hürdenreicher Habilitationsverläufe

„The iron surgeon's task is to exercise disease. The rest is for nurses or social workers. This ethos is profoundly gendered. Its values and symbolism are culturally masculine: hardness; cold brilliance; an intense; narrowly focused drive.

The mystique of the iron surgeon has limited roles for women: they are cast as patients, nurses, social workers, or disaffectes wives vainly seeking tender responsiveness. This is not to say that woman never aspire to brillance and drive, or that a woman cannot be an iron surgeon; they do, and she can. But the meanings, behavior, values, and symbolism associated with the traditional female habitus fit poorly with those of the iron surgeon." (Cassel 2000: 101)

Ziel dieser Studie ist die Analyse und Darstellung der Mechanismen, die zu einem Ausschluss von Habilitandinnen beitragen. Nicht nur kommt es gerade in der Habilitationsphase zu eklatanten Ausschlüssen von Frauen, wie das Kapitel 1.1. unter dem Begriff „Schereneffekt" graphisch vorstellte. Auch stellen sich diese Ausschlüsse als personale Problematik dar. Die zentrale Fragestellung der Arbeit ist deshalb, wie eine spezifisch vergeschlechtlichte Organisationskultur durch die Konstruktion von Weiblichkeit als Negativfolie auf das Selbstkonzept von Wissenschaftlerinnen so einwirkt, dass es zu selbstattribuierenden Ausschlüssen kommt.[36]

Wie in Kapitel 1.3. ausgeführt, ist für die vorliegende Studie vor allem eine konstruktivistische Perspektive auf Geschlecht als grundlegend anzusehen. Da diese jedoch offenlässt, welche psychologischen Prozesse dazu führen, dass Frauen die Hochschule verlassen und dieses Verlassen als individuelles Problem erscheint, reicht diese Perspektive allein nicht aus. Wie deutlich wurde, handelt es sich bei dem Ausstieg von Frauen um multikausale und komplexe Mechanismen. Welche Prozesse und Wechselwirkungen sich aus den individual- und organisationspsychologischen theoretischen Erkenntnissen vor dem Hintergrund soziologischer Theoriebildung ergeben, blieb bislang unterbelichtet. Vielmehr sind zwischen diesen disziplinären Feldern blinde Flecken entstanden, die nicht erklären können, wie konkret, durch welche Prozesse und Wechselwirkungen, Weiblichkeiten auf eine selbstattribuierende Art und Weise aus der Hochschule ausgeschlossen werden. Die Ausführungen des Forschungsstandes (Kapitel 1.3.) und der Theorie (Kapitel 3 und 4) zeigen, dass diese, jeweils für die einzelnen Disziplinen gut bearbeiteten Ergebnisse geradezu darauf drängen, machtsensibel miteinander in Beziehung gesetzt zu werden. Die vorliegende Studie untersucht deshalb interdisziplinär zwischen Psychologie und Soziologie die komplexen Wechselwirkungen zwischen der Konstruktion von Weiblichkeit als Negativfolie und deren Auswirkungen auf Selbstkonzepte, die einen Ausschluss aus der

---

[36] Vor dem Hintergrund der Grounded-Theory-Methodologie strebt der Empirieteil eine Verzahnung von Theorie und Empirie an. Die hier angeführten theoretischen Konzepte wurden in den Kapiteln 3 und 4 ausführlich dargelegt. In der Ergebnisdarstellung erfolgt deshalb eine entsprechende Einordnung, die jeweils auf die theoretische Literatur sowie das jeweilige Theoriekapitel verweist, in dem die Konzepte detailliert besprochen werden.

Universität zu einem Selbstausschluss aus der Wissenschaft werden lassen. Aufgrund der Ausführungen des Forschungsstandes geht es hierbei aber nicht um individuelle Unterschiede als Grund für einen Weggang aus der Universität, sondern um psychologische Wirkweisen der geschilderten Geschlechterkonstruktionen. Die Studie macht deshalb psychologische Theoriebildung für eine Analyse zwischen organisationalen Ausschlüssen und individuellen Wirkweisen fruchtbar. Hier bleibt die soziologische Theoriebildung entsprechende Erklärungsansätze schuldig. Zugleich sollen diese individualisierten Selbstausschlüsse vor dem Hintergrund machttheoretischer Überlegungen reflektiert werden. Denn zum einen zeigt sich, dass während der Statuspassage „Habilitation" entscheidende Machtkämpfe ausgetragen werden und zum anderen sich der Ausschluss für von diesen Kämpfen Betroffene als individuell (nicht) zu lösende Aufgabe darstellt. Die Kapitel 6 bis 9 bearbeiten folgende Aspekte dieser Fragestellung:

- Kapitel 6 befasst sich deskriptiv mit den Mustern hürdenreicher Habilitationsverläufe: Was haben die von Hürden geprägten Habilitationsprozesse gemeinsam? Welche Muster zeichnen sich ab und an welchen Punkten scheitern diese Verläufe?
- Kapitel 7 analysiert aus soziologischer Perspektive, an welchen Stellen des Habilitationsverlaufs sich soziale Ungleichheiten abzeichnen: Wie wirkt eine vergeschlechtlichte und vergeschlechtlichende Organisationskultur auf den Ausschluss von mit Weiblichkeit assoziierten Persönlichkeitseigenschaften und Tätigkeitsfeldern?
- Kapitel 8 zeigt aus psychologischer Perspektive auf, wo und an welchen Stellen sich durch eine spezifische Organisationskultur Selbstkonzepte von Wissenschaftlerinnen im Habilitationsverlauf verändern. Leitend ist hier die Frage, wie durch diese Veränderungen im Selbstkonzept Ausschlüsse hergestellt werden und wie diese aus soziologischer Theoriegebung machtkritisch theoretisiert werden können.
- Kapitel 9 fragt danach, inwiefern sich ein Wandel in der vergeschlechtlichten Organisationskultur im Hinblick auf den Einschluss von Frauen abzeichnet. An dieser Stelle erfolgt ein Vergleich zwischen den beiden Idealtypen „Hürdenreich" und „Anerkannt" im Hinblick auf soziale Ungleichheiten in der Organisation und psychologische Unterschiede der beiden Kontrastgruppen.

Da sich die Organisationskultur im medizinischen System bislang als relativ träge gegenüber den Verhältnissen der Geschlechter zeigt, liegt der Fokus der Arbeit auf organisationskulturellen Ausschlüssen von Frauen bzw. Weiblichkeit. Kapitel 7 und 8 konzentriert sich deshalb auf den Idealtyp „Hürdenreich". Diese Ausschlüsse werden aber durch einen angedeuteten Wandel des Idealtyps „Anerkannt" in Kapitel 9 kontextualisiert, der im Hinblick auf einen Wandel in der Organisationskultur kritisch reflektiert wird. Wie in Kapitel 2 dargelegt, handelt es sich bei den geschilderten Fallbeispielen nicht um Einzelfälle, sondern um Muster. Die folgenden Kapitel basieren auf den Kodierverfahren der Grounded-Theory-Methodologie und werden durch eine längsschnittorientierte Auswertung besonders hürdenreicher Verläufe (Idealtypisierung) ergänzt (Kapitel 2). Ziel der folgenden Kapitel ist ein differenzierter Blick auf feine, explizite und implizite, verschleierte und offensichtliche Mechanismen sozialer Ungleichheiten mit ihren Auswirkungen auf Selbstkonzepte sowie zirkulären Wechselwirkungen. Dieses Ziel macht eine vertiefte Darstellung dieser feinen „Maschen der Macht" (Foucault 2005a: 220) in den empirischen Daten erforderlich. Mit Foucault wirkt Macht durch die „kleinsten Elemente", in den „feinsten Rissen" sozialer Felder (Foucault 2001: 40). In Anlehnung an diese Ausführungen geht es um eine Suche in dem sozialen Feld der Hochschulmedizin, in der man die „Macht findet als etwas, das durchläuft" (ebd.), das wirkt, das bewirkt. Sie kommt zur Wirkung oder nicht, das heißt, die Macht ist immer eine bestimmte Form augenblickhafter und beständiger wiederholter Zusammenstöße innerhalb einer bestimmten Anzahl von Individuen" (Foucault 2001: 40). Das Ziel der nun folgenden Kapitel ist demgemäß eine Repräsentation dieser „Zusammenstöße", die sich während der über zweijährigen Forschungszeit ereigneten und sich mir mittels Erzählung oder Beobachtung erschlossen.

6.1. Idealtypische Fallbeschreibung eines hürdenreichen Habilitationsverlaufs

Ein zentrales Ergebnis der empirischen Untersuchung ist, dass diejenigen Frauen des Gesamtsamples eine Kündigung in Betracht ziehen, die mit besonders vielen organisationalen Hürden zu kämpfen haben und sich im Verlauf krisenhaft belastet fühlen. Da theoretisch bereits erörtert wurde, dass Cooling-out-Prozesse auf den Ausschluss von Frauen wirken, es sich bei diesen Ausschlüssen also um ein ‚freiwilliges' Verlassen der Wissenschaft handelt (Kapitel 3.1.), soll nun untersucht werden, wie eine spezifische Organisationskultur so auf den Entscheidungsverlauf für und wider einer Habilitation einwirkt, dass sich die Wissenschaftlerinnen selbst dazu entschließen zu gehen. Ein Ausschluss stellt sich so als individuelle Problematik dar. Theoretisch wird auf Basis dieser Erkenntnis untersucht, inwiefern organisationale Hürden ein spezifisches Muster bei hürdenreichen Habilitationsverläufen bilden. Zeichnen sich bei diesen Verläufen ähnliche Phasen ab und inwiefern wirken diese auf eine erhöhte Belastung von Wissenschaftlerinnen? Wie in Kapitel 2 ausführlich dargestellt, handelt es sich bei der nun folgenden Fallbeschreibung um eine empirisch begründete Typenbildung der Kontrastgruppe „Hürdenreich", bestehend aus mehreren Einzelfällen von Frau Dr. A, B, C … usw. Erinnert sei an dieser Stelle kurz an die Ausführungen des Methodenkapitels und die beiden Abbildungen der Typenbildung und des Gesamtsamples (siehe Abbildung 42, 43). Bei dem Idealtyp „Hürdenreich" handelt es sich um ähnlich verlaufende hürdenreiche Habilitationsverläufe, unter denen sich zu 2/5 Mütter befinden. Im Gegensatz zu der Kontrastgruppe „Anerkannt" (in Abbildung 42 in der rechten Spalte zurückhaltend abgebildet), in der zu 3/5 Frauen auch Kinder haben, sticht ins Auge, dass alle Frauen einen geringeren familiär-akademischen Hintergrund mitbringen. Zudem haben alle Frauen männliche Vorgesetzte, die in ihrer Einstellung gegenüber Frauenkarrieren als traditionell oder wenig progressiv beschrieben werden können (eine ausführliche Darstellung der Typenbildung sowie eine detaillierte Gegenüberstellung der beiden Typen finden sich in den Kapiteln 2 und 9).

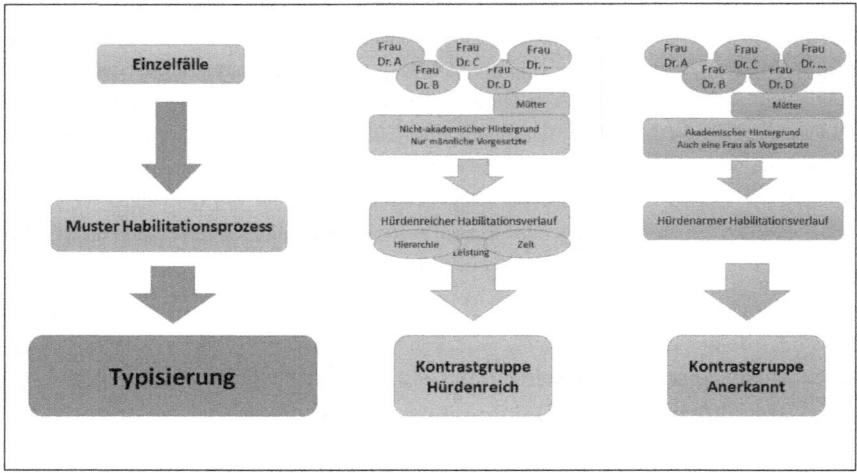

Abb. 42: Fall-Typisierung der Kontrastgruppe „Hürdenreich"

Zwar ist der Idealtyp aus verschiedenen Einzelfällen zusammengesetzt. Die dargestellte hohe Verdichtung von Problematiken in dieser Phase zeichnet sich aber auf ähnliche Art und Weise in jedem Fall ab, was diese Verläufe zu *hürdenreichen* macht.[37] Um einer späteren Analyse in Teilen vorzugreifen, geht es bei diesen Hürden um a) Hierarchie, b) Leistung und c) Zeit (Abbildung 42, mittig, unterhalb Hürdenreicher Habilitationsverlauf). Unter a) Hierarchie wird nicht nur ein formalisiertes System der Unter- und Überordnung von Elementen verstanden, sondern konkretes Machthandeln mit weitereichenden Machtbefugnissen in der Hochschulmedizin. Unter b) werden dementsprechend auch nicht allein objektive Leistungskriterien fokussiert, sondern die Einbettung von Leistung in soziale Anerkennungsprozesse. Auch die Kategorie c) Zeit meint keine einfache neutrale Gegebenheit, sondern unterschiedliche Zeitressourcen, die sich je nach Position und Arbeitsteilung unterscheiden können. Diese Kategorien stellen damit keine grundsätzlich frauenbenachteiligenden Cluster dar. Wie sich in den folgenden Kapiteln zeigen wird, entstehen hier Geschlechterhierarchien erst in und durch die sozialen Praktiken des Organisationshandelns.

---

[37] Die Kontrastgruppe „Hürdenreich" lässt sich als Extremtypus innerhalb des Gesamtsamples bezeichnen. Wie in Kapitel 2 ausführlich dargelegt, entstammen die nun folgend kodierten Hürden, von denen diese Frauen allesamt betroffen waren, diesem Gesamtsample.

Abbildung 43 erinnert an die Ausführungen des Methodenteils, der die beiden Pole der Extremfälle thematisierte. Die Kontrastgruppe „Anerkannt" ist hier kaum von Hürden betroffen. Auf die Kontrastgruppe „Hürdenreich" treffen hingegen alle aus dem Gesamtsample kodierten Hürden zu.

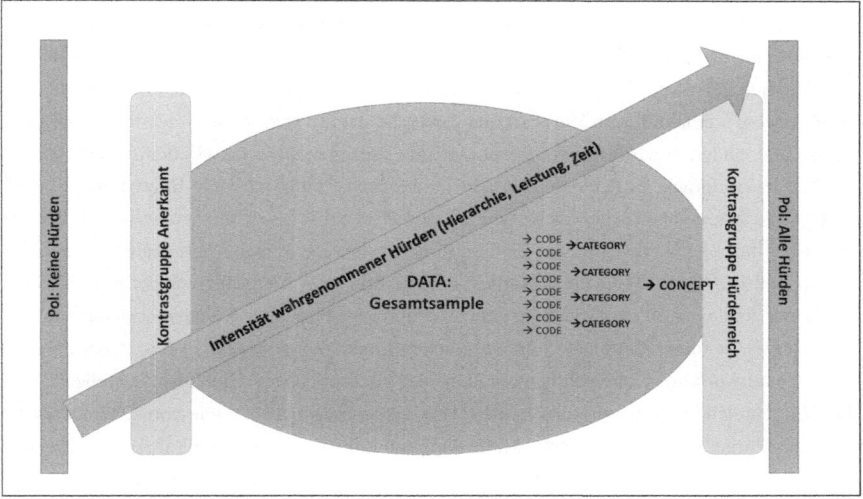

Abb. 43: Pole des Gesamtsamples

Da die Kodierungen aber aus dem Gesamtsample entstammen, machen diese auch Aussagen über Nuancen des Gesamtsamples. Wie methodisch detailliert aufgezeigt, stellt diese Typenbildung so eher eine Hilfsmethode dar, um auf eine Verlaufsbeschreibung aufgrund forschungsethischer Ansprüche nicht verzichten zu müssen. Die idealtypische Beschreibung macht hürdenreiche Habilitationsprozesse in ihrer Dichte nachvollziehbar und gewährleistet zugleich die Anonymität und Nicht-Rückverfolgbarkeit der Habilitandinnen.

6.2. Deskriptiv: Die Phasen hürdenreicher Habilitationsverläufe

Die nun folgende Beschreibung der Phasen im Habilitationsverlauf der Kontrastgruppe „Hürdenreich" basieren auf einer umfassenden Auswertung der Grounded-Theory-Methodologie, die die Kodes nicht nur mittels Beziehungsnetz (Mappings) sondern auch mittels personenbezogenen Kodierens auswertete. Durch dieses Auswertungsverfahren, wurde es möglich, thematische Schwerpunkte in drei aufeinanderfolgenden Phasen auszumachen, die auf der Auswertung auf den einzelnen kumulierenden Hürden innerhalb der Fallanalyse basieren, die in Kapitel

2.7.2, Tabelle 7 dargelegt wurden. In der nun folgenden Beschreibung der Habilitationsphase wird die Kontrastgruppe als Frau Dr. Hürdenreich als Fall-Figur personalisiert.

Phase „Abwertung und Aberkennung von Leistung"

In der ersten Phase der Habilitation „Abwertung und Aberkennung von Leistung" (siehe Tabelle 7, Einzelfall im Methodenteil) steht vor allem die als willkürlich erlebte Hierarchie sowie geforderte Anpassungsleistungen an eine als zunehmend unpassend empfundene Organisationskultur im Vordergrund. Zu Beginn des Eintritts in das Universitätsklinikum wurde Frau Dr. Hürdenreich von ihrem Vorgesetzten noch gefördert. Doch nun wird das als zunehmend restriktiv erlebte Verhältnis zum Vorgesetzten sowie die damit verbundene Abwertung zur Belastung. Unter anderem wird eine Förderzusage zurückgezogen. Frau Dr. Hürdenreich hat immer stärker den Eindruck, es herrsche das Prinzip „blocken[38] ohne rationale Begründung". Auch Vertragsverlängerungen scheinen hier der ‚Meinung' des Vorgesetzten zu unterliegen. Das erzeugt bei ihr hohe Unsicherheiten. Es wird ihrer Ansicht nach über Angst regiert. In dem intransparenten System hat sie den Eindruck, dass berufliche Werdegänge von der Entscheidung Einzelner abhängen. In der Abteilung gehe es darum, Einfluss über Kontakte ausüben zu können. Das werde immer deutlicher. Ein Gespräch mit ihren Vorgesetzten, in dem es darum geht, mehr Verantwortung zu übernehmen eskaliert, sie solle nicht übers „Ziel hinausschießen". Frau Dr. Hürdenreich hat so den Eindruck, diese Hierarchien machen abhängig vom „Gemochtwerden" der Vorgesetzten. Diese Entwicklung wird von immer stärkerer Kritik ihres Vorgesetzten begleitet. Die Kommunikation wird immer schlechter, sie hält es kaum noch aus. Ihr Selbstvertrauen nimmt kontinuierlich ab. Immer stärker fehlt ihr Anerkennung für die geleistete Arbeit in den letzten Jahren. Sie ist der Meinung, sie sollte mehr „auf den Tisch hauen", doch ist fraglich, wie in einem so restriktiv anmutenden System überhaupt noch Grenzziehungen möglich sind.

In Bezug auf die Anerkennung von Leistung erfolgt eine Nicht-Beförderung, die mit dem Fehlen männlich konnotierter Eigenschaften wie „durchsetzungsfähig" begründet wird. Ihr Führungsstil sei „zu lasch", wenn sie etwas einfordert ist ihr Auftreten gleichzeitig „zu forsch". In ihrem Umfeld gebe es zwar die sogenannten ehemaligen Doktoranden, die als „Ziehsöhne" klar Karriere machten, aber diesen gegenüber stehen keine „Ziehtöchter", sondern „die Kleinen", die irgendwann nicht weiterkommen. Fr. Dr. Hürdenreich hat so den Eindruck, dass männliche Kollegen „clever" im Umgang mit Vorgesetzten sind und so „geschmeidiger" Forderungen stellen können. Es kommt die Frage auf, ob sie auf Dauer Lust habe, „das Spiel" um Drittmittelverträge, das „Geschacher" um Publikationen, das Netzwerken bei Stipendienvergaben „mitzuspielen". Immer stärker hat sie das Gefühl, sich in der „Männerwelt" besser durchsetzen zu wollen. Sie fragt sich, wie sie als Frau besser Grenzen setzen und sich durch „Nein-Sagen"

---

[38] Diese Begriffe entlehnen sich den In-vivo-Kodes und werden in Kapitel 7, 8 und 9 ausgeführt und den einzelnen Fällen zugeordnet.

Respekt verschaffen könne. Dies führt auch zu dem Eindruck, dass die Anerkennung von Leistung mit einer entsprechend männlich konnotierten Performance zusammenhängt. Da könnten sich Frauen verbessern.

Die in den letzten Jahren erlebte Zeitnot wird in der Phase als zunehmend problematisch wahrgenommen. Es entsteht der Eindruck, dass ihr weniger Zeit bereitgestellt wird als anderen, meist männlichen Kollegen. Das führt dazu, dass sich die Forschung auf die Abendstunden und das Wochenende beschränkt. Zudem werden ihr immer mehr Aufgaben zugeteilt, die ihre bezahlten Arbeitsstunden weit überschreiten. Es fehlen weiterführende Perspektiven in der Abteilung. Die Dauerbelastung ist immer schwerer auszuhalten. Fr. Dr. Hürdenreich hat den Eindruck, dass ihre Vorgesetzten darüber entscheiden, wer bezahlte Arbeitszeit oder Freizeit erhält und auch hier werde sie zunehmend nicht mehr berücksichtigt.

Für die Mütter innerhalb der Kontrastgruppe „Hürdenreich" verschärft sich die Frage nach der Machbarkeit von Forschung nach einer 60-Stunden-Woche weiter. Fehlende Kinderbetreuung wird hier zu einem existenziellen Problem. Aber nicht nur die hohe Zeitintensität und Aufgabenvielfalt erzeugt verstärkte Belastungen. Ihr werden nun kaum noch verantwortungsvolle Aufgaben zugeteilt, sie fühle sich seit der Mutterschaft wie „abgeschrieben". Gleichzeitig herrscht Angst, gegenüber Vorgesetzten eine bessere Work-Life-Balance einzufordern. Sie sei zudem nicht der Typ, der sich ständig beschwere. Zugleich steige aber auch der Druck und das Gefühl, nicht mehr nur in der Freizeit forschen zu wollen. Ihre Einstellung zur Habilitation ist zwar weiterhin von hoher Motivation geprägt. Die Phase wird aber als „holprig" beschrieben. Die Habilitation erscheint erreichbar. Es fehlen wenige Publikationen.

Phase „Erhöhte Belastungen und Stress"

In der Phase „Erhöhte Belastung und Stress" ist auffallend, dass hier die Überlastung durch Zeitnot einen Höhepunkt erreicht. Zwar wird nach wie vor das ausbremsende hierarchische Gatekeeping kritisiert. So kommt es zu weiteren Verboten und dem Eindruck, dass ihr Vorgesetzter ihr „Standing" verhindere, damit sie auch weiterhin „ausnutzbar" bleibe. Doch wenn sie jetzt ginge, würden ihre Projekte der letzten Jahre an andere übergeben. Diese „ständigen Torpedierungen" kosten zunehmend Kraft und entziehen Ressourcen im Umgang mit den zeitlichen Belastungen. Fr. Dr. Hürdenreich hat den Eindruck, sie müsse sich insgesamt besser abgrenzen. Sie frage sich, ob sie oder das ellenbogenorientierte Umfeld das Problem seien. Auch in Bezug auf die Anerkennung von Leistung ist sie sich zunehmend sicher, dass sie als Frau kaum Chancen auf einen Lehrstuhl habe. Es gebe diejenigen, die in der Institution „gezüchtet" werden. Das seien diejenigen, die bleiben, die anderen gingen, weil sie es nicht länger aushielten. Zudem wolle sie nicht zugunsten der Forschung auf die Patientenarbeit verzichten. Vielleicht stelle sie sich damit selbst ein Bein, aber sie sei Ärztin geworden, um medizinisch zu arbeiten. Dies verschärfe aber die Überlastung durch Zeitnot. Es wird kritisiert, dass die Habilitation als Selbstprojekt gelte und nicht als etwas, wovon auch die Institution profitiere. Die

Arbeit in der Freizeit wird nun zur Überforderung. Zusätzlich soll sie noch weitere Aufgaben übernehmen. Sie fühlt sich in einem Strudel und weiß nicht, wie sie hier wieder herauskommen soll. Grenzziehungen erscheinen ihr zunehmend kaum noch möglich und gehen mit einem Gefühl des „Ausgeliefert-Seins" einher. Eine männliche Normalbiographie passt immer weniger zu ihr, sie muss eigene Wege finden. Am Jahresende stand sie nach eigenen Angaben kurz vor einem „Burn-out". Frau Dr. Hürdenreich sehnt sich immer mehr nach Sonne und Ruhe und nach Platz für sich. Sie habe ständig ein schlechtes Gewissen, dass ihr weder für Familie noch für den Beruf genügend Zeit zur Verfügung steht. Zugleich gehe sie aber gern an ihre Leistungsgrenzen, damit ihr nicht langweilig wird. Aber jetzt sei der Zeitpunkt gekommen. Sie könne einfach nicht mehr. Freizeit erscheint durch den absoluten Mangel als kostbares Gut. Die Einstellung zur Habilitation ändert sich langsam. Frau Dr. Hürdenreich ist sich unsicher, ob sie wirklich habilitieren will, oder ob es ihr nur darum geht, ein gesetztes Ziel zu erreichen. Ihr Leben stellt sich als „totales Wirr Warr" dar. Die letzten Monate waren sehr schwer. Der Weg sei mit großer Frustration verbunden. Sie frage sich, ob sie sich weiter quälen soll. So wie es ist, könne es nicht weitergehen. Sie sieht sich ständig nach Stellen um. Wenn es mit der Habilitation klappe, sei es gut, wenn nicht, dann halt nicht, so die Einstellung. Doch möchte sie gern eigene Ziele umsetzen und nicht nur Arbeitskraft sein.

Phase „Ausgebrannt und Kündigung"

In der Phase „Ausgebrannt und Kündigung" verdichten sich die Belastungen immer stärker. Innerhalb der Hierarchie werden ihr erneut Schritte verboten, ihr direkter Vorgesetzter habe sie bereits „abgeschrieben". Ihr „Konkurrent" hingegen habe bereits mehrere Förderungen erhalten. Es sei ein Wettbewerb auf hohem Niveau gewesen, den sie gefühlt nun verloren habe. Für ihren Vorgesetzten werde sie die ewig „Kleine" bleibe. Es werde immer deutlicher, dass Karrieren von der Förderung durch einzelne abhängig sind. Das „Geklüngel" nerve sehr. Frau Dr. Hürdenreich fragt sich, wer sie eigentlich fördere. Sie hätte sich in einer der schwierigen Phasen strategische Beratung und eine Frau als Vorbild gewünscht. Das Gefühl „total ausgeliefert zu sein" macht ihr immer mehr zu schaffen. Sie könne das cholerisch Angeschrien werden in der Arbeit kaum noch ertragen. Das sei einfach kein Umgangston. Die Medizin habe keinen „Korrekturfaktor", es gebe keine Schutzfunktionen. Sie sei zur absoluten Einzelkämpferin geworden. Es zehre immer mehr am Selbstwert, wenn der Chef nichts von einem halte. Sie habe ständig den Eindruck, um die Ankerkennung von Leistung kämpfen zu müssen, die eigentlich als solche klar und objektiv geregelt sei. So geht es auch bei der Rangordnung der Autorenschaften darum, sich zu positionieren. Das führt zu einem immer stärkeren Gefühl des „Kampfes". Immer deutlicher werde, dass für ihre Leistung kein Platz sei. Aufgrund der gemachten Erfahrung misstraut sie wissenschaftlichen Kooperationen. Sie befindet sich in einer Situation absoluter Überlastung. Sie ist zu müde und zu fertig und möchte mit Mitte dreißig ihre Gesundheit nicht riskieren. Zu viele in ihrem ärztlichen Umfeld seien bereits krank geworden. Es sei eine harte Phase gewesen. Sie habe sich gefühlt wie in einem „Hamsterrad". Die Unsicherheit durch Befristungen kann sie so nicht länger durchstehen. In dieser Zeit sei ihr bewusstgeworden, wie wichtig ihr Partnerschaft und Familie sei. Ohne ihren Partner hätte sie diese Phase nicht durchgehalten. Es gebe bessere und gesündere Alternativen. Die Frage nach den eigenen Werten wird intensiv gestellt. Schließlich beendet sie das Arbeitsverhältnis. Die Kündigung sei ihr sehr schwer gefallen, da damit sehr viele Jahre an Arbeitsinvestitionen für sie verloren gingen. Zugleich sei sie nun aber auch erleichtert. Für sie sei wichtig zu sehen, was mit ihrem Leben kompatibel sei. Der Sinn der Arbeit sei in dieser Zeit verloren gegangen. Sie hatte eine „totale Blockade" und ein absolutes Motivationstief.

6.3. Hürden der Organisationskultur, Einflüsse auf Organisationssubjekte

Die beschriebenen Phasen zeigen ein ähnliches Muster derjenigen Habilitationsverläufe in denen eine hohe Anzahl an Hürden kumuliert. Eine als restriktiv und als aktiv blockierend wahrgenommene Hierarchie sowie die zunehmende Aberkennung von Leistung führen zu erhöhten Belastungen, die sich durch Zeitnöte weiter verschärfen und zu Überlastungen und Kündigungen führen (vgl. Abbildung 44: Phasen des hürdenreichen Habilitationsverlaufs):

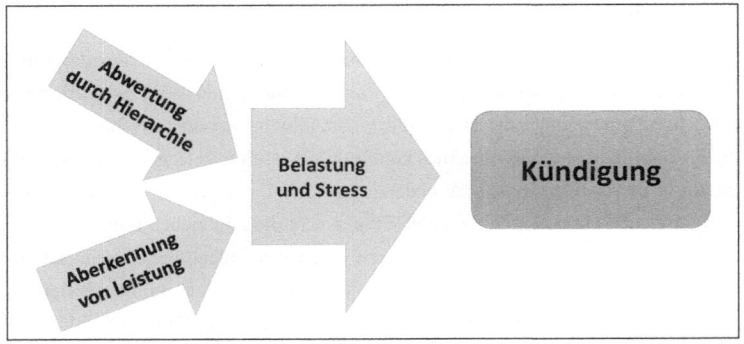

Abb. 44: Phasen des hürdenreichen Habilitationsverlaufs

Hier zeigt sich, dass eine hohe Anhäufung von Hürden im Habilitationsverlauf über einen längeren Zeitraum zu einer Abwärtsspirale und schlussendlich zu einem Ausschluss aus der Universität führen kann. Nach Allmendinger ist es gerade diese Anhäufung von Punkten „an denen sich Unterschiede für Männer und Frauen in der Wissenschaft auftun" (Allmendinger et al. 2000: 45). Diese Annahme bestätigt sich auch hier. Kumulierend werden an dieser Stelle Muster hürdenreicher Verläufe deutlich, die zu einer Kündigung führen. Wie diese vor dem Hintergrund vergeschlechtlichter und gouvernementaler Hochschulpraktiken zu deuten sind und so auf das Selbstkonzept von Wissenschaftlerinnen einwirken, dass sie selbst ein Verlassen in Betracht ziehen, untersuchen nun die folgenden drei Kapitel der empirischen Auswertung. Diese basieren auf den zentralen Kategorien der Grounded-Theory-Methodologie sowie Idealtypisierungen, wie in Kapitel 2 ausführlich dargelegt. Es wurde bei der Auswertung des Gesamtsamples deutlich, dass sich die Problematiken während eines Habilitationsverlaufs in drei Schlüsselkategorien verdichten lassen, die jeweils Einfluss auf das Selbstwissen der betroffenen Habilitandinnen nehmen. Wie bereits oben ausgeführt, handelt es sich bei diesen Kategorien, auf denen Kapitel 7 und 8 basieren, um eine „Hierarchie", von der sich die Habilitandinnen zunehmend „torpediert" fühlen, einer „Leistung", die immer stärker von sozialer Ankerkennung abzuhängen scheint und die Habilitandinnen als „unpassend" adressiert, sowie von einer Zeitnot, die diese Frauen immer deutlicher betrifft und „ausbrennt". Zum Tragen kommt hier ein, wie in den Erklärungsansätzen in Kapitel 1 bislang kaum thematisierter Aspekt: Die Kategorien führen zu immens hohen Belastungen und gesundheitlichen Risiken, die Frauen stärker zu betreffen scheinen und einen Ausstieg aus der Wissenschaft mit verursachen. Begründet werden diese hohen Belastungen, dies soll an dieser Stelle betont sein, gerade nicht aufgrund einer differierenden Belastbarkeit zwischen Männern und Frauen, sondern, wie in den folgenden Kapiteln gezeigt wird, aus unterschiedlichen organisationskulturellen Wirkweisen auf personale Ressourcen und Selbstkonzepte. Die Organisationskultur erzeugt so nicht nur ungleiche Rahmenbedingungen, sie wirkt so auch auf Selbstkonzepte und personale Ressourcen der Organisationsangehörigen ungleich ein.

Der Fokus der vorliegenden Arbeit liegt deshalb auf der Analyse dieses Ineinandergreifens von hochschulmedizinischer Organisationskultur, sozial positionierten Wissenschaftlerinnen und den psychischen Dimensionen dieser komplexen soziologischen und psychologischen Wirkweisen in der Habilitationsphase. Was dies konkret für Ausschlussmechanismen aus der Hochschulmedizin in der Habilitationsphase bedeutet und wie diese gedeutet werden können, beleuchten die folgenden drei Kapitel. Kapitel 7 untersucht die ungleichen Rahmenbedingungen für die Kontrastgruppe „Hürdenreich", die durch eine vergeschlechtliche Organisationskultur entstehen. Kapitel 8 folgt diesen vergeschlechtlichen Ungleichheiten und analysiert diese im Hinblick auf Veränderungen im Selbstkonzept mit ihren Folgen für Selbstausschlüsse von Habilitandinnen. Kapitel 9 widmet sich einem Vergleich zwischen den Kontrastgruppen „Hürdenreich" und „Anerkannt" mit Blick auf unterschiedliche strukturelle, soziale und personale Ressourcen der beiden Gruppen.

7. Vergeschlechtlichte Organisationskultur: Die Hürden im Habilitationsverlauf

„Die Ärzte arbeiten nur vormittags in der Ambulanz, wenn überhaupt. Es gibt auch solche, die machen gar nichts. Mein Kollege hat zwei Jahre lang keine Patienten gesehen, nur Forschung gemacht und dann habilitiert. Ich und eine Kollegin dachten dann: Wir wollen auch habilitieren und wollen auch Freiräume geschafft bekommen, weil, sonst ist man halt immer der letzte Depp." (Habilitandin der Hochschulmedizin)

Dieses Kapitel analysiert, an welchen Punkten des Habilitationsverlaufs sich soziale Ungleichheiten abzeichnen. Die soziologischen Konzepte zeigten, dass es sich bei der Hochschulmedizin um eine vergeschlechtliche Organisation handelt. Wie in Kapitel 3.1. demonstriert, stellen sich organisationale Strukturen und Prozesse als vermännlicht dar, werden aber als genderneutral vermittelt. Und dies obgleich sich in der Hochschulmedizin Geschlechterungleichheiten im Schereneffekt der Habilitationsphase verdichten: ein Fach, dass zu großen Teilen von Frauen studiert wird, wandelt sich zu einem hochgradig männlich dominierten hierarchischen System, wie Kapitel 1.1. belegen konnte. Nach Wilz manifestieren sich Organisationen aus der Mikroperspektive als „Netze sozialer Beziehungen und Handlungen", also keine „entpersonalisierten Systeme oder weitgehend durch gesellschaftliche Strukturen vorgeordnete soziale Gebilde" (Wilz 2013: 154). Diesen Ausführungen folgend wird es in der Untersuchung darum gehen, die feinen „Maschen der Macht" (Foucault 2005a: 220 ff.) zu analysieren, die diese sozialen Beziehungen und Handlungen innerhalb der Organisation „Hochschulmedizin" so prägen, dass sich männlich konnotierte Strukturen und Prozesse herausbilden, die sich als genderneutral darstellen (Acker 2013: 87). Der Fokus liegt hierbei auf der Analyse männlicher Herrschaft in den „ernsten Spielen des Wettbewerbs" (Bourdieu 1997: 203) im Feld der Hochschulmedizin. Es geht darum, wie, in welchem Rahmen und mit welchen Mitteln innerhalb einer vergeschlechtlichten Organisationskultur männliche Herrschaft in diesen Spielen um berufliche Anerkennung konkret wirksam wird. Die Studie richtet sich an dem Konzept der in Kapitel 3.2. ausgeführten „Hegemonialen Männlichkeit", die diese Spiele beeinflusst und strukturiert, als Orientierungsmuster aus.

Da hegemoniale Männlichkeit von ihrem sozialen Feld geprägt ist, erweist es sich als notwendig, das jeweilig soziale Feld zu beschreiben und die damit verbundenen Praktiken herauszuarbeiten, die vergeschlechtlichte Ausgrenzungen erzeugen. Im Folgenden soll mit Blick auf eine solche theoretische Sensibilisierung untersucht werden, wie eine vergeschlechtlichte Organisationskultur Einfluss auf die Habilitationsverläufe nimmt. Zugrunde gelegt werden die unter 6.2. beschriebenen Schlüsselkategorien „Hierarchie" (Kapitel 7.1.), „Leistung" (Kapitel 7.2.) und „Zeit" (Kapitel 7.3.). Die einzelnen Kategorien sind dabei nicht als getrennt voneinander zu begreifen, sondern im Sinne eines Mappings als ein Beziehungsnetz aufzufassen (Abbildung 45). An dieser Stelle werden interpretierte und gesättigte Muster ausformuliert, die auf der

Wahrnehmung der forschend begleiteten Habilitandinnen basieren. In den Kapiteln kommen nun, nach der Darstellung eines idealtypischen Verlaufs in Kapitel 6, die Einzelbeispiele zur Sprache (siehe *Einzelfälle* in Abbildung 27).

7.1. Hierarchie: Ausschluss von Frauen durch Gatekeeping „ohne Korrekturfaktor"

Organisationen bilden eine formale Struktur aus, die wesentlich von Arbeitsteilung und einer Hierarchie der Verantwortung geprägt ist. In der Hochschulmedizin spielen die, für die Medizin charakteristischen formalisierten Prozesse und damit verbundenen Hierarchien eine herausragende Rolle. So beschreiben die Habilitandinnen der Kontrastgruppe „Hürdenreich" die hierarchischen Verhältnisse für sie als zunehmend restriktiv und kontraproduktiv. Hier wird besonders deutlich, wie soziale Beziehungen und Handlungen innerhalb der Organisation auf formalisierte Strukturen wirken, die formal für alle gleich gelten. Es geht also nachstehend darum herauszuarbeiten, wie durch hierarchisches Machthandeln formale Strukturen unterlaufen werden, die zu Geschlechterungleichheiten innerhalb dieser formalisierten Hierarchien beitragen.

7.1.1. Ausschlüsse durch Gatekeeping im akademischen Feudalismus

Die befragten Wissenschaftlerinnen beschreiben die Medizin als „konservativ", „hierarchisch" und „streng altmodisch". Die „medizinische Gesellschaft" funktioniere nach dem Prinzip alleiniger Entscheidungsgewalt mit entsprechenden Durchsetzungsbefugnissen. Von dem teilnehmend beobachteten Gesamtsample wird dies als für die Medizin notwendig beurteilt, da hier häufig schnelle Entscheidungen getroffen werden müssten und die Verantwortlichkeiten so klar geregelt seien. Zugleich wird ein hoher Grad an Hierarchiedenken in der medizinischen Gesellschaft festgestellt. Die befragten Medizinerinnen erklären sich dies einerseits damit, dass die meisten keine anderen Erfahrungen als Studium und Klinikum gemacht hätten – „du kennst nichts anderes"– und es in der medizinischen Gesellschaft so funktioniere: Wenn die Vorgesetzten das sagen, „dann musst du das jetzt hier durchziehen". Die Ausgestaltung der Hierarchie in der Praxis führt zu weitreichenden individuellen Entscheidungsbefugnissen über untergeordnete Personen, die für die einen Nachteile, für andere aber auch Chancen generieren. Klassisch autokratische Führungsrollen mit strenger Hierarchie, Distanz, zentrierter Entscheidungsgewalt und Kontrolle können Vorteile durch klare Regelungen und Schutzfunktionen für die hierarchisch niedriger gestellten mit sich bringen. Im Gegensatz dazu nehmen die Frauen der Kontrastgruppe „Hürdenreich" die Hierarchie im Habilitationsverlauf aber als zunehmend restriktiv war – Vorgesetzte handeln regelwidrig, verbieten, „torpedieren" und agieren willkürlich. Diese Machtmöglichkeiten werden als ein „total ausgeliefert"-Sein beschrieben. So schildert eine Habilitandin, was sie mit ihrem Vorgesetzten erlebt, als changierend zwischen willkürlichem Zu-

und Absagen. Die Medizinerin bemüht sich während ihrer Habilitationsphase und fachärztlichen Weiterbildung um einen Auslandsaufenthalt. Ihr Vorgesetzter sagt ihr den Aufenthalt als Gastwissenschaftlerin zu, nach Absprache mit dem aufnehmenden Institut wird diese Zusage aber wieder zurückgezogen. Gründe werden ihr nicht genannt. Ihr wird lediglich mitgeteilt: „Das ist jetzt so. Nein, das geht jetzt nicht." Für sie ist es kaum nachvollziehbar:

> „Die einzige Machtposition, die er hat, ist halt so was, einem das dann einfach zu verbieten, obwohl er das irgendwann zugesagt hat, und dann einfach zu sagen: Nein, das geht jetzt nicht. Obwohl man eigentlich denkt: Ist der bescheuert, warum? Also so, wo jeder andere, jeder Chef, der irgendwie ein bisschen Plan hat, es akzeptieren würde, muss er, sagt er dann einfach irgendwie: Nein. Er hat jetzt überhaupt nichts ... Ich meine, er hat jetzt im Grunde nichts davon gehabt, dass ich jetzt länger geblieben bin."

Sie hat den Eindruck, dass das „die einzige Machtposition" ihres Vorgesetzten sei. Die Ärztin interpretiert das Verhalten als einen „völlig unrealistischen" Wettbewerb, bei dem er den Nachwuchs „bis zu einem gewissen Grad rankommen lässt" und dann „wieder was auf den Deckel" gebe. Diese Wahrnehmung von Hierarchie, die sich auch in den folgenden Erzählungen der Kolleginnen wiederfinden, kann mit dem aus der Theorie stammenden Begriff des „akademischen Feudalismus" (Ullrich 2016: 393) interpretiert werden. „Feudal" drückt dabei aus, dass Vorgesetzte in der Wissenschaft mit weitreichenden Machtmitteln und Weisungsbefugnissen ausgestattet sind, die sich durch die Hierarchien der Medizin noch verschärfen. Aufgrund der personalisierten Abhängigkeiten wird dieses System auch als „Patronagesystem" (Bérubé und Ruth 2015: 116) beschrieben, als förderliche, neutrale oder hemmende Patronage-Beziehungen, die nach Bourdieu für Wissenschaftskarrieren wesentlich sind (Bourdieu 2010 [1992]: 159). Dieses „Patronagemodell" des akademischen Feudalismus findet in der Kontrastgruppe „Hürdenreich" eine häufige und hochgradig negative Thematisierung. Zwar wird sich in Kapitel 9 noch zeigen, dass das Modell auch Chancen für ein anderes Organisationshandeln eröffnet und andere Organisationseinheiten den akademischen Feudalismus durch klarere Rahmenbedingungen stärker begrenzen. Organisationshandeln in der Hochschulmedizin ist damit nicht *per se* und zwangsläufig von dieser Art der Hierarchie durchzogen. Es wird aber deutlich, welchen Stellenwert Hierarchie als Hindernis für die idealtypisch-hürdenreichen Verläufe einnehmen kann. Bei der Kontrastgruppe zeigt sich daher auch eine immer stärker negative Wahrnehmung der hierarchischen Verhältnisse als willkürlich und benachteiligend. Die zitierte Habilitandin beschreibt sich so auch als ernstzunehmende Nachwuchswissenschaftlerin im Wettbewerb um Positionen. Sie wird aber durch Vorgesetzte ausgebremst. Benachteiligungen entstehen deutlich, wenn hier feudale Machtstrategien zum Einsatz kommen können. Bemerkenswert ist, dass diese feudalen Machtstrategien zwar als zunehmend belastend kritisiert, zugleich aber als nicht grundsätzlich illegitim skandalisiert werden.

Auch bei einer anderen Ärztin gehen solcherlei Positionskämpfe mit strikten Verboten einher. Nachdem sie in den ersten Jahren „Vorschuss seitens des Chefs" erhalten habe, wollte sie sich auf ein öffentlich ausgeschriebenes Fellowship bewerben, das ihr ermöglicht hätte, sich für einen längeren Zeitraum auf ihre Forschung zu konzentrieren und damit ihre Habilitation fertigzustellen. Die Zusammenarbeit mit ihrem Vorgesetzten beschreibt sie als bislang gewinnbringend. Nach Anfrage für eine Bewerbungsempfehlung verbietet ihr dieser aber die Bewerbung, „weil jemand anders sich beworben hat, der das eher gebraucht hätte, jemand den er mehr unterstützt und weil ich zu große Chancen hätte als Frau, soll ich mich nicht bewerben". Der Ärztin wird so von ihrem direkten Vorgesetzten entgegen dem Grundsatz der Gleichbehandlung eine Bewerbung verboten, damit sich eine andere Person bewerben kann, die der Vorgesetzte stärker fördert. Unter Verstoß grundlegender meritokratischer Prinzipien nutzt der Vorgesetzte feudale Machtstrategien, um die Ärztin im Wettbewerb gegenüber einem scheinbar förderwürdigeren Konkurrenten zu behindern. Die Wissenschaftlerin führt das Verbot auf die Einstellung des Leiters zurück:

> „Und dann gibt es eine Frau, und man hat zu Hause eine Frau, die eigentlich nie gearbeitet hat und sich nur um die Kinder kümmert, dann hat man die Vorstellung, die Frau ist ja eh weg. Ich meine, ich muss ja, sollte eigentlich bei meinem Leiter so genommen, wenn man das ernst nimmt, gar nicht anfangen, weil eine der ersten Fragen, die er mir gestellt hat: Ja, was ist denn, wenn du deinen Mann triffst, dann bist du halt weg oder raus aus dem Beruf mehr oder weniger. Eigentlich schon bei dieser Frage hätte ich mir denken sollen ..."

So stellt sie fest, dass der Vorgesetzte mit einer Frau verheiratet sei, die nie gearbeitet habe und sich um die Kinder kümmere. Der Chef habe sie zu Beginn ihrer Tätigkeit gefragt, ob sie nicht den Beruf verlasse, wenn sie „ihren Mann trifft". Eine an traditionell-hegemonialer Männlichkeit orientierte Grundeinstellung führt hier zu negativen Konsequenzen für den weiteren Werdegang der Habilitandin. Durch diese Einstellung geht der Leiter nicht von einer Amortisierung investierter Kosten in die Habilitandin aus und bevorzugt lieber einen männlichen Kollegen. Er scheint hier vorwegzunehmen, dass dieser nicht weg ist, wenn er seine Frau trifft. Mit Allmendinger zeigt sich hier, dass Investitionen in die wissenschaftlichen Laufbahnen von Frauen von diesem Vorgesetzten als deutlich riskanter wahrgenommen werden, da die Wahrscheinlichkeit, dass sich diese Investitionen verzinsen, als geringer eingeschätzt werden (Allmendinger 2000: 46). Es zeigt sich damit in Konkurrenz um Positionen ein Gatekeeping, also die Wahl einzelner Personen in die organisationale elitäre Mitte, das auf sozialer Ähnlichkeit beruht (vgl. Kapitel 3.1.). Insofern nimmt dieser Vorgesetzte aufgrund seiner Position und seines Wirkungskreises die Möglichkeit wahr, sowohl den Aufstieg als auch den Ausstieg seines Personals zu bewirken. Da die *scientific community* eine Wahlgemeinschaft darstellt, in der Mitglieder der Gemeinschaft neue hinzuwählen, erfüllen Gatekeeping-Prozesse in der Universität so eine herausragende Funktion, in der Vorgesetzte eine besondere Stellung für die weitere Karriere einnehmen (Kahlert 2015: 33). Von diesem Gatekeeping profitieren in diesem Fall sowohl Geförderte als auch Förderer: Der eine erhält ein hochdotiertes Stipendium. Der andere sichert sich

Machtstützen, durch den zu erwartenden künftigen Leistungs- und Positionsoutput und damit auch seine eigene Position im Spiel um Autorität im Feld der medizinischen Wissenschaft. Es kann daraus gefolgert werden, dass trotz akademischer Feudalstrukturen die Positionen der Patronage insofern nicht gesetzt sind, also auch sie auf kompetitive Prestige-Spiele um Autorität und symbolisches Kapital im Feld angewiesen sind. Diese werden durch Machtmittel durchgesetzt, die nach Foucault als „souverän" bezeichnet werden können: Es ist die Macht des Souveräns, der über ein asymmetrisches, direktes und willkürlich angewandtes Recht über seine Untertanen verfügt (Foucault 1977: 131 f.).

Im Ergebnis kann sich nun der männliche Kollege der Forschung widmen. Die Ärztin hingegen kündigt nach einem weiteren ähnlichen Vorfall. „Die Spannung ist zu groß geworden". Doch der Preis für die Kündigung ist hoch, denn sie stellt die Habilitation infrage. Resümierend ist auch sie der Ansicht, dass es für ihren Leiter ein „Wettkampf auf hohem Niveau" gewesen sei und kritisiert, dass Karrieren in der Hochschulmedizin so eklatant von einzelnen Vorgesetzten abhängen:

> „Entweder sieht ein Gruppenleiter etwas in dir oder nicht. Und wenn nicht, dann hat man Pech gehabt. Dann kann man sich aufarbeiten, wie man nur kann und dann wird aus einem nichts. Und wenn er denkt, du bist der Zukünftige, keine Ahnung was, dann wird es auch was. Es ist einfach so."

Sie beschreibt hier die sich in der Kontrastgruppe „Hürdenreich" verstärkende Wahrnehmung eines ungleichen Gatekeepings, ausgestattet mit souveränen Machtmitteln. Karrieren werden von dem „Erkennen" durch Einzelne abhängig gemacht, die sich an hegemonialer Männlichkeit orientieren und damit die Strukturen der Hochschulmedizin vergeschlechtlichend reproduzieren. Für die bislang erfolgreichen – und im Vergleich zu nicht habilitierenden Ärztinnen und Ärzten – privilegierten Organisationsangehörigen stellt sich Erfolg immer weniger als allein auf individuellen Leistungen basierend und insofern als gerecht dar. Hier greifen zunehmend soziale und beschränkende Normierungen. Es entstehen Abhängigkeiten zu Förderern, die denken „du bist der Zukünftige". Dieses Gatekeeping wird im Sinne eines akademischen Feudalismus beschrieben, wenn, wie in diesem Fall, im „Wettkampf auf hohem Niveau" einer Mitspielerin ein weiteres berufliches Fortkommen verboten werden kann. Sozial ungleich wird dieses Vorgehen zudem, wenn im Zentrum des Gatekeepings das subjektive ‚Erkennen von Talenten' ausschlaggebend wird, das von der negativen Einstellung eines Vorgesetzten gegenüber Frauenkarrieren geprägt ist. Es lohnt keine Investition in eine Frau, die, wenn sie „ihren Mann trifft", sowieso nicht mehr zur Verfügung stehe. Notfalls wird diese Einstellung auch restriktiv zugunsten der Förderung des ‚jüngeren Selbst' durchgesetzt, was zu einer vergeschlechtlichten Reproduktion der männlich geprägten Hierarchie mit beiträgt. Die Beispiele stehen stellvertretend für die Perspektive der Kontrastgruppe „Hürdenreich", die die hierarchische Organisationskultur als zunehmend restriktiv und in Teilen „feudal" wahrnehmen. Aus diesem Blickwinkel stellt Hierarchie keine paternalistische Verantwortungsübernahme dar, sondern zuallererst eine Verhinderungsstruktur im permanenten Wettbewerb, von der diese Frauen nun immer stärker betroffen zu sein scheinen. Die Frauen der Kontrastgruppe „Hürdenreich" werden als Wettbewerberinnen wahrgenommen und als Gegnerinnen ernstgenommen, insofern als ihnen mittels feudaler Machttechniken Positionen entzogen werden.

7.1.2. Gatekeeping in intransparenten Werdegängen

In der Hochschulmedizin und insbesondere in der Phase der Habilitation als Statuspassage wird Intransparenz im beruflichen Werdegang von der Kontrastgruppe „Hürdenreich" als hinderlich beklagt. Exemplarisch für diese jüngst vom Wissenschaftsrat angemahnte Unsicherheit bezüglich des beruflichen Fortkommens (Wissenschaftsrat 2016: 31) stehen in dem Gesamtsample Diskussionen um die Rotation in der Facharztausbildung. Eine Habilitandin ist von der Undurchsichtigkeit dieser Rotationsvergaben stark betroffen: „Ich habe halt auch den [Vorgesetzten] gefragt, ob ich hier ins [Rotation] darf. Und ich durfte mal wieder nicht. Also eigentlich so wie chronisch seit drei Jahren". In diesem Zusammenhang macht sie deutlich, dass, ihrer Auffassung nach, Intransparenz eine grundlegende Problematik darstellt:

> „Was viele sich wünschen, ist so ... eine Transparenz, dass auch einfach klar ist, wenn man irgendwas erreichen will, was man dafür leisten muss, und nicht, dass mit zweierlei Maß gemessen wird. Habe ich mir schon oft überlegt, er könnte das auch einfach ausschreiben, zwei Jahre (eine begehrte) Rotation, dann können sich halt Leute bewerben. Und dann wird aufgrund irgendwelcher klarer Auswahlkriterien halt irgendwer ausgewählt. Und nicht so: Ja, ... sagen wir freitags mal, wer montags dahin darf. Also diese Transparenz, das wird von vielen auch gewünscht, auch bezüglich forschungsfrei und so was, dass auch klar ist, wer halt Gelder einwirbt, dass der dann halt forschungsfrei kriegt."

Sie plädiert also für insgesamt klarere Kriterien bezüglich der Rotation, aber auch anderer wichtiger Kriterien des Werdegangs wie Zeitfenster für die Forschung (forschungsfrei) oder die Möglichkeit, bei selbst eingeworbenen Geldern auch tatsächlich eine entsprechende Freistellung zu erhalten, wobei Letzteres eigentlich die Regel sein sollte. Nach Meinung der Interviewten sollten diesen Entscheidungen klare Auswahlkriterien zugrunde liegen. Aus ihrer Perspektive wird dieses „Messen mit zweierlei Maß", von dem sie zunehmend nicht mehr profitiert, zum Kampf um den weiteren Werdegang. Betont werden sollte an dieser Stelle, dass die Habilitandinnen bislang selbst in diesem System gut funktioniert und profitiert haben. Doch nun erhärtet sich im Wettbewerb durch Intransparenz eine gläserne Decke, im Sinne einer Metapher für Prozesse und Faktoren, die Frauen vom Zugang in Führungspositionen abhalten (Morrison et al. 1987; Morrison und Glinow 1990) und verengt Möglichkeitsräume in Konkurrenz zu anderen.

Eine Ärtzin schildert musterhaft die Wahrnehmung einer kaum planbaren und von Vorgesetzten abhängigen Laufbahn. Deutlich wird hier, warum diese Intransparenz in Konkurrenzsituationen problematisch wird: Die Ärztin steht für eine wichtige Rotation an erster Stelle einer entsprechenden Liste nach Dienstalter. Hier wurde ihr bereits ein Kollege „aus irgendwelchen Gründen vorgezogen". Ihre Befürchtung sei nun, dass ein forschungsstarker Assistent, „der einen Oberarzt im Hintergrund hat und gerade hochrangig publiziert" vor ihr die Rotation erhalte mit der Konsequenz, den Facharzt nicht beenden zu können. Ihre Befürchtung verdeutlicht, dass das System „extrem undurchsichtig" ist und hier keine Möglichkeiten bestehen, Entscheidungen zu fixieren, da dies „informell ausgehandelt" werde. Die Habilitandin spricht mehrere Problematiken an: Der Werdegang scheint informell und von ungleichen Kräfteverhältnissen innerhalb der Institution abhängig zu sein und nicht den offiziellen Kriterien wie dem Dienstalter zu entsprechen. Gleichzeitig hänge die Entscheidung „wer, wann in welcher Rotation" seine Ausbildung abschließen kann, von der „Meinung" des Vorgesetzten ab, der diese aber häufig ändere. Für sie stellt die Intransparenz eine Herausforderung im Wettbewerb um wichtige berufliche Schritte dar. In diesem Fall konnte die Habilitandin „mit ein bisschen Stress" und dem „Schaffen von Tatsachen" trotzdem in den letzten Ausbildungsabschnitt wechseln. Hier zeigt sich, dass auch innerhalb der als restriktiv beschriebenen Hierarchie Handlungsspielräume möglich sein können. In diesem Fall basieren diese auf feldadäquatem Wissen über mögliche Strategien im organisationskulturell akzeptierten Rahmen. Eine erfolgreiche Positionierung innerhalb dieser intransparenten Prozesse, so kann interpretiert werden, erfordert hier entweder eine Fremdpositionierung durch den Vorgesetzten, wie eine Bevorzugung im Gatekeeping, oder in diesem Fall ein entsprechendes Wissen über mögliche Strategien sich innerhalb dieser hierarchischen Verhältnisse zu verhalten (Selbstpositionierung). Beides unterläuft objektive Kriterien und fördert die Ungleichheiten zu Nicht-Geförderten oder Nicht-Wissenden. Da sowohl Auswahl- und Leistungskriterien, aber auch Verfahren, Abläufe und der Werdegang selbst häufig im Unklaren bleiben, sind der Zugang zu informellem Wissen und zu Förderstrukturen innerhalb dieser Institutionen von großer Bedeutung. Im Rahmen der Teilnehmenden Beobachtung wurde im Gesamtsamples so auch kritisiert, dass es an einer Kultur des Förderns und der Kooperation fehle und dass Vorgesetzte als wenig offen gegenüber Fragen der Karriereplanung betrachtet wurden. Das Umfeld wird als „gefährlich" und mit der Befürchtung „ausgebootet" zu werden, assoziiert.

In einem System, dem es beständig an Zeit, Geld und Personal mangelt, ist Förderung auf wenige verteilt. Intransparenz zeigt sich als ein Teil des Spiels, in dem Einzelnen Positionen zugeteilt, diese bevorzugt und ein entsprechendes Gatekeeping durchsetzungsfähig wird. Betrachtet man die Hochschulmedizin als ein Netz aus hierarchisierten Beziehungen, lassen sich hier neben den formalen Abläufen und Funktionen innerhalb der Organisationseinheiten intransparente und unstrukturierte Prozesse feststellen, die die vordergründig festgelegten und für alle geltenden Strukturen unterlaufen und zugleich eine Organisationskultur mit hohen Machtbefugnissen für einzelne aufrechterhalten. Deutlich wird, dass sich die Frauen der Kontrastgruppe

„Hürdenreich" als zunehmend ausgebremst wahrnehmen. Innerhalb einer formalisierten Organisationsstruktur begleitet Intransparenz den beruflichen Werdegang der Habilitandinnen und leistet der Informalisierung wissenschaftlicher Karrieren Vorschub. Interpretiert werden kann so, dass aus dem Blickwinkel der Habilitandinnen Intransparenz eine gläserne Decke zwischen den Nicht-mehr-Wissenden oder den Nicht-mehr-Geförderten begünstigt. Intransparenz kann als Teil von Machtspielen interpretiert werden, denn diese hält eine bestimmte Form der Macht aufrecht und stabilisiert akademischen Feudalismus sowie die Verteilung von Ressourcen an einige wenige.

7.1.3. Normalisierung: „Individuelle Positionierung" statt „Korrekturfaktor"

Die Medizinerinnen der Kontrastgruppe „Hürdenreich" berichten von eklatanten Regelverstößen als eine der zentralen Problematiken während des Habilitationsprozesses. Bislang blieb aber die Frage offen, warum dieses drastische Fehlverhalten nicht stärker sanktioniert wird. So entsteht in der Kontrastgruppe „Hürdenreich" zunehmend die Wahrnehmung, einem System ohne „Korrekturfaktor", mit hohen Abhängigkeitsgraden ausgeliefert zu sein:

> „Aber es gibt bei uns nichts, keine, keinen Korrekturfaktor oder ... Wissen Sie, was ich meine? Ich finde, es ist auch so, dass all diese Chefs eigentlich zu fünf Schulungen pro Jahr geschickt werden müssen, um da Management zu lernen oder wie redet man mit Mitarbeitern oder solche Sachen. Das können sie nicht. Sie haben es ja auch nie gelernt. Ja, und das ist ja das Problem. Wenn man das nicht kann, nicht lernen will und nicht machen will und nie gezwungen ist, es zu machen, dann macht man es so wie immer. [...] Das fängt davon an, dass wir eigentlich nie oder halt in der Zeit arbeiten, wo man arbeiten sollte oder so. Das fängt von da an und endet mit, keine Ahnung, dass man dann auch nach dem Dienst, weil keiner da ist, dann weiter Visite macht oder sowas und dann 30 Stunden arbeitet oder so. ... ja. Es gibt kein Curriculum, wo es irgendwie so festgelegt ist oder gezwungen ist."

Die Ärztin hat die Wahrnehmung, dass Grenzverletzungen an Universitätskliniken relativ normal seien und kaum mehr sanktioniert würden. Sie führt als weiteres Beispiel für einen fehlenden Korrekturfaktor an, dass sie in Bewerbungsgesprächen selbstverständlich „unter der Gürtellinie" nach einem Kinderwunsch und anderen privaten Details gefragt werde: „Und das Beste ist, wenn sie sagen: Wir wissen, dass wir das nicht fragen dürfen ..."

So existieren zwar formalisierte Regelwerke, die prinzipiell einforderbar wären, bei den von vielen Hürden geprägten Verläufen herrscht aber die Wahrnehmung vor, dass es hier kein Entrinnen gäbe. In einem späteren Kapitel wird dies noch im Hinblick auf Selbstwirksamkeitserwartung und Attributionsmuster untersucht. An dieser Stelle liegt der Fokus aber auf der Frage, weshalb sich Handlungsmöglichkeiten für die Frauen der Kontrastgruppe „Hürdenreich" auf organisationaler Ebene als so eingeschränkt darbieten. Denn es existieren zwar Personalräte,

Arbeitsrechte, Facharztkataloge, Ombudspersonen etc. innerhalb der formalen Strukturen, doch werden diese (zum Teil auch rechtlichen) Regelwerke als nicht bindend erlebt. Gerade der Verstoß gegen diese Rahmenbedingungen war häufig Thema in den Interviews und der Teilnehmenden Beobachtung. Hier sei betont, dass es sich nicht um Einzelfälle oder Einzelwahrnehmungen von Fehlverhalten handelt. Die nun folgende Analyse des Materials macht vielmehr deutlich, dass sich diese Regelverstöße teilweise als organisational normalisiert darstellen und durch hohe Grade von Abhängigkeiten gerahmt sind. Es ist einzuwenden, dass diese Verstöße nicht grundsätzlich institutionelle Praxis sind und auch nicht alle betreffen: In Kapitel 9 wird deutlich, dass die hohen Machtbefugnisse eines akademischen Feudalismus auch Möglichkeitsräume für andere Praktiken eröffnet. Erinnert sei aber an die Ausführungen zur quantifizierten Leistungsmessung in der Wissenschaft und wissenschaftlichem Fehlverhalten (Kapitel 1.1.). Kritisiert wird, dass der gestiegene quantifizierte Leistungsdruck falsche Anreize geschaffen habe. Unter Quantitätsdruck komme es zu vermehrtem wissenschaftlichem Fehlverhalten (Dirnagl et al. 2002). In Bezug auf die Medizin konnte festgestellt werden, dass die am weitesten verbreitete Art wissenschaftlichen Fehlverhaltens den angemessenen Umgang mit (Ko-)Autorschaften umfasst. Hierbei handelt es sich sowohl um die „Vergabe von (Ko-)Autorschaften ohne substanziellen Beitrag" als auch um die „Nicht-Aufnahme von Wissenschaftler/innen mit substanziellem Beitrag als Koautoren" (Krempkow und Landrock 2013: 67 f.). In den letzten Jahren wurden so gerade auch in der Medizin häufige Fälle von wissenschaftlichem Fehlverhalten aufgedeckt, die bis zu Fälschungen reichten (Begley und Ellis 2012; Nowbar et al. 2014). Internationale Fälschungsfälle haben eine hohe Aufmerksamkeit auf sich gezogen (Urban 2015) und zu Aufrufen eines Umdenkens in Richtung einer „Kultur der Redlichkeit" geführt (DGK – Deutsche Gesellschaft für Kardiologie, 04.04.2013). Die Sanktionierung entsprechenden Fehlverhaltens sollte somit auch im Interesse des organisationalen Selbstverständnisses sein. Der folgende Abschnitt zeigt nicht nur auf, dass Regelverstöße tatsächlich geschehen, sondern wie diese organisational möglich werden und warum Weiblichkeiten davon stärker betroffen sind.

Individuelle Positionierung zwischen zwei Abhängigkeitspunkten

Der Großteil der Frauen des Gesamtsamples hatte zum Zeitpunkt der Forschung die Facharztausbildung noch nicht abgeschlossen. Damit spielten die Erfüllung sowie die Erfüllungsmöglichkeiten der fachärztlichen Ausbildung parallel zu den Forschungsfortschritten eine große Rolle, was auch in dem Sachverhalt der verpflichtenden Rotationen zwischen den einzelnen Fachbereichen zum Ausdruck kommt. Eine gängige Praxis in der Facharztausbildung ist, dass Vorgesetzte nicht absolvierte Tätigkeiten während der Facharztausbildung bescheinigen. So wird eine starke Bindung zum jeweiligen Ausbildungsplatz institutionalisiert, da die Leistungen nicht formal erbracht wurden, sondern von der Unterschrift der Vorgesetzten abhängen. Die Wahrnehmung einer Ärztin ist so auch, dass man nicht einfach wechseln könne, „weil der Facharzt nicht den echten Kriterien entspricht." Die enge Verknüpfung im hochschulmedizinischen

Werdegang des *Clinician Scientist* zwischen stationärer Versorgung und Forschung (vgl. Kapitel 1.2.) wird auch in den entsprechenden Abhängigkeitsverhältnissen deutlich. Klinische Weiterbildung und Habilitation werden gemeinsam und in Abhängigkeit zueinander absolviert. Eine Medizinerin beschreibt die Habilitation deshalb auch als „der zweite Drohpunkt". Ihr Vorgesetzter könne sein Personal nur halten, wenn er die sogenannte *Facultas Docendi* noch nicht gewährt habe, da er sonst keine Perspektiven schaffe. „Das kann er ja nicht, er kann nur drohen. Und er droht halt immer den Leuten damit, dass die Habil nicht fertig wird". Und so drohte der Vorgesetzte der Ärztin auch, dass, wenn sie sich einem von ihm ausgesprochenen Verbot widersetze, ihr die Lehrbefähigung gestrichen werde. So mache er das prinzipiell. Bei ihr setzte sich die Einsicht durch, ihr Vorgesetzter erlaube vielen nicht, die Habilitation abzuschließen, „damit halt nicht alle einfach abhauen". Aber so sei das halt, wenn man keine Perspektive biete. Möglich wird dieses Hinauszögern, da der Vorgesetzte zur Habilitation zulässt und diese dann auch mit prüft. In der Wahrnehmung befand sich die zitierte Ärztin zwischen zwei Abhängigkeitspunkten: dem Facharzt und der Habilitation. Deutlich wird auch hier ein Spiel um Positionen, in denen der Vorgesetzte durch feudale Machtmittel sein Personal „hält". Dies wird durch organisationale Strukturen der Personalunion von Vorgesetztem und Prüfer ermöglicht. Kapitel 9 zeigt, dass dies abhängig von den jeweiligen Vorgesetzten auch zu anderen Führungskulturen führen kann. Es verdeutlicht, dass es sich um organisationskulturell ermöglichte Praktiken handelt, die erst durch das individuelle Organisationshandeln der Vorgesetzten zu negativen Konsequenzen führen. Aus der Perspektive der Frauen der Kontrastgruppe „Hürdenreich" wird jedoch die Kehrseite dieser Spiele beschrieben, bei denen die zitierte Ärztin den Eindruck hat, dass „die Jungs es besser raushaben, ihn um den Finger zu wickeln". In ihrer Wahrnehmung haben es gerade Frauen tendenziell schwerer in den Spielen um Positionen, in denen mit feudalen Machttechniken gespielt wird, zu bestehen. Es lässt sich beobachten, dass regelwidrige Verstöße als soziale Aushandlungsprozesse individueller Positionierung wahrgenommen werden. Ein regelwidriges Verhalten verschiebt sich so in einen individuellen Verhandlungsprozess, vergleichbar mit einer Gehaltsverhandlung, in der Männlichkeit als bessere Verhandlungsposition erscheint. Wie diese Prozesse vor dem Hintergrund einer vergeschlechtlichten Subjektposition ausgestaltet werden und durch vergeschlechtlichende Fremdpositionierungen beeinflusst sind, wird in Kapitel 8 näher betrachtet. An dieser Stelle geht es organisationskulturell um die Wichtigkeit individualisierter Aushandlungskompetenzen in diesem Feld. So problematisieren die Habilitandinnen der Kontrastgruppe „Hürdenreich" Abhängigkeitsverhältnisse, legen aber keine Beschwerde ein. Es wird eine Situation produziert, in der Machtmissbrauch zur Positionierungskompetenz wird, mit dem Eindruck, dass Männlichkeiten hier besser abschneiden. Die Medizinerin macht zugleich deutlich, dass ihre Handlungsoptionen innerhalb dieser Positionierungen beschränkt erscheinen. Wenn man geht, muss man für den Facharzt oder für die Habilitation vieles erneut erarbeiten. Ohne die Habilitation, so die Meinung der Medizinerin, hätte sie über mehr Möglichkeiten verfügt:

„Dieser Kampf wurde natürlich stressiger. Hätte ich einfach gesagt, nein ich habilitiere nicht, dann hätte ich ja auch kündigen können, also wegen dem Facharzt dann doch nicht, aber ... Wahrscheinlich hätte er mir die Facharztunterschrift nicht verweigert, aber ist natürlich schon riskant."

Die Habilitation ist für sie deshalb der „primäre Kampfpunkt", dem hohe Abhängigkeitsgrade inhärent sind, die von einer entsprechenden Struktur (Vorgesetzter ist zugleich Betreuer, lässt zu und prüft mit) gestützt wird. Diese Abhängigkeiten, insbesondere in der Verschränkung der beiden Felder „Forschung" und „Station", beschränken in ihrer Wahrnehmung die Handlungsoptionen. Diese Perspektive wird in der Kontrastgruppe der hürdenreichen Verläufe kollektiv geteilt und führt zugleich dazu, dass Grenzen nicht eingefordert und diese Form der Spiele individualisiert gespielt werden (müssen). Ein Schutz im Außen der Organisation bleibt diskursiv dethematisiert: Diese kommt erst gar nicht zur Sprache. In der kollektiven Wahrnehmung der Kontrastgruppe „Hürdenreich" entsteht so nicht der Eindruck, hochgradig grenzwertiges Verhalten mit vorhandenen Regelwerken lösen zu können oder gar skandalisieren zu müssen, sondern dem Verhalten einerseits „total ausgeliefert" zu sein und dieses so reaktiv in individuellen Positionierungen lösen zu müssen, bei dem „die Jungs" besser abschneiden. Betont sei an dieser Stelle, dass auch Männlichkeiten, die den hegemonialen Formen nicht entsprechen von diesen Prozessen betroffen sein können. Bestimmte Männlichkeiten scheinen hingegen eher als Schutz vor solchen Übergriffen zu dienen. Ein drastisches Beispiel diesbezüglich zeigt der folgende Absatz.

Beschränkte Handlungsoptionen bei regelwidrigem Verhalten in der Forschung

In dem Gesamtsample werden hohe Abhängigkeitsverhältnisse thematisiert. Beschrieben werden diese in Bezug auf die charakteristischen Kriterien einer hochschulmedizinischen Laufbahn, die so ihre entsprechende Wirkmacht entfalten. Wurde, wie bereits gezeigt, damit gedroht, eine Habilitation zu streichen, geht es nun um für die Habilitation notwendige Forschungsleistungen. So antwortet eine Ärztin auf die Frage, was denn passiert wäre, wenn sie entgegen einer Anweisung selbstständig Gelder eingeworben hätte:

<u>Befragte:</u> Ich kann das nicht ohne den. Der muss ein Empfehlungsschreiben schreiben und so weiter und so fort. Das geht nicht. Das geht nicht.

<u>Interviewerin:</u> Aber [eine der anderen Vorgesetzten] hätte doch auch ein Empfehlungsschreiben schreiben können.

<u>Befragte:</u> Ja, aber da wäre die Hölle los. Ich hätte gar nicht mich ... das geht nicht, dass ich jemanden übergehe sozusagen, der der nächste Vorgesetzte ist und zu dem anderen gehe und dann irgendwie das mache. Da wäre ich auch aus dieser Publikation, wo ich als Co- stehe, auch gestrichen wahrscheinlich. Das kann man nicht machen.

„Da wäre die Hölle los", so ihre Vermutung, das könne sie nicht machen. Sie glaubt zudem, dass sie aus der Publikation gestrichen würde, die sie für die Habilitation brauche und könne so auch die Forschungsdaten, an denen sie nun mehrere Jahre gearbeitet habe, nicht weiter nutzen. Zudem benötige sie ein Empfehlungsschreiben. Selbst bei einem hochgradigen Verstoß ihres direkten Vorgesetzten entsteht der Eindruck, diesen nicht übergehen oder dies an höherer Stelle einfordern zu können. Die Abhängigkeiten greifen hier komplex ineinander, sodass einerseits individualisierte Handlung aktiviert und zugleich Handlungsmöglichkeiten beschränkt werden. An dieser Stelle wird die mehrfache Beschränkung der Möglichkeiten, sich zur Wehr zu setzen, deutlich. Die individuelle Selbstwirksamkeitserwartung scheint in und mit einem Netz aus antizipiertem feldadäquaten Verhalten (Das kann man nicht machen, da wäre die Hölle los), rückgebunden an entsprechende Strukturen (Empfehlungsschreiben) und mögliche Sanktionen (aus der Publikation gestrichen, Daten aus der Forschung nicht mehr verwenden), verwoben. Hier nimmt die Medizinerin selbst bereits Handlungsmöglichkeiten als unwirksam oder organisationskulturell verwerflich vorweg und diszipliniert sich selbst. Im Interview schildert die Habilitandin individuelle Lösungsversuche, die ebenfalls am direkten Vorgesetzten scheitern und dann zu einer Kündigung ihrerseits führen. Dieses Beispiel macht sehr deutlich, wie innerhalb der Kontrastgruppe „Hürdenreich" zunehmend Machtlosigkeit entsteht und sich inkorrektes Verhalten des Vorgesetzten zum individuellen Lösungsversuch der Ärztin verschiebt. Skandalisiert wird nicht das Verbot. Auch erscheint es, als wäre es „normal" bei Zuwiderhandlung aus einer Publikation geworfen zu werden oder über jahrelange Forschungsarbeiten nicht mehr verfügen zu können. Bei diesen Überlegungen werden weder rechtliche Aspekte, Ombudspersonen noch Frauenbeauftragte, der Personalrat etc. erwähnt. Unklar blieb, ob dies auf mangelndes Wissen in Bezug auf diese Möglichkeiten zurückzuführen ist oder ob diese als schlichtweg unwirksam empfunden werden. Eine Untersuchung hierüber wäre sicherlich begrüßenswert. Diskursiv wird aber in den Interviews deutlich, dass diese Optionen unerwähnt bleiben.[39] Vielmehr zeigt sich in der Kontrastgruppe „Hürdenreich" eine Individualisierung der Problematiken als Projekt-Selbst bei abnehmender Selbstwirksamkeitserwartung. Das Kapitel 8.1. befasst sich ausführlich mit der hier angedeuteten Erzeugung von Machtlosigkeit. Zum Gefühl von Machtlosigkeit tragen zudem die unsicheren Vertragssituationen bei.

Individuelle Positionierung in ungleichen Beschäftigungsverhältnissen

Da die Frauen des Gesamtsamples in einem befristeten Beschäftigungsverhältnis standen, waren vertragliche Unsicherheiten und Abhängigkeiten eines der zentralen Themen, die sich in der Kontrastgruppe „Hürdenreich" noch zuspitzten. So konstatiert z. B. eine Habilitandin –

---

[39] Auch eine entsprechende Thematisierung in den Mentoring-Programmen blieb aus. Hier wurde nicht an institutionalisierte Stellen, sondern auf individuelle Beratungsangebote wie Coaching verwiesen. Dies soll aber in Bezug auf Mentoring-Programme nicht als verallgemeinert verstanden werden, da es sich hierbei um einen partiellen Ausschnitt von Programmkomponenten und weniger um gesättigtes Material handelte – sich aber in bestehende Studien zu diesem Thema einordnen lässt (vgl. Kapitel 2).

einzige befristete Person in der gleichen Hierarchieebene mit sonst nur männlichen Kollegen – sie würde gern „mehr auf den Tisch hauen". Vorangegangen ist dieser Überlegung ein Fehlverhalten ihres Vorgesetzten. In ihrer Reaktion darauf fühlt sie sich durch ihre Vertragssituation eingeschränkt:

> „Man muss dann halt mehr auf den Tisch hauen. Ich habe dann auch jetzt erfahren, dass mein Vertrag, er wurde am Ende doch verlängert, aber das war wirklich knapp da, (kurz zuvor) hatte ich diese Probleme mit dem Chef. Paar Wochen später hat er meine Kollegin gekündigt. Er hat sie nicht verlängert."

Ihr Vertrag wird seit vielen Jahren jährlich verlängert. Noch vier Wochen vor dem jeweiligen Vertragsschluss weiß die Ärztin, Hauptverdienerin der Familie, nicht, ob sie einen weiteren Jahresvertrag erhalten wird. Begleitet wurde dieses Unbehagen von Problemen mit dem Chef sowie der willkürlich erscheinenden Nicht-Weiterverlängerung einer Kollegin. Beide Frauen konnten sich das Auslaufen des Vertrages der Kollegin nicht erklären, mit dem Ergebnis, dass sich der Eindruck erhärtete, einer Willkür des Vorgesetzten ausgeliefert zu sein. Vorgesetzte seien zwar aufgrund verstärkter Personalknappheit selbst in ihren Handlungsspielräumen eingeschränkt, wen es aber treffe, scheine unberechenbar, so auch die Ansicht einer Kollegin. Bei der Kontrastgruppe „Hürdenreich" entsteht, über diesen Fall hinaus, zunehmend die Stimmung, dass das Wohlwollen von Vorgesetzten hochgradig machtvoll und informell auf ihre Beschäftigungsverhältnisse wirkt. Eine andere Habilitandin habe „es oft auch bei anderen Kollegen erlebt, dann endet ein Vertrag und dann ist man halt gerade nicht mehr interessant oder ... dann gehen die halt". Wieder sei jemand nicht verlängert worden, der es nicht verdient habe, so auch eine weitere Habilitandin. Der Vertrag sei nicht verlängert worden, um jemanden einzustellen, der sich zufällig mit dem Vorgesetzten auf einem Fest getroffen habe: „Da hat er mit ihm ausgemacht, dass er ihn einstellt. Also so laufen die Bewerbungsgespräche". In Bezug auf die Vertragssituation bilden sich strukturelle Problematiken der Ungleichheit auch in dieser Studie ab. Wie in Kapitel 1.3. ausgeführt, sind Frauen prekärer beschäftigt: Sie sind häufiger und kürzer befristet als ihre männlichen Kollegen. Dies trifft auch auf die Hochschulmedizin zu. So schildert eine leitende Ärztin, dass zwei Kollegen in ihrer Hierarchieebene vor Kurzem mit einer Entfristung befördert wurden. „Und ich, Jahresvertrag. Ist das möglich? Ich bin die einzige Frau. Ich kann mir vorstellen, dass es damit zusammenhängt".[40] Gatekeeping-Prozesse, die männliche Hegemonie verfestigen, wenn sie sich an hegemonialer Männlichkeit als Norm

---

[40] Der Bundesbericht des wissenschaftlichen Nachwuchses zeichnet hier ein deutliches Bild (Kapitel 1, Konsortium Bundesbericht Wissenschaftlicher Nachwuchs 2013)." Zwar habe Teilzeitarbeit und Befristungen insgesamt seit den Hochschulreformen stark zugenommen. Doch sei diese Zunahme bei Frauen überproportional erfolgt. Wissenschaftliche Mitarbeiterinnen sind zu 91 % befristet beschäftigt, Mitarbeiter zu 88 %. Gut die Hälfte der Frauen ist in Teilzeit angestellt, zwei Drittel der Männer hingegen in Vollzeit (ebd.: 186). In der Hochschulmedizin kann das Personal bis zu 15 Jahre befristet angestellt sein. Sollte bis dahin keine unbefristete Anstellung gelingen, erfolgt der Ausschluss aus der Hochschule (Kapitel 1, WissZeitVG). Unter diesen Bedingungen bedeutet beruflicher Erfolg auch die Sicherung der Existenz, wie die Studie „Exzellenz braucht Existenz" verdeutlicht (Kapitel 1, Raupach et al. 2014).

orientieren, wirken so auch auf eine Weiterbeschäftigung, die in der Verteilung von Vertragssituationen die einen gegenüber den anderen bevorzugen. Selbst eine Beschäftigungssicherheit, so macht es den Anschein, unterliegt Formen des Gatekeepings, denen in den ernsten Spielen um eine Weiterbeschäftigung zugespielt werden muss. Zugleich werden die Handlungsmöglichkeiten der Akteure innerhalb dieser Spiele durch diese Abhängigkeiten beschränkt. Die wahrgenommene Willkür im Wettbewerb eine Vertragsverlängerung zu erhalten, führt zu der Wahrnehmung einer Einschränkung möglicher Grenzziehung bezüglich wissenschaftlich regelwidrigen Verhaltens. Nicht nur spielen auch hier externe Stellen wie Ombudspersonen in der Erzählung keine Rolle. Neben den zusätzlich ausbleibenden Grenzziehungen bleibt das regelwidrige Verhalten frei von Kritik gegenüber dem Vorgesetzten. Eine andere Habilitandin formuliert dieses Ausbleiben auf die Frage hin, ob die Gleichstellungsstelle dies weitertragen sollte, leicht ironisch und selbstkritisch als „Nein. Ich möchte es, wie alles bei uns, unter den Teppich kehren". Durch diese Verschiebung hin zum individuellen Verhalten mit begrenzten Machtmitteln kommt es zu einer individualisierten Selbstkritik am ausbleibenden reaktiven Verhalten, das auf eine Normalisierung ständig erlebter wissenschaftlicher und arbeitsrechtlicher Grenzverletzungen hindeutet. Diese bewirken aber keinen Skandal, sondern die Frage, ob und wie reaktive Arbeit an der Selbstpositionierung möglich ist.[41] Zugleich sind diese Versuche individueller Positionierung aber durch hohe Abhängigkeitsgrade begrenzt. Im Hinblick auf Ungleichheiten in den Beschäftigungsverhältnissen sind Frauen von diesen Begrenzungen stärker betroffen. Es kommt zu einer individualisierenden Verschiebung, die das Ungleichgewicht zwischen einem hierarchisch höherstehenden Vorgesetzten und den Weisungsempfangenden aufrechterhält. Die Problematik verschiebt sich von eklatanten Regelverstößen innerhalb der Organisation hin zu Grenzverletzungen innerhalb von Beziehungsstrukturen. Dies verschleiert Machtverhältnisse: weg von skandalösem Verhalten hin zu individueller Performance. Bei der Kontrastgruppe „Hürdenreich" zeigt sich so eine zunehmend negative Wahrnehmung der hierarchischen Verhältnisse als willkürlich und benachteiligend.

Insgesamt wird deutlich, dass die vordergründig für alle gleich geltenden und festgeschriebenen Regelwerke kontinuierlich unterlaufen und so Nachteile für die Kontrastgruppe „Hürdenreich" und Positionsvorteile für geförderte Kollegen und ihre Vorgesetzten erzeugen. Zudem wird sich zeigen, dass auch Frauen der Kontrastgruppe „Anerkannt" von Positionsvorteilen profitieren. In der Hochschulmedizin findet so beständig ein Spiel um Autoritäten statt, das durch hegemoniale Männlichkeit strukturiert und durch komplizenhafte Männlichkeiten (und zunehmend auch Weiblichkeit) gestützt wird. Die Kontrastgruppe „Hürdenreich" nimmt hier ein intransparentes und unsicheres System wahr, in dem formale Machtpositionen in immerwährenden Kämpfen um Autorität durch Abhängigkeiten abgesichert werden. Die Habilitandinnen der

---

[41] Es sollte hier nicht unerwähnt bleiben, dass die Art und Weise der Ausgestaltung eines Mentoring-Programms zu einer Aktivierung von Selbsttechniken mit beitragen könnte (vgl. Kapitel 2). Unter Genderaspekten kann zudem mit Kapitel 8 danach gefragt werden, wie die Konstruktion von Geschlecht zu einer Einschränkung von Grenzziehungen mitbeiträgt.

Kontrastgruppe „Hürdenreich" spielen in diesen Spielen mit, werden aber im Wettkampf um Positionen durch einen akademischen Feudalismus ausgebremst. Hier verdecken Formalismen, dass innerhalb organisationskultureller Praktiken diese beständig unterminiert und so verschleierte Ungleichheiten hergestellt werden. Aus dem Blickwinkel der Kontrastgruppe „Hürdenreich" zeichnen sich souveräne Machttechniken ab, die aber in ihren konkreten Machthandlungen keinen Skandal bewirken. Da das berufliche Fortkommen in sozialen Aushandlungsprozessen informalisiert wird, greifen organisationskulturelle Praktiken, die, wie im nachfolgenden Kapitel näher beschrieben, bestimmte vergeschlechtlichte Persönlichkeitseigenschaften bevorzugen. Die folgenden beiden Kapitel werden sich deshalb mit dem Ausschluss von Weiblichkeit als Assoziation mit Persönlichkeitseigenschaften (Kapitel 7.2.) und Tätigkeitsbereichen (Kapitel 7.3.) befassen und analysieren, wie sich diese Konstruktion von Weiblichkeit als unpassend auf Leistung und Zeitressourcen auswirken.

7.2. Leistung: Auswirkung homosozialer Reproduktion auf die Anerkennung von Leistung

Etliche Studien konnten nachweisen, dass Leistung in der Wissenschaft einem Genderbias unterliegt. Kapitel 1.3. befasst sich ausführlich mit der ungleichen Leistungsbewertung von Frauen und Männern in verschiedenen Auswahlverfahren, wie Drittmitteleinwerbungen, Peer-Reviews und Bewerbungen. In der Wissenschaft wirken diese zudem kumulativ, wie der beschriebene Matilda-Effekt offensichtlich werden ließ. Dieser beschreibt die systematische Verdrängung und Leugnung des Beitrags von Frauen in der Wissenschaft (Rossiter 2003). So werden feldadäquate Persönlichkeitseigenschaften konstruiert, die für die Erbringung von wissenschaftlichem Erfolg als notwendig erachtet werden und zugleich auf das Zustandekommen dieser Leistung rückwirken (Fischer 2015 und Engler 2001). Analysiert wird deshalb im Folgenden, wie innerhalb eines Systems, das nach objektivierenden Kriterien wie Impact-Points, Drittmitteleinwerbungen etc. berufliche Positionen verteilt, Prozesse sozialer Anerkennung vergeschlechtlichend auf den wissenschaftlichen Erfolg einwirken.

7.2.1. Wettbewerb als „harte Ellenbogenkultur"

Wie bereits erläutert, haben sich universitäre Positionierungen verändert. Neu ist eine Verschiebung der Weber'schen Eigenschaften der Eingebung, Leidenschaft und Neugierde hin zum individuellen Karriereerfolg mit extrinsischer Belohnung unter Wettbewerbsbedingungen (Weiskopf 2006: 180). Innerhalb der Kontrastgruppe „Hürdenreich" wird so auch häufig ein Wettbewerbs- und „Ellenbogendenken" in den Universitätskliniken als Belastung angesprochen. Die Wahrnehmung ist, dass ein Uniklinikum sehr „ellenbogenmäßig" sei und dies auch innerhalb der Organisation so „getriggert" werde. Die Atmosphäre wird als „hart" beschrieben. Eine

Ärztin schildert im Interview den Eindruck, man würde mit anderen Menschen nicht so umgehen wie mit Kolleginnen und Kollegen. Vereinzelt scheinen Formen von Kooperation und Widerspruch auf, doch neben sich andeutenden Versuchen anderer Praktiken, wird der Wettbewerbsdiskurs als dominant geschildert. In der Teilnehmenden Beobachtung räumen die Gruppenmitglieder des Samples ein, dass auch sie entsprechend sozialisiert sind und es demgemäß auch an andere weitergeben. Die wettbewerbsorientierte Organisationskultur wird hier insofern als Karrierebedingung vorausgesetzt, da sie bereits mehrfach erlebt hätten, dass diejenigen, die es nicht aushielten, gehen müssten. Eine weitere Habilitandin schildert, dass ihr der Umgangston immer mehr zu schaffen mache. Sie hat den Eindruck innerhalb des Kollegiums könne man „den Scheiß rauslassen". Man behandle die hierarchisch Niedrigeren, als wären sie „fünf Jahre alt und schreit sie zusammen und ist cholerisch". Kein Beruf, den sie kenne, sei so zwiespältig. Der Patientenschaft und Vorgesetzten gegenüber erlebe sie viele aus dem Team als freundlich zugewandt, gegenüber Gleichrangigen und Untergeordneten hingegen verhielten sie sich ausfallend:

> „Ja, man kann ja nicht als leitender Oberarzt einem sagen: Ich zeig dir, wo der Hammer hängt. Es ist keine Gesprächsart. Wir sind nicht auf dem Basar. Das ist halt irgendwie, ja, es wird mit einem umgegangen und geredet, das – wirklich will man gar nicht wissen."

Deutlich wird, dass durch diese grenzwertigen Umgangsformen erhöhte Belastungen wahrgenommen werden. Zwar schätzen sich die Frauen der Kontrastgruppe „Hürdenreich" als in ihrem beruflichen Werdegang nicht mehr zum Durchschnitt gehörend ein, indem sie unter anderem in der Teilnehmenden Beobachtung darauf hinweisen, dass sie in diesem System bereits selektioniert seien und bislang gut darin funktioniert hätten. Doch scheinen sich diese organisationskulturellen Belastungen zunehmend zuzuspitzen. Nach Meinung einer Habilitandin müssten sich diese dringend ändern, um Geschlechtergerechtigkeit herzustellen.[42] Die Ellenbogenkultur wird so einerseits als vergeschlechtlicht wahrgenommen, zugleich aber andererseits als unveränderbare berufliche Bedingung. Diese Art des als feindlich beschriebenen Wettbewerbs stellt sich als eine Herausforderung für alle dar, ist aber zugleich geschlechtlich kodiert. In den Erzählungen der Frauen macht es den Anschein, dass diese Wettbewerbskultur feldadäquate Persönlichkeitseigenschaften voraussetzt, die sich als Inbegriff hegemonialer Männlichkeit präsentierten (hart, ellenbogenorientiert, cholerisch, hierarchisch, rücksichtslos) und diejenigen ausschließt, die diese Form des Umgangs nicht aushalten wollen oder können. Mit Weiblichkeit

---

[42] An dieser Stelle soll reflektiert sein, dass die Thematisierung von Geschlechterungleichheiten in diesen Prozessen auch in einem Zusammenhang mit der Teilnahme der forschend begleiteten Frauen an einer Frauenfördermaßnahme stehen könnte. Teil des Mentoring-Programms stellt eine Sensibilisierung für Ungleichheiten in der Wissenschaft dar, die, wie in Kapitel 3 dargestellt, in der Regel eine Tendenz zum Impliziten bzw. zur Automatisierung aufweisen. So war die Ansicht der Teilnehmerinnen zu Beginn der Programmlaufzeit häufig, dass sie persönlich Geschlechterungleichheiten nicht betreffen. Im Laufe des Programms veränderte sich diese Ansicht zunehmend. Zudem sprechen die Frauen im Rahmen der Studie mit einer Forscherin in der Gleichstellungsarbeit. Auch dies könnte zu einer verstärkten Thematisierung von Ungleichheiten beigetragen haben (vgl. Kapitel 2).

assoziierte (kommunale) Persönlichkeitseigenschaften werden zur habituellen Negativfolie. In Bezug auf das Sample drängt die Ausgestaltung eines solchen Wettbewerbs die Frauen der Kontrastgruppe „Hürdenreich" zunehmend aus dem Feld, indem es die Ermöglichung von Leistung an ein Aushalten eines ‚harten' Wettbewerbs knüpft. Weiblichkeit und Wettbewerb schließen sich hierbei nicht prinzipiell aus. Vielmehr sind diese zu zentralen Kategorie einer „weiblichen Individualisierung" geworden (McRobbie 2016: 25 ff., Kapitel 4.1.3.). Die Wahrnehmung der begleiteten Habilitandinnen legt aber nahe, dass die hochschulmedizinischen „ernsten Spiele des Wettbewerbs" (Bourdieu 1997: 203) durch hegemoniale Männlichkeit als „grundlegendes Strukturprinzip" so ausgestaltet sind, dass Weiblichkeiten ausgeschlossen werden (Meuser 2009: 171, vgl. Kapitel 3.2.).

7.2.2. *Lack of fit*: Stereotype Wahrnehmung von Frauen

In der beforschten Gruppe konnte beobachtet werden, dass Frauen teilweise von offenen Diskriminierungen betroffen sind. So berichten Ärztinnen von Äußerungen durch Kollegen wie: „Wenn es schlecht wird, dann kommen die Ausländer und wenn auch die Frauen kommen, dann müssen wir eine Wellness-Klinik aufmachen". Dies macht eine vergeschlechtliche Vorstellung des Berufs deutlich: Wird der Beruf feminisiert, so die Erzählung, sei „Ende-Gelände". Wenn die Frauen kommen, dann werde keine richtige Medizin mehr gemacht. Diese Vorstellung drückt sich neben offenen Diskriminierungen in stärker verschleierten stereotypen Annahmen gegenüber feldadäquaten Persönlichkeitseigenschaften aus. Es wurde gendertheoretisch bereits ausgeführt, dass sich Benachteiligungen von Frauen in Organisationen von offener Diskriminierung hin zu verschleierten Formen verschoben haben (vgl. Kapitel 3.3.1.). Die Frauen in hürdenreichen Verläufen thematisieren, im Gegensatz zur Kontrastgruppe „Anerkannt", dass sie im Vergleich zu männlich konnotierten Persönlichkeitseigenschaften als defizitär adressiert werden. So wurde einer Medizinerin vermittelt, sie sei zu „lasch", sie solle ihren Führungsstil verändern, obgleich sie der Meinung sei, ihr Team funktioniere auch mit ihrer Führungskultur sehr gut. Sie konstatiert, ihr Chef möge Personen, die sich gut „verkaufen" können und übertrage diesen dann gerne mehr Verantwortung. Die antizipierte Differenz der Konstruktion einer unpassenden Persönlichkeit mit der Führungsaufgabe führt so zu einem Entzug sozialer Anerkennung im Hinblick auf ihre Art der Führung. Ein vergeschlechtlichter Habitus, so kann interpretiert werden, wird als Schablone für das Erreichen von Zielen angelegt und mit den Persönlichkeitseigenschaften der Ärztin als defizitär verknüpft. Hegemoniale Männlichkeit ist hier als geschlechtsneutrale Norm in höhere Positionen der Medizin eingeschrieben. Eine weitere Habilitandin schildert weitreichende Konsequenzen dieser Verknüpfung. Sie arbeite seit vielen Jahren mit ihrem Vorgesetzten zusammen. Nach einem beruflich weiterqualifizierenden Gastaufenthalt habe sie feststellen müssen, dass in der Zwischenzeit wichtige Personalentscheidungen getroffen wurden, über die sie weder informiert, noch hierfür in Betracht gezogen worden sei. Nach einem Gespräch mit ihrem Vorgesetzten über die Beförderung eines Kollegen war sie irritiert und begann an ihren Perspektiven am Universitätsklinikum ernsthaft zu zweifeln: „Also ich sehe jetzt keine Zukunft mehr für mich da so richtig". Die Leitungsposition wurden an ihren konkurrierenden männlichen Kollegen vergeben. Die Entscheidung hierfür begründet ihr Chef damit, dass er ihr die Position nicht „zugetraut" habe und sie nicht „auf der Position" sehe: „Also er hat so typische männliche Attribute eigentlich schon aufgezählt, so Durchsetzungsfähigkeit und diese Dinge, die würden mir fehlen." Im Vergleich würde die Habilitandin die Besetzung als gleichwertig qualifiziert einschätzen. Bislang sei sie von ihrem Chef gefördert worden, er habe sie promoviert und sie mit ans Klinikum genommen, doch nun stagnierten ihre beruflichen Perspektiven. Hier greifen dichotome Geschlechtervorstellungen, die Männlichkeiten gegenüber Weiblichkeiten aufwerten und Weiblichkeit als „unpassend" adressieren. Es wird ein *lack of fit* (Heilman 2001: 660), also eine Nicht-Passung von Eigenschaftsmerkmalen mit den beruflichen Rollenanforderungen von Frauen konstruiert, der Weiblichkeiten im Wettbewerb blockiert und so zu einer gläsernen Decke mit beiträgt.

7.2.3. Homosoziale Kooptation: Von Ziehsöhnen und kleinen Mädchen

Gleich und gleich gesellt sich gern: In der Kontrastgruppe „Hürdenreich" wird so auch die Förderung des Nachwuchses durch eine homosoziale Ähnlichkeit zu den fördernden Personen betont. Aus der Perspektive der Kontrastgruppe „Hürdenreich" wird deutlich, dass hier bestimmte organisationskulturell passende, der komplizenhaften bzw. hegemonial männlichen Norm nahekommende Personen, Vorteile genießen:

> „Das ist so einer, der viel von sich hält, und der Chef mag solche Leute. Die wirklich sich super verkaufen, und jetzt hat er sich so super verkauft, dass er die gesamte (Abteilung) übernommen hat, das war eigentlich ursprünglich gedacht, dass ich (einen Teil) übernehme und er (einen anderen), aber nein, jetzt hat er beides [...]. Der guckt, wer, wer kommt, was, wer geht, wie viel der macht und: Der wird das doch noch schaffen und eine Überstunde ist Pflicht – ganz falsch eigentlich, ganz falsch. Aber gut. Der, der hat jetzt alles übernommen, ich komme mit dem schon ganz gut klar, ist ja ein ganz netter Kerl, also von dem her, ich habe jetzt mit ihm persönlich auch nichts und wir ... was zu tun ist, besprechen wir, aber es ist nicht so, dass ich mich ihm öffnen würde, weil das auch sehr gefährlich ist."

In Positionsspielen um einzelne Bereiche hat sie so das Nachsehen. Dies führt sie nicht auf seine Qualifikationen zurück, sondern – ganz im Gegenteil – auf seine Performance und eine gewisse wettbewerbsorientierte Härte im Umgang mit dem Personal. Die Ärztin spricht in diesem Zusammenhang von familiären Begriffen eines „Zöglings" und beschreibt diesen als „sehr clever". Dieser sei der Zukünftige, der wird irgendwo Chef werden. Zugleich stellt sie fest: „klinisch ist er jetzt nicht so gut". Aus ihrer Perspektive sei dies aber auch nicht so wichtig, da sie schon fast fasziniert seine Ähnlichkeit zu seinem ehemaligen Förderer feststellt:

„Der schreibt die E-Mails genauso, der redet genauso, fährt dasselbe Auto, [...]. Es ist unglaublich, die zwei, die sind so wie, wie zwei Brüder. Der hat sich alles abgeguckt. Ja, clever einfach, sehr, sehr, sehr smarter Typ, sehr smart."

Mit Bourdieu wird hier eine gegenseitige Auswahl getroffen, die durch habituelle Ähnlichkeit geprägt ist (Bourdieu 2010 [1992]: 159). Aus der Außenperspektive der zitierten Ärztin wird diese Ähnlichkeit als förderlich beurteilt. Es entsteht eine feldimmanente Konstruktion homosozialer Gleichheit als „smarte" Karriereperspektive, die dazu führt, dass aus diesem Kollegen „der Zukünftige" werde. Hier ließ sich ein „Zögling", in dem sich der Vorgesetzte selbst erkannte, „heranziehen". Die Methaphern verweisen auf eine besondere Beziehung zwischen Förderer und Heranziehendem sowie auf ein entgrenztes Arbeitsverhältnis, dass so auch in familiären Begriffen beschrieben wird: Es wird ein bestimmter Habitus „herangezogen", der eine bereits gewisse „Wahlverwandtschaft" voraussetzt, zugleich aber durch das „Aufziehen" weiter in das Feld hinein verfeinert wird. Insofern entsteht eine angeleitete Habitualisierung durch das Erkennen eines jüngeren Selbst, der sich scheinbar widerstandsfrei diesen aneignet und so zugleich eine homosoziale Kultur reproduziert, die bis zum Schreiben von E-Mails und dem gleichen habituellen Geschmack im Autokauf reicht. Im Gatekeeping entsteht eine Bevorzugung durch soziale Nähe, die darüber hinaus den „Geschmack" im Bourdieu'schen Sinne des zu Erziehenden mitprägt: „Der Geschmack paart die Dinge und Menschen, die zueinander passen, die aufeinander abgestimmt sind, und macht sie einander verwandt" (Bourdieu 2011 [1987]: 374).

Dem gegenüber nehmen die Frauen der Kontrastgruppe „Hürdenreich" in den „harten" und „ernsten Spielen des Wettbewerbs" (Bourdieu 1997: 203) Nachteile gegenüber „Ziehsöhnen" war, wenn sie in Konkurrenz durch souveräne Machttechniken, wie in Kapitel 7.1. dargelegt, an weiteren Karriereschritten gehindert werden. Zwar genießen auch vereinzelt Frauen der Kontrastgruppe „Anerkannt" eine besondere Förderung (vgl. Kapitel 9.2). Die Figur des „ewigen Doktoranden" und mit familiärem Vokabular titulierten Nachkömmling scheint hier aber für Männlichkeiten reserviert. Im klaren Kontrast wird in der Kontrastgruppe „Hürdenreich" eine Ärztin seit dem Studium gefördert, doch dann tut sich in Richtung Habilitation eine Grenze auf: In Abgrenzung zum geförderten „Zögling" wird sie nicht zur „Ziehtocher" oder der „ewigen Doktorandin", was in dieser Konstellation denkbar wäre, sondern zur, in der eigenen Wahrnehmung, nicht gesehenen „Kleinen", der Aufgaben „nicht zugetraut" werden. Ohne die Möglichkeit, sich durch eigene Forschungsgelder, ein Stipendium oder eine weiterführende Position selbstständiger zu machen, bleibe sie, so auch eine andere Medizinerin, „das kleine Mädchen". Es würde zwar honoriert, wenn sie viel arbeite, aber sie würde nicht weitergehend unterstützt. Dies führt sie auf „persönliche Sachen" zurück:

„Entweder versteht man sich mit manchen Menschen und mit anderen nicht. Und es ist egal, was ich mache, ob ich ... vielleicht werden sie es anerkennen, wenn ich dann von neun bis um zehn am Abend arbeite. Aber trotzdem, man wird es anerkennen, wahrnehmen, aber nicht den Menschen dahinführen oder halt weitergehend unterstützen. Das ist ... es ist menschlich. Entweder, wie gesagt, entweder sieht es einer und ... Es ist halt so, wenn man den ersten Doktoranden hat und auch Mann ist und dann sieht man seinen Ziehsohn in ihm."

Die Förderung von Ziehsöhnen wird auf eine bestimmte Sympathie zurückgeführt, die als „menschlich" bezeichnet wird und nicht durch die Leistung der Habilitandin aufgewogen werden kann. Sie erlebt ihre Leistung als kaum mehr relevant für ihren weiteren Werdegang, was darüber hinaus auch auf Veränderung der Selbstwirksamkeitserwartungen hinweist, die in späteren Kapiteln näher erläutert wird. Die Habilitandin nimmt hier eine starke Abhängigkeit gegenüber einem als „menschlich", aber wenig beeinflussbaren Förderverhalten war, das sie als stabil und global attribuiert (vgl. Kapitel 8.1.). Hier wird durch Ähnlichkeit soziale Nähe und Vertrauen in der gemeinsamen Zielerreichung assoziiert. Das ist insofern „menschlich", da soziale Nähe auf Arbeitsebene für berufliche Erfolge nicht unerheblich ist, zugleich aber Diversität innerhalb der Organisation begrenzt und die homosoziale Struktur der Hochschulmedizin reproduziert.

7.2.4. Habitusdifferenz: Die gleiche Sprache sprechen, um „gemocht" zu werden

Soziale Nähe, die auf einem ähnlichen Habitus basiert, ist nicht unerheblich für die Förderung des Nachwuchses. In der Hochschulmedizin gereicht so ein bestimmter professioneller (akademisch-männlicher) Habitus zum Vorteil. Die Negativfolie der Habitusdifferenz kann sich hingegen als Irritation in den organisationalen Praktiken äußern. Eine Habilitandin hat den Eindruck zwischen ihr und dem Vorgesetzten, der sie „auf irgendeiner Ebene" schon möge, sei es nie „geschmeidig" gewesen und macht dies am „Sprechen der gleichen Sprache" fest, wobei sie hier auch ihre Herkunft als Nicht-Professorinnen-Tochter betont: „Ich hatte immer so das Gefühl, ich spreche diese Sprache irgendwie auch gar nicht." Für die Habilitandin macht es den Anschein, weniger adäquat Forderungen stellen zu können. Bei anderen bevorzugten Personen spüre sie einen deutlichen Unterschied. Im Mittelpunkt steht damit eine Habitusdifferenz, die dazu beiträgt, dass „ich die Sachen nicht so sagen kann, oder nicht so Forderungen, glaube ich, stellen kann, wie das vielleicht andere können". Ein akademisch-professioneller Habitus ist in der Kontrastgruppe „Hürdenreich" deshalb von Bedeutung, da ein deutlicher Unterschied zwischen den Kontrastgruppen bezüglich dieser Herkunft besteht. In Kapitel 9 werden diese kontrastierend untersucht.[43] In der Kontrastgruppe „Hürdenreich" wird Förderung von Leistung auf

---

[43] Habitusdifferenz, begründet durch eine nicht akademische Herkunft, erscheint im Gesamtsample weniger implizit, als dies im Hinblick eines vergeschlechtlichen und vergeschlechtlichenden Habitus der Fall ist. Den richtigen Ton zu treffen und sich feldadäquat akademisch zu verhalten wird als habituelle Verkörperung in den täglichen Interaktionen und insofern als different erfahren. Dies unterscheidet sich insofern von einem vergeschlechtlichten Habitus, da dieser vor allem durch die obig beschriebenen Fremdpositionierungen als unpassend reflektiert wird. Als habituelle Selbsterfahrung bleibt dieser Habitusaspekt dethematisiert.

einen als ähnlich wahrgenommenen Habitus derjenigen zurückgeführt, die erfolgreicher für ihre Belange eintreten können. Erinnert sei an dieser Stelle, dass sich Positionskämpfe und regelwidriges Verhalten zunehmend in soziale Aushandlungsprozesse verlagern (Kapitel 7.1.3). Die Wahrnehmung hier „geschmeidig" Forderungen innerhalb dieser Positionskämpfe stellen zu können, ist somit nicht unwesentlich. Werden innerhalb eines akademischen Feudalismus Positionen zunehmend in individuelle Beziehungsarbeit zwischen hierarchischen Positionen verlagert, entsteht bei einer anderen Habilitandin der Eindruck, man müsse „gemocht" werden, um in der Karriereleiter aufzusteigen. Diese Formulierung ist deshalb bedeutsam, da sie anschlussfähig ist für die Wichtigkeit von Wertschätzung, die in Kapitel 8 näher untersucht wird und vor dem Hintergrund einer sozial gebundenen Ausrichtung des Selbstkonzepts gelesen werden kann. Hier aber verweist die Habilitandin auf einen Zusammenhang zwischen der Wichtigkeit von Sympathie und Förderung. Auch sie stellt nicht fachliche Kompetenzen in den Vordergrund, sondern eine bestimmte Art und Weise der Zuneigung, die nicht Sympathie allein meint:

„Entweder mögen diese Personen einen oder nicht. Was bedeutet ‚mögen'? Ja, es ist, wie gesagt, nicht ‚mögen' im Sinne von ‚richtig mögen', sondern halt einfach in dir was sehen oder dich unterstützen oder denken, du bist ein ganz toller Mensch und bist der nächste, der zukünftige, keine Ahnung, was, Gruppenleiter, so."

Nach Bourdieu entstehen hier „feine Unterschiede", da der soziale Instinkt seine Anhaltspunkte in dem System von Zeichen aufspürt, die sich auf Sprache, Haltung, Umgangsformen usw. beziehen und unbewusst Symphathie erzeugen (Bourdieu 2011 [1987]: 374). Zentral ist hierbei, dass Sympathie ganz konkret mit beruflicher „Wahlverwandtschaft" und damit entsprechenden beruflichen Aussichten verknüpft wird. Anerkennung und Förderung hängen also ganz wesentlich von der subjektiven Einschätzung des Gegenübers ab, die von Habitusähnlichkeit geprägt ist. Sympathie und „Gemochtwerden" hängt damit auch von einem im Feld erworbenen Habitus ab, der sich für bestimmte Personengruppen widerstandfreier ausgestaltet. Erst die „gemochte" Persönlichkeit erfährt so die entsprechende soziale Anerkennung, die sich auch auf das Zustandekommen von Leistung mit auswirken kann.

7.2.5. Erfolg als soziale Anerkennung von Leistung

Die Hochschulreformen und der Umbau der Universitäten nach unternehmerischen Steuerungsmechanismen führten zu neuen Formen der Leistungsevaluation, wie in Kapitel 4.1. dargelegt. Maasen und Weingart (2006) weisen darauf hin, dass erst durch diese Reformen Hochschulen zu selbststeuernden Organisationen wurden. Evaluationen und andere Formen des *new public managements* wurden im Zuge dessen implementiert. Sie sprechen von einer *managerial revolution* des Deutschen Wissenschaftssystems, das die Wissenschaft mit einem individuellen Selbstmanagement überzog und Wissenschaftlerinnen und Wissenschaftler zu flexiblen, sich selbst steuernden Wesen machte (Maasen und Weingart 2006: 19 f.). Evaluierungsverfahren und neue Formen der Messbarkeit von Leistung wurden nun sowohl für „die Universität als Akteur" (Meier 2009), als auch für die Individuen des Hochschulsystems relevant. Die Systeme des Rankings übertrugen sich auf das Selbstranking der Forschenden, in deren Zentrum die Optimierung des Lebenslaufs steht. Sie befinden sich im wettbewerbsorientierten „akademischen Kapitalismus" (Münch 2011). Auch hier wurden die neuen Wettbewerbskriterien implementiert, die nun um quantifizierbare Leistungskriterien kreisen, wie in Kapitel 1.2. vorgestellt wurde. Bei diesen Kennzahlen und Rankings handelt es sich um formalisierte Kriterien, die objektive Leistungsvergleiche zwischen wissenschaftlich Tätigen im ‚harten Wettbewerb' ermöglichen sollen. Bei der Kontrastgruppe „Hürdenreich" zeigt sich aber, wie Erfolge in diesen Kennzahlen erst durch die soziale Anerkennung von Leistung im akademischen Feudalismus zustande kommen. Die folgenden beiden Fallbeispiele machen deutlich, wie sich die in der Medizin vielfach kritisierten Verstöße gegen gute wissenschaftliche Praxis sowie die beschriebenen Kriterien sozialer Ähnlichkeit für Fördermechanismen auf den Erfolg der Frauen in der Kontrastgruppe „Hürdenreich" auswirken und verschränken.

Veröffentlichungen (inkl. Autorenschaften) sind nicht nur für eine erfolgreiche Karriere unerlässlich – sie gelten als quantitativ messbare „Währung" in der Wissenschaft. In dem Gesamtsample wurde die Habilitation, analog zu anderen naturwissenschaftlichen Fächern, von allen kumulativ erarbeitet. Dies führte dazu, dass die in Kapitel 1.2. beschriebenen quantitativen Leistungskriterien der Wissenschaft, wie Impact-Points sowie die Stellung der Autorenschaft als Erst- oder Letztautorin, für die Habilitation essentiell wurden. Um diese Quantifizierung von Leistung drehte sich somit die Planung der Habilitation im Gesamtsample. Da Impact-Punkte und Autorenschaften in der Wettbewerbskultur so maßgeblich zählen, wurde um sie auch entsprechend konkurriert. Einen dieser Wettbewerbe schildert eine Ärztin folgendermaßen: Sie habe ein Paper in der Freizeit zu Ende geschrieben und ging davon aus, dass sie Erstautorin des Artikels werde. In der Regel seien immer auch beteiligte Kolleginnen und Kollegen auf diesen Artikeln aufgeführt. Für ihren hochrangigen Vorgesetzten sei die Position bislang nicht weiter ausschlaggebend gewesen. Der direkte Vorgesetzte habe bisher die Position als Letztautor erhalten. Der sei bereits habilitiert gewesen und habe die Autorenschaften für einen Ruf auf eine Professur benötigt. Nachdem sie dem direkten Vorgesetzten den Artikel zukommen ließ, schildert sie, dass er ihr gesagt habe: „Ach du, ich bin da übrigens Erstautor". Und dann, so die Habilitandin weiter, habe sie sich das erste Mal gedacht: „Hm, spinnt der jetzt?" Daraufhin habe sie das Gespräch gesucht, in dem sie erläutert, dass sie es während ihrer Zeit als Doktorandin so erlebt habe, dass derjenige, der den Artikel schreibe, auch die entsprechende Position einnehme, oder sonst vorher besprochen werde, wer die erste Stellung erhalte. Woraufhin er in den Worten der Habilitandin entgegnete: „Ah ja, stimmt, das habe ich ja ganz vergessen […] du bist ja nicht meine Hiwi!". Durch diesen Vorfall, sei der Medizinerin klargeworden, dass sie sich „positionieren" müsse: „Es muss klar sein, was du hier auch willst, weil sonst wirst du wahrgenommen, dass du scheinbar jetzt ein Hiwi bist oder bezahlt wirst, aber dir ist es wurscht, was mit dir passiert".

In der ‚Normalisierung individueller Positionierungen statt Korrekturfaktor' (vgl. Kapitel 7.1.3.) wird der Habilitandin erst eine „Hiwi"-Fremdpositionierung zugewiesen, der sie in individueller Aushandlung erst widersprechen muss. Hier muss sie in individuellen Aushandlungsprozessen eine legitime Habilitandinnen-Position erspielen. In der Abhängigkeit zu Einzelnen sind so auch objektive und formalisierte Kriterien Aushandlungen unterworfen. Diese sind gebettet in eine Hierarchie, in der es sich „zu positionieren" gilt, wobei diejenigen, die „geschmeidig" Forderungen stellen können, leichter zu Positionen gelangen. Bei diesen Verschiebungen in die individuelle Positionierung werden bestimmte Feld-Persönlichkeiten in Fremdpositionierung und „geschmeidigem" Aushandeln bevorzugt. Wissenschaftlicher Erfolg unterliegt Prozessen der Informalisierung und des Unterlaufens formaler Kriterien. Auch eine andere Medizinerin macht deutlich, dass Autorenschaften an Machtverhältnisse im Feld geknüpft sind. Nach ihrem Weggang aus der Universität ist sie sich unsicher, wie Autorenschaften vergeben werden. Da der Hauptorganisator einer Studie, an der sie über zehn Jahre gearbeitet habe, wisse, dass sie die Publikation nicht mehr brauche, werde dieser „wahrscheinlich niemals sagen, dass ich irgendwie vorn bin". Aber solange sie nicht vorn oder hinten stünde, stehe sie dort, wo „Hinz und Kunz hingeschrieben" werden, „die ja nichts gemacht haben. Ob du da zehn Jahre viel gemacht hast, ist dann da irrelevant". Da sie den Artikel für ihre Karriere nicht mehr benötigt, verfällt ihre Rangposition, so die Logik. Artikelvergaben sind so in ein karrieristisches Fördersystem eingebunden, dass manchen zugutekommt und anderen nicht, spiegeln aber nicht unbedingt eine objektiv erbrachte Leistung wider. Das zeigt das Unterlaufen formaler Kriterien sowie die Verschiebung von Leistung zu Erfolg. Leistung bedarf hier einer gewissen sozialen Anerkennung, damit diese zu einem entsprechenden Erfolg gereicht. Erfolg kommt in den Spielen des Wettbewerbs zustande und ist mit der Konstruktion feldadäquater Persönlichkeitskonstruktionen verknüpft. Das bedeutet auch, dass in diesen Prozessen Chancen für einzelne Frauen liegen, die durch soziale Anerkennung Vorteile in den Autorenstellungen erhalten können (vgl. Kapitel 9.). Soziale Anerkennung von Leistung macht auch vor objektiven Leistungskriterien nicht halt, sondern ist in ein homosozial reproduzierendes System gebettet. Gerade in einem Feld, in dem die Objektivierung von Leistung durch Kennzahlen den Werdegang bestimmt, ist diese Feststellung nicht marginal. Deutlich wird eine Ambivalenz zwischen einem Glauben an die Meritokratie und dem gleichzeitigen Wissen über die Fehlbarkeit quantifizierender Leistungskriterien. Man muss nicht einfach „nur" viel leisten, sondern auch „gemocht werden" und sich positionieren, sonst wird man nicht wahrgenommen, so die gemachte Erfahrung, die auch eine andere Ärztin teilt, der ein Drittmittelantrag auf diesem Wege entging.

Auch in diesem Fall zeigen sich für die Habilitandin deutliche Nachteile durch regelwidriges Verhalten. So schildert eine Habilitandin sie habe ihre Forschungsidee im Rahmen eines Drittmittelantrages vorskizziert. Ihr Vorgesetzter habe ihr aber die Ausformulierung zur Einreichung des Antrags nicht zugetraut. Er habe vielmehr einem befreundeten Forschungsleiter die Vorskizze des Antrags mit ihrer Forschungsidee zugesagt. Sie habe erst durch einen Schriftverkehr zwischen ihrem Vorgesetzten und dem Forschungsleiter von dieser Zusage erfahren. Dieser beinhaltete die Aufforderung an die Habilitandin dem befreundeten Kollegen den noch unfertigen Antrag zukommen zulassen. Sie kommt diesem Anliegen nach, da ihr die Handlungsspielräume eng gesetzt erscheinen (vgl. Kapitel 7.1.3.).

Diese Ausführung machen Regelwidrigkeiten in der organisationskulturellen Praxis deutlich, die nicht als Einzelfälle betrachtet werden können und letztlich gute wissenschaftliche Praxis im Sinne der Deutschen Forschungsgesellschaft (Dirnagl et al. 2002) negativ beeinflussen.[44] Auf individueller Ebene wirken sich diese Regelverstöße hochgradig ungleich auf Lebensläufe und Karrieremöglichkeiten im ‚harten' Wettbewerb aus. Hier sind Habitusähnlichkeiten in den Aushandlungsprozessen um Positionen von Vorteil. Bereits Engler (2001) stellt für das Feld fest, dass die Art und Weise wie Leistung anerkannt wird, mit der Zuschreibung der im wissenschaftlichen Feld konstruierten Persönlichkeitseigenschaften verknüpft ist. Obgleich das Zustandekommen von Leistung im Prozess sozialen Kriterien mit unterliegt, dethematisiert der Glaube an die Meritokratie diese Herstellung und suggeriert individuelle Performance. Denn letztlich zählen für einen erfolgreichen Werdegang Autorenschaften, Impact-Points und die Summen der Drittmitteleinwerbungen und nicht die Bedingungen, unter denen sie zustande kamen. Zugleich mobilisieren diese zunehmend ungleichen Vergaben von Spieleinsätzen Ausstiegswünsche. Denn die Fremdpositionierungen im ‚harten' Wettbewerb werden zu einem ständigen Kampf um die Sichtbarkeit von Leistung. Kontrastiert werden diese Fälle durch andere Möglichkeiten des Förderns mit der Zuteilung von Autorenschaften und dem gemeinsamen Einwerben von Drittmittelprojekten als Förderstrategie (Kapitel 9.2), die zugleich verdeutlichen, dass wissenschaftlicher Erfolg durch soziale Anerkennung von Leistung durch Gatekeeper ermöglicht wird.

Es wird deutlich, dass in der Hochschulmedizin neue Steuerungsmechanismen wirken, die den oben beschriebenen akademischen Feudalismus durch gouvernementale Machtkonstellationen ergänzen. Die beschriebenen Machtformationen lösen sich nicht gegenseitig ab, sondern überlagern und ergänzen sich. Demgemäß kommt es in der Hochschulmedizin zu einer Gleichzeitigkeit eines akademischen Kapitalismus (Münch 2011), in Form eines verschärften Wettbewerbs, mit Qualifikationsverläufen, die durch personalisierte Abhängigkeit und souveräne Machttechniken geprägt sind. Was bedeuten nun diese Veränderungen für hegemoniale Männlichkeit als ‚Orientierungsmuster' der Organisationskultur? Hegemoniale Männlichkeit wird als diejenige Machtform beschrieben, die zu einem bestimmten Zeitpunkt gesellschaftlich

---

[44] Prinzipiell kann hier gefragt werden, inwiefern in einem hochgradig überlastenden System Ressourcen für Grenzziehungen immer weniger gegeben sind und sich dadurch Grenzen immer weiter verschieben. Aktuelle Diskussionen über die Funktion von Ombudspersonen und deren wahrgenommene Wirksamkeit im System lassen sich hier anschließen (vgl. Kapitel 1.3.).

dominant erscheint. Sie ist der Ort, an dem die zentralen Machtkämpfe ausgetragen werden (Connell 1993). Hegemoniale Männlichkeit muss sich nun den neuen Herausforderungen stellen, die mit den sich verändernden Geschlechterverhältnissen und sich wandelnden organisationalen Praktiken einhergehen – und fordern traditionelle Männlichkeiten heraus. Das männlichkonnotierte, sichere, unbefristete Normalarbeitsverhältnis in Vollzeit für den Familienernährer, mit planbaren klaren Karriereschritten in einem singulären Organisationskontext unter Männern verändert sich – Frauen sind hier ernstzunehmende Konkurrentinnen, die den Wettbewerb um die wenigen verbleibenden Stellen mit befeuern. Im Kontext von Entgrenzung und Wettbewerb verändern sich so auch die organisationskulturellen Orientierungsmuster, die sich im Kern an dem Konzept des unternehmerischen Subjekts (Meuser 2010b: 332; Connell und Wood 2005) orientiert. Hier gilt es sich, in hoher Abhängigkeit zu Vorgesetzten, einem wachsenden Druck, der Verdichtung von Arbeit, Flexibilisierung und Zeitverknappung adäquat auszusetzen. Wissenschaftlerinnen und Wissenschaftler unterliegen nicht nur einem akademischen Feudalismus mitsamt souveränen Machttechniken. Das Wissenschaftssystem erfordert zugleich eine hohe „Unsicherheitsbewältigungskompetenz" (Bittlingmayer 2002: 236) sowie entsprechende „emotionale Güter" (Illouz 2006), um mit den sich entgrenzenden Rahmenbedingungen adäquat umgehen zu können. Die Leistung von Frauen unterliegt in der Wissenschaft nicht nur, wie obig ausgeführt, ungleichen Bewertungsmaßstäben im ‚harten' Wettbewerb. Auch sind sie im Wettbewerb der entgrenzten Wissenschaft deutlich stärker betroffen, wie nun folgend erläutert werden wird.

7.3. Zeitnot: Zeitverknappung für Frauen in Arbeitsalltag und Leben

Die Hochschulmedizin ist geprägt von einem Zeitmangel, der Ärztinnen und Ärzte vor große Herausforderungen stellt: Verausgabung durch Stress stellt in der Medizin ein alarmierend hohes gesundheitliches Risiko dar (Bauer und Groneberg 2014; Romani und Ashkar 2014; Shanafelt et al. 2015; vgl. hierzu auch ausführlich Kapitel 1.2.). In der Medizin kam es durch Gesundheitsreformen zu einer verstärkten Personalknappheit mit erhöhtem Verwaltungsaufwand und insgesamt steigenden Belastungen. So ist der Wissenschaftsrat der Ansicht, dass früher bestehende Forschungsfreiräume durch eine erhebliche Arbeitsverdichtung in der Klinik, die fehlende Entlastung der ärztlichen Tätigkeit durch geeignetes Assistenzpersonal, den zunehmenden Dokumentationsaufwand und die Zunahme der Fallzahlen deutlich abgenommen haben (Wissenschaftsrat 2016: 102). Aufseiten der Wissenschaft führen zudem die aktuellen Veränderungen zu erhöhter Beschäftigungsunsicherheit und der Implementierung eines ‚harten' Wettbewerbs um die wenigen verbleibenden Stellen. Wissenschaft und insbesondere die medizinische wird in dieser Transformation zu einer harten Auseinandersetzung in einem umkämpften Feld, zu einem ‚Karrierejob', in dem Stressresistenz mitsamt Erfolgsindikatoren gegenüber der Wahrheitsfindung an Bedeutung gewonnen haben (Ullrich 2016: 394). So ist Wissenschaft und Medizin eine von Stress geprägte Arbeitsintensität gemein. Dies stellt auf den ersten Blick alle Geschlechter vor Herausforderungen. Doch zeichnen sich auch auf den zweiten Blick Ungleichheiten ab. In den Kapiteln 7.1. und 7.2. wurde nachvollziehbar, dass das Unterlaufen formaler Prozesse durch feudales Gatekeeping und die homosoziale Reproduktion in den Spielen des Wettbewerbs Auswirkungen auf den Ausschluss von Weiblichkeiten hat. Neben Ungleichheiten in der individuellen Förderung und der Anerkennung von Leistung soll daher danach gefragt werden, inwiefern sich die beschriebenen Prozesse der Geschlechterungleichheiten auch auf essentielle Zeitressourcen auswirken und dadurch eine ungleiche Belastung an den Arbeitsbedingungen herstellen. Die wichtigsten zeitrelevanten Punkte waren im Gesamtsample der Zeitmangel im Arbeitsalltag, die Vereinbarkeit von Familie und Beruf sowie Auswirkungen des Zeitmangels auf Anforderungen an eine männliche Normalbiographie als schematisch-enge Lebensläufe.

7.3.1. Intraprofessionelle Arbeitsteilung: Zwischen Station und Forschung

Die hochschulmedizinische Forschung ist von einem zentralen Konflikt bezüglich zeitlicher Ressourcen zwischen stationären Aufgaben und Forschung geprägt. Zusammen mit einer hohen Aufgabenvielfalt, sei dies ein „Basisthema, mit dem wir immer zu tun haben", so die Ansicht im Gesamtsample. Insgesamt zeichnet sich ab, dass das hohe Arbeitspensum sowie die Verlagerung von Arbeitszeit in die Freizeit zunehmend zur Belastung werden. Eine Ärztin hat so den Eindruck, sie befinde sich in einem „Strudel", bei dem sie nicht mehr wisse, wie sie darin noch schwimmen könne. Es fallen Bezeichnungen wie „ausgebrannt", oder „aufgebraucht". Gerade die Verlagerung von Forschungstätigkeiten in die Freizeit stellt Habilitierende vor zeitliche Engpässe. Kritisiert wird in der Teilnehmenden Beobachtung, dass eine Habilitation als Selbstprojekt gelte, wenngleich auch die Organisation von dem damit verknüpften Arbeitseinsatz und Leistungsoutput profitiere. Doch, so fügt eine Habilitandin hinzu, sei ihrem Chef egal, ob sie in ihrer Freizeit „shoppen gehe" oder für „ihre Habilitation im Labor stehe".

Der Zeitkonflikt wird so zum Selbstproblem und Selbstprojekt und damit Teil des eigenen Zeitmanagements sowie individueller sozialer Aushandlungsprozesse mit Vorgesetzten um Zeitressourcen. Verunsichtbart wird, dass einigen deutlich weniger Zeit zur Verfügung gestellt wird, als anderen für den gleichen Leistungsoutput. So wünscht sich eine andere Ärztin, dass sie wenigstens in ihrer Freizeit nur noch Forschung machen könne und hier nicht auch noch Organisatorisches für die Klinik fertigstellen müsse. Denn derzeit sei Forschung „überhaupt ab Wochenstunde 60" möglich und „das geht natürlich nicht". Dieser Zeitmangel hängt damit maßgeblich von vorhandenen Forschungsressourcen ab. Doch bei der Zuteilung entsprechender Ressourcen können sich deutliche Unterschiede zeigen. Wegen einer hohen Intransparenz, wer warum welche Forschungsfreizeiten erhält, entsteht bei den Frauen der Kontrastgruppe „Hürdenreich" der Eindruck, „forschenden Männern" werde Zeit zuteil, „weil sie ja eine Zukunft haben". Die hier gestellte Frage lautet also: „Wem gibt man die Zeit?" Eine Ärztin äußert sich zu diesem Sachverhalt kritisch. Da ihre Abteilung zeitaufwendige Forschung auf „hohem Niveau" betreibe, frage sie sich, wie sie „die Belastung mit Klinik und Forschung gleichzeitig" weiterhin tragen könne. Sie sei langsam nicht mehr bereit, diese Doppelbelastung auszuhalten. Auf die Frage, ob sie den Eindruck habe, dass andere mehr Entlastung erhielten, antwortete sie:

> „Ach, das ist ja alles persönlich sozusagen, je nachdem, wer der leitende Oberarzt [...] gerade ist und wer bevorzugt wird, werden manche oder andere bevorzugt und da ich leider weder bei dem neuen noch bei dem alten in der bevorzugten Position war ..."

Auch in Bezug auf Zeitressourcen greifen die beschriebenen Gatekeeping-Prozesse (vgl. Kapitel 7.1.). In ihrer Abteilung gab es seit mehr als zehn Jahren keine Oberärztin mehr. Sie äußert im Interview den Eindruck, dass hier Frauen ohne Karrierewünsche für den Klinikalltag sorgen, damit sich die männlichen Kollegen der Forschung widmen können. Wie bereits in Kapitel 1.3. angesprochen, werden in der Arbeitsteilung zwischen Station und Forschung stereotype Geschlechterrollen antizipiert mit der Folge, dass Frauen häufiger in den wenig habilitationsförderlichen Bereichen (Station und Verwaltung) Zeit verbringen. Frauen werden so auch im beruflichen Alltag in den mit Care-Aufgaben assoziierten Bereichen eingesetzt – Ärztinnen kümmern sich so weitaus stärker um die *academic family* (Guarino und Borden 2016) und damit um Aufgaben der Station und Verwaltungstätigkeiten. Geschlechtlich kodierten Tätigkeiten kommt in der „intraprofessionellen Arbeitsteilung" unterschiedliche soziale Anerkennung zu (Wetterer 2002b). So erfährt die männlich kodierte Forschung mehr Anerkennung und ist zugleich mit männlich konnotierten Persönlichkeitseigenschaften verknüpft. Hier wird ein *lack of fit* angenommen, der für Frauen mit Habilitationswunsch ganz konkrete zeitlich belastende Auswirkungen hat. In der Hochschulmedizin herrscht so ein ‚ellenbogenorientierter' und ‚harter' Wettbewerb um knappe Zeitressourcen. Doch ist Zeit nicht für alle gleich knapp. Zeit als Investition wird so denjenigen zuteil, die einen hohen Leistungsoutput erwarten lassen. Wie in Kapitel 7.1. beschrieben, scheint bei Männlichkeiten eher eine Amortisierung der investierten Kosten erwartet zu werden, wohingegen Weiblichkeiten eher mit Risiko assoziiert sind. Zugleich ist Zeit ein Wettbewerbsvorteil, der die Umsetzung von Leistung möglich macht. Für diejenigen hingegen, die nicht Teil dieser Förderstrategien sind, verlagern sich die immer schlechter zu bewältigenden Zeitfenster in das Selbstmanagement sowie in individuelle soziale Aushandlungsprozesse mit den entsprechenden Gatekeepern. So entstehen nicht nur Ungleichheiten, die innerhalb der Habilitationsphase deutlich greifen, auch werden diese Ungleichheiten als Projekt-Selbst individualisiert und verschleiert – wie konkret diese Individualisierung vonstattengeht, wird Kapitel 8 untersuchen. An dieser Stelle sei aber vermerkt, dass die in der Hochschulmedizin geschlechtlich kodierte Arbeitsteilung zwischen Tätigkeitsbereichen so für Habilitandinnen zu deutlich höheren Belastungen führen kann. Für Mütter kommt hier ein bedeutend weiter verschärfender Faktor hinzu – die Vereinbarkeit von Familie und Beruf.

7.3.2. Vereinbarkeit Familie, Freizeit und Beruf

Zeitverknappungen im Arbeitsalltag sowie ein ausgeprägtes Arbeitsethos, nach dem es gilt, sich ganz der Arbeit und der Wissenschaft zu verschreiben (vgl. Kapitel 8.3.2.), machen außeruniversitäre Verpflichtungen wie Pflege und Kinderbetreuung zu einer Herausforderung. Die gerade in der Hochschulmedizin ohnehin schon vorhandenen zeitlichen Begrenzungen werden nun noch drastischer verengt. Wie gezeigt wurde, sind es gerade Mütter, die mit Care-Aufgaben assoziiert werden. Ihnen werden als „Grenzmanagerinnen" (Aulenbacher et al. 2013) zusätzlich Ressourcen entzogen. Die Vereinbarkeit von Familie und Beruf kann damit im Sinne „Doppelter Vergesellschaftung", also der Vergesellschaftung von Frauen als Arbeitende und als Care-Verantworliche (Becker-Schmidt 2008), als wichtiges und zentrales Querschnittsthema für Habilitandinnen mit (künftigen) Care-Aufgaben bezeichnet werden. Es soll aber betont sein, dass die Vereinbarkeit von Familie und Beruf nicht den zentralen Ausstiegsgrund für die Frauen der Kontrastgruppe „Hürdenreich" darstellt[45] – wohl aber ein bedeutendes Thema für die Mütter des Gesamtsamples darstellte.

Wunsch nach Planbarkeit bei Kinderwunsch

In den Kontrastgruppen „Hürdenreich" und „Anerkannt" zeigt sich die diskursive Omnipräsenz der Problematik von Beruf und Familie bereits in den Überlegungen zum Kinderwunsch. Mit dem Hintergedanken trotz Forschungspriorität eine Familie gründen zu wollen, fragt sich eine Medizinerin, wie sie sich als Frau „mit Familie weiterentwickeln kann". Sie sieht auch ein „großes Problem", diese beiden Felder „unter einen Hut zu bringen". Sie fühle sich schon jetzt sehr ausgelastet und habe „Respekt" davor. Aber es gebe ja einige Beispiele, bei denen das funktioniere. Bereits in diesen Vorüberlegungen wird deutlich, dass die diskursive Formation potentielle Mütter adressiert und so die weiteren beruflichen Überlegungen von einem etwaigen Kinderwunsch beeinflusst werden. Bei diesem Gedanken spielt Zeitknappheit eine große Rolle und die Frage, wie man in Beruf und Familie auf Dauer zufrieden sein kann. Aus dieser Gemengelage resultiert laut einer Habilitandin, eine der großen Problematiken für die berufliche Entwicklung von Müttern:

> „Bei Frauen ist es halt das Problem, dass die einfach nicht dahin kommen, wo sie hinwollen. Dass sie wählen müssen zwischen Familie und Karriere, weil sie, wenn sie gerade sozusagen auf der Karrierestufe sind [...] sie Kinder kriegen wollen und dann scheiden sie halt aus. Und dann gibt es kein Zurück mehr."

---

[45] Vereinbarkeit von Familie und Beruf betrifft in den Idealtypisierungen die beiden Mütter der Kontrastgruppe „Hürdenreich" sowie drei Mütter der Kontrastgruppe „Anerkannt". In beiden Kontrastgruppen zeigen sich ähnliche Problematiken, wenngleich letztere in ihrer Organisation etwas mehr Unterstützung im Hinblick auf Vereinbarungsmöglichkeiten erhält. Deutlich wird, dass für die hürdenreichen Habilitationsprozesse Elternschaft nicht der zentrale Ausstiegsgrund ist. So befinden sich lediglich zwei Mütter in dieser Kontrastgruppe (vgl. Kapitel 6 und 9).

Die Habilitierende malt hier ein düsteres Bild, das von vielen Studien bestätigt wird (vgl. Kapitel 1.3.). Das Zusammenfallen wichtiger Karriereschritte mit Familienplanung im Alter zwischen 30 und 40 stellt Frauen in Wissenschaft und Medizin vor große Herausforderungen. Aufgrund dieser Problematik gedeiht der Wunsch nach Planbarkeit im Rahmen von Familiengründung. Dieser Wunsch resultiert auch aus der Angst vor einem Beschäftigungsverlust, was z. B. in einer Gruppendiskussion Thema wurde. Hier wurde geäußert, Kolleginnen hätten, als sie schwanger wurden, keinen Vertrag mehr erhalten oder „alle, die heiraten, werden bei uns rausgeschmissen". Diese Zitate verweisen wiederum auf einen akademischen Feudalismus mit drastischsten Mitteln. Zudem sind in diesem harten Wettbewerb Pausen im Lebenslauf nicht vorgesehen. Karrieren sind eng gesteckt und mit der Unsicherheit verbunden, es gäbe dann vielleicht auch „kein Zurück mehr". Neben den tatsächlichen Ausschlüssen, lenken die unsicheren Arbeitsbedingungen diejenigen mit Kinderwunsch in sichere Bereiche, was wiederum zur Reproduktion einer homosozialen Organisation beiträgt.

Verantwortung und Zeitentzug bei Elternschaft

Neben Überlegungen bezüglich eines Kinderwunsches ergeben sich bei Elternschaft ganz konkrete berufliche Zeiteinbußen. Eine Ärztin mit zwei Kindern ist der Ansicht, dass ihr durch die Familie wertvolle Forschungszeit von „drei, vier Stunden am Tag" fehle: „Kochen, Kinder, Hausaufgaben, ins Bett bringen und danach aufräumen, das sind drei Stunden am Tag, die man einfach so verbringt. Und ich meine, ein anderer hat dann dafür andere Zeit für was Anderes". Die Ärztin spricht so einen essentiellen Punkt an: Wie gelingt die Vereinbarkeit von Familie und Beruf: „Ich meine, die Zeit ist einfach so wertvoll geworden nach den Kindern". Ihre Mutter habe ihr die Medizin empfohlen, da sie selbst nach drei Kindern nicht mehr in den Beruf zurückfand. Für die befragte Ärztin ist der Beruf aber „überhaupt nicht kinderfreundlich. Ganz im Gegenteil". Beispielhaft schildert eine Habilitandin einen beruflichen Umbruch durch die Geburt ihres zweiten Kindes. Noch während ihrer Facharztausbildung und vor Abschluss der Habilitation wurde ihr eine Laborleitung übertragen, gleichzeitig ist sie in Lehre und Klinik engagiert und mit ihrer Habilitation weit fortgeschritten. Nun fühlt sie sich in der Krise. Die letzten beiden Jahre waren für sie „beschissen" und nervenaufreibend. Die Laborarbeit findet seither nur noch abends oder an Wochenenden statt. Bei ihr ist nicht der Vorgesetzte, sondern das Team hemmend, das nicht akzeptiere, dass sie trotz Teilzeitarbeit weiterhin verantwortungsvolle Aufgaben übernehme. Sie war immer ehrgeizig und verfolgte ihre Ziele, doch nun klappe das nicht mehr, sie stoße seit dem zweiten Kind ständig an ihre Belastungsgrenzen. Ihr Beispiel macht deutlich, dass die Vereinbarkeit von Familie und Beruf nicht nur Gatekeeping-Prozessen unterliegt. Auch das wettbewerbsorientierte berufliche Umfeld trägt zu einer Einschränkung dieser Machbarkeit mit bei. An dieser Stelle fällt es den anderen Wettbewerbsteilnehmenden schwer zu akzeptieren, dass eine Frau mit Kind Mitkonkurrentin und Vorgesetzte sein kann. Zugleich wird aber deutlich, dass die Habilitandin mit Leitungsfunktion in der Forschung für die Kinderbetreuung trotz Partnerschaft verantwortlich ist (näher hierzu Kapitel

8.3.3). Hier verschärft sich für Frauen die Problematik der Zeitverknappung weiter. Für eine alleinerziehende Ärztin wird hingegen die Betreuung ihres Kindes zur Gretchenfrage. Da sie keine Betreuungsmöglichkeiten findet, selbst aber Vollzeit arbeitet, stellt sie das vor Existenzängste:

> „Also das ist alles sehr, sehr schwierig gerade. Und das hat mich in letzter Zeit natürlich auch ziemlich stark beschäftigt, weil das so … Also das war schon wie so Existenzängste, weil man da halt einfach nicht weiß, wie es weitergeht."

Im Hinblick auf Elternschaft sind Frauen hier mehrfach benachteiligt. Sie stehen einer kinderunfreundlichen Organisationskultur gegenüber, die im Wettbewerb um Positionen Ausschlüsse für Mütter produziert. Zugleich wird Zeit zu einem noch knapperen Gut, als dies ohnehin schon der Fall ist. Welche Rolle neben der strukturell-organisationalen Seite die individuelle Unterstützung durch Partnerschaft spielen kann, wird in Kapitel 8.3. aufgezeigt. Auf organisationskultureller Ebene zeigt sich aber, dass der Zeitentzug durch Elternschaft als Querschnittsthema hohe bis existenzielle Nachteile mit sich bringen kann.

Als Mutter und in Teilzeit „Weg vom Fenster"

Die Mütter der beiden Kontrastgruppen „Hürdenreich" und „Anerkannt" berichten neben der Zeitverknappung von einem stereotypen Dilemma, das sich für sie zunehmend einstellt. Durch die Verbindung von Müttern mit kommunal-warmen Eigenschaften erfolgt eine Aberkennung von Kompetenzen (Cuddy et al. 2004). So formuliert eine Medizinerin, dass sie den Eindruck habe aus ihrem Job „herauskatapultiert" worden zu sein. Sie fühlt sich „ausgebremst", da ihr keine interessanten Aufgaben mehr zugeteilt werden. Von ihrem Vorgesetzten werde sie nicht unterstützt, viel mehr ist sie der Ansicht: „Ich bin weg vom Fenster". Bei ihr bleibe der Eindruck, dass ihr Chef kein Modell für Frauen-Karrieren habe. Die Assoziation von Care mit Empathie und Wärme im Gegensatz zu Kompetenz und Kälte führt zu einer Aberkennung von Leistung (Fiske et al. 2002). In diesem Feld zeigt sich die Konzeption eines „kalt-kompetenten Hochschulmediziners", der sich stetig und ständig seinem Erkenntnisinteresse widmen kann. Eine Figur, die es genießt, in „Freiheit arbeiten zu dürfen" (Beaufaÿs 2015) und keinen anderen Verpflichtungen nachkommen muss. Nicht nur wird die sich kümmernde Mutter mit Wärme und weniger Kompetenz assoziiert, auch wird sie durch Verantwortungen außerhalb der Klinik und durch reduzierte Arbeitszeiten zur weniger ernstgenommen Mutter. So korrespondieren entgrenzte Arbeitsverhältnisse in der Wissenschaft mit einer Abwertung gegenüber Teilzeitarbeit im Krankenhaus. Eine Ärztin berichtet, wie es ihr erging, als sie nicht Vollzeit gearbeitet hatte. Die Stunden variierten zwischen 30, 32 und 38 Stunden. „Das war ganz schlimm für mich", denn sie habe das gleiche Arbeitspensum in geringerer Zeit erbringen müssen. Weil es so nicht weiterging, habe sie aufgestockt. Erst durch die Rückkehr zu einer Vollzeitstelle wurde sie von ihrem Umfeld wieder als vollwertige Mitarbeiterin anerkannt: „Ich war immer nur die

Teilzeit-Mama. Und erst voll wahrgenommen wurde ich mit 42 Wochenstunden. Auf einer normalen Vollzeitstelle. Obwohl ich vom Zeitfaktor da war, so wie die anderen".

Die Ärztin wird als „Teilzeit-Mama" nicht wahrgenommen. Verantwortungen werden durch Mutterschaft aberkannt, Zeitmangel macht sich breit. Insgesamt stellt sich hier eine kinderunfreundliche Kultur dar, die Mütter im Wettbewerb um Positionen weniger ernst nimmt und so aus der Universitätslaufbahn drängt. Deutlich wird die Konstruktion einer anerkannten Feld-Figur: Es gilt, kalt und damit kompetent zu sein und sich ganz der Wissenschaft zu widmen. Diese Vorstellung findet sich auch in den schablonenartigen Werdegängen wieder, die, wird ihnen nicht entsprochen, aus der Universität verweisen. Um diese Schablonen, die in diesem Sample vor allem in Verbindung mit Elternschaft thematisiert werden, soll es im Folgenden gehen.

7.3.3. Schablonen einer männlichen Normalbiographie

Nach Münch (2011) konkurrieren Forschende heute in einem unklar umrissenen Geflecht und zugleich schematisch-engen Karrierekriterien um wenige, hart umkämpfte Stellen. Der Karriereverlauf ist so einem Muster unterworfen, das u. a. als „männliche Normalbiographie" (Lind 2006) thematisiert wird und sich an einem „männlichen Normalarbeitsverhältnis" (Meuser 2010b) orientiert. In dem Gesamtsample stehen dabei zwei wesentliche Kriterien schematisch enger Lebensläufe im Mittelpunkt der Reflexion – Altersbegrenzungen und Mobilität.

Altersbegrenzungen

Der Altersdruck im ‚harten' Wettbewerb hat enorm zugenommen. Gerade im Alter zwischen 30 und 40, so lässt sich dies auch in dem Gesamtsample nachvollziehen, müssen wichtige Weichen gestellt und bestimmte Karriereschritte absolviert werden. Da Altersbegrenzungen bei Bewerbungen oder begrenzte Zeiträume nach der Promotion für Geldeinwerbungen eingehalten werden müssen, werden Stagnationen durch Familienplanung, die ebenfalls in dieses Alter fallen, zu strukturellen Hindernissen des Lebenslaufes. Dies thematisiert eine Habilitandin, die sich aufgrund von Familiengründung im Nachteil fühlt. Im sozialen Vergleich zu ihren habilitierenden Kollegen seien diese „steil auf ihrer Karriere", so ihre Ansicht:

> „Auf der anderen Seite sind die ja Mitte 30 und haben noch keine Kinder. Ich meine, das haben sie alles vor sich. Und da denke ich mir: Ich wäre wahrscheinlich auch so weit, wenn ich keine Kinder gehabt hätte."

Insofern könne sie sich nicht vergleichen, denn sie sei aufgrund der Kinder schon etwas älter. Nichtsdestotrotz fühle sie sich im Vergleich „total weit unten". Neben dem Altersdruck nehmen Alternativen mit zunehmendem Alter ab, denn auch eine Niederlassung in einer Praxis sollte „um die 40" geschehen. Aber gerade in dieser Zeitspanne fühlt sich eine weitere Habilitandin ausgebremst:

„Und da ist mir schon klargeworden, dass ich sehr, sehr zielstrebig war und immer alles erreicht habe, was ich erreichen wollte, auch in kurzer Zeit. Also es war wirklich super. Bis, bis vor fünf Jahren war es einfach top. Also ich habe da wirklich, zack, zack, zack, hintereinanderweg alles immer geschafft […] und eigentlich stagniert es seit fünf Jahren."

Die Ärztin bringt hier Stagnationen aufgrund einer gläsernen Decke auf den Punkt. Wegen der Elternschaft passt sie nicht eindeutig in die vorgegebenen Schablonen. Nun „stagniert" in der Phase der Habilitation ihr Fortkommen. Es handelt sich um eine entscheidende Phase, die sich durch Elternschaft und Teilzeit, aber auch durch andere Hürden im Habilitationsverlauf, verzögern kann. Hier zeigt sich, wie die Vorgabe einer schematisch-engen Berufsbiographie das Fortkommen mit beeinflusst. Durch Ausschlüsse und Stagnationen von Lebensläufen reproduziert sich die eine männliche Norm und normalisiert diese Lebensläufe als diejenigen Schablonen, die im Wettkampf Erfolg versprechen.

Mobilität

Mobilität nimmt seit der Internationalisierung der Hochschulen einen immer höheren Stellenwert innerhalb von Hochschulpolitiken, aber auch innerhalb einzelner Lebensläufe ein (Bauschke-Urban et al. 2010; Leemann und Boes 2012). Eine Habilitandin erläutert diesbezüglich, dass ihr Vorgesetzter der Ansicht sei, dass man ins Ausland gehen müsse, um weiter forschen zu können. Sie habe dies mit ihrem Partner besprochen, doch komme ein Auslandsaufenthalt über einen Zeitraum von mindestens zwei Jahren für sie derzeit nicht infrage. Ihr Vorgesetzter habe ihr gegenüber geäußert: „wenn man was erreichen möchte, dann sollte man ins Ausland gehen. Danach wäre sie besser positioniert, aber leider lasse das ihre private Situation nicht zu". Sie schätze den ehrlichen Umgang ihres Vorgesetzten mit ihr. Sie könne seinen Standpunkt nachvollziehen, doch würde sie gern eine Familie gründen. Eine Fernbeziehung sei da schlecht möglich". Sie hat den Eindruck ihr Vorgesetzter habe vorgefasste Vorstellungen, wie ein hochschulmedizinischer Werdegang aussehen sollte, der aber nicht unbedingt zu Frauen mit Familienwunsch passe:

„Ich meine, klar, hat man so bestimmte Vorstellungen, wie es bei den meisten Leuten laufen sollte, aber ich finde, es gibt auch manche spezifischen Sachen, auch besonders bei Frauen. Aber wir haben ja keine Frauen in der Abteilung, die dann das so lange machen sozusagen, deshalb versteht er das nicht. Er unterstützt das schon, aber er versteht halt nicht, dass es ja so frauenspezifische Sachen gibt."

Hier werden die beschriebenen Schablonen einer Normalbiographie deutlich, die Vorstellungen von Care-Verantwortungen externalisieren und keine Alternativen zulassen. So sind Frauen in Bezug auf Mobilität in dieser Lebensspanne zwischen dreißig und vierzig zum einen stärker benachteiligt, wenn diese Überlegungen mit Familienplanung zusammenfallen. In den

Mobilitätsanforderungen der Wissenschaft zeigt sich die Wichtigkeit partnerschaftlicher Unterstützung. So beschreibt eine Medizinerin ihren Partner als hemmend. Sie erlebe ihn insgesamt als sehr unterstützend, aber in dieser Frage sei er nicht kompromissbereit. Für ihn käme ganz klar keine Fernbeziehung infrage – und damit für sie auch keine Professur mit Mobilitätsanforderung. Aber abgesehen von der Wichtigkeit partnerschaftlicher Unterstützung (Kapitel 8.3.3.) bringt Internationalisierung gerade in diesem Alter hohe private Entbehrungen mit sich. Eine Frau schildert, dass ein mehrjähriger Auslandsaufenthalt große Herausforderungen mit sich brachte. In ihrer Klinik wurde sie bereits kaum in ihren Ambitionen unterstützt. Nach etlichen Bewerbungen hatte sie aber eine Stelle sowie ein Stipendium erhalten, doch war für sie eine Fernbeziehung über drei Jahre „halt auch kein Spaß". Ihr Lebensgefährte hätte aufgrund nationalstaatlich bezogener beruflicher Verpflichtungen nicht mitgehen können. Sie hätten sich alle drei Monate gesehen und die Zeitverschiebung etwas unterschätzt. Denn aufgrund dessen konnten sie „nicht mal richtig telefonieren". Auch die Rückkehr gestaltete sich nicht als Karriereschub, sondern als „gar nicht so leicht" und als zuerst eher hemmend. Neben der Wichtigkeit unterstützender Partnerschaften (näher Kapitel 8.3.3.) zeigt sich, dass im Zuge der Internationalisierung von Wissenschaftskarrieren homosoziale Lebensläufe reproduziert werden. Für die Kontrastgruppe „Hürdenreich" stellt sich die Frage, wie und ob innerhalb dieser relativ unflexiblen Lebensläufe andere Wege möglich sein können.

In diesem Unterkapitel wird deutlich, dass in der Hochschulmedizin hohe Belastungen üblich sind, die sich jedoch nicht für alle gleich ausgestalten. Für Frauen sind hier Nachteile auf verschiedenen Ebenen wahrscheinlicher. So wirkt sich eine stereotype intraprofessionelle Arbeitsteilung aufgrund geschlechtlich kodierter Arbeitsbereiche auf die Aberkennung von Zeitressourcen in der Forschung aus. Elternschaft verschärft diese Zeitbegrenzung noch. Es werden Kompetenzen abgesprochen und „Teilzeit-Mamas" weniger ernst genommen. Die Vergesellschaftung von Frauen als Arbeitende und Mutter im Sinne „Doppelter Vergesellschaftung" (Becker-Schmidt 2002) führt darüber hinaus zu einem kontinuierlichen „Grenzmanagement" (Aulenbacher et al. 2013) zwischen den unterschiedlichen Feldern, was zunehmend zur Belastung werden kann. Deutlich wird hier die Konstruktion der feldadäquaten Figur eines ‚kalten' hegemonial-männlichen Wissenschaftlers, ohne Care-Verantwortung, der sein Leben voll und ganz dem Erkenntnisinteresse widmen kann. Abweichungen führen zu Ausschlüssen und Stagnationen im Lebenslauf und passen so nicht mehr zum eng-schematischen Karrieremuster im ‚harten' Wettbewerb, dem eine männliche Normalbiographie zugrunde liegt.

7.4. Resümee

Ziel dieser Studie ist die Analyse und Darstellung der Mechanismen, die zu einem Ausschluss von Habilitandinnen beitragen. Dieses Kapitel ließ deutlich werden, an welchen Stellen des Habilitationsverlaufs sich soziale Ungleichheiten durch eine vergeschlechtlichte

Organisationskultur abzeichnen. Vertieft wurden in diesem Kapitel die zentralen Kategorien „Hierarchie", „Leistung" und „Zeit". Wie bereits angesprochen, sind diese verdichteten Kodes nicht voneinander getrennt zu betrachten, sondern in einem Beziehungsnetz verwoben. Die obig getrennt ausformulierten Kategorien beeinflussen in der Kontrastgruppe „Hürdenreich" so die jeweils anderen Kategorien. Dies soll die Abbildung 45 im Hinblick auf dieses Zusammenwirken resümieren.

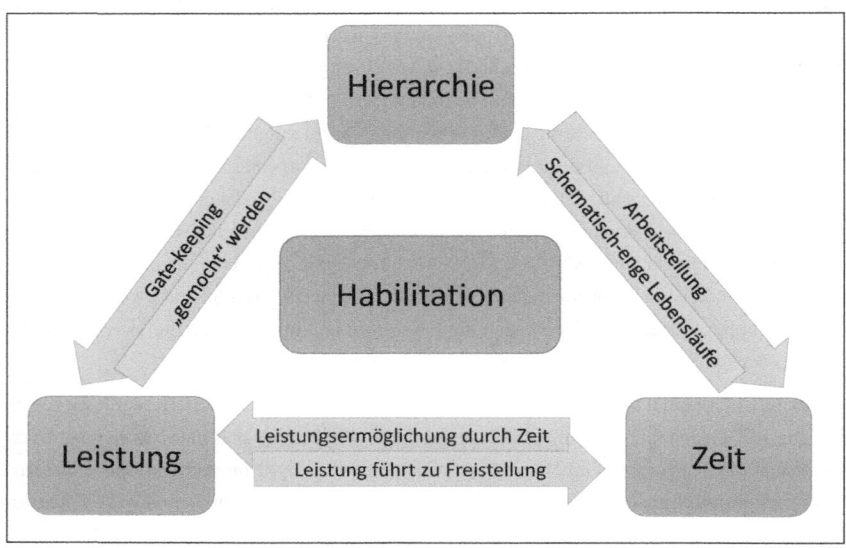

Abb. 45: Vernetzte Kodes im Habilitationsverlauf

So wirkte in der Kontrastgruppe „Hürdenreich" ein Gatekeeping im akademischen Feudalismus, begründet durch soziale Nähe und ein „Gemochtwerden", auf Forschungsfreistellungen sowie die Möglichkeit auf Forschungsförderung negativ ein (Verbot). Dies hatte Rückwirkungen auf entsprechende Zeitfenster als Ermöglichungsräume von Leistung. Die Anerkennung dieser Leistungen unterlag sozialer Anerkennung (Nicht-Beförderung, Weitergabe Drittmittelantrag), beeinflusste die Leistungsakkumulation (Erst- oder Letztautorenschaften) und damit das Fortkommen in den schematisch-engen Anforderungen an Lebensläufe. Ein entgegengesetzter Zyklus zeigt sich bei den Frauen der Kontrastgruppe „Anerkannt" (Kapitel 9) und lässt erkennen, dass wissenschaftlicher Erfolg nicht allein durch individuelle Leistung errungen wird. Es handelt sich vielmehr um eine produktive Ausgestaltung gewährter Leistungsmöglichkeiten, gepaart mit Leistungsanerkennung im sozialen Umfeld. Erinnert sei in diesem Zusammenhang an den vorgestellten „Matilda-Effekt" (Rossiter 2003, vgl. Kapitel 1.3.3.). Im Gegensatz zu einem „Wer da hat, dem wird gegeben werden" (Rossiter 2003: 191), werden hier kontinuierlich und wechselseitig Ressourcen im Wissenschaftsspiel entzogen. Dies führt zu einer zirkulären Wirkung und so zu einer Akkumulation an Hürden im Habilitationsverlauf.

In dem Sample wird deutlich, dass Geschlechterungleichheiten zugleich dethematisiert werden, in dem für alle die gleichen formalen Rahmenbedingungen gelten. Verschleiert wird, dass diese in den sozialen Praktiken eines akademischen Feudalismus beständig unterlaufen werden. So zeigt sich die Organisationskultur als Rahmen von Akteursinteraktionen für die hürdenreichen Verläufe als hochgradig vergeschlechtlicht und vergeschlechtlichend (Bourdieu 1997, vgl. Kapitel 3.1.1.). Begründet liegt dies in der organisationskulturellen Prägung der „ernsten Spiele im Wettbewerb" um Positionen (Bourdieu 1997: 203, vgl. Kapitel 3.1.4.), die sich an hegemonialer Männlichkeit als „grundlegendem Strukturprinzip" orientieren (Meuser 2009: 171). Abgesichert sind diese Spiele durch Intransparenz, hohe formale wie informalisierte Abhängigkeiten sowie komplizenhaft Mitspielende, die aus diesen Spielformationen Profit ziehen. Aber auch die „Patronage" (Bourdieu 2010 [1992]: 159) selbst ringt um Autorität im Feld und sucht nach künftigen Machtstützen im Gatekeeping. In dem Sample wird ersichtlich, dass in diesen Spielen eine bestimmte Form von Männlichkeit präferiert wird. Weiblichkeit hingegen dient als dichotome Negativfolie gegenüber hegemonialen Männlichkeitsnormen. Sie wird abgewertet und als unpassend zu organisationskulturellen Anforderungen naturalisiert. In dem begleiteten Sample basieren diese Ausschlüsse vor allem auf der Konstruktion passender Persönlichkeitseigenschaften sowie einer vergeschlechtlichen Konnotation von Tätigkeitsbereichen. In der „Freiheit, arbeiten zu dürfen" (Beaufaÿs 2015) widmet sich diese adäquate Persönlichkeit allein dem Erkenntnisinteresse, ohne Verantwortung für Familie, Kinder oder zu pflegende Angehörige und ohne Bedarf an Freizeit. Da die Hochschulmedizin in diesem Sample als zunehmend „feudal" (Ullrich 2016: 393) und Karrieren als von Einzelnen abhängig wahrgenommen werden, lässt sich hegemoniale Männlichkeit als Norm besonders eindrücklich in den beschriebenen Gatekeeping-Prozessen beobachten. In diesen Förderbeziehungen gilt es, feldspezifischen Persönlichkeitskonstruktionen zuzuspielen, um „gemocht" und damit gefördert zu werden. Sehr deutlich wird hier, dass in dem als hürdenreich beschriebenen Sample in intransparenten Verfahren „mit zweierlei Maß gemessen" wird. Die als vordergründig geschlechtsneutral, formal und rational betrachtete Organisation (Rastetter 1994: 92) scheint durch Organisationshandeln beständig unterlaufen zu werden. Im sich durch die Feminisierung des Faches verändernden Wettbewerb werden so Konkurrentinnen durch Verbote und Willkür an einer weiteren Teilnahme am Spiel gehindert. Als Ergebnis erleben die von diesen Ausschlüssen betroffenen Frauen eine Habilitation als ständigen „Kampf" der selbst vor objektiven Leistungskriterien wie Publikationen oder Drittmitteleinwerbungen nicht Halt macht. Da auch hier Erfolg an Persönlichkeitseigenschaften geknüpft erscheint, beeinflusst in der Kontrastgruppe „Hürdenreich" eine soziale Anerkennung von Leistung deren tatsächliches Zustandekommen. Zeit und Zeitressourcen spielen eine außerordentliche Rolle. Eine zunehmende Zeitknappheit steht dabei im Zusammenhang mit der vergeschlechtlichten Konnotation von Tätigkeitsbereichen. Da

Weiblichkeiten innerhalb wie außerhalb der Organisation mit Care-Aufgaben assoziiert werden, wird habilitierenden Müttern kontinuierlich Zeit für Forschung entzogen. Auch kamen die Habilitandinnen immer weniger in den Genuss von Forschungsförderung und Forschungsfreistellungen. Es schließt sich der Kreis zur Konstruktion eines hegemonial männlichen Bildes ‚des Wissenschaftlers', der von „doppelter Vergesellschaftung" (Becker-Schmidt 2008) unbeeinflusst bleibt und, da er Erfolg verspricht, für Forschungstätigkeiten eingeteilt wird. Dies trägt in Bezug auf Zeitressourcen zu erhöhter Zeitnot der Gegenfigur des nicht (akademisch) männlichen Wissenschaftlers bei. Weiblichkeiten werden aufgrund von stereotypen Aufgabenzuweisungen tendenziell weniger Zeit für Forschung zugeteilt und zugleich an anderer Stelle Zeit entzogen. So kümmern sich die Frauen des Samples stärker um Verwaltungstätigkeiten und die stationäre Versorgung, also einerseits um die berufliche *academic family* (Guarino und Borden 2016) sowie andererseits um Care-Aufgaben außerhalb der Institution. Allesamt Tätigkeiten, die nicht als Leistungskriterien innerhalb des beruflichen Werdegangs anerkannt werden.

Die Frauen der Kontrastgruppe „Hürdenreich", so kann konstatiert werden, spielen in diesen sich zuspitzenden Habilitationsspielen mit und stellen sich als erstzunehmende Konkurrentinnen dar. Im Gatekeeping eines akademischen Feudalismus werden aber berufliche Erfolge in Konkurrenz zu förderwürdigen anderen, die den feldadäquaten Konstrukten besser entsprechen, mit souveränen Machttechniken verhindert. In den Spielen der Meritokratie wird der Anschein von Gleichheit erweckt, Geschlechterungleichheiten allerdings werden in ihrer Herstellung verdeckt. Die Empirie macht deutlich, wie multikausal und die Organisationskultur durchdringend diese Ungleichheiten sowohl auf das Zustandekommen von Leistung als auch auf die Verausgabung der als weiblich konstruierten Wissenschaftlerinnen wirken. Akademischer Feudalismus, hohe Leistungsbereitschaft im „Ellenbogendenken" sowie entgrenzte Arbeitszeiten gelten im Gesamtsample als normale Bedingung für einen beruflichen Werdegang in der Hochschulmedizin. Die Ausführungen machen deutlich, dass sich die Probleme des „akademischen Kapitalismus" (Münch: 2011), in Form eines verschärften Wettbewerbs, mit Qualifikationsverläufen, die im akademischen Feudalismus durch personalisierte Abhängigkeit geprägt sind, überlagern. Frauen sind hier Konkurrentinnen, die den Wettbewerb um die wenigen verbleibenden Stellen mit befeuern. Im Kontext von Entgrenzung und Wettbewerb verändern sich so auch die organisationskulturellen Orientierungsmuster, die sich im Kern an dem Konzept des unternehmerischen Subjekts (Meuser 2010b: 332; Connell und Wood 2005) ausrichten. Hier gilt es, sich in hoher Abhängigkeit zu Vorgesetzten, einem wachsenden Druck, der Verdichtung von Arbeit, Flexibilisierung und Zeitverknappung adäquat auszusetzen. Die Wissenschaftlerinnen unterliegen nicht nur den beschriebenen souveränen Machttechniken wie Willkür und Verboten. Das Wissenschaftssystem erfordert zugleich eine hohe „Unsicherheitsbewältigungskompetenz" (Bittlingmayer 2002: 236) sowie entsprechende „emotionale Güter" (Illouz 2006), um mit den sich entgrenzenden Rahmenbedingungen adäquat umgehen zu können. Hegemoniale Männlichkeit als Orientierungsmuster in der Organisation integriert so gouvernementale

Machttechniken von Führung und Selbstführung, die im Wettbewerb der entgrenzten Wissenschaft Frauen wesentlich stärker betreffen können. Nicht nur unterliegen die quantifizierten Leistungkriterien einem Genderbias. Auch zeigt sich ein erhöhtes Krisenrisiko der entgrenzten Hochschulmedizin für Frauen der Kontrastgruppe „Hürdenreich" in der vergeschlechtlichten Organisation. Dies betrifft neben Müttern vor allem diejenigen Frauen, denen in der Wissenschaft als „Lebensform" (Krais 2008) keine Zeit für Forschung bleibt. In den intransparenten und durch hohe Abhängigkeiten geprägten Spielen verlagern sich aber die strukturellen Problematiken „ohne Korrekturfaktor" in individuelle Positionierungen und Belastbarkeit. Männliche Herrschaft wirkt hier als symbolische Gewalt verschleiernd, indem Geschlechterungleichheiten in der gouvernementalen Universität zur individuell zu lösenden Aufgabe werden, der sich das nächste Kapitel widmet.

8. Auswirkungen auf Selbstkonzepte: Individualisierende Ausschlüsse im Habilitationsverlauf

Das vorangegangene Kapitel untersuchte die organisational ungleichen Rahmenbedingungen, die durch eine Kultur hegemonialer Männlichkeit als ‚Orientierungsmuster' zu einem Ausschluss von Frauen der Kontrastgruppe „Hürdenreich" beitrugen. Deutlich wurde, dass ein akademischer Feudalismus souveräne Machttechniken (wie Willkür oder Verbote durch Vorgesetzte) ermöglicht, die in der Kontrastgruppe „Hürdenreich" blockierend wirken. Begleitet werden diese Machttechniken durch einen normalisierten ‚harten' Wettbewerb der unternehmerisch-entgrenzten Universität. Hier erwerben die Forschenden laut Münch (2011: 124) einen unternehmerischen Habitus, um an den „Spielen" der Wissenschaft mit Erfolg teilnehmen zu können. Es zeigte sich, dass sich dieses Unternehmertum mit seinen Bedingungen von Entgrenzungen und Leistungsanerkennung im Wettbewerb für Frauen äußerst ungleich ausgestalten kann. Vor diesem Hintergrund ist die Aufgabe dieses Kapitels, die psychologischen Dimensionen dieser Feldkonstallationen zu klären. Mit Blick auf die analysierten Kategorien (Hierarchie, Leistung und Zeitnot) untersucht das Kapitel den Einfluss der Organisationskultur auf die Wahrnehmung und das Wissen um die eigene Person (Selbstkonzept). Leitend ist an dieser Stelle die Frage, wie durch diese Veränderungen im Selbstkonzept Ausschlüsse von Frauen der Kontrastgruppe „Hürdenreich" produziert und wie diese mithilfe soziologischer Theorieansätze machtkritisch reflektiert werden können. Den Ausgangspunkt bilden die oben ausgeführten Kategorien (Hierarchie, Leistung und Zeitnot), die sich als zentrale Hürden im Habilitationsverlauf der Kontrastgruppe „Hürdenreich" bezeichnen lassen. Diese werden mit den Wirkweisen, die als „torpediert", „unpassend gemacht" und „ausgebrannt" geclustert werden konnten (vgl. Kapitel 2), in Beziehung gesetzt. Abbildung 46 veranschaulicht dies schematisch.

Der Fokus der Analyse liegt somit auf den Einflüssen der Organisationskultur, die, wie sich zeigen wird, bis in den „innersten Persönlichkeitskern" (Voß und Weiss 2014: 46) der Organisationssubjekte reicht. Hierbei geht es nicht um eine Determinierung des Sozialen in den Selbstkonzepten. Vielmehr zeigte die empirische Analyse, dass die aufgeführten Hürden (Hierarchie, Leistung, Zeitnot) intervenierende Bedingungen darstellten, Bedingungen also, die auf die Handelnden treffen und mit diesen sie umgehen müssen (Strübing 2008: 27 ff.). Der so sensibilisierte Blick auf das Material ermöglicht es, die spezifische Organisationskultur situativ und prozessual mit seinen jeweiligen Wechselwirkungen und Konsequenzen für Organisationssubjekte zu untersuchen.

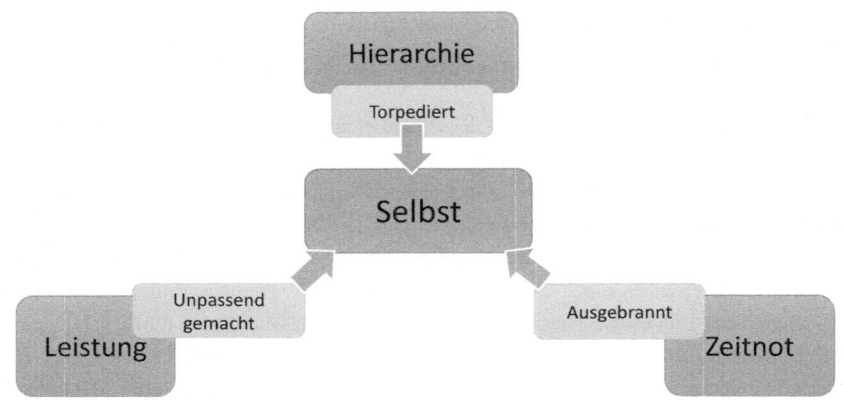

Abb. 46: Überblick Einfluss der Organisationskultur auf das Selbst

8.1. Torpediert:
Abwertungen und fehlende Wertschätzung im Gatekeeping

Die hierarchischen Verhältnisse der Hochschulmedizin werden in der Kontrastgruppe „Hürdenreich" immer stärker als Belastung wahrgenommen. So steht in der ersten Phase der Habilitation die zunehmend restriktiv erlebte Hierarchie als Ausgangspunkt eines krisenhaften Verlaufs im Vordergrund (vgl. Kapitel 6). Untersucht wird deshalb, wie konkret die erlebten hierarchischen Verhältnisse auf das Selbsterleben einwirken.

8.1.1. Einfluss fehlender Wertschätzung auf den Selbstwert

In der Arbeitspsychologie wird die zentrale Stellung der Anerkennung in der täglichen Interaktion zwischen Vorgesetzten und Angestellten betont (Stocker et al. 2014). Dies wird auch in der Kontrastgruppe „Hürdenreich" häufig als Problem benannt: „Und aber so dieses Gefühl zu haben, es interessiert keinen, keine Wertschätzung zu bekommen". Für eine Wissenschaftlerin drückt sich diese in einer Gleichgültigkeit gegenüber ihrer Leistung aus. Über die Jahre erhärtete sich der Eindruck, dass sich niemand für ihre Arbeit interessiert. Sie hätte das Gefühl gebraucht: „Ich will Sie hier haben". Stattdessen sei sie zur „absoluten Einzelkämpferin" geworden. Vielleicht merke ihr Kollege, wenn sie nicht zur Arbeit komme, aber sonst interessiere dies niemanden. Fehlende Wertschätzung wird so zu einem zentralen Thema im Habilitationsverlauf, da dieses Fehlen dazu beiträgt, dass sich die eigene Selbstbewertung kontinuierlich verringert. So ist eine Habilitandin der Ansicht:

> „Ehrlich gesagt, ich wäre wahrscheinlich auch glücklich gewesen, wenn man einfach geschätzt arbeiten könnte. […] Dass man das Gefühl vermittelt bekommen würde, o. k.

das wird gebraucht, das mache ich gut und so weiter und so fort. Die Wahrheit ist: Jeder Mensch hat Interessen in verschiedenen Bereichen sozusagen, und wenn sie nicht mit Interessen von anderen Leuten übereinstimmen, dann … dann vermittelt einer dem anderen: ‚Du bist unwichtig'".

Die Habilitandin schildert einen Prozess, der sich in der Kontrastgruppe „Hürdenreich" zunehmend beobachten lässt. So erklärt eine Ärztin diesbezüglich: „Wenn, wenn man selber das Gefühl hat, der eigene Chef hält nichts von einem selber, das, das da zehrt so am Selbstwertgefühl, was das betrifft". Der Eindruck, nicht wichtig zu sein, nagt am Selbstwertgefühl. Gemäß der Soziometer-Hypothese (Leary und Baumeister 2000) wird der Selbstwert, also die affektiv besetzte Selbsteinschätzung, hier durch das Ausmaß sozialer Akzeptanz des Individuums beeinflusst. Abgeleitet aus dem „Selbstwert-Motiv" streben Personen nach sozialer Anerkennung. Wenn also ein Individuum nicht angemessen bewertet wird, entwickelt es Verhaltensweisen, um diese Situation zu verändern. Selbstwert ist demnach eher ein sozialer interpersonaler Maßstab. Erkennt dieses Maß einen Mangel, wendet sich das Individuum dieser Quelle zu und versucht, das Problem zu lösen. Damit wird durch ausbleibende Wertschätzung Handlung aktiviert. Die Aufmerksamkeit richtet sich so aber auch auf dieses Ausbleiben und erhält eine prominente Stellung. Ein hoher Selbstwert kann hier zwar eher vor Selbstwertveränderungen schützen. Zugleich zeigt sich aber, dass sich in der Kontrastgruppe „Hürdenreich" Veränderungen bei promovierten und akademisch weit vorgeschrittenen Frauen einstellen. In Rückgriff auf die beschriebenen individualpsychologischen Erklärungsansätze kann konstatiert werden, dass ein hoher Selbstwert zwar zu mehr Resilienz beitragen kann, dass die Organisationskultur aber zugleich dazu beiträgt, dass den Frauen der Kontrastgruppe „Hürdenreich" wichtige personale Ressourcen für den beruflichen Erfolg entzogen werden (vgl. Kapitel 1.3.). Hier zeigt sich in Kritik an der Erhöhung des Selbstwertes als soziale Problemlösung, wie in Kapitel 3.3.2 ausgeführt, dass die Konjunktur eines positiven Selbstwissens im Arbeitsumfeld zwar im Kontext individualistischer und neoliberaler Gesellschaften gelesen werden kann, in der sich die Idee etablierte, dass Menschen ihr Leben schlicht über die Erhöhung des Selbstwertes verbessern und damit soziale Probleme lösen könnten (Hewitt 1998). Die Erhöhung des Selbstwertes oder ein hohes Selbstbewusstsein könnte auch hier zu einer Problemlösung beitragen. Diese Perspektive verschleiert aber gänzlich den Prozess der Veränderung des Selbstwertes durch die Organisationskultur. So deutet sich eine situative Veränderung des Selbstkonzeptes in der Habilitationsphase an – zudem zeigt sich hier eine deutliche Verknüpfung struktureller Förderung und individuellen Selbstwertes. Bedeutend ist an dieser Stelle zudem, wie in Kapitel 7 ausgeführt werden konnte, dass soziale Anerkennung als Ressource im Spiel ungleich verteilt ist. So ist in dem Fall einer Habilitandin der Kontrastgruppe „Hürdenreich" das Gefühl, keine Wertschätzung zu erhalten an die tatsächliche Anerkennung von Leistung gebunden. Für die zitierte Medizinerin geht eine beschriebene Gleichgültigkeit so auch mit mangelnder Unterstützung einher, obgleich sie in unsicheren Beschäftigungsbedingungen „super viel gearbeitet" habe. So stellt sich bei ihr verstärkt Unzufriedenheit ein, da für den hohen Arbeitsinput eine entsprechende Wertschätzung ausbleibt. Es kann also festgehalten werden: Vor dem Hintergrund individueller Unterschiede im Selbstwert von Personen, wirkt in der Kontrastgruppe „Hürdenreich" die Organisationskultur situativ auf den Selbstwert ein.

Das mangelnde Interesse in Kombination mit einem hohen Arbeitseinsatz macht sich bei einer anderen Habilitandin an der Frage eines Raumes fest, der ihr nicht zur Verfügung gestellt wurde. Sie hat das Gefühl, sie sei mit ihrem Raumproblem „einfach total egal". Das werde dann immer so abgetan, nach dem Motto: „Ja, ja, jetzt steigern Sie sich mal nicht rein. Es gibt hier schon Räume". Dieses Desinteresse führte dazu, dass der Raum zu einer Metapher der eigenen Möglichkeiten am Klinikum wird: „Gibt es halt auch sonst Raum?" „Kein Raum" verbildlicht für die Habilitandin mangelnde Unterstützung: „Also ich habe so das Gefühl, man wird nicht unterstützt". Sie thematisiert mangelnden sozio-emotionalen Rückhalt in Form von Aufmerksamkeit und Wertschätzung im Arbeitsumfeld. Arbeitspsychologisch gilt soziale Unterstützung innerhalb der Organisation als zentrale Ressource. Die organisationalen Bedingungen ermöglichen Arbeitnehmenden demnach, ihre Leistungsfähigkeit und Gesundheit zu entwickeln und gegen Einflüsse zu stabilisieren (Zimolong und Elke 2001: 254 ff.). So geht das Job-Demands-Resources-Modell (Demerouti et al. 2001) davon aus, dass Stress nicht nur aufgrund eines hohen Arbeitspensums entsteht. Sie definieren externe Ressourcen, wie eine Unterstützung durch die Organisation, Partizipation an Entscheidungsprozessen und Belohnung sowie interne Ressourcen, worunter u. a. die Eigen-Bewertung der Arbeitsleistung verstanden werden kann. Demerouti et al. (2001) sprechen von sozio-emotionaler Unterstützung in Form von Mitgefühl und Aufmerksamkeit zur Abmilderung negativer psychologischer Auswirkungen sowie von instrumenteller sozialer Unterstützung, also einer direkten tätigkeitsbezogenen Form, in deren Kontext dem Individuum zusätzliche Ressourcen zur Verfügung gestellt werden.

Durch die zunehmende Irritation im Zusammenhang mit dem in Kapitel 7 beschriebenen hohen Hürdenaufkommen zeigt sich in der Kontrastgruppe „Hürdenreich", dass Wertschätzung als soziale Rückmeldung gemäß der Soziometer-Hypothese für das Selbstkonzept relevant ist und entsprechende Handlungen aktiviert. Dies erklärt den steigenden Stellenwert von Wertschätzung parallel zu einem sich intensivierenden Mangel. Dieser Mangel mobilisiert ein erhöhtes Begehren. So entdeckt eine andere Habilitandin, dass sie ihre eigenen Interessen für die Wertschätzung des Vorgesetzten immer stärker zurückgestellt habe. Sie habe nach vielen Hindernissen bemerkt, „dass ich es nicht aus meinem eigenen Interesse mache, sondern nur, weil ich ihm gefallen will und das ist nicht die richtige Intention, um irgendwelche Dinge zu tun". Werden Vorgesetzte zu *key people*, deuten Studien darauf hin, dass sie als Teil des Selbstkonzeptes integriert und so zu wichtigen Parametern der Selbst-Bewertung werden (McConnell et al. 2013: 17). Wie hoch die Beeinflussung des „dynamischen Selbsts" (Hannover 1997) durch einen sozialen Kontext ausfällt, hängt, wie in Kapitel 3.3.1. dargelegt, von der sozialen Gebundenheit des Selbstkonzepts ab. Selbstkonzepte werden als inter- oder independent bezeichnet und definieren, wie sozial gebunden das Selbstkonzept einer Person ist. So werden Informationen umso stärker an soziale Inhalte assimiliert, je zugänglicher soziales Selbstwissen (interdependent) für die Person zu diesem Zeitpunkt ist (Hannover 2000; Hannover und Kühnen 2002).[46] Diese Independenz- und Interdependenz-Normen stehen in engem Zusammenhang mit Geschlecht (Hannover 2010). So unterscheiden sich Frauen und Männer, wie sie ihr Selbst konstruieren sollen (Cross und Madson: 1997): Maskulin bedeutet ein independentes Selbstkonstrukt anzustreben, bei der das Subjekt als getrennt und individuell einzigartig erscheint. Demgegenüber sollten sich Weiblichkeiten als interdependent darstellen, also als die Bevorzugung enger Beziehungen und Gemeinsamkeiten mit anderen. Weiblichkeit ist damit auch mit dem Einbezug interpersonaler Beziehungen wie *key people* in die Selbstdefinition assoziiert (McConnell et al. 2013: 17). Eine interdependente Selbstkonzeption führt zu einer stärkeren Kontextabhängigkeit der Wahrnehmung, zu einem geringeren personalen Selbstwert, bei hohem kollektiven Selbstwert, geringerer selbstwertdienlicher Voreingenommenheit und dem stärkeren Verfolgen von sozial verantwortlichen Zielen im Gegensatz zu selbstbezogenen Zielen (einen Überblick gibt Hannover 2010: 30 ff.).

Durch die hohe wahrgenommene Abhängigkeit zu Vorgesetzten in der Kontrastgruppe „Hürdenreich" zeigt sich im Verlauf eine situative Verstärkung eines interdependenten Selbstkonzepts. Im Sinne der obig thematisierten Soziometer-Annahme können gerade bei Irritationen des Selbstwertes Vorgesetzte die eigene Selbstbewertung verstärkt tangieren. Situativ werden Vorgesetzte zu Indikatoren sozialer Anerkennung der Kontrastgruppe „Hürdenreich" in ihrer sozialen Umwelt. An dieser Stelle zeigt sich eine deutlich situative Beeinflussung der Selbstkonzepte der Frauen, die mit dem Entzug personaler Ressourcen einhergeht. Es ist davon auszugehen, dass hiervon Personen mit einem chronisch interdependent zugänglichen Selbstkonzept verstärkt betroffen sind. Zugleich wird aber der enorme Einfluss durch die hohe Abhängigkeit von Vorgesetzten sichtbar, der diese Prozesse anregt und verstärkt. Im Sinne der Soziometer-Hypothese wird gerade durch den Entzug von sozialer Ankerkennung Aufmerksamkeit im Hinblick auf diesen Aspekt aktiviert. Mit der Folge, dass sich interdependente Selbstkonzepte im Verlauf immer deutlicher der Selbstwahrnehmung zuwenden.

---

[46] Nach den Ausführungen in Kapitel 3.3.1. verarbeiten unabhängige bzw. abhängige Selbstkonzepte Informationen unterschiedlich. Je nach Zugänglichkeit kognitiver Inhalte können entweder eher autonome (independene) oder soziale (interdependente) Selbstkonstrukte zugänglich sein. Diese Zugänglichkeit kategorisiert wiederum neu eintreffende Inhalte, die sich auch in der Wertvorstellung und den Zielen des Individuums ausdrücken. Bei einer independenten Selbstkonstruktion werden Informationen eher kontextunabhängig verarbeitet (z. B. „ich bin humorvoll"). Interdependente Selbstkonstruktionen hingegen beziehen Personen und Situationen in die Wahrnehmung und Reflexion des Selbst mit ein (z. B. „ich bin gerne mit meinen Freunden zusammen"). Menschen definierten ihr Selbst damit sowohl basierend auf independenten als auch auf interdependenten Konstrukten, die sich darin unterscheiden, welche der beiden Wissensarten im Selbst wahrscheinlicher zugänglich sind. Kommt es also zu einer interdependenten situationalen Aktivierung des Selbstkonzepts durch die Aktivierungsquelle der Organisationskultur wirkt dieses insbesondere dann, wenn eine entsprechende Zugänglichkeit in den Selbstkonstrukte diese Aktivierung wahrscheinlicher macht (Hannover und Kühnen 2002).

Ausbleibende soziale Anerkennung tangiert das Selbstkonzept und entzieht personale Ressourcen. In Rückbindung an das vorherige Kapitel kann zudem konstatiert werden, dass die Art und Weise wie Leistung anerkannt wird, mit der Zuschreibung der im wissenschaftlichen Feld konstruierten Persönlichkeitseigenschaften verknüpft ist (Engler 2001). Diese Zuschreibungsprozesse tragen im Sinne der Soziometer-Hypothese zu einer positiven Entwicklung des Selbstwertes in der Organisation bei. Habitusähnliche Personen erfahren so auch stärker soziale Anerkennung. Diese soziale Rückmeldung stellt eine der Informationsquellen des Selbstwertgefühls dar (Schütz 2003: 59). Ein hoher Selbstwert und/oder ein independentes Selbstwissen können dem Verlauf entgegenwirken. Diese Perspektive bietet so Problemlösungskompetenzen an, suggeriert aber auch, dass sich die Problematiken individuell lösen lassen. In der Konsequenz kommt es so zu einer Fokusverschiebung. Im Sinne eines „You are not responsible for being down, but you are responsible for getting up" (Bröckling 2003) kümmert sich diese Vorstellung von Empowerment nicht mehr um das *getting down* und deren soziale Herstellung, sondern verschiebt den Fokus zum individuellen *getting up*, für das die Individuen dann tatsächlich selbst verantwortlich gemacht werden (Responsibilisierung). Betont wird deshalb an dieser Stelle vor allem, dass die vergeschlechtlichte Organisationskultur invasiv und negativ auf das Selbstkonzept der Wissenschaftlerinnen in dieser Kontrastgruppe einwirkt. Und das in Bezug auf eine essentielle Ressource für den beruflichen Erfolg in der Wissenschaft. So betont Münch die Wichtigkeit eines unternehmerischen Habitus in der zeitgenössischen Wissenschaft, der auf Selbstvermarkung setzt (Münch 2011: 125). Gerade diese Selbstvermarkung im Neoliberalismus hat ein omnipräsentes Wissen um einen hohen Selbstwert, Selbstbewusstsein und eine entsprechende Performance als Differenzwissen von Frauen hervorgebracht (McRobbie 2015; Bröckling 2002, vgl. zudem die Erklärungsansätze in Kapitel 1.3.). Doch zeigt sich hier deutlich, dass diese gut ausgebildeten und bislang sehr erfolgreichen Frauen nicht prinzipiell über geringere personale Ressourcen verfügen, sondern eine spezifische Organisationskultur additiv mitherstellt, was als defizitäres Wissen individualpsychologisch messbar wird. Darüber hinaus ist Wertschätzung mit antizipierten Erfolgen verbunden. Denn, so wie die Analyse der Rahmenbedingungen offenbart, spielt soziale Anerkennung nicht nur in psychischer Hinsicht eine Rolle, sie ist auch mit konkreten Fördermechanismen verbunden.

8.1.2. Abwertung:
Selbstwertbedrohung und Abnahme des beruflichen Selbstvertrauens

Semmer betont, wie oben ausgeführt, in seinem Konzept *Stress-as-Offense-to-Self* (Semmer et al. 2006; 2007), dass fehlende Wertschätzung eine Form von Selbstwertbedrohung annehmen kann und so zu erhöhter Belastung führt. In Rückbezug auf die Theorie der Ressourcenerhaltung (Hobfoll 1988) setzt diese Theorie den Selbstwert als zentrale Ressource in den Mittelpunkt, den es zu schützen und aufrechtzuerhalten gilt. Fehlende Wertschätzung benennt er als „Kernelement" des Stresserlebens im Arbeitskontext (Semmer et al. 2006: 87). Insbesondere respektloses Verhalten kann so zu einem Stressor werden, der sich negativ auf die Arbeitsgesundheit und Überlastung am Arbeitsplatz auswirken kann. Die Organisationskultur stellt sich auch für die Frauen der Kontrastgruppe „Hürdenreich" als von Abwertungen bis hin zu Erniedrigungen geprägt dar. Eine Medizinerin spricht beispielsweise von einem Oberarzt, der ihr ständig sagt: „Sie können ja überhaupt nichts!". Eine andere Ärztin habe sich bereits daran gewöhnt, von ihrem Vorgesetzten angeschrien zu werden, doch sei sie nun in eine andere Abteilung gewechselt. Hier habe sie sich „schon mehr als einmal überlegt, nach Hause zu gehen". Ihr Vorgesetzter sage zu ihr:

> „Ja, ob man zu doof ist ... Es gibt bestimmte Aufgaben, es ist halt so, dass jede Kleinigkeit dem Arzt übertragen wird und dass man dann irgendwie für jede Sache fertiggemacht wird oder verantwortlich gemacht wird, warum das und das nicht richtig angemeldet ist. Dann wird es einem: Ja, das muss man da auf gar keinen Fall so machen! Und beim nächsten Mal fliegen Sie raus! Und der Zugang wird einem verboten, weil man dann irgendwie ein paar Unterschriften nicht sammeln konnte. Und dann gibt es halt keine Diskussion, dass man sich erklären kann, warum, weshalb. Sondern halt einfach ... wird halt zusammengeschrien."

Ein ähnlicher Umgang führte auch bei einer anderen Ärztin zur „Verzweiflung". In einer kollegialen Fallberatung sagt sie:

> „Also diese ständigen Torpedierungen, die ihr beiden ja auch geschildert habt, die so halt in den Kliniken üblich sind – die sind ja, selbst wenn man sich noch so sehr versucht, dagegen abzuschotten, wirklich halt extrem beschädigend, weil irgendwo hat man ja auch nur eine gewisse Anzahl an Ressourcen zur Verfügung."

Die Ärztin schildert hier eine entscheidende Problematik: Die beschriebenen Abwertungen und Erniedrigungen wirken beschädigend und entziehen beständig Ressourcen im Umgang mit den hochschulmedizinischen Rahmenbedingungen. Im Anschluss an die Theorie der Ressourcenerhaltung, die in Kapitel 4.2.1 dargelegt wurde, verfügt jeder Mensch über bestimmte für ihn oder sie wichtige Ressourcen. Diese zuerst „rohen" Ressourcen werden durch evaluative Systeme der jeweiligen Person bewertet und durch diesen Prozess zu evaluierten Ressourcen, die auf die Stresskompensation einwirken. Kommt es nun zu einem stressigen Erlebnis, wirken diese evaluierten Ressourcen auf eine Ressourcenmaximierung oder einen Ressourcenverlust ein, wodurch entweder Wohlbefinden oder Belastungen entstehen. Diese wirken zirkulär auf die zur Verfügung stehen Ressourcen (Hobfoll 1988: 25 ff.). Aus seiner Theorie leitet Hobfoll deshalb zwei Prinzipen ab. Erstens wiegen Ressourcenverluste schwerwiegender als Ressourcengewinne und zweitens müssen Menschen Ressourcen investieren, um sich von Verlusten zu erholen oder um neue Ressourcen zu erwerben. Daraus geht hervor, dass Menschen, die über viele Ressourcen verfügen, weniger vulnerabel sind. Demgegenüber kann sich eine Verlustspirale entwickeln, wenn Menschen durch Verluste verletzlicher werden und dann gegenüber neuen Stresssituationen weniger resistent reagieren. Menschen mit wenigen Ressourcen reagieren defensiver, um die bestehenden Ressourcen zu schützen. Für Hobfoll bedeutet soziale Ungleichheit zudem eine Limitierung dieser Ressourcen. Die Möglichkeiten in Ressourcen zu investieren, sind demnach beschränkter (ebd.).

Die zitierte Medizinerin spricht damit einen essentiellen Prozess der Entstehung einer sogenannten Abwärtsspirale mit krisenhaftem Ausgang an. So schildert sie, dass sie durch die in den Unikliniken „üblichen" Torpedierungen „geschwächt" werde. Selbst beim Versuch, sich „dagegen abzuschotten", und auch wenn man trotzdem „weiter an sich glaubt", wirken diese Prozesse „extrem beschädigend". Zugleich wurde bereits beschrieben, dass Erschöpfung, Überlastung und die damit verbundenen Belastungen als Karrierebedingung normalisiert sind: Entweder man halte es aus oder man müsse eben gehen (vgl. Kapitel 7). So reduzieren die ständigen „Torpedierungen" durch kontinuierliche Abwehrreaktionen Spieleinsätze im ‚Habilitationsspiel', in dem personale Ressourcen im Umgang mit den sich im Wettbewerb verschärfenden Bedingungen entzogen werden. In Kapitel 9 wird zwar veranschaulicht, dass eine Abwärtsspirale nicht zum Schicksal werden muss. Individuelle Ressourcen und resiliente Faktoren können hier positiv auf die Wiederherstellung von Gesundheit und Handlungsfähigkeit einwirken. Auch haben nach Hobfoll evaluative Systeme einen Einfluss auf die Bewertung der Stresssituation. An dieser Stelle soll aber konstatiert werden, dass die organisationalen Ausgangsbedingungen für gesundheitliches Wohlbefinden durch eine vergeschlechtliche Organisationskultur beeinflusst werden. Im Vergleich zu den wenigen anerkannten Frauen (Kapitel 9.2.1.) wirken Torpedierungen negativ auf essentielle personale Ressourcen, wie das berufliche Selbstvertrauen, ein. Einer Ärztin beispielsweise werde ständig gesagt: „Sie schaffen es nicht. Sie können keine *paper* schreiben." Irgendwann habe sie das Gefühl bekommen, sie sei „doof", sie sei „unfähig". Aufgrund der schwierigen Umstände überlege sie, die Abteilung zu verlassen und gleichzeitig wolle sie ihm es zeigen. Sonst gehe sie mit der Einstellung „Ah, ich kann nichts" bzw. „Ich bin einfach zu nichts wert". Ein extremes Beispiel bezeichnete eine Ärztin als „Psychoterror". So sei ein Patient halb verblutet und der Oberarzt habe sie hinter dem „Glasding" „zusammengeschissen": „Du kannst ja überhaupt nichts, was machen Sie überhaupt hier?" Sie sei alleine dagestanden und der Patient habe das alles mitbekommen. Mit dieser Situation hat die Ärztin sehr zu kämpfen, sie habe „schon donnerstags Panik gekriegt, dass freitags der Dienstplan rauskommt", da habe sie dann „Benzos genommen zwischendurch, weil ich so Panikattacken hatte". Diese extreme Form der Erniedrigung macht erneut einen fehlenden Korrekturfaktor (vgl. Kapitel 7.1.) auch im Hinblick auf Extremfälle deutlich und äußert sich für die Ärztin als eine hohe Belastung. Aber auch in den anderen Abwertungsfällen werden gesundheitliche Risiken erzeugt. Hier lässt sich feststellen, dass ein unterschiedlicher Umgang zwischen männlichen und weiblichen Kollegen konstatiert wird. So sei der „Grundrespekt gegenüber Männern einfach anders", was darauf hindeutet, dass eine Assoziierung mit männlichen Persönlichkeitseigenschaften eher vor Abwertungen schützt.

Die Untersuchung von Abele-Brehm (2013, vgl. Kapitel 3.3.2) konnte den Nachweis eines sinkenden Selbstvertrauens von Frauen in der Medizin erbringen. Unklar bleiben in ihrer Studie aber die Gründe für dieses Absinken. Diese Veränderungen der bereichsspezifischen Selbstwirksamkeitserwartung, also die Überzeugung zur eigenen Fähigkeit, bestimmte Handlungen ausführen zu können, die zum Erreichen bestimmter Ziele erforderlich sind (Haddock und Maio 2014: 225), können auf die hier dargestellten Ressourcenentzüge zurückgeführt werden. Es zeigt sich eine Verknüpfung zwischen den organisationskulturellen Rahmenbedingungen (vgl. Kapitel 7) und Veränderungen des beruflichen Selbstvertrauens. Nach Abele-Brehm unterscheiden sich Ärztinnen und Ärzte zu Beginn ihrer Tätigkeit kaum im Hinblick auf ihre beruflichen Selbstwirksamkeitserwartungen. Im Habilitationsverlauf der Kontrastgruppe „Hürdenreich" wird jedoch deutlich, dass die Frauen immer weniger von ihrer eigenen Selbstwirksamkeit überzeugt sind (Beispiel-Item: „Ich weiß, dass ich die an meinen Beruf gestellten Anforderungen erfüllen kann, wenn ich nur will", vgl. Abele et al. 2000). Ein Vergleich beider Kontrastgruppen in Bezug auf Selbstwirksamkeitserwartung und organisationale Rahmenbedingungen folgt in Kapitel 9.3. Hier wird aber bereits ersichtlich, wie durch selbstwertbedrohende Prozesse innerhalb der Organisation diese Erwartungen an das Selbst abnehmen. Zwar eine gilt eine generelle Selbstwirksamkeit nach Bandura (1997) als relativ stabile Persönlichkeitseigenschaft, doch nimmt die berufliche Selbstwirksamkeit (als bereichsspezifische Selbstwirksamkeitserwartung) im Laufe der beruflichen Praxis ab. Die wahrgenommene Selbstwirksamkeitserwartung ist nach Bandura so auch das Ergebnis komplexer Schlussfolgerungsprozesse, die neben dem persönlichen Verhalten auch relative Beiträge sozialer und situativer Einflüsse auf das Verhalten ausloten. Die wahrgenommene zunehmende Machtlosigkeit, die auch in Kapitel 7.1.3 thematisiert wurde, sowie die hohen Abwertungen beeinflussen die Erwartung der eigenen Wirksamkeit. Wie die Ressourcenerhaltungstheorie zeigte, wirken sich diese Prozesse im Sinne einer Verlustspirale immer stärker auf die eigene Selbstwirksamkeit aus. Hieraus kann abgeleitet werden, dass die Habilitandinnen der Kontrastgruppe „Anerkannt", die im Vergleich über mehr Ressourcen verfügen, selbstwirksamer agieren. Diese Annahme wird in Kapitel 9.3. untersucht. Bei sich reduzierenden Ressourcen kommt es hingegen bei denjenigen Habilitandinnen, die von ständigen Abwertungen betroffen sind, zu einer Verlustspirale, die sich auf das Gefühl von Selbstwirksamkeit und zunehmender Machtlosigkeit auswirkt. Dies wirkt insofern zirkulär, da dies dazu führen kann, dass sie gegenüber weiteren Stressoren vulnerabler reagieren. Eine gläserne Decke kann so auch vor dem Hintergrund einer Abwärtsspirale gedeutet werden, die aufgrund der ungleichen Rahmenbedingungen entsteht. Die Habilitandinnen sind diesen Spannungen zwar nicht hilflos ausgeliefert, so können diese durch personale und organisationale Ressourcen gelöst und abgefedert werden (Kapitel 9.2.2.). Doch im Vergleich mit der Kontrastgruppe „Anerkannt" (Kapitel 9) müssen die Frauen der Kontrastgruppe „Hürdenreich" zusätzliche Ressourcen-Investitionen auf sich nehmen. Wie diese zusätzlichen Ressourcen-Investitionen attribuiert werden, untersucht das nächste Unterkapitel.

8.1.3. Selbstattribution ungleicher Belastungen und Gefühle von Machtlosigkeit

In Kapitel 7.1. wurde dargestellt, dass aufgrund hoher Abhängigkeitsverhältnisse Handlungsspielräume als eingeschränkt wahrgenommen werden. Fehlverhalten, das sich in Form von grenzwertiger Abwertung zeigt, wird zum Problem der einzelnen Wissenschaftlerin. Erinnert sei an das in Kapitel 7.1. geschilderte Verbot, sich auf Drittmittel zu bewerben oder die Androhung eines Vorgesetzten, die Habilitation zu streichen. Beschrieben wurden diese Machtverhältnisse mit dem Gefühl „total ausgeliefert" zu sein und sich in einem Feld „ohne Korrekturfaktor" zu bewegen. Dies führte zu der Vorstellung einer beruflichen Situation als „Hamsterrad". In diesem Bild drückt sich eine sich verstärkende Machtlosigkeit aus. Eine Medizinerin äußert so auch, dass, wenn sie in diesem „Hamsterrad" gefangen sei, sie das Außen nicht mehr wahrnehme, nach dem Motto: „Es ist Scheiße, aber es läuft doch eigentlich gut". Grenzziehungen erscheinen nun immer weniger möglich. Zudem erschwert der hohe bereits geleistete Arbeitsinput eine Entscheidung in Richtung Veränderung. Die Medizinerin verharrt förmlich in der Situation. Nach Meinung einer Ärztin müsse man „durchhalten", da es sonst keine Zukunft mehr in der Universitätsmedizin gäbe:

> „Aber es wird sich halt auch nicht ändern, weil so ist es halt einfach, seitdem ich angefangen habe. Und damals war es auch schon so, was ich ja auch von den Leuten, die damals noch da waren und die noch cool waren, mitgekriegt habe."

Die Organisation wird in diesem Zitat global und stabil attribuiert. Die obig angesprochene Selbstwirksamkeitserwartung steht in einem engen Zusammenhang mit Attributionsstilen wie in Kapitel 3.3.2 theoretisch erörtert. So wurde festgestellt, dass eine selbstwertdienliche Attribution die Selbstwirksamkeit stärkt (Schwarzer und Jerusalem 2002: 50). Attribution wird beschrieben als eine Interpretationsform in Bezug auf kritische Ereignisse. Gelingt es demnach, schwierige Situationen vorteilhaft zu interpretieren, fühle man sich besser und handle auch wirksamer (ebd.: 31). Nach Seligman (1999) zeigen diese Attributionsstile auf, wann und warum sich Menschen machtlos fühlen. Ausgangspunkt ist die Erfahrung, die die Kontrastgruppe „Hürdenreich" zunehmend teilt, dass zum wiederholten Male der Versuch, Ereignisse und Situationen der Umwelt zu beeinflussen, fehlschlägt. Wenn dann auch, wie im Verlauf der Habilitationsphase der Kontrastgruppe „Hürdenreich" ausführlich in Kapitel 7 vorgestellt, die Versuche Kontrolle zurückzugewinnen fehlschlagen, führt dies dazu, dass sich die weitere Motivation Einfluss auszuüben vermindert. Nehmen also die zur Verfügung stehenden Handlungsmöglichkeiten der Habilitandinnen in der Kontrastgruppe „Hürdenreich" keinen positiven Einfluss auf die Umwelt, entsteht innerhalb der Organisationskultur der Eindruck von Machtlosigkeit. Die Art und Weise wie diese Machtlosigkeit als innerer Dialog gedeutet wird, stellt eine Form der Erklärungen für das Scheitern von Steuerungsversuchen dar (Herriger 2014: 57 f.). Seligman kam zu der Erkenntnis, dass Menschen, die sich machtlos fühlen, Misserfolge ihrem persönlichen Geschick und ihren Fähigkeiten zuschreiben (= internal), sowie Erfolge eher durch Glück und Zufall erklären (= external). Im Gegensatz dazu, suchen Menschen ohne Machtlosigkeitserleben bei Misserfolgen die Ursachen eher in äußeren Umständen und sind auf sich stolz, wenn sie Leistungen erbracht haben (Seligman 1999: 133). In einer komplexeren Betrachtung können diese daneben als global/spezifisch (Allgemeinheitsgrad der Ursache) sowie stabil/variabel (zeitliche Dauer) attribuiert werden (Seligman 1999: 134). Ein optimistischer Erklärungsstil trägt also die Ausprägung „external/spezifisch/variabel". Ein pessimistischer hingegen „internal/global/stabil". Diese Interpretationsmuster bieten Individuen Interpretationsmöglichkeiten und machen diese einordenbar. Dies erklärt, wie Nichtkontrollerfahrungen individualpsychologisch verarbeitet werden. Wenn sich ein Gefühl der Machtlosigkeit entwickelt, wirkt dies auf das Selbstbild sowie auf die Motivation und zu Gefühlen der Hoffnungslosigkeit (ebd.: 62). Attributionsstile machen deutlich, wie eine zunehmende Machtlosigkeit verarbeitet wird, und warum die gemachte Erfahrung das Selbst tangieren kann und sich so auf den Selbstwert auswirkt. Dies zeigt sich in der Wahrnehmung einer Ärztin, die „tierisch Angst" habe, dass sie die Situation negativ bewerte und die Dinge schwarzsehe:

„Ich hoffe nur, dass es woanders anders ist und es nicht so ... und ... na ja, und ich das nicht so schlimm mache. Weißt du? Weil es kann ja auch sein, dass die Situation gar nicht so schlimm ist und ich das nur so innerlich dazu mache, dass das alles so schrecklich ist. War jetzt in der [anderen Abteilung] zum Glück halt nicht so, deswegen habe ich jetzt ... Ich hatte halt tierisch Angst davor, dass ich halt alles nur noch so schwarzsehe, weil ich auch in [anderer Ort] gekündigt habe und dann jetzt schon wieder gehe. Und dass ich so gar nicht irgendwie mich mit irgendwas abfinden kann. In der [andere Abteilung] war es aber eigentlich echt gut und das hat mich schon so ein bisschen beruhigt, als dass ich denke: Na ja, es geht schon. Ich komme schon irgendwie mit Arbeiten klar und so."

Die Wissenschaftlerin versucht hier, Souveränität zurückzuerlangen, indem sie über ihre Anteile am Geschehen reflektiert und Handlungsoptionen sondiert. Da durch die gemachten Erfahrungen im Außen keine Problemlösung mehr möglich erscheint, werden die Problematiken individualisiert. Bemerkenswert ist, dass es hier zu einer internalisierenden und selbst-attribuierenden Fokus-Verschiebung der schwierigen Rahmenbedingungen als hauptsächlich personales Problem in der Kontrastgruppe „Hürdenreich" kommt – und dies vor dem Hintergrund eines Habilitationsverlaufs, der charakterisiert wurde durch hochgradige Abwertungen, drohende Vorgesetzte, ein grenzwertiges Arbeitspensum, intransparente Rotationen und wissenschaftlichem Fehlverhalten (vgl. Kapitel 7). Die bei der Kontrastgruppe „Hürdenreich" beobachteten Einschränkungen von Handlungsmöglichkeiten, führen also insgesamt zu einer Abnahme der Selbstwirksamkeitserwartung, die eine Attribution der Organisation als unveränderbar verstärken. Die zur gläsernen Decke hin gemachten Erfahrungen beeinflussen sich so zirkulär. In diesem Zuge wandeln sich auch Coping-Strategien. Lösungsansätze werden nun, in Anlehnung an das „Transaktionale Stressmodel" von (Lazarus und Folkman 1987; Lazarus und

Smith 1990, vgl. Kapitel 4.2.1.) vermehrt in den Subjekten selbst gesucht (emotionsorientiertes Coping). Wie im obigen Zitat verdeutlicht, entsteht der Versuch, emotionale Erregung hauptsächlich durch innerpsychische Prozesse abzubauen. Doch aufgrund der Rahmenbedingungen und des hohen Hürdenaufkommens können individuelle Anpassungsleistungen alleine das Problem nicht (mehr) lösen. Problemzentriertes Coping, bei dem durch Informationssuche die Situationen verändert werden, wird zunehmend als unwirksam oder unmöglich erlebt. In Bezug auf die starken Abwertungen wäre aber neben einer individuellen Neubewertung der Situation, um den Belastungen besser standzuhalten, eine grundsätzliche Veränderung der gesundheitsbedrohenden Rahmenbedingungen nötig. In Kapitel 9.3. kann veranschaulicht werden, dass Kohärenzgefühle als personale Ressource dazu beitragen können, dass sich Coping-Strategien in Richtung „Situationsbeeinflussung" wieder verändern (können). Zugleich wird hier sehr deutlich, dass durch die Abnahme der Selbstwirksamkeitserwartung Grenzziehungen immer stärker ausbleiben und sich damit auch organisationale Rahmenbedingungen weiter verschärfen.

In Form von Selbstwertbedrohungen, der Aktivierung interdependenter Selbstkonzepte, der Abnahme der Selbstwirksamkeitserwartungen und internalisierenden Attributionsstilen werden ungleiche Rahmenbedingungen verschleiert. In der Kontrastgruppe „Hürdenreich" werden psychosoziale Ressourcenentzüge zum Selbstproblem, die es individuell aufzulösen gilt. Denn, so die Annahme einer Medizinerin, läge das Problem in ihr, müsste sie das Problem in sich lösen, dann helfe es nicht, den Arbeitsplatz zu wechseln. Psychosoziale Beratung im Rahmen eines Coachings diente ihr diese Frage zu bearbeiten. Es kommt also zu einer deutlichen Fokusverschiebung von Defiziten innerhalb der Organisation hin zu individuellen Problematiken, um Handlungsmöglichkeiten zu generieren, die zugleich immer wieder zu scheitern drohen. In der Organisationskultur nehmen die begleiteten Frauen nicht nur eine geringere Wertschätzung und die damit verbundenen Auswirkungen auf den Selbstwert wahr. Aus gouvernementaler Perspektive, die in Kapitel 4.1. erläutert wurde, tritt hier die Wichtigkeit von Selbstführung und -techniken unternehmerischer Forschender im akademischen Feudalismus auf den Plan. Denn gibt es keine Kontrolle mehr im Außen, wird auf das Selbst auf eine bestimmte Art eingewirkt, die sich als „gouvernementale Machttechnologie" bezeichnen lässt. Die Verinnerlichung von Macht ist ein praktischer Modus, eine Ethik in praktischer Weise (Rose 2000: 11), die nicht einfach passiert, sondern von den Selbsten aktiv vorangetrieben wird, um sich im ‚harten' Wettbewerb kontextbezogen passend zu machen. Mit diesen Selbsttechnologien führen Individuen mit eigenen Mitteln oder auch unter Zuhilfenahme von psychosozialer Beratung Operationen an sich aus, mit dem Ziel, sich zu verändern (Foucault 1993: 26). So wird deutlich, dass in der Kontrastgruppe „Hürdenreich" eine Notwendigkeit des Einsatzes von Selbsttechniken besteht, um weiterhin gesund zu bleiben. Der soziale Faktor verschiebt sich unter den Gefühlen von Machtlosigkeit im akademischen Feudalismus scheinbar völlig in die Subjekte selbst. Hier überlagern sich souveräne und unternehmerische Machttechniken, da durch Erstere

Handlungsmöglichkeiten beschränkt werden, die im individualisierten ‚harten' Wettbewerb ohne „Korrekturfaktor" durch individualisierte Positionskämpfe gelöst werden müssen (vgl. Kapitel 7.1.3). Emotionen nehmen in diesem Kontext einen enormen Stellenwert für beruflichen Erfolg ein (Han 2016: 62). Auf der Ebene des Subjekts ergibt sich eine kontinuierliche Selbstreflexion und beständiges Arbeiten an den eigenen Emotionen, um den veränderten Rahmenbedingungen der Habilitationsphase standzuhalten. Ilouz nennt dies, wie oben ausgeführt, einen „emotionalen Kapitalismus" (Illouz 2009): Emotionen werden so zu ökonomischen Gütern, die optimiert werden können und müssen, um gesund zu bleiben. Die Maslow'sche Bedürfnispyramide der Motivation, die davon ausging, dass zuerst die basalen Bedürfnisse des menschlichen Seins, wie berufliche Sicherheit, verwirklicht sein müssen, steht hier Kopf. Vielmehr wird suggeriert, dass ein hohes Maß an Selbstwertgefühl benötigt wird, um erfolgreich zu sein und aufzusteigen (Cabanas und Illouz 2015: 567 f.). Defizitorientierte Ansätze, wie in Kapitel 1.3. ausgeführt, die davon ausgehen, dass Frauen die Universität aufgrund eines geringeren Selbstwertes oder einer geringeren Selbstwirksamkeitserwartung verlassen, verunsichbaren die Organisationskultur als Aktivierungsquelle und verschleiern, wie Organisationskulturen ungleich auf eben diese personalen Ressourcen einwirken. In der Konzentration auf das Selbst und der Attribution der Organisation als unveränderbar führen sie im Sinne von Machttechnologien auch zur Reproduktion einer vergeschlechtlichten Organisationskultur. Insofern wirkt die Konzentration auf das Selbst sowie die Verschiebung von Coping-Strategien von problem- zu einem emotionsfokussierten Formen auch komplizenhaft mit, das System aufrechtzuerhalten. Es wird deutlich, dass organisationskulturell eine hohe Abhängigkeit und Machtlosigkeit im akademischen Feudalismus hergestellt wird. Zugleich werden die Organisationssubjekte im Wettbewerb der unternehmerischen Universitäten gouvernemental adressiert. Hier herrscht eine Gleichzeitigkeit von Machttechniken: Durch Drohungen und Verbote ohne Korrekturfaktor abgesichert (vgl. Kapitel 7.1.) wird im Wettbewerb um Positionen zugleich durch die ‚Freiheit' der Organisationssubjekte, in der Universität zu bleiben oder diese zu verlassen, hindurch regiert (Rose 2000: 12). Freie Wahl, Selbstverwirklichung und Erfüllung durch Arbeit sind hier die positiven Aspekte, die dazu geführt haben, dass die unternehmerischen Regierungstechnologien hegemonial wurden (Bröckling 2007: 58). Gleichzeitig generiert diese Organisationskultur aber auch eine fortwährende Überforderung eines selbstattribuierenden und unabgeschlossenen Projekt-Selbsts, indem das Subjekt seinen Selbstwert erhöhen soll und darauf angewiesen ist, seine physische und psychische Gesundheit zu erhalten. In einer Institution, die gesundheitsgefährdend wirkt, werden Ausschlüsse und Ressourcenentzüge zur Frage der Funktionsfähigkeit scheinbar autonomer Subjekte. Die Anpassung „emotionaler Güter" (Illouz 2006) erscheint als verbleibende emotionsorientierte Coping-Strategie, gesundheitliche Unversehrtheit als essentielle Grundlage im Spiel der individualisierten Selbste zu erhalten. Durch die Verschiebung der Problematik in das Selbst, wie die Annahme, das Problem liege an der Medizinerin und nicht am Arbeitsplatz, bleiben nicht nur die organisationskulturellen Praktiken unversehrt. Sie erscheinen zudem als persönliches Defizit, das es auszugleichen gilt, und verstärken damit zirkulär noch den Fokus auf ein emotionsorientiertes Coping.

8.2. Unpassend gemacht: Anpassungsforderungen im Wettbewerb

In Kapitel 7 wurde deutlich, dass agentisch-männlich konnotierte Persönlichkeitseigenschaften[47] eine höhere soziale Anerkennung in der Hochschulmedizin erfahren. Neben den beschriebenen Aspekten der Wertschätzung führt dies auch zu einer Konzeptualisierung von Weiblichkeiten als unpassend. Forderungen nach feldadäquaten Persönlichkeitseigenschaften werden auf unterschiedlichen Ebenen wirkmächtig (vgl. Kapitel 7). Den Habitusbegriff Bourdieus zugrundelegend kann konstatiert werden, dass die vergeschlechtlichende und vergeschlechtlichte Weise von Feld und Habitus in einer Wechselwirkung zueinanderstehen. Bourdieu zeigt auf, wie durch eine Verbindung von Feld und Habitus im Kontext von Geschlecht Ausschlüsse produziert werden. Erinnert sei in diesem Zusammenhang, dass Bourdieu zudem darauf verweist, dass dieser Vorgang nicht determinierend ausfallen muss. Wie auch in der Stereotypenforschung nachgewiesen, kann hier ein „Erkennen", also eine Reflexion, zu Veränderungen beitragen (vgl. Kapitel 3.2.1). Mit Cornelißen lassen sich Geschlechterstereotype in Verbindung mit einem vergeschlechtlichten und vergeschlechtlichenden Habitus betrachten (2010: 73) und empirisch danach fragen, wie konkret Prozesse des Ineinandergreifens von Feld und Habitus innerpsychisch vonstattengehen. Diskutiert wird deshalb nun, wie die genannten Stereotype der Organisationskultur auf das Selbstwissen der Habilitandinnen einwirken.

8.2.1. Stereotype und Selbstadressierung

In der begleiteten Gruppe der hürdenreichen Verläufe verstärkt sich die beobachtete Tendenz, dass stereotype Vorstellungen in der Habilitationsphase zunehmen. Dementsprechend zieht sich durch die Kontrastgruppe „Hürdenreich" die Frage nach einem Umgang mit Stereotypen und deren Bedeutung für Selbstkonzepte. In einer kollegialen Fallberatung thematisiert eine Ärztin, dass sie von ihrem Vorgesetzten aufgefordert worden sei, sich maskulin-agentischen Persönlichkeitseigenschaften stärker anzupassen. Sie habe eine Laborleitung inne, in der verschiedenste Personengruppen aus Medizin und Wissenschaft zusammenarbeiten. Ihr Vorgesetzter habe ihr empfohlen, nach außen zu zeigen, dass sie „die Führerin" sei. Sie stellt nun an die Kolleginnen die Frage, inwiefern sie sich anpassen soll oder muss. Gegen Ende der kollegialen Fallberatung ist sie der Ansicht, dass der Druck, der aufgrund der Kritik auf ihr lastet,

---

[47] Wie in Kapitel 3.3.1 ausgeführt, meint „agentisch" ein Selbstkonzept, das die eigene Person und Ziele fokussiert und mit Individualität, Selbstbehauptung, Durchsetzungsfähigkeit, Performance verbunden wird. Dem gegenüber steht die Dimension „kommunal" für die Einbindung in eine größere soziale Einheit. Diese mit Weiblichkeit verknüpfte Persönlichkeitseigenschaft ist gemeinschaftsbezogen und legt den Fokus auf Bindung, moralisches Verhalten und soziale Interaktion (Abele und Wojciszke 2007).

voraussichtlich bleiben wird. Wahrscheinlich gehe es eher darum, mit diesem umzugehen. Sie möchte sich nicht an den von ihr als „wankelmütig" und nicht effektiv betrachteten Führungsstil ihres Vorgesetzten angleichen. Sie entschließt letztlich „über die Zeit standfest im eigenen Stil zu bleiben". Ihrer Ansicht nach hat das allerdings zur Konsequenz, den damit entstehenden Druck von Seiten des Vorgesetzten aushalten zu müssen. Hier kommt es zu vergeschlechtlichten Fremdpositionierungen, die ein situatives und geschlechterbezogenes Selbstwissen aktivieren und Anpassungsleistungen fordern. Wenngleich diese zurückgewiesen werden, bleibt doch die Anforderung und Aktivierung bestehen. Vor dem theoretischen Hintergrund Butlers können Stereotype in der Organisationskultur so auch als kontinuierliche Anrufungsprozesse betrachtet werden, die eben diese Organisationssubjekte vergeschlechtlicht mit hervorbringen, beschränken, aber dadurch auch Handlungsmöglichkeiten eröffnen. Die Organisationskultur zeigt sich hier als vergeschlechtlichte Anrufung, zu der es sich zu verhalten und zu positionieren gilt. Durch den entstehenden *lack of fit* zur angenommenen vergeschlechtlichten Norm wird aber durch diese Abweichung ein zusätzlicher Druck erzeugt, „der nicht weggehen werde".

Bei einer anderen Ärztin wird, wie bereits in Kapitel 7 geschildert, eine Nicht-Beförderung stereotyp begründet. Sie sei nicht durchsetzungsfähig genug, ihr fehlten „männliche Attribute". Die Medizinerin räumt daraufhin ein:

> „Gut, das weiß ich ja, dass es ein gewisses Manko ist, aber man muss ja immer sehen, in unserem Bereich, da muss man nicht so. Also man könnte auch mit, sage ich mal, weiblichen Qualifikationen da sehr gut klarkommen. Man muss nicht diese männlichen Dinge unbedingt haben, um da durchzukommen. Wir sind jetzt nicht so eine, sage ich mal, so eine Hierarchie, wo das sein müsste."

Die Personalentscheidung wurde ihr gegenüber nicht fachlich-inhaltlich begründet, sondern bezieht sich auf die Interpretationen ihres Verhaltens durch ihren Vorgesetzten, die sie teilweise anerkennt, in dem sie im Obigen bestätigt, dass sie wisse, dass das ein gewisses Manko sei, aber auch insofern zurückweist, in dem sie verdeutlicht, dass Durchsetzungsfähigkeit in ihrem Bereich nicht unbedingt nötig sei. Sie ist vielmehr der Ansicht, dass hier „mit weiblichen Qualifikationen" gut klarzukommen ist. An dieser Stelle greifen vergeschlechtlicht maskuline Vorannahmen bezüglich Führungsqualitäten in der Medizin, die die Ärztin für ihren Fachbereich zurückweist. Zugleich wird sie defizitär adressiert, ihre Geschlechtszugehörigkeit als Frau aktiviert und ein durch Geschlecht gerahmter Reflexionsprozess bezüglich der eigenen Person in Gang gesetzt. Männlichkeit wird so zu einer scheinbar naturalisierten personalen Ressource, bei der mangelnde feldadäquate Persönlichkeitseigenschaften als Defizite im Selbst attribuiert und verankert werden. Die Feststellung, dass der Fachbereich nicht notwendig agentische Eigenschaftsmerkmale voraussetzt, deutet einen zarten organisationalen Wandel an, der aber (noch) nicht zu einer Veränderung stereotyper Vorannahmen führt. Beobachtet werden kann eine Aktivierung von Weiblichkeit im Selbstwissen durch feminisierte Fremdpositionierung. Zwar weist die Medizinerin Anpassungsleistungen zurück, doch wendet sie zugleich dichotome

Geschlechtervorstellungen auf sich selbst an. Sie sei zu wenig durchsetzungsfähig und habe sich nicht wie „die Männer" entsprechend präsentiert. In der Konsequenz trägt die maskuline Aktivierung von Stereotypen dazu bei, dass sich Betroffene von entsprechenden Bereichen distanzieren, in denen sie stereotype Abwertungen befürchten müssen (vgl. Kapitel 3.3.2). In der Hochschulmedizin werden die begleiteten Habilitandinnen durch nachteilig vergeschlechtlichte Subjektpositionen feminisiert. Im Gegensatz dazu stellen sich passförmige und feldadäquate Persönlichkeitseigenschaften als naturalisierte personale Ressourcen dar (vgl. Kapitel 9.1.2.).

8.2.2. Backlash-Effekte: Begrenzungen durch Stereotype

In dieser Organisation, so kann resümiert werden, sollen Frauen einer homosozialen Reproduktion zuspielen und sich möglichst selbst passend machen. Zugleich werden diese Anpassungsversuche aber auch als „unmöglich" sanktioniert und damit die Stabilität von Stereotypen reproduziert. So zeigt das Beispiel einer Medizinerin, die im Gegensatz zu ihrer Kollegin (siehe obigen Absatz) offensiv mehr Sichtbarkeit und Verantwortung einfordert, einen „Backlash-Effekt", also eine Sanktionierung eines Gegensterotypenverhaltens (Rudman 1998, vgl. Kapitel 3.3.1.). Sie schildert den für sie äußerst unangenehmen Verlauf eines Gesprächs mit ihren beiden Vorgesetzten. Bei ihrem Gesprächstermin befinden sich bereits beide Vorgesetzte im Raum. Nach ihrer Beschreibung haben diese sich „dann halt immer so angeschaut". Sie habe das Gefühl gehabt, die beiden hatten abgesprochen, was sie zu ihr sagen wollten. Sie sei aufgefordert worden, ihre Wünsche zu äußern. „Dann habe ich halt gesagt, was ich will". Sie entgegnet nach eigener Erzählung, dass es ihr darum gehe, mehr Sichtbarkeit für ihre Tätigkeiten zu erhalten, und eben auch „Verantwortung im Sinne von, dass ich Ansprechpartner bin". Sie habe konkrete Anliegen genannt, woraufhin ihr Vorgesetzter äußerte: „Ja, jetzt schießen Sie mal nicht übers Ziel hinaus." Im Nachgang glaube sie, dass ihre Vorgesetzten wahrgenommen hätten, dass sie „jetzt mal eine Forderung stelle". Gleichzeitig sollte ihr gezeigt werden „wo ist mein Platz". Im Nachhinein besprach sie mit ihrem direkten Vorgesetzten den Eindruck, dass das Gespräch an irgendeiner Stelle „gekippt" sei und sie nicht ganz verstanden habe, was „so komisch da passiert ist". Er entgegnete daraufhin:

> „Ich weiß auch gar nicht, wie du aufgetreten bist. Also das war total unmöglich. Und ich so: ‚Warum denn? Ich habe einfach gesagt, was ich gerne will, und dass ich vielleicht jetzt auch mal mehr von dem Kuchen will als bisher. Und ich weiß nicht, was jetzt daran so unverschämt und ungehörig sein soll.' Und da hat er gemeint: Ja, aber, die Art, wie du es gesagt hast. Also, wie du das gesagt hast'."

Nach eigener Einschätzung sei sie ein „bisschen weniger devot als sonst" gewesen und habe nicht verstanden, was an ihrem Auftreten so „ungehörig" gewesen sein sollte. Sie habe ihrem direkten Vorgesetzten die Situation erneut erläutert und ihre Inhalte wiederholt. Nun sei er einverstanden gewesen: „Ja, nee, wie du es jetzt sagst, hört sich das ganz gut an". Im Gegensatz zu einer Medizinerin, die nicht ständig zu ihren Vorgesetzten „hingegangen" sei, um mehr Sichtbarkeit einzufordern, wird diese Habilitandin als unmöglich im Auftreten beurteilt. Erinnert sei an Kapitel 7.2., in dem es darum ging, dass habitusähnliche Personen „geschmeidiger" Forderungen stellen können. In dieser Situation zeigt sich hingegen ein Backlash-Effekt, der Abweichungen von stereotypem und habituell akzeptiertem Verhalten sanktioniert. Dieser Effekt führt dazu, dass agentisch auftretende Frauen als nicht sympathisch und feminine Männer als wenig kompetent betrachtet werden. Sie sanktionieren damit zum einen das Verhalten der vergeschlechtlichten Personen, zum anderen wirken diese stabilisierend auf die in der Organisation vorhandenen Stereotype (Rudman und Fairchild 2004, vgl. Kapitel 3.3.1). Letztlich erhält diese Medizinerin zwar mehr Verantwortung, aber für den Preis sich entsprechenden Gesprächssituationen auszusetzen, die im Laufe der Habilitation bei ihr kumulierend zu hoher Belastung beitragen. Das ständige Sich-positionieren-Müssen kostet Kraft. In einem Umfeld, in dem permanent individuelle Positionierungen gefordert sind, werden diese, bedingt durch den Backlash-Effekt, im vergeschlechtlichten Feld immer schwieriger.

8.2.3. Self-Handicapping unter stereotyper Bedrohung

„Wer und was es ist, erfährt das Subjekt auf dem Weg einer Verständigung über sich, die zugleich den Umweg über das Andere nimmt" – so die philosophische Annahme, die sich auch in der Psychologie des Selbst wiederfindet (Mummendey 2006, vgl. Kapitel 3.3.2). Durch die beschriebenen stereotypen Einschränkungen lassen sich in der Kontrastgruppe „Hürdenreich" negative Veränderungen im Selbstkonzept der Frauen beobachten. Diese führen in einem Fall auch zu einer Reformulierung bestehender Ziele. Unter den geschilderten Selbstwertbedrohungen hat eine Habilitandin immer stärker den Eindruck, dass Habitus und Organisationskultur auseinanderfallen. Im Hinblick auf die Habilitation kommt sie zu dem Schluss:

> „Ich glaube auch, zu einer Habil, die hätte ich jetzt auch noch machen können, aber ich glaube, um den Ruf zu bekommen, kann ich mich nicht gut verkaufen. Und ich kann nicht gut verhandeln, und ich bin niemand, der dann ... Ich glaube tatsächlich, dass ich da keine gute Führungsperson auch wäre und ich glaube, dass einfach so diese Luft immer dünner wird da oben und dass dieses Ellbogendenken ... so bin ich nicht gestrickt. Und ich glaube, das wäre für mich eine Qual irgendwie gewesen."

Für die „immer dünnere Luft" und „dieses Ellbogendenken" sei sie „nicht gestrickt". Die Habilitandin, die bereits erfolgreich Projekte leitet, externe Gelder einwirbt und sich in Gesprächen mit den Vorgesetzten auch gegen Widerstände durchsetzen konnte, also bislang sehr erfolgreich in dem System funktioniert, integriert vergeschlechtlichte Defizite im Selbst. Ihr Soll-Selbst wird zunehmend infrage gestellt und aktiviert eine Selbst-Regulation, um mögliche Selbstwertbedrohungen abzuwehren. Durch den bisherigen hohen Arbeitseinsatz, die damit verknüpfte hohe Wichtigkeit des Ziels sowie den gleichzeitig immer stärker werdenden

Unsicherheiten bezüglich einer Performance in der Zukunft, setzen hier selbstwertschützende Prozesse in Form eines Self-Handicappings ein, das in Kapitel 3.3.2 vorgestellt wurde. Forschungen zeigen, dass Self-Handicapping aufgrund von Unsicherheit bezüglich einer Performance in der Zukunft entsteht (Berglas und Jones 1978) und so mit einem unsicheren Selbstwert zusammenhängt (Harris und Snyder 1986). Und dies insbesondere bei hoher Wichtigkeit des Ziels (Sheppard und Arkin 1989), wenn dieses Ziel egorelevant ist (Pyszczynski und Greenberg 1983) oder in Anwesenheit von Publikum (Hirt et al. 2000), da dies zu einer höheren potentiellen Selbstbedrohung führen könnte. Die selbstwertschützende Schlussfolgerung der Habilitandin unter stereotyper Bedrohung ist, dass sie dachte, eine Professur passe „gar nicht zu meinem Rollenverständnis". So führt die Anwendung stereotyper Selbstadressierungen als defizitorientiert bei ihr dazu, die Zielerreichung zu vermeiden, um das positive Selbstbild vor einem möglichen Misserfolg in der Zukunft zu schützen und ihre Ziele entsprechend anzupassen. Durch die vergeschlechtlichte Fremdpositionierung wird hier eine Selbstanrufung produziert, die einen deklarativen Charakter erhält. Durch Veränderungen im Selbstkonzept nimmt die Habilitandin durch die gemachten Erfahrungen einen antizipierten Misserfolg vorweg. Machttheoretisch entsteht eine gläserne Decke durch das Zusammenfallen von Fremd- und Selbstanrufung, die auf die Wirkungen von Stereotypen auf das Selbst zurückgehen. Gouvernementale Künste des Regierens wirken sowohl durch Selbstführung als auch durch aktivierende Fremdführung. Ungleichheiten entstehen hier durch organisationale Praktiken, mittels derer Menschen gelenkt werden und sich selbst lenken (Foucault 2005b), weshalb Kahlert, wie oben ausgeführt, diese organisationalen Verdrängungsprozesse von Frauen in Universitäten als „Cooling-out" bezeichnet. Karriereabbrüche erscheinen als subjektive Einzelentscheidungen, die ihre institutionelle Herstellung verdecken (Kahlert 2011: 116). Nach Clark (1959, 1980), auf den sie sich bezieht, ist diese Cooling-out-Funktion ein fester Bestandteil demokratischer Gesellschaften, da sie zwischen der Motivation Chancen zu erreichen und deren tatsächlicher Grenzziehung moderiere. Cooling-out vermittele zwischen der demokratischen Vorgabe der Chancengleichheit und der organisationalen Funktion der Selektion (Kahlert 2011: 114). Hier zeigt sich, dass Prozesse des Self-Handicappings zu Selbstausschlüssen beitragen. Stereotype werden als Selbstanrufung antizipiert und damit in Abgrenzung zu männlich konnotierten Persönlichkeitseigenschaften ein Defizit im Selbst konstruiert, zurückgewiesen oder intergriert – in jedem Fall müssen sich die Habilitandinnen aber zu diesen intervenierenden Bedingungen verhalten.

Neben den psychologischen Aspekten des Self-Handicapping und seinen Möglichkeiten, diesen entgegenzuwirken, kann zudem mit Bourdieu konstatiert werden, dass sich in den Prozessen des Self-Handicappings eine Verbindung von Feld und Habitus offenbart: An dieser Stelle werden geschlechterbezogene Ausschlüsse produziert, die sich in die Subjekte selbst einschreiben und zu Selbstausschlüssen führen. Im Sinne „männlicher Herrschaft" spricht Bourdieu von Self-Handicapping als „symbolischer Gewalt", da hier „der Standpunkt der Herrschenden auf sich selbst angewandt wird", ohne als solcher erkannt zu werden (Bourdieu 2016 [2005]: 65). Die Ordnung der Hochschulmedizin beruht auf einer männlich dominierten Ordnung, die als nicht rechtfertigungsbedürftig, sondern als natürliche Gegebenheit erscheint (ebd.: 21) und als solche von allen Beteiligten anerkannt wird. Dies beinhaltet den wesentlichen Bestandteil symbolischer Gewalt: Sie operiert in der sozialen Interaktion so mit Sinnzuschreibungen, dass die bestehenden Herrschaftsverhältnisse als solche nicht erkannt werden und die Herrschaft die Unterworfenen zum Einverständnis mit ihrer Lage veranlasst. Herrschaft wird in symbolischer Gewalt zugleich erkannt, anerkannt und verkannt. Erkannt, da ein kulturelles ähnliches Verstehen von Machtausübung aufseiten der Beherrschten und Herrschenden existiert, dass von beiden Seiten anerkannt wird. So werden beispielsweise in der Hochschulmedizin bestimmte Verhaltensweisen, Normen und Regeln von den teilnehmenden Akteuren auf den verschiedenen hierarchischen Ebenen als adäquat anerkannt und für eine gelingende Praxis vorausgesetzt. Paradoxerweise wird diese Herrschaft aber auch verkannt. Die Beherrschten erkennen zwar die Symboliken der Herrschaft an, die aber durch die sozialen Praktiken so naturalisiert und inkorporiert werden, dass das durch die symbolische Gewalt konstituierte gesellschaftliche Gefüge verkannt wird (Lothar 2011: 17 f.). Das bedeutet, dass die Beherrschten durch eine Art „sozialer Magie" zu ihrer Beherrschung mitbeitragen, oder auch: „Die Beherrschten wenden vom Standpunkt der Herrschenden aus konstruierte Kategorien auf die Herrschaftsverhältnisse an und lassen diese damit als natürlich erscheinen. Das kann zu einer Art systematischer Selbstabwertung, ja Selbstentwürdigung führen" (Bourdieu 2016 [2005]: 65) – im Gegensatz zu den obigen Beispielen, die beschreiben, wie Stereotype als solche erkannt werden und so einschärfend wirken. Da sie sich zu diesen stereotypen Anrufungen verhalten müssen, wirken Prozesse des Self-Handicappings unbewusst auf einen Selbstausschluss hin. Im Sinne eines an die Organisation rückgebundenen Entscheidungsprozesses zeigt sich mit Bourdieu hier, dass in einem komplexen Konditionierungsprozess die objektiven Chancen, die sich bieten, an das Handeln angepasst werden: „Die Dialektik von subjektiven Erwartungen und objektiven Chancen ist überall in der sozialen Welt wirksam, und meist sorgt sie tendenziell für eine Anpassung der Erwartungen an die Chancen" (Bourdieu und Wacquant 2006 [1996]: 164).

8.3. Ausgebrannt: Vergeschlechtlichte individuelle Positionierungen

In der Analyse zur Verdichtung der Hürden in Kapitel 6 werden deutliche Überlastungssituationen sichtbar. In Kapitel 7 konnte zudem gezeigt werden, dass durch die Verknüpfung von Weiblichkeit mit bestimmten Tätigkeitsbereichen die Frauen der Kontrastgruppe „Hürdenreich" stärker von Zeitentzügen betroffen sind: zwischen Station und Forschung, zwischen Beruf und Familie sowie bezogen auf eng-schematische männliche Normalbiographien. An dieser Stelle wird es nun um die subjektive Seite dieser Entzüge gehen: Wie beeinflusst vergeschlechtliche Fremdpositionierung durch die Organisationskultur die Selbstpositionierung der begleiteten Frauen der hürdenreichen Verläufe? Wie gehen sie mit den Zeitbeschränkungen um und wie positionieren sie sich selbst in Bezug auf die Arbeitsteilung zwischen Station und Forschung, entgrenzten Arbeitszeiten und Familie? In diesem Kapitel soll es zudem darum gehen, inwiefern eine vergeschlechtlichte Organisationskultur vergeschlechtlichend auf Akteurinnen und Akteure einwirkt.

8.3.1 Prioritätensetzung: Arbeitsteilung zwischen Station und Forschung

Bereits untersucht wurde, dass aufgrund geschlechtlicher Kodierung von Aufgabenfeldern Frauen eher auf Station und für verwaltende Tätigkeiten eingeteilt werden, Männer hingegen eher in den karrieristischen Feldern, wie Forschung und externer Performance (Kapitel 7.3.). Eine Ärztin nimmt dieszbezüglich eine intraprofessionelle Arbeitsteilung wahr, indem sie berichtet, dass „bei uns in der Abteilung die Forschungsstarken" und für Forschung motivierten „die Männer sind". In dem Gesamtsample zeigt sich eine hohe Karrieremotivation, die dem klassischen Bild einer forschenden und stationär tätigen Ärztin folgt, für die die Forschung auch die Möglichkeiten eines Karrieresprungs innerhalb der klinischen Hierarchie bedeutet. So forschte eine Ärztin „gern". Sie wolle aber auch ihre klinische Praxis nicht vernachlässigen sowie ihre operativen Qualifikationen weiter ausbauen. Hier wird ein Spagat zwischen unterschiedlichen Feldern und Aufgabenbereichen deutlich, die Prioritätensetzung fordert. Auch sie berichtet, dass sie zwar gern weiterhin in der klinischen Forschung tätig sein möchte, die Personalsituation der Klinik aber derzeit zu einem chronischen Zeitmangel führe. Ihr wurden Patientinnen und Patienten von anderen „zugeschoben", damit diese ihren Karriereweg machen könnten. Insbesondere wichtige transdisziplinäre Entscheidungen zu Kranken, die „so schlecht dran sind, sodass man es nicht verschieben kann", werden darüber hinaus in der Freizeit übernommen. Einerseits ärgere sie, dass da Arbeitszeit fehle, andererseits wolle sie aber auch nicht an dieser Stelle sparen, weil da „so viel dranhänge":

> „Das ist eine Frage der Prioritätensetzung. Die klinische Arbeit muss gemacht werden. Es gibt Kollegen, die kriegen das irgendwie besser hin in der klinischen Arbeit zu sparen, aber das ist ja auch eine Arbeit, wo die Menschen ganz unmittelbar dranhängen und die Arbeit für die man primär bezahlt wird, sodass das schon eine hohe Priorität hat. Ich würde nie an meinen Patienten sparen, um stattdessen noch Daten zu erheben oder was fertig zu schreiben."

Ihre Motivation orientiert sich zwischen Station und Forschung mit hohen Verantwortungsgraden. Sie möchte an einem Universitätsklinikum bleiben und hier eine höhere hierarchische Position einnehmen. Die Gemengelage zwischen Verantwortung für klinische Tätigkeiten und Forschung wird bei ihr sehr deutlich. Neben der Aufgabenzuteilung trägt hier auch eine individuelle Prioritätensetzung von Aufgaben zu einer „intraprofessionellen Arbeitsteilung" bei, also der Arbeitsteilung innerhalb beruflicher Aufgabenbereiche (Wetterer 2002: 373 ff., vgl. Theorie 3.1.). Ihre Fragestellung im Hinblick auf Prioritätensetzung macht deutlich, dass für einen erfolgreichen Werdegang kommunal konnotierte Tätigkeitsbereiche wie die Versorgung von Patientinnen und Patienten an agentisch-selbstbezogene Karriereanforderungen angepasst werden sollen und mit Pflichtbewusstsein (die Arbeit, für die man primär bezahlt wird) sowie den eigenen Werten (Verantwortung für das Leben schwer erkrankter Menschen) in Konflikt geraten. Dies kann auch vor dem Hintergrund unterschiedlicher Anrufungen bezüglich der Konstruktion von Selbstkonzepten gelesen werden. Erinnert sei an die eingangs erwähnten unterschiedlichen Erwartungen an Selbstkonzepte. So bedeutet Maskulinität eine autonom-independente Selbstkonstruktion anzustreben, bei der das Subjekt als getrennt und individuell einzigartig erscheint. Demgegenüber sollen sich Weiblichkeiten als interdependent darstellen, also als die Bevorzugung enger Beziehungen und Gemeinsamkeiten mit anderen (Hannover und Kühnen 2002). Diese Selbstkonzeptionen können zu einem Verfolgen von sozial verantwortlichen im Gegensatz zu selbstbezogenen Zielen führen, die auch die Priorisierung von Aufgaben beeinflussen (Hannover 2010: 31 f., vgl. Kapitel 3.3.1.). Prioritätensetzungen stellen sich demnach als vergeschlechtlicht dar und erschweren diese für diejenigen, die wie im vorangegangenen Zitat erläutert, nicht an Kranken „sparen" wollen, um stattdessen „Daten zu erheben". Karrieristisch betrachtet ist aber gerade die Forschung und nicht die stationäre Versorgung, die einem erfolgreichen beruflichen Werdegang in der Hochschulmedizin zuträglich ist. Selbstreflexiv räumt die Medizinerin in diesem Zitat zudem ein, dass es Kollegen gebe, die besser darin wären, an den klinischen Aufgaben zu sparen. Damit werden nicht nur eher selbstbezogene-independente Selbstkonzepte als vorteilhaft für die karrieristische Prioritätensetzung konzipiert, was Fragen bezüglich der Bedeutung einer solchen Bevorzugung für ein (medizinisches) Wissenschaftssystem aufwirft, das nicht Diversität in den Selbstkonzepten, sondern homosozial eher individuelle Bestrebungen präferiert. Darüber hinaus wird die Problematik, klinische Verantwortung gegenüber Forschungsaufgaben abzuwiegen, aber zur vergeschlechtlicht-individuellen Gewissensfrage der Wissenschaftlerin. Wie in Bezug auf Geschlechterstereotype (Cornelißen 2010: 73), kann die Aktivierung interdependenter Selbstkonstruktionen als Teil des vergeschlechtlichten und vergeschlechtlichenden Habitus betrachtet werden, die Einfluss auf die Wahrnehmung und Priorisierung von Aufgaben nimmt und zu entsprechenden Handlungen führt. Diese werden in dem vergeschlechtlichten Feld karrieristisch auf- bzw. abgewertet: Der Habitus als strukturierende und strukturierte Struktur wirkt hier in einem Doppelverhältnis mit dem Feld, in dem der Habitus durch das Feld vergeschlechtlicht wird sowie vergeschlechtlichend auf das Feld rückwirkt (Bourdieu und Wacquant 2006 [1996]: 160).

8.3.2. Überlastung:
Selbstausbeutung, interdependentes Selbstkonzept und Arbeitsethos

Das hohe Arbeitspensum in der Hochschulmedizin korrespondiert in dem Gesamtsample mit einer Einstellung zur Arbeit sowie einem Arbeitsethos, das sich ganz dem Beruf verschreibt. So wird in einer Gruppendiskussion Wissenschaft verstärkt mit Kreativität verbunden. Es wird als etwas Künstlerisches betrachtet, das Gestaltungsmöglichkeiten eröffnet und mit Neugierde, Lust, Freude und Passion assoziiert wird. Doch macht es den Anschein, als koppele sich die Arbeit in der Hochschulmedizin durch diese Freude mit einer hohen Verfügbarkeit der Arbeitskraft: „Wir haben auch immer gewusst, dass man in der Klinik einfach ewig lang da ist und viel arbeiten muss", so eine Habilitandin. Diese Ausführungen verweisen auf ein Zusammenfallen von Leben und Arbeit, das bereits in Webers Definition die Wissenschaft charakterisierte. Es sind die „innere Hingabe" und die „harte Arbeit", die bei Weber „Wissenschaft als Beruf" auszeichnen (2002 [1912], vgl. Kapitel 4.1). Dieses Zusammenfallen korrespondiert mit einem hohen Grad an „freiwilliger Selbstausbeutung" (Moosbrugger 2008, vgl. Kapitel 4.1.2). Im Ergebnis wird Forschung nicht nur strukturell in die Freizeit verlagert, sondern sie wird gar nicht unbedingt als Arbeitszeit angesehen. So fühle sich eine Medizinerin durch das berufliche Umfeld „gepusht". Die Vorstellung, etwas Sinnhaftes zu vollbringen, entkapitalisiert dabei ihre Vorstellung von Arbeit, sodass sie gar nicht darüber nachgedacht habe, ob sie dafür „Geld mag", da es eine neue Abteilung aufzubauen galt: „Ja, wir bewegen hier was". Eine andere Ärztin, die einen Forschungsantrag ausgearbeitet hatte, antwortet, dass sie am Wochenende etwa acht Stunden täglich investiert habe. Genau könne sie dies nicht abschätzen, da dies „ja irgendwie keine Arbeitszeit" sei, deshalb würde sie diese Arbeitszeit „gar nie aufschreiben". Durch einen „mitreißenden Spirit" wird Wissenschaft zu einer Grenzauflösung zwischen den Sphären „Arbeit" und „Freizeit". Diese Auflösung erfolgt durch eine Form „freier Selbstausbeutung", in der das Subjekt nach der Entfaltung seiner Potentiale strebt (Thunman 2014: 29). Aber auch ein entsprechendes Arbeitsethos spielt dieser Entgrenzung von Arbeit zu. Jenseits von Familienverpflichtungen erscheint Freizeit in diesem ‚harten' Kontext diskursiv als illegitim. Ein entsprechendes Bedürfnis wird abgewertet. So äußert eine Ärztin, sie wünsche sich gerade beim zweiten Kind mehr Zeit, anderweitige Freizeit bräuchte sie aber nicht. Vielmehr falle ihr in der Betreuung von Doktorandinnen und Doktoranden auf, dass diese statt zu arbeiten ins Kino gingen: Das ginge ihr häufig „zu weit". Analog dazu ist eine Medizinerin der Ansicht, die Grenzziehungen ihrer männlichen Kollegen fände sie anstrengend: „Na ja, aber ich bin nicht der Mensch, der sich da sagt: ‚Oh jetzt muss ich schon wieder'. Das mache ich natürlich nicht. Ich arbeite. Ich bin halt ein Arbeitertyp". Diese Einstellung gegenüber Begrenzungen von Arbeitszeit findet sich in dem Gesamtsample häufig. Arbeitszeitbegrenzende Kolleginnen und Kollegen werden eher abgewertet. Hier zeigt sich ein organisationskulturell entgrenzter Arbeitsethos, der durch die Forschenden habitualisiert inkorporiert wird und Begrenzungen zwischen Leben und Arbeit komplizenhaft minder betrachtet. Zugleich lässt sich aber auch eine Ambivalenz erkennen. Denn parallel wird Freizeit zu einem Sehnsuchtsort, was vertraulich in Seminarkontexten oder Beratungsgesprächen geäußert wird. So war beispielsweise eine Person verunsichert, in einem Fragebogen „Work-Life-Balance" angeben zu können, aus Angst, der Vorgesetzte könne dies in Erfahrung bringen. Durch ihren Charakter als Mangelware scheint Freizeit einen besonderen Stellenwert zu erhalten. In einer kollegialen Beratung steht Freizeit als „Sehnsucht nach Ruhe und Sonne", nach „Bergen", nach „einfach herumliegen". Die Frage ist, wie lange noch für Arbeit auf Freizeit verzichtet werden soll? Doch, so der Einwand einer Ärtzin in der Teilnehmenden Beobachtung, wäre niemand an der Position, an der sie sich gerade befinden, hätte Freizeit tatsächlich diese Wichtigkeit. Dies resultiere aus dem hohen Defizit. Letztlich würde sich aber niemand für ein absolutes Freizeitleben entscheiden. Es macht den Eindruck, als entstünde im Seminarkontext eine kollektive Einsicht gegenüber entgrenzten und zunehmend belastenden Arbeitsbedingungen, die aber durch diskursive Illegitimität und Abwertung gegenüber entsprechenden Grenzziehungen durch den gleichen Personenkreis in der Organisation folgenlos bleiben. Insbesondere in der Kontrastgruppe „Hürdenreich" lässt sich beobachten, dass es durch die beschriebenen Belastungen immer stärker zu einem Auseinanderfallen zwischen „freier" und „standardisierter Selbstausbeutung" kommt (Thunman 2014: 75, vgl. Kapitel 4.1.2.). Mit „freier Selbstausbeutung" ist gemeint, dass alle Potenziale des Selbst durch Experimentieren entfaltet werden können. Dem gegenüber steht zugleich eine Ambivalenz, denn standardisierte Selbstausbeutung bezeichnet eine Forderung des Arbeitgebers auf dessen Art authentisch zu sein. Aus dem emanzipatorischen Potential „freier Selbstausbeutung" wird unter historischen Veränderungen Repression und Ausbeutung in neuem Gewand (ebd.). ‚Freie' Selbstentfaltung wird hier immer mehr zu einer normierten Ausbeutung und Anforderung, sich auf die organisationskulturelle Weise selbst auszubeuten. Die Kontrastgruppe „Hürdenreich" unterscheidet sich somit nicht prinzipiell durch eine höhere Selbstausbeutungsbereitschaft. Auch in der Kontrastgruppe „Anerkannt" fallen Leben und Arbeit zu hohen Teilen zusammen (vgl. Kapitel 9). Doch wird in dieser Gruppe von einem hohen Grad an Unabhängigkeit und Selbstbestimmung innerhalb dieser Selbstausbeutungsbereitschaft gesprochen. Eine Habilitandin der Kontrastgruppe „Hürdenreich" ist hingegen der Ansicht, dass ein Projekt voranzutreiben für sie ein „positiver Hype" sei, etwas, dass ihr sehr „Spaß macht". Im hürdenreichen Habilitationsverlauf führt aber eine immer stärker ausbleibende Belohnung für die bereits über Jahre geleistete Arbeit zu einer Differenz zwischen organisationalem Arbeitsethos und freiwilliger Selbstausbeutung, weshalb die bisherige Arbeitseinstellung grundsätzlich hinterfragt wird:

> „Ich habe es so gemerkt, es gibt außerhalb von der [Klinik] noch ein anderes Leben und es gibt andere Dinge, die man im Leben machen kann, ohne ständig arbeiten zu müssen. Und es gibt andere Dinge, wo man vielleicht auch eine Freude oder eine Genugtuung daraus ziehen kann. Und ich hatte das jahrelang tatsächlich jetzt nicht mehr so."

Da der mit Selbstausbeutungstendenzen zusammenhängende hohe Arbeitsinput bei der zitierten Ärztin zu ausbleibendem Schlaf und Überlastung führt, aber keine entsprechende Belohnung mehr gegenübersteht, kommt es zu verstärkten Umorientierungen. Hier zeigt die empirische Analyse, dass eine hohe Zugänglichkeit zu interdependenten Selbstkonstrukten eher zur Beibehaltung ‚standardisierter' Selbstausbeutung beizutragen scheint:

> „Das Absurde da im Nachhinein war, ich hatte einen halben Vertrag, also 50 Prozent bezahlt, und habe oft sechs Tage die Woche gearbeitet. Weil es dort, ich kann es nicht

sagen, weil es war auch so, da saßen alle dann so abends immer noch da und das war ... ich glaube, das war oft für mich so ein Familienersatz, dass ich es nett fand und wir sind dann abends oft noch etwas trinken gegangen und etwas essen gegangen."

Hannover und Kühnen (2002) weisen auf genau dieses Phänomen hin, dass bei interdependenten Selbstkonstruktionen, wie im obigen Zitat geschildert, andere Personen in die Wahrnehmung und Reflexion des Selbst mit einbezogen werden (vgl. Kapitel 3.3.1). Fällt diese chronisch interdependente Zugänglichkeit von Selbstkonstrukten auf eine situativ stärkere Aktivierung durch eine Aktivierungsquelle, z. B. durch die Wahrnehmung von Abhängigkeit durch Vorgesetzte oder das Arbeitsumfeld als Familienersatz, kann dies additiv wirken. An diesem Beispiel wird sehr deutlich, dass die Habilitandin ihre Verausgabungsbereitschaft auf die Wichtigkeit des sozialen Umfeldes zurückführt. Es kommt zu einer Feldabhängigkeit der Wahrnehmung, durch die sich Grenzziehungen gegenüber standardisierter Selbstausbeutung erschwert darstellen. Zugleich macht dies sichtbar, dass eine independente Persönlichkeitskonstruktion eher vor den Adressierungen einer standardisierten Selbstausbeutung zu schützen vermag.

Innerhalb dieser Organisation, so macht es in der Kontrastgruppe „Hürdenreich" den Eindruck, kommt es kontinuierlich zu Grenzüberschreibungen und Regelverstößen (vgl. Kapitel 7). So berichtet eine Habilitandin in einer kollegialen Fallberatung im Laufe des Mentoring-Programms von ihrer derzeitigen Situation, die sie aufgrund der Aufgabenfülle und -vielfalt als „Strudel" bezeichnet. In diesen werde sie hineingezogen und wäge nun ab, wo es hingehen solle. Die Debatte entzündete sich an einer Bitte ihres Vorgesetzten eine weitere Aufgabe zu übernehmen. Sie antwortet, dass dies nicht mehr möglich sei, woraufhin er entgegnete, dass er ihr bei ihrem Projekt zur Seite stehe, dass sie ihn aber auch verstehen müsse: Er benötige nun auch ihre Unterstützung. Nach längerem Abwägen sagte sie zu, wodurch sie in extreme Zeitnöte geriet. Grenzziehungen sind hier durch hohe Abhängigkeit zu Vorgesetzten gerahmt (vgl. Kapitel 7.1.). Diese Grenzziehungen scheinen bei chronischer Zugänglichkeit und situativer Aktivierung interdependenter Selbstkonstrukte noch erschwert und wirken so zirkulär auf eine verstärkte Wahrnehmung eben dieser Abhängigkeiten. In einer der kollegialen Fallberatungen des Mentoring-Programms wendet eine Habilitandin ein, dass sie sich eigentlich nicht mehr in einer regulären Anstellung befinde. Sie werde zu 100 % über externe Gelder finanziert. So sei es zudem ein großes Problem, dass man für Tätigkeiten herangezogen werde, für die man nicht bezahlt würde. Das müsse eigentlich grundsätzlich angefochten werden. Auch widerspreche dies in der Regel den Vorgaben externer Geldgeber. Dies deutet darauf hin, dass in einer Organisationskultur, die „ohne Korrekturfaktor" und ellenbogenorientiert beschrieben wird (vgl. Kapitel 7.1.), Mitarbeitende mit einem independenten Selbstkonzept besser zurechtzukommen scheinen. Dies wiederum kann zu einer homosozialen Reproduktion einer entsprechenden Organisationskultur beitragen, in der insbesondere individualistische Selbste eingeschlossen (independent) werden und sozial orientierte (interdependent) Selbstkonstruktionen vermehrt von Ausschlüssen durch Entgrenzungen betroffen sind. So lässt sich beobachten, dass Menschen mit einem interdependenten Selbstkonzept eher dazu tendieren, eine ungesunde standardisierte Selbstausbeutung über das gesunde Maß hinaus beizubehalten. Gleichzeitig weist Thunman darauf hin, dass die organisationale Seite der standardisierten Selbstausbeutung, die im Habilitationsverlauf hochgradig zu Benachteiligungen führt, personalisiert in Erscheinung tritt. So hat die Habilitandin vor allem den Eindruck, an der individuellen Grenzziehung zu scheitern. Auch werden in den teilnehmend Beobachteten kollegialen Fallberatungen vor allem individuelle Strategien angetragen, wie weniger perfektionistisch zu sein und den eigenen Anspruch von 150 % auf 100 % zu reduzieren. Dass ihr Vorgesetzter sie gar nicht hätte einteilen dürfen, kommt erst im späteren Verlauf zur Sprache, bleibt wenig konkret und wird diskursiv nicht weiter aufgegriffen. So werden die durch Benachteiligungen entstehenden Überlastungen, wie auch in Kapitel 8.1. und 8.2. beschrieben, im Modus der Eigenverantwortung individualisiert, anstatt sich als sozial produziertes Phänomen zu zeigen (McRobbie 2010: 115, vgl. Kapitel 4.1.2.). Diese Überlastungen stellen sich für interdependente Selbstkonzepte als vergeschlechtlichten Habitusaspekt als stärkere Herausforderung dar. Ehrenberg, der den Begriff des „erschöpften Selbst" (Ehrenberg 2004) prägte, verweist auf eine Verbindung zwischen subjektivierter Arbeit und Erschöpfung. Ganz im Sinne der theoretischen Implikationen des Kapitels zu gouvernementalen Subjekten (vgl. Kapitel 4.1.2.) soll das Individuum autonom sein, aber diese Autonomie vollzieht sich über die Annahme von Rahmenbedingungen. Es entsteht ein Paradox der Autonomie, das Verausgabung erzeugt (Ehrenberg 2011: 374). Aus dieser Perspektive wird Selbstausbeutung in subjektivierten und entgrenzten Arbeitskontexten wie der Wissenschaft zwar durch das Selbst vollzogen. Zugleich hat sich Selbstausbeutung aber auch als Norm subjektivierter Arbeit (Moosbrugger 2008) etabliert. Selbstausbeutung trägt insofern zur Verausgabung bei, wenn persönliche Verantwortungsübernahme zwar eingefordert, gleichzeitig aber nicht mit entsprechenden Ressourcen und Ermöglichungsräumen verknüpft wird (Thunman 2014: 75). Wie sich vor allem in den hürdenreichen Verläufen zeigt, generiert die ‚Freiheit' zur Selbstausbeutung damit eine fortwährende Überforderung, die von den Organisationsubjekten getragen wird und die zugleich ihre organisationale Herstellung verunsichtbart. Bröckling (2007) ist in seiner Studie *Das unternehmerische Selbst* der Ansicht, dass diese strukturelle Überforderung gewollt ist, „erzeugt sie doch jene fortwährende Anspannung, die den Einzelnen niemals zur Ruhe kommen lässt" (2007: 71). In der Kontrastgruppe „Hürdenreich" zeigt sich so auch, dass keine Veränderungen im Außen vorgenommen werden (können). Verausgabung und Burn-out als populäres Phänomen erschöpfter Arbeitsselbste offenbart sich im Modus der Selbstausbeutung vielmehr als individuelles Gesundheitsrisiko, das es auszugleichen gilt. Negativ gewendet werden so Machtverhältnisse verschleiert und als eigenes Scheitern an Karriereanforderungen erlebt. Positiv gewendet ist Überlastung insofern innovativ, da das Selbst in der Krise lernt, mit Dingen und Kräften hauszuhalten, bevor sie zu neigen gehen. Wo es zuvor stets kompetitiv sein sollte, soll es sich nun empathisch und responsiv verhalten. Machttheoretisch verhilft es jedoch zugleich einer neuen Art von Ressourcenmanagement zum Durchbruch. Steigerungslogiken werden zwar in Zweifel gezogen, zugleich wendet sich das

Selbst aber vor allem auf sich selbst zurück. Diese Verausgabung wird aber gerade in der Medizin nicht nur für die Erschöpften selbst zu einem Problem. Auch für die (noch) nicht Ausgebrannten führt der omnipräsente Diskurs zu einer Möglichkeit, der es zu entgehen gilt (Bröckling 2013: 179), die indes auch ein neues Selbstverhältnis produziert, durch das ein Ausstieg aus der Wissenschaft möglich wird. Insgesamt werden durch Erschöpfungsbedrängnis Selbsttechniken präventiv aktiviert, die wiederum zirkulär die Problematiken in das Selbst verlagern. Hier entstehen neue Ungleichheiten, die sich danach bemessen lassen, wer sich dieser Sorge um das Selbst widmen kann.[48] Gerade in der entgrenzten Wissenschaft wird Selbstsorge für diejenigen problematisch, die sich neben dem Beruf noch weiteren Aufgaben, wie Familie oder Pflege widmen wollen oder müssen. Gerade vor diesem Hintergrund lotet die Analyse von Verausgabung auch eine Produktion von Ungleichheiten aus. Die Untersuchung arbeitsbezogenen Stresses und individueller Stressbewältigung stellt sich vor diesem Hintergrund auch als eine Vermessung von Ungleichheiten dar.

8.3.3. Familie: partnerschaftliche Arbeitsteilung und Unterstützung mit schlechtem Gewissen

Die Entgrenzung von Arbeit sowie die oben beschriebenen Hürden der Organisationskultur führen zu großen Belastungen und Zeitentzug, die Mütter stärker betreffen (können). Die in Kapitel 7 genannten Beispiele zeigen deutlich, dass Familie und Familienplanung dazu führt, dass die Mütter der beiden Kontrastgruppen „Hürdenreich" und „Anerkannt" stärker durch Aufgabenzuteilung und Zeitknappheit benachteiligt werden. Bei den betroffenen Frauen kommt es dabei zu Nachteilen, wenn schablonenartige Karrierewege im Zusammenhang mit einem erhöhten Zeitentzug durch Elternschaft nur geringe Flexibilität für die Lebensplanung offenlassen (vgl. Kapitel 7.3.2. und 7.3.3.). Da Frauen im Sinne „doppelter Vergesellschaftung" (Becker-Schmidt 2008) als Mütter und Arbeitnehmerinnen vergesellschaftet sind, zeigen Studien, dass hier der partnerschaftliche Beitrag zur Lebensführung eine entlastende Rolle spielt (vgl. Kapitel 1.3.3.). Negativ formuliert kann konstatiert werden, dass zwar kulturelle Leitbilder von Gleichberechtigung (Wetterer 2005) auch im Sinne egalitärer Partnerschaft und „gleichberechtigter Sorge" (Kerschgens 2009) existieren. In akademischen Haushalten werden diese Vorstellungen aber nicht immer realisiert (Meuser 2006b) und dies, obgleich sich andeutet, dass Elternschaft

---

[48] Rau verortet „Selbstsorge" in den Technologien des Selbst, wie sie in Kapitel 4.1. ausgeführt wurden. Selbstsorge ist damit Teil der Formgebung des Subjekts und eine spezifische Art, an sich zu arbeiten. Für Rau stellt Selbstsorge einen wesentlichen Moment gouvernementaler Regierungsweisen dar – Selbstsorge reizt dazu an, in dem sie auf eine privatisierende Weise permanent hervorgebracht werden soll (2017: 2). In der Logik der Selbstsorge wird die Gesellschaft aus der Sorgearbeit entlassen. Therapeutische Selbstsorgepraxis liefert auf der einen Seite die Legitimität sich gegenüber unternehmerischen Anrufungen zu distanzieren. Auf der anderen Seite kann sie den stillen Unterbau des Unternehmerischen liefern. Etwa dort, wo Sorge um den Erfolg ein emotionales Negativ produziert, das schambehaftet in der Angst vor einem Scheitern entsteht. Das unternehmerische Selbst produziert damit auch neue Gefühle, die im Modus psychologisch-therapeutischer Selbstsorge bearbeitet werden (müssen) (ebd.: 11).

bei Nachwuchswissenschaftlerinnen und -wissenschaftlern immer stärker als gemeinsame Aufgabe betrachtet wird (Hess et al. 2011a). Partnerschaft stellt sich für Medizinerinnen als weniger beruflich unterstützend dar, als für ihre männlichen Kollegen (Abele 2003). Dies betrifft vor allem Mütter, die in Vollzeit tätig sind. Das Zeiteinsatzverhältnis der Frauen zu ihren männlichen Partnern beträgt bei (weiblicher) Vollzeiterwerbstätigkeit rund 1,5 zu 1 (Boll 2017: 34 f.). Auch eine der Ärztinnen erlebte dies – mit negativen Vorzeichen. Sie hatte den Eindruck, noch während der Partnerschaft als auch nach der Trennung nur die notwendigste Unterstützung erhalten zu haben bzw. zu erhalten. Zwar sei ihr Partner damals mit ihr mehrfach wegen ihres Berufes umgezogen, doch das Kind betreffend hielt er sich eher aus den Verpflichtungen heraus. Auf die Frage, ob sie sich von ihm unterstützt fühle, entgegnet sie:

„Nur notwendigst. Also, auf Minimalprogramm, sage ich jetzt mal […]. Ich kann jetzt auch nicht anrufen und sagen: Jetzt mach … Oder … Also er ist da immer sehr unflexibel mit allem. Oder er bietet sich niemals von alleine an, ich muss immer nachfragen."

Dies sei schon immer so gewesen, auch als sie noch zusammen waren. Sie sei in der Beziehung immer sehr anpassungsfähig gewesen und habe die Hauptverantwortung übernommen. Gerade in beruflichen intensiven Zeiten hätte sie sich da mehr Unterstützung gewünscht:

„Also das war schon so, ich bin dann morgens die Erste im Kindergarten halt gewesen, da abgeliefert und auch die Letzte, die ihn wieder abgeholt halt. Ich habe also auch irgendwie keine sozialen Kontakte mehr wie sonst, dass man mal den einen oder den anderen trifft. Also so ganz, ganz … also gar nicht eigentlich, war da fast nicht vorhanden. Aber es hat dann schon geklappt, weil man das halt dann irgendwie, wenn es gehen muss, dann geht es halt doch irgendwie schon."

Einerseits kritisiert die Ärztin das geringe Verantwortungsbewusstsein ihres Ex-Partners auf „Minimalprogramm". Gleichzeitig räumt sie aber auch, dass sie eine andere Aufteilung nicht einfordere. Es zeigt sich hier also ein traditionelles Muster, in dem sich der Ex-Partner deutlich unverantwortlicher fühlt und sie das auch weitgehend mitträgt. Auf die Frage, ob sie sich nicht vorstellen könne, dies häufiger aufzuteilen, antwortet sie aber, dass ein „Hin- und Her" aber auch „doof" sei. Eine Aushandlung wird hier eher vermieden und damit die bestehen Rollen beibehalten. Ähnliches bestätigt auch eine Studie zu arbeitenden Müttern, die Dinge lieber übernehmen, als sich darüber auseinandersetzen zu müssen (Langebartels 2017). Dies überlässt letztlich der Ärztin die Hauptverantwortung. Zugleich wird deutlich, dass auch die Verantwortung der Aushandlung den Müttern übertragen wird. Dieses Muster der Verantwortungsübertragung auf sowie die Verantwortungsübernahme durch Mütter ist auch in der hier vorliegenden Untersuchung erkennbar. So stellen die Mütter im Gesamtsample häufig den Hauptverdienst, schildern ihre Partnerschaft zu großen Teilen als egalitär und bleiben doch letztlich die Hauptverantwortliche für Familienaufgaben. So teilt sich ein Paar die Betreuungszeiten insofern auf, als dass er die Kinder zwei Tage, sie die Kinder drei Tage die Woche abholt. Sollte jedoch eines der Kinder nicht in eine Betreuung gehen können oder frühzeitig abgeholt werden müssen, trägt die Ärztin die Verantwortung. Ein ähnliches Muster zeigt bei einer anderen Wissenschaftlerin Auch sie spricht von einer egalitären Aufteilung. Trotzdem „ist es schon sehr viel dann, wenn man halt viel arbeitet plus dann noch die Familie und Haushalt und alles, ist schon schwer". Nachdem sie nach dem ersten Kind wieder Vollzeit zu arbeiten angefangen habe, hatte er sich gekümmert: „Er hat […] von zu Hause gearbeitet, hat deswegen das Kind dann immer wieder zur Tagesmutter hin- und hergebracht. Da hat er das praktisch übernommen".

Im Interview schildert sie, dass sie sich die Aufgaben gut aufteilen. An anderer Stelle wendet sie aber ein, dass die Verantwortung trotzdem letztlich bei ihr liege. Er nehme ihr lediglich „vieles ab". Obgleich sie in Vollzeit den Hauptverdienst stellt, trägt sie letztlich auch noch die Hauptverantwortung für Kind und Haushalt. Trotz einer starken egalitären Orientierung der Paare, bei denen Selbstverwirklichung und Unabhängigkeit im Beruf eine wichtige Norm darstellen, ist es bei den hier beforschten Ärztinnen aus ihrer Sicht immer noch so, dass die Frau „im Geheimen" stärker für Haushalt und Erwerbsarbeit verantwortlich ist – und diese Aufgaben auch entsprechend übernehmen. Zu diesem Ergebnis kamen bereits Koppetsch und Speck (2015: 55 ff.) in ihren Studien zu einem akademisch-individualisierten Milieu und das zeigt sich auch bei den Ärztinnen des Gesamtsamples. Folgt man Wetterer, beruht das Verständnis der Geschlechterkonstruktion heute nicht mehr auf einer Gleichzeitigkeit von Alltagswissen, Alltagshandeln und den Strukturen der Geschlechterverhältnisse (2005: 76). Nach ihr existieren kulturelle Deutungsmuster, Leitbilder, Geschlechterdiskurse und Selbstkonzepte, die sich von alten Selbstverständnissen erkennbar entfernt hätten. Ungleichheiten seien begründungsbedürftig geworden. Zugleich existieren diese in den sozialen Strukturen und Institutionen aber parallel weiter. Hier kommt es zu einer Diskrepanz zwischen kulturellen Leitbildern, einer Dethematisierung latenter Geschlechternormen und institutionalisierten Strukturvorgaben, die das soziale Handeln weiter bestimmen. Wetterer spricht hier, wie oben dargelegt, von einer „Rhetorischen Modernisierung", da aus dem Sprechen die hierarchische Struktur von Geschlechterunterscheidung ausgeschlossen" werde (Wetterer 2005: 77). So passen Wissen und Tun der Individuen nicht mehr zusammen und führen auch zu einem Konflikt in den Individuen.

Doch neben diesen Aspekten des ungleichen Zeitentzugs und der partnerschaftlichen Aushandlung in vermeintlich egalitären Beziehungen stellt Familie im Sinne sozialer Ressourcen auch eine soziale Unterstützung und Schutz vor Überlastungen dar (vgl. Kapitel 4.2.2.). Für eine Ärztin ist Familie so auch eine essentielle Ressource, die ihr „Kraft und Selbstvertrauen" gebe. Trotzdem müsse die Wissenschaftlerin sehen, wie sie mit ihren Kräften und der verbleibenden Zeit haushalte. Die Habilitation betreffend handelt sie sich deshalb bei ihrem Partner ein freies Zeitfenster einmal pro Woche aus:

> „Und dann habe ich mit meinem Mann auch ausgehandelt, dass ich freitagabends wirklich bis Mitternacht, acht bis zwölf, dann auch Papers schreiben darf, jeden Freitag. Haben wir jetzt so vereinbart, dass ich da ein bisschen wissenschaftlich arbeiten kann,

das ist ein Tag, der ... also so ein Abend, der nicht stört, ich kann eh nicht abschalten von der Arbeit."

Die Medizinerin sieht sich vor der Hausforderung sowohl ihren Arbeitsbereichen und der Familie gerecht zu werden, obwohl sie von der Arbeit „eh nicht abschalten könne". So räume ihr Mann ihr noch „ein paar Stunden Arbeitszeit mehr ein", gleichzeitig möchte sie aber auch „Zeit mit ihren Kindern verbringen". Es entsteht insgesamt der Eindruck, den eine andere Ärztin als ein „ständiges schlechtes Gewissen" formuliert, beiden Feldern – Beruf und Familie – nicht ausreichend gerecht zu werden. Eine weitere Ärztin benennt dieses schlechte Gewissen folgendermaßen:

> „Ich weiß nicht, ob das ein Mutterproblem ist, aber es ist ja auch so, dass man dann ein schlechtes Gewissen hat, weil morgens muss man sich beeilen, damit man das Kind rechtzeitig in der Kita hat und man selber rechtzeitig bei der Arbeit ist und dann muss man abends den Kollegen erklären, dass man dann tatsächlich, wenn die Regelarbeitszeit rum ist akut wegmuss, weil man sein Kind abholen muss. Ich hab dann das Gefühl, ich hab gar nicht so richtig Zeit meine Arbeit zu machen aber gleichzeitig ist das Kind schon wieder viel länger in der Kita, als es vielleicht eigentlich gut wäre."

Die Vergesellschaftung des Mutterseins führt zu einem „Mutterproblem": Das schlechte Gewissen, weder genügend Zeit für die Arbeit noch für die Familie aufzubringen (vgl. u. a. Röhr-Sendlmeier 2014), zieht sich durchweg durch die beiden Kontrastgruppen, begleitet von einem hohen Perfektionismus, beiden Bereichen hochgradig gerecht werden zu wollen. Partnerschaft und Familie erfüllen wichtige Funktionen in den Bereichen der instrumentellen Unterstützung, der sozialen Validierung von Urteilen über Meinungen, Fähigkeiten und Gefühle (Stroebe und Stroebe 1994). Das Vorhandensein von Bezugspersonen hat einen Puffereffekt für das gesundheitliche Wohlbefinden und bei der Stressbewältigung (Genkova und Petia 2010: 298). So bestätigt auch eine Studie zu erhöhter Burn-out-Gefahr in männlich konnotierten Fächern, dass soziale Unterstützung ausgleichend wirken kann (Pedersen und Minnotte 2017, vgl. Kapitel 1.3.2.). Andererseits zeigen sich zugleich hohe Grade von Überlastung, die von einem schlechten Gewissen sowie mangelnder partnerschaftlicher Unterstützung begleitet werden. Aufgrund der geschlechtlichen Kodierung von mit Weiblichkeit assoziierten Tätigkeitsfeldern wie Care-Aufgaben sind Mütter in beiden Kontrastgruppen stärker von entgrenzter Arbeit in der Wissenschaft betroffen: sowohl durch vermehrten Zeitentzug in der intraprofessionellen Arbeitsteilung als auch durch Familienverantwortung. Die „Arbeit als Lebensform" (Haffner und Krais 2008), die den Zusammenfall von Arbeit und privatem Leben in der Wissenschaft bezeichnet, wird zu einer Herausforderung. Die Konstruktion ‚des Wissenschaftlers', der sein Leben völlig der Wissenschaft opfern kann, zeigt sich als privilegierte und zugleich gegenderte Verkörperung einer Person, für den andere die Aufgaben der Sorge übernehmen. Sie haben die „Freiheit, arbeiten zu dürfen" (Beaufaÿs 2015). So stellt sich die Wissenschaft als Lebensaufgabe als relativ privilegierte soziale Praxis für diejenigen dar, die von anderen ernsthaften Lebensaufgaben freigehalten werden (Beaufaÿs 2015: 54, vgl. Kapitel 1.3.3.). Für diejenigen mit Care-Aufgaben kommt es zu belastenden Zeitverknappungen. Männliche Kollegen müssen im Vergleich nicht den gleichen Preis der Überverausgabung von Kräften zahlen und können sich dementsprechend besser um sich selbst sorgen (Aulenbacher et al. 2013: 188). Das Streben nach Erkenntnis und Selbstentfaltung als Arbeitsmotivation ist nicht für alle gleich erfüllbar. Wie in den vorangegangenen Unterkapiteln ausgeführt, stehen hier gouvernementale Figuren der Selbstsorge im Vordergrund, die sich um ein gelingendes Vereinbarkeitsmanagement von Familie und Beruf drehen. Auch hier gilt es, unter Wettbewerbsbedingungen Gesundheit zu erhalten. Und ebenso zeigt sich, dass mit der Assoziation von Weiblichkeit mit bestimmten Tätigkeitsbereichen ein Ressourcenentzug in Bezug auf diese Selbstsorge einhergeht.

8.3.4. Erhöhte Belastungen und die Exit-Option „Fachärztliche Praxis"

Der hohe über Jahre geleistete Arbeitsinput, der die Grenzen zwischen Arbeit und Leben verwischt, führt bei der Kontrastgruppe „Hürdenreich" zu immer stärkeren Ressourcenverlusten im Umgang mit den Rahmenbedingungen der Universitätsmedizin. Im Sinne der zu Beginn unter 8.1. dargelegten Theorie der Ressourcenerhaltung entsteht eine Abwärtsspirale im Zuge personaler Ressourcenverluste sowie ein zunehmendes Ungleichgewicht zwischen Arbeitsinput und Belohnung, das eine Habilitandin folgendermaßen beschreibt:

> „Seit eineinhalb Jahren wacht man schon so ein bisschen auf und denkt, wenn man arbeitet und arbeitet und denkt irgendwann ändert sich das sozusagen und ich dachte, nach meiner ersten Publikation jetzt wird sich was ändern und dann dachte ich, mit der zweiten, dann erfülle ich sozusagen die Voraussetzungen für das akademische Arbeiten und irgendwann wird es sozusagen entlohnt, belohnt – ist aber nicht der Fall."

Bei den Betroffenen kann so im Laufe des Habilitationsprozesses ein hohes Bedürfnis nach „Freiheitsgraden" (81: 209) durch eine eigene Praxis, einen Karrieresprung und/oder durch Selbstständigkeit in der Forschung beobachtet werden. Vor allem eine eigene Praxis oder die Möglichkeit, als angestellte Ärztin in einer Praxis zu arbeiten, wird von den Medizinerinnen intensiv diskutiert. Zum einen wird eine Praxis zwar als langweilig bewertet, gilt aber als Alternative, um nicht „als letzter Abtreter in der Uniklinik zu enden". Abgewogen wird die Aufgabe des bereits geleisteten hohen Arbeitsinputs. Dieses hinterlasse ein „schlechtes Gefühl". Gleichzeitig wird in dieser Abwägung aber auch deutlich, dass eine universitätsklinische Karriere an Attraktivität verliert. Der hohe Input wird nun mit Überarbeitung und den Bedenken, die Früchte der Arbeit nicht ernten zu können, assoziiert. Demgegenüber wäre eine Arbeit in der Praxis entspannter, wenngleich weniger erfüllend. Eine Praxis würde mehr Sicherheit, Familienzeit und Autonomie gewähren, so die Habilitandin. Dies ist einer der ausschlaggebenden Gründe, weshalb sich eine Ärztin beispielhaft für eine eigene Praxis entschied und diese noch während des Befragungszeitraums eröffnet. Autonomie ist der Hauptgrund für die eigene Praxis, die direkt mit den bisherigen Führungserfahrungen in Zusammenhang gebracht wird: „Ich will gar keinen Chef mehr über mir haben". Dafür sei sie zu alt. Sie habe keine Lust mehr auf die Launen des Chefs. Sie gibt nach langem Abwägen zwischen In- und Output ihre Forschung und Karriere in der Hochschulmedizin für mehr Autonomie und Sicherheit, gepaart mit einer besseren Vereinbarkeit von Familie und Beruf in den eigenen Praxisräumen, auf. Die Praxis stellt für viele Befragten die zentrale Diskussionsgrundlage für mehr Autonomie dar. Hier gelten andere Spielregeln und -einsätze als in der Hochschulmedizin. Die Einsätze, um die in der Hochschulmedizin gespielt werden, wie Autorenschaften und Drittmitteleinwerbungen sind außerhalb der Organisation kaum noch von Belang. Hier werden Titel in Wert gesetzt. Ein Ausstieg aus der Wissenschaft gilt so innerhalb der Organisation zwar als Scheitern, außerhalb zeigt sich dieser Weggang aber als sicherere und teilweise besser bezahlte Option. Die Überlegungen eines entsprechenden Austritts verdeutlichen aber auch, dass eine Wissenschaftskarriere nicht nur an Attraktivität verliert, sondern dass Überlastung und Überarbeitung mit dazu führen, dass ein solcher in Betracht gezogen wird. Eine Habilitandin kommt zu dem Schluss: „Irgendwann muss man auch anerkennen, dass eigentlich der Kampf sich nicht lohnt und dann muss man vielleicht auch abtreten". Habilitandinnen der Kontrastgruppe „Hürdenreich" schildern zu diesem Zeitpunkt Blockaden und Resignationen. Eine Ärztin beschreibt dies als eine „absolute Blockade". Sobald „ich diesen Rechner hochgefahren habe, dachte ich mir: Gott, was schreibe ich jetzt? Und wie recherchiere ich jetzt überhaupt?" Aus einem hohen Ungleichgewicht zwischen Arbeitsinput und -output sowie mangelnden Perspektiven innerhalb einer Klinikkarriere resultieren Resignation und Erschöpfungszustände, wie eine andere Wissenschaftlerin schildert:

> „Mittlerweile bin ich der Meinung: Nein, ich muss es nicht unbedingt, sondern wenn es halt klappt und passt, dann soll es sein und wenn nicht, dann nicht. Weil es ist es mir nicht wert. Ich habe mich dann, ja, keine Ahnung, ich war zu fertig und müde und irgendwann ... mit Mitte 30, da möchte man das nicht mehr für sein ganzes Leben."

Das so entstehende Ungleichgewicht weist, wie oben dargelegt, nach dem „Modell der beruflichen Gratifikationskrisen" (Efford-Reward-Imbalance-Modell) (Siegrist 2001) einen hohen Zusammenhang mit gesundheitlichen Risiken, wie Burn-out, Depression und kardiovaskulären Erkrankungen auf (Siegrist 2012), die die Berichte der Habilitandinnen zu diesem Zeitpunkt nachvollziehbar machen: „War ja wirklich kurz vorm Burn-out. Das war wirklich, habe nur geheult daheim, das war ganz schlimm", so eine Habilitandin. Das in Kapitel 4.2.2 ausführlich beschriebene Efford-Reward-Imbalance-Modell basiert auf der Annahme sozialer Reziprozität (Siegrist 2012b; Klein et al. 2010; Siegrist 2002) und stellt die Wirkweisen der Organisation auf Organisationsangehörige in den Mittelpunkt. Soziale Reziprozität im Arbeitsumfeld bedeutet, dass Investitionen *(effort)* auf der Erwartung beruhen, eine Gegenleistung *(reward)* zu erhalten. Wird dieses fundamentale Prinzip bedroht, resultieren daraus starke negative Gefühle.

Ein Ausbleiben hat damit negative Folgen auf die Selbstregulation. So werden Selbstwert und Selbstwirksamkeitserwartung geschwächt und ein ungesundes Missverhältnis zwischen Person und sozialer Umwelt erzeugt (Siegrist 2002). Das Modell besagt, dass aus hohem Einsatz *(effort)* und geringer Gegenleistung *(reward)* Stress resultiert. Gegenleistung bedeutet in diesem Modell Geld, Wertschätzung (Feedback, Wahrnehmung) und Karrieremöglichkeiten mitsamt Arbeitsplatzsicherheit. Aus dieser Situation eines hohen Ungleichgewichts mit bereits eingetretenen hohen Belastungen ließen sich in der Kontrastgruppe „Hürdenreich" durchweg Sinnsuchen und Neuorientierungen wie im folgenden Zitat beobachten:

> „Was will ich denn sonst? Was sind eigentlich meine Hobbys? Ich habe dann auch so festgestellt: O.k., ich mach gerne Sport, aber selbst das wird dann untergeordnet und dann wird der Sport eben noch morgens um halb fünf so ungefähr gemacht, damit der auch noch stattfindet, aber ... Also was sind so andere Werte auch in meinem Leben? Und da hatte ich so das Gefühl, das muss ich mir erst einmal wieder neu aufbauen."

Mittlerweile denkt die zitierte Medizinerin, „ich muss auch leben". Es werden Fragen nach Werten und Wünschen gestellt. Eine Ärztin hat sich nun Zeit genommen, „um das zu eruieren, was ich eigentlich will und dann festzustellen, dass ja doch das gar nicht ist, was ich will". Krisenhafte Gefühle werden zum Ausgangspunkt für Umorientierungen genommen. Der Entscheidungsverlauf wird so zu einem Prozess, in dem „jeder Schritt neu entschieden werden muss". Mit dem Efford-Reward-Imbalance-Modell wird es möglich, die beschriebenen Verläufe und daraus resultierenden Belastungen an ein valides Modell rückzubinden, das ein Zusammendenken von Organisationskultur und Geschlechterungleichheiten im Hinblick auf Erschöpfungszustände möglich macht. Quantitativ konnte hier bereits ein Nachweis für ungleich höhere Belastungen von Chirurginnen erbracht werden (Klein et al. 2010). Diese Untersuchung ließ jedoch bislang offen, aufgrund welcher Prozesse hier Frauen betroffener waren. Die vorliegende Untersuchung zeigt indes deutlich, dass durch eine vergeschlechtlichte Organisationskultur Geschlechterungleichheiten auch in Bezug auf Belastungen entstehen. Dieses Ungleichgewicht wird in der Kontrastgruppe „Hürdenreich" zudem bis zu einer Überlastung beibehalten. Nach dem Efford-Reward-Imbalance-Modell wird ein Ungleichgewicht mit negativen Vorzeichen dann beibehalten, wenn keine Alternativen zur Auswahl stehen, wenn strategische Gründe dagegensprechen oder bei „Overcommitment" (Siegrist 2012). Der Aspekt des Overcommitments in der Wissenschaft wurde in Kapitel 8.3.2. bezüglich Arbeitsethos und Selbstausbeutung ersichtlich. Das Modell der Stressbelastung beschreibt, dass hoch arbeitsmotivierte Personen mit hohen Anerkennungsbedürfnissen im Gegensatz zu weniger involvierten Personen stärker unter Wahrnehmungsverzerrungen im Hinblick auf Ansprüche und ihre eigenen Coping-Ressourcen leiden (Siegrist 1996; 2001). Wahrnehmungsverzerrungen führen dazu, dass die Balance inadäquat abgewogen wird: Coping-Ressourcen werden über- und Anforderungen unterschätzt, ohne den eigenen Beitrag an dieser Reziprozität zu erkennen. Zugleich wurde aber in Kapitel 8.3.2. auch deutlich, dass dieses Overcommitment in der Profession „Wissenschaft" mitangelegt ist. Hier unterschieden sich die Kontrastgruppen „Hürdenreich" und „Anerkannt" vor allem in Bezug auf eine ‚freie' und eine ‚standardisierte Selbstausbeutung'. Gemeint ist, dass mit freier Selbstausbeutung alle Potenziale des Selbst durch Experimentieren entfaltet werden können. Dem gegenüber steht zugleich eine standardisierte Selbstausbeutung als eine Forderung des Arbeitgebers auf dessen Weise authentisch zu sein (Thunman 2014: 75). Ein hohes Overcommitment in der Wissenschaft führt nun auch dazu, dass das zunehmend belastende Ungleichgewicht beibehalten wird. Einer Ärztin zufolge gehe es demnach nicht nur darum, *wie* man das aushalte, die vorrangige Frage sei vielmehr, *warum* man das aushalte. So sind zwar in beiden Kontrastgruppen hohe Selbstausbeutungstendenzen erkennbar. Kommt es nun aber zu einer Abwärtsspirale zwischen Input und Output, beeinflusst die Aktivierung sozial gebundener (interdependenter) Selbstkonzepte, die, wie in Kapitel 8.2. beschrieben, durch eine vergeschlechtlichte Organisationskultur situativ verstärkt werden können, dass Grenzziehungen im Ressourcenverlust erschwert werden. Verschlechtern sich also, wie in Kapitel 7 dargelegt, die Rahmenbedingungen durch die beschriebenen Ungleichheiten für Weiblichkeit als Negativfolie und kommt es so zu erhöhten Belastungen, neigen Personen im Moment zugänglicher interdependenter Selbstinhalte eher dazu, dieses Ungleichgewicht bis zur erhöhten Belastung beizubehalten. Dies wird in der Abbildung 47 zusammenfassend dargestellt.

Das Modell veranschaulicht einen Zusammenhang von mit Weiblichkeit assoziierten Persönlichkeitseigenschaften und Tätigkeitsbereichen mit gesundheitlichen Risiken in der hochschulmedizinischen Organisationskultur. Hegemoniale Männlichkeit dient hier naturalisiert als personale Ressource in der individuellen Positionierung um berufliche Erfolge.

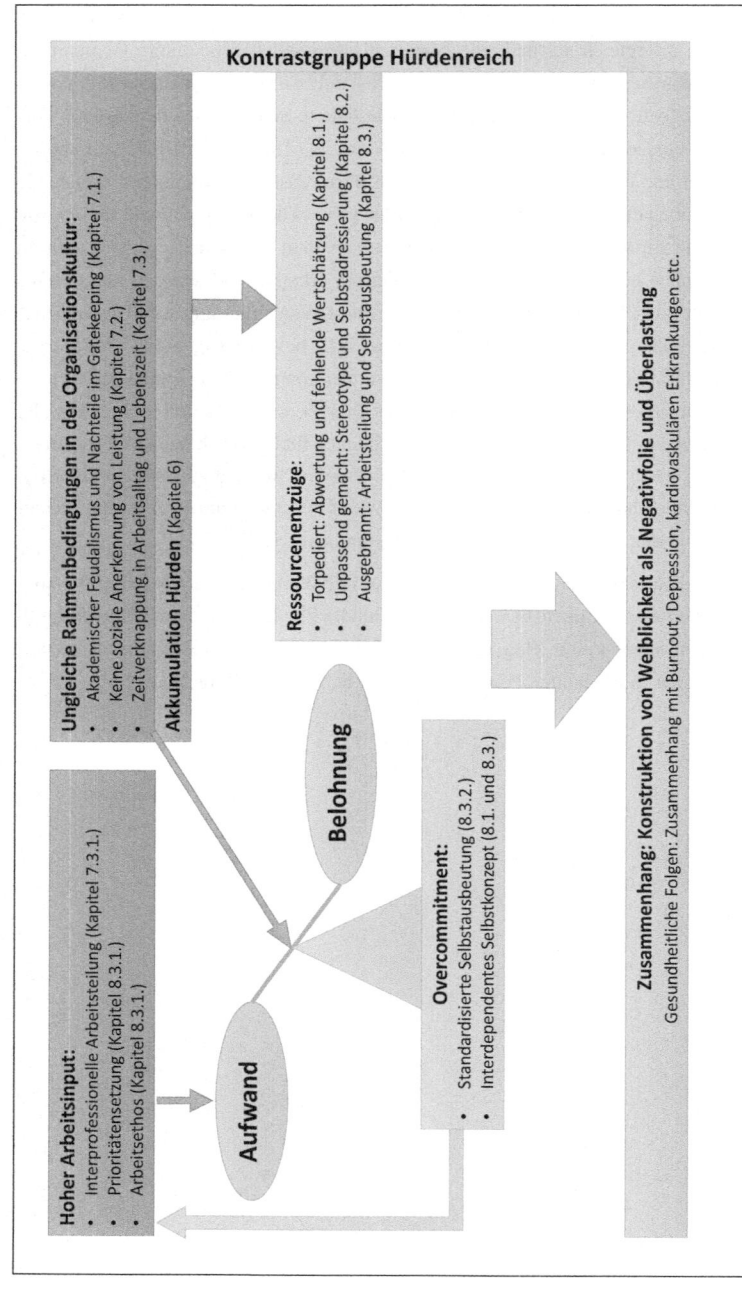

Abb. 47: *Effort-Reward-Imbalance-Modell, nach Siegrist 2002: 265 (vgl. Kapitel 4.2.2), angepasst an die empirischen Ergebnisse in Hinblick auf den Zusammenhang „Konstruktion von Weiblichkeit als Negativfolie und Überlastung" (eigene Darstellung)*

Im Gegensatz zu den Forschungen Antonovskys, der sich damit auseinandersetzte, wie Menschen auch unter widrigsten Umständen gesund bleiben können (Kapitel 4.2.1.), richtet sich hier der Fokus auf die Einflüsse der Organisationskultur auf Geschlechterungleichheiten in der Erzeug von Belastungen. Hier zeigen sich hohe Grade an Erschöpfung und Resignation, die im Sinne einer Abwärtsspirale zu einer gläsernen Decke in der Habilitationsphase führen. In Kapitel 9 wird es mit Antonovsky darum gehen, dass Habilitandinnen diesen Bedingungen nicht willenlos ausgeliefert sind, sondern sich trotz allem oder gerade deswegen personale Ressourcen (Kohärenzgefühle) entwickeln lassen, die gegen eine Abwärtsspirale selbst unter widrigen Bedingungen wirken können (vgl. Kapitel 9.2.2.). An dieser Stelle soll aber mit Siegrist betont werden, dass in der Medizin eine „deutliche Assoziation von Burnout-Symptomen mit Anforderungen bzw. Verausgabungen am Arbeitsplatz für Änderungen in der Arbeitsorganisation" sprechen (2007: 378). Durch diese für Weiblichkeiten verstärkt erzeugten krisenhaften Zustände entstehen Ungleichheiten, bei denen, wie die Habilitandin oben konstatiert, „jeder Schritt neu entschieden werden muss". Hier soll erneut auf den bereits im Kontext von Self-Handicapping (vgl. Kapitel 8.2.3.) dargelegten ‚Cooling-out-Effekt' in der Wissenschaft (Kahlert 2011) zurückgekommen werden. Im Zuge des Self-Handicappings wurde deutlich, dass im Cooling-out Karriereabbrüche als subjektive Einzelentscheidung erscheinen, deren institutionelle Herstellung verdecken wird (Kahlert 2011: 116). Dieses „Auskühlen" trägt nicht nur zu Ausschlüssen aus der Universität bei. Es vermittelt sich zudem als grenzwertige Belastungserscheinung, die es individuell zu lösen gilt. Cooling-out-Prozesse setzen an den weichen Faktoren der Organisationskultur, wie der Beziehung zu Vorgesetzten, dem Arbeitsklima, wahrgenommenen Handlungsspielräume etc. an. Sie lassen sich im Vorfeld selten abschätzen und stellen sich erst sukzessive auf dem Karriereweg heraus (Kahlert 2011: 113). Durch Cooling-out werden in der Kontrastgruppe „Hürdenreich" damit auch Entscheidungsprozesse bezüglich eines Ausstiegs aus der Wissenschaft strukturiert. So werden die in die Organisation einbetteten Geschlechterbeziehungen kontinuierlich auf individualisierende Weise ausgestaltet und ausgefochten. In Bezug auf Verausgabungserscheinungen zeigt sich dieser Effekt sehr deutlich, in dem er Karrieren von Frauen durch entstehende Resignationen regelrecht „auskühlt" und die Organisationskultur so auf die individuellen Entscheidungen mit einwirkt.

8.4. Resümee

Wie mit McRobbie gezeigt wurde, sind Frauen zu einem integralen Faktor des sozialen Wandels geworden: Sie sind ehrgeizig, motiviert, zielstrebig und bestehen in Wettbewerbssituationen (McRobbie 2010: 115). Dies gilt insbesondere für Frauen in der Medizin, die den Weg bis zu einer Habilitation gegangen sind. In der Habilitationsphase lassen sich jedoch in der Kontrastgruppe „Hürdenreich" Veränderungen im Selbstkonzept beobachten, die zu Umorientierung während der Habilitationsphase führen. Die Organisationskultur wirkt durch ausbleibende Wertschätzung, Selbstwertbedrohungen, Stereotype und ungleiche Belastungen negativ auf das

Selbstwissen dieser Kontrastgruppe ein. In Kapitel 7 wurde bereits deutlich, dass für mit Weiblichkeit assoziierte Persönlichkeitseigenschaften oder Tätigkeitsbereiche ungünstige Rahmenbedingungen produziert werden. In diesem Kapitel offenbarte sich zudem, dass diese Konstruktion von Weiblichkeit als Negativfolie bis in den „innersten Persönlichkeitskern" (Voß und Weiss 2014: 46) der von diesen Ungleichheiten betroffen Frauen hineinwirkt. Die Analyse bezog sich hierbei nicht auf Unterschiede im globalen Selbstwert oder einer generellen Selbstwirksamkeitserwartung, sondern auf die situative Auswirkung der Organisationskultur auf Selbstkonzepte. Die Analyse untersuchte damit nicht individuell protektive Faktoren, die resilient gegen diese Einflüsse wirken, wenngleich hier implizit Rückschlüsse getroffen werden können, sondern stellte die geschlechterungleiche Wirkung der Organisationskultur auf Selbstkonzepte in den Mittelpunkt.

Deutlich wurde unter der Überschrift 8.1. „Torpediert", dass sich hier die hohen Abhängigkeiten zu Vorgesetzten, die zu beobachtenden Selbstwertbedrohungen und das Ausbleiben von Wertschätzung sowohl auf die Selbstbewertung (Selbstwert), die kognitive Informationsverarbeitung (interdependentes Selbstkonzept) sowie das berufliche Selbstvertrauen (bereichsspezifische Selbstwirksamkeitserwartung) auswirken kann. In der Kontrastgruppe „Hürdenreich" zeigte sich diesbezüglich eine Aktivierung situativ interdependenter Selbstkonstrukte. Zudem werden im Sinne der Soziometer-Annahme (Leary 2003) durch die Irritationen des Selbstwissens Vorgesetzte zu *key people* (McConnell et al. 2013: 17), die die eigene Selbstbewertung verstärkt tangieren. Situativ werden damit Vorgesetze zu Indikatoren sozialer Anerkennung. Es ist davon auszugehen, dass hiervon Personen mit chronisch zugänglichen interdependenten Selbstkonzepten verstärkt betroffen sind – und damit Personen, die eher mit Weiblichkeit assoziiert werden. Zugleich wurde der enorme Einfluss durch die hohe Abhängigkeit von Vorgesetzten sichtbar, der diese Prozesse anregt und verstärkt. Gerade durch den Entzug von sozialer Ankerkennung wird Aufmerksamkeit im Hinblick auf diesen Aspekt aktiviert. Mit der Folge, dass sich interdependente Selbstkonzepte im Verlauf immer stärker der Selbstwahrnehmung zuwenden. Insbesondere die wahrgenommene Machtlosigkeit, Grenzen innerhalb dieser Abhängigkeiten setzen zu können, beeinflusst die bereichsspezifische Selbstwirksamkeitserwartung negativ. In der Kontrastgruppe „Hürdenreich" entwickelt sich so ein Gefühl der Machtlosigkeit: Die Organisation wird nun internal, stabil und global als unveränderlich attribuiert und Problemlösungen im Selbst gesucht. Es erfolgt eine Fokusverschiebung, weg von einem problemorientierten Coping zu begrenzenden Praktiken innerhalb der Organisation, hin zu einem individuellen emotionsorientierten Coping, das die organisationalen Praktiken dethematisiert und so machttheoretisch zu deren Stabilität mitbeiträgt.

Unter der Überschrift 8.2. „Unpassend gemacht" wurde aber auch deutlich, dass Grenzziehungen durch stereotype Bedrohungen und Sanktionieren gerahmt sind. Es zeigte sich ein „Backlash-Effekt", der Abweichungen von Stereotypen und habituell akzeptiertem Verhalten sanktioniert. Dieser Effekt führt dazu, dass agentisch auftretende Frauen als unsympathisch betrachtet werden. Sie sanktionieren damit zum einen das Verhalten der vergeschlechtlichten Personen, zum anderen wirken diese stabilisierend auf die in der Organisation vorhandenen Stereotype (Rudman und Fairchild 2004, vgl. Kapitel 3.3.1). In einem Umfeld, in dem ständig individuelle Positionierungen gefordert sind, werden durch diesen Backlash-Effekt eben diese Positionierungen für Frauen immer schwieriger. Die Kontrastgruppe „Hürdenreich" wird so als defizitär adressiert, ihre Geschlechtszugehörigkeit als Frau aktiviert und ein durch Geschlecht gerahmter Reflexionsprozess bezüglich der eigenen Person in Gang gesetzt. Männlichkeit wird so zu einer scheinbar naturalisierten personalen Ressource. Weiblichkeit hingegen wird zu einer Negativfolie, bei der mangelnde feldadäquate Persönlichkeitseigenschaften als Defizite im Selbst aktiviert werden. In den psychischen Prozessen des Self-Handicappings entfaltet das „körpergewordene Soziale" seine volle Wirkung. Mit Bourdieu konnte konstatiert werden, dass sich in den Prozessen des Self-Handicappings eine Verbindung von Feld und Habitus erkennen lässt: Hier werden geschlechterbezogene Ausschlüsse produziert, die sich in die Subjekte selbst einschreiben und zu Selbstausschlüssen führen. Im Self-Handicapping offenbart sich eine symbolische Gewalt, da hier „der Standpunkt der Herrschenden auf sich selbst angewandt wird" ohne als solcher erkannt zu werden (Bourdieu 2016 [2005]: 65). Das bedeutet, dass die Beherrschten durch eine Art „sozialer Magie" zu ihrer Beherrschung mitbeitragen, oder auch: „Die Beherrschten wenden vom Standpunkt der Herrschenden aus konstruierte Kategorien auf die Herrschaftsverhältnisse an und lassen diese damit als natürlich erscheinen. Das kann zu einer Art systematischer Selbstabwertung, ja Selbstentwürdigung führen" (Bourdieu 2016 [2005]: 65). Die stereotypen Selbstattributionen führen in der Kontrastgruppe „Hürdenreich" dazu, dass die Zielerreichung vermieden oder angepasst wird, um das positive Selbstbild vor einem möglichen Misserfolg in der Zukunft zu schützen (Berglas und Jones 1978). Sie dienen aber dazu, den Selbstwert zu schützen – der Ausstieg wird unter stereotypen Bedrohungen zu einem selbstwertschützenden Akt. Im Sinne eines an die Organisation rückgebundenen Entscheidungsprozesses zeigt sich mit Bourdieu, dass in einem langen und komplexen Konditionierungsprozess die objektiven Chancen, die sich bieten, an das Handeln angepasst werden (Bourdieu und Wacquant 2006 [1996]: 164). Diese Anpassungen dienen hier auch dem Schutz vor Selbstwertbedrohungen und defizitären Adressierungen – insofern erzeugt symbolische Gewalt einen verkörperten Veränderungsdruck im Entscheidungsprozess.

Dieser verkörperte Veränderungsdruck lässt sich unter der Überschrift 8.3. „Ausgebrannt" auch im Hinblick auf Ungleichheiten in der Belastungssituation rückbeziehen. Hier wurde deutlich, dass in hegemonial männlichen Organisationskulturen wie in der Hochschulmedizin, Frauen der Kontrastgruppe „Hürdenreich" geringere Chancen auf ein „unerschöpftes Selbst" haben (Ehrenberg 2004, vgl. Kapitel 4.1.3. und 4.2.3.). Es zeigte sich, dass durch vergeschlechtliche Arbeitsteilung sowohl innerhalb des Berufes sowie aufgrund der Verantwortungsübertragung und -übernahme von Care-Aufgaben Frauen beständig personale Ressourcen entzogen werden. Dieses Thema ist aufgrund der gesundheitlichen Risiken des Berufs nicht irrelevant (vgl. u. a.

Klein et al. 2010; Schwartz 2010; Dauenheimer et al. 2002). Aufgrund der geschlechterkonstituierenden Arbeitsteilung (Wetterer 2002a: 20) zwischen Beruf und Familie sind Mütter sowohl in der Kontrastgruppe „Hürdenreich" als auch in der Kontrastgruppe „Anerkannt" von dem Thema „Sorge und Selbstsorge" (Paulitz et al. 2015; Flick 2013; Rau et al. 2017) aufgrund der entgrenzten Arbeitsbedingungen der Wissenschaft stärker betroffen. Dieser als „Lebensform" (Haffner und Krais 2008) bezeichnete Zusammenfall von subjektivierter Arbeit (Voß und Moldaschl 2003) und privatem Leben in der Wissenschaft wird so zu einer Herausforderung. Die Konstruktion ‚des Wissenschaftlers', der sein Leben völlig der Wissenschaft opfern kann, entpuppt sich als privilegierte und zugleich gegenderte Verkörperung, für den andere Personen die Aufgaben der Sorge übernehmen. Für diejenigen mit „ernsthaften Lebensaufgaben" (Beaufaÿs 2015: 54) außerhalb der Wissenschaft kommt es zu belastenden Zeitverknappungen. Im Hinblick auf ein Ausgebrannt-Sein zeigte sich, dass ein Torpediert- und Unpassend-gemacht-Werden im Zusammenspiel mit einem über viele Jahre geleisteten hohen Arbeitsinput zu immer stärkeren Ressourcenverlusten im Umgang mit den sich verschärfenden Rahmenbedingungen führt. Vor dem Hintergrund der Theorie der Ressourcenerhaltung (Hobfoll 1988) kann hier von einer Abwärtsspirale im Habilitationsverlauf gesprochen werden. Es wurde deutlich, dass die organisationskulturellen Praktiken der Kontrastgruppe „Hürdenreich" personale Ressourcen entziehen. Hier entsteht ein sich verstärkendes Ungleichgewicht zwischen Arbeitsinput und Belohnung, solange eine Karriere in der Wissenschaft angestrebt wird. Das so entstehende Ungleichgewicht weist nach dem Efford-Reward-Imbalance-Modell (vgl. u. a. Siegrist 2001, 1996; Bakker et al. 2000) einen hohen Zusammenhang mit gesundheitlichen Risiken wie Burnout, Depression und kardiovaskulären Erkrankungen auf (Siegrist 2012, vgl. Kapitel 4.2.2.). Ein Ungleichgewicht hat darüber hinaus negative Folgen für den Selbstwert und die Selbstwirksamkeitserwartung, da es ein ungesundes Missverhältnis zwischen Person und sozialer Umwelt erzeugt (Siegrist 2002). Durch diese für Weiblichkeiten verstärkt erzeugten krisenhaften Zustände und Resignationen entstehen Ungleichheiten, bei denen, wie eine Habilitandin konstatiert, „jeder Schritt neu entschieden werden muss". So sind Frauen, insbesondere in männlich konnotierten Fächern wie Chirurgie oder MINT, nicht einfach nur belasteter (Pedersen und Minnotte 2017; Klein et al. 2010). Erkennbar wurde, dass die Organisationskultur Ausschlüsse in der Schnittmenge zwischen einer an hegemonialer Männlichkeit orientierten Kultur und situativ feminisierten Selbstkonstrukten produziert. Deutlich zeigte sich das besondere Verhältnis von Feld und Habitus: Der Habitus steht als „strukturierte und strukturierende Struktur" (Bourdieu 2011 [1978]: 279) in einem „Doppelverhältnis" mit dem Feld, da der Habitus durch das Feld strukturiert ist sowie strukturierend auf das Feld rückwirkt. Gezeigt werden konnte dies vor allem in Bezug auf die Aktivierung bestimmter, mit Geschlecht assoziierter interdependenter Selbstkonzepte. Hier wird die Organisationskultur zur Aktivierungsquelle. Dass dieses Doppelverhältnis kein Schicksal sein muss, zeigte sich in der Reflexion und Zurückweisung stereotyper Anforderungen in der Kontrastgruppe „Hürdenreich" – die aber zugleich auch erkennen lassen, dass diese Adressierungen sie feminisieren und zusätzlich personale Ressourcen entziehen, da sie Kraft kosten und Druck erhöhen.

Der Entzug personaler Ressourcen manifestiert sich als eine besondere Form verschleierter Ungleichheitsprozesse, da diese als individuell zu lösende Problemstellung erscheinen. Studien die, wie in Kapitel 1.3.1. ausführlich dargelegt, die psychologischen Unterschiede zwischen Männern und Frauen betonen, laufen nicht nur Gefahr, Männlichkeit als universell zu verallgemeinern und Frauen in Differenz hierzu zu betrachten. Zudem bergen sie das Risiko, die beschriebenen organisationalen Einflüsse auf das Selbstkonzept und die damit einhergehenden Ausschlüsse verstärkt in die Subjekte selbst zu verschieben. Die problematischen und produktiven Wirkmächte innerhalb der organisationalen Praktiken bleiben so unberücksichtigt. Auch die Frage, wie die beschriebenen Selbstattributionen machttheoretisch gedeutet werden können, bleibt unbeantwortet. So zeigen sich in der Universitätsmedizin etliche Strategien der Autoritätsausübung, die sich auf unterschiedliche Ebenen verteilen und multikausal wirkmächtig werden. So ist auch McRobbie der Ansicht, dass sich in der Spätmoderne Macht (auch souveräne Macht) in gestreuter Form gouvernemental auf das Wohlergehen von Individuen ausrichtet (McRobbie 2010: 96).

In der Kontrastgruppe „Hürdenreich" kommt es im Habilitationsverlauf zu einer eklatanten Fokusverschiebung von grenzwertigen Praktiken innerhalb der Organisation hin zu einem individuellen Scheitern an den Bedingungen. Aus gouvernementaler Perspektive tritt hier die Wichtigkeit von Selbstführungstechniken der Wissenschaftlerinnen auf den Plan. Denn gibt es keine Kontrolle mehr im Außen, wird nun auf das Selbst auf eine bestimmte Art eingewirkt, die sich als „gouvernementale Machttechnologie" bezeichnen lässt. Die Verinnerlichung von Macht ist hier ein praktischer Modus, eine Ethik in praktischer Weise (Rose 2000: 11), die nicht einfach passiert, sondern von den Selbsten aktiv vorangetrieben wird, um sich so kontextbezogen passend zu machen. Mit diesen Selbsttechnologien führen Individuen mit eigenen Mitteln oder auch unter Zuhilfenahme psychosozialer Beratung Operationen an sich aus, mit dem Ziel, sich zu verändern (Foucault 1993: 26). Im Sinne einer „Grammatik der Härte" und einer „Grammatik der Sorge" laufen Selbstdisziplinierung und Selbstenthusiasmus parallel (Bröckling 2007: 71), wie dargelegt wurde. Um auch weiterhin gesund zu bleiben, nehmen Emotionen in diesem Kontext einen enormen Stellenwert für den beruflichen Erfolgt ein (Han 2016: 62). Auf der Ebene des Subjekts ergibt sich eine kontinuierliche Selbstreflexion und ein beständiges Arbeiten an den eigenen Emotionen, um diesem Leistungsdruck standzuhalten.

In diesem Feld kann so der Entzug „zentraler Kapitalsorten" (Bourdieu) im „emotionalen Kapitalismus" (Illouz 2009) beobachtet werden. Die empirische Auswertung machte deutlich, dass in den gesundheitlich riskanten Spielen um berufliche Erfolge bestimmten feldadäquaten Subjektpositionen mehr Ressourcen zuteilwerden. Hegemoniale Männlichkeit wirkt in diesem Zusammenhang als scheinbar natürliche und schützende individuelle Ressource gegenüber Weiblichkeit und vermutlich auch gegenüber marginalisierten oder alternativen Formen von

Männlichkeit. In einem Spiel, in dem hohe Chancen bestehen, aufgrund normalisierter Belastung ausgeschlossen zu werden, ist erfolgreich, wer im Spiel bleibt und bessere Möglichkeiten hat zu überleben (Bröckling 2017). Hegemoniale Männlichkeit wirkt so auf die „emotionalen Güter" eines großen Teils der habilitierenden *top girls* und produziert Ausschlüsse auf individualisierende Art und Weise. Dies ist von besonderer Bedeutung, da in dem sich entgrenzenden Arbeitsumfeld Emotionen zu einer Ressource um „mehr Produktivität und Leistung" geworden sind (Han 2016: 62).

Die aufgeführten Mechanismen der Organisationskultur kollektivieren Belastungen im Karriereverlauf, die es individuell zu lösen gilt. Hier geht es darum, dass Prioritäten gesetzt und Grenzen gezogen werden müssen. Zwar wurde deutlich, dass *stereotype threat* und Backlash-Effekte die Handlungsmöglichkeiten der forschend begleiteten Frauen einschränken. Auch Personen mit interdependenten Selbstkonzepten haben, wenn sie von hürdenreichen Habilitationsverläufen betroffen sind, einen Nachteil. Die Organisationskultur wirkt durch Abwertungen, Stereotype und zeitliche Belastungen auf die Habilitandinnen der Kontrastgruppe „Hürdenreich" negativ ein. Hier konnte eine Machtverschiebung von äußeren Bedingungen „bis in ihren innersten Persönlichkeitskern" (Voß und Weiss 2014: 46) beobachtet werden. „Freie Wahl", „Selbstverwirklichung" und „Erfüllung durch Arbeit" sind auch in dieser Kontrastgruppe die verführerischen Aspekte, die dazu geführt haben, dass das unternehmerische Selbst zu einer hegemonialen Figur wurde (Bröckling 2007: 58). Wie sich vor allem in dieser Kontrastgruppe zeigt, generiert die ‚Freiheit' zur Selbstausbeutung eine fortwährende Überforderung, die von den Organisationssubjekten mitgetragen wird und die zugleich ihre organisationale Herstellung verunsichtbart. Mit Bröckling ist diese strukturelle Überforderung gewollt, „erzeugt sie doch jene fortwährende Anspannung, die den Einzelnen niemals zur Ruhe kommen lässt" (Bröckling 2007: 71). Diskursiv wurden von den befragten Medizinerinnen so auch kaum noch Versuche organisationaler Veränderungen thematisiert. Die aufziehenden Spannungen werden durch Veränderungen im Inneren und nicht im System gelöst (Bröckling 2002). Im Zuge der Abnahme von Selbstwirksamkeitserwartung verlagern sich in der Kontrastgruppe „Hürdenreich" Coping-Strategien von problem- hin zu emotionszentrierten Versuchen, die Problematiken durch eine bessere Selbstregulierung aushaltbar zu machen. Diese Selbstanpassung und -regulierung aber scheitert zunehmend und produziert eine selbstattribuierende Ausweg- und Machtlosigkeit. Ausschlüsse stellen sich so als pseudofreie Entscheidungen zu gehen dar.

Die Organisation schließt nicht einfach nur durch ungleiche Rahmenbedingungen aus (vgl. Kapitel 7). Im Zusammenfallen von akademischem Feudalismus in der Hochschulmedizin und den Wettbewerbsanforderungen der unternehmerischen Wissenschaft wirkt eine an hegemonialer Männlichkeit orientierte Organisationskultur im Sinne eines Cooling-outs auskühlend auf den Entscheidungsverlauf von Habilitandinnen ein. So moderiert dieses Cooling-out Erwartungen und Möglichkeiten im höheren Bildungswesen als Vermittlung zwischen der demokratischen Vorgabe der Chancengleichheit und der organisationalen Funktion der Selektion (Kahlert

2011: 114). Durch Cooling-out-Effekte werden damit auch Entscheidungsprozesse bezüglich eines Ausstiegs aus der Wissenschaft strukturiert. Im Sinne symbolischer Gewalt kommt es so nicht nur zu Ausschlüssen, sondern auch zu gouvernementalen Selbstausschlüssen. Hier entfaltet die Organisationskultur eine hohe Wirkmacht, indem sie so auf die Selbstkonzepte der Frauen wirkt, dass sich ein Ausstieg aus der Universitätsmedizin als eigenes Scheitern, als Self-Handicapping oder Überlastung darstellt und zu einer selbstwertschützenden Dringlichkeit wird.

9. Wandel in den Geschlechterverhältnissen? Ein Ressourcenvergleich zwischen den Kontrastgruppen „Hürdenreich" und „Anerkannt"

Da bislang organisationskulturelle Ausschlüsse mitsamt psychosozialen Auswirkungen (Kapitel 7 und 8) untersucht wurden, widmet sich dieses Kapitel dem Wandel in den Geschlechterverhältnissen. Die Auswertung wird durch die Kontrastgruppen „Hürdenreich" und „Anerkannt" repräsentiert. Beide Extremtypen basieren auf der Verallgemeinerung von jeweils fünf Einzelfällen, die in Tabelle 9 näher beschrieben werden. Im Hinblick auf die Auswirkungen organisationskultureller Gegebenheiten wird folgend detailliert vorgestellt, welche gegensätzlichen Erfahrungen die Frauen der Kontrastgruppen „Hürdenreich" und „Anerkannt" berichten.

Durch den hürdenreichen Habilitationsverlauf kam es verstärkt zu Belastungssituationen (vgl. Kapitel 8). In diesem Kapitel soll nun anhand der Kontrastgruppe „Hürdenreich" geprüft werden, wie und an welchen Stellen Frauen aus der Organisation ausgeschlossen werden. Einen Überblick gibt Tabelle 9, die die beiden Kontrastgruppen gegenüberstellt. Diese Gegenüberstellung kann auch für die Optimierung der beratenden Praxis genutzt werden (vgl. Kapitel 10), da sie die Gelingensbedingungen auf organisationaler und individueller Ebene aufzeigt.

Nächste Seite:

Tabelle 9: Vergleich der Kontrastgruppen „Hürdenreich" und „Anerkannt"

		Kontrastgruppe „Hürdenreich"	Kontrastgruppe „Anerkannt"
Organisation			
Hintergrund	Eltern	Nicht-akademisch, geringe Unterstützung Bildungsweg	Akademisch (Ärzte, Juristen)/ wurden familiär beraten
	Eigene Elternschaft	40% Mütter in der Kontrastgruppe	60% Mütter in der Kontrastgruppe
	Karriereorientierung	Karriere- und zielorientiert	Karriere- und zielorientiert
	Fach (geschlechtlich konnotiert)	Maskuline Kodierung der Fächer	Feminere Kodierung der Fächer
	Netzwerke	Durch Netzwerk an Klinik gelangt, Wunsch nach Mentorin	Durch Netzwerk an Klinik gelangt
Hierarchie	Geschlecht Vorgesetzte	Nur Männer	Auch eine Frau
	Einstellung Frauenkarrieren	Traditionelle Einstellung	Fördernde Einstellung
	Gatekeeping	Aktives Blockieren (Willkür, Verbote)	Förderung durch Vorgesetzte
	Befristung	1-2 Jahre	2-5 Jahre
	Intransparenz Werdegang	Unzuverlässige, intransparente Bedingungen	Strukturierte, klarere Karrierebedingungen
	Informelles Karrierewissen	Geringes Wissen	Geringes Wissen, größere Transparenz und Förderung
Anerkennung	Homosoziale Kooptation	Nachteil gegenüber Ziehsohn	Ist geförderter Nachwuchs
	Habitusähnlichkeit	Wahrgenommene Habitusdifferenz	Wahrgenommene Habitusähnlichkeit
	Leistungsoutput	Fehlverhalten wissenschaftlicher Output	Fairness und Förderung durch wissenschaftlichen Output
	Förderung Gleichstellung	Verstoß gegen Gleichbehandlung	Förderung aus Gleichstellungsmittel
Zeitnot	Arbeitsalltag	Klassische Arbeitsstellung, Problematik Prioritätensetzung	Einteilung für Forschung, konsequente Grenzziehung
	Forschungsförderung	Keine Freistellung	Freistellung für Forschung
	Vereinbarkeit Familie/Beruf	Kaum mehr machbar, als Mutter abgeschrieben	Wird problematisch, aber Unterstützung bei Vereinbarkeit
	Normalbiographie	Zunehmende Abweichungen	Mobilität, keine Kinder, passend (divergierend bei Kindern)
Subjekt			
Abwertung	Selbstwirksamkeitserwartung	Abnehmende Selbstwirksamkeitserwartung	Hohe Selbstwirksamkeitserwartung
	Selbstwert	Selbstwertbedrohung durch Abwertung	Selbstwerterhöhung durch Wertschätzung
	Attribution	Pessimistisches Attributionsmuster (internal/global/stabil) Hilflosigkeit/ Machtlosigkeit (nach Seligman)	Optimistisches Attributionsmuster (external/spezifisch/variabel) Fundamentaler Attributionsfehler
Stereotype	Stereotype Adressierung	Nachteile durch stereotype Adressierung	Feldadäquate Persönlichkeitseigenschaften
	Subjektposition Geschlecht	Backlash-Effekte und stereotype threat	Keine Sanktionen, Grenzziehungen möglich
	Sense of entitlement	Professur divergiert zu Rollenverständnis	Anspruchshaltung Professur
Stress	Personale Ressourcen	Abwertung kommunale Eigensch., interdependentes Selbstkonz.	Inwertsetzung agentischer Eigenschaften, independentes Selbstkonzept
	Soziale Ressourcen	Abwertung durch Organisation, Unterstützung nur außerhalb	Hohe Unterstützung in der Organisation, Unterstützung auch außerhalb
	Habituelle Ressourcen	Abwertung durch Habitusdifferenz	Inwertsetzung akademischer Habitus
	Selbstausbeutung	Sehr hoch, zunehmend ,standardisierte Selbstausbeutung'	Sehr hoch, ,freie Selbstausbeutung'
	Kohärenzgefühl (Bedeutsamkeit)	In einem Fall: Wiederherstellung von Gesundheit	In einem Fall: Aufrechterhaltung von Gesundheit bei Familie

9.1. Klare Rahmenbedingungen und weniger feudale Hierarchien

Lässt sich im Fallvergleich ein grundsätzlicher Wandel der Organisationskultur ablesen, der sich langsam von einer hegemonialer Männlichkeit als „Orientierungsmuster" (Meuser 2009: 162) verabschiedet? Dieser Fragestellung soll in den folgenden beiden Unterkapiteln 9.1. und 9.2. nachgegangen werden. Im Vergleich zeigen sich in Bezug auf die organisationalen Rahmenbedingungen deutliche Unterschiede. Zwar sind im Hinblick auf geschlechtliche Konnotationen der gewählten Fachbereiche nur geringe Kontraste vorhanden. Dennoch lässt sich eine leichte Tendenz in der Kontrastgruppe „Hürdenreich" in Richtung männlicher Konnotation feststellen.

Insgesamt zeigt sich, dass Frauen der Kontrastgruppe „Anerkannt" über wesentlich stabilere und klarere strukturelle Rahmenbedingungen verfügen. Sowohl die Beschäftigungssicherheit als auch die Kriterien ihres Werdegangs stellen sich abgesicherter dar. So verfügten Frauen der Kontrastgruppe „Anerkannt" über längere Vertragslaufzeiten von bis zu fünf Jahren. Befristungen in der Kontrastgruppe enden hingegen nach einem halben bis spätestens nach zwei Jahren. Die Vertragssituation macht den Frauen in der Kontrastgruppe „Hürdenreich" deutlich zu schaffen. Sie beschreiben sich in der Selbstwahrnehmung abhängiger (vgl. Kapitel 7.1. und 8.1.). Demgegenüber verfügt die Kontrastgruppe „Anerkannt" über eine hohe Transparenz in ihrem fachärztlichen Werdegang. Die Frauen in dieser Kontrastgruppe beschreiben ihre Rotationssituation durchweg als äußerst komfortabel. Nicht nur sind hier Rotationen klar und verlässlich geregelt. Eine Habilitandin berichtet, dass in ihrer Klinik Assistenzärztinnen und -ärzte bei der Planung mitsprechen:

„Also es ist so, ich habe noch nie eine Abteilung erlebt oder von den anderen gehört, wo das so ist wie bei uns. Die Assistentensprecher machen zusammen mit dem Personaloberarzt eigentlich den Rotationsplan und eigentlich soll der auch für ein ganzes Jahr entwickelt werden, damit man natürlich auch Urlaube planen kann, das ist wieder wichtig für die Personalbesetzung. Und im Endeffekt ist es so, dass man im Oktober alle Assistenten fragt, was sie sich vorstellen, wo sie im nächsten Jahr arbeiten wollen. [...] Also die Assistenten werden sozusagen, jeder wird persönlich mit einbezogen und man versucht halt, möglichst viele Wünsche zu berücksichtigen."

Das Zitat zeigt, dass bei dieser Frau der Kontrastgruppe „Anerkannt" im Gegensatz zu den großen Unwägbarkeiten der Kontrastgruppe „Hürdenreich" eine hohe Transparenz bezüglich der Rotationen besteht. Erinnert sei hier an das Zitat aus Kapitel 7.1.2.: „Was viele sich wünschen, ist so eine Transparenz, dass auch einfach klar ist, wenn man irgendwas erreichen will, was man dafür leisten muss, und nicht, dass mit zweierlei Maß gemessen wird". Dies bestätigt die These, dass unklare und unsichere Bedingungen eher zu einem Ausschluss von Frauen beitragen können. Zwar verfügen die Frauen beider Kontrastgruppen über ein ähnliches Wissen gegenüber den als eher intransparent empfundenen Karrierewegen sowie über ähnlich gute informelle Netzwerke, durch die sie an die Kliniken kamen. Doch wird hier deutlich, dass die Kontrastgruppe „Anerkannt" durch sichere und klare Rahmenbedingungen im Vorteil ist. Zudem berichten die Habilitandinnen der Kontrastgruppe „Anerkannt" weder von einem regelwidrigen Verhalten ihres Vorgesetzten, auch die in Kapitel 8.1. dargelegten Torpedierungen scheinen weniger alltäglich. Die Habilitandinnen der Kontrastgruppe „Anerkannt" sind damit von einer Medizin „ohne Korrekturfaktor", die in Kapitel 7.1. und 8.1. im Zusammenhang mit hohen Abhängigkeiten und Selbstwertbedrohungen beschrieben wurden, deutlich weniger betroffen und erleben folglich die Habilitation auch nicht als „Kampf". Die Organisationskultur gestaltet sich für die Kontrastgruppe „Anerkannt" insgesamt deutlich gesundheitserhaltender. Die klaren Strukturen tragen darüber hinaus zu mehr Fairness bei. In Bezug auf Geschlecht ist bei ihnen eine geringere homosoziale Reproduktion zu beobachten.

Durch den zunehmenden Frauenanteil innerhalb des Faches ergeben sich leichte Veränderungen im Geschlechteranteil unter den Vorgesetzten. So besteht die Chefriege der hürdenreichen Verläufe nur aus Männern, bei den hürdenarmen gab es auch eine Vorgesetzte.[49] Die Beziehung zu dieser wird als fördernd und freundschaftlich bezeichnet. Zugleich werden neue Herausforderungen thematisiert, die bislang kein Thema waren. Eine Habilitandin der Kontrastgruppe „Anerkannt" äußert, dass sie zwar zum einen von ihrer Chefin gefördert werde, das setze sie aber aufgrund der an sie gestellten hohen Erwartungen auch unter Druck. So vereinbare ihre Vorgesetzte selbst eine Gruppenleitung in der Forschung, eine höhere Position in der Klinik, habe Kinder und sei auch in der klinischen Versorgung aktiv. Die Habilitandin fühle sich so häufig, als würde sie im sozialen Vergleich scheitern. Im Gegensatz zur Kontrastgruppe „Hürdenreich" werden hier erstmals soziale Vergleiche innerhalb einer Hierarchie möglich, die bislang nur in der Erzählung der ‚Ziehsöhne' berichtet wurden (vgl. Kapitel 7.2.3.). Dies verweist auf erste Veränderungen in den Beziehungen zu Vorgesetzten, die zugleich neue Herausforderungen bergen. Es muss der Druck im Vergleich mit einer als ‚Überfrau' wahrgenommenen Höhergestellten ausgehalten werden.

Die hürdenarmen Verläufe weisen eine wesentlich höhere Förderquote und nur sehr geringe Konflikte mit Vorgesetzten auf. So wurde beispielsweise eine Habilitandin der Kontrastgruppe „Anerkannt" von ihren Vorgesetzten, beide Väter und Partner berufstätiger Frauen, ermutigt, ihre Karrierepläne auszubauen. Dies steht in einem Gegensatz zu einem als hürdenreich beschriebenem Verlauf, bei der einer Habilitandin verboten wurde, sich auf Fördergelder zu

---

[49] So wiesen Ellemers et al. (2004) zwar darauf hin, dass in männlich konnotierten Organisationskulturen *Queen Beens* ebenfalls den Aufstieg von Frauen verhindern können. Da im Gesamtsample eine zu geringe Anzahl an Frauen als Vorgesetzte fungierten, können diese Ambivalenzen nicht vertieft untersucht werden. Das Geschlechterverhältnis unter den Vorgesetzten entspricht in etwa den prozentualen Geschlechterverhältnissen in der Medizin.

bewerben. Die Einstellung ihres Vorgesetzten beschrieb diese in Kapitel 7.1. als sehr traditionell gegenüber Frauenkarrieren.

Insgesamt zeigt sich eine für die Medizin typisch hierarchische Struktur, die sich bei der Kontrastgruppe „Anerkannt" deutlich weniger feudal ausgestaltet und zugleich Chancen für die Förderungen einzelner Frauen eröffnet. Eine höhere Beschäftigungssicherheit, klare Werdegänge und verlässliche Strukturen, deren Regelwerke bekannt und an denen sich orientiert werden kann, tragen sowohl zu geringeren Belastungen sowie zu einer weniger an Stereotypen orientierten Personalauswahl bei. Hier zeigt sich die Einstellung von Vorgesetzten gegenüber Frauenkarrieren als wichtiger Faktor, der sich auch durch einen höheren Anteil von Frauen auf den Führungsebenen spiegeln kann.

9.2. Anerkennung von Leistung und feldadäquaten Persönlichkeitseigenschaften

Bei der Anerkennung von Leistung in Form von Förderung und Forschungsoutput stehen sich die Kontrastgruppen „Hürdenreich" und „Anerkannt" diametral gegenüber. Die Auswirkungen homosozialer Reproduktion auf die Anerkennung von Leistung, die, wie in Kapitel 7.2. dargestellt, die Frauen der Kontrastgruppe „Hürdenreich" immer stärker betreffen, sind bei der Kontrastgruppe „Anerkannt" kein Thema. Diese Frauen berichten weder von bevorzugten ‚Ziehsöhnen' noch werden sie mit einem stereotypen *lack of fit* (Heilman 2012) konfrontiert. Weiblichkeit wird hier nicht als Selbstwissen aktiviert, zu dem es sich abzugrenzen gilt. Eine Habilitandin der Kontrastgruppe „Anerkannt" kann sogar Weiblichkeit als strategische Ressource einsetzen. So berichtet diese Habilitandin von den cholerischen „Anfällen" eines Vorgesetzten, die ihr zu schaffen machen. Mittlerweile beggne sie diesen aber, indem sie die „junge Wissenschaftlerin mime". Laut der Medizinerin „darf man da einfach nicht zu selbstbewusst dann sich ihm gegenüberstellen". Wie bereits angesprochen, sind so auch Frauen der Kontrastgruppe „Anerkannt" von belastenden und in diesem Fall patriarchalen Strukturen betroffen. In ihrem Fall scheinen diese Auseinandersetzungen aber nicht mit entsprechenden Förderungen oder ihrem Selbstwert verknüpft. Dies ist ein entscheidender Unterschied, denn in der Kontrastgruppe „Hürdenreich" ist das anders. Ein *lack of fit*, wie er in Kapitel 7.2 dargelegt wurde, wird hier zur Argumentationshilfe ausbleibender Förderung oder Beförderung. In der Konsequenz wird selbstattribuierend die ausbleibende Anerkennung auf die unpassende individuelle Positionierung zurückgeführt, in der es notwendig wird, die „gleiche Sprache der Vorgesetzten zu sprechen", um von diesen „gemocht" und damit auch gefördert zu werden. Dies erfordert kontinuierliche Anpassungsleistungen von den Frauen der Kontrastgruppe „Hürdenreich". Dies ist in der Kontrastgruppe „Anerkannt" nicht der Fall. Die Frauen der Kontrastgruppe „Anerkannt" scheinen über eine, auf eine andere Art vergeschlechtlichte Position zu verfügen. Sie empfindet ihren Vorgesetzten als sehr fördernd. Im Gegensatz zur Kontrastgruppe „Hürdenreich", wird beispielsweise eine Habilitandin der Kontrastgruppe „Anerkannt" auf ein Förderprogramm aufmerksam gemacht. Ihr wird zugesichert, dass die Klinik, die diese Förderung nur wenigen anbieten könne, ihre Bewerbung sehr unterstütze. Hier wird eine Differenz in den vergeschlechtlichten Positionierungen sichtbar, die sich auch in der Anerkennung von Leistung widerspiegelt. Für Habilitandinnen der Kontrastgruppe „Anerkannt" sind die hierarchischen Verhältnisse, die die Möglichkeit beinhalten, Einzelne zu fördern, von Vorteil. Dies zeigt sich unter anderem bei dem Thema „Autorenschaften". Diese seien einerseits „klar geregelt". Darüber hinaus profitiert die Habilitandin aber auch als Erstautorin von Publikationen „bei Sachen – ich war schon ein Jahr weg eigentlich, als das publiziert worden ist".

> „Das heißt, da ist auch viel Arbeit von 'nem Kollegen mit reingegangen, der dann Zweitautor geworden ist. Hier muss ich jetzt sagen – bin ich eigentlich so ganz glücklich, da war ich jetzt auf zwei Publikationen mit drauf und das ist, da muss ich wieder diesen wissenschaftlichen Chef, [...], hat er mich da insofern sehr unterstützt, weil er gesagt hat, er lässt mich Letztautorin sein, also bei den Publikationen bin ich jetzt Letztautorin und er hat gesagt, er geht auch in Rente."

Hier wird ein grundsätzlicher Gegensatz zwischen der Kontrastgruppe „Anerkannt" und „Hürdenreich" offensichtlich. Eine Frau der Kontrastgruppe „Hürdenreich" berichtet von ständigen individuellen Positionskämpfen. In der Kontrastgruppe „Anerkannt" ist dies nicht nötig. Erinnert sei an den Fall einer Ärztin in Kapitel 7.2., deren Projekt von ihrem Vorgesetzten besetzt ist und der sie fragte, ob sie wisse, dass er Erstautor eines von ihr verfassten Artikels sei. Ganz anders als bei diesem Fall, wo sich eine Gatekeeping-Beziehung als äußerst günstig für die Medizinerin herausstellt. Und so konnte sich die Habilitandin über eine Letztautorenschaft freuen, die für sie möglich wurde, da der Vorgesetzte in Rente ging und diese nicht mehr benötigte:

> „Das war für mich natürlich sehr schön und [er] hat auch geschaut, also [das war] auch gerecht, ich hab dazu auch beigetragen, aber es gab auch eine längere Publikation, die schon seit drei Jahren – mehr als drei Jahre, seit vier Jahren – vorbereit wird, in dem Labor zusammen mit einem anderen Labor und ich kam recht neu dazu, da war das eigentlich schon in Revision, also war schon eingereicht und es kam halt wieder und es musste noch weiter bearbeitet werden und da hab ich eine Methode quasi dazu geliefert und da hat er gesagt, ja da guggen wir, dass du auch als Autorin drauf bist und hat das auch durchgesetzt, dass ich da drauf bin, da bin ich zwar nur Co-Autorin, aber das ist trotzdem natürlich ganz schön."

Individuelle Förderung eröffnet Möglichkeiten für Einzelne, von denen in der Kontrastgruppe „Anerkannt" auch Frauen profitieren. Dies trägt zu einem zarten Wandel der Organisation bei. Gleichstellungmittel spielen hier insofern eine wichtige Rolle, als dass Frauen aufgrund verschiedener Anreize stärker in den Genuss dieser Förderung kommen. So erhält die Habilitandin der Kontrastgruppe „Anerkannt" eine Freistellung durch Fördergelder aus Gleichstellungsmitteln, „weil die Klinik das eigentlich schon möchte, dass Frauen habilitieren". Hier bekommen einzelne Frauen durch finanzielle Anreize aus der Gleichstellungsarbeit Möglichkeiten durch Fördergelder. Außerdem vermute sie, dass ihr Chef „auch gerne eine Frau habilitieren möchte". Die Habilitation von besonders geeigneten Frauen ist so auch mit einem erhöhten Prestige von Klinikleitern verknüpft. Bei eintretender Elternschaft lässt sich aber auch in dieser Kontrastgruppe beobachten, dass Mütter (vgl. Kapitel 7.3.2.) über hohe Belastungen klagen und sich auch hier weniger ernst genommen fühlen. An dieser Stelle kommt es erstmals zu einem Ausschluss durch Feminität innerhalb dieser Kontrastgruppe der hürdenarmen Verläufe und zu einem Verweis auf die weiterhin bestehende Konstruktion vergeschlechtlichter feldadäquater Persönlichkeitseigenschaften und Tätigkeitsbereiche, die durch Mutterschaft und deren enge Assoziation mit Weiblichkeit brüchig werden.

Um auf die eingangs gestellte Frage veränderter vergeschlechtlichter Organisationskulturen zurückzukommen, kann festgehalten werden, dass sich die Organisationskultur bei Frauen der Kontrastgruppe „Anerkannt" als weniger feudal darstellt. Es wird kein Fehlverhalten berichtet, die Bedingungen sind transparenter, verlässlicher und bieten mehr Sicherheit. Die Organisationskultur produziert damit weniger Überlastung. Insgesamt haben es Frauen in feminisierten Fächern leichter und auch weibliche Vorgesetzte oder Männer mit einer entsprechenden Einstellung können der Förderung zuträglich sein. Doch kann kaum von einer Feminisierung der Organisation aufgrund der zahlenmäßig hohen Präsenz von Frauen gesprochen werden. Vielmehr werden hier für die Karriere wichtige Gatekeeping-Prozesse innerhalb hierarchischer Verhältnisse beschrieben, von denen nun auch einzelne Frauen profitieren. Eine wichtige Rolle spielt dabei sowohl die Einstellung von Vorgesetzten gegenüber Frauenkarrieren, als auch organisationskulturelle Bemühungen individueller Frauenförderung. Grundsätzliche Veränderungen der Organisation im Hinblick auf eine kulturelle Öffnung gegenüber mit Weiblichkeit assoziierten Merkmalen zeichnen sich aber nicht ab. Es sind vielmehr Einzelkarrieren, die nun auch für passförmige Frauen möglich werden. Elternschaft ist hier nicht unproblematisch, da sie auch in der Kontrastgruppe „Anerkannt" zu Brüchen mit den organisationskulturellen Anforderungen führt. So zeichnet sich eine stärkere Passförmigkeit von (kinderlosen) Frauen an feldadäquate Persönlichkeitseigenschaften ab. Die Gruppe der Frauen differenziert sich so im Hinblick auf vergeschlechtlichte Subjektpositionen und entsprechende Ressourcengewinne im Umgang mit Belastungen im Spiel um hochschulmedizinische Werdegänge aus.

9.3. Organisationale Einflüsse auf personale, habituelle und soziale Ressourcen

Für nicht feldadäquat konstruierte Persönlichkeiten erschweren sich die Rahmenbedingungen im Wettbewerb um berufliche Erfolge (vgl. Kapitel 7). Im vorangegangenen Unterkapitel wurde gezeigt, dass sich diese Rahmenbedingungen auch für manche Frauen deutlich anders ausgestalten. Wie der in Kapitel 1.1. beschriebene Schereneffekt der Hochschulmedizin verdeutlicht, befinden sich die Frauen der Kontrastgruppe „Anerkannt" quantitativ in einer deutlichen Minderheit, weisen aber auf einen zahlenmäßig zarten Wandel der Geschlechterverhältnisse hin. Inwiefern verfügen also Frauen der Kontrastgruppe „Anerkannt" über andere Ressourcen, die zugleich vor erhöhten Belastungen schützen? Im Entscheidungsverlauf für und wider eine Habilitation können hier organisationale Einflüsse auf personale, habituelle und soziale Ressourcen beobachtet werden. Anhand des Vergleichs innerhalb der Frauengruppe soll daher im Folgenden untersucht werden, wie diese Ressourcen in Wert gesetzt und damit Unterschiede zwischen den Frauen und ihren Belastungen produziert werden.

Personale Ressourcen

Selbstwirksamkeitserwartung ist eine wichtige personale Ressource mit protektivem Faktor gegen Überlastungen (Schmitz 1999). Abele-Brehm konnte im Hinblick auf Ärztinnen nachweisen, dass diese mit Eintritt in die Berufstätigkeit deutlich absinkt. Bei männlichen Kollegen steigt sie hingegen an (2013). Dies lässt sich auch innerhalb der verglichenen Kontrastgruppen nachzeichnen. Wie in Kapitel 8.1.2. ausführlich dargelegt, nimmt die Selbstwirksamkeitserwartung in der Kontrastgruppe „Hürdenreich" im Habilitationsverlauf ab. So ist eine Frau dieser Gruppe beispielsweise irgendwann der Ansicht „zu doof" zu sein. Demgegenüber hat eine Frau der Kontrastgruppe „Anerkannt" die Haltung, die an ihre Habilitation gestellten Anforderungen kompetent erfüllen zu können. Sie sagt: „An der medizinischen Fakultät zu habilitieren ist nicht so schwer muss man sagen, die Voraussetzungen sind nicht so richtig hoch". Auch sonst vermittelt sie den Eindruck, ihren Lebenslauf selbst bei schwierigen Situationen stets im Griff zu haben und flexibel auf Veränderungen reagieren zu können (internale Kontrollüberzeugung). Um ihre Selbstbestimmtheit aufrechtzuerhalten vermeidet sie darüber hinaus bewusst Arbeitsbereiche mit hoher Abhängigkeit. So habe sie „natürlich auch noch das Fach gewählt, wo man am meisten unabhängig ist". Dementsprechend ist für sie auch wichtig, dass „ich selbst bestimmen kann, was ich mache". Die Habilitandin der Kontrastgruppe „Anerkannt" attribuiert so auch ihren Erfolg als verdient, basierend auf einem hohen Arbeitseinsatz: „Wie gesagt, ich habe auch sehr viel dafür gearbeitet". In den Interviews vermittelt sich ein eher independentes, also sozial unabhängiges Selbstkonzept, das Erfolge internal attribuiert. Hannover und Kühnen wiesen darauf hin, dass für diejenigen, für die autonome Selbstinhalte chronisch hoch zugänglich sind, eher Attributionsfehler beobachtet werden können. Demnach interpretieren die Betroffenen neue Informationen so, als seien diese unabhängig von dem aktuellen Kontext und unterschätzen damit situationale Faktoren (fundamentaler Attributionsfehler) oder die Einschränkung von Wahlfreiheit auf das eigene Verhalten *(correspondence bias)* (Hannover und Kühnen 2002: 72, vgl. Kapitel 3.3.1.). Deutlich wird zudem, dass bei der Medizinerin der Kontrastgruppe „Anerkannt" keine interdepente situative Aktivierung des Selbstwissens durch Stereotype zu verzeichnen ist. Die berufliche Erfahrung der Habilitandin ist so auch weit von einem selbstwirksamkeitsverringerndem „Praxisschock" (Abele-Brehm 2013) entfernt. Ihre berufliche Situation wirkt sich vielmehr positiv auf ihre bereichsspezifische Selbstwirksamkeitserwartung aus. Sie erlebt die Rahmenbedingungen als gestaltbar und die Dinge in ihrem Umfeld als beeinflussbar. In der Kontrastgruppe „Hürdenreich" können hingegen zunehmend für den Selbstwert ungünstige internale Attributionen von Misserfolg sowie eine stabile und globale Attribution der Rahmenbedingungen als unveränderbar nachverfolgt werden (vgl. 8.1.3). Durch die in der Organisation gemachten Erfahrungen eingeschränkter „Handlungs-Ergebnis-Erwartungen" im Zusammenhang mit Machtlosigkeit verändern sich (bereichsspezifische) Selbstwirksamkeitserwartungen (Brömer und Jonas 2002). Dies wirkt zirkulär, da Selbstwirksamkeit zur Durchsetzung eigener Ziele benötigt wird, um Intention in konkretes Handeln umzusetzen (Jerusalem und Hopf 2002, vgl. Abbildung 48 und Kapitel 3.3.2).

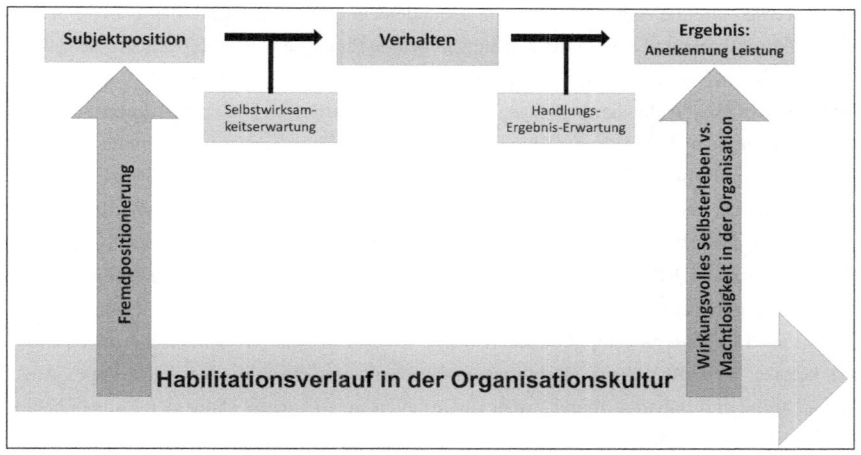

Abb. 48: Habilitationsverlauf in der Organisationskultur, schematische Unterscheidung nach Bandura (Kap. 3.3.2., 1977b), angepasst an die empirischen Ergebnisse unter Hinzufügung von Fremdpositionierung sowie Wirkungsvolles Selbsterleben versus zunehmende Machtlosigkeit in der Organisation

Abbildung 48 visualisiert, dass die Frauen der Kontrastgruppe „Anerkannt" im Gegensatz zu derjenigen der Kontrastgruppe „Hürdenreich" im Habilitationsverlauf eine Anerkennung ihrer Leistung erleben und diese sich positiv auf ihre Handlung-Ergebnis-Erwartung auswirkt. Zugleich werden diese Frauen nicht als geschlechtlich unpassend (Fremdpositionierungen) adressiert. In diesem Prozess kann sich so auch eine positive Veränderung in der bereichsspezifischen Selbstwirksamkeitserwartung ergeben. Zudem gilt Selbstwirksamkeitserwartung im Zusammenhang von Überlastung als protektiver Faktor, da sie die aktive problemorientierte Auseinandersetzung mit stressreichen Situationen fördert. Der Habilitandin der Kontrastgruppe „Anerkannt" gelingt es beispielsweise auch deutlich leichter, stressreiche Situationen zu begrenzen:

„Ich bin da auch sehr, also was ich jetzt davor hatte, bin da auch so sehr, sagen wir mal konsequent, also ich hab mit dem ersten Tag, an dem ich dann angefangen hab, dieses Stipendium anzutreten, hab ich eine E-Mail an meine Klinik geschrieben und also an alle rausschicken lassen, dass ich das jetzt eben mache und das ich in Zukunft nicht mehr über mein Diensthandy sehr gut erreichbar sein werde."

Diese Habilitandin zieht hier einerseits „konsequent" Grenzen, diese Grenzziehungen werden aber, um es diskursiv auszudrücken, entsprechend „gehört" (vgl. Kapitel 4.1.). In der Kontrastgruppe „Hürdenreich" hingegen scheinen aufgrund der vermehrten Grenzverletzungen Grenzziehungen kontinuierlich notwendiger, aber zugleich immer weniger möglich. Durch feminisierte Subjektpositionen sind diese durch Backlash-Effekte und *stereotype threats* gerahmt. Situativ werden interdependente, also sozial gebundene und mit Weiblichkeit assoziierte Selbstkonstrukte aktiviert und damit Grenzziehungen gerade für chronisch interdependente Selbstkonzepte erschwert (vgl. Kapitel 8.2.). Die Möglichkeit, Grenzen zu setzen, ist damit auch organisational nicht für alle gleichermaßen gegeben. Hier offenbaren sich Differenzen gegenüber feldadäquat gerahmten Verhaltensweisen, die mit Fremdpositionierungen in Zusammenhang stehen. So setzen Habilitandinnen der Kontrastgruppe „Anerkannt" nicht nur selbstwirksam ihre Intention durch, auch werden diese entsprechend akzeptiert. Eine Handlungs-Ergebnis-Erwartung wird so durch eine vergeschlechtlichte Subjektposition beeinflusst. Unverkennbar wird ein sich verstärkender Effekt zwischen selbstwirksamen Verhalten, Handlungs-Ergebnis-Erwartung und vergeschlechtlichter Fremdpositionierung. Gerade in dieser Zirkularität zeigen sich so jeweils auch Veränderungsmöglichkeiten, die an Verschiebungen der einzelnen Aspekte ansetzen können. So werden die organisationalen Gegebenheiten durch die Kontrastgruppe „Anerkannt" als beeinflussbar attribuiert, zugleich gestalten sich die organisationalen Rahmenbedingungen aber auch fairer und transparenter. Die Habilitandinnen der Kontrastgruppe „Anerkannt" setzen Grenzen und haben weniger den Eindruck einem Gemochtwerden der Vorgesetzten zuspielen zu müssen (vgl. Kapitel 7.2.3). Vielmehr werden sie gefördert und erfahren Leistungsanerkennung. Stress kann so als Herausforderung erlebt werden, durch die das Zutrauen in die eigenen Fähigkeiten weiter bestärkt wird. Mit Abele-Brehms Untersuchungen zu agentischen Selbstkonzepten kann konstatiert werden, dass hochqualifizierte Frauen ein stark agentisches Selbstkonzept aufweisen (vgl. Kapitel 3.3.2.). Zudem kann davon ausgegangen werden, dass die Frauen beider Kontrastgruppen über eine hohe generalisierte Selbstwirksamkeitserwartung verfügen, die es ihnen, neben gymnasialen Bestnoten für die Aufnahme des Studiums und dem erfolgreichen Absolvieren des Studiums, überhaupt ermöglichte, eine Habilitation aufzunehmen (Schwarzer und Jerusalem 2002). Doch im Kontext hegemonialer Männlichkeit als organisationale Norm werden mit der Konstruktion einer gläsernen Decke Nuancen feminisierter Eigenschaften als unpassend zugleich aktiviert und abgewertet und gereichen zum Nachteil. Hegemoniale Männlichkeit ist hingegen ein vorteilhafter Spieleinsatz. Durch die Konstruktion von Weiblichkeit als Negativfolie werden personale Ressourcen derjenigen negativ beeinflusst, die sich eher an interdependenten Selbstkonzepten und kommunalen Persönlichkeitseigenschaften orientieren. Die beiden Frauengruppen weisen insofern Unterschiede in Hinblick auf die ihnen zugewiesenen Subjektpositionen auf.

Habituelle Ressourcen

Die Frauen der Kontrastgruppe „Hürdenreich" wuchsen zu großen Teilen als Kind in einer Familie mit nicht akademischem Hintergrund auf und thematisieren dies als nachteilig innerhalb der Organisation.[50] Für eine der Habilitandinnen war ein Studium so auch etwas „Außergewöhnliches". Sie äußert: „Medizin, wow, toll. Es war etwas für mich fast, fast Unerreichbares, dass man so was studieren kann.". Als Erste in der Familie sei es für sie ein „Riesentraum" gewesen, der dann in Erfüllung ging. Dem gegenüber wachsen die Frauen der Kontrastgruppe „Anerkannt" in einer akademisch orientierten Familie auf. Eine Ärztin der Kontrastgruppe „Anerkannt" spricht hier von einer „ausgesprochenen Medizinerfamilie". Beide Eltern waren medizinisch tätig und sind promoviert. Ihre Geschwister arbeiten in einer hohen Position an Universitätskliniken im In- und Ausland, die Frauen darunter erfolgreich in hohen Positionen in männlich konnotierten Fächern. Auch weitere Famlienangehörige, wie Tanten oder Großeltern, seien Ärztinnen bzw. Ärzte gewesen. Im Gegensatz zu den Frauen der Kontrastgruppe „Hürdenreich" fühlt sich diese Medizinerin auf ihrem Bildungsweg gut durch ihre Familie unterstützt. Die in Kapitel 7.2. beschriebenen Habitusdifferenzen scheinen durch alternative feldadäquate Persönlichkeitseigenschaften weniger Thema. Vielmehr werden Habitusähnlichkeiten berichtet, die auf eine akademische Herkunft verweisen und dazu führen, dass das „Gehabe" der oberen Riegen der Ärzteschaft nicht so ernst genommen wird. Eine der Medizinerinnen der Kontrastgruppe „Anerkannt" kann es so auch nachvollziehen, wenn ein bestimmtes Verhalten der höheren Ärzteriege Fremdheit und Unbehagen bei Ärztinnen aus nicht akademischen Familien hervorrufe:

„Also es ist ja irgendwie schon eigenartig, wenn man in der Frühbesprechung nie in den ersten zwei Reihen sitzt, weil man weiß da sitzen halt immer nur die Oberärzte oder sowas. Also das geht ja so nach Rangordnung und verschiedene Sachen und dann gibt es schon so ein, sagen wir mal irgendwie Gehabe."

Aufgrund ihrer Herkunft und ihres bisherigen Werdegangs lässt sie sich die Ärztin der Kontrastgruppe „Anerkannt" nicht von diesem „Gehabe" beeindrucken. Sie schildert als Begründung eine Ähnlichkeit, die sich aus der Herkunftsfamilie ableitet:

---

[50] Im *Theoretical Sampling* wurde darauf geachtet, dass es sich hierbei um Tendenzen handelt. Der Fokus liegt also weiterhin auf Geschlecht. So ist auch in den hürdenreichen Verläufen ein Vater Arzt sowie aus dem hürdenarmen eine Medizinerin aus einer nicht akademischen Familie. Die Tendenz zeichnet sich deutlich ab und soll hier deshalb mitthematisiert werden. Zudem haben in beiden Kontrastgruppen Frauen eine Migrationsgeschichte. Bei den hürdenreichen Verläufen haben mindestens ein, größtenteils aber beide Elternteile nicht studiert (vgl. Kapitel 2).

„Natürlich haben meine Eltern gut verdient, [...] es war schon insofern akademisch, dass wir halt klassische Musik 'ne Ausbildung bekommen, dass meinen Eltern das wichtig war, dass wir in viele Ausstellungen gegangen sind, dass wir an Weihnachten in die Oper gegangen sind und sowas. Was glaub ich schon so ein kulturelles Umfeld ist, was natürlich – also was viele Ärzte leben, grade so Ober... – und ich kann mir vorstellen, dass das vielen, die jetzt nicht aus so einem Umfeld kommen, schon fremd ist."

Durch ihr kulturelles Kapital gibt es hier eine grundlegend andere Ähnlichkeit in diesem Feld, die es möglich macht, die gegebene Hierarchie nicht als einschüchternd wahrzunehmen. Sie verfügt so über ein für das Feld passförmigeres, „dauerhaftes und übertragbares System der Wahrnehmungs-, Bewertungs- und Handlungsschemata" (Bourdieu und Wacquant 2006 [1996]: 160), das sich „geschmeidiger" in das Feld fügt. Im Gegensatz zur Kontrastgruppe „Hürdenreich" zeigt sich ein habituell ähnlicher Geschmack sowie das Bewusstsein, die „gleiche Sprache zu sprechen" (vgl. Kapitel 7.2.4.). An dieser Medizinerin der Kontrastgruppe „Anerkannt" ,perlt' die Performance ab. Dies führt sie neben ihrem Bildungskapital aus der Herkunftsfamilie auch auf einen angeeigneten professionellen Habitus zurück, der durch berufliche Erfahrung erworben wurde. Im Ausland habe sie eine egalitärere Kultur und „informelles Verhalten" kennengelernt, von Menschen, die sehr viel mehr als sie, aber auch als ihre Vorgesetzten vor Ort, erreicht hätten. „Da muss ich ganz ehrlich sagen, da schüchtert mich das irgendwie nicht mehr ein, wenn jemand mit 'nem Porsche daherkommt" (ebd). Dies verweist auf eine hohe Akkumulation kulturellen Kapitals mittels Herkunft sowie eine weitere Habitualisierung mittels Professionalisierung.[51]

Die durch Herkunft vermittelte Habitusähnlichkeit verschafft ihr insofern einen Vorteil, als dass sie sich entsprechend souverän im akademischen Umfeld bewegen kann. In der Kontrastgruppe „Anerkannt" lässt sich ein vermittelter *sense of entitlement* feststellen, eine Anspruchshaltung in einem als ,natürlich' empfundenen universitären Umfeld. Diese Anspruchshaltung zeigt sich

---

[51] Angemerkt werden soll an dieser Stelle, dass Habitustranformationen in Bezug auf einen akademischen Habitus in diesem Feld durchaus stattfindet. So ist Bourdieu der Ansicht: „Auch durch die Sozioanalyse kann der Habitus verändert werden, durch den Bewusstwerdungsprozeß, der es dem einzelnen erlaubt, seine Dispositionen unter Kontrolle zu bringen" (Bourdieu und Wacquant 2006 [1996]: 167 f.). In seinen Ausführungen zur Habitustransformation weist El-Mafaalani (2012: 93 f.) darauf hin, dass die Nicht-Passung von Habitus und Situation aber zu Verunsicherung, Orientierungslosigkeit und Rückzug oder zu einem kreativen Lernprozess und schließlich zu einer Habitustransformation führen kann. Der Mensch erkennt hierbei die Gesetzmäßigkeiten und restriktiven Elemente seiner familial geprägten Herkunft und strebt danach, diesen gegenüber eine gewisse Freiheit ,zurückzugewinnen' bzw. seine Dispositionen zu kontrollieren. Es handelt sich hierbei um eine differenzierte Auseinandersetzung mit der eigenen Herkunft (und indirekt auch mit dem eigenen Habitus) innerhalb einer bestimmten Lebensphase. Ein solcher ,Bruch' wird bewusst vollzogen und geht einher mit einem intendierten An-sich-selbst-Arbeiten, welches Zeit und Mühe beansprucht, da über viele Jahre einverleibte Muster aufgebrochen und neu geordnet werden müssen (ebd.: 94). Da in der Kontrastgruppe „Hürdenreich" Rückzüge aus dem Feld im Vordergrund stehen, wird an dieser Stelle deutlich, dass eine nicht akademische Herkunft weitere ,Mühen' und damit Ressourcenentzüge verursacht. Zudem zeigt sich, dass Herkunft und Habitus zwar kein Schicksal darstellen, aber gerade in einem akademisch geprägten und ressourcenentziehenden Umfeld der familiaren Herkunft sogar noch auf Habilitationsniveau eine herausragende Bedeutung zukommt – insbesondere im Vergleich zur Kontrastgruppe „Anerkannt".

in ihrer Einstellung gegenüber beruflichen Zielen, die ihr als Selbstverständlichkeit erscheinen. Auf die Frage, ob ihr Ziel eine Professur sei, antwortet sie „ja, auf jeden Fall". Im Gegensatz dazu entwickelt sich die Einstellung von Habilitandinnen der Kontrastgruppe „Hürdenreich" in Richtung Self-Handicapping unter stereotyper Bedrohung. Eine dieser Habilitandinnen ist zunehmend der Ansicht, eine Professur „passt einfach nicht zu meinem Rollenverständnis" (vgl. Kapitel 8.2.3.). Ein *sense of entitlement* macht eine grundsätzlich andere Haltung gegenüber der Organisation möglich. Frauen der Kontrastgruppe „Hürdenreich" würden voraussichtlich eher danach fragen, was sie tun können, um in der Organisation anerkannt zu werden, um erfolgreich zu sein. Frauen der Kontrastgruppe „Anerkannt" würden vermutlich eher die Frage stellen, in welcher Organisation sich ihre beruflichen Ziele erfüllen. *Sense of entitlement*, Selbstwirksamkeitserwartung und Handlungs-Ergebnis-Erwartung stehen somit in einem engen zirkulären Zusammenhang mit beruflicher Zielerreichung (vgl. Abbildung 49). So führt eine Anspruchshaltung zu erhöhter Selbstwirksamkeitserwartung, die Verhalten bewirkt und sich auf eine zu erwartende Handlungs-Ergebnis-Erwartung bezieht. Eine hohe Selbstwirksamkeitserwartung führt darüber hinaus zu hohen Ansprüchen an die eigene Person, die bei guten Leistungen wiederum die Selbstwirksamkeitserwartung erhöht (Locke und Latham 1990).

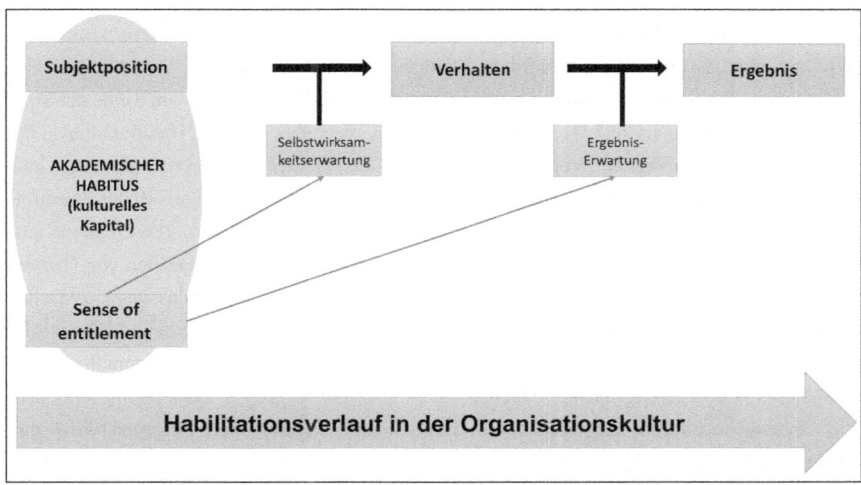

Abb. 49: Habilitationsverlauf in der Organisationskultur, schematische Unterscheidung nach Bandura (Kapitel 3.3.2., 1977b), angepasst an die empirischen Ergebnisse, unter Hinzufügung von Kulturelles Kapital, Subjektposition und Sense of entitlement mitsamt Verknüpfungen

Ein akademischer Habitus, der sich zusammensetzt aus kulturellem Kapital und beruflicher Erfahrung, verhilft zu einer agentisch-selbstwirksamen Anspruchshaltung. Darüber hinaus moderiert der Habitus als Denkschema die soziale Wirklichkeit als ‚natürlichen' Bewegungsraum, der kaum Anpassungsleistungen erfordert (Fuchs-Heinritz und König 2005). Kognitionspsychologisch verfügt die Habilitandin der Kontrastgruppe „Anerkannt" im Sinne „dynamischer Selbstkonstrukte" über alternative Passförmigkeiten (Hannover 1997, vgl. Kapitel 3.3.1). Durch die Inwertsetzung eines akademischen Habitus innerhalb der Wissenschaft und dessen Erweiterung durch berufliche Erfahrungen verfügen die Habilitandinnen der Kontrastgruppe „Anerkannt" so über andere essentielle Spieleinsätze und damit über eine vorteilhaftere Subjektposition.

Soziale Ressourcen

Insgesamt zeigen sich kaum Unterschiede zwischen den beiden Kontrastgruppen im Hinblick auf soziale Ressourcen außerhalb der Organisation. Die Einzelfallverdichtungen „Hürdenreich" und „ Anerkannt", schildern eine gute Einbindung in soziale Nahkontakte (Freundschaften, Familie, Partnerschaft). Beide verfügen über gute Netzwerke, über die sie an ihren jetzigen Arbeitsplatz gelangten. Bei den Müttern innerhalb der beiden Kontrastgruppen wird eine ambivalente Situation zwischen sozialer Unterstützung und Verausgabung ersichtlich. Auf organisationaler Ebene treten in Bezug auf instrumentelle und emotionale Unterstützung deutliche Unterschiede auf, die bereits ausführlich unter 9.1. und 9.2 sowie in Kapitel 7 ausgeführt wurden, aber der Vollständigkeit halber an dieser Stelle kurz Erwähnung finden sollen. So verfügen die Frauen der Kontrastgruppe „Anerkannt" instrumentell über deutlich bessere Rahmenbedingungen, die sich unter anderem in der Bereitstellung von Forschungsgeldern und -zeit ausdrücken. Wie in Kapitel 8.1. dargelegt, beeinflussen fehlende Wertschätzung sowie die ständigen Torpedierungen den Selbstwert von Frauen der Kontrastgruppe „Hürdenreich" im Sinne der Soziometer-Annahme (Leary und Baumeister 2000). Dem gegenüber erfahren Habilitandinnen der Kontrastgruppe „Anerkannt" Wertschätzung und soziale Anerkennung ihrer Leistung. Sie sind in geringerem Ausmaß von Abhängigkeiten und Ohnmacht betroffen. Innerhalb der Stressforschung stellt Passförmigkeit ein relevantes Kriterium für Überlastung dar. So wird davon ausgegangen, dass innere Anspannungen durch ein zunehmendes Auseinanderfallen von Umwelt und Person entsteht. Spannungen erscheinen dann, wenn Selbstwissen und Passungen zwischen inneren und äußeren Anforderungen nicht mehr befriedigend hergestellt werden können (Höfer 2010: 61, vgl. Kapitel 4.2.1.). Weiblichkeit birgt somit in einem Umfeld hegemonialer Männlichkeit als „Orientierungsmuster" (Meuser 2009: 162) ein Risiko für Überlastung, die durch die Organisationskultur hergestellt wird. Hegemoniale Männlichkeit hingegen wird zum „Spieleinsatz" (ebd.). Hier konnte gezeigt werden, dass Frauen nicht *per se* betroffen sein müssen. Das Gesamtsample lässt alternative feldadäquate Persönlichkeitsaspekte in Form personaler, sozialer und habitueller Ressourcen erkennen, die neue Möglichkeiten für Frauen eröffnen, sich aber gegenüber mit Weiblichkeit assoziierten Persönlichkeitseigenschaften und Tätigkeitsbereichen schließen. Ein Vergleich zwischen den beiden Kontrastgruppen offenbart so auch große Unterschiede im Hinblick auf Überlastung. In der Kontrastgruppe „Anerkannt" lässt sich der normalisierte Zeitdruck der Hochschulmedizin feststellen. Es kommt aber nicht zu den beschriebenen Erschöpfungszuständen der krisenhaften Verläufe. Im Gegensatz zu einem *sense of entitlement* lässt sich im hürdenreichen Fall eher, wie in Kapitel 8.3.4 dargelegt, von einem *sense of resignation* sprechen, der zu Erschöpfungszuständen führt und darüber hinaus selbstattribuierende als personales Problem wahrgenommen wird (vgl. Kapitel 8.1.3.). Frauen der Kontrastgruppe „Anerkannt" nehmen aufgrund ihrer Subjektposition geringere Ressourcenentzüge wahr, die sich allerdings im Fall einer Elternschaft verschärfen.

9.4. Kohärenzgefühl als Quelle von Gesundheit

Bislang erfolgte eine Gegenüberstellung zwischen den Kontrastgruppen „Anerkannt" und „Hürdenreich", also zwischen dem organisational begünstigten mit dem benachteiligten Idealtyp. Folgend geht es nun um einen Vergleich von Fällen innerhalb der jeweiligen Kontrastgruppe. Es wird untersucht, welche personalen Ressourcen produktiv auf Belastungssituationen einwirken können. Zwar stellt diese Studie die psychischen Auswirkungen hegemonialer männlicher Organisationskultur auf die unterschiedlichen Aspekte des Selbstwissens in den Mittelpunkt und legt den Fokus auf den Entzug essentieller Ressourcen im Spiel um berufliche Gesundheit. Denn im Spiel um berufliche Erfolge entstehen weitreichende, gesundheitsgefährdende und hochgradig für Weiblichkeit ausschließende Prozesse, die es näher zu untersuchen gilt. So konnte gezeigt werden, wie machtvoll hegemoniale Männlichkeit als kulturelle Rahmung auf den unterschiedlichsten Ebenen auf Feminität ausschließend einwirkt. An dieser Stelle soll aber die Handlungsmacht der Subjekte in den Vordergrund gerückt werden, die innerhalb dieser Machtkonstellationen weder völlig unterworfen, noch diesen gänzlich ausgeliefert sind. Der Blickwinkel wird deshalb ausschnitthaft auf die Handlungsmacht der Wissenschaftlerinnen verlagert. So wird es möglich, trotz widriger Umstände gestaltend den eigenen Weg innerhalb einer rigide wirkenden Organisationskultur zu gehen. Mit Antonovsky soll danach gefragt werden, wie in den nun folgenden Fällen Gesundheit erhalten werden kann. Es wird davon ausgegangen, dass es sich bei diesen personalen Ressourcen (Strauss und Höfer 2010: 120) nicht um unveränderbare Persönlichkeitseigenschaften handelt, sondern um prozessuale Konstrukte, die so auch verändert werden können (Höfer 2010: 66). Um die Frage nach der Erhaltung und Wiederherstellung von Gesundheit zu beantworten, werden im Folgenden zwei Fälle untersucht, ein Fall aus der Kontrastgruppe „Hürdenreich" und ein Fall aus der Kontrastgruppe „Anerkannt".

„Mein Herzblut" und die Wiederherstellung von Gesundheit

Im Gegensatz zu den anderen Fällen der Kontrastgruppe „Hürdenreich" wird es bei einem Habilitationsverlauf möglich, Gesundheit innerhalb des Systems wiederzugewinnen. Ein Individuum begegnet das Selbstkonzept bedrohenden Unwägbarkeiten mit Flucht-, Angriffstaktiken oder einem Totstellreflex (Döhling-Wölm 2016). Dieses Riemann-Thoman-Modell wird häufig auch für Wissenschaftskarrieren bemüht. Bei der Kontrastgruppe „Hürdenreich" können all diese Reaktionen beobachtet werden. Durch die Akkumulation von Hürden und vielfach gescheiterter Abwehr kommt es zu einem *sense of resignation* und zu Kündigungen. In einem Fall aber führt ein planmäßig ausgeführter, auf strategischem Wissen beruhender ‚Angriff' zu einer Wende im krisenhaften Verlauf. So schildert eine Habilitandin im Prozess der Abwärtsspirale eine bedrohliche innere Spannung. Diese werde von einem ambivalenten Entscheidungsverlauf begleitet, den sie als ständiges „hin- und herüberlegen" beklagt, da sich die inneren Spannungen noch verschärfen. Trotzdem gelingt es ihr, nicht in Ohnmacht und Resignation zu verharren, sondern kreative Lösungen (problemzentriertes Coping) auf Basis feldadäquaten Wissens zu erarbeiten. Als Ausgangspunkt dieser Wende beschreibt sie motivational die Medizin als „mein Herzblut". Im Ergebnis implementiert sie in einer Arbeitsgruppe eine Kooperation von Forscherinnen, die sich gegenseitig in der Praxis entlasten, um für die eigene Forschung freigestellt zu sein. Auch wirbt sie Gelder ein, um so eine wissenschaftliche Mitarbeiterin einzustellen, die die Forschung vorantreibt. Im Zuge dessen stellt sie eine Distanz her gegenüber den Bewertungen ihres Vorgesetzten und für sich selbst eine erreichbare Perspektive.

„Ich bin die geborene Forscherin" und die Aufrechterhaltung von Gesundheit

Die Kontrastgruppe der hürdenarmen Verläufe zeichnet sich durch geringe organisationskulturelle Barrieren aus. In dieser Gruppe erfahren die Frauen mehrheitlich Anerkennung und Wertschätzung. Zugleich wird auch bei diesem Idealtypus deutlich, dass Mutterschaft zu einem hohen belastenden Faktor werden kann. In dem Fall einer Habilitandin ist die Situation besonders ausgeprägt. Ihr Fachbereich sei eine „Männerwelt". Sie sei alleinerziehend und für die Pflege eines Elternteils verantwortlich. Ihr Partner habe sie verlassen, weil er die Situation nicht mehr ausgehalten habe. Doch obwohl ihre Rahmenbedingungen prekär erscheinen, schildert sie keine Überlastungssituation. Sie gehe gern zur Arbeit und wisse, was sie wolle: „Ich bin die geborene Forscherin. Ich bin das. Ich liebe Forschung, das liegt mir wirklich am Herzen". Sie gehe ihren selbst gewählten Weg, liebe Forschung und interpretiert ihre Bedingungen als „optimal". Sie versteht sich nicht als Pechvogel, dem aufgrund von Schicksalsschlägen Unglück widerfährt, sondern als eine Person, die nach ihren Bedürfnissen handelt, mit den Umständen umgehen kann und ihre beruflichen Interessen selbst wählt. Sie ziehe sowohl aus dem beruflichen wie aus dem privaten Feld Kraft. Zudem habe sie Glück mit ihrem Chef, der sie sehr unterstütze und bei dem sie viel gelernt habe. Ihren Erfolg schildert sie als verdient, basierend auf einem entsprechend hohen Arbeitspensum. Sie müsse niemandem etwas beweisen, vielmehr wisse sie, dass sie diesen Weg weitergehen wolle. Sie habe gelernt, strategisch zu agieren und ihren Vorgesetzten auf ihre Leistungen aufmerksam zu machen. Anregungen eines Mentors im Hinblick auf Veränderungsmöglichkeiten ihrer Performance integriert sie wirkungsvoll. Diese Anpassungen tangieren aber nicht ihr Selbstkonzept und stellen kein Gefühl kontinuierlicher Anpassungsleistungen her. Vielmehr entfalten diese strategischen Bemühungen direkte positive Wirkungen auf die Wahrnehmung ihrer Leistung. Dies vermittelt ihr den Eindruck, ihren Vorgesetzten selbstwirksam ebenfalls zu ‚lenken'. In diesem Fall steht also weniger der Umgang mit Anrufungen und Fremdpositionierung im Vordergrund. Ausgangspunkt ist eine aktive Selbstpositionierung, basierend auf der feldadäquaten Beeinflussung der organisationkulturellen

Anrufungen. Es scheint, als sei das Selbstkonzept bereits grundsätzlich passend. Das eigene Selbstkonzept wird so nicht grundlegend infrage gestellt, sondern vielmehr durch strategische Performance optimiert, die die Selbstwirksamkeitserwartung erhöht.

Kohärenzgefühl – Sinnhaftigkeit, Verstehbarkeit und Machbarkeit

Zentraler Ausgangspunkt beider Fälle ist das Erleben einer hohen Sinnhaftigkeit von Medizin und Forschung, die mit „Liebe" und „Herzblut" beschrieben wurde. Diese „Bedeutsamkeit" besagt nach Antonovsky, dass Menschen mit einem hohen Kohärenzgefühl über Lebensbereiche verfügen, die „ihnen sehr am Herzen lagen, die in ihren Augen Sinn machten" (Antônôvsqî 1997). Die Habilitandin des zweiten Falls spricht so auch davon, dass es ihr Spaß mache „zu Hause mit dem Kind zu spielen und ihn ins Bett zu bringen. Und genauso gerne gehe ich an die Uni". In ersterem Fall wird deutlich, dass das Kohärenzgefühl durch verschärfte organisationale Rahmenbedingungen sowie eine Fremdpositionierung als „Frau" beeinträchtigt wurde. Doch kann hier Gesundheit durch eine hohe Sinnhaftigkeit wiederhergestellt werden. Im deutlichen Gegensatz zu den anderen Fällen wird hier „Bedeutsamkeit" als motivationale Ressource beschrieben, die ein problemzentriertes Coping mobilisierte.[52]

In beiden Fällen lässt sich ein hohes Kohärenzgefühl im Sinne von „Verstehbarkeit" und „Handhabbarkeit" erkennen (Kapitel 4.2.2.). Die Situationen werden (wieder) als geordnet strukturiert und nicht mehr als willkürlich-chaotisches „Rauschen" empfunden. Die „geborene Forscherin" ist so auch der Ansicht, dass sie wisse, was sie wolle: „Weil ich kenne meinen Weg, ich weiß, wohin ich gehe". Das auf die Zukunft gerichtete Konstrukt stellt eine innere Haltung in den Mittelpunkt, die nach Antonovsky besagt, dass „die Dinge sich so gut entwickeln werden, wie vernünftigerweise erwartet werden kann" (1997: 34). „Verstehbarkeit" wirkt so ausgleichend auf die grundsätzliche Interpretation von Stress. „Handhabbarkeit" ist vergleichbar mit dem Konstrukt der Selbstwirksamkeitserwartung. „Handhabbarkeit" besagt, dass sich Menschen nicht als vom Leben ungerecht behandelt wahrnehmen. Bedauerliche Dinge geschehen, aber wenn sie auftreten, wird man mit ihnen umgehen können. So auch die alleinerziehende Mutter, die trotz aller Widrigkeiten von „idealen Bedingungen" spricht, da sie das Privileg besitze, sowohl zu Hause als auch auf der Arbeit gut aufgehoben zu sein. Sie ist der Auffassung, dass es natürlich leichter sein könnte, aber für sie „ist es, wie es ist, selbstverständlich". Beim Kohärenzgefühl geht es nicht um eine Erwünschtheit der Situation, sondern darum, ob auch drastische Ereignisse als geordnet und erklärbar erscheinen. Dies ist in beiden Fällen zutreffend

---

[52] In Kapitel 8.3.2 wurde ein hohes Overcommitment nach Siegrist als einer ungesunden Beibehaltung eines Ungleichgewichts zwischen Arbeitsinput und Belohnung vorgestellt. Doch lässt sich hier konstatieren, dass bei den entstehenden inneren Spannungen „Bedeutsamkeit" dazu beitragen kann, dass aus einer standardisierten Vereinnahmung der Selbstausbeutung durch die Organisation „Bedeutsamkeit" zu einer Ressource wird und motivational dazu befähigen kann, ein Gleichgewicht in einem gesunden Maße wiederherzustellen. Auf einem Kontinuum von Gesundheit und Krankheit gilt es also zwischen Graden gesunder motivationaler Sinnhaftigkeit und einem allgemeinen Overcommitment genauer zu differenzieren. „Bedeutsamkeit" ist in einem wichtigen und zentralen Bereich des Lebens deshalb Quelle von Gesundheit, da dieser Bereich mit dazu beiträgt, dass das Leben „emotional als sinnvoll" empfunden wird: „daß wenigstens einige der vom Leben gestellten Probleme und Anforderungen es wert sind, daß man Energie in sie investiert" (Antônôvsqî 1997: 35 f., vgl. Kapitel 4.2.1).

bzw. wird eine als chaotisches Rauschen empfundene Situation als wieder geordnet wahrnehmbar. Das Kohärenzgefühl kann so als „personale Ressource" (Strauss und Höfer 2010) betrachtet werden. Bedeutsamkeit stellt sich hier als Quelle von Gesundheit dar, die einer Abwärtsspirale entgegenwirken kann. Durch das Kohärenzgefühl wird es möglich, auch unter schlechten Bedingungen Spannungen im Inneren abzubauen.

Insgesamt lässt sich also eine Ausdifferenzierung innerhalb der forschend begleiteten Frauengruppe beobachten, die von unterschiedlich hohen Belastungen betroffen sind. Es konnte gezeigt werden, dass sich unterschiedliche Fremdpositionierungen innerhalb der Organisationskultur auf personale, habituelle und soziale Ressourcen auswirken (Kapitel 9.3.). Zusammenfassend stellt Abbildung 50 die personalen Ressourcen der Kontrastgruppe „Anerkannt" im Rahmen des Efford-Reward-Imbalance-Modell (Siegrist 2012b) und in Vergleich zur Kontrastgruppe „Hürdenreich" in Abbildung 47 (Kapitel 8.3.4.) dar.

Abbildung 50 zeigt im Vergleich zur Abbildung 47 (Kapitel 8.3.4.), dass bei den Frauen der Kontrastgruppe „Anerkannt" Ressourcengewinne zu beobachten waren. Wie gezeigt wurde, ist mit Butler das Subjekt-Sein immer mit Macht verbunden (vgl. Kapitel 3.1.3.). Die erzeugten Subjektpositionen innerhalb der Hochschulmedizin stellen sich so gleichermaßen als Möglichkeit wie als Begrenzung und Rahmung subjektiver Selbstauslegung dar. Anrufungen adressieren nicht das Subjekt als Ganzes.[53] Sie werden im Hinblick auf biologische „Frauen" brüchig und wirken zugleich auf Weiblichkeit ausschließend.

---

[53] Butler ist, wie in Kapitel 3.2.2. ausgeführt, der Ansicht, dass der Prozess der Subjektwerdung paradox ist, da dieses mit seiner eigenen Unterwerfung erst als Subjekt entsteht (Butler 2001 [1997]: 7). Die Bildung des Subjekts hängt damit eng mit den organisationalen Praktiken und Machtverhältnissen zusammen. Zugleich entstehen Handlungsmöglichkeiten durch diese Unterwerfungen. Das bedeutet, dass nicht nur eine Macht außerhalb des Subjekts existiert, sondern dass das Subjekt nur aufgrund dieser Macht ins Leben gerufen wird. Die scheinbar äußere Macht erhält eine psychische Dimension dadurch, dass sie die Selbstidentität des Subjekts ausmacht (ebd.: 9). Unterwerfung generiert Handlungsfähigkeit, denn erst dadurch, dass das Subjekt eine soziale Position erhält, oder im Sinne Butlers „angerufen" wird „kann ich ihr die Stirn bieten und aus der mich konstituierenden Macht die Macht machen, gegen die ich mich wende" (Butler 2001 [1997]: 99).

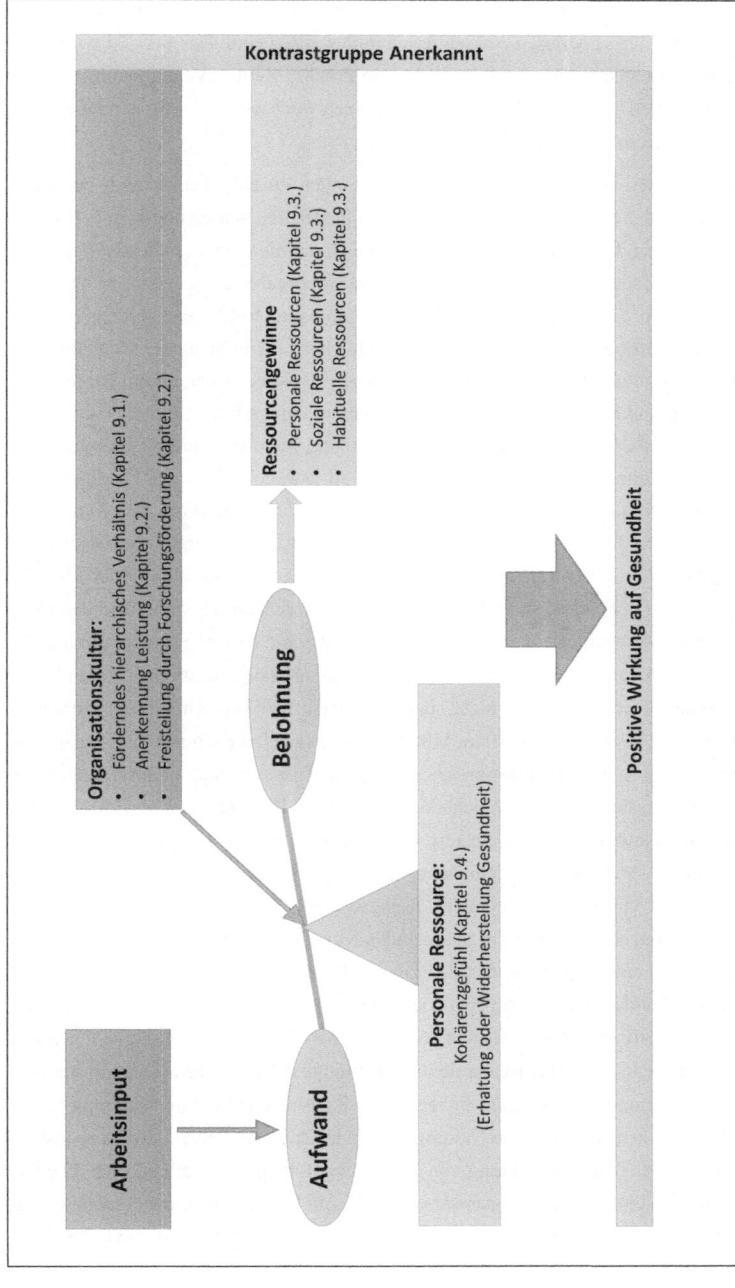

Abb. 50: Effort-Reward-Imbalance-Modell (Kapitel 4.2.2.), angepasst an die empirischen Ergebnisse im Vergleich zu Kapitel 8.4., Positive Wirkung auf Gesundheit

Es kann davon ausgegangen werden, dass nun auch kommunale Männer und mit Weiblichkeit assoziierte Männlichkeiten von diesen Ausschlüssen mitbetroffen sind. Das Subjekt wird positioniert und positioniert sich zugleich selbst. In diesem Prozess werden Verschiebungen möglich, da sich konstitutive Diskurse und Konstruktionspraxen wechselseitig bedingen, aber nicht zwangsläufig ineinander aufgehen (Villa 2008: 267 ff.).

Eine Möglichkeit, diesen Anrufungen und Selbstanrufungen zu entgehen, stellen personale Ressourcen wie das Kohärenzgefühl dar, die dem gesundheitlichen Schutz und dem Erhalt von Handlungsmöglichkeiten dienen. Damit wird aber zugleich deutlich, dass ein gesundheitliches Wohlbefinden mit psychischen Verdrängungsprozessen einhergeht, die so erst eine Ordnung oder ‚Verstehbarkeit' in der Unordnung herzustellen vermögen. Verdrängt werden, ganz im Sinne fundamentaler Attributionsfehler, die widersprüchlichen und ambivalenten Machttechniken der Organisationskultur. Dieses Verdrängen kritischer Machttechniken nimmt für die Aufrechterhaltung des gesundheitlichen Wohlbefindens einen imperativen Charakter an. Denn ohne die Herstellung von Ordnung läuft das Subjekt Gefahr, nicht gesund und leistungsfähig zu bleiben. Aus individueller Perspektive zeigen sich so Möglichkeiten der Erhöhung von Selbstwirksamkeitserwartung oder Kohärenzgefühl, die zu mehr Empowerment der einzelnen Frauen beitragen können. Diese Fokussierung gerät aber in Konflikt mit organisationskulturellen Veränderungen, wenn dieses Empowerment an eine Verdrängung kritischer Machttechniken in der Organisation gebunden ist. Die in Kapitel 8 beschriebenen gouvernementalen Operationen am Selbst (Selbsttechniken) zeigen sich so auch als eine Regierenskunst, die die Organisation in ihren Wirkweisen aufrechterhält. Zugleich sind aber organisationale Veränderungen durch individuelles Empowerment nicht ausgeschlossen. Im Sinne Bröcklings steht eher ein „anders anders sein" (Bröckling 2010) im Mittelpunkt, dass sich nicht nur selbstoptimierend passförmiger macht, um in der Organisation lebensfähig zu bleiben, sondern ein Gedankenmodell, das diese multikausalen Wirkzusammenhänge benennt und in ihrer Komplexität verzahnt zwischen Organisation und Subjekt thematisiert. Einen zusammenfassenden Vorschlag für modellhafte Implikationen legt diese Untersuchung in Kapitel 10 vor. Heiner Keupp betont so auch, dass im Kontext von gouvernementalen Regierungstechniken und unternehmerischen Adressierungen die Konzentration auf ein mangelndes Kohärenzgefühl diesen Entwicklungen zuspielen kann – es legt ein Subjektverständnis individueller Handlungsfähigkeit zugrunde und läuft Gefahr, soziale Ungleichheiten zu privatisieren (Keupp 2012: 55). Nimmt man aber den salutogenetischen Begriff der Widerstandsressourcen ernst (Antônôvsqî 1997, vgl. Kapitel 4.2.2), dann gehen diese mit einer kritisch-reflexiven Haltung zu den beschriebenen normativen Vorgaben eines unternehmerischen Selbst einher. In der Konsequenz liegt der Stärkung personaler Ressourcen diese kritisch-reflexive Haltung zugrunde. Zugleich bezieht diese die institutionellen Bedingungen für die Entwicklung von Kohärenzgefühlen ein (Keupp 2012: 57). Die Konzentration auf individuelle Erklärungsansätze (vgl. Kapitel 1.3.1) sowie auf personale Ressourcen von Frauen, die, wie hier gezeigt, situativ mit organisationskulturellen Praktiken verwoben sind, läuft sonst Gefahr, sozial isoliert einem neuen Leistungsimperativ nachzustreben, nach dem es gilt, seine emotionalen Güter zu akkumulieren und zu perfektionieren – und damit den kompetativ-aktivierenden und gouvernementalen Druck der Hochschulmedizin noch zu erhöhen und weiter zu privatisieren. Zugleich kann eine so orientierte individuelle Stärkung personaler Ressourcen dazu beitragen, die vielfach beschriebenen zirkulären Wirkweisen organisationskultureller Abwärtsspiralen zu begrenzen.

9.5. Resümee

Formal sind die „ernsten Spiele des Wettbewerbs" für Frauen nicht mehr geschlossen. Sie spielen mit (Meuser 2008). Doch zeigt sich innerhalb dieser Spiele, so die These dieser Studie, ein Mechanismus, der durch höhere Belastung auf den Ausstieg von Feminität einwirkt. Zusammenfassend kann konstatiert werden, dass in einer hegemonial männlichen Organisationskultur mit Weiblichkeit assoziierte Persönlichkeitseigenschaften und Tätigkeitsbereiche benachteiligt werden. Es lässt sich so eine Ausdifferenzierung zwischen *Sex* (biologischen Frauen) und Positionszuschreibungen beobachten. Ohne eine grundsätzliche Veränderung der Organisationskultur werden heutzutage punktuell einzelne Frauen gefördert, deren Persönlichkeitseigenschaften sich auf eine andere Art als feldadäquat präsentieren. Sie verfügen über eine vorteilhafte Subjektposition. Im organisationskulturellen Rahmen werden ihre personalen, habituellen und sozialen Ressourcen in Wert gesetzt. Ihre Selbstwirksamkeitserwartungen erhöhen sich, sie verfügen über hohes kulturelles Kapital und erhalten emotionale und instrumentelle Unterstützung innerhalb der Organisation. Das Feld öffnet sich so gegenüber einigen wenigen Frauen, schließt sich aber zugleich gegenüber einer bestimmten Persönlichkeitskonstruktion. Es ist davon auszugehen, dass dieser Prozess nun auch kommunal-orientierte Männer und aktive Väter betreffen kann. Die geförderten Frauen werden so zu hochqualifizierten mitspielenden Konkurrentinnen, die ihre hegemonial männliche Konkurrenz mitherausfordern. Sie setzen neue Maßstäbe, agieren mit hohem Zutrauen in ihre eigenen Fähigkeiten. Dies fordert nicht nur hegemoniale Männlichkeiten heraus. Im sozialen Vergleich werden andere Frauen nun doppelt unter Druck gesetzt. Denn jetzt schaffen es nicht nur männliche Kollegen besser; dies trifft im sozialen Vergleich auch auf manche Frauen zu. So wird bestätigt, was mit McRobbie als die ‚andere Seite des neuen beruflichen Erfolgs' von Frauen bereits oben skizziert wurde (vgl. Kapitel 4.1.3.): Die normalisierte Belastung in der Organisationskultur betrifft Feminität in besonderer Weise, drängt durch individuelle Überlastung aus der Hochschulmedizin und suggeriert den Ausschluss als personales Problem. Im Sinne eines Cooling-outs erscheint eine Entscheidung gegen eine Habilitation als individuelle Entscheidung, die deren organisationale Produktion verdeckt (Kahlert 2011).

Veränderungen in diesen Zusammenhängen zu denken deutet in unterschiedliche Richtungen. Denn nicht nur Frauen, auch Männer sind von den Ökonomisierungstendenzen innerhalb der Hochschulmedizin zunehmend betroffen. Vergeschlechtlichte Subjektpositionen differenzieren sich immer stärker aus und orientieren sich an der Fähigkeit, feldadäquaten Persönlichkeitseigenschaften zuzuspielen. Insbesondere Frauen mit Kindern und Frauen ohne akademischen Hintergrund der Eltern tun dies scheinbar in geringerem Ausmaß. Es ist anzunehmen, dass dies auch auf alternative Männlichkeitsformen zutrifft, wenn auch auf eine andere Art und Weise. Es ist damit fraglich, ob es allein darum gehen kann, einzelnen Frauen zu mehr Erfolg zu verhelfen, oder ob es nicht insgesamt Veränderungen der gesundheitsunfreundlichen hochschulmedizinischen Kultur bedarf. Quantitativ hat sich die Hochschulmedizin feminisiert (vgl. Kapitel 1.1.). In Bezug auf die Organisationskultur zeigt sich aber eine hegemoniale Männlichkeit als Norm, die von einem Großteil der Frauen grundlegende Veränderungen und Anpassungsleitungen ihres Selbstkonzeptes verlangt, mit Weiblichkeit assoziierte Tätigkeitsfelder und Persönlichkeitseigenschaften ausschließt und einzelne ‚passende' Frauen in ihr elitäres Zentrum integriert.

10. Einfluss der Organisationskultur auf den Ausstieg von Wissenschaftlerinnen: Empirische Interdependenzen, theoretische Verortungen und praktische Anregungen

Ausgangspunkt der vorliegenden Analyse war die Feststellung eines Schereneffekts zwischen Promotion und Habilitation. Untersucht wurde, welche organisationskulturellen Praktiken in dieser Statuspassage auf den Ausschluss von Weiblichkeit wirken. Die Studie orientierte sich dabei an geschlechterkonstruktivistischen Ansätzen, denenzufolge Männlichkeit und Weiblichkeit nicht als ‚Persönlichkeitsmerkmale' von Individuen, sondern als in machtvolle Formen verwobene Positionierungen innerhalb von Beziehungsstrukturen aufzufassen sind (Connell 1993: 602). Es wurde deutlich, dass es sich bei dem Ausschluss von Weiblichkeit im medizinischen System um multikausale und komplexe Mechanismen handelt. Um diese erfassen zu können, wurde die Untersuchung so angelegt, dass neue Bereiche entdeckt und interdisziplinäre Bezüge hergestellt werden konnten – Letztere blieben bislang wenig betrachtet. Die Studie changiert damit zwischen einem explorativen und problemzentrierten Forschungsdesign, bestehend aus einer mehrjährigen Feldforschungsphase, die Habilitierende (N=34) begleitete, ergänzt durch problemzentrierte Interviews (N=15). Dabei ging es nicht um repräsentative Aussagen, sondern um eine theoretische Verallgemeinerung qualitativer und ‚dichter' Daten im triangulierenden Verfahren (vgl. u. a. Flick 2015), indem sowohl Gruppenperspektiven als auch Verlaufs- und Einzelgeschichten innerhalb des Habilitationsprozesses einbezogen wurden und sich auf bestehende Messverfahren stützten (vgl. u. a. Abele-Brehm 2013; Klein et al. 2010). So wurde es möglich, Beziehungen innerhalb und zwischen Situationen, Prozessen und Subjekten auszuwerten, mit dem Ziel, ein strapazierfähiges, in Empirie und Theorie gegründetes Gedankenmodell komplexer Wechselwirkungen zu entwickeln, dass sowohl die Ebene der Organisation als auch die Ebene des Individuums einbezieht und beide Ebenen miteinander vernetzt. Abbildung 51 setzt die vorangegangenen Ausführungen in Hinblick auf die empirischen Ergebnisse in Beziehung, fasst zentrale Ergebnisse zusammen und bietet damit Ansatzpunkte für Überlegungen hinsichtlich praktischer Fragen, wie eine geeignete Unterstützung für Individuen, aber auch für Organisationen, aussehen könnte, solche wechselwirkenden Mechanismen zu entschleiern bzw. anders mit ihnen umzugehen.

Abbildung 51 dient als fokussierte und verdichtete Zusammenfassung der Gesamtstudie und bietet einen Überblick über die beschriebenen komplexen Interdependenzen zwischen den Hürden der Organisationskultur „Hochschulmedizin" auf der linken Seite sowie deren Wirkweisen auf Selbstkonzepte und personale Ressourcen von Habilitandinnen auf der rechten Seite. Im Zentrum steht die Frage nach dem Ausstieg von Wissenschaftlerinnen aus der Hochschulmedizin und damit die Wechselwirkungen zwischen Hürden und dem Idealtypus „Hürdenreich", im Vergleich zum Idealtypus „Anerkannt" (eine detaillierte Gegenüberstellung der beiden Kontrastgruppen findet sich in Tabelle 9).

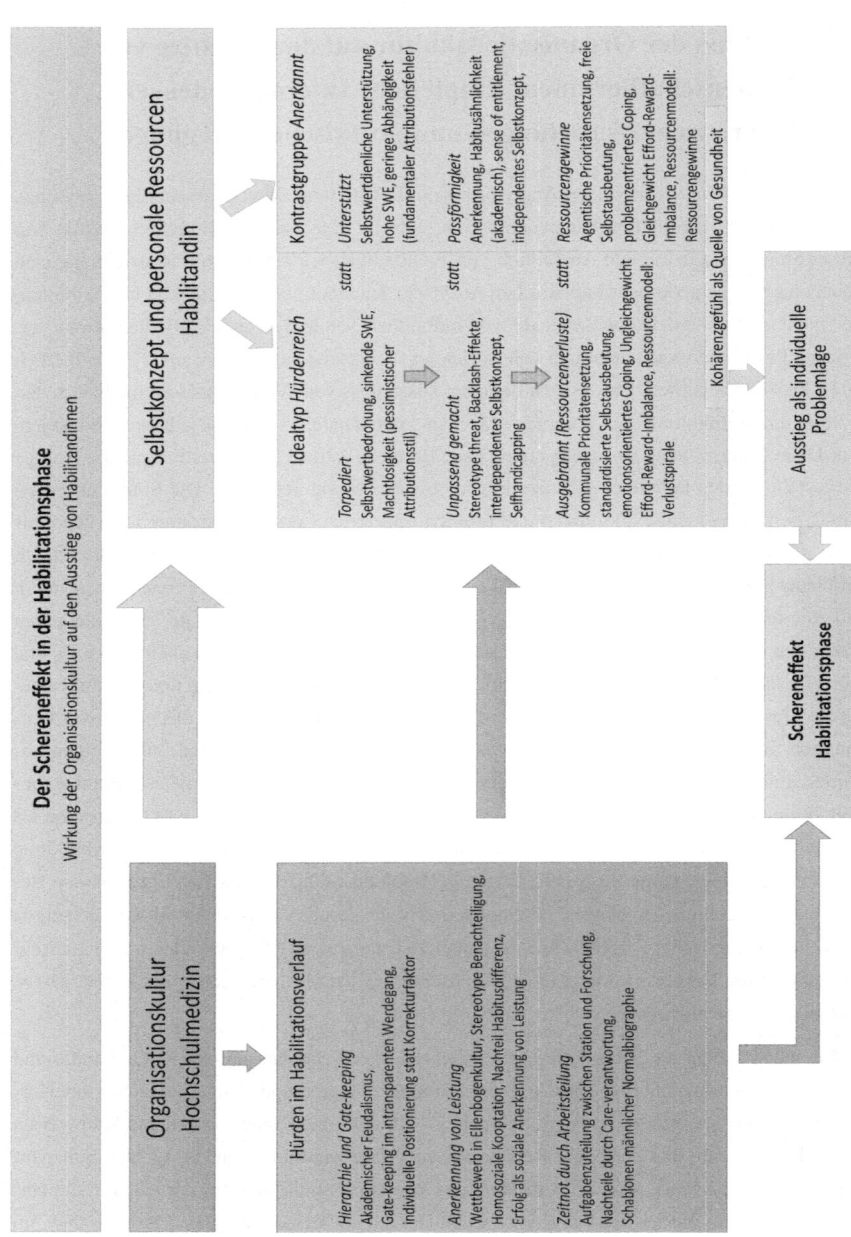

Abb. 51: Schereneffekt in der Hochschulmedizin als individuelle Problemlage – Wirkweisen zwischen Hochschulmedizin und Wissenschaftlerin (eigene Darstellung)

Die folgenden Ausführungen erläutern die modellhaften Implikationen von Abbildung 51. Beginnend mit der linken Seite werden in Kapitel 10.1. die „Hürden im Habilitationsverlauf" mit den Aspekten „Hierarchie und Gatekeeping", „Anerkennung von Leistung" und „Zeitnot durch Arbeitsteilung" dargelegt. Kapitel 10.2. „Habilitandin: ausgebrannt statt anerkannt" stellt dann die Auswirkungen der Organisationskultur auf Selbstkonzepte und Ressourcen im Kontrast der beiden Idealtypen mit den Unterkapiteln „Torpediert statt unterstützt", „Unpassend gemacht statt Passförmigkeit" und „Ausgebrannt statt Ressourcengewinne" vor. Kapitel 10.3. ordnet die Interdependenzen zwischen Hochschulmedizin und Habilitandin unter der Überschrift „Ausstieg als individuelle Problemlage" machtkritisch ein. Diese drei Kapitel enden jeweils mit Anregungen für die konkrete Praxis der Organisationsentwicklung sowie für die Stärkung personaler Ressourcen in der individuellen Frauenförderung wie in der Beratung oder in Mentoring-Programmen. Nach einem Unterkapitel zu praktischen Anregungen einer machtsensiblen individuellen Frauenförderung wendet sich das Kapitel nach den zusammenfassenden Ausführungen der Abbildung 51 im Unterkapitel 10.4. den methodischen Reflexionen zu. In 10.5. begibt sich das Kapitel auf die Erkundung weiterer Forschungsmöglichkeiten, die die Ergebnisse dieser Studie vertiefen, erweitern oder abstrahieren können. Das Kapitel endet in 10.6. mit einem Ausblick und Perspektiven für die Hochschulmedizin und den wissenschaftlichen Nachwuchs.

10.1. Hochschulmedizin: Hürden im Habilitationsverlauf

Abbildung 51 visualisiert unter der Überschrift „Organisationskultur Hochschulmedizin" verschiedene „Hürden im Habilitationsverlauf". Das explorative Forschungsdesign ermöglichte einen breiten Blick auf sich ergänzende und stützende „Maschen der Macht" (Foucault 2005a), die in gestreuter und akkumulierender Form auf einen Ausschluss von Weiblichkeit auf psychosozialer Ebene wirksam werden. Deutlich wurde, dass die Fokussierung auf ein Konstrukt die für Geschlechterungleichheiten charakteristischen Machtformationen übersieht. Kodiert nach zwei Extremtypen, die die jeweiligen Pole des Gesamtsamples zwischen besonders hürdenreichen Verläufen und anerkannten Wissenschaftlerinnen am treffendsten zu verdichten vermochten, zeigten sich im Kontrast drei zentrale Hürdenkategorien – Hierarchie, Leistung und Zeit –, die auf einen Ein- oder Ausschluss aus der Hochschulmedizin hinwirken und durch die Konstruktion von Weiblichkeit als Negativfolie durchzogen sind. Die Analyse machte deutlich, dass im hürdenreichen Habilitationsverlauf Abwärtsspiralen durch Ressourcenentzüge im Spiel um berufliche Karrieren entstehen, in denen sich Geschlechterungleichheiten mit den Charakteristiken eines hochschulmedizinischen Werdegangs an der Schnittstelle zwischen Wissenschaft und Klinik (*Clinician Scienist*) verweben.

Diese Studie konnte demnach nicht nur zeigen, wo genau sich an diesen Schnittstellen Defizite im System auftun. Vor allem wurde ersichtlich, dass sich die Charakteristika eines beruflichen Werdegangs nicht als geschlechtsneutral darstellen (Müller et al. 2013), sondern explizit vergeschlechtlicht Zugehörigkeit und Ausschlüsse erzeugen. Diese Hürden oder – positiv gewendet – karrieristisch in Wert gesetzten ‚Trümpfe' im Habilitationsspiel (Bourdieu und Wacquant 2006 [1996]: 128) sind geprägt durch eine Kultur im Feld situierter und darüber hinaus weisender hegemonialer Männlichkeit als Orientierungsmuster. Nachstehend werden diese Hürden ausformuliert, beginnend mit der Hierarchie innerhalb der Hochschulmedizin.

10.1.1. Hierarchie und Gatekeeping

Durch die hierarchischen Machtverhältnisse in der Hochschulmedizin werden die Frauen der Kontrastgruppe „Hürdenreich" in hohen personalen Abhängigkeiten zunehmend an weiteren beruflichen Schritten gehindert. Sie sprechen von „Willkür", „Verboten" und einem „aktiven Blockieren" beruflicher Chancen, die in der vorliegenden Studie vor dem Hintergrund eines „akademischen Feudalismus" (Ullrich 2016: 393) theoretisiert wurden. Diese Bezeichnung beschreibt die in Deutschland herrschenden ‚feudalen' Abhängigkeiten zu Vorgesetzten in der Wissenschaft (Ullrich 2016: 389, 393), die in der Universitätsmedizin stark ausgeprägt sind. In diesem Patronagesystem (Bérubé und Ruth 2015: 116) sind förderliche Beziehungen für die Wissenschaftskarriere wesentlich. Den Frauen der Kontrastgruppe „Hürdenreich" werden in den „ernsten Spielen des Wettbewerbs" (Bourdieu 1997: 203) Positionen in Konkurrenz zu anderen in intransparenten Prozessen verunmöglicht, wie die Erhebungen offenbarten. Da die *scientific community* eine Wahlgemeinschaft darstellt, in der Mitglieder der Gemeinschaft neue hinzuwählen, erfüllen Gatekeeping-Prozesse in der Universität eine herausragende Funktion (Kahlert 2015: 33). In der Medizin zeigt sich ein ‚feudales Gatekeeping', von dem sowohl die als „Konkurrenten" beschriebenen männlichen Kollegen als auch deren Förderer profitieren. Ersichtlich wurde, dass trotz akademischer Feudalstruktur die Positionen der „Patronage" insofern nicht festgelegt sind, also auch sie auf kompetitive Prestige-Spiele um Autorität und symbolisches Kapital im Feld angewiesen sind. Diese werden durch Machtmittel durchgesetzt, die mit Foucault als „souverän" bezeichnet werden können: Es ist die Macht des Souveräns, der über ein asymmetrisches, direktes und willkürlich angewandtes Recht über seine Untertanen verfügt (Foucault 1977: 131 f.). Dies entlarvt die Hochschulmedizin in Teilen (Kontrastgruppe „Hürdenreich") als ein patriarchales System (Rusconi und Kunze 2015: 10) ohne „Korrekturfaktor". Durch die hohen Abhängigkeiten verschieben sich Regelverstöße in die individuell auszuhandelnde Beziehungsarbeit zwischen ungleichen Positionen. Die Habilitandinnen der Kontrastgruppe „Hürdenreich" spielen in diesen Spielen mit, werden aber im Wettkampf um Positionen durch ein ‚feudales Gatekeeping' ausgebremst. Hier verdecken Formalismen, die suggerieren, die Organisation sei unpersönlich, formal und rational (Rastetter 1994), dass innerhalb organisationskultureller Praktiken formale Kriterien beständig unterlaufen werden. Ein deutlich anderes Bild zeichnet sich in der Kontrastgruppe „Anerkannt" ab. In diesen Organisationseinheiten ist der akademische Feudalismus zum einen durch transparente Rahmenbedingungen begrenzt. Zum anderen zeigt sich, dass die hohen Machtmöglichkeiten hier vor allem Chancen für ein anderes Organisationshandeln eröffnen. Die Frauen der Kontrastgruppe

„Anerkannt" profitieren sowohl von frauenfördernden Einstellungen ihrer Vorgesetzten sowie von institutionellen Anreizen der Frauenfördermaßnahmen. Hierarchie und die Anerkennung von Leistung stehen so in einem engen Verhältnis zueinander.

10.1.2. Anerkennung von Leistung

Ein Werdegang in der Hochschulmedizin ist kompetitiv leistungsbezogen. Die Frauen der Kontrastgruppe „Hürdenreich" beschrieben eine Ellenbogenkultur als Inbegriff hegemonialer Männlichkeit (hart, ellenbogenorientiert, cholerisch, hierarchisch, rücksichtslos). Dieser gilt als karrieristische Rahmenbedingung für alle, grenzt aber zugleich diejenigen aus, die diese Formen des Umgangs nicht aushalten (wollen). Weiblichkeit und Wettbewerb schließen sich nicht aus. Vielmehr ist dieser zu einer der zentralen Kategorien einer „weiblichen Individualisierung" geworden (McRobbie 2016: 25 ff., Kapitel 4.1.3.). Es ist einerseits die Ausgestaltung des Wettbewerbs, der die Frauen der Kontrastgruppe „Hürdenreich" zunehmend aus dem Feld drängt. Anderseits zeigt sich aber auch, dass wissenschaftlicher Erfolg in der Habilitationsphase nicht allein durch individuelle Leistung errungen wird. Es handelt sich vielmehr um eine produktive Ausgestaltung gewährter Leistungsmöglichkeiten, gepaart mit Leistungsanerkennung in der vergeschlechtlichten Organisation. So werden feldadäquate Persönlichkeitseigenschaften konstruiert, die für die Erbringung von Erfolg als notwendig erachtet werden und zugleich auf das Zustandekommen dieser Leistung rückwirken (Fischer 2015; Engler 2001). Erfolg erscheint immer stärker von einer bestimmten Form der Sympathie, eines bestimmten „Gemochtwerdens" abhängig. In Konkurrenz entstehen für den Werdegang zentrale ‚Wahlverwandtschaften' zwischen Förderern und ‚herangezogenen' Geförderten. Die Sympathie vereint „Menschen, die zueinander passen, die aufeinander abgestimmt sind, und macht sie einander verwandt" (Bourdieu 2011 [1987]: 374). In der Hochschulmedizin gereicht so ein bestimmter Habitus zum Vorteil. Nach Bourdieu wirken hier „feine Unterschiede", da der soziale Instinkt seine Anhaltspunkte in dem System von Zeichen aufspürt, die sich auf Sprache, Haltung, Umgangsformen usw. beziehen (Bourdieu 2011 [1987]: 374). Diese feinen Unterschiede führen dazu, dass im akademischen Feudalismus habituell „geschmeidige" Persönlichkeiten einen Wettbewerbsvorteil erhalten, die auf einen vergeschlechtlicht-akademischen Habitus zurückgeführt werden. Objektive Leistungskriterien sind in der Hochschulmedizin in ein karrieristisches Fördersystem eingebunden und spiegeln so nicht unbedingt die real erbrachte Leistung wider. Gerade in einem Feld, in dem Leistungskennzahlen den Werdegang bestimmen, dethematisiert der Glaube an die Meritokratie die soziale Herstellung von Leistung und suggeriert individuelle Performance. Denn letztlich zählt in der kompetitiven Wissenschaft Erfolg und nicht die Bedingungen, unter denen sie zustande kommt. Dabei wurden innerhalb der Auswertung nicht nur Geschlechterungleichheit deutlich, sondern auch Praktiken wissenschaftlichen Fehlverhaltens – insbesondere im Hinblick auf die Vergabe von Autorenschaften –, die vor dem Hintergrund des Forschungsstandes nicht als Einzelfälle betrachtet werden können (Krempkow und Landrock 2013: 67 f.). Auf individueller Ebene wirken sich diese Regelverstöße vergeschlechtlichend ungleich auf Lebensläufe und Karrieremöglichkeiten im ‚harten' Wettbewerb aus, in dem sie vergeschlechtlichend formale Kriterien unterlaufen. In der Kontrastgruppe „Anerkannt" werden hingegen mit der Zuteilung von Erst- oder Letztautorenschaften und dem gemeinsamen Einwerben von Drittmittelprojekten Förderstrategien verfolgt, die verdeutlichen, dass wissenschaftlicher Erfolg durch Gatekeeper ermöglicht werden kann. Im Gegensatz zur Kontrastgruppe „Hürdenreich" zeigt sich hier ein habituell ähnlicher ‚Geschmack' sowie das Bewusstsein die „gleiche Sprache zu sprechen". Dies wird neben Bildungskapital aus der Herkunftsfamilie auf eine weitere Habitualisierung mittels Professionalisierung zurückgeführt, die insgesamt in eine vorteilhaftere Subjektposition mündet. Neben der Hierarchie und der Anerkennung von Leistung war Zeitknappheit als eine weitere Hürde im Habilitationsverlauf zu beobachten.

10.1.3. Zeitnot durch Arbeitsteilung

Die Hochschulmedizin ist geprägt von einem Zeitmangel, der Ärztinnen und Ärzte vor große Herausforderungen stellt: Verausgabung durch Stress offenbart sich in der Medizin als ein alarmierend hohes gesundheitliches Risiko (Bauer und Groneberg 2014; Romani und Ashkar 2014; Shanafelt et al. 2015). Durch die Entgrenzung der Wissenschaft unter Wettbewerbsbedingungen wird Forschung zu einem ‚Karrierejob', in dem Stressresistenz mitsamt Erfolgsindikatoren gegenüber der Wahrheitsfindung an Bedeutung gewonnen haben (Ullrich 2016: 394). Als „Basisthema, mit dem wir immer zu tun haben", ist die Hochschulmedizin von einer Aufgabenvielfalt zwischen Klinik und Forschung geprägt. Gerade hier greift eine „intraprofessionelle Arbeitsteilung" (Wetterer 2002b), die dazu führt, dass die Frauen der Kontrastgruppe „Hürdenreich" weniger Zeitfenster für Forschung erhalten. Wie in Kapitel 1.3. ersichtlich, werden in der Arbeitsteilung zwischen Station und Forschung Stereotype wirksam, mit der Folge, dass Frauen häufiger in den wenig habilitationsförderlichen Bereichen (Station und Verwaltung) Zeit verbringen – Ärztinnen kümmern sich so weitaus stärker um Care-Aufgaben, wie Verwaltungstätigkeiten oder stationäre Aufgaben der *academic family* (Guarino und Borden 2016), als Ärzte. Zeit ist hier nicht für alle gleich knapp und verschärft sich noch, wenn die Ärztinnen zu Müttern werden. Die Vereinbarkeit von Familie und Beruf kann im Sinne „doppelter Vergesellschaftung", also der Vergesellschaftung von Frauen als Arbeitende und als Care-Verantwortliche (Becker-Schmidt 2008), als wichtiges und zentrales Querschnittsthema für Habilitandinnen mit (künftigen) Care-Aufgaben bezeichnet werden. Die Hochschulmedizin wird von den Frauen des Gesamtsamples, die auch Mütter sind, als kinderunfreundlich wahrgenommen. Mütter werden hinausgedrängt und im Wettbewerb um Positionen weniger ernst genommen. Deutlich wird die Konstruktion einer anerkannten Feld-Figur: Es gilt, kalt und damit kompetent zu sein (Fiske et al. 2002; Cuddy et al. 2004) und sich ganz der Wissenschaft zu widmen. Diese Vorstellung findet sich auch in den schablonenartigen Werdegängen wieder, die, wird ihnen nicht entsprochen, aus der Universität verweisen. Stagnationen im Lebenslauf passen so nicht mehr zum eng-schematischen Karrieremuster im ‚harten' Wettbewerb, dem eine männlichüberholte Normalbiographie zugrunde liegt. Im Gegensatz hierzu erhalten die Frauen der Kontrastgruppe „Anerkannt" Zeit für Forschung, werden darin unterstützt, Zeitfenster durch Drittmittel einzuwerben und werden für Stipendien vorgeschlagen. So sind sie passförmig für die enge Schablone einer vergeschlechtlichten Normalbiographie. Wenn allerdings Kinder ins Spiel kommen, gilt auch für diese Frauen, dass es zu Problemen kommt. Die Vereinbarkeit von Familie und Beruf stellt aber nicht den zentralen Ausstiegsgrund für die Frauen der Kontrastgruppe „Hürdenreich" dar – wohl aber ein nicht zu unterschätzendes Thema für die Mütter des Gesamtsamples.

Was bedeuten diese Ausführungen nun für eine konkrete Praxis der Organisationsentwicklung? Im Folgenden sollen einige empirisch begründete Anregungen für mögliche Veränderungen aufgezeigt werden.

10.1.4. Für die Praxis der Organisationsentwicklung: Veränderungen in der Organisationskultur

Insgesamt wird deutlich, wie organisationale Rahmenbedingungen auf einen Ausstieg von Frauen der Kontrastgruppe „Hürdenreich" einwirken. Für mehr Geschlechtergerechtigkeit sind deshalb dringend Veränderungen in der Organisation angeraten. Insbesondere die geschilderten Machtmissbräuche im Zuge des akademischen Feudalismus sind drastisch. Eine hohe Abhängigkeit, Intransparenz und Informalisierung von Karrieren bieten einen Nährboden für soziale Ungleichheiten. In der Kontrastgruppe „Anerkannt" ließ sich erkennen, dass ein alternatives, nachwuchsförderndes Handeln möglich ist. Als wünschenswert wurde so auch im Gesamtsample eine Kulturveränderung hin zu einem förderlich-beratendem Klima geäußert, in dem bereits direkte Vorgesetzte die Habilitierenden unterstützend und karriseristisch ratgebend begleiten – also ohne die Angst, „ausgebootet" zu werden. Als gesundheitlich riskant offenbart sich die „ellenbogenmäßige" und harte Wettbewerbskultur, die mit grenzwertigem zwischenmenschlichem Verhalten einherging. Hier scheint es an einem Bewusstsein für eine gesunde Führungs- und Organisationskultur zu fehlen. Positiv zeigte sich hingegen bei der Kontrastgruppe „Anerkannt" ein strukturell begrenzteres und transparenteres Umfeld, in dem sich die einzelnen Wissenschaftlerinnen als Handelnde und leistungsfähige Subjekte wahrnehmen konnten und für geleistete Arbeit eine entsprechende Belohnung erhielten. Als hilfreich erwies sich hier nicht nur eine unterstützende Einstellung von Vorgesetzten gegenüber Frauenkarrieren, auch Frauenförderungsmaßnahmen als Einzelförderung oder als finanzieller Anreiz für Organisationseinheiten trugen zu einem erfolgreichen Habilitationsverlauf bei. In Bezug auf den kompetitiven Wettbewerb um Leistung wurde ersichtlich, dass in Auswahlverfahren und den quantifizierten Leistungskriterien einer wissenschaftlichen Karriere eine echte Meritokratie nicht eingelöst wird. Diesbezüglich werden bereits Instrumente entwickelt, um stereotypen Bewertungsprozessen in der Wissenschaft entgegenzuwirken (Braun et al. 2015). Eine breite Implementierung solcher Maßnahmen wäre wünschenswert. Denn sehr deutlich wurde die

Wirkmacht von Stereotypen, die nach kontinuierlicher Selbstreflexion in Bezug auf die eigenen Förderstrategien und Sympathien im Arbeitsumfeld verlangen, da gerade die individuellen und sehr „menschlichen" Präferenzen für die Zusammenarbeit mit sozial ähnlichen Personen Ausschlüsse und Homogenität im System erzeugen.

Darüber hinaus werden Mechanismen benötigt, die eine „Kultur der Redlichkeit" einforderbar machen (DGK – Deutsche Gesellschaft für Kardiologie, 04.04.2013). Die Vergabe von Autorenschaften innerhalb karrieristischer Vergabesysteme zeigte sich in dieser empirischen Untersuchung als besonders relevant. Dieses Ergebnis wird von weiteren Studien gestützt. So konnte für die Medizin festgestellt werden, dass die am weitesten verbreitete Art wissenschaftlichen Fehlverhaltens den angemessenen Umgang mit Autorenenschaften betrifft (vgl. Krempkow und Landrock 2013: 67 f.) und gerade Frauen zu ungleichen Teilen in den karrieristisch wichtigen Autorenpositionen vertreten sind (vgl. West et al. 2013; Jagsi et al. 2006; Filardo et al. 2016). Die Interviews ließen zudem erkennbar werden, dass die Handlungsmöglichkeiten von Ombudspersonen als wenig wirksam und systemimmanent wahrgenommen werden. Insofern wären weitere Untersuchungen zu *scientific misconduct* (Reinhart 2017) sowie entsprechenden Instrumenten dringend angeraten. Das hochschulmedizinische System wirkt im Hinblick auf Regelverstöße, aber auch bezüglich individueller Werdegänge als undurchsichtig. Wünschenswert wäre deshalb, jenseits von Mentoring-Programmen, die diese Aufgaben teilweise übernehmen, Habilitierenden Informationen anzubieten und Anlaufstellen zu schaffen, die fundiert beraten können. Ernüchternd ist zudem das Ergebnis, dass für Frauen die Vereinbarkeit von Care und Beruf nach wie vor problematisch ist. Diese Vereinbarkeiten nicht als „Mütterproblem" zu verhandeln und sich auf Beschäftigte mit Kindern einzustellen, wäre zeitgemäß. Ein eklatant-strukturelles Problem besteht im Zeitmangel für Forschung, was den Werdegang eines *Clinician Scientist* zunehmend unattraktiv werden lässt (Loos et al. 2014a). In der hochschulmedizinischen Habilitation zeigen sich des Weiteren aufgrund des systemimmanenten Stresses alarmierende gesundheitliche Risiken (vgl. u. a. Schwartz 2010; Bauer und Groneberg 2014; Romani und Ashkar 2014; Shanafelt et al. 2015; König 2001; Schernhammer und Colditz 2004), die mit den sich verdichtenden Bedingungen von Zeitnot, Personalknappheit, Konkurrenz und mangelnden Forschungszeiten zwischen Wissenschaft und Medizin zusammenhängen und Frauen stärker betreffen (vgl. Klein et al. 2010; Pedersen und Minnotte 2017). So können heute zu Zeiten des Fachkräftemangels Kliniken bereits mit guten Forschungs- und Arbeitsbedingungen und einem guten Ruf in der Nachwuchsförderung für qualifiziertes Personal werben. Dem gegenüber stand im Sample eine Organisationskultur, die, wie nun folgend beschrieben wird, sich negativ auf Wissenschaftlerinnen auswirkte.

10.2. Habilitandin: Ausgebrannt statt „Anerkannt"

Abbildung 51 veranschaulicht die Auswirkungen der Organisationskultur „Hochschulmedizin" auf die „Habilitandin". Im Mittelpunkt stehen hierbei die Auswirkungen der Organisationskultur auf den Idealtyp „Hürdenreich", der sich nicht als anerkannt, sondern als ausgebrannt zeigt. Die Analyse ließ deutlich werden, dass im Rückgriff auf die Theorie der Ressourcenerhaltung (Hobfoll 1988) in der Habilitationsphase bestimmte Ressourcen so entzogen werden, dass sich eine Verlustspirale an personalen Ressourcen – und damit Disstress – entwickelt. Die vorliegende Studie machte sich deshalb die Aufgabe herauszufinden, wie sich die Organisationskultur auf Selbstkonzepte und personale Ressourcen von Wissenschaftlerinnen so auswirken kann, dass es zu diesen Abwärtsbewegungen kommt. Mit den Worten der Wissenschaftlerinnen wurden diese Ressourcenentzüge in die Kategorien „torpediert", „unpassend gemacht" und „ausgebrannt" gefasst (linke Spalte) und mit den Erfahrungen der Kontrastgruppe „Anerkannt" („unterstützt", „Passförmigkeit" und „Ressourcengewinne") verglichen (rechte Spalte).

10.2.1. Torpediert statt unterstützt

In der Arbeitspsychologie wird die zentrale Stellung der Anerkennung in der täglichen Interaktion zwischen Vorgesetzten und Angestellten hervorgehoben (Stocker et al. 2014). Die Frauen der Kontrastgruppe „Hürdenreich" beschreiben sich hingegen als zunehmend von Selbstwertbedrohungen betroffen. Semmer betont in seinem Konzept des *Stress-as-Offense-to-Self* (Semmer et al. 2006; 2007), das fehlende Wertschätzung eine Form von Selbstwertbedrohung annehmen kann und so zu erhöhter Belastung führt. Er stellt den Selbstwert als die Ressource in den Mittelpunkt, die es zu schützen und aufrechtzuerhalten gilt. Ausbleibende soziale Anerkennung tangiert den Selbstwert und aktiviert im Sinne der Soziometer-Hypothese (Leary 2003) zugleich die Aufmerksamkeit auf diesen Aspekt. Insbesondere respektloses Verhalten kann so zu einem Stressor werden, der sich negativ auf die Arbeitsgesundheit und Überlastung am Arbeitsplatz auswirken kann (Semmer et al. 2006: 87). Diese Gemengelage aus mangelnder Anerkennung bis hin zu Erniedrigungen lässt eine Veränderungen der bereichsspezifischen Selbstwirksamkeitserwartung (SWE) beobachten, also die Überzeugung zur eigenen Fähigkeit, bestimmte Handlungen ausführen zu können, die zum Erreichen bestimmter Ziele erforderlich ist (Haddock et al. 2014: 225). Abele-Brehm konnte dies bereits für Medizinerinnen nachweisen (Abele-Brehm 2013), es blieb aber offen, welche organisationalen Prozesse auf diese Veränderungen einwirken. Zwar gilt die Selbstwirksamkeitserwartung nach Bandura (1997) als eine relativ stabile Persönlichkeitseigenschaft, doch zeigte sich, dass die berufliche Selbstwirksamkeitserwartung der Habilitandinnen im Laufe der beruflichen Praxis abnahm. Die Frauen der Kontrastgruppe „Hürdenreich" schildern nicht nur Situationen der Abwertung, wie etwa Vorgesetzte, die vermittelten „Sie können ja überhaupt nichts!", sondern auch und immer öfter Fehlschläge in der Beeinflussung von Ereignissen oder Situationen innerhalb der Organisation. Diese Fehlschläge werden zu Deutungen eines inneren Dialogs (Herriger 2014: 57 f.), der sich je nach Deutungsmuster (Attributionsstil) auf das Selbstbildung auswirken kann (Seligman 1999: 62). Die bei der Kontrastgruppe „Hürdenreich" beobachteten Einschränkungen von Handlungsmöglichkeiten gehen mit einem pessimistischen Attributionsstil einher, der auch dazu führt, dass die Organisation als stabil-unveränderbar und die Problematiken zunehmend im Selbst verortet werden. In diesem Zuge wandeln sich auch die Coping-Strategien. In Anlehnung an das „Transaktionale Stressmodel" von Lazarus et. al. (Lazarus und Folkman 1987; Lazarus und Smith 1990, vgl. Kapitel 4.2.1.) werden Lösungsansätze vermehrt in den Subjekten selbst gesucht (emotionsorientiertes Coping). Durch die gemachten Erfahrungen eingeschränkter Handlungs-Ergebnis-Erwartung entsteht der Versuch, emotionale Erregung hauptsächlich durch innerpsychische Prozesse abzubauen und so auch selbstwertschützend Souveränität in das Subjekt zurückzuverlagern. Doch aufgrund der Rahmenbedingungen und des hohen Hürdenaufkommens können individuelle Anpassungsleistungen allein das Problem nicht (mehr) lösen. Insofern wirkt die Suche nach Souveränität im Selbst paradox. Problemzentriertes Coping, bei dem durch Informationssuche die Situationen verändert werden, wird zunehmend als unwirksam oder unmöglich erlebt. In Bezug auf die starken Abwertungen wäre aber neben einer individuellen Neubewertung der Situation, um den Belastungen besser standzuhalten, eine grundsätzliche Veränderung nötig. Empirisch konnte gezeigt werden, dass Kohärenzgefühle als personale Ressource dazu beitragen können, dass sich Coping-Strategien in Richtung „Situationsbeeinflussung" wieder verändern (können). Zugleich wird hier aber sehr deutlich, dass durch die Abnahme der Selbstwirksamkeitserwartung Grenzziehungen immer stärker ausbleiben und sich damit auch organisationale Rahmenbedingungen weiter verschärfen. Im Gegensatz dazu werden die Frauen der Kontrastgruppe „Anerkannt" in ihrem Werdegang unterstützt und äußern ein berufliches Selbstvertrauen. Eine Frau der Kontrastgruppe „Anerkannt" hat so auch die Haltung, die an ihre Habilitation gestellten Anforderungen leicht und kompetent erfüllen zu können. Sie sagt: „An der medizinischen Fakultät zu habilitieren ist nicht so schwer muss man sagen, die Voraussetzungen sind nicht so richtig hoch". Auch sonst vermittelt sie den Eindruck, ihren Lebenslauf selbst bei schwierigen Situationen stets im Griff zu haben und flexibel auf Veränderungen reagieren zu können (internale Kontrollüberzeugung). Um ihre Selbstbestimmtheit aufrechtzuerhalten, vermeidet sie bewusst Arbeitsbereiche mit hoher Abhängigkeit. In den Interviews vermittelt sich ein eher independentes, also sozial unabhängiges Selbstkonzept, das Erfolge internal attribuiert. In dieser Gruppe lassen sich so auch fundamentale Attributionsfehler beobachten: Informationen werden demnach als unabhängig von dem aktuellen Kontext interpretiert und situationale Faktoren unterschätzt (Hannover und Kühnen 2002: 72). Die Frauen dieser Gruppe beschreiben sich also nicht nur deutlich selbstwirksamer, auch ihr Umfeld stellt sich als förderlich und selbstwertdienlich dar. Eine ähnliche Entwicklung zeigt sich auch im Kontrast zwischen „unpassend gemacht statt feldadäquater Passförmigkeit".

10.2.2. Unpassend gemacht statt feldadäquater Passförmigkeit

Mit Cornelißen lassen sich Geschlechterstereotype in Verbindung mit einem vergeschlechtlichten und vergeschlechtlichenden Habitus betrachten (2010: 73) und empirisch danach fragen, wie konkret Prozesse des Ineinandergreifens von Feld und Habitus innerpsychisch vonstattengehen. In den hürdenreichen Verläufen nehmen stereotype Fremdpositionierungen in der Habilitationsphase zu. Die Habilitandinnen werden von Vorgesetzten als defizitär adressiert, ihre Geschlechtszugehörigkeit als Frau aktiviert und ein durch Geschlecht gerahmter Reflexionsprozess bezüglich der eigenen Person in Gang gesetzt. Hier lassen sich mit Butler geschlechterbezogene „Anrufungen" nachverfolgen, die im Prozess der Subjektivation Zurückweisungen erst ermöglichen (Butler 2001 [1997]: 8, 99), die aber zugleich auf eben jenen Prozess der machtförmig vergeschlechtlichten Adressierung verweisen, der einen zusätzlichen Druck erzeugt, der „nicht weggehen werde". Hegemoniale Männlichkeit tritt hier deutlich als „Orientierungsmuster" (Meuser 2009: 162) in Erscheinung. Eine Differenz zu diesem Orientierungsmuster aktiviert Defizite im Selbst – die Organisation wird zur geschlechterkonstruierenden Aktivierungsquelle und erhöht damit auch die Zugänglichkeit zu entsprechenden Selbstinhalten (Hannover 1997: 30). In der Konsequenz trägt dies zu Leistungsverminderungen und der Distanzierung von Bereichen bei, in denen stereotype Abwertungen befürchtet werden müssen (vgl. u. a. Cadinu et al. 2005; Steele 1997; Davies et al. 2005). In der hochschulmedizinischen Organisation, so kann resümiert werden, sollten Frauen einer homosozialen Reproduktion zuspielen und sich möglichst selbst passend machen. Zugleich unterliegen maskuline Anpassungsversuche aber Backlash-Effekten (Rudman 1998, vgl. Kapitel 3.3.1.), die ein solches Auftreten als „unmögliches" sanktionieren und damit die Stabilität von Stereotypen reproduziert. Dieser Effekt führt dazu, dass agentisch auftretende Frauen als unsympathisch und feminine Männer als wenig kompetent betrachtet werden. Stereotypen sanktionieren damit zum einen das Verhalten der vergeschlechtlichten Personen, zum anderen wirken sie stabilisierend auf die in der Organisation vorhandenen Stereotype (Rudman und Fairchild 2004, vgl. Kapitel 3.3.1). Das ständige Sich-positionieren-Müssen unter stereotyper Bedrohung kostet zunehmend Kraft. Stereotypenbedrohungen gehen mit einer Selbstwertminderung einher (Athenstaedt und Alfermann 2011: 54). Um potentielle Selbstwertbedrohungen abzuwehren, kann eine Selbst-Regulierung aktiviert werden, die zu einer selbstwertschützenden Reformulierung bestehender Ziele beiträgt (McConnell et al. 2013). Durch die immer stärker werdenden Unsicherheiten bezüglich einer Performance in der Zukunft konnten so auch in der vorliegenden Studie selbstwertschützende Prozesse eines Self-Handicappings beobachtet werden (McCrea et al. 2008), die zu der Vorstellung beitragen, dass eine Professur „gar nicht zu meinem Rollenverständnis" passt. So führen stereotype Bedrohungen dazu, die Zielerreichung zu vermeiden, um das positive Selbstbild vor einem möglichen Misserfolg in der Zukunft zu schützen und Ziele entsprechend anzupassen. Durch eine vergeschlechtlichte Fremdpositionierung wird hier eine Selbstanrufung produziert, die einen deklarativen Charakter erhält: Durch Veränderungen im Selbstkonzept nimmt die Habilitandin durch die gemachten Erfahrungen einen antizipierten Misserfolg vorweg. Das

„Doppelverhältnis" von Feld und Habitus (Bourdieu und Wacquant 2006 [1996]: 160) wirkt hier nicht zwangsläufig determinierend, wenn reflexiv Anpassungsforderungen zurückgewiesen werden. Sie stellen intervenierende Bedingungen dar, zu denen es sich zu verhalten gilt (Strübing 2008: 27 ff.) und die zu einem erhöhten Kraftaufwand führen. Dies ist bei Frauen der Kontrastgruppe „Anerkannt" anders. Deutlich wurde, dass bei ihnen keine situative Aktivierung interdependenter Selbstinhalte durch Stereotype zu verzeichnen ist – sie beschreiben sich als feldadäquat passförmig. Die berufliche Erfahrung der Habilitandin ist so auch weit von einem selbstwirksamkeitsverringerndem „Praxisschock" (Abele-Brehm 2013: 50) entfernt. Die Frauen der Kontrastgruppe „Anerkannt" erleben im Habilitationsverlauf Anerkennungen, die sich positiv auf ihre Handlung-Ergebnis-Erwartung auswirken. Die durch eine akademische Herkunft vermittelte Habitusähnlichkeit verschafft ihnen darüber hinaus einen Vorteil, da sie sich souverän im akademischen Umfeld bewegen können. In der Kontrastgruppe „Anerkannt" lässt sich ein vermittelter *sense of entitlement* feststellen, eine Anspruchshaltung in einem als ‚natürlich' empfundenen universitären Umfeld. Diese Anspruchshaltung zeigt sich in der Einstellung gegenüber beruflichen Zielen, die als Selbstverständlichkeit erscheinen. Auf die Frage, ob das eigene Ziel eine Professur sei, antwortet eine dieser Habilitandinnen „ja, auf jeden Fall". *Sense of entitlement*, Selbstwirksamkeitserwartung und Handlungs-Ergebnis-Erwartung stehen somit in einem engen zirkulären Zusammenhang mit beruflicher Zielerreichung (vgl. Abbildung 49). So veranlasst die Anspruchshaltung eine erhöhte Selbstwirksamkeitserwartung, die sich auf eine zu erwartende Handlungs-Ergebnis-Erwartung bezieht. Eine hohe Selbstwirksamkeitserwartung führt zu hohen Ansprüchen an die eigene Person, was bei guten Leistungen wiederum die Selbstwirksamkeitserwartung erhöht (Locke und Latham 1990). Ein akademischer Habitus, zusammengesetzt aus kulturellem Kapital und beruflicher Erfahrung, verhilft hier zu einer agentisch-selbstwirksamen Anspruchshaltung. Darüber hinaus moderiert der Habitus als Denkschema die soziale Wirklichkeit als ‚natürlichen' Bewegungsraum, der kaum Anpassungsleistungen erfordert (Fuchs-Heinritz und König 2005). Kognitionspsychologisch verfügt die Habilitandin der Kontrastgruppe „Anerkannt" im Sinne „dynamischer Selbstkonstrukte" über alternative Passförmigkeiten (Hannover 1997, vgl. Kapitel 3.3.1). Durch die Inwertsetzung eines akademischen Habitus innerhalb der Wissenschaft und dessen Erweiterung durch berufliche Erfahrungen verfügen die Habilitandinnen der Kontrastgruppe „Anerkannt" so über andere essentielle Spieleinsätze und damit über eine vorteilhafte Subjektposition. Diese vorteilhafte Subjektposition geht einher mit Ressourcengewinnen und steht im diametralen Gegensatz zu dem Ausgebrannt-Sein der Kontrastgruppe „Hürdenreich", das mit Ressourcenverlusten verbunden ist, die sich auf die vergeschlechtlichte Organisationskultur zurückführen lassen.

10.2.3. Ausgebrannt statt Ressourcengewinne

Neben struktureller Zeitnot und stereotyper Aufgabenzuteilung konnten in der Kontrastgruppe „Hürdenreich" vergeschlechtlichte Wahrnehmungs- und Bewertungsmuster beobachtet werden, die in Differenz zum hegemonial männlichen Orientierungsmuster zu erhöhten Verausgabungen von Wissenschaftlerinnen beitrugen. Dies zeigte sich einerseits in der „Frage der Prioritätensetzung" zwischen Klinik und Forschung. Hier wurde deutlich, dass für einen erfolgreichen Werdegang kommunal konnotierte Tätigkeitsbereiche wie die Versorgung von Patientinnen und Patienten an agentisch-selbstbezogene Karriereanforderungen angepasst werden sollen und mit den eigenen Werten (Verantwortung für erkrankte Menschen) in Konflikt geraten. Damit werden nicht nur eher selbstbezogene-independente Selbstkonzepte als vorteilhaft für die karrieristische Prioritätensetzung konzipiert. Darüber hinaus wird die Problematik, klinische Verantwortung gegenüber Forschungsaufgaben abzuwiegen, zur vergeschlechtlicht-individuellen Gewissensfrage der Wissenschaftlerin, die zwischen interdependenten Selbstinhalten als Teil eines vergeschlechtlichten Habitus und Grenzziehungen in Bezug auf die Vereinbarkeit von Klinik und Forschung changieren. Ein weiterer Aspekt, der sich auf ein Ausgebrannt-Sein auswirkt, ist der korrespondierende Mangel an Zeit für Forschung mit einem entgrenzten Arbeitsethos in der Hochschulmedizin. Im Ergebnis wird Forschung nicht nur strukturell in die Freizeit verlagert, sondern die Wissenschaftlerinnen sehen diese Zeit gar nicht unbedingt als Arbeitszeit an. Durch einen „mitreißenden Spirit" wird Wissenschaft zu einer Grenzauflösung zwischen den Sphären „Arbeit" und „Freizeit". Jenseits von Familienverpflichtungen erscheint Freizeit in diesem ‚harten' Kontext diskursiv als illegitim. Im unternehmerischen Habitus inkorporiert wird ein entsprechendes Bedürfnis bei anderen komplizenhaft abgewertet. Ambivalent wird Freizeit als Mangelware bei demselben Personenkreis zu einem Sehnsuchtsort. Es macht den Eindruck, als entstünde eine kollektive Einsicht gegenüber entgrenzten und zunehmend belastenden Arbeitsbedingungen, die aber durch diskursive Illegitimität und Abwertung gegenüber entsprechenden Grenzziehungen durch den gleichen Personenkreis in der Organisation folgenlos bleiben. In der Kontrastgruppe „Hürdenreich" lässt sich nun beobachten, dass es durch die beschriebenen Belastungen immer stärker zu einem Auseinanderfallen zwischen „freier" und „standardisierter Selbstausbeutung" kommt (Thunman 2014: 75, vgl. Kapitel 4.1.2.). ‚Freie' Selbstentfaltung wird hier immer mehr zu einer normierten Ausbeutung und Anforderung, sich auf die organisationskulturelle Art und Weise selbst auszubeuten. Die Kontrastgruppe „Hürdenreich" unterscheidet sich somit nicht prinzipiell durch eine höhere Selbstausbeutungsbereitschaft. Auch in der Kontrastgruppe „Anerkannt" fallen Leben und Arbeit zusammen, doch sieht diese einen hohen Grad an Unabhängigkeit und Selbstbestimmung. Dem gegenüber steht eine Selbstausbeutung, die in ein Ausgebrannt-Sein führt, da sie keine Honorierung erfährt. Hier zeigt die empirische Analyse, dass eine hohe Zugänglichkeit zu interdependenten Selbstkonstrukten eher zur Beibehaltung standardisierter Selbstausbeutung beizusteuern scheint. Fällt diese chronisch interdependente Zugänglichkeit von Selbstkonstrukten auf eine situativ stärkere Aktivierung durch eine Aktivierungsquelle, z. B. durch die Wahrnehmung von Abhängigkeiten zu Vorgesetzten oder das Arbeitsumfeld als Familienersatz, kann dies additiv wirken. Es kommt zu einer Kontextabhängigkeit des Selbst, durch die sich Grenzziehungen gegenüber ‚standardisierter Selbstausbeutung' erschwert darstellen. So ließ sich in dieser Studie beobachten, dass dann eine ungesunde standardisierte

Selbstausbeutung über das gesunde Maß hinaus beibehalten wird. Entgrenzte Arbeit und vergeschlechtlichter Habitus – beinhaltend ein kommunales Selbstkonzept sowie interdependente Selbstkonstrukte – können damit sowohl in Bezug auf die Prioritätensetzungen als auch im Hinblick auf Selbstausbeutung unproduktiv zusammenfallen. Für Mütter verschärfen sich die Risiken entgrenzter Wissenschaft noch weiter. Negativ formuliert kann konstatiert werden, dass zwar kulturelle Leitbilder von Gleichberechtigung (Wetterer 2005) auch im Sinne egalitärer Partnerschaft und „gleichberechtigter Sorge" (Kerschgens 2009) existieren. In akademischen Haushalten werden diese Vorstellungen aber nicht immer realisiert (Meuser 2006b) und dies, obgleich sich andeutet, dass Elternschaft bei Nachwuchsforschenden immer stärker als gemeinsame Aufgabe betrachtet wird (Hess et al. 2011a). Zusammengenommen sind Mütter davon stärker betroffen, wenn sie Vollzeit tätig sind. Dieses Muster der Verantwortungsübertragung sowie die eigene Verantwortungsübernahme durch Mütter, ist auch in der empirischen Untersuchung erkennbar. So stellten die Mütter im Gesamtsample häufig den Hauptverdienst, schilderten ihre Partnerschaft zu großen Teilen als egalitär und blieben jedoch letztlich die Hauptverantwortlichen für Familienaufgaben. Mit Wetterer offenbart dies sehr deutlich eine „Rhetorische Modernisierung" (Wetterer 2005: 77), in der geschlechteregalitäre Leitbilder und das reale Handeln nicht zusammenpassen. Die Vergesellschaftung des Mutterseins führt zu einem „Mutterproblem": Das schlechte Gewissen, weder genügend Zeit für die Arbeit, noch für die Familie aufzubringen, zieht sich durch beide Kontrastgruppen, begleitet von einem hohen Perfektionismus, beiden Bereichen hochgradig gerecht werden zu wollen. Doch neben diesen Aspekten des ungleichen Zeitentzugs und der partnerschaftlichen Aushandlung in vermeintlich egalitären Beziehungen stellt Familie im Sinne sozialer Ressourcen auch eine soziale Unterstützung und Schutz vor Überlastungen dar (vgl. Kapitel 4.2.2.). So erfüllten Partnerschaft und Familie in den Kontrastgruppen auch wichtige Funktionen in den Bereichen instrumenteller Unterstützung (Stroebe und Stroebe 1994). Das Vorhandensein von Bezugspersonen erwies sich als ein Puffereffekt für das gesundheitliche Wohlbefinden und die Stressbewältigung (Genkova und Petia 2010: 298). So bestätigt auch eine Studie zu erhöhter Burn-out-Gefahr in männlich konnotierten Fächern, dass familiäre Unterstützung ausgleichend wirken kann (Pedersen und Minnotte 2017). Dennoch zeigten sich in der vorliegenden Untersuchung hohe Grade an Überlastung. Die Konstruktion ‚des Wissenschaftlers', der sein Leben völlig der Wissenschaft opfern kann, desillusioniert sich als privilegierte und zugleich gegenderte Verkörperung einer Person, für die andere die Aufgaben der Sorge und der Reproduktion übernehmen. Sie haben die „Freiheit, arbeiten zu dürfen" (Beaufaÿs 2015). Männliche Kollegen müssen im Vergleich nicht den gleichen Preis der Überverausgabung von Kräften zahlen und können sich dementsprechend besser um sich selbst sorgen (Aulenbacher et al. 2013: 188). Das Streben nach Erkenntnis und Selbstentfaltung als Arbeitsmotivation ist so nicht für alle gleich erfüllbar. Daran anschließend wurde ersichtlich, dass eine vergeschlechtlichte Organisationskultur für Weiblichkeit ein hohes Verausgabungsrisiko birgt. Anhand des Efford-Reward-Imbalance-Modell (Siegrist 2012a) und unter Bezugnahme auf die Theorie der Ressourcenerhaltung (Hobfoll

1988) konnte dargelegt werden, dass die vergeschlechtlichte Organisationskultur in der Kontrastgruppe „Hürdenreich" personale Ressourcen im Habilitationsspiel entzieht. Nach Hobfoll sind Menschen, die über viele Ressourcen verfügen, resilienter. Demgegenüber kann sich eine Verlustspirale entwickeln, wenn Menschen durch Ressourcenverluste verletzlicher und gegenüber neuen Stresssituationen vulnerabler sind. Empirisch ließ sich diesbezüglich feststellen, dass die vergeschlechtlichte Organisationskultur habituell-strukturelle, soziale und personale Ressourcen in Wert setzt und damit limitiert. Zwar zeigen sich immer wieder gelingende Versuche individueller Selbstpositionierungen. Zugleich wird aber deutlich, dass diese „ständigen Torpedierungen, die ihr beiden ja auch geschildert habt, die so halt in den Kliniken üblich sind", Spieleinsätze im ‚Habilitationsspiel' entziehen, denn „die sind ja – selbst wenn man sich noch so sehr versucht, dagegen abzuschotten, wirklich halt extrem beschädigend, weil irgendwo hat man ja auch nur eine gewisse Anzahl an Ressourcen zur Verfügung". So kommt es zu einem Ungleichgewicht zwischen Investitionen *(efford)* und Gegenleistungen *(reward)* im Habilitationsspiel (vgl. Abbildung 47). Aus dieser Situation eines hohen Ungleichgewichts mit bereits eingetretenen hohen Belastungen ließen sich in der Kontrastgruppe „Hürdenreich" durchweg Sinnsuchen und Neuorientierungen beobachten. Der Entscheidungsverlauf wird so zu einem Prozess, in dem „jeder Schritt neu entschieden werden muss". Eine Habilitandin kommt zu dem Schluss: „Irgendwann muss man auch anerkennen, dass eigentlich der Kampf sich nicht lohnt und dann muss man vielleicht auch abtreten". Habilitandinnen der Kontrastgruppe „Hürdenreich" schildern zu diesem Zeitpunkt Blockaden und Resignationen. Mit dem Modell der *Efford-Reward-Imbalance* wird es möglich, die beschriebenen Verläufe und daraus resultierenden Belastungen an ein valides Modell rückzubinden, das ein Zusammendenken von Organisationskultur und Geschlechterungleichheiten im Hinblick auf Erschöpfungszustände deutlich macht. Im Zusammenspiel mit der Theorie der Ressourcenerhaltung werden die analysierten Muster der Habilitationsphasen als Abwärtsspirale, die in hohen Verausgabungen und beruflichen Umorientierungen mündeten, erklärbar. Insbesondere der Vergleich mit der Kontrastgruppe „Anerkannt" veranschaulicht das Zusammenwirken von Organisation und Subjekt bzw. Hochschulmedizin und Wissenschaftlerin: Wendet man sich der Kontrastgruppe „Anerkannt" zu, zeigen sich Möglichkeiten einer „freien Selbstausbeutung" (Thunman 2014: 29). Die Frauen können sich hier im Arbeitskontext selbst verwirklichen und ihre Potentiale entfalten, die mit einer agentischen Prioritätensetzung sowie einem Gleichgewicht zwischen Arbeitsinvestitionen und -belohnung einhergehen (Siegrist). Insofern kann mit der Theorie der Ressourcenerhaltung von einer „Maximierung an Ressourcengewinnen" (Hobfoll 1988: 26) durch den organisationskulturellen Rahmen gesprochen werden. Im Gegensatz zu individualpsychologischen Ansätzen wird an dieser Stelle deutlich, wie Differenz in psychologischen Konstrukten manifestiert wird. Eine reflexiv-situierte psychologische Stärkung personaler Ressourcen in der Praxis kann hingegen, wie folgend ausgeführt wird, positiv auf die Wiederherstellung von Gesundheit und Handlungsfähigkeit einwirken.

10.2.4. Für die Praxis individueller Förderung: Stärkung personaler Ressourcen

Diese Studie deutet im Rückgriff auf die dargestellten theoretischen Konzepte und Modelle darauf hin, dass der reflexive Umgang mit stereotyper Bedrohung (Athenstaedt und Alfermann 2011: 9 ff.), die individuelle Interpretation von Stressoren (Lazarus und Folkman 1987; Hobfoll 1988), Veränderungen der bereichsspezifischen Selbstwirksamkeitserwartung (Abele-Brehm 2013; Schwarzer und Jerusalem 2002; Bandura 1997) sowie die Aufmerksamkeitsverschiebung weg von fehlender Wertschätzung (Semmer et al. 2006; Leary 2003) Verlustspiralen, die zu gesundheitlichen Risiken führen (Jex und Britt 2014: 219), unterbrechen können. Die Untersuchung zeigte, dass ein hohes Kohärenzgefühl (Antônôvsqî 1997: 33 ff.) dazu beitrug, dass Gesundheit quer zu den Kontrastgruppen erhalten blieb oder wiederhergestellt werden konnte. An diesem Punkt ließ sich ein hohes Kohärenzgefühl im Sinne von „Verstehbarkeit" und „Handhabbarkeit" erkennen (ebd.: 34 f.). Beim Kohärenzgefühl geht es nicht um eine Erwünschtheit der Situation, sondern darum, ob auch gravierende Ereignisse als geordnet und erklärbar erscheinen. Das Kohärenzgefühl als „personale Ressource" (Strauss und Höfer 2010) stellt dann eine Quelle von Gesundheit dar, die einer Abwärtsspirale entgegenwirken kann. So lassen sich auch unter schlechten Bedingungen Spannungen im Inneren abbauen. Zwischen den beiden Extremtypen divergieren damit sowohl die Rahmenbedingungen der Hochschulmedizin als auch personale Ressourcen. Aus individueller Perspektive entstanden Möglichkeiten der Erhöhung der Selbstwirksamkeitserwartung oder des Kohärenzgefühls, die zu mehr Empowerment der einzelnen Frauen beitragen können (reflexives Empowerment). Eine individuelle Fokussierung gerät aber in Konflikt mit organisationskulturellen Veränderungen, wenn dieses Empowerment an eine Verschleierung kritischer Machttechniken in der Organisation gebunden ist und soziale Ungleichheiten als individuelles Scheitern in die Subjekte verlagert. Insofern reicht es nicht, Vorschläge für Mentoring oder Karriereberatung auf individueller Ebene aus dieser Untersuchung abzuleiten, da diese den gouvernementalen Druck weiter erhöhen können (Gröning 2016: 109) und – wie im Folgend zusammengefasst – soziale Problemlagen im Sinne von Illouz (2009) „emotionalisieren".

10.3. Ausstieg als individuelle Problemlage im emotionalen Kapitalismus

Im Mittelpunkt dieser Studie steht auch die Frage, wie es dazu kommt, dass sich ein Ausstieg aus der Wissenschaft als eine individuelle Problemlage ausgestaltet. In *Die männliche Herrschaft* legt Bourdieu (1997) dar, wie durch eine Verbindung von Feld und Habitus Geschlechterungleichheiten produziert werden. Vergeschlechtlichtes Feld und vergeschlechtlichender Habitus stehen hierbei in einem ‚Doppelverhältnis' (Krais und Gebauer 2015: 49 f.). Die Wechselwirkungen aus Feld und Habitus zeigen sich in der Empirie nicht als determinierend, sondern als intervenierende Bedingung, zu der sich vergeschlechtlicht Adressierte verhalten müssen. Reflexionen tragen in der Kontrastgruppe „Hürdenreich" zu Handlungsmöglichkeiten innerhalb dieser Anrufungsprozesse bei. An dieser Stelle werden Verschiebungen sichtbar, da sich konstitutive Diskurse und Konstruktionspraxen wechselseitig bedingen, aber nicht zwangsläufig ineinander aufgehen (Villa 2008: 267 ff.). Handlungsfähigkeit wird generiert, die aber „Kraft kostet" und personale Ressourcen entzieht. Aus individueller Perspektive können personale Ressourcen gegen negative Einflüsse der Organisationskultur protektiv wirken. Erinnert sei beispielsweise an andere Studien, die nachweisen, dass Frauen mit einer hohen Selbstwirksamkeitserwartung in männlich konnotierten Fächern besser zurechtkommen (Zeldin und Pajares 2000) oder an die Ausführungen zum Kohärenzgefühl als Widerstands- und personale Ressource (Höfer 2010; Antônôvsqî 1997). Was in der vorliegenden Studie aber deutlich wurde, ist, dass das vergeschlechtlichte Feld im Spiel um berufliche Erfolge Wissenschaftlerinnen der Kontrastgruppe „Hürdenreich" stärker Ressourcen entzieht im Umgang mit den kompetitiven Rahmenbedingungen der Hochschulmedizin. Hier sind die Frauen der Kontrastgruppe „Anerkannt" im Vorteil. Dies belegt auch, dass eine bestimmte und situierte hegemoniale Männlichkeit als Orientierungsmuster in der Organisationskultur nicht Frauen an sich, sondern Weiblichkeit als Konstrukt und Negativfolie adressiert. Es kann davon ausgegangen werden, dass auch kommunale Männer und mit Weiblichkeit assoziierte Männlichkeiten von diesen Ausschlüssen betroffen sind. *Gender* und *Sex* stellen kein „Schicksal" (Nentwich und Stangel-Meseke 2010: 331) dar, sondern zeigen sich als Konstruktionsleistung, die durch die gesellschaftliche Naturalisierung Frauen aber vorrangig betreffen.

In Anlehnung an McRobbie konnte dargelegt werden, dass sich Geschlechterungleichheiten innerhalb der beschriebenen Hürden als Anhäufung von Punkten (Allmendinger et al. 2000) in gestreuter Form (auch durch souveräne Macht) gouvernemental auf das Wohlergehen von Individuen ausrichten (McRobbie 2010: 96). Es überlagern sich souveräne und gouvernementale Machttechniken, indem Handlungsmöglichkeiten souverän beschränkt werden, die im individualisierten ‚harten' Wettbewerb ohne „Korrekturfaktor" durch individualisierte unternehmerische Positionskämpfe gelöst werden müssen. Die hier vorliegende Empirie kann für das Feld der Medizin genau aufzeigen, wie sich hegemoniale Männlichkeit situiert und in den Zentren der Macht ausgestaltet – so sind es gerade die wesentlichen Charakteristiken eines hochschulmedizinischen Werdegangs, die mit vergeschlechtlichten Mechanismen verwoben sind. Das Feld zeigt sich in seiner Verknüpfung von Logiken aus Wissenschaft und Medizin als hochgradig kompetitiv, hierarchisch und gesundheitlich riskant. In einem unternehmerischen Umfeld, in Kombination mit personalen Abhängigkeiten im akademischen Feudalismus, kann so der Entzug „zentraler Trümpfe" (Bourdieu und Wacquant 2006 [1996]: 128) als Inbegriff von Machtspielen im „emotionalen Kapitalismus" (Illouz 2009) betrachtet werden. Emotionen werden zu Gütern, die im Spiel optimiert werden können und müssen, um im Spiel zu bleiben. Die empirische Analyse machte deutlich, dass in den gesundheitlich riskanten Spielen um berufliche Erfolge bestimmten feldadäquaten Subjektpositionen Ressourcengewinne zuteilwerden. Hegemoniale Männlichkeit wirkt in diesem Zusammenhang als scheinbar natürliche und schützende individuelle Ressource gegenüber Weiblichkeit und vermutlich auch gegenüber marginalisierten oder alternativen Formen von Männlichkeit. In einem Spiel, in dem hohe Chancen bestehen, aufgrund normalisierter Belastung ausgeschlossen zu werden, ist erfolgreich, wer im Spiel bleibt und bessere Möglichkeiten hat, zu überleben (Bröckling 2017). Hegemoniale Männlichkeit wirkt so auf die emotionalen Güter eines großen Teils der habilitierenden *top girls* und produziert Ausschlüsse auf individualisierende Art und Weise. Dies ist von besonderer Bedeutung, da in dem sich entgrenzenden Arbeitsumfeld Emotionen zu einer Ressource um „mehr Produktivität und Leistung" geworden sind (Han 2016: 62).

Individualpsychologische Ansätze, die davon ausgehen, dass Frauen die Universität aufgrund eines geringeren Selbstwertes oder einer geringeren Selbstwirksamkeitserwartung verlassen, verunsichtbaren die Organisationskultur als Aktivierungsquelle personaler Ressourcenentzüge und verschleiern, wie Organisationskulturen ungleich auf eben diese, in der unternehmerischen Wissenschaft zentralen und wichtigen emotionalen Güter, einwirken. Die Konzentration auf das Selbst führt im Sinne symbolischer Gewalt so auch zur Aufrechterhaltung einer vergeschlechtlichten Organisationskultur. Insofern wirkt die Konzentration auf das Selbst sowie die Verschiebung von Coping-Strategien von problem- zu emotionsfokussierten Formen komplizenhaft mit, das System aufrechtzuerhalten. Es wird deutlich, dass organisationskulturell eine hohe Abhängigkeit und Machtlosigkeit im akademischen Feudalismus hergestellt wird. Zugleich werden die Organisationssubjekte im Wettbewerb der unternehmerischen Universitäten gouvernemental adressiert. Hier herrscht eine Gleichzeitigkeit von Machttechniken vor: Durch „Drohungen" und „Verbote" „ohne Korrekturfaktor" abgesichert wird, in Anlehnung an Rose (2000: 12), im Wettbewerb um Positionen zugleich durch die ‚freie' Entscheidung für oder wider eine Universitätskarriere hindurch regiert. Mit Bröckling sind auch in der gouvernementalen Hochschulmedizin freie Wahl, Selbstverwirklichung und Erfüllung durch Arbeit die positiven Aspekte, die dazu geführt haben, dass die unternehmerischen Regierungstechnologien hegemonial wurden (2007: 58). Gleichzeitig generiert diese Organisationskultur aber auch eine fortwährende Überforderung eines selbstattribuierenden und unabgeschlossenen Projekt-Selbsts, indem das Subjekt darauf angewiesen ist, seine physische und psychische Gesundheit unter gesundheitsriskanten Bedingungen zu erhalten. In einer Institution, die gesundheitsgefährdend wirkt, werden Ausschlüsse und Ressourcenentzüge zur Frage der Funktionsfähigkeit scheinbar autonomer Subjekte. Die Anpassung „emotionaler Güter" (Illouz 2006) erscheint als verbleibende gouvernementale Strategie, Souveränität im Spiel der individualisierten Selbste zu erhalten (Rose 2000: 17), die sich zugleich zirkulär gegen sich selbst wendet, wenn die Versuche, Souveränität wiederherzustellen, immer wieder scheitern und sich Gefühle der Machtlosigkeit ausbreiten. Durch die Verschiebung der Problematik in das Selbst bleiben nicht nur die organisationskulturellen Praktiken unversehrt. Sie erscheinen zudem als persönliches Defizit, das es auszugleichen gilt, und verstärken damit noch die Konzentration auf ein emotionsorientiertes Coping. Es kommt also zu einer deutlichen Fokusverschiebung von Defiziten innerhalb der Organisation hin zu individuellen Problematiken, um Handlungsmöglichkeiten zu generieren, die zugleich immer wieder zu scheitern drohen. Die Verinnerlichung von Macht ist hier ein praktischer Modus, eine Ethik in praktischer Weise (Rose 2000: 11), die nicht einfach passiert, sondern von den Selbsten aktiv vorangetrieben wird, um sich reflexiv im ‚harten' Wettbewerb kontextbezogen passend zu machen oder Adressierungen reflexiv zurückzuweisen: ‚Arbeite an dir selbst, um gesund zu bleiben', kann das Credo dieses Feldes sein, das gleichsam zu Erschöpfungszuständen führen kann.

Hier werden unterschiedliche multikausale, zirkuläre und kumulative Machttechniken angesprochen, die im emotionalen Kapitalismus – in Bezug auf die Ausführungen *Das erschöpfte Selbst* von Ehrenberg (2004) – zu ungleichen Chancen für ein ‚unerschöpftes Selbst' führen. Gerade das von den Frauen der Kontrastgruppe „Hürdenreich" bezeichnete „Ausgebrannt-Sein" wirkt an diesem Punkt auf einen an die Organisation rückgebundenen Entscheidungsprozess. Mit Bourdieu zeigte sich, dass durch Machttechniken, die sich auf das Wohlbefinden der Individuen richten, in einem komplexen Konditionierungsprozess die objektiven Chancen, die sich bieten, an das Handeln angepasst werden: „Die Dialektik von subjektiven Erwartungen und objektiven Chancen ist überall in der sozialen Welt wirksam, und meist sorgt sie tendenziell für eine Anpassung der Erwartungen an die Chancen" (Bourdieu und Wacquant 2006 [1996]: 164). Erschöpfung dient insofern einer Anpassung dieser Chancen, da in der Empirie krisenhafte Erfahrungen zu Um- und Neurorientierungen führten. Es kommt zu einem Cooling-out, das Kahlert als Selektionsmechanismus demokratischer Bildungsinstitutionen bezeichnete (Kahlert 2011: 114). Dieses ‚Auskühlen' findet durch Ressourcenverluste im Habilitationsspiel statt. Gerade hier wird verschleiert, dass Weiblichkeiten deutlich stärker von Abwärtsspiralen durch Ressourcenentzüge im Habilitationsspiel betroffen sein können – und dies nicht, weil Frauen prinzipiell aufgrund ihres Frau-Seins über weniger Ressourcen verfügten, sondern weil diese Ressourcen kontinuierlich und akkumulierend innerhalb der Organisation limitiert werden. Theoretisiert lässt sich sagen, dass diese Ressourcenentzüge einen wesentlichen Bestandteil symbolischer Gewalt beinhalten. Ganz nach Bourdieu führt diese symbolische Gewalt zur Aufrechterhaltung der Organisationsmechanismen, indem die karrieristischen Bedingungen als solche kollektiv anerkannt werden und zum Einverständnis der Organisationssubjekte in ihre Lage veranlasst. Im schlimmsten Fall kann symbolische Gewalt so auch zu einer Art systematischer Selbstabwertung führen (Bourdieu 2016 [2005]: 65), was sich auch in der vorliegenden Untersuchung bewahrheitete: Die Frauen der Kontrastgruppe „Hürdenreich" erkennen zwar die Bedingungen für hochschulmedizinische Karrieren an und spielen in diesen Spielen mit. Geschlechterungleichheiten werden aber gerade durch den Entzug von Ressourcen in den sozialen Praktiken so naturalisiert und inkorporiert, dass das durch „die symbolische Gewalt konstituierte gesellschaftliche Gefüge verkannt" bleibt (Lothar 2011: 17 f.). Das bedeutet, dass die Beherrschten durch eine Art „sozialer Magie" zu ihrer Beherrschung mitbeitragen oder auch: „Die Beherrschten wenden vom Standpunkt der Herrschenden aus konstruierte Kategorien auf die Herrschaftsverhältnisse an und lassen diese damit als natürlich erscheinen" (Bourdieu 2016 [2005]: 65). Ein vergeschlechtlichtes Feld und ein vergeschlechtlichender Habitus tragen hier nicht nur dazu bei, dass von den Frauen der Kontrastgruppe „Hürdenreich" personale Ressourcen entzogen werden. Diese können durch die Vorstellung der Problematik als individuelle Problemlage, die im und durch das Selbst gelöst werden sollte, sogar noch verstärkt werden. Der Sozialpsychologe Heiner Keupp betont deswegen nicht überraschend, dass im Kontext von gouvernementalen Regierungstechniken und unternehmerischen Adressierungen die Konzentration auf personale Ressourcen wie das Kohärenzgefühl diesen Entwicklungen zuspielen kann, da es ein Subjektverständnis individueller Handlungsfähigkeit zugrunde legt (Keupp 2012: 55) und als Selbstsorge ambivalent Gefahr läuft, soziale Ungleichheiten zu privatisieren (Rau et al. 2017). Nimmt man aber den salutogenetischen Begriff der Widerstandsressourcen ernst (Antônôvsqî 1997: 43 ff.), dann bezieht dieser nach Keupp (2012: 57) die organisationalen Bedingungen für die Entwicklung von Kohärenzgefühlen mit ein und geht mit einer kritisch-reflexiven Haltung zu den beschriebenen Adressierungen einer vergeschlechtlicht-unternehmerischen Organisationskultur einher. In der Konsequenz liegt der Stärkung personaler Ressourcen eine situierte Haltung der beschriebenen Mechanismen zugrunde. Der folgende Abschnitt möchte daher für eine Machtsensibilität in der individuellen Frauenförderung anregen.

10.3.1. Für die Praxis: Machtsensibilität in der Förderung

Vor diesem Hintergrund soll diese Studie auch einer reflexiven Praxis verpflichtet sein, die sowohl individuelles Empowerment als auch organisationale Veränderungen berücksichtigt. Die Konzentration auf individuelle Erklärungsansätze (vgl. Kapitel 1.3.1) sowie auf personale Ressourcen von Nachwuchswissenschaftlerinnen, die, wie gezeigt, situativ mit organisationskulturellen Praktiken verwoben sind, läuft sonst Gefahr, sozial isoliert einem neuen Leistungsimperativ nachzustreben, nach dem es gilt, seine emotionalen Güter zu akkumulieren und zu perfektionieren – und damit den kompetitiv-aktivierenden und gouvernementalen Druck der Hochschulmedizin noch zu erhöhen und weiter zu privatisieren. Zugleich kann eine kritisch-reflexive individuelle Stärkung personaler Ressourcen dazu beitragen, die vielfach beschriebenen zirkulären Wirkweisen organisationkultureller Abwärtsspiralen zu begrenzen. Die Ergebnisse dieser Studie weisen auf die Möglichkeiten hin, personale Ressourcen im Verlauf zu stärken, indem mit einer situierten Haltung diese spezifischen und äußerst machtvollen Wechselwirkungen in die Analyse integriert werden. Auf dieser Basis ist es möglich, die in der Abwärtsspirale der Habilitation entstehenden zirkulären Prozesse zu unterbrechen. Gerade Mentoring-Programme können hier ein hohes Potential entfalten, wenn sie nicht, wie Studien zu Mentoring-Programmen kritisieren, zu einem gouvernementalen Aktivierungsmodus werden (Singer 2017; Devos 2004; Vries 2011). Sie laufen sonst Gefahr, letztlich zu mehr Selbstausbeutung und Selbstoptimierung beizutragen und bei einem Scheitern wiederum die Problematiken im Selbst zu suchen – und damit vor allem die Organisationskultur zu stabilisieren. Wenn das System, wie in einigen Beobachtungen im Mentoring-Programm geschehen, nicht einbezogen wird, kann so suggeriert werden, dass die beschriebenen ‚Hürden' im Inneren gelöst werden (müssen) und nicht, dass kollektive Muster wirken. Diese Ergebnisse können insofern auch einer konkreten Reflexion über die eigenen ‚Hürden' im Verlauf dienen, um diese abzubauen und/oder sich entsprechende Unterstützung im Außen zu suchen. Mentoring-Programme können hier bei der aktiven Suche sehr hilfreich sein (vgl. u. a. Wroblewski 2015; Allmendinger et al. 2000; Kaiser-Belz 2008; Barzantny 2008). Im Zuge der Erfahrungen von Hilflosigkeit durch Grenzverletzungen zeigen sich solche Programme aber auch als relativ machtlos. So ist eine Mentee der Ansicht: „Für die nachhaltige Verbesserung der Gesamtsituation wäre neben der Kompetenzbildung der Mentees durch Workshops und Mentorentreffen auch ein Umdenken bei den Vorgesetzen zwingend erforderlich" (5122: 91-94). In dieser Praxis sollte deutlich werden, dass ‚die Frau' nicht defizitär ist, sondern dass Frauen, die sich in ihrem Werdegang überdurchschnittlich bewiesen haben, auf eine vergeschlechtlichte Organisationskultur treffen, die zu Veränderungen im Selbstkonzept führen kann. An diesem Punkt könnten gerade Mentoring-Programme, die sich an Frauen richten und selbst Teil der organisationalen Prozesse sind, Wechselwirkungen zwischen Organisation und Wissenschaftlerin abfedern und auf organisationale Prozesse reflexiv rückwirken. Petersen ist deshalb auch der Ansicht, dass Mentoring-Programme auf organisationale Prozesse einer lernenden Organisation einwirken können und sollten (Petersen 2017). Zugleich ergibt sich durch den Fachkräftemangel eine günstige Ausgangssituation, die auf Organisationen einen fraueneinschließenden Druck ausübt. Diese Situation kann es ermöglichen, sich bereits im Vorfeld über Kliniken zu informieren und forschungsstarke Standorte zu wählen, die gute Forschungsbedingungen bieten, über exzellente Förderstrukturen und eine gesunde Führungskultur verfügen sowie Transparenz in den Werdegängen bieten – und so auch zu Veränderungen in den Organisationen im Wettbewerb um die besten Köpfe mit beitragen. Darauf sollte im Mentoring unbedingt hingewiesen werden. Diese praxis-relevanten Anregungen stellen allerdings eine enorme Herausforderung für die dort wirkenden Fachkräfte dar, die solchen organisationskulturellen Mechanismen meist selbst ausgesetzt sind und diese so im Sinne symbolischer Gewalt auch „verkennen" können. Dem entgegenzuwirken, ist eines der wichtigsten Ziele der Arbeit auf Praxisebene bei der Beratung habilitierender Frauen in der Medizin. Auch auf methodischer Ebene lassen sich im Hinblick auf die Erforschung komplexer individueller und institutioneller Verknüpfungen interessante Ergebnisse feststellen, die im Folgenden kurz skizziert werden sollen.

10.4. Methode und Limitierung

Die Grounded-Theory-Methodologie bildet die Basis dieser Studie. Das hier praktizierte methodische Vorgehen der Triangulation erlaubt es, eine empirisch begründete Theorie komplexer Wechselwirkungen zu entwickeln, dass sowohl die Ebene der Organisation als auch die Ebene des Individuums einbezieht und machtkritisch miteinander in Beziehung setzt. Mit Blick auf die Fragestellung dieser Studie wird es damit möglich, den Ausstieg von Frauen aus der Hochschulmedizin als ineinandergreifende Wechselwirkungen zu beforschen und entsprechend darzustellen. Dies ermöglichte dieser empirische und ganz im Sinne der *Grounded Theory* theoretisierende Zugang in außerordentlichem Maße. Zugleich ist diese Methode aber auch limitiert. Für die Einordnung der Ergebnisse sollen die in Kapitel 2.8. bereits angeführten Limitationen an dieser Stelle resümiert werden. Zum einen hängt dies mit den subjektiven Perspektiven der Frauen zusammen, deren Wahrnehmung auch durch die eigene Lebensgeschichte beeinflusst ist und deren Wirkung in den hier vorliegenden Auswertungen aller qualitativ erhobenen Daten nicht in ihrer Ganzheit erfassbar waren. Der Fokus dieser Studie zielt somit ‚nur' auf die Perspektive von Frauen im Hinblick auf eine als ausschließend betrachtete Hochschulmedizin. Trotzdem macht diese Studie durch eine enge Begleitung ‚dicht' die Perspektiven von Frauen auf das Feld fruchtbar und gibt Hinweise für Veränderungen aus diesem Blickwinkel. Und damit ist der Auswertungs- und Erhebungsprozess nicht von den beteiligten Subjekten zu lösen und fasst, in theoretischer Rückbindung, situiert eine intersubjektive Konstruktion von Wirklichkeit zusammen. Diese Studie hängt damit maßgeblich von den Interaktionen zwischen den Habilitandinnen und mir, in den Rollen als Organisationsmitglied und Forscherin ab, die wiederum eine ‚dichte' Begleitung – ganz in der ethnologischen Tradition (Geertz 1987) erst möglich machte.

Auch psychologisch könnten Einwände vorgebracht werden: So wurden zwar die individuellen Lebensgeschichten der Frauen in die Analyse miteinbezogen, wie sich diese aber individualpsychologisch auf Wahrnehmungs- und Bewertungsschemata in der Beratungs- und Interviewsituation auswirken, wäre als eine weitere Forschungsperspektive dienlich. Die Studie umfasst zwar mehrere psychologische Konstrukte und theoretische Annahmen aus Soziologie und Psychologie und lehnt sich methodisch an einem ethnologischen Vorgehen an. Dankenswerterweise können die psychologischen Fragestellungen bereits auf bestehende Messungen zentraler Konstrukte zurückgreifen. So wurden bereits die Veränderung der Selbstwirksamkeitserwartung und stressbedingte Überlastungen von Medizinerinnen untersucht (Klein et al. 2010; Abele-Brehm 2013). Begrenzt wurde die Studie allerdings durch den Kontext des Mentoring-Programms. So konnten nur Personen befragt werden, die Teil der Programme waren (vgl. Tabelle 3, Kapitel 2.6.2.). Wie das Sampling zeigt, handelt es sich – dem Fach der Medizin entsprechend – um eine Gruppe mit geringer Diversität bezüglich Staatsbürgerschaft sowie einer relativ hohen Quote akademisch familialer Hintergründe. Zudem ist der Anteil an Frauen mit Kindern in der Altersspanne zwischen dreißig und vierzig relativ gering, was sich auch in dem Fokus dieser Studie ausdrückt – und die sich verzögernde Elternschaft unter Medizinerinnen abbildet (Abele 2002). So wird das Thema Vereinbarkeit von Familie und Beruf zwar als Querschnittsthema für Mütter sowie als Ausstiegsgrund bei geplanter Elternschaft behandelt, kann aber nicht das zentrale Thema dieser Studie sein und müsste gesondert untersucht werden. Darüber hinaus ist aufgrund der geringen Frauenquote unter dem Führungspersonal keine weitreichende Heterogenität im Hinblick auf Unterschiede im Förderverhalten zwischen weiblichen Vorgesetzten zu verzeichnen.

Auch kann nicht klar differenziert werden, wie der Rahmen Mentoring-Programm auf dieses Sample eingewirkt hat. Hier geht es aber nicht darum, die Wirksamkeit von Programmen zu diskutieren, sondern zentrale Aspekte dieses Kontextes im Hinblick auf die späteren Ergebnisse zu thematisieren, z. B. die Gefahr der Individualisierung struktureller Probleme. So wurde ausgeführt, dass bestimmte Themenkomplexe, wie Führung in der Medizin oder die Planung des Werdegangs, durch entsprechende Workshops mitangeregt werden können (vgl. Kapitel 2.4.). Reflektiert sein soll, dass sich die Programme als Maßnahmen der Frauenförderung verstehen. Das bedeutet für die Datenerhebung, dass aufgrund der Sensibilisierung innerhalb dieser Programme Ungleichheiten noch weniger latent bleiben, als dies in anderen Kontext vielleicht der Fall wäre. Da ein wichtiger Aspekt dieser Studie auf der tendenziellen Individualisierung von Geschlechterungleichheiten lag, ist zudem anzumerken, dass Mentoring-Programme hier eine zu reflektierende Stellung einnehmen können. So handelt es sich bei diesen Programmen um Maßnahmen, die zum Empowerment der Teilnehmenden beitragen (Magg-Schwarzbäcker 2014: 54), zugleich aber eine Tendenz aufweisen können, die Problematik der Ungleichheit in die Subjekte selbst zu verlagern (Bröckling 2003). So wirken diese Programme einerseits bestärkend, andererseits werden Wissenschaftlerinnen aber in ihrem ‚Frau-Sein' vergeschlechtlicht und aktivierend adressiert (vgl. u. a. Vries 2011). Kritisiert wird, dass diese Programme auch eine gouvernementale Tendenz aufweisen und Selbsttechniken aktivieren, die die organisationalen Problematiken ausblenden und Frauen selbstregulierend in die wettbewerbsorientierte Organisation einpassen (Devos 2004). Auch hier kann nicht klar zwischen organisational-subjektivierenden Tendenzen und einer eventuell additiv verstärkten Erzeugung eines selbstattribuierenden Anpassungsdrucks differenziert werden. Zusammenfassend zielt die Datenerhebung und -auswertung trotzdem auf eine breit angelegte Studie, die prozesshaft komplexe Wechselwirkungen und Mechanismen von Situationen und Personen erforschbar macht und zudem wichtige Hinweise gibt, die weiterführende Studien motivieren können. Sie macht Subjektivitäten produktiv und entwickelt so ein, auf den Perspektiven der Frauen basierende Theorie mit Anschlussfähigkeiten für weitere Personengruppen und theoretische Abstrahierungen, die der folgende Forschungsbedarf skizziert.

10.5. Forschungsbedarf

Bei der vorliegenden Studie handelt es sich um eine breite und offene Analyse von Habilitationsverläufen, die auf weitere Forschungsmöglichkeiten verweist. Vertieft untersucht wurde beispielsweise nicht, wie die eigene Lebensgeschichte die Wahrnehmung auf das Feld beeinflusst. Zwar wurde die biographische Selbsterzählung in die Studie miteinbezogen und in den Einzelverläufen mitausgewertet, eine tiefergehende Auswertung könnte die gegenstandsbegründete Theorie jedoch noch erweitern. Bislang nicht betrachtet wurde die Feststellung, inwiefern Aktivierungen interdependenter Selbstinhalte mit dazu beitragen, dass ein ungesundes Gleichgewicht im Efford-Reward-Imbalance-Modell nach Siegrist beibehalten wird. Eine solche Untersuchung könnte die vorliegende um hoch relevante und bisher ausgeklammerte Geschlechteraspekte ergänzen und präzisieren. Hier wäre eine repräsentative Überprüfung dieser Annahmen wünschenswert.

Das Fundament der Arbeit bildete die Annahme, dass sich der Ausschluss von Weiblichkeit nicht nur auf Frauen, sondern auf Konstruktionsleistungen an sich bezieht, die auch Männer betreffen können. Sinnvoll wäre deshalb eine quantitative wie qualitative Kontrastierung der Habilitandinnen-Erfahrung mit derjenigen von männlichen Kollegen, die nicht den Erwartungen hegemonialer Männlichkeit entsprechen. Die Erfahrungen von männlichen Kollegen, die in einigen Teilen der Mentoring-Programme teilnahmen, wurden aufgrund forschungsethischer Überlegungen nicht strukturiert ausgewertet, fließen aber als implizites Wissen ein. Aufgrund dieser Vorauswertungen wäre es erkenntnisfördernd, ihre Erfahrungen strukturiert zu kontrastieren, um die komplexen Prozesse, die hier wirksam sind, genauer zu betrachten und zwar nicht nur unter der dichotomen Perspektive des biologischen Geschlechts (vgl. Butler 2012 [1991]). So könnten sich weitere Forschungsvorhaben einem Vergleich der Konstruktion von Weiblichkeit (oder Weiblichkeiten als *Doing Gender*) als Negativfolie in der Organisation und ihren Auswirkungen auf alternative oder marginalisierten Männlichkeitsformen widmen. Die Erforschung aktiver Vaterschaft beispielsweise könnte einen ertragreichen Ansatzpunkt darstellen. Hierbei sollte in der Analyse psychologischer Konstrukte auch zwischen divergierenden Männlichkeitsformen unterschieden werden – begleitet von der Frage, wie diese empirisch überhaupt differenziert erhoben werden können. Dabei könnten folgende Fragen interessant sein: Wie erleben sich ‚andere' Männer in diesem hegemonialen Feld? Wie verändert sich die Selbstwirksamkeitserwartung von Männern, die eine alternative Männlichkeit anstreben? Zeigen sich Unterschiede oder Parallelen zu den idealtypisierten Kontrastgruppen und worin liegen diese begründet? Auch die Sichtweise von Vorgesetzten auf das Geschehen wäre eine bereichernde Erhebungsebene. Methodisch könnte die Frage gestellt werden, wie eine adäquate ‚dichte' Datenerhebung (Geertz 1987) jenseits ‚rhetorischer Modernisierung' (Wetterer 2005) realisierbar wäre. Diese Perspektive könnte weitere Aspekte der Organisationskultur integrieren und zeigen, wie Wettbewerb auf den einzelnen Ebenen strukturiert ist, welche Handlungsoptionen auf der Vorgesetzten-Ebene denkbar oder beschränkt sind und inwieweit ein gendersensibles Handeln möglich ist oder auch Positionen im Wettbewerb gefährdet. Interessant wäre auch, die Erfahrung und soziale Praxis weiblicher Vorgesetzter in all ihrer Heterogenität mitzuberücksichtigen.

Darüber hinaus deuteten sich bereits in der Stichprobe intersektionale Fragestellungen an, also der Überschneidung von verschiedenen Diskriminierungsformen zwischen Gender, akademischem Hintergrund und Migrationsgeschichte. Hier ließe sich fragen, welche höheren psychischen Kosten durch dieses Zusammenwirken von Geschlecht und weiteren sozialen Ausschlusskategorien im Hinblick auf die Veränderungen in Selbstkonzepten zu verzeichnen sind. Untersucht werden könnte auch, inwiefern sich die theoretischen Implikationen dieser Studie auf den Fokus „akademische Herkunft" übertragen lassen. Im Vordergrund stünden dann weniger Geschlechterstereotype als der in der Empirie angesprochene (nicht-) akademische Habitus in Differenz zum akademischen Feld. Zu fragen wäre, inwiefern auch in diesem Bereich personale Ressourcen im emotionalen Kapitalismus der Wissenschaft entzogen werden und es so ebenfalls zu verschleierten Ausschlüssen kommt. Die Messung einer entsprechenden Veränderung von Selbstwirksamkeitserwartung und Überlastung in der Habilitationsphase könnte hier fruchtbare Ergebnisse bereitstellen und dazu beitragen, die Theoretisierung des Entzugs personaler Ressourcen im emotionalen Kapitalismus intersektional zu erweitern.

Die Forschungsdesiderata offenbaren damit, trotz der in Kapitel 1.3. angesprochenen ausführlichen Forschungslandschaft, einen hohen Bedarf, der sich nicht allein nur auf Frauen bezieht. Zugleich wird aber deutlich, dass die bereits seit Jahrzehnten vorhandenen Ergebnisse aus psychologischer und soziologischer Feder dringend nach einer adäquaten und machtsensiblen Umsetzung drängen. Ganz im Sinne eines „Es ist Zeit!" möchte der letzte Abschnitt dieser Arbeit ein Ausblick und ein Plädoyer für mehr Chancengleichheit in der Forschung sein.

10.6. Es ist Zeit! Ein Ausblick

Festzuhalten ist: Geschlechterungleichheiten und die berühmte gläserne Decke haben sich in der Wissenschaft und vor allem in der Medizin merklich in Richtung „Habilitation" verschoben und führen nach wie vor und in immer gravierenderem Maße dazu, dass Frauen zu fast 90 % nicht in Positionen mit wichtigen Entscheidungsbefugnissen zu finden sind. So stellt sich gerade das medizinische System als relativ starr gegenüber Veränderungen dar – und dies obgleich sich aufgrund der guten Abiturnoten junger Frauen das Fach quantitativ feminisierte. Für Wissenschaftlerinnen bietet dies insofern eine günstige Ausgangslage, da aufgrund dieser quantitativen Verschiebungen und im Hinblick auf einen bereits erkennbaren Fachkräftemangel sich die Führungspositionen nicht mehr gänzlich vor den gut ausgebildeten Frauen verschließen können. Nicht zuletzt deswegen handelt es sich um zähe Veränderungen, die sich nicht auf ein mangelndes Wissen bezüglich Geschlechterungleichheiten zurückführen lassen – denn das Feld ist gut beforscht. Auch fehlt es nicht an qualifizierten Wissenschaftlerinnen. In der Statuspassage „Habilitation" kumulieren vielmehr Verschiebungen und immer stärker verschleiernde Kämpfe um Machtpositionen, in denen es auch darum geht, wer in die „elitäre Mitte" (Lewis und Simpson 2012: 146 f.) aufgenommen wird und damit über Forschungsvorhaben und die künftige Ausrichtung der Medizin mitentscheiden kann. Machtspiele werden hier paradoxerweise im Dunkel neuer Diversity- und Frauenförder-Leitbilder geführt. Durch die beschriebenen Verdrängungsmechanismen kann deklariert werden, dass diejenigen, die gehen, scheinbar selbst gehen – aber die vorliegende Studie zeigt, dass sie oft schlicht nicht mehr wollen (oder können). Dies erklärt auch, warum sich gegen diesen hochgradigen Ausschluss kaum Widerstand bei den Gehenden regt. Die Hochschulmedizin kann dabei sowohl historisch als auch aktuell als exemplarisches Feld für diese Kämpfe um Machtpositionen und die Ausgestaltung von Machtmechanismen gelten. In diesen Kämpfen um Machtpositionen wirken neben Diskriminierungen hegemoniale und komplizenhafte Männlichkeiten deutlich und doch verschleiert auch auf den Entzug personaler Ressourcen. Ein Ausschluss wird zu einem individuellen Scheitern an den kompetitiven Karrierebedingungen gemacht. Fast schon perplex stellen nun bisher lang erfolgreiche und geförderte Frauen fest, dass sogar oder auch sie tatsächlich von Geschlechterungleichheiten betroffen sind – und dies am Ende einer langen Periode, in der sie diese Kräfte nicht wahrnehmen mussten, wollten oder konnten, da diese immer unsichtbarer verschleiert und dann mit aller Macht wirksam wurden. Da diese Ungleichheiten unternehmerisch auf emotionale Güter abzielen, kommt es gerade in entgrenzten Arbeitsbedingungen dann zu Verunsicherungen im Selbst der Frauen, die es bis hierhin geschafft haben. Kein Wunder also, dass Angebote von beruflichem Coaching und Beratung gerade in der Wissenschaft, aber auch darüber hinaus, explodieren. Diese Arbeit möchte deshalb auch für eine machtkritische Beratungspraxis sensibilisieren und diese auch auf andere Bereiche übertragen. Denn insgesamt kann eine gegenwärtige Tendenz abgelesen werden, dass gerade Frauen durch Ratgeberliteratur und Beratung als Optimiererinnen ihrer Selbst adressiert werden (Bröckling 2002, vgl. ausführlich Kapitel 3.3.2 „Selbstwert als soziale Problemlösung"). Gerade hier läuft Coaching Gefahr, nicht ‚einfach nur' personale Ressourcen zu stärken, sondern als „Sozialtechnologie" gouvernementalen Machttechniken zuzuspielen (Traue 2010: 30 ff.). Es ist damit an der Zeit, Veränderungen nicht in die Selbstoptimierung Einzelner zu verlagern, sondern einen organisationskulturellen Wandel anzustreben, der nicht nur für Frauen hilfreich ist, sondern für alle, die sich diesen ‚Machtspielen' (Bourdieu) nicht unterwerfen wollen. Und dies ganz besonders im Hinblick auf die in dieser Studie herausgearbeiteten Kategorien „Hierarchie", „Leistung" und „Zeitnot". Gerade in der Medizin stehen die gesundheitlichen aber normalisierten Risiken des Berufs im Vordergrund einer professionellen Ambivalenz, andere zu heilen und selbst dabei zu erkranken. Diese Aspekte betreffend gibt es in der Universitätsmedizin, obgleich seit Jahren bekannt, große blinde Flecken.

Eines ist somit klar: Trotz der Propagierung von Chancengleichheit und entsprechenden Leitbildern sind gesellschaftliche Machtpositionen besonders diversitätsfeindlich. Hier werden nicht nur Weiblichkeit, sondern auch bestimmte Männlichkeiten ausgeschlossen. Im Gegensatz zu kosmopolitisch-internationalen Karrieren sind beispielsweise Frauen, Forschende aus Nicht-Akademiker-Familien oder migrantische Bildungsverläufe deutlich im Nachteil. Dabei werden nicht nur soziale Gruppen benachteiligt – die Organisation schadet sich damit letztlich auch selbst. Im Zuge des Fachkräftemangels ist die gesellschaftlich wichtige medizinische Forschung gefährdet, zudem sind geschlossene Systeme und Homosozialität weniger funktionsfähig und fehleranfällig. Das kann gerade in der Medizin Folgen für die Gesundheit mit sich bringen. Die Ausführungen zeigen, dass die Zeit für ein organisationskulturelles Umdenken längst angebrochen ist. Positive Effekte deuten hier bereits in eine richtige Richtung. Zugleich kann aber auch mit Erin Batram´s *The Sublimated Grief of the Left Behind* danach gefragt werden, wie lange es sich ein System leisten kann, dass jährlich Tausende hochqualifizierte Wissenschaftlerinnen und Wissenschaftler, die den Großteil ihrer Lebenszeit der Forschung widmeten, das System verlassen und nicht wiederkehren (können). Oder in den Worten Bartrams: „What would happen if we acknowledge the losses our discipline suffers every year? What would happen if we actually grieved for those losses?"[54]

---

[54] Erin Bartram schrieb den Brief *The Sublimated Grief of the Left Behind* an ihr Universitätskollegium, der laut *Chronical of higher education* (15.2.2018) innerhalb von drei Tagen 80.000 Menschen erreichte: „After all, I knew the odds of getting a tenure-track job were low, and I knew that they were lower still because I didn't go to an elite program. And after all, wasn't this ultimately my failure? If I'd been smarter, or published more, or worked harder, or had a better elevator pitch – if my brain had just been better, maybe this wouldn't have happened. But it had happened, and if I were ultimately to blame for it, what right did I have to grieve? […] The genre is almost universally written by those leaving, not those left behind, a reflection of the way we insulate ourselves from grappling with what it means for dozens, hundreds, thousands of our colleagues to leave the field […]. I suppose I just wonder what would happen if we, as a community, stopped saying ‚he's gone to a better place,' bringing a casserole, and moving on. What would happen if we acknowledged the losses our discipline suffers every year? What would happen if we actually grieved for those losses?" (Erin Bartram, 11.2.2018 auf http://erinbartram.com/uncategorized/the-sublimated-grief-of-the-left-behind/, zuletzt abgerufen am 16.2.2018).

Literaturverzeichnis

Abele, Andrea (1997): Der Karriere-Hürdenlauf von Frauen. Chancen und Stolpersteine. In: *Report Psychologie* 22 (4), S. 302–308.

Abele, Andrea (2002): Geschlechterdifferenz in der beruflichen Karriereentwicklung: Warum sind Frauen weniger erfolgreich als Männer? In: Barbara Keller und Anina Mischau (Hg.): Frauen machen Karriere in Wissenschaft, Wirtschaft und Politik. Chancen nutzen – Barrieren überwinden. 1. Aufl. Baden-Baden: Nomos (Schriften des Heidelberger Instituts für Interdisziplinäre Frauenforschung (HIFI) e.V, 4).

Abele, Andrea (2003): Beruf – kein Problem, Karriere – schon schwieriger: Berufslaufbahnen von Akademikerinnen und Akademikern im Vergleich. In: Andrea Abele, Ernst-Hartmut Hoff und Hans-Uwe Hohner (Hg.): Frauen und Männer in akademischen Professionen. Berufsverläufe und Berufserfolg. Heidelberg: Asanger, S. 147–172.

Abele, Andrea E. (2005): Ziele, Selbstkonzept und Work-Life-Balance bei der längerfristigen Lebensgestaltung. In: *Zeitschrift für Arbeits- und Organisationspsychologie A&O* 49 (4), S. 176–186.

Abele, Andrea E.; Stief, Mahena; Andr, Miriam S. (2000): Zur ökonomischen Erfassung beruflicher Selbstwirksamkeitserwartungen. Neukonstruktion einer BSW-Skala. In: *Zeitschrift für Arbeits- und Organisationspsychologie A&O* 44 (3), S. 145–151.

Abele, Andrea E.; Wojciszke, Bogdan (2007): Agency and Communion from the Perspective of Self versus Others. In: *Journal of Personality and Social Psychology* 93 (5), S. 751–763.

Abele-Brehm, Andrea E. (2013): Berufserfolg von Frauen und Männern im Vergleich. Warum entwickelt sich die „Schere" immer noch auseinander? In: *Gender* 5 (3), S. 41–59.

Achatz, Juliane; Stefan, Fuchs; Stebut, Nina von; Wimbauer, Christine (2002): Geschlechterungleichheiten in Organisationen. Zur Beschäftigungslage hochqualifizierter Frauen. In: *Kölner Zeitschrift für Soziologie und Sozialpsychologie* Sonderheft (42), S. 284–318.

Acker, Joan (1990): Hierarchies, Jobs, Bodies: A Theory of Gendered Organization. In: *Gender & Society* 4 (2), S. 139–158.

Acker, Joan (2012): Theorizing Gender, Race and Class in Organizations. In: Emma Jeanes, David Knights und Patricia Yancey Martin (Hg.): Handbook of Gender, Work and Organization. Hoboken: John Wiley & Sons, S. 65–80.

Acker, Joan (2013): Hierarchies, Jobs, Bodies: A Theory of Gendered Organization. In: Ursula Müller, Birgit Riegraf und Sylvia Marlene Wilz (Hg.): Geschlecht und Organisation. Wiesbaden: VS Verlag für Sozialwissenschaften, S. 86–103.

AG Feministisches Sprachhandeln (2014): Was tun? Sprachhandeln – Aber wie? W_ortungen statt Tatenlosigkeit! Broschüre zu antidiskriminierenden Sprachhandlungen. Humboldt-Universität Berlin, Berlin.

Alaimo, Stacy; Hekman, Susan J. (Hg.) (2008): Material Feminisms. Bloomington: Indiana University Press.

Alfermann, Dorothee: Transfergendermed. Transfermaßnahmen zur gendergerechten Karriereförderung von Frauen in der Medizin. Hg. v. Universität Leipzig. Zentrum für Frauen- und Geschlechterforschung. Online verfügbar unter http://transfergendermed.de, zuletzt geprüft am 22.12.2017.

Alkemeyer, Thomas (2014): Subjektivierung in sozialen Praktiken. Umrisse einer praxeologischen Analytik. In: Thomas Alkemeyer, Gunilla Budde und Dagmar Feist (Hg.): Selbst-Bildungen. Soziale und kulturelle Praktiken der Subjektivierung. 1. Aufl. Bielefeld: transcript, S. 33–68.

Allmendinger, Jutta (2003): Strukturmerkmale universitärer Personalselektion und deren Folgen für die Beschäftigung von Frauen. In: Theresa Wobbe (Hg.): Zwischen Vorderbühne und Hinterbühne. Beiträge zum Wandel der Geschlechterbeziehungen in der Wissenschaft vom 17. Jahrhundert bis zur Gegenwart. Bielefeld: transcript (Sozialtheorie, Bd. 12), S. 259–277.

Allmendinger, Jutta; Fuchs, Stefan; Stebut, Janina von (2000): Should I Stay or Should I Go? Mentoring, Verankerung und Verbleib in der Wissenschaft. Empirische Ergebnisse einer Studie zu Karriereverläufen von Frauen und Männern in Institutionen der Max-Planck-Gesellschaft. In: Julie Page und Regula Julia Leemann (Hg.): Karriere von Akademikerinnen. Bedeutung des Mentoring als Instrument der Nachwuchsförderung. Bern (Schriftenreihe BBW 2000/1d), S. 33–48.

Alper, Joe (1993): The Pipeline is Leaking Women all the Way Along. In: *Science* 260 (5106), S. 409–411.

Althusser, Louis (1977): Ideologie und ideologische Staatsapparate. Aufsätze zur marxistischen Theorie. Hamburg: VSA.

Altreiter, Carina (2011): Implizite und explizite Botschaften in Karriereratgebern für Frauen. In: *Österreichische Zeitschrift für Soziologie* 36 (3), S. 59–68.

Amstutz; Nathalie (2010): Diversity Management: theorie- und politikfern? Für Mehrstimmigkeit in der Konzeptualisierung von Diversity Management. In: *Gender* 2010 (2), S. 9–24.

Andresen, Sabine (2008): Kinder und soziale Ungleichheit: Ergebnisse der Kindheitsforschung zu dem Zusammenhang von Klasse und Geschlecht. In: Barbara Rendtorff und Annedore Prengel (Hg.): Kinder und ihr Geschlecht. Opladen: Budrich, S. 35–48.

Angelis, C. D. de (2000): Women in Academic Medicine. New Insights, Same Sad News. In: *The New England Journal of Medicine* 342 (6), S. 426–427.

Annesley, C. (2007): Women's Political Agency and Welfare Reform. Engendering the Adult Worker Model. In: *Parliamentary Affairs* 60 (3), S. 452–466.

Antônôvsqî, Aaron (1997): Salutogenese. Zur Entmystifizierung der Gesundheit. Hg. v. Alexa Franke. Tübingen: dgvt-Verlag (Forum für Verhaltenstherapie und psychosoziale Praxis, Bd. 36).

Apelt, Maja; Scholz, Sylka (2014): Männer, Männlichkeit und Organisation. In: Maria Funder (Hg.): The Gender Cage – Revisited. Handbuch zur Organisations- und Geschlechterforschung. Baden-Baden: Nomos.

Arkin, Robert M. (1984): Self-Representation Styles. In: James T. Tedeschi (Hg.): Impression Management Theory and Social Psychological Research. New York: Acad. Press, S. 311–333.

Arnetz, B. B. (2001): Psychosocial Challenges Facing Physicians of Today. In: *Social Science & Medicine (1982)* 52 (2), S. 203–213.

Arnetz, B. B.; Hörte, L. G.; Hedberg, A.; Theorell, T.; Allander, E.; Malker, H. (1987): Suicide Patterns Among Physicians Related to Other Academics as Well as to the General Population. In: *Acta Psychiatr Scand* 75 (2), S. 139–143.

Aronson, Joshua; Quinn, Diane M.; Spencer, Steven J. (1998): Stereotype Threat and the Academic Underperformance of Minorities and Women. In: Aronson, J., Quinn, D. M., & Spencer, S. J. (Hg.): Prejudice. The Target's Perspective. Amsterdam: Elsevier, S. 83–103.

Artino, Anthony R. (2012): Academic Self-Efficacy. From Educational Theory to Instructional Practice. In: *Perspectives on Medical Education* 1 (2), S. 76–85.

Ashcraft, K. L. (2012): The Glass Slipper. ‚Incorporating' Occupational Identity in Management Studies. In: *Academy of Management Review* 38 (1), S. 6–31.

Athenstaedt, Ursula; Alfermann, Dorothee (2011): Geschlechterrollen und ihre Folgen. Stuttgart: Kohlhammer.

Atteslander, Peter (2010): Methoden der empirischen Sozialforschung. 13., neu bearbeitete und erweiterte Aufl. Berlin: Erich Schmidt (ESV basics).

Aulenbacher, Brigitte; Binner, Kristina; Kubicek, Bettina (2013): Sicherheit durch Leistung … und die Frage der Geschlechtergerechtigkeit. In: Kristina Binner, Bettina Kubicek und Anja Rozwandowicz (Hg.): Die unternehmerische Hochschule aus der Perspektive der Geschlechterforschung zwischen Aufbruch und Beharrung. 1. Aufl. Münster: Westfälisches Dampfboot, S. 171–193.

Aulenbacher, Brigitte; Binner, Kristina; Riegraf, Birgit; Weber, Lena (2012): Wissenschaft in der Entrepreneurial University – feminisiert und abgewertet? In: *WSI Mittelungen* (6), S. 405–411.

Aulenbacher, Brigitte; Wetterer, Angelika (Hg.) (2009): Arbeit. Perspektiven und Diagnosen der Geschlechterforschung. 1. Aufl. Münster: Westfälisches Dampfboot (Forum Frauen- und Geschlechterforschung, Bd. 25).

Awa, Wendy L.; Plaumann, Martina; Walter, Ulla (2010): Burnout Prevention. A Review of Intervention Programs. In: *Patient Education and Counseling* 78 (2), S. 184–190.

Bachmann, Götz (2009): Teilnehmende Beobachtung. In: Stefan Kühl (Hg.): Handbuch Methoden der Organisationsforschung. Quantitative und qualitative Methoden. 1. Aufl. Wiesbaden: VS Verlag für Sozialwissenschaften, S. 248–271.

Badillo Vega, Rosalba (2018): Präsidiale Führungsstile in Hochschulen. Wiesbaden: Springer Fachmedien.

Bakker, Arnold B.; Killmer, Christel H.; Siegrist, Johannes; Schaufeli, Wilmar B. (2000): Effort-Reward Imbalance and Burnout among Nurses. In: *J Adv Nurs* 31 (4), S. 884–891.

Bandura, Albert (1977): Self-Efficacy. Toward a Unifying Theory of Behavioral Chance. In: *Psychological Review* 84 (2), S. 191–215.

Bandura, Albert (1997): Self-Efficacy. The Exercise of Control. 13. Aufl. New York/NY: Freeman.

Barad, Karen (2012): Agentieller Realismus. Über die Bedeutung materiell-diskursiver Praktiken. 1. Aufl. Berlin: Suhrkamp.

Bartling, Sönke; Friesike, Sascha (Hg.) (2014): Opening Science. Cham: Springer International Publishing. Online verfügbar unter https://link.springer.com/content/pdf/10.1007%2F978-3-319-00026-8_3.pdf, zuletzt geprüft am 22.12.2017.

Barzantny, Anke (2008): Mentoring-Programme für Frauen. Maßnahmen zu Strukturveränderungen in der Wissenschaft? Eine figurationssoziologische Untersuchung zur akademischen Medizin. 1. Aufl. Wiesbaden: VS Verlag für Sozialwissenschaften.

Bauer, J.; Groneberg, D. A. (2014): Disstress und Berufszufriedenheit unter Klinikarzten der Inneren Medizin. In: *Der Internist* 55 (10), S. 1242–1250.

Baumeister, Roy; Campbell, Jennifer; Krueger Joachim; Vohs, Kathleen (2004): Exploring the self-esteem myth. Scientific American. Online verfügbar unter https://www.uvm.edu/~wgibson/PDF/Self-Esteem%20Myth.pdf, zuletzt geprüft am 29.06.2017.

Bauschke-Urban, Carola; Kamphans, Marion; Sagebiel, Felizitas (Hg.) (2010): Subversion und Intervention. Wissenschaft und Geschlechter(un)ordnung. Opladen: Budrich.

Beaufays, Sandra (2012): Führungspositionen in der Wissenschaft. Zur Ausbildung männlicher Sozialitätsregime am Beispiel von Exzellenzeinrichtungen. In: Sandra Beaufaÿs, Anita Engels und Heike Kahlert (Hg.): Einfach Spitze? Neue Geschlechterperspektiven auf Karrieren in der Wissenschaft. 1. Aufl. Frankfurt am Main: Campus, S. 87–117.

Beaufaÿs, Sandra (2003): Wie werden Wissenschaftler gemacht? Beobachtungen zur wechselseitigen Konstitution von Geschlecht und Wissenschaft. Bielefeld: transcript (Sozialtheorie).

Beaufaÿs, Sandra (2015): Die Freiheit arbeiten zu dürfen. Akademische Laufbahn und legitime Lebenspraxis. In: *Beiträge zur Hochschulforschung* 37 (3), S. 40–59.

Beaufaÿs, Sandra; Engels, Anita; Kahlert, Heike (Hg.) (2012): Einfach Spitze? Neue Geschlechterperspektiven auf Karrieren in der Wissenschaft. 1. Aufl. Frankfurt am Main: Campus.

Beaufaÿs, Sandra; Krais, Beate (2007): Wissenschaftliche Leistung, Universalismus und Objektivität. Professionelles Selbstverständnis und die Kategorie Geschlecht im sozialen Feld Wissenschaft. In: Regine Gildemeister und Angelika Wetterer (Hg.): Erosion oder Reproduktion geschlechtlicher Differenzierungen? Widersprüchliche Entwicklungen in professionalisierten Berufsfeldern und Organisationen. 1. Aufl. Münster: Westfälisches Dampfboot, S. 76–98.

Beauvoir, Simone de (2017 [1951]): Das andere Geschlecht. Sitte und Sexus der Frau. 16. Aufl. Hamburg: Rowohlt Taschenbuch Verlag.

Becker, Stefan (2005): Das Recht der Hochschulmedizin. Berlin, Heidelberg: Springer.

Becker-Schmidt, Regina (2008): Doppelte Vergesellschaftung von Frauen: Divergenzen und Brückenschläge zwischen Privat- und Erwerbsleben. In: Ruth Becker und Beate Kortendiek (Hg.): Handbuch Frauen- und Geschlechterforschung. Wiesbaden: VS Verlag für Sozialwissenschaften, S. 65–74.

Beer, Bettina (2008a): Einleitung: Feldforschungsmethoden. In: Bettina Beer (Hg.): Methoden ethnologischer Feldforschung. 2. Aufl. Berlin: Reimer, S. 9–36.

Beer, Bettina (Hg.) (2008b): Methoden ethnologischer Feldforschung. 2. Aufl. Berlin: Reimer.

Begley, C. Glenn; Ellis, Lee M. (2012): Drug Development. Raise Standards for Preclinical Cancer Research. In: *Nature* 483 (7391), S. 531–533.

Bengel, Jürgen; Strittmatter, Regine; Willmann, Hildegard (2009): Was erhält Menschen gesund? Antonovskys Modell der Salutogenese – Diskussionsstand und Stellenwert. Erw. Neuaufl. Köln: BZgA (Forschung und Praxis der Gesundheitsförderung, Bd. 6).

Berg, Eberhard; Fuchs, Martin (Hg.) (2016): Kultur, soziale Praxis, Text. Die Krise der ethnographischen Repräsentation. 4. Aufl. Frankfurt am Main: Suhrkamp.

Berglas, Steven; Jones, Edward E. (1978): Drug Choice as a Self-handicapping Strategy in Response to Noncontingent Success. In: *Journal of Personality and Social Psychology* 36 (4), S. 405–417.

Berning, Ewald; Harnier, Louis; Hofmann, Yvette (2001): Das Habilitationswesen an den Universitäten in Bayern. Praxis und Perspektiven. München: IHF.

Bérubé, Michael; Ruth, Jennifer (2015): The Humanities, Higher Education, and Academic Freedom. Three Necessary Arguments. New York: Palgrave Macmillan.

Bestmann, Beate; Rohde, Volker; Wellmann, Axel; Küchler, Thomas (2004): Geschlechterunterschiede im Beruf. Obwohl immer mehr Frauen den Arztberuf ergreifen, gibt es immer noch deutliche Unterschiede in der beruflichen Entwicklung von Ärztinnen und Ärzten. In: *Deutsches Ärzteblatt* 101 (12), S. A776-A779.

Beyer, Sylvia (1990): Gender Differences in the Accuracy of Self-Evaluations of Performance. In: *Journal of Personality and Social Psychology* 59 (5), S. 960–970.

Bickel, J. (2000): Women in Academic Medicine. In: *Journal of the American Medical Women's Association (1972)* 55 (1), 10-2, 19.

Biernat; Monica; Manis, Melvin (1994): Shifting Standards and Stereotype-Based Judgments. In: *Journal of Personality and Social Psychology* 66 (1), S. 5–20.

Binner, Kristina; Kubicek, Bettina; Rozwandowicz, Anja (Hg.) (2013): Die unternehmerische Hochschule aus der Perspektive der Geschlechterforschung zwischen Aufbruch und Beharrung. 1. Aufl. Münster: Westfälisches Dampfboot.

Bittlingmayer, Uwe H. (2002): Transformation der Notwendigkeit. Prekarisierte Habitusformen als Kehrseite der „Wissensgesellschaft". In: Uwe H. Bittlingmayer, Rolf Eickelpasch, Jens Kastner und Claudia Rademacher (Hg.): Theorie als Kampf? Zur politischen Soziologie Pierre Bourdieus. Wiesbaden: VS Verlag für Sozialwissenschaften, S. 225–252.

Blanke, Hermann-Josef (Hg.) (2007): Bildung und Wissenschaft als Standortfaktoren. Tagung „Wissen schafft Beschäftigung – Bildung und Wirtschaft im Dialog". Tagung des Staatswissenschaftlichen Forums e.V. Tübingen: Mohr Siebeck (Neue Staatswissenschaften, Bd. 6).

Bleier, Ruth (1997): Science and Gender. A Critique of Biology and its Theories on Women. New York: Teachers College Press (Athene Series).

Bloch, Sidney; Walter, Garry (2001): The Impact Factor. Time for Change. In: *Australian & New Zealand Journal of Psychiatry* 35 (5), S. 563–568.

Blome, Eva; Erfmeier, Alexandra; Gülcher, Nina; Smykalla, Sandra (2013): Handbuch zur Gleichstellungspolitik an Hochschulen. Von der Frauenförderung zum Diversity Management? 2. Aufl. Wiesbaden: VS Verlag für Sozialwissenschaften.

Bode, Ingo; Vogd, Werner (Hg.) (2016): Mutationen des Krankenhauses. Soziologische Diagnosen in organisations- und gesellschaftstheoretischer Perspektive. Wiesbaden: VS Verlag für Sozialwissenschaften.

Boll, Christina (2017): Die Arbeitsteilung im Paar. Theorien, Wirkungszusammenhänge, Einflussfaktoren und exemplarische empirische Evidenz. Instituts für Sozialarbeit und Sozialpädagogik e.V. Frankfurt am Main (Expertise im Rahmen des Zweiten Gleichstellungsberichts).

Boltanski, Luc; Chiapello, Ève (2003): Der neue Geist des Kapitalismus. Konstanz: UVK.

Bornmann, Lutz; Mutz, Ruediger; Daniel, Hans-Dieter (2007): Gender Differences in Grant Peer Review: A Meta-Analysis. In: *Journal of Informetrics* (1), S. 226–238.

Bourdieu, Pierre (1983): Ökonomisches Kapital, kulturelles Kapital, soziales Kapital. In: Reinhard Kreckel (Hg.): Soziale Ungleichheiten. In: *Soziale Welt.* Sonderband 2, S. 183–198.

Bourdieu, Pierre (Hg.) (1992): Die verborgenen Mechanismen der Macht. Hamburg: VSA.

Bourdieu, Pierre (1997): Die männliche Herrschaft. In: Irene Dölling und Beate Krais (Hg.): Ein alltägliches Spiel. Geschlechterkonstruktion in der sozialen Praxis, S. 153–217.

Bourdieu, Pierre (2010 [1992]): Homo academicus. Frankfurt am Main: Suhrkamp.

Bourdieu, Pierre (2011 [1987]): Die feinen Unterschiede. Kritik der gesellschaftlichen Urteilskraft. 1. Aufl. Frankfurt am Main: Suhrkamp.

Bourdieu, Pierre (2016 [2005]): Die männliche Herrschaft. 3. Aufl. Frankfurt am Main: Suhrkamp.

Bourdieu, Pierre; Wacquant, Loïc, J. D (2006 [1996]): Reflexive Anthropologie. 1. Aufl. Frankfurt am Main: Suhrkamp.

Brandt, Gesche (2012): Vereinbarkeit von Familie und Beruf bei Hochschulabsolvent(inn)en. Hannover: HIS (Forum Hochschule, Bd. 8).

Braun, Norman; Gautschi, Thomas (2011): Rational-Choice-Theorie. Weinheim: Juventa (Grundlagentexte Soziologie).

Braun, Susanne; Frey, Dieter; Hentschel, Tanja; Peus, Claudia (2015): Personalauswahl in der Wissenschaft. Evidenzbasierte Methoden und Impulse für die Praxis. Berlin: VS Springer.

Breidenstein, Georg; Hirschauer, Stefan; Kalthoff, Herbert (2015): Ethnografie. Die Praxis der Feldforschung. 2. Aufl. Konstanz: UTB.

Breuer, Franz (2010): Reflexive Grounded Theory. Eine Einführung für die Foschungspraxis. Wiesbaden: VS Verlag für Sozialwissenschaften.

Bröckling, Ulrich (2002): Das unternehmerische Selbst und seine Geschlechter. Genderkonstruktionen in Erfolgsratgebern. In: *Leviathan* 30 (2), S. 175–194.

Bröckling, Ulrich (2003): You are not Responsible for Being Down, but you are Responsible for Getting Up. Über Empowerment. In: *Leviathan* 31 (3), S. 323–344.

Bröckling, Ulrich (2007): Das unternehmerische Selbst. Soziologie einer Subjektivierungsform. 1. Aufl. Frankfurt am Main: Suhrkamp.

Bröckling, Ulrich (2010): Jenseits des kapitalistischen Realismus: Anders anders sein. In: Sighard Neckel (Hg.): Kapitalistischer Realismus. Von der Kunstaktion zur Gesellschaftskritik. Frankfurt am Main: Campus, S. 281–301.

Bröckling, Ulrich (2013): Anruf und Adresse. In: Andreas Gelhard, Thomas Alkemeyer und Norbert Ricken (Hg.): Techniken der Subjektivierung, S. 49–60.

Bröckling, Ulrich (2017): Resilienz. Über einen Schlüsselbegriff des 21. Jahrhunderts. soziopolis. Online verfügbar unter https://soziopolis.de/daten/kalenderblaetter/beobachten/kultur/artikel/resilienz, zuletzt geprüft am 26.07.2017.

Bröckling, Ulrich; Krasmann, Susanne; Lemke, Thomas (2000): Gouvernementalität, Neoliberalismus und Selbsttechnologien. Eine Einleitung. In: Ulrich Bröckling, Susanne Krasmann und Thomas Lemke (Hg.): Gouvernementalität der Gegenwart. Studien zur Ökonomisierung des Sozialen. 7. Aufl. Frankfurt am Main: Suhrkamp.

Brömer, Philip; Jonas, Klaus (2002): Die sozial-kognitive Theorie von Bandura. In: Dieter Frey und Martin Irle (Hg.): Theorien der Sozialpsychologie. Band II: Gruppen-, Interaktions- und Lerntheorie. 3 Bände. 2. Aufl. Bern: Hans Huber, S. 277–300.

Buddenberg-Fischer, Barbara; Klaghofer, Richard (2003): Geschlecht oder Persönlichkeit? Determinanten der Karrierepläne angehender Ärztinnen und Ärzte. In: Andrea Abele, Ernst-Hartmut Hoff und Hans-Uwe Hohner (Hg.): Frauen und Männer in akademischen Professionen. Berufsverläufe und Berufserfolg. Heidelberg: Asanger, S. 17–28.

Bührmann, Andrea (2014): Die Dispositivanalyse als Forschungsperspektive in der (kritischen) Organisationsforschung. Eine grundlegende Überlegung am Beispiel des Diversity Managements. In: Ronald Hartz und Matthias Rätzer (Hg.): Organisationsforschung nach Foucault. 1. Aufl. Bielefeld: transcript, S. 39–61.

Bührmann, Andrea D.; Schneider, Werner (2008): Vom Diskurs zum Dispositiv. Eine Einführung in die Dispositivanalyse. Bielefeld: transcript.

Bundesanstalt für Arbeitsschutz und Arbeitsmedizin (Hg.) (2013): Stressreport Deutschland 2012. Psychische Anforderungen, Ressourcen und Befinden. Dortmund, Berlin, Dresden: Bundesanstalt für Arbeitsschutz und Arbeitsmedizin.

Bundesärztekammer (2007): Curriculum Ärztliche Führung. Bundesärztekammer. Online verfügbar unter http://www.bundesaerztekammer.de/fileadmin/user_upload/downloads/Curr-Fuehrung2007.pdf, zuletzt geprüft am 22.12.2017.

Bundesärztekammer (2016a): Ärztestatistik 2016: Die Schere zwischen Behandlungsbedarf und Behandlungskapazitäten öffnet sich. Online verfügbar unter http://www.bundesaerztekammer.de/ueber-uns/aerztestatistik/aerztestatistik-2016, zuletzt geprüft am 22.12.2017.

Bundesärztekammer (2016b): Ärtzestatistik zum 31. Dezember 2016. Bundesärztekammer. Berlin. Online verfügbar unter http://www.bundesaerztekammer.de/fileadmin/user_upload/downloads/pdf-Ordner/Statistik2016/Stat16AbbTab.pdf, zuletzt geprüft am 22.12.2017.

Bundesministerium für Familie, Senioren, Frauen und Jugend (2017): Reform des Mutterschutzes. Online verfügbar unter https://www.bmfsfj.de/bmfsfj/themen/familie/reform-des-mutterschutzes/115664, zuletzt geprüft am 22.12.2017.

Bundesministeriums der Justiz und für Verbraucherschutz: Gesetz über befristete Arbeitsverträge in der Wissenschaft. WissZeitVG, vom 12.04.2007. Online verfügbar unter https://www.gesetze-im-internet.de/wisszeitvg/WissZeitVG.pdf, zuletzt geprüft am 22.12.2017.

Burisch, Matthias (2014): Das Burnout-Syndrom. Theorie der inneren Erschöpfung. 5. Aufl. Berlin: Springer.

Buschmeyer, Anna (2013): Zwischen Vorbild und Verdacht. Wie Männer im Erzieherinnenberuf Männlichkeit konstruieren. Wiesbaden: VS Verlag für Sozialwissenschaften.

Buschmeyer, Anna; Lengersdorf, Diana (2016): The Differentiation of Masculinity as a Challenge for the Concept of Hegemonic Masculinity. In: *NORM International Journal for Masculinity Studies* 11 (3), S. 1–18.

Butler, Judith (1997 [1993]): Körper von Gewicht. Die diskursiven Grenzen des Geschlechts. Unter Mitarbeit von Karin Wördemann. 8. Aufl. Frankfurt am Main: Suhrkamp.

Butler, Judith (2001 [1997]): Psyche der Macht. Das Subjekt der Unterwerfung. 1. Aufl. Frankfurt am Main: Suhrkamp.

Butler, Judith (2012 [1991]): Das Unbehagen der Geschlechter. 1. Aufl. Frankfurt am Main: Suhrkamp.

Cabanas, Edgar; Illouz, Eva (2015): Fit fürs Glück. Positive Psychologie und ihr Einfluss auf die Identität von Arbeitskräften in neoliberalen Organisationen. In: *Verhaltenstherapie und psychosoziale Praxis* 47 (3), S. 563–578.

Cadinu, Mara; Maass, Anne; Rosabianca, Alessandra; Kiesner, Jeff (2005): Why do Women Underperform under Stereotype Threat? Evidence for the Role of Negative Thinking. In: *Psychological Science* 16 (7), S. 572–578.

Candeias, Mario (2008): Von der Dialektik des Neoliberalismus zu den Widersprüchen der Bewegung. In: Christoph Butterwegge, Bettina Lösch und Ralf Ptak (Hg.): Neoliberalismus. Analysen und Alternativen. Wiesbaden: VS Verlag für Sozialwissenschaften, S. 301–317.

Carli, Linda L.; Eagly, Alice H. (2016): Women Face a Labyrinth. An Examination of Metaphors for Women Leaders. In: *Gender in Management: An International Journal* 31 (8), S. 514–527.

Carter, Alecia; Croft, Alyssa; Lukas, Dieter; Sandstrom, Gillian (2017): Women's Visibility in Academic Seminars: Women Ask Fewer Questions than Men. Online verfügbar unter https://arxiv.org/ftp/arxiv/papers/1711/1711.10985.pdf, zuletzt geprüft am 05.02.2018.

Cassell, Joan (2000): The Woman in the Surgeon's Body. 1 Aufl. Cambridge/MA: Harvard University Press.

Ceci, Stephen; Williams, Wendy (2011): Understanding Current Causes of Womens Underrepresentation in Science. In: *Proceedings of the National Academy of Sciences of the United States of America (PNAS)* 108 (8), S. 3157–3162.

Ceci, Stephen J.; Ginther, Donna K.; Kahn, Shulamit; Williams, Wendy M. (2014): Women in Academic Science. A Changing Landscape. In: *Psychological Science in the Public Interest: A Journal of the American Psychological Society* 15 (3), S. 75–141.

Center of Excellence Women and Science (CEWS) (2015): Frauenanteile an den W3-/C4- und vergleichbaren Professuren im internationalen Vergleich 2013. Hg. v. GESIS Leibniz Institut für Sozialwissenschaften. Mannheim. Online verfügbar unter https://www.gesis.org/cews/unser-angebot/informationsangebote/statistiken/thematische-suche/detailanzeige/article/frauenanteile-an-den-w3-c4-und-vergleichbaren-professuren-im-internationalen-vergleich-2013, zuletzt geprüft am 22.12.2017.

Center of Excellence Women and Science (CEWS) (2016a): Studierende nach Fächergruppe und Geschlecht. Hg. v. GESIS Leibniz Institut für Sozialwissenschaften. Online verfügbar unter https://www.gesis.org/cews/unser-angebot/informationsangebote/statistiken/thematische-suche/detailanzeige/article/studierende-nach-faechergruppe-und-geschlecht-2016, zuletzt geprüft am 22.12.2017.

Center of Excellence Women and Science (CEWS) (2016b): Frauenanteile am 1. Studienabschluss, an Promotinen und Habilitationen, 1980 bis 2016. Hg. v. GESIS Leibniz Institut für Sozialwissenschaften. Mannheim. Online verfügbar unter https://www.gesis.org/cews/unser-angebot/informationsangebote/statistiken/thematische-suche/detailanzeige/article/frauenanteile-am-1-studienabschluss-an-promotionen-und-habilitationen-1980-bis-2016, zuletzt geprüft am 22.12.2017.

Charmaz, Kathy (2014): Constructing Grounded Theory. 2. Aufl. Los Angeles u. a.: Sage (Introducing Qualitative Methods).

Clance, Pauline Rose; Imes, Suzanne Ament (1978): The Imposter Phenomenon in High Achieving Women. Dynamics and Therapeutic Intervention. In: *Psychotherapy: Theory, Research & Practice* 15 (3), S. 241–247.

Clance, Pauline Rose; O'Toole, Maureen Ann (1987): The Imposter Phenomenon. In: *Women & Therapy* 6 (3), S. 51–64.

Clark, Burton R. (1998): Creating Entrepreneurial Universities. Organizational Pathways of Transformation. Bingley: Emerald (Issues in Higher Education).

Clarke, Adele E. (2012): Situationsanalyse. 1. Aufl. Wiesbaden: VS Verlag für Sozialwissenschaften.

Clifford, James (Hg.) (2008): Writing Culture. The Poetics and Politics of Ethnography. Berkeley: Univ. of California Press.

Cockburn, Cynthia (1991): In the Way of Women. Men's Resistance to Sex Equality in Organizations. Repr. Ithaca/NY: ILP Press (Cornell International Industrial and Labor Relations Report, Bd. 18).

Connell, R. W.; Messerschmidt, James W. (2005): Hegemonic Masculinity. In: *Gender & Society* 19 (6), S. 829–859.

Connell, Raewyn (1993): The Big Picture: Masculinities in Recent World History. In: *Theory and Society* 22 (5), S. 597–623.

Connell, Raewyn (2015): Der gemachte Mann. Konstruktion und Krise von Männlichkeiten. 4. Aufl. VS Verlag für Sozialwissenschaften.

Connell, Raewyn; Wood, Julian (2005): Globalization and Business Masculinities. In: *Men and Masculinities*, S. 347–364.

Coopersmith, Stanley (1967): The Antecedents of Self-Esteem. San Francisco: Freeman (A Series of Books in Psychology).

Cornelißen, Waltraud (2010): Die Relevanz von Geschlechterstereotypen für Berufswahlentscheidungen – eine Herausforderung für die Gleichstellungspolitik. In: Susanne Baer (Hg.): Schubladen, Schablonen, Schema F. Stereotype als Herausforderung für Gleichstellungspolitik. München: USP Publ. Kleine Verlag, S. 67–89.

Correll, Joshua; Park, Bernadette; Judd, Charles M.; Wittenbrink, Bernd (2002): The Police Officer's Dilemma. Using Ethnicity to Disambiguate Potentially Threatening Individuals. In: *Journal of Personality and Social Psychology* 83 (6), S. 1314–1329.

Crocker, Jennifer; Nuer, Noah (2004): Do People Need Self-Esteem? Comment on Pyszczynski et al. (2004). In: *Psychological Bulletin* 130 (3), S. 2–7.

Cross, S. E.; Madson, L. (1997): Models of the Self. Self-Construals and Gender. In: *Psychological Bulletin* 122 (1), S. 5–37.

Cuddy, Amy J. C.; Fiske, Susan T.; Glick, Peter (2004): When Professionals Become Mothers, Warmth Doesn't Cut the Ice. In: *Journal of Social Issues* 60 (4), S. 701–718.

Das Projekt FamSurg: Ein Projekt zur Förderung von Frauen und familienfreundlichen Strukturen in der Chirurgie. Hg. v. Universitätsklinikum Schleswig-Holstein. Klinik für Chirurgie, Campus Lübeck. Online verfügbar unter http://www.famsurg.de, zuletzt geprüft am 22.12.2017.

Dauenheimer, Dirk; Stahlberg, Dagmar; Frey, Dieter; Petersen, Lars-Eric (2002): Die Theorie des Selbstwertschutzes und der Selbstwerterhöhung. In: Dieter Frey und Martin Irle (Hg.): Theorien der Sozialpsychologie. Band III: Motivations-, Selbst- und Informationsverarbeitungstheorien. 3 Bände. 2. Aufl. Bern: Hans Huber, S. 159–191.

Dautzenberg, Kirsti; Fay, Doris; Graf, Patricia (Hg.) (2013): Aufstieg und Ausstieg. Ein geschlechterspezifischer Blick auf Motive und Arbeitsbedingungen in der Wissenschaft. Wiesbaden: VS Verlag für Sozialwissenschaften.

Davies, Charlotte Aull (2002): Reflexive Ethnography. A Guide to Researching Selves and others. London, New York: Routledge.

Davies, Paul G.; Spencer, Steven J.; Steele, Claude M. (2005): Clearing the Air. Identity Safety Moderates the Effects of Stereotype Threat on Women's Leadership Aspirations. In: *Journal of Personality and Social Psychology* 88 (2), S. 276–287.

Deaux, Kay (1995): How Basic Can You Be? The Evolution of Research on Gender Stereotypes. In: *Journal of Social Issues* 51 (1), S. 11–20.

Decker, Phillip; Mitchell, Jordan (2016): Self-andicapping eadership. The Nine Behaviors Holding Back Employees, Managers, and Companies, and How to Overcome Them. Old Tappan/NJ: Pearson Education.

Degner, Juliane; Meiser, Thorsten; Rothermund, Klaus (2009): Kognitive und sozial-kognitive Determinanten: Stereotype und Vorurteile. In: Andreas Beelmann und Kai J. Jonas (Hg.): Diskriminierung und Toleranz. Psychologische Grundlagen und Anwendungsperspektiven. 1. Aufl. Wiesbaden: VS Verlag für Sozialwissenschaften, S. 193–215.

Deiana, Maria-Adriana (unknown): Hidden Costs of Being a Female Academic. Hg. v. Queens University Belfast. School of Psychology. Belfast. Online verfügbar unter https://www.qub.ac.uk/schools/media/Media,424063,en.pdf, zuletzt geprüft am 05.02.2018.

Demerouti, Evangelia; Bakker, Arnold B.; Nachreiner, Friedhelm; Schaufeli, Wilmar B. (2001): The Job Demands-Resources Model of Burnout. In: *Journal of Applied Psychology* 86 (3), S. 499–512.

Denzin, Norman K. (1978): The Research Act. A Theoretical Introduction to Sociological Methods. 2. Aufl. New York: McGraw-Hill.

Deutsche Gesellschaft für Psychologie; Hogrefe Verlag (2016): Richtlinien zur Manuskriptgestaltung. 4. Aufl. Göttingen: Hogrefe.

Deutschen Gesellschaft für Soziologie (DGS); Berufsverbandes Deutscher Soziologinnen und Soziologen (BDS) (2017): Ethik-Kodex der Deutschen Gesellschaft für Soziologie (DGS) und des Berufsverbandes Deutscher Soziologinnen und Soziologen (BDS). Ethik-Kodex vom 10.06.2017. Fundstelle: § 2 Rechte der Probandinnen und Probanden, Abs. 5. Online verfügbar unter http://www.soziologie.de/de/die-dgs/ethik/ethik-kodex.html, zuletzt geprüft am 09.12.2017.

Deutscher Ärztinnenbund e.V. (Hg.) (2016): Medical Woman on Top. Dokumentation des Anteils von Frauen in Führungspositionen in 16 Fächern der deutschen Universitätsmedizin.

Deutscher Hochschulverband (2017): Zur Neugestaltung des Personalrechts einschließlich des Vergütungssystems der Professoren mit ärztlichen Aufgaben im Bereich der Hochschulmedizin. Hg. v. Deutscher Hochschulverband. Online verfügbar unter https://www.hochschulverband.de/503.html#_, zuletzt geprüft am 22.12.2017.

Devine, Patricia G. (1989): Stereotypes and Prejudice. Their Automatic and Controlled Components. In: *Journal of Personality and Social Psychology* 56 (1), S. 5–18.

Devos, Anita (2004): The Project of Self, the Project of Others. Mentoring, Women and the Fashioning of the Academic Subject. In: *Studies in Continuing Education* 26 (1), S. 67–80.

DGK – Deutsche Gesellschaft für Kardiologie, Prof. Dr. Eckart Fleck (04.04.2013): Eine vorsätzliche, gut gemachte Fälschung kann man nicht erkennen. Düsseldorf: DGK.

Dickmann, Elisabeth; Schöck-Quinteros, Eva; Dauks, Sigrid (Hg.) (2002): Barrieren und Karrieren. Die Anfänge des Frauenstudiums in Deutschland. Konferenz 100 Jahre Frauen in der Wissenschaft. 2. Aufl. Berlin: Trafo Weist (Dokumentationsband der Konferenz; Schriftenreihe des Hedwig-Hintze-Instituts Bremen, Bd. 5).

Die deutschen Universitätsklinika (2017): Medizin mit Spezialaufgaben. Die Sonderrolle der deutschen Universitätsklinika. Berlin. Online verfügbar unter https://www.uniklinika.de/die-deutschen-universitaetsklinika/sonderrolle-universitaetsmedizin, zuletzt geprüft am 22.12.2017.

Dietz, Alexander (2011): Gerechte Gesundheitsreform? Ressourcenvergabe in der Medizin aus ethischer Perspektive. 1. Aufl. Frankfurt am Main: Campus.

Dirnagl, Ulrich; Bähr, Volker; Grüters-Kieslich, Annette (2002): Gute wissenschaftliche Praxis: Aktiv gegen Fehlverhalten vorgehen. In: *Deutsches Ärzteblatt* 109 (4), S. A 145-A145.

Döhling-Wölm, Jasmin (2016): Karriere, Macht und Netzwerke. Opladen: Budrich.

Duden, Barbara (2002): Die Gene im Kopf – der Fötus im Bauch. Historisches zum Frauenkörper. Hannover: Offizin.

Eagly, Alice H. (2016): Female Leadership Advantage and Disadvantage. Resolving the Contradictions. In: *Psychology of Women Quarterly* 31 (1), S. 1–12.

Eagly, Alice H.; Chin, Jean Lau (2010): Diversity and Leadership in a Changing World. In: *The American psychologist* 65 (3), S. 216–224.

Eagly, Alice H.; Karau, Steven J. (2002): Role Congruity Theory of Prejudice Toward Female Leaders. In: *Psychological Review* 109 (3), S. 573–598.

Eagly, Alice H.; Mladinic, Antonio (1994): Are People Prejudiced Against Women? Some Answers From Research on Attitudes, Gender Stereotypes, and Judgments of Competence. In: *European Review of Social Psychology* 5 (1), S. 1–35.

Editorials (2016): Early-Career Researchers Need Fewer Burdens and More Support. In: *Nature* 538 (7626), S. 427.

Ehrenberg, Alain (2004): Das erschöpfte Selbst. Depression und Gesellschaft in der Gegenwart. 1. Aufl. Frankfurt am Main: Campus.

Ehrenberg, Alain (2011): Das Unbehagen in der Gesellschaft. 1. Aufl. Berlin: Suhrkamp.

Eichener, Volker; Heinze, Rolf G. (1997): Lektion VII: Industrie- und Betriebssoziologie. In: Hermann Korte und Bernhard Schäfers (Hg.): Einführung in Praxisfelder der Soziologie. 2. Aufl. Wiesbaden: VS Verlag für Sozialwissenschaften, S. 132–151.

Ellemers, Naomi; van Henriette den, de Heuvel, Dick; Maass, Anne; Bonvini, Alessandra (2004): The Underrepresentation of Women in Science: Differential Commitment or the Queen bee Syndrome? In: *British Journal of Social Psychology* 43 (3), 315–338.

Endreß, Martin; Maurer, Andrea (2015): Resilienz im Sozialen. Theoretische und empirische Analysen. Wiesbaden: VS Verlag für Sozialwissenschaften.

Engler, Steffanie (2001): „In Einsamkeit und Freiheit?". Zur Konstruktion der wissenschaftlichen Persönlichkeit auf dem Weg zur Professur. Konstanz: UVK.

Epstein, Nurith; Pfeiffer, Mona; Eberle, Julia; Kotzebue, Lena von; Martius, Thilo; Lachmann, Daniel u. a. (2016): Nachwuchsmangel in der medizinischen Forschung. Wie kann der ärztliche Forschernachwuchs besser gefördert werden? In: *Beiträge zur Hochschulforschung* 38 (1–2), S. 162–189.

Ferstl, Evelyn C. (2017): Frauen sind nicht mitgemeint. Experimentalpsychologische Studien zur Wirkung von Sprache. Kofra. Kommunikationszentrum für Frauen zur Arbeits- und Lebenssituation e.V., 26.02.2017.

Filardo, Giovanni; da Graca, Briget; Sass, Danielle M.; Pollock, Benjamin D.; Smith, Emma B.; Martinez, Melissa Ashley-Marie (2016): Trends and Comparison of Female First Authorship in High Impact Medical Journals. Observational Study (1994–2014). In: *BMJ (Clinical Research Ed.)* 352, S. 1–8.

Filipp, S.-H.; Frey, Dieter (1988): Das Selbst. In: Klaus Immelmann (Hg.): Psychobiologie. Grundlagen des Verhaltens. Stuttgart: Fischer, S. 415–454.

Fischer, Gabriele (2015): Anerkennung – Macht – Hierarchie. Praktiken der Anerkennung und Geschlechterdifferenzierung in der Chirurgie und im Friseurhandwerk. Bielefeld: transcript.

Fiske, Susan (2017): Prejudice, Discrimination, and Stereotyping. Hg. v. R. Biswas-Diener und E. Diener. Online verfügbar unter http://nobaproject.com/modules/prejudice-discrimination-and-stereotyping, zuletzt geprüft am 22.06.2017.

Fiske, Susan T.; Cuddy, Amy J. C.; Glick, Peter; Xu, Jun (2002): A Model of (often mixed) Stereotype Content. Competence and Warmth Respectively Follow from Perceived Status and Competition. In: *Journal of Personality and Social Psychology* 82 (6), S. 878–902.

Flick, Sabine (2013): Leben durcharbeiten. Selbstsorge in entgrenzten Arbeitsverhältnissen. 1. Aufl. Frankfurt am Main: Campus.

Flick, Uwe (2015): Triangulation in der qualitativen Forschung. In: Ernst von Kardorff, Ines Steinke und Uwe Flick (Hg.): Qualitative Forschung. Ein Handbuch. 11. Aufl. Reinbek bei Hamburg: Rowohlt Taschenbuch Verlag, S. 309–318.

Flick, Uwe; Kardorff, Ernst von; Steinke, Ines (2015): Was ist qualitative Forschung? Einleitung und Überblick. In: Ernst von Kardorff, Ines Steinke und Uwe Flick (Hg.): Qualitative Forschung. Ein Handbuch. 11. Aufl. Reinbek bei Hamburg: Rowohlt Taschenbuch Verlag, S. 13–29.

Flintrop, Jens; Gerst, Thomas (2007): Ärztliche Führung: Medizinische Kompetenz allein genügt nicht. aerzteblatt.de. Online verfügbar unter https://www.aerztebatt.de/archiv/59200/Aerztliche-Fuehrung-Medizinische-Kompetenz-allein-genuegt-nicht, zuletzt geprüft am 05.02.2018.

Fochler, Maximilian; Felt, Ulrike; Müller, Ruth (2016): Unsustainable Growth, Hyper-Competition, and Worth in Life Science Research. Narrowing Evaluative Repertoires in Doctoral and Postdoctoral Scientists' Work and Lives. In: *Minerva* 54, S. 175–200.

Förster, Jens (2010): Die Sozialpsychologie des Schublandendenkens: Vorurteile, Stereotype und Diskriminierung. In: Susanne Baer (Hg.): Schubladen, Schablonen, Schema F. Stereotype als Herausforderung für Gleichstellungspolitik. München: USP Publ. Kleine Verlag, S. 23–36.

Foucault, Michel (1977): Sexualität und Wahrheit 1. Der Wille zum Wissen. Frankfurt am Main: Suhrkamp.

Foucault, Michel (1993): Technologien des Selbst. In: Michael Bischoff, Luther H. Martin und H. Patrick Hutton (Hg.): Technologien des Selbst. Frankfurt am Main: Fischer, S. 24–63.

Foucault, Michel (2001): Short Cuts. 1. Aufl. Frankfurt am Main: Zweitausendeins.

Foucault, Michel (2005a): Analytik der Macht. 1. Aufl., Originalausg. Frankfurt am Main: Suhrkamp.

Foucault, Michel (Hg.) (2005b): Schriften – Dits et Ecris, Bd. 1. 1. Aufl. Frankfurt am Main: Suhrkamp.

Foucault, Michel (2006): Sicherheit, Territorium, Bevölkerung. Geschichte der Gouvernementalität, Bd. 1. Frankfurt am Main: Suhrkamp.

Foucault, Michel (2011 [1988]): Die Geburt der Klinik. Eine Archäologie des ärztlichen Blicks. Ungekürzte Ausg. Frankfurt am Main: Fischer.

Foucault, Michel (2013): Die Heterotopien. Zwei Radiovorträge. Unter Mitarbeit von Michael Bischoff und Daniel Defert. Berlin: Suhrkamp.

Foucault, Michel (2014 [1972]): Die Ordnung des Diskurses. 13. Aufl. Frankfurt am Main: Fischer.

Foucault, Michel (2015 [1976]): Überwachen und Strafen. Die Geburt des Gefängnisses. 15. Aufl. Frankfurt am Main: Suhrkamp.

Foucault, Michel (2015 [1973]): Wahnsinn und Gesellschaft. Eine Geschichte des Wahns im Zeitalter der Vernunft. 21. Aufl. Frankfurt am Main: Suhrkamp.

Franzblau, Susan H.; Moore, Michael (2001): Socializing Efficacy. A Reconstruction of Self-Efficacy Theory Within the Context of Inequality. In: *J. Community. Appl. Soc. Psychol.* 11 (2), S. 83–96.

Franzke, Astrid (2003): Mentoring für Frauen an Hochschulen – Potentiale für strukturelle Veränderungen? In: *die hochschule* 2003 (2), S. 93–107.

Franzke, Astrid (2016): Hochschulorganisation und Geschlecht in veränderten Bildungswelten. Eine modernisierungstheoretische Verortung. Wiesbaden: VS Verlag für Sozialwissenschaften.

Frey, Dieter; Dauenheimer, Dirk; Parge, Olaf; Haisch, Jochen (2001): Die Theorie sozialer Vergleichsprozesse. In: Dieter Frey und Martin Irle (Hg.): Theorien der Sozialpsychologie. Band I: Kognitive Theorien. 3 Bände. 2. Aufl. Bern: Hans Huber, S. 81–122.

Fuchs-Heinritz, Werner; König, Alexandra (2005): Pierre Bourdieu. Eine Einführung. Konstanz: UVK.

Funder, Maria (Hg.) (2014): The Gender Cage – Revisited. Handbuch zur Organisations- und Geschlechterforschung. Baden-Baden: Nomos.

Funken, Christiane (2004): Chancen und Risiken von (in)formellen Organisationsstrukturen. In: Ursula Pasero und Birger Priddat (Hg.): Organisationen und Netzwerke: Der Fall Gender. Wiesbaden: VS Verlag für Sozialwissenschaften, S. 13–44.

Gaehtgens, Christiane (2013): Clinician Scientist – Neue Karrierewege in der Hochschulmedizin. Werkstattgespräch am 27.–28.9.2013 in Schloss Herrenhausen, Hannover Ergebnisse und Schlussfolgerungen. Hg. v. impactconsulting –Strategieberatung für Wissenschaft. Volkswagen Stiftung.

Gassmann, Freya; Emrich, Eike (2018): Wirkt die Novelle des Wissenschaftszeitvertragsgesetzes? Erste Evaluation der Wirkung des WissZeitVG auf Vertragslaufzeiten. In: *Soziologie* 47 (1), S. 7–25.

Gayle, Rubin (1997): The Traffic in Women. Notes on the ‚Political Economy' of Sex. In: Linda Nicholson (Hg.): The Second Wave. A Reader in Feminist Theory. London, New York: Routledge, S. 27–62.

Geertz, Clifford (1987): Dichte Beschreibung. Beiträge zum Verstehen kultureller Systeme. 1. Aufl. Frankfurt am Main: Suhrkamp.

Gemeinsame Wissenschaftskonferenz (GWK) (2016): Chancengleichheit in Wissenschaft und Forschung. 20. Fortschreibung des Datenmaterials (2014/2015) zu Frauen in Hochschulen und außerhochschulischen Forschungseinrichtungen. Bonn (Materialien der GWK, Heft 50).

Gemeinsame Wissenschaftskonferenz (GWK) (2017): Chancengleichheit in Wissenschaft und Forschung. 21. Fortschreibung des Datenmaterials (2015/2016) zu Frauen in Hochschulen und außerhochschulischen Forschungseinrichtungen. Bonn: GWK.

Genkova; Petia (2010): Frau sein – eine Herausforderung? Gender Mainstream und Politische Psychologie. In: Gisela Steins (Hg.): Handbuch Psychologie und Geschlechterforschung. 1. Aufl. Wiesbaden: VS Verlag für Sozialwissenschaften, S. 289–305.

Gerhardt, Uta (1986): Patientenkarrieren. Eine medizinsoziologische Studie. 1. Aufl. Frankfurt am Main: Suhrkamp.

Gerst, Thomas (2016): Ärztestatistik. Weiter steigender Bedarf. Online verfügbar unter https://www.aerzteblatt.de/archiv/179156/Aerztestatistik-Weiter-steigender-Bedarf, zuletzt geprüft am 22.12.2017.

Gewerkschaft Erziehung und Wissenschaft (GEW) (2017): Wissenschaftszeitvertraggesetz. Gewerkschaft Erziehung und Wissenschaft (GEW). Online verfügbar unter https://www.gew.de/wissenschaft/wissenschaftszeitvertragsgesetz, zuletzt geprüft am 22.12.2017.

Gherardi, Silvia; Poggio, Barbara (2014): Gendertelling in Organizations. Narratives from Male-dominated Environments. Frederiksberg: Samfundslitteratur.

Giddens, Anthony (1997): Modernity and Self-identity. Self and Society in the Late Modern Age. 1. Aufl. Stanford/CA: Stanford Univ. Press.

Gildemeister, Regine (1992): Die soziale Konstruktion von Geschlechtlichkeit. In: Ilona Ostner (Hg.): Feministische Vernunftkritik. Ansätze und Traditionen. Frankfurt am Main: Campus, S. 220–239.

Gildemeister, Regine; Maiwald, Kai-Olaf; Scheid, Claudia; Seyfarth-Konau, Elisabeth (2003): Geschlechterdifferenzierungen im Horizont der Gleichheit. Wiesbaden: VS Verlag für Sozialwissenschaften.

Glaser, Barney G.; Strauss, Anselm L. (1998): Grounded Theory. Strategien qualitativer Forschung. Bern: Huber.

Glaser, Edith (1996): Die erste Studentinnengeneration ohne Berufsperspektive? In: Claudia Opitz und Elke Kleinau (Hg.): Vom Vormärz bis zur Gegenwart, Bd. 2. Frankfurt am Main: Campus, S. 310–324.

Glick, Peter; Fiske, Susan T. (1996): The Ambivalent Sexism Inventory. Differentiating Hostile and Benevolent Sexism. In: *Journal of Personality and Social Psychology* 70 (3), S. 491–512.

Gniewosz, Burkhard; Walper, Sabine (2017): Bildungsungleichheit. Alles eine Frage der Familie?! In: Thomas Eckert und Burkhard Gniewosz (Hg.): Bildungsgerechtigkeit. Wiesbaden: Springer VS.

Goffman, Erving (2016): Wir alle spielen Theater. Die Selbstdarstellung im Alltag. 16. Aufl. München: Piper.

Gold, Raymond L. (1958): Roles in Sociological Field Observations. In: *Social Forces* 36 (3), S. 217–223.

Gothe, Holger (2010): Arbeits- und Berufszufriedenheit von Ärzten. Eine Übersicht der internationalen Literatur. In: F. W. Schwartz (Hg.): Arbeitsbedingungen und Befinden von Ärztinnen und Ärzten: Befunde und Interventionen. Köln: Deutscher Ärzte-Verlag, S. 7–14.

Gröning, Katharina (2016): Sozialwissenschaftlich fundierte Beratung in Pädagogik, Supervision und Sozialer Arbeit. Gießen: Psychosozial-Verlag.

Guarino, Cassandra M.; Borden, Victor M.H. (2016): Faculty Service Loads and Gender: Are Women Taking Care of the Academic Family? Forschungsinstitut zur Zukunft der Arbeit. Bonn (Discussion Paper, 10010). Online verfügbar unter http://ftp.iza.org/dp10010.pdf, zuletzt geprüft am 24.4.17.

Gugerli, David (2005): Management an der Hochschule. ETHistory. Online verfügbar unter http://www.ethistory.ethz.ch/besichtigungen/touren/vitrinen/dienstwege/vitrine73/, zuletzt geprüft am 12.12.16.

Haase, Claudia; Weigelt, Ariane (2015): Leitfaden. Schwanger in der Chirurgie. Hg. v. Universitätsklinikum Schleswig-Holstein. Schleswig-Holstein. Online verfügbar unter http://www.famsurg.de/tl_files/images/download/UKSH-Leitfaden%20Schwanger%20in%20der%20Chirurgie_Stand%20Juli%202015.pdf, zuletzt geprüft am 22.12.2017.

Haddock, Geoffrey; Maio, Gregory (2014): Einstellungen. In: Klaus Jonas, Wolfgang Stroebe und Miles Hewstone (Hg.): Sozialpsychologie. Berlin, Heidelberg: Springer, S. 197–230.

Haffner, Yvonne (2007): Mythen um männliche Karrieren und weibliche Leistung. Opladen: Budrich.

Haffner, Yvonne; Krais, Beate (Hg.) (2008): Arbeit als Lebensform? Beruflicher Erfolg, private Lebensführung und Chancengleichheit in akademischen Berufsfeldern. Frankfurt am Main: Campus.

Halford, Susan; Savage, Mike; Witz, Anne (1997): Gender, Careers and Organisations. Current Developments in Banking, Nursing and Local Government. Basingstoke, Hampshire: Macmillan.

Hall, Ellen M.; Johnson, Jeffrey V. (1988): Job Strain, Work Place Social Support, and Cardiovascular Disease. A Cross-Sectional Study of a Random Sample of the Swedish Working Population. In: *American Journal of Public Health* 78 (10), S. 1336–1342.

Hamilton, David; Sherman, Jeffrey (1984): Stereotypes. In: Robert S. Wyer und Thomas K. Srull (Hg.): Handbook of Social Cognition. 2 Bände. 2. Aufl. Hillsdale/NJ u. a.: Erlbaum, S. 1–68.

Hammersley, Martyn; Atkinson, Paul (2010): Ethnography. Principles in Practice. 3. Aufl. London: Routledge.

Han, Byung-Chul (2016): Psychopolitik. Neoliberalismus und die neuen Machttechniken. 2. Aufl. Frankfurt am Main: Fischer.

Hannover, Bettina (1997): Das dynamische Selbst. Die Kontextabhängigkeit selbstbezogenen Wissens. 1. Aufl. Bern: Huber.

Hannover, Bettina (2000): Das kontextabhängige Selbst oder warum sich unser Selbst mit dem sozialen Kontext verändert. In: Werner Greve (Hg.): Psychologie des Selbst. Weinheim: Beltz/Psychologie-Verlags-Union, S. 227–238.

Hannover, Bettina (2002): Auswirkungen der Selbstkategorisierung als männlich oder weiblich auf Erfolgserwartungen gegenüber geschlechtskonnotierten Aufgaben. In: Birgit Spinath (Hg.): Pädagogische Psychologie unter gewandelten gesellschaftlichen Bedingungen. Dokumentation des 5. Dortmunder Symposions für Pädagogische Psychologie. Hamburg: Kovač (Schriften zur pädagogischen Psychologie, Bd. 5), S. 37–51.

Hannover, Bettina (2010): Sozialpsychologie und Geschlecht: Die Entstehung von Geschlechtsunterschieden aus der Sicht der Selbstpsychologie. In: Gisela Steins (Hg.): Handbuch Psychologie und Geschlechterforschung. 1. Aufl. Wiesbaden: VS Verlag für Sozialwissenschaften, S. 27–43.

Hannover, Bettina; Kühnen, Ulrich (2002): Der Einfluss independenter und interdependenter Selbstkonstruktion auf die Informationsverarbeitung im sozialen Kontext. In: *Psychologische Rundschau* 53 (2), S. 61–76.

Hannover, Bettina; Kühnen, Ulrich (2004): Culture, Context, and Cognition. The Semantic Procedural Interface Model of the Self. In: *European Review of Social Psychology* 15 (1), S. 297–333.

Haraway, Donna (1988): Situated Knowledges. The Science Question in Feminism and the Privilege of Partial Perspective. In: *Feminist Studies* 14 (3), S. 575–599.

Haraway, Donna (Hg.) (1995): Die Neuerfindung der Natur. Primaten, Cyborgs und Frauen. Frankfurt am Main: Campus.

Harris, Robert N.; Snyder, C. R. (1986): The Role of Uncertain Self-Esteem in Self-Handicapping. In: *Journal of Personality and Social Psychology* 51 (2), S. 451–458.

Hauser-Schäublin, Brigitta (2008): Teilnehmende Beobachtung. In: Bettina Beer (Hg.): Methoden ethnologischer Feldforschung. 2. Aufl. Berlin: Reimer, S. 37–58.

Hazel, Markus; Nurius, Paula (1986): Possible Selves. In: *American Psychologist* 41 (9), S. 954–969.

Hecht, F.; Hecht, B. K.; Sandberg, A. A. (1998): The Journal „impact factor". A Misnamed, Misleading, Misused Measure. In: *Cancer Genetics and Cytogenetics* 104 (2), S. 77–81.

Hedderich, Ingeborg (2012): Burnout. Ursachen, Formen, Auswege. München: C.H. Beck.

Heilman, Madeline E. (2001): Description and Prescription. How Gender Stereotypes Prevent Women's Ascent Up the Organizational Ladder. In: *Journal of Social Issues* 57 (4), S. 657–674.

Heilman, Madeline E. (2012): Gender Stereotypes and Workplace Bias. In: *Research in Organizational Behavior* 32, S. 113–135.

Heilman, Madeline E.; Eagly, Alice H. (2008): Gender Stereotypes Are Alive, Well, and Busy Producing Workplace Discrimination. In: *Industrial and Organizational Psychology* 1 (4), S. 393–398.

Heilman, Madeline E.; Haynes, Michelle C. (2005): No Credit where Credit is Due. Attributional Rationalization of Women's Success in Male-Female Teams. In: *Journal of Applied Psychology* 90 (5), S. 905–916.

Heilman, Madeline E.; Okimoto, Tyler G. (2007): Why are Women Penalized for Success at Male Tasks? The Implied Communality Deficit. In: *Journal of Applied Psychology* 92 (1), S. 81–92.

Heilman, Madeline E.; Wallen, Aaron S.; Fuchs, Daniella; Tamkins, Melinda M. (2004): Penalties for Success. Reactions to Women who Succeed at Male Gender-Typed Tasks. In: *Journal of Applied Psychology* 89 (3), S. 416–427.

Heinze; Hans-Jochen (2016): Gastkommentar. Für eine zukunftsfähige Universitätsmedizin. Die Zeit (Chancen-Brief), zuletzt geprüft am 07.11.16.

Helfferich, Cornelia (2011): Die Qualität qualitativer Daten. Manual für die Durchführung qualitativer Interviews. 4. Aufl. Wiesbaden: VS Verlag für Sozialwissenschaften.

Herriger, Norbert (2014): Empowerment in der Sozialen Arbeit. Eine Einführung. 5. Aufl. Stuttgart: Kohlhammer.

Herrmann-Lingen, Christoph; Brunner, Edgar; Hildenbrand, Sibylle; Loew, Thomas H.; Raupach, Tobias; Spies, Claudia et al. (2014): Evaluation of Medical Research Performance – Position Paper of the Association of the Scientific Medical Societies in Germany (AWMF). In: *GMS German Medical Science* 12, S. 1–18. Online verfügbar unter https://gmds.de/fileadmin/user_upload/Publikationen/Stellungnahmen/20140526_positionspapier_forschungsleistung.pdf, zuletzt geprüft am 22.12.2017.

Herzberg, Philipp Yorck; Collani, Gernot von (2003): Eine revidierte Fassung der deutschsprachigen Skala zum Selbstwertgefühl von Rosenberg. In: *Zeitschrift für Differentielle und Diagnostische Psychologie* 24 (1), S. 3–7.

Hess, Johanna; Rusconi, Alessandra; Sol, Heike (2011a): Wissenschaftlerinnen in Partnerschaften – das Spannungsfeld von Disziplinenlogiken und privaten Anforderungen. In: Frauen an die Spitze – was ist zu tun? Handlungsempfehlungen für Wirtschaft, Wissenschaft und Politik. TU Dortmund; Wissenschaftszentrum Berlin für Sozialforschung (WZB); Deutsches Jugendinstitut e.V. (DJI) München. Berlin, Dortmund, München, S. 10–15.

Hess, Johanna; Rusconi, Alessandra; Solga, Heike (2011b): „Wir haben dieselben Ziele...". Zur Bedeutung von Paarkonstellationen und Disziplinenzugehörigkeit für Karrieren von Frauen in der Wissenschaft. In: Waltraud Cornelißen, Alessandra Rusconi und Ruth Becker (Hg.): Berufliche Karrieren von Frauen. Hürdenläufe in Partnerschaft und Arbeitswelt. Wiesbaden: VS Verlag für Sozialwissenschaften, S. 65–104.

Hewitt, John P. (1998): The Myth of Self-Esteem. Finding Happiness and Solving Problems in America. New York: St. Martin's Press.

Hewstone, Miles; Johnston, Lucy; Aird, Peter (1992): Cognitive Models of Stereotype Change. Perceptions of Homogeneous and Heterogeneous Groups. In: *Eur. J. Soc. Psychol.* 22 (3), S. 235–249.

Hibbeler, Birgit; Korzilius, Heike (2008): Die Medizin wird weiblich. In: *Deutsches Ärzteblatt* 105 (12). Online verfügbar unter https://www.aerzteblatt.de/archiv/59406, zuletzt geprüft am 5.2.18.

Hildenbrand, Bruno (2015): Anselm Strauss. In: Ernst von Kardorff, Ines Steinke und Uwe Flick (Hg.): Qualitative Forschung. Ein Handbuch. 11. Aufl. Reinbek bei Hamburg: Rowohlt Taschenbuch Verlag, S. 32–41.

Hirsch, J. E. (2005): An Index to Quantify an Individual's Scientific Research Output. In: *Proceedings of the National Academy of Sciences of the United States of America* 102 (46), S. 16569–16572.

Hirt, Edward R.; McCrea, Sean M.; Kimble, Charles (2000): Public Self-Focus and Sex Differences in Behavioral Self-Handicapping: Does Increasing Self-Threat Still Make it „Just a Man's Game?" In: *Personality and Social Psychology Bulletin* 26 (9), S. 1131–1141.

Hobfoll, Stevan E. (1988): The Ecology of Stress. New York: Hemisphere Publ. Corp (The Series in Health Psychology and Behavioral Medicine).

Hochschulrektorenkonferenz (2014): Orientierungsrahmen zur Förderung des wissenschaftlichen Nachwuchses nach der Promotion und akademischer Karrierewege neben der Professur. Empfehlung der 16. Mitgliederversammlung der HRK am 13. Mai 2014 in Frankfurt am Main. Online verfügbar unter https://www.bmbf.de/files/StN_HRK_1WissZeit_VGAendg-Anlage2.pdf, zuletzt geprüft am 26.01.2018.

Höfer, Renate (2010): Kohärenzgefühl und Identitätsentwicklung. Überlegungen zur Verknüpfung salutognetischer und identitätstheoretischer Konzepte. In: Hans Wydler (Hg.): Salutogenese und Kohärenzgefühl. Grundlagen, Empirie und Praxis eines gesundheitswissenschaftlichen Konzepts. 4. Aufl. Weinheim: Juventa, S. 57–67.

Hofmann, Roswitha (2014): Die Foucaultische Brille: Organisation als Regierungsdispositiv aus einer Geschlechterperspektive. In: Maria Funder (Hg.): The Gender Cage – Revisited. Handbuch zur Organisations- und Geschlechterforschung. Baden-Baden: Nomos, S. 122–137.

Hopf, Christel (2015): Forschungsethik und qualitative Forschung. In: Ernst von Kardorff, Ines Steinke und Uwe Flick (Hg.): Qualitative Forschung. Ein Handbuch. 11. Aufl. Reinbek bei Hamburg: Rowohlt Taschenbuch Verlag, S. 589–599.

Hosoda, Megumi.; Stone, Dianna L. (2000): Current Gender Stereotypes and their Evaluative Content. In: *Perceptual and Motor Skills* 90 (3 Pt 2), S. 1283–1294.

Howe-Walsh, Liza; Turnbull, Sarah (2014): Barriers to Women Leaders in Academia. Tales from Science and Technology. In: *Studies in Higher Education* 41 (3), S. 415–428.

Huang, Chiungjung (2013): Gender Differences in Academic Self-Efficacy. A Meta-Analysis. In: *European Journal of Psychology of Education* 28 (1), S. 1–35.

Hücker, Franz-Josef (2014): Lebenserfahrung und Widerstandsressourcen. In: *Sozial Extra* 38 (2), S. 12–15.

Hülsenbeck, Stefanie (2017): Praxishandbuch Mentoring in der Wissenschaft. In: Renate Petersen, Mechthild Budde, Pia Simone Brocke, Gitta Doebert, Helga Wollert-Rudack und Henrike Wolf (Hg.): Praxishandbuch Mentoring in der Wissenschaft. Wiesbaden: VS Verlag für Sozialwissenschaften, S. 355–366.

IGES Institut (2014): Medizinische Forschung für Ärzte wenig attraktiv. Berlin. Online verfügbar unter http://www.iges.com/kunden/gesundheit/forschungsergebnisse/2014/hochschulmedizin/index_ger.html, zuletzt geprüft am 22.12.2017.

Ihmdahl, Horst (2013): Ethische Implikationen von Kommerzialisierung und Ökonomisierung des Krankenhauses. Medizinethische Materialien. Zentrum für Medizinische Ethik Bochum e.V. (Heft 194).

Illius, Bruno (2003): Feldforschung. In: Bettina Beer und Hans Fischer (Hg.): Ethnologie. Einführung und Überblick. Neufassung, 5. Aufl. Berlin: Reimer (Ethnologische Paperbacks), S. 73–100.

Illouz, Eva (2006): Gefühle in Zeiten des Kapitalismus. Adorno-Vorlesungen 2004, Institut für Sozialforschung an der Johann-Wolfgang-Goethe-Universität, Frankfurt am Main. 1. Aufl. Frankfurt am Main: Suhrkamp.

Illouz, Eva (2009): Die Errettung der modernen Seele. Therapien, Gefühle und die Kultur der Selbsthilfe. Unter Mitarbeit von Michael Adrian. 1. Aufl. Frankfurt am Main: Suhrkamp.

Institut de France; Leopoldina; The Royal Society (2017): Statement by Three National Academies (Académie des Sciences, Leopoldina and Royal Society) on Good Practice in the Evaluation of Researchers and Research Programmes. Online verfügbar unter http://www.leopoldina.org/uploads/tx_leopublication/2017_Statement_3Acad_Evaluation.pdf, zuletzt geprüft am 27.12.2017.

Irmen, Lisa (2006): Automatic Activation and Use of Gender Subgroups. In: *Sex Roles* 55 (7–8), S. 435–444.

Isaac, Carol; Kaatz, Anna; Lee, Barbara; Carnes, Molly (2012): An Educational Intervention Designed to Increase Women's Leadership Self-Efficacy. In: *CBE Life Sciences Education* 11 (3), S. 307–322.

Jäger, Margarete (2008): Diskursanalyse: Ein Verfahren zur kritischen Rekonstruktion von Machtbeziehungen. In: Ruth Becker und Beate Kortendiek (Hg.): Handbuch Frauen- und Geschlechterforschung: VS Verlag für Sozialwissenschaften, S. 336–341.

Jäger, Ulle; König, Thomke; Maihofer, Andrea (2015): Pierre Bourdieu: Die Theorie männlicher Herrschaft als Schlussstein seiner Gesellschaftstheorie. In: Heike Kahlert und Christine Weinbach (Hg.): Zeitgenössische Gesellschaftstheorien und Genderforschung. Einladung zum Dialog. 2. Aufl. Wiesbaden: VS Verlag für Sozialwissenschaften, S. 15–37.

Jaggi, Ferdinand (2008): Burnout – praxisnah. Stuttgart: Thieme.

Jagsi, Reshma; Guancial, Elizabeth A.; Worobey, Cynthia Cooper; Henault, Lori E.; Chang, Yuchiao; Starr, Rebecca et al. (2006): The „Gender Gap" in Authorship of Academic Medical Literature – a 35-Year Perspective. In: *The New England journal of medicine* 355 (3), S. 281–287.

Janke, Stefan; Rudert, Selma C.; Marksteiner, Tamara; Dickhäuser, Oliver (2017): Knowing One's Place. Parental Educational Background Influences Social Identification with Academia, Test Anxiety, and Satisfaction with Studying at University. In: *Frontiers in psychology* 8, S. 1326.

Jerusalem, Matthias; Hopf, Diether (Hg.) (2002): Selbstwirksamkeit und Motivationsprozesse in Bildungsinstitutionen. In: *Zeitschrift für Pädagogik*. Beiheft 44. Weinheim: Beltz.

Jex, Steve M.; Britt, Thomas W. (2014): Organizational Psychology. A Scientist-Practitioner Approach. 3. Aufl. Hoboken/NJ: John Wiley & Sons Inc.

Jonas, Klaus; Stroebe, Wolfgang; Hewstone, Miles (Hg.) (2014): Sozialpsychologie. Berlin, Heidelberg: Springer.

Jöstl, Gregor; Bergsmann, Evelyn; Lüftenegger, Marko; Schober, Barbara; Spiel, Christiane (2012): When Will They Blow My Cover? In: *Zeitschrift für Psychologie* 220 (2), S. 109–120.

Jungbauer-Gans, Monika; Gross, Christiane (2007): Erfolg durch Leistung? Ein Forschungsüberblick zum Thema Wissenschaftskarrieren. In: *Soziale Welt* 58 (4), S. 453–471.

Kahlert, Heike (2011): „Cooling out" und der riskante Weg an die Spitze. Zum Einfluss von Ungleichheitsregimes auf Karriereorientierungen im wissenschaftlichen Nachwuchs. In: Jutta Wergen (Hg.): Forschung und Förderung. Promovierende im Blick der Hochschulen. Berlin, Münster: Lit (Bildung – Hochschule – Innovation, Bd. 11), S. 105–123.

Kahlert, Heike (2013a): Leitbild Dual-Career-Family. Wissenschaftliche Nachwuchsförderung im Licht unternehmerischen Denkens. In: Kristina Binner, Bettina Kubicek und Anja Rozwandowicz (Hg.): Die unternehmerische Hochschule aus der Perspektive der Geschlechterforschung zwischen Aufbruch und Beharrung. 1. Aufl. Münster: Westfälisches Dampfboot, S. 31–51.

Kahlert, Heike (2013b): Riskante Karrieren. Wissenschaftlicher Nachwuchs im Spiegel der Forschung. Opladen: Budrich (Wissenschaftskarrieren, Bd. 1).

Kahlert, Heike (2015): Nicht als Gleiche vorgesehen. Akademische Laufbahn und legitime Lebenspraxis. In: *Beiträge zur Hochschulforschung* 37 (3), S. 60–79.

Kaiser-Belz, Manuela (2008): Mentoring im Spannungsfeld von Personalentwicklung und Frauenförderung. Eine gleichstellungspolitische Maßnahme im Kontext beruflicher Felder (Diss. Univ. Göttingen 2008). 1. Aufl. Wiesbaden: VS Verlag für Sozialwissenschaften/GWV Fachverlage. Online verfügbar unter http://dx.doi.org/10.1007/978-3-531-91181-6.

Kammler, Clemens; Parr, Rolf; Schneider, Ulrich Johannes; Reinhardt-Becker, Elke (2008): Foucault Handbuch. Leben, Werk, Wirkung. Stuttgart: Metzler.

Kanter, Rosabeth Moss (2010 [1977]): Men and Women of the Corporation. [Nachdr.] New York/NY: Basic Books.

Karsch, Fabian (2015): Medizin zwischen Markt und Moral. Zur Kommerzialisierung ärztlicher Handlungsfelder. Bielefeld: transcript.

Kay, Katty; Shipman, Claire (2018): Das neue Selbstbewusstsein. Was Frauen zum Erfolg führt. Unter Mitarbeit von Liselotte Prugger. München: btb.

Kelle, Udo; Kluge, Susann (2010): Vom Einzelfall zum Typus. Fallvergleich und Fallkontrastierung in der qualitativen Sozialforschung. 2. Aufl. Wiesbaden: VS Verlag für Sozialwissenschaften.

Keller, Reiner (2008): Wissenssoziologische Diskursanalyse. Grundlegung eines Forschungsprogramms. 2. Aufl. Wiesbaden: VS Verlag für Sozialwissenschaften.

Keller Fox, Evelyn (1995): Gender and Science. Origin, History, and Politics. In: *Osiris* 10, S. 26–38.

Kernis, Michael H.; Waschull, Stefanie B. (1995): The Interactive Roles Of Stability And Level Of Self-Esteem. Research and Theory. In: Advances in Experimental Social Psychology, Bd. 27. Amsterdam: Elsevier. S. 93–141.

Kerschgens, Anke (2009): Die widersprüchliche Modernisierung der elterlichen Arbeitsteilung. Wiesbaden: VS Verlag für Sozialwissenschaften.

Keupp, Heiner (2012): Verwirklichungschancen und Identitätskapital als Bedingung und Folgen der Handlungsfähigkeit. Eine solutogenetische Perspektive. In: Alban Knecht und Franz-Christian Schubert (Hg.): Ressourcen im Sozialstaat und in der Sozialen Arbeit. 1. Aufl. Stuttgart: Kohlhammer, S. 42–61.

Keupp, Heiner (2013): Identitätskonstruktionen. Das Patchwork der Identitäten in der Spätmoderne. 5. Aufl. Reinbek bei Hamburg: Rowohlt Taschenbuch Verlag.

Keupp, Heiner; Hohl, Joachim (Hg.) (2006): Subjektdiskurse im gesellschaftlichen Wandel. Zur Theorie des Subjekts in der Spätmoderne. Bielefeld: transcript.

Kite, Mary E.; Deaux, Kay; Haine, Elizabeth L. (2008): Gender Stereotypes. In: Florence Denmark und Michele Antoinette Paludi (Hg.): Psychology of Women. Handbook of Issues and Theories. 2. Aufl. Westport/CO: Praeger, S. 205–236.

Klecha, Stephan; Krumbein, Wolfgang (Hg.) (2008): Die Beschäftigungssituation von wissenschaftlichem Nachwuchs. 1. Aufl. Wiesbaden: VS Verlag für Sozialwissenschaften.

Klein, Jens; Grosse Frie, Kirstin; Blum, Karl; Siegrist, Johannes; dem Knesebeck, Olaf von (2010): Berufliche Gratifikationskrisen, Job Strain und Burnout bei chirurgisch tätigen

Krankenhausärzten. In: *Psychotherapie, Psychosomatik, medizinische Psychologie* 60 (9–10), S. 374–379.

Kleiner, Matthias (2017): Nur so ein Vorschlag ... In: *leibniz – das Magazin der Leibniz-Gemeinschaft*, (3/2017) S. 9.

Kluge, Susann (1999): Empirisch begründete Typenbildung. Zur Konstruktion von Typen und Typologien in der qualitativen Sozialforschung. Wiesbaden: VS Verlag für Sozialwissenschaften.

Knesebeck, Olaf von dem; Klein, Jens; Frie, Grosse, Kirstin; Siegrist Johannes (2010): Psychosoziale Arbeitsbelastungen bei chirurgisch tätigen Krankenhausärzten. Ergebnisse einer bundesweiten Befragung. In: *Deutsches Ärzteblatt* 107 (14). Online verfügbar unter https://www.boeckler.de/pdf_fof/92530.pdf, zuletzt geprüft am 27.12.2017.

Knoll, Nina; Scholz, Urte; Rieckmann, Nina; Schwarzer, Ralf (2011): Einführung Gesundheitspsychologie. 2. Aufl. München: Reinhardt (UTB Psychologie).

König, Frank (2001): Suizidalität bei Ärzten: Kein Tabuthema mehr? In: *Deutsches Ärzteblatt* 98 (47), A3110-S3111. Online verfügbar unter https://www.aerzteblatt.de/archiv/29551/Suizidalitaet-bei-Aerzten-Kein-Tabuthema-mehr, zuletzt geprüft am 5.2.18.

Konsortium Bundesbericht Wissenschaftlicher Nachwuchs (2013): Bundesbericht Wissenschaftlicher Nachwuchs 2013. Statistische Daten und Forschungsbefunde zu Promovierenden und Promovierten in Deutschland. Ausführliche Fassung. Bielefeld: Bertelsmann.

Konsortium Bundesbericht Wissenschaftlicher Nachwuchs (2017): Bundesbericht Wissenschaftlicher Nachwuchs 2017. Statistische Daten und Forschungsbefunde zu Promovierenden und Promovierten in Deutschland. 1. Aufl. Bielefeld: Bertelsmann.

Koppetsch, Cornelia; Speck, Sarah (2015): Wenn der Mann kein Ernährer mehr ist. Geschlechterkonflikte in Krisenzeiten. 1. Aufl. Berlin: Suhrkamp.

Kortendiek, Beate; Hilgemann, Meike; Niegel, Jennifer; Hendrix, Ulla (2013): Gender-Report 2013. Geschlechter(un)gerechtigkeit an nordrhein-westfälischen Hochschulen. Hochschulentwicklungen, Gleichstellungspraktiken, Wissenschaftskarrieren. Essen/Ruhr: Netzwerk Frauen- und Geschlechterforschung NRW (Studien Netzwerk Frauenforschung NRW, Bd. 17).

Krais, Beate (1993): Geschlechterverhältnis und symbolische Gewalt. In: Gunter Gebauer und Christoph Wulf (Hg.): Praxis und Ästhetik. Neue Perspektiven im Denken Pierre Bourdieus. 1. Aufl. Frankfurt am Main: Suhrkamp.

Krais, Beate (2000): Wissenschaftskultur und Geschlechterordnung. Über die verborgenen Mechanismen männlicher Dominanz in der akademischen Welt. Frankfurt am Main: Campus.

Krais, Beate (2008): Wissenschaft als Lebensform? Die alltagspraktische Seite akademischer Karrieren. In: Yvonne Haffner und Beate Krais (Hg.): Arbeit als Lebensform? Beruflicher

Erfolg, private Lebensführung und Chancengleichheit in akademischen Berufsfeldern. Frankfurt am Main: Campus, S. 177–212.

Krais, Beate (2011): Die männliche Herrschaft: ein somatisches Herrschaftsverhältnis. In: *Österreichische Zeitschrift für Soziologie* 36, S. 33–50.

Krais, Beate; Gebauer, Gunter (2015): Habitus. 6. Aufl. Bielefeld: transcript.

Kreckel, Reinhard (Hg.) (1983): Soziale Ungleichheiten (Soziale Welt, Sonderbd. 2).

Krell, Gertraude (2014): Gender und Diversity: Eine Diskursgeschichte. In: Maria Funder (Hg.): The Gender Cage – Revisited. Handbuch zur Organisations- und Geschlechterforschung. Baden-Baden: Nomos, S. 319–336.

Krempkow, René; Landrock, Uta (2013): Die Sicht der wissenschaftlichen Mitarbeiter/innen auf die Leistungsorientierte Mittelvergabe an Medizinischen Fakultäten im Vergleich zu den Professor/innen. iFQ – Institut für Forschungsinformation und Qualitätssicherung. Berlin.

Krempkow, René; Sembritzki, Thorben (2017): Die Vereinbarkeit von Wissenschaft und Familie in Deutschland. Bestandsaufnahme aus Sicht von Hochschulen und Nachwuchsforschenden. In: *Beiträge zur Hochschulforschung* 39 (2), S. 102–123.

Krimmer, Holger; Zimmer, Annette (2003): Karrierewege von Professorinnen an Hochschulen in Deutschland. In: *Zeitschrift für Frauenforschung und Geschlechterforschung* 21 (4), S. 18–33.

Kuckartz, Udo (2010): Einführung in die computergestützte Analyse qualitativer Daten. 3. Aufl. Wiesbaden: VS Verlag für Sozialwissenschaften.

Kursawe, Hubertus K.; Guggenberger, Herbert (2013): Neu im Klinikalltag – wie junge Mediziner den Einstieg besser meistern. Berlin: Springer.

Kurt, Ronald; Herbrik, Regine (2014): Sozialwissenschaftliche Hermeneutik und hermeneutische Wissenssoziologie. In: Nina Baur und Jörg Blasius (Hg.): Handbuch Methoden der empirischen Sozialforschung. Wiesbaden: Springer Fachmedien, S. 473–491.

Laclau, Ernesto; Mouffe, Chantal; Hintz, Michael; Vorwallner, Gerd (Hg.) (2006): Hegemonie und radikale Demokratie. Zur Dekonstruktion des Marxismus. 3. Aufl. Wien: Passagen.

Langebartels, Birgit (2017): Zwischen Allmacht und Erschöpfung. Köln: Rheingold. Online verfügbar unter https://www.rheingold-marktforschung.de/veroeffentlichungen/artikel/Zwischen_Allmacht_und_Erschoepfung.html, zuletzt geprüft am 11.01.2018.

Langer, Phil C.; Kühner, Angela; Schweder, Panja (Hg.) (2013): Reflexive Wissensproduktion. Anregungen zu einem kritischen Methodenverständnis in qualitativer Forschung. Wiesbaden: VS Verlag für Sozialwissenschaften.

Langford, Joe; Clance, Pauline Rose (1993): The Imposter Phenomenon. Recent Research Findings Regarding Dynamics, Personality and Family Patterns and Their Implications for Treatment. In: *Psychotherapy: Theory, Research, Practice, Training* 30 (3), S. 495–501.

Lanz, Caroline (2010): Burnout aus ressourcenorientierter Sicht im Geschlechtervergleich. Eine Untersuchung im Spitzenmanagement in Wirtschaft und Verwaltung. Wiesbaden: VS Verlag für Sozialwissenschaften.

Laqueur, Thomas Walter (1992): Auf den Leib geschrieben. Die Inszenierung der Geschlechter von der Antike bis Freud. Frankfurt am Main: Campus.

Lareau, Annette (2011): Unequal Childhoods. Class, Race, and Family Life. 2. Aufl. Berkeley: Univ. of California Press.

Lazarus, Richard S.; Folkman, Susan (1987): Transactional Theory and Research on Emotion and Coping. In: *European Journal of Personality* 1, S. 141–169.

Lazarus, Richard S.; Smith, Craig a. (1990): Emotion and Adaption. In: Lawrence A. Pervin (Hg.): Handbook of Personality. Theory and Research. New York: Guilford, S. 609–637.

Leary, Mark (2003): Commentary on Self-Esteem as an Interpersonal Monitor: The Sociometer Hypothesis (1995). In: *Psychological Inquiry* 14 (3), S. 270–274.

Leary, Mark R.; Baumeister, Roy F. (2000): The Nature and Function of Self-Esteem. Sociometer Theory. In: *Advances in Experimental Social Psychology* 32 (32), S. 1–62.

Leary, Mark R.; Terdal, Sonja K.; Tambor, Ellen S.; Downs, Deborah L. (1995): Self-Esteem as an Interpersonal Monitor: The Sociometer Hypothesis. In: *Journal of Personality and Social Psychology* 68 (3), S. 518–530.

Leemann, Regula Julia (2013): Geschlechterungleichheiten in wissenschaftlichen Laufbahnen. In: Peter A. Berger und Heike Kahlert (Hg.): Institutionalisierte Ungleichheiten. Wie das Bildungswesen Chancen blockiert. 3. Aufl. Weinheim, Basel: Beltz Juventa, S. 179–214.

Leemann, Regula Julia; Boes, Stefan (2012): Institutionalisierung von ‚Mobilität' und ‚Internationalität' in wissenschaftlichen Laufbahnen. Neue Barrieren für Frauen auf dem Weg an die Spitze? In: Sandra Beaufaÿs, Anita Engels und Heike Kahlert (Hg.): Einfach Spitze? Neue Geschlechterperspektiven auf Karrieren in der Wissenschaft. 1. Aufl. Frankfurt am Main: Campus, S. 175–203.

Legewie, Heiner; Schervier-Legewie, Barbara (2004): Anselm Strauss. Research is Hard Work, it's Always a bit Suffering. Therefore, on the Other Side Research Should be Fun. In: *Forum Qualitative Sozialforschung* 5 (3), Art. 22.

Lewis, Jane; Giullari, Susy (2005): The Adult Worker Model Family, Gender Equality and Care. The Search for New Policy Principles, and the Possibilities and Problems of a Capabilities

Approach. United Nations Research Institut for Social Development (Social Policy and Development Programm Paper, Nr. 19).

Lewis, Patricia; Simpson, Ruth (2012): Kanter Revisited. Gender, Power and (In)Visibility. In: *International Journal of Management Reviews* 14 (2), S. 141–158.

Liebig, Stefan (Vorsitzender); Gebel, Tobias; Grenzer, Matthis; Kreusch, Julia; Schuster, Heidi; Tscherwinka, Ralf; Witzel, Andreas (2014): Datenschutzrechtliche Anforderungen bei der Generierung und Archivierung qualitativer Interviewdaten. Erarbeitet und verfasst von der Arbeitgruppe Datenschutz und qualitative Sozialforschung. Hg. v. Vorsitzender des RatSWD (2007/2008 Heike Solga und seit 2009 Gert G. Wagner). Rat für Sozial- und Wirtschaftsdaten. Berlin (RatSWD Working Papers).

Lind, Inken (2006): Kurzexpertise zum Themenfeld Frauen in Wissenschaft und Forschung im Auftrag der Robert Bosch Stiftung. Hg. v. Center of Excellence Women and Science (CEWS). Bonn.

Lind, Inken (2012): Wie gelingt Vereinbarkeit? Mit Kindern auf dem wissenschaftlichen Karriereweg. In: Sandra Beaufaÿs, Anita Engels und Heike Kahlert (Hg.): Einfach Spitze? Neue Geschlechterperspektiven auf Karrieren in der Wissenschaft. 1. Aufl. Frankfurt am Main: Campus, S. 280-311.

Lindeman, S.; Laara, E.; Hakko, H.; Lonnqvist, J. (1996): A Systematic Review on Genderspecific Suicide Mortality in Medical Doctors. In: *The British Journal of Psychiatry: The Journal of Mental Science* 168 (3), S. 274–279.

Locke, Edwin A.; Latham, Gary P. (1990): A Theory of Goal Setting and Task Performance. Englewood Cliffs/NJ: Prentice Hall.

Lohmann-Haislah, Andrea (2013): Hintergründe und Rahmenbedingungen. In: Bundesanstalt für Arbeitsschutz und Arbeitsmedizin (Hg.): Stressreport Deutschland 2012. Psychische Anforderungen, Ressourcen und Befinden. Dortmund, Berlin, Dresden: Bundesanstalt für Arbeitsschutz und Arbeitsmedizin, S. 11–19.

Loos, Stefan; Albert, Martin; Sander, Monika; Schliwen, Anke (2014a): Forschung und Innovation in der Universitätsmedizin. Hg. v. Expertenkommission Forschung und Innovation (EFI). IGES Institut GmbH. Berlin (Studien zum deutschen Innovationssystem, 7-2014). Online verfügbar unter http://www.e-fi.de/fileadmin/Innovationsstudien_2014/StuDIS_7_2014.pdf, zuletzt geprüft am 18.09.2015.

Loos, Stefan; Sander, Monika; Albrecht, Martin (2014b): Systematische Situationsanalyse zum wissenschaftlichen Nachwuchs in der klinischen Forschung. Hg. v. IGES Institut GmbH. Berlin. Online verfügbar unter http://www.dlr.de/pt/PortalData/45/Resources/a_dokumente/gesundheitsforschung/IGES-Studie_Nachwuchs_Ergebnisbericht.pdf, zuletzt geprüft am 05.02.2018.

Lothar, Peter (2011): Prolegomena zu einer Theorie der symbolischen Gewalt. In: *Österreichische Zeitschrift für Soziologie* (36), S. 11–31.

Löther, Andrea; Vollmer, Lina (Hg.) (2014): Gleichstellungsarbeit an Hochschulen. Neue Strukturen – neue Kompetenzen. Opladen: Budrich (CEWS Beiträge Frauen in Wissenschaft und Forschung, Bd. 6).

Ludwig, Monika (1996): Armutskarrieren zwischen sozialem Abstieg und Aufstieg (Idealtypische Muster 3). In: Monika Ludwig (Hg.): Armutskarrieren. Zwischen Abstieg und Aufstieg im Sozialstaat. Wiesbaden: VS Verlag für Sozialwissenschaften (Studien zur Sozialwissenschaft, 165), S. 263–280.

Maasen, Sabine (2011): Das beratene Selbst. Zur Genealogie der Therapeutisierung in den ‚langen' Siebzigern: Eine Perspektivierung. In: Sabine Maasen (Hg.): Das beratene Selbst. Zur Genealogie der Therapeutisierung in den ‚langen' Siebzigern. Bielefeld: transcript, S. 7–34.

Maasen, Sabine; Weingart, Peter (2006): Unternehmerische Universität und neue Wissenschaftskultur. In: *die hochschule* (1), S. 19–45.

MacCormack, Carol P.; Strathern, Marilyn (Hg.) (1989): Nature, Culture and Gender. Cambridge: Cambridge Univ. Press.

MacPhee, David; Farro, Samantha; Canetto, Silvia Sara (2013): Academic Self-Efficacy and Performance of Underrepresented STEM Majors. Gender, Ethnic, and Social Class Patterns. In: *Analyses of Social Issues and Public Policy* 13 (1), S. 347–369.

Magg-Schwarzbäcker, Marion (2014): Mentoring für Frauen an Hochschulen. Die Organisation informellen Wissenstransfers. Wiesbaden: VS Verlag für Sozialwissenschaften.

Maihofer, Andrea (2004): Von der Frauen- zur Geschlechterforschung: modischer Trend oder bedeutsamer Perspektivenwechsel? In: Peter Döge, Karsten Kassner und Gabriele Schambach (Hg.): Schaustelle Gender. Aktuelle Beiträge sozialwissenschaftlicher Geschlechterforschung. Bielefeld: Kleine, S. 11–28.

Maihofer, Andrea (2007): Gender in Motion: Gesellschaftliche Tranformationsprozesse – Umbrüche in den Geschlechterverhältnissen? Eine Problemskizze. In: Dominique Grisard (Hg.): Gender in motion. Die Konstruktion von Geschlecht in Raum und Erzählung. Frankfurt am Main: Campus, S. 281–316.

Majcher, Agnieszka; Zimmer, Annette (2010): Hochschule und Wissenschaft. In: Ruth Becker und Beate Kortendiek (Hg.): Handbuch Frauen- und Geschlechterforschung. Wiesbaden: VS Verlag für Sozialwissenschaften, S. 705–712.

Majcher, Agnieszka; Zimmer Annette (2008): Hochschule und Wissenschaft. In: Ruth Becker und Beate Kortendiek (Hg.): Handbuch Frauen- und Geschlechterforschung. Wiesbaden: VS Verlag für Sozialwissenschaften, S. 590–596.

Maliniak, Daniel; Powers, Ryan; Walter, Barbara F. (2013): The Gender Citation Gap in International Relations. In: *International Organization* 67 (4), S. 889–922.

Marcus, George E. (1995): Ethnography in/of the World System. The Emergence of Multi-Sited Ethnography. In: *Annual Review of Anthropology* 24 (1), S. 95–117.

Maslach; Christina; Jackson, Susan, E.; Leiter, Michael P. (1981): Maslach Burnout Inventory. Palo Alto: Consulting Psychologist Press.

Mattheis, Hildegard (2006): Mehr Chancengleichheit durch Personalentwicklung? Das Beispiel Wissenschaft und Forschung. In: Regine Bendl (Hg.): Betriebswirtschaftslehre und Frauen- und Geschlechterforschung. 1. Aufl. Frankfurt am Main, S. 61–80.

McConnell, Allen R.; Brown, Christina M.; Shoda, Tonya M. (2013): The Social Cognition of the Self. In: Donal E. Carlston (Hg.): The Oxford Handbook of Social Cognition. Oxford, New York, Auckland: Oxford University Press (Oxford Library of Psychology), S. 1–40.

McCrea, Sean M.; Hirt, Edward R.; Milner, Bridgett J. (2008): She Works Hard for the Money. Valuing Effort Underlies Gender Differences in Behavioral Self-Handicapping. In: *Journal of Experimental Social Psychology* 44 (2), S. 292–311.

McGann, L., Vanessa; Steil M. Janice (2006): The Sense of Entitlement. Implication for Gender Equality and Psychological Well-Being. In: Carol D. Goodheart und Judith Worell (Hg.): Handbook of Girl's and Women's Psychological Health. New York: Oxford University Press (Oxford Series in Clinical Psychology), S. 175–182.

McRobbie, Angela (2010): Top Girls. Feminismus und der Aufstieg des neoliberalen Geschlechterregimes. Wiesbaden: VS Verlag für Sozialwissenschaften.

McRobbie, Angela (2015): Das Geschlecht des Postfordismus: *passionate work*, ‚Risikoklasse' und ‚eigenes Leben'. In: Katharina Walgenbach und Anna Stach (Hg.): Geschlecht in gesellschaftlichen Transformationsprozessen. 1. Aufl. Opladen: Budrich, S. 51–74.

McRobbie, Angela (2016): Top Girls. Feminismus und der Aufstieg des neoliberalen Geschlechterregimes. 2. Aufl. Wiesbaden: VS Verlag für Sozialwissenschaften.

Mead, George Herbert (Hg.) (1934 [2015]): Mind, Self, and Society. The Definitive Edition. Annotated Edition. Chicago, London: The University of Chicago Press.

Meier, Frank (2009): Die Universität als Akteur. Zum institutionellen Wandel der Hochschulorganisation. 1. Aufl. Wiesbaden: VS Verlag für Sozialwissenschaften.

Merkens, Hans (2015): Auswahlverfahren, Sampling, Fallkonstruktion. In: Ernst von Kardorff, Ines Steinke und Uwe Flick (Hg.): Qualitative Forschung. Ein Handbuch. 11. Aufl. Reinbek bei Hamburg: Rowohlt Taschenbuch Verlag, S. 286–298.

Mertens, Lothar (1989): Die Entwicklung des Frauenstudiums in Deutschland. In: Dieter Voigt (Hg.): Qualifikationsprozesse und Arbeitssituation von Frauen in der Bundesrepublik

Deutschland und in der DDR. Berlin: Duncker & Humblot (Schriftenreihe der Gesellschaft für Deutschlandforschung, Bd. 27), S. 9–40.

Mertens, Lothar (1991): Vernachlässigte Töchter der Alma Mater. Ein sozialhistorischer und bildungssoziologischer Beitrag zur strukturellen Entwicklung des Frauenstudiums in Deutschland seit der Jahrhundertwende. Berlin: Duncker & Humblot (Sozialwissenschaftliche Schriften, Heft 20).

Merton, Robert (1985): Entwicklung und Wandel von Forschungsinteressen. Aufsätze zur Wissenschaftssoziologie. 1. Aufl. Frankfurt am Main: Suhrkamp (Wissenschaftsforschung, Beratung).

Metz-Göckel, Sigrid; Selent, Petra; Schürmann, Ramona (2010): Integration und Selektion. Dem Dropout von Wissenschaftlerinnen auf der Spur. In: *Beiträge zur Hochschulforschung* 32 (1), S. 8–35.

Meuser, Michael (2006a): Riskante Praktiken. Zur Aneignung von Männlichkeit in den ernsten Spielen des Wettbewerbs. In: Helga Bilden und Bettina Dausien (Hg.): Sozialisation und Geschlecht. Theoretische und methodologische Aspekte. Opladen: Budrich, S. 163–178.

Meuser, Michael (2006b): Vereinbarkeitsmanagement – Zuständigkeiten und Karrierechancen bei Doppelkarrierepaaren. In: Karl-Siegbert Rehberg (Hg.): Soziale Ungleichheit, kulturelle Unterschiede. Verhandlungen des 32. Kongresses der Deutschen Gesellschaft für Soziologie in München 2004. Frankfurt am Main: Campus, S. 4713–4722.

Meuser, Michael (2008a): Ernste Spiele. Zur Konstruktion von Männlichkeit im Wettbewerb der Männer. In: Nina Baur und Jens Luedtke (Hg.): Die soziale Konstruktion von Männlichkeit. Hegemoniale Männlichkeiten in Deutschland. Opladen: Budrich, S. 33–44.

Meuser, Michael (2008b): Ernste Spiele: zur Konstruktion von Männlichkeit im Wettbewerb der Männer. In: Karl-Siegbert Rehberg (Hg.): Die Natur der Gesellschaft. Verhandlungen des 33. Kongresses der Deutschen Gesellschaft für Soziologie in Kassel 2006. Frankfurt am Main: Campus, S. 5171–5176.

Meuser, Michael (2009): Hegemoniale Männlichkeit: Überlegungen zur Leitkategorie der Men's Studies. In: Brigitte Aulenbacher (Hg.): FrauenMännerGeschlechterforschung. State of the Art. 2. Aufl. Münster: Westfälisches Dampfboot, S. 160–174.

Meuser, Michael (2010a): Geschlecht und Männlichkeit. Soziologische Theorie und kulturelle Deutungsmuster. 3. Aufl.: VS Verlag für Sozialwissenschaften.

Meuser, Michael (2010b): Geschlecht, Macht, Männlichkeit. Strukturwandel von Erwerbsarbeit und hegemonialer Männlichkeit. In: *Erwägen Wissen Ethik* 21 (3), S. 325–336.

Mey, Günter; Mruck, Katja (2009): Methodologie und Methodik der Grounded Theory. In: Wilhelm Kempf und Marcus Kiefer (Hg.): Forschungsmethoden der Psychologie. Zwischen naturwissenschaflichem Experiment und sozialwissenschaftlicher Hermeneutik. 3 Bände, S. 100–152.

Mey, Günter; Mruck, Katja (Hg.) (2011): Grounded Theory Reader. 2. Aufl. Wiesbaden: VS Verlag für Sozialwissenschaften.

Möbius, Paul Julius (1900 [2000]): Über den physiologischen Schwachsinn des Weibes. Augsburg: Bechtermünz.

Moebius, Stephan; Wetterer, Angelika (2011): Symbolische Gewalt. In: *Österreichische Zeitschrift für Soziologie* 36, S. 1–10.

Moosbrugger, Jeanette (2008): Subjektivierung von Arbeit: Freiwillige Selbstausbeutung. Ein Erklärungsmodell für die Verausgabungsbereitschaft von Hochqualifizierten. Wiesbaden: VS Verlag für Sozialwissenschaften.

Morrison, Ann M.; Glinow, Mary Ann von (1990): Women and Minorities in Management. In: *American Psychologist* 45 (2), S. 200–208.

Morrison, Ann M.; White, Randall P.; van Velsor, Ellen (1987): Breaking the Glass Ceiling. Can Women Reach the Top of America's Largest Corporations? Updated ed. Reading/MA: Addison-Wesley.

Moskowitz, Gordon B.; Gollwitzer, Peter M.; Wasel, Wolfgang; Schaal, Bernd (1999): Preconscious Control of Stereotype Activation Through Chronic Egalitarian Goals. In: *Journal of Personality and Social Psychology* 77 (1), S. 167–184.

Moss-Racusin, Corinne A.; Dovidio, John F.; Brescoll, Victoria L.; Graham, Mark J.; Handelsman, Jo (2012): Science Faculty's Subtle Gender Biases Favor Male Students. In: *Proceedings of the National Academy of Sciences of the United States of America* 109 (41), S. 16474–16479.

Müller, Hans-Peter (2016): Pierre Bourdieu. Eine systematische Einführung. 2. Aufl. Berlin: Suhrkamp.

Müller, Ruth (2013): „Karriere machen" in den Lebenswissenschaften. In: Kristina Binner, Bettina Kubicek und Anja Rozwandowicz (Hg.): Die unternehmerische Hochschule aus der Perspektive der Geschlechterforschung zwischen Aufbruch und Beharrung. 1. Aufl. Münster: Westfälisches Dampfboot, S. 118–136.

Müller, Ursula; Riegraf, Birgit; Wilz, Sylvia Marlene (Hg.) (2013): Geschlecht und Organisation. Berlin: Springer VS.

Multrus, Frank; Majer, Sandra; Bargel, Tino; Schmidt, Monika (2017): Studiensituation und studentische Orientierungen. 13. Studierendensurvey an Universitäten und Fachhochschulen. Hg. v. Bundesministerium für Bildung und Forschung (BMBF).

Mummendey, H. D. (2006): Psychologie des „Selbst". Theorien, Methoden und Ergebnisse der Selbstkonzeptforschung. Göttingen: Hogrefe.

Mummendey, Hans Dieter (1995): Psychologie der Selbstdarstellung. 2. Aufl. Göttingen: Hogrefe.

Münch, Richard (2004): Soziologische Theorie. Frankfurt am Main: Campus.

Münch, Richard (2011): Akademischer Kapitalismus. Über die politische Ökonomie der Hochschulreform. 1. Aufl. Berlin: Suhrkamp.

Münch, Richard (2016): Kapital und Arbeit im akademischen Shareholder-Kapitalismus. Fatale Allianzen auf dem deutschen Sonderweg zur wissenschaftlichen Exzellenz. In: *Soziologie* 45 (4), S. 412–440.

Myers, David G. (2014): Psychologie. Berlin, Heidelberg: Springer.

Neckel, Sighard (Hg.) (2014): Leistung und Erschöpfung. Burnout in der Wettbewerbsgesellschaft. 2. Aufl. Berlin: Suhrkamp.

Nelson, Debra L.; Burke, Ronald J. (Hg.) (2002): Gender, Workstress and Health. American Psychologial Association.

Nentwich, Julia C.; Stangel-Meseke, Martina (2010): Von „Frauen in Führungspositionen" zu „doing gender at work"? Konzeptionalisierungen von Geschlecht in der deutschsprachigen Arbeits- und Organisationspsychologie. In: Gisela Steins (Hg.): Handbuch Psychologie und Geschlechterforschung. 1. Aufl. Wiesbaden: VS Verlag für Sozialwissenschaften, S. 327–350.

Neureiter, Mirjam; Traut-Mattausch, Eva (2016): An Inner Barrier to Career Development. Preconditions of the Impostor Phenomenon and Consequences for Career Development. In: *Frontiers in psychology* 7, S. 48.

Niedenthal, Paula M.; Beike, Denise, R. (1997): Interrelated and Isolated Self-Concepts. In: *Personality and Social Psychology Review* 1 (2), S. 106–128.

Nowbar, Alexandra N.; Mielewczik, Michael; Karavassilis, Maria; Dehbi, Hakim-Moulay; Shun-Shin, Matthew J.; Jones, Siana et al. (2014): Discrepancies in Autologous Bone Marrow Stem Cell Trials and Enhancement of Ejection Fraction (DAMASCENE). Weighted Regression and Meta-analysis. In: *BMJ (Clinical Research Ed.)* 348, S. 2688.

Ochmann, Uta; Winkler, S. (2013): Mutterschutz im Gesundheitswesen. In: *ASU – Zeitschrift für medizinische Prävention* 48, S. 188–195.

Operieren in der Schwangerschaft (2015): Schwangere Ärztinnen dürfen operieren: Chirurginnen treiben zeitgemäße Auslegung des Mutterschutzgesetzes voran. Hg. v. Deutsche Gesellschaft für Orthopädie und Unfallchirurgie e.V. Berlin. Online verfügbar unter http://www.opids.de/presse/pressematerial/dgou-pressemitteilung-1, zuletzt geprüft am 22.12.2017.

Opitz, Claudia (2010): Geschlechtergeschichte. Frankfurt am Main: Campus.

Ortner, Sherry B. (1972): Is Female to Male as Nature Is to Culture? In: *Feminist Studies* 1 (2), S. 5–31.

Ortner, Sherry B. (1993): Verhält sich weiblich zu männlich wie Natur zu Kultur? In: Gabriele Rippl (Hg.): Unbeschreiblich weiblich. Texte zur feministischen Anthropologie. Frankfurt am Main: Fischer, S. 27–47.

Ortner, Sherry B. (Hg.) (1996): Sexual Meanings. The Cultural Construction of Gender and Sexuality. Repr. Cambridge: Cambridge University Press.

Oyserman, Daphna (2003): Self-Concept and Identity. In: Abraham Tesser und Miles Hewstone (Hg.): Intraindividual Processes. Malden/MA: Blackwell, S. 499–517.

Page, Julie; Leemann, Regula Julia (Hg.) (2000): Karriere von Akademikerinnen. Bedeutung des Mentoring als Instrument der Nachwuchsförderung. Bundesamt für Bildung und Wissenschaft. Bern (Schriftenreihe BBW 2000/1d).

Pasero, Ursula; Priddat, Birger (Hg.) (2004): Organisationen und Netzwerke: Der Fall Gender. Wiesbaden: VS Verlag für Sozialwissenschaften.

Paulitz, Tanja (2012): Geschlechter der Wissenschaft. In: Sabine Maasen, Mario Kaiser, Martin Reinhart und Barbara Sutter (Hg.): Handbuch Wissenschaftssoziologie. Wiesbaden: VS Verlag für Sozialwissenschaften, S. 163–175.

Paulitz, Tanja; Goisauf, Melanie; Zapusek, Sarah (2015): Work-Life-Balance + Wissenschaft = unvereinbar? Zur exkludierenden Vergeschlechtlichung einer entgrenzten Lebensform. In: Tanja Paulitz, Barbara Hey, Susanne Kink und Bianca Prietl (Hg.): Akademische Wissenskulturen und soziale Praxis. Geschlechterforschung zu natur-, technik- und geisteswissenschaftlichen Fächern. 1. Aufl. Münster: Westfälisches Dampfboot (Forum Frauenforschung, Bd. 42), S. 130–140.

Pedersen, Daphne E.; Minnotte, Krista Lynn (2017): Workplace Climate and STEM Faculty Women's Job Burnout. In: *Journal of Feminist Family Therapy* 29 (1–2), S. 45–65.

Pelham, B. W. (1991): On the Benefits of isery. Self-Serving Biases in the Depressive Self-Concept. In: *Journal of Personality and Social Psychology* 61 (4), S. 670–681.

Petersen, Renate (2007): Entscheidungsphase Promotion – Studentinnen reflektieren Voraussetzungen, antizipieren Folgen sowie Alternativen und erkennen Barrieren/Hürden. Online verfügbar unter http://duepublico.uni-duisburg-essen.de/servlets/DocumentServlet?id=15482, zuletzt geprüft am 19.12.2017.

Petersen, Renate (2017): Vision trifft Realität. Mentoring und die fünf Disziplinen der Lernenden Organisation. In: Renate Petersen, Mechthild Budde, Pia Simone Brocke, Gitta Doebert, Helga Wollert-Rudack und Henrike Wolf (Hg.): Praxishandbuch Mentoring in der Wissenschaft. Wiesbaden: VS Verlag für Sozialwissenschaften, S. 457–475.

Petersen, Renate; Budde, Mechthild; Brocke, Pia Simone; Doebert, Gitta; Wollert-Rudack, Helga; Wolf, Henrike (Hg.) (2017): Praxishandbuch Mentoring in der Wissenschaft. Wiesbaden: VS Verlag für Sozialwissenschaften.

Pfaff, Holger; Hammer, Antje; Ernstmann, Nicole; Ommen, Oliver; Günster, Christian; Heller, Günther (2010): Arbeitsbelastung in Krankenkäusern: Die Sicht ärztlicher Direktoren. In: *Deutsches Ärzteblatt* 107 (16). Online verfügbar unter https://www.aerzteblatt.de/archiv/74327/Arbeitsbelastung-in-Krankenkaeusern-Die-Sicht-aerztlicher-Direktoren, zuletzt geprüft am 27.12.2017.

Pongratz, Hans J.; Voß, G. Günter (2004): Arbeitskraftunternehmer. Erwerbsorientierungen in entgrenzten Arbeitsformen. 2. Aufl. Berlin: Ed. Sigma (Forschung aus der Hans-Böckler-Stiftung, 47).

Powell, Gary N.; Butterfield, D. Anthony (2015): The Glass Ceiling. What have we Learned 20 Years on? In: *Journal of Organizational Effectivenesss* 2 (4), S. 306–326.

Pyszczynski, Tom; Cox, Cathy (2004): Can we Really do Without Self-Esteem? Comment on Crocker and Park (2004). In: *Psychological Bulletin* 130 (3), 425–429; discussion 430–434.

Pyszczynski, Tom; Greenberg, Jeff (1983): Determinants of Reduction in Intended Effort as a Strategy for Coping with Anticipated Failure. In: *Journal of Research in Personality* 17 (4), S. 412–422.

Ragna, Marina; Gupta, Namrata; Etzkowitz, Henry (2012): Gender Effects in Research Funding. A Review of the Scientific Discussion on the Gender-specific Aspects of the Evaluation of Funding Proposals and the Awarding of Funding. Hg. v. Deutsche Forschungsgemeinschaft (DFG).

Rastetter, Daniela (1994): Sexualität und Herrschaft in Organisationen. Eine geschlechtervergleichende Analyse. Wiesbaden: VS Verlag für Sozialwissenschaften (Beiträge zur psychologischen Forschung, Bd. 33).

Rau; Alexandra; Tove, Soiland; Völker, Susanne (2017): Tagung: Ambivalenzen der Selbstsorge. Feministische Perspektiven. Forschungsnetzwerk Gender, Care and Justice der Interfakultären Forschungsplattform Geschlechterforschung. Innsbruck, 24.02.2017. Online verfügbar unter https://www.uibk.ac.at/events/2017/02/24/ambivalenzen-der-selbstsorge.xml, zuletzt geprüft am 28.12.2017.

Raupach, Sebastian M. F.; Lienhop, Martina; Karch, Andre; Raupach-Rosin, Heike; M. Oltersdorf, Karen (2014): Exzellenz braucht Existenz. Studie zur Befristung im Wissenschaftsbereich: ein Beitrag zur Reform des Wissenschaftszeitvertragsgesetzes. Online verfügbar unter http://www.perspektive-statt-befristung.de/Exzellenz_braucht_Existenz__online.pdf, zuletzt geprüft am 05.02.2018.

Reckwitz, Andreas (2008): Subjekt. Bielefeld: transcript.

Reinhart, Martin (2017): More Data Needed on Scientific Misconduct. In: *Nature* 549 (458). Online verfügbar unter https://www.nature.com/articles/549458a.pdf, zuletzt geprüft am 5.2.18.

Rich, Peter (2012): Inside the Black Box. Revealing the Process in Applying a Grounded Theory Analysis. In: *The Qualitative Report* 17 (49), S. 1–23.

Riegraf, Birgit; Weber, Lena (2014a): Governance in der Wissenschaft unter einer Gender-Perspektive. In: Edgar Grande, Dorothea Jansen, Otfried Jarren, Arie Rip, Uwe Schimank und Peter Weingart (Hg.): Neue Governance der Wissenschaft. 1. Aufl. Bielefeld: transcript, S. 235–249.

Riegraf, Birgit; Weber, Lena (2014b): Unternehmerische Hochschule. Veränderungen in der Gleichstellungspolitik und Auswirkungen auf die Gleichstellungsarbeit. In: Andrea Löther und Lina Vollmer (Hg.): Gleichstellungsarbeit an Hochschulen. Neue Strukturen – neue Kompetenzen. Opladen: Budrich (CEWS Beiträge Frauen in Wissenschaft und Forschung, Bd. 6), S. 74–86.

Romani, Maya; Ashkar, Khalil (2014): Burnout Among Physicians. In: *The Libyan Journal of Medicine* 9, S. 23556.

Rosa, Hartmut (2013): Beschleunigung und Entfremdung. Entwurf einer Kritischen Theorie spätmoderner Zeitlichkeit. 5. Aufl. Berlin: Suhrkamp.

Rose, Nikolas S. (1998): Inventing our Selves. Psychology, Power, and Personhood. 1. Aufl. Cambridge: Cambridge University Press.

Rose, Nikolas S. (2000): Das Regieren von unternehmerischen Individuen. In: *BEIGEWUM* (2), S. 9–27.

Rosenthal, Gabriele; Loch, Ulrike (2002): Das narrative Interview. In: Doris Schaeffer und Gabriele Müller-Mundt (Hg.): Qualitative Gesundheits- und Pflegeforschung. 1. Aufl. (Handbuch Gesundheitswissenschaften), S. 221–231.

Rosli, Yanti; Othman, Hidayatulfathi; Ishak, Ismarulyusda; Lubis, Syarif Husin; Saat, Nur Zakiah Mohd.; Omar, Baharudin (2012): Self-esteem and Academic Performance Relationship Amongst the Second Year Undergraduate Students of Universiti Kebangsaan Malaysia, Kuala Lumpur Campus. In: *Procedia - Social and Behavioral Sciences* 60, S. 582–589.

Rossiter, Margaret W. (2003): Der Matilda-Effekt in der Wissenschaft. In: Theresa Wobbe (Hg.): Zwischen Vorderbühne und Hinterbühne. Beiträge zum Wandel der Geschlechterbeziehungen in der Wissenschaft vom 17. Jahrhundert bis zur Gegenwart. Bielefeld: transcript (Sozialtheorie, Bd. 12), S. 191–211.

Rothe, Katharina; Wonneberger, Carsten; Deutschheim, Johannes; Pöge, Kathleen; Gedrose, Benjamin; Alfermann, Dorothee; Kromark, Kathrin (2012): Von Ärzten, Ärztinnen und Müttern in der Medizin. In: Sandra Beaufaÿs, Anita Engels und Heike Kahlert (Hg.): Einfach Spitze? Neue Geschlechterperspektiven auf Karrieren in der Wissenschaft. 1. Aufl. Frankfurt am Main: Campus, S. 312–334.

Rudman, Laurie A. (1998): Self-Promotion as a Risk Factor for Women: the Costs and Benefits of Counterstereotypical Impression Management. In: *Journal of Personality and Social Psychology* 74 (3), S. 629–645.

Rudman, Laurie A.; Fairchild, Kimberly (2004): Reactions to Counterstereotypic Behavior. The Role of Backlash in Cultural Stereotype Maintenance. In: *Journal of Personality and Social Psychology* 87 (2), S. 157–176.

Rudman, Laurie A.; Glick, Peter (1999): Feminized Management and Backlash Toward Agentic Women. The Hidden Costs to Women of a Kinder, Gentler Image of Middle Managers. In: *Journal of Personality and Social Psychology* 77 (5), S. 1004–1010.

Rudman, Laurie A.; Glick, Peter (2008): The Social Psychology of Gender. How Power and Intimacy Shape Gender Relations. New York: Guilford (Texts in Social Psychology).

Rusconi, Alessandra; Kunze, Caren (2015): Einführung in das Themenheft: Reflexionen zu Geschlechterverhältnissen in der Wissenschaft. In: *Beiträge zur Hochschulforschung* 37 (3), S. 8–21.

Rusconi, Alessandra; Solga, Heike (Hg.) (2011): Gemeinsam Karriere machen. Die Verflechtung von Berufskarrieren und Familie in Akademikerpartnerschaften. Opladen: Budrich.

Saar, Martin (2013): Analytik der Subjektivierung. Umrisse eines Theorieprogramms. In: Andreas Gelhard, Thomas Alkemeyer und Norbert Ricken (Hg.): Techniken der Subjektivierung, S. 17–29.

Sacks, Harvey (1985): On Doing „Being Ordinary". In: J. Maxwell Atkinson (Hg.): Structures of Social Action. Cambridge: Cambridge University Press, S. 413–429.

Saldaña, Johnny (2016): The Coding Manual for Qualitative Researchers. 3. Aufl. Los Angeles u. a.: Sage.

Sarasin, Philipp (2010): Michel Foucault zur Einführung. 4. Aufl. Hamburg: Junius.

Schein, Virginia E. (2001): A Global Look at Psychological Barriers to Women's Progress in Management. In: *Journal of Social Issues* 57 (4), S. 675–688.

Schein, Virginia E.; Mueller, Ruediger; Lituchy, Terri; Liu, Jiang (1996): Think manager? Think Male: a Global Phenomenon? In: *Journal of Organizational Behavior* 17 (1), S. 33–41.

Schernhammer, Eva S.; Colditz, Graham A. (2004): Suicide Rates Among Physicians. A Quantitative and Gender Assessment (Meta-Analysis). In: *The American Journal of Psychiatry* 161 (12), S. 2295–2302.

Schiebinger, Londa (1995): Am Busen der Natur. Erkenntnis und Geschlecht in den Anfängen der Wissenschaft. Stuttgart: Klett-Cotta.

Schiebinger, Londa (2000): Frauen forschen anders. Wie weiblich ist die Wissenschaft? München: Beck.

Schindler, Larissa (2012): Visuelle Kommunikation und die Ethnomethoden der Ethnographie. In: *Österreichische Zeitschrift für Soziologie* 37, S. 165–183.

Schmitz, Gerdamarie S. (1999): Zur Struktur und Dynamik der Selbstwirksamkeitserwartung von Lehrern: ein protektiver Faktor gegen Belastung und Burnout? Freie Universität Berlin. Berlin (FU Dissertationen online). Online verfügbar unter http://www.diss.fu-berlin.de/diss/receive/FUDISS_thesis_000000000315, zuletzt geprüft am 06.10.2017.

Schneider, Birgit (2009): Narrative Kunsttherapie. Identitätsarbeit durch Bild-Geschichten: ein neuer Weg in der Psychotherapie. Bielefeld: transcript.

Schröter, Susanne (1995): Der Diskurs um die Kategorie „Sex" in der Ethnologie. Anmerkungen zu Heike Behrends *Mother do not make Babies*. In: *Zeitschrift für Ethnologie* 120 (2), S. 161–175.

Schröter, Susanne (2003): Überschreitungsdiskurse. Grenzverläufe und Grenzverwischungen zwischen den Geschlechtern. In: *Feministische Studien* 21 (1), S. 7–22.

Schultheis, Franz (2007): Bourdieus Wege in die Soziologie. Genese und Dynamik einer reflexiven Sozialwissenschaft. Konstanz: UVK.

Schütz, Astrid (1997): When Ingroup and Outgroup Norms Differ: Unfavorable Self-Presentation in Members of Motorcycle Clubs. In: *Psychological Reports* 80, S. 1221–1222.

Schütz, Astrid (2003): Psychologie des Selbstwertgefühls. Von Selbstakzeptanz bis Arroganz. 2. Aufl. Stuttgart: Kohlhammer.

Schütze, Fritz (1983): Biographieforschung und narratives Interview. In: *Neue Praxis* 13 (3), S. 283–293.

Schwartz, F. W. (Hg.) (2010): Arbeitsbedingungen und Befinden von Ärztinnen und Ärzten: Befunde und Interventionen. Köln: Deutscher Ärzte-Verlag.

Schwarzer, Ralf; Jerusalem, Matthias (2002): Das Konzept der Selbstwirksamkeitserwartung. In: Matthias Jerusalem und Diether Hopf (Hg.): Selbstwirksamkeit und Motivationsprozesse in Bildungsinstitutionen. Weinheim: Beltz (Zeitschrift für Pädagogik, Beiheft 44), S. 28–53.

Seligman, Martin E. (1999): Erlernte Hilflosigkeit. 5. Aufl. Weinheim: Beltz.

Selye, Hans (1976): Stress in Health and Disease. Burlington: Elsevier Science.

Semmer, Norbert T.; Jacobshagen, Nicola; Laurenz L. Meier; Elfering, Achim (2007): Occupational Stress Research: The „Stress-as-offense-to-self" Perspective. In: *Occupational Health Psychology* 2, S. 43–60.

Semmer, Norbert T.; Jacobshagen, Nicola; Meier; Laurenz T. (2006): Arbeit und (mangelnde) Wertschätzung. In: *Wirtschaftspsychologie* (2/3), S. 87–95.

Sentker, Andreas (2007): Jagd auf junge Talente. Die Zeit. Hamburg. Online verfügbar unter http://www.zeit.de/2007/01/Jagd_auf_junge_Talente, zuletzt geprüft am 22.12.2017.

Shanafelt, Tait D.; Hasan, Omar; Dyrbye, Lotte N.; Sinsky, Christine; Satele, Daniel; Sloan, Jeff; West, Colin P. (2015): Changes in Burnout and Satisfaction With Work-Life Balance in Physicians and the General US Working Population Between 2011 and 2014. In: *Mayo Clinic Proceedings* 90 (12), S. 1600–1613.

Sheppard, James A.; Arkin, Robert M. (1989): Determinants of Self-Handicapping: Task Importance and the Effects of Preexisting Handicaps on Selfgenerated Handicaps. In: *Personality and Social Psychology Bulletin* 15 (1), S. 101–112.

Siegrist, Johannes (1996): Adverse Health Effects of High-Effort/Low-Reward Conditions. In: *Journal of Occupational Health Psychology* 1 (1), S. 27–41.

Siegrist, Johannes (2001): A Theory of Occupational Stress. In: Jack Dunham (Hg.): Stress in the Workplace. Past, Present and Future. London: Whurr, S. 52–66.

Siegrist, Johannes (2002): Efford-Reward Imbalance at Work and Health. In: Pamela L. Perrewé und Daniel C. Ganster (Hg.): Historical and Current Perspectives on Stress and Health. Amsterdam, Boston: JAI (Research in Occupational Stress and Well Being, 2), S. 261–292.

Siegrist, Johannes (2012a): Effort-Reward Imbalance (short version) and Overcommitment Questionnaires. Hg. v. Universitätsklinikum Düsseldorf. Düsseldorf. Online verfügbar unter http://www.uniklinik-duesseldorf.de/fileadmin/Datenpool/einrichtungen/institut_fuer_medizinische_soziologie_id54/ERI/Questionnaires/English/E_ERI_SHORT_NOV2012.pdf, zuletzt geprüft am 17.11.2017.

Siegrist, Johannes (2012b): Effort-Reward Imbalance at Work – Theory, Measurement and Evidence. Hg. v. Department of Medical Sociology. Düsseldorf: Universität Düsseldorf.

Sieverding, Monika (1990): Psychologische Barrieren in der beruflichen Entwicklung von Frauen. Das Beispiel der Medizinerinnen. Stuttgart: Enke (Enke-Copythek).

Sieverding, Monika (2003): Frauen unterschätzen sich. Selbstbeurteilungs-Biases in einer simulierten Bewerbungssituation. In: *Zeitschrift für Sozialpsychologie* 34 (3), S. 147–160.

Sieverding, Monika (2010): Genderforschung in der Gesundheitspsychologie. In: Gisela Steins (Hg.): Handbuch Psychologie und Geschlechterforschung. 1. Aufl. Wiesbaden: VS Verlag für Sozialwissenschaften, S. 189–202.

Sigl, Lisa (2015): „Absicherung gibt es überhaupt keine, man kann nur hoffen". In: *Journal für Hochschuldidaktik* 26 (1–2), S. 24–27.

Sikhwari, T. D. (2017): A Study of the Relationship between Motivation, Self-concept and Academic Achievement of Students at a University in Limpopo Province, South Africa. In: *International Journal of Educational Sciences* 6 (1), S. 19–25.

Singer, Pia (2017): Mentoring als neoliberaler Subjektivierungsmodus? Eine qualitative Studie eines Mentoringprogramms in der Hochschulmedizin. Ludwig-Maximilians-Universität, Institut für Soziologie, Lehrstuhl für Soziologie und Gender Studies: Unveröffentlichte Masterarbeit.

Singer, Susanne; Brähler, Elmar (2007): Die „Sense of Coherence Scale". Testhandbuch zur deutschen Version. 1. Aufl. Göttingen: Vandenhoeck Ruprecht.

Singh, Val; Vinnicombe, Susan (2004): Why So Few Women Directors in Top UK Boardrooms? Evidence and Theoretical Explanations. In: *Corporate Governance: An International Review* 12 (4), S. 479–488.

Smith, Paul; Caputi, Peter; Crittenden, Nadia (2012): A Maze of Metaphors Around Glass Ceiling. In: *Gender in Management: an International* 27 (7), S. 436–448.

Sorg, H.; Betzler, C.; Grieswald, C.; Schwab, C. G. G.; Tilkorn, D. J.; Hauser, J. (2016): Die medizinische Habilitation. Akademische Befähigung oder Karriereinstrument? In: *Der Chirurg; Zeitschrift für alle Gebiete der operativen Medizin* 87 (6), S. 520–527.

Spence, Janet T.; Buckner, Camille E. (2000): Instrumental and Expressive Traits, Trait Stereotypes, and Sexist Attitudes. What Do They Signify? In: *Psychology of Women Quarterly* 24 (1), S. 44–53.

Spittler, Gerd (2001): Teilnehmende Beobachtung. In: *Zeitschrift für Ethnologie* 126, S. 1–25.

Stahlberg, Dagmar; Dickenberger, Dorothee; Szillis, Ursula (2009): Geschlechterdiskriminierung. In: Andreas Beelmann und Kai J. Jonas (Hg.): Diskriminierung und Toleranz. Psychologische Grundlagen und Anwendungsperspektiven. 1. Aufl. Wiesbaden: VS Verlag für Sozialwissenschaften, S. 193–215.

Ständige Senatskommission für Grundsatzfragen in der Klinischen Forschung (2015): Etablierung eines integrierten Forschungs- und Weiterbildungsprogramms für „Clinician Scientists" parallel zur Facharztausbildung. Empfehlung der Ständigen Senatskommission für Grundsatzfragen in der Klinischen Forschung der Deutschen Forschungsgemeinschaft. Unter Mitarbeit von Tobias Grimm. Hg. v. Deutsche Forschungsgemeinschaft (DFG).

Stangor, Charles; Lynch, Laure; Duan, Changming; Glas, Beth (1992): Categorization of Individuals on the Basis of Multiple Social Features. In: *Journal of Personality and Social Psychology* 62 (2), S. 207–218.

Statistisches Bundesamt (Destatis) (Pressemitteilung Nr. 219 vom 28.06.2016): Mehr Habilitationen von Frauen im Jahr 2015 (Brigitte Damm). Wiesbaden. Online verfügbar unter https://www.destatis.de/DE/PresseService/Presse/Pressemitteilungen/2016/06/PD16_219_213.html, zuletzt geprüft am 22.12.2017.

Statistisches Bundesamt (Destatis) (2016): Drittmitteldefinition. Hg. v. Statistisches Bundesamt (Destatis). Online verfügbar unter https://www.stla.sachsen.de/download/Erhebungsboegen/2B_HS_HFS_DM.pdf, zuletzt geprüft am 22.12.2017.

Statistisches Bundesamt (Destatis) (2017): Studierende. Studienfach Medizin (Allgemein-Medizin) (Bildung, Forschung, Kultur). Online verfügbar unter https://www.destatis.de/DE/ZahlenFakten/Indikatoren/LangeReihen/Bildung/lrbil05.html, zuletzt geprüft am 22.12.2017.

Steele, Claude M. (1988): The Psychology of Self-Affirmation. Sustaining the Integrity of the Self. In: *Advances in Experimental Social Psychology* 21, S. 261–302.

Steele, Claude M. (1997): A Threat in the Air. How Stereotypes Shape Intellectual Identity and Performance. In: *American Psychologist* 52 (6), S. 613–629.

Stefan, Thomas (2010): Ethnografie. In: Günter Mey (Hg.): Handbuch Qualitative Forschung in der Psychologie. 1. Aufl. Wiesbaden: VS Verlag für Sozialwissenschaften, S. 462–476.

Steinke, Ines (2015): Gütekriterien qualitativer Forschung. In: Ernst von Kardorff, Ines Steinke und Uwe Flick (Hg.): Qualitative Forschung. Ein Handbuch. 11. Aufl. Reinbek bei Hamburg: Rowohlt Taschenbuch Verlag, S. 319–331.

Steinpreis, Rhea E.; Anders, Katie A.; Ritzke, Dawn (1999): The Impact of Gender on the Review of the Curricula Vitae of Job Applicants and Tenure Candidates. A National Empirical Study. In: *Sex Roles* 41 (7), S. 509–528.

Stocker, Désirée; Jacobshagen, Nicola; Krings, Rabea; Pfister B. Isabel; Semmer, Norbert T. (2014): Appreciative Leadership and Employee Well-being in Everyday Working Life. In: *Resource Management* 28 (1/2), S. 73–95.

Stößel, Katharina J.; Cohrs, Christopher; Riemann, Rainer (2009): Driminierung und Toleranz aus der Sicht der Persönlichkeitspsychologie. In: Andreas Beelmann und Kai J. Jonas (Hg.): Diskriminierung und Toleranz. Psychologische Grundlagen und Anwendungsperspektiven. 1. Aufl. Wiesbaden: VS Verlag für Sozialwissenschaften, S. 95–113.

Strauss, Anselm; Corbin, Juliet (1996): Grounded Theory. Grundlagen qualitativer Sozialforschung. Weinheim: Beltz.

Strauss, Florian; Höfer, Renate (2010): Kohärenzgefühl, soziale Ressourcen und Gesundheit. Überlegungen zur Interdependenz von (Widerstands-)Ressourcen. In: Hans Wydler (Hg.): Salutogenese und Kohärenzgefühl. Grundlagen, Empirie und Praxis eines gesundheitswissenschaftlichen Konzepts. 4. Aufl. Weinheim: Juventa, S. 115–128.

Stroebe, Wolfgang; Stroebe, Margaret (1994): Partnerschaft, Familie und Wohlbefinden. In: Andrea Abele und Peter Becker (Hg.): Wohlbefinden. Theorie – Empirie – Diagnostik. 2. Aufl. Weinheim: Juventa, S.155-174.

Strübing, Jörg (2008): Grounded Theory. Zur sozialtheoretischen und epistemologischen Fundierung des Verfahrens der empirisch begründeten Theoriebildung. 2. Aufl. Wiesbaden: VS Verlag für Sozialwissenschaften.

Strübing, Jörg (2014): Grounded Theory. Zur sozialtheoretischen und epistemologischen Fundierung eines pragmatistischen Forschungsstils. 3. Aufl. Wiesbaden: VS Verlag für Sozialwissenschaften (Qualitative Sozialforschung).

Sugimoto, Cassidy R.; Lariviére, Vincent; Ni, Chaoqun; Gingras, Yves; Cronin, Blaise (2013): Global Gender Disparities in Science (504), S. 211–213.

Tajfel, Henri (1969): Cognitive Aspects of Prejudice. In: *Journal of Social Issues* 25, S. 79–97.

Tarnawska, Magdalena Anna (2007): … Und Medea war eine Ärztin. Constructions of Femininity in Public Debates about Medical Education for Women in Germany and Austria between 1870 and 1910. Frankfurt am Main: Peter Lang.

Thunman, Elin (2014): Burnout als sozialpathologisches Phänomen der Selbstverwirklichung. In: Sighard Neckel (Hg.): Leistung und Erschöpfung. Burnout in der Wettbewerbsgesellschaft. 2. Aufl. Berlin: Suhrkamp, S. 58–85.

Tice, D.M (1992): Self-Concept Change and Self-Presentation: the Looking Glass Self is also a Magnifying Glass. In: *Journal of Personality and Social Psychology* 63 (3), S. 435–451.

Traue, Boris (2010): Das Subjekt der Beratung. Zur Soziologie einer Psycho-Technik. 1. Aufl. Bielefeld: transcript.

Traue, Boris (2011): Coaching. Zur Mobilisierung der Psyche 1775-1975. In: Sabine Maasen (Hg.): Das beratene Selbst. Zur Genealogie der Therapeutisierung in den ‚langen' Siebzigern. Bielefeld: transcript, S. 243–265.

Trix, Frances; Psenka, Carolyn (2003): Exploring the Color of Glass. Letters of Recommendation for Female and Male Medical Faculty. In: *Discourse & Society* 14 (2), S. 191–220.

Truschkat, Inga; Kaiser-Belz, Manuela; Volkmann, Vera (2011): Theoretisches Sampling in Qualifikationsarbeiten: Die Grounded-Theory-Methodologie zwischen Programmatik und Forschungspraxis. In: Günter Mey und Katja Mruck (Hg.): Grounded Theory Reader. 2. Aufl. Wiesbaden: VS Verlag für Sozialwissenschaften, S. 353-379.

Twenge, Jean M.; Campbell, W. Keith (2013): The Narcissism Epidemic. Living in the Age of Entitlement. New York u. a.: Atria Paperback.

Ullrich, Peter (2016): Prekäre Wissensarbeit im akademischen Kapitalismus. Strukturen, Subjektivitäten und Organisierungsansätze im Mittelbau und Fachgesellschaften. In: *Soziologie* 45 (4), S. 388–411.

Unger, Hella von (2017): Forschungsbeziehungen in qualitativer Forschung: Gestaltung, Analyse und forschungsethische Reflexion. Mittagsvorlesung. Berliner Methodentreffen Qualitative Forschung. Institut für Qualitative Forschung. Berlin, 21.07.2017. Online verfügbar unter http://www.qualitative-forschung.de/methodentreffen/archiv/video/mittagsvorlesung_2017/index.html, zuletzt geprüft am 09.12.2017.

Urban, Stella Elaine (2015): Forschungsbetrug in der Medizin. Fakten, Analysen, Präventionsstrategien. 1. Aufl. Frankfurt am Main: Campus.

van den Brink, Marieke; Benschop, Yvonne (2014): Gender in Academic Networking. The Role of Gatekeepers in Professorial Recruitment. In: *Journal of Management Studies* 51 (3), S. 460–492.

van Dyk, Silke; Reitz, Tilman (2016): Projektförmige Polis und akademische Prekarität im universitären Feudalsystem. Zwei Diagnosen und eine Fünf-Jahres-Perspektive. Online verfügbar unter http://soziologie.de/blog/2016/06/projektfoermige-polis-und-refeudalisierung/#more-4374, zuletzt geprüft am 11.11.2017.

Villa, Paula-Irene (2003): Judith Butler. Frankfurt am Main: Campus.

Villa, Paula-Irene (2005): Wer weiß was? Geschlechtersoziologische Überlegungen zum produktiven Scheitern konkreter Menschen bei der Subjektwerdung. In: Maria Funder, Steffen Dörhöfer und Christian Rauch (Hg.): Jenseits der Geschlechterdifferenz? Geschlechterverhältnisse in der Informations- und Wissensgesellschaft. 1. Aufl. München: Hampp, S. 39–59.

Villa, Paula-Irene (Hg.) (2008): Schön normal. Manipulationen am Körper als Technologien des Selbst. Bielefeld: transcript.

Villa, Paula-Irene (2011a): Judith Butler. Eine Einführung. 2. Aufl. Frankfurt am Main: Campus.

Villa, Paula-Irene (2011b): Symbolische Gewalt und ihr potenzielles Scheitern. Eine Annäherung zwischen Butler und Bourdieu. In: *Österreichische Zeitschrift für Soziologie* 36, S. 51–69.

Villa, Paula-Irene (2014): Gleichheit oder Gleichstellung? Geschlecht in der Wissenschaft. LMU Ringvorlesung: Gleichheit als Grundwert? München: LMU, 28.01.2014. Online verfügbar unter https://videoonline.edu.lmu.de/en/node/4667, zuletzt geprüft am 04.02.2018.

Vogd, Werner (2006): Die Organisation Krankenhaus im Wandel. Eine dokumentarische Evaluation aus Sicht der ärztlichen Akteure. 1. Aufl. Bern: Huber.

Vogd, Werner; Feißt, Martin; Molzberger, Kaspar; Ostermann, Anne; Slotta, Juliane (2018): Entscheidungsfindung im Krankenhausmanagement. Wiesbaden: Springer Fachmedien.

Voß, G. Günter (1998): Entgrenzung von Arbeit und Arbeitskraft. Eine subjektorientierte Interpretation des Wandels der Arbeit. In: *Mitteilungen aus der Arbeitsmarkt- und Berufsforschung* 31.

Voß, G. Günter; Weiss, Cornelia (2014): Burnout und Depression. Leiterkrankungen des subjektivierten Kapitalismus oder: Woran leidet der Arbeitskraftunternehmer? In: Sighard Neckel (Hg.): Leistung und Erschöpfung. Burnout in der Wettbewerbsgesellschaft. 2. Aufl. Berlin: Suhrkamp, S. 29–58.

Voß, Günther; Moldaschl, Manfred (2003): Subjektivierung von Arbeit. München, Mering: Hampp.

Vries, Jennifer de (2011): Mentoring for Change. Hg. v. LH Martin Institute for Higher Education Leadership and Management. Universities Australia Executive Women. Melbourne.

Walgenbach, Katharina (2015): Geschlecht in gesellschaftlichen Transformationsprozessen. In: Katharina Walgenbach und Anna Stach (Hg.): Geschlecht in gesellschaftlichen Transformationsprozessen. 1. Aufl. Opladen: Budrich, S. 21–51.

Walper, Sabine; Wild, Elke (2015): Familie. In: Elke Wild und Jens Möller (Hg.): Pädagogische Psychologie. 2. Aufl. Berlin, Heidelberg: Springer, S. 227–260.

Walters, Peter; Whitehouse, Gillian (2013): Mothers' Perceptions of Support in the Workplace. A Sense of Entitlement or Resignation? In: *Journal of Sociology* 51 (3), S. 769–782.

Weber, A.; Lindner, E.; Weltle, D.; Lehnert, G. (2000): Die medizinische Habilitation. Akzeptierter Qualifikationsnachweis oder unzeitgemässer Formalismus? In: *Med Klin* 95 (4), S. 235–242.

Weber, Dörte (2005): Geschlechterkonstruktion und Sozialpsychologie. Wiesbaden: VS Verlag für Sozialwissenschaften.

Weber, Max (Hg.) (2002): Schriften 1894–1922. Stuttgart: Kröner.

Weber, Max (2009): Wirtschaft und Gesellschaft. Grundriss der verstehenden Soziologie. 5. Aufl. Tübingen: Mohr-Siebeck.

Weber, Max (2017 [1919]): Wissenschaft als Beruf. Eine Debatte. 1. Aufl. Hg. v. Matthias Bormuth. Berlin: Matthes & Seitz.

Weineck, S. B.; Koelblinger, D.; Kiesslich, T. (2015): Medizinische Habilitation im deutschsprachigen Raum. Quantitative Untersuchung zu Inhalt und Ausgestaltung der Habilitationsrichtlinien. In: *Der Chirurg; Zeitschrift für alle Gebiete der operativen Medizen* 86 (4), S. 355–365.

Weiskopf, Richard (2006): Aspekte der Gouvernementalisierung der Universität im Zuge der Hochschulreform. In: Heike Welte (Hg.): Management von Universitäten. Zwischen Tradition und (Post-)Moderne. 2. Aufl. München, Mering: Hampp, S. 171–186.

Welpe, Isabell; Reich, Annika (2015): Frauen verhandeln schlechter als Männer. Hg. v. Frankfurter Allgemeine Zeitung. Frankfurt. Online verfügbar unter http://blogs.faz.net/10vor8/2015/06/22/frauen-verhandeln-schlechter-als-maenner-4857/, zuletzt geprüft am 19.10.17.

Wenneras, Christine; Wold, Agnes (1997): Neptism and Sexism in Peer-Review. In: *Nature* 387 (22), S. 341–343.

West, Jevin D.; Jacquet, Jennifer; King, Molly M.; Correll, Shelley J.; Bergstrom, Carl T. (2013): The Role of Gender in Scholarly Authorship. In: *PloS one* 8 (7), e66212.

Wetterer, Angelika (1993): Professionalisierung und Geschlechterhierarchie. Vom kollektiven Frauenausschluß zur Intergration mit beschränkten Möglichkeiten. Kassel: Jenior & Preßler.

Wetterer, Angelika (2002a): Arbeitsteilung und Geschlechterkonstruktion. „Gender at work" in theoretischer und historischer Perspektive. Konstanz: UVK.

Wetterer, Angelika (2002b): Aufgabenteilung und Geschlechterkonstruktion. Konstanz: UVK.

Wetterer, Angelika (2005): Rhetorische Modernisierung und institutionelle Reflexivität. Die Diskrepanz zwischen Alltagswissen und Alltagspraxis in arbeitsteiligen Geschlechterarrangements. In: *Freiburger FrauenStudien* 11 (16).

Wetterer, Angelika (2008): Konstruktion von Geschlecht. Reproduktionsweisen der Zweigeschlechtlichkeit. In: Ruth Becker und Beate Kortendiek (Hg.): Handbuch Frauen- und Geschlechterforschung. Wiesbaden: VS Verlag für Sozialwissenschaften, S. 122–131.

Wilz, Sylvia Marlene (2013): Geschlechterdifferenzierungen von und in Organisationen. In: Ursula Müller, Birgit Riegraf und Sylvia Marlene Wilz (Hg.): Geschlecht und Organisation. Wiesbaden: Springer VS, S. 150–160.

Wissenschaftliches Institut der AOK (19.04.2011): Burnout auf dem Vormarsch. Berlin: Markus Meyer.

Wissenschaftsrat (2016): Perspektiven der Universitätsmedizin. Hg. v. Wissenschaftsrat. Weimar: Wissenschaftsrat.

Witzel, Andreas (2000): Das problemzentrierte Interview [25 Absätze]. In: *Forum Qualitative Sozialforschung* 1 (1), Art. 22. Online verfügbar unter http://nbn-resolving.de/urn:nbn:de:0114-fqs0001228, zuletzt geprüft am 04.02.2018.

Witzel, Andreas; Reiter, Herwig (2012): The Problem-Centred Interview. London: Sage.

Wreschniok, Lisa; Knetsch, Gabriele (2017): Manipulierte Daten, geschönte Ergebnisse. Fehlverhalten in der Wissenschaft. Hg. v. Bayerischer Rundfunk. München. Online verfügbar unter http://www.br.de/nachrichten/wissenschaft-manipulation-real-science-100.html, zuletzt geprüft am 11.10.2017.

Wroblewski, Angela (Hg.) (2015): Mentoring – An Instrument to Promote Equality in Science and Research: Status Quo, New Developments, and Challenges. Working Paper, Nr. 110. Wien: Institut für Höhere Studien (IHS) (Reihe Soziologie).

Wylie, Ruth C. (1974): The Self-Concept. 1. Aufl. Lincoln/NE.: Univ. of Nebraska Press.

Yoder, D. Janice (1991): Rethinking Tokenism: Looking beyond Numbers. In: *Gender & Society* 5 (2), S. 178–192.

Zeldin, Amy L.; Britner, Shari L.; Pajares, Frank (2008): A Comparative Study of the Self-Efficacy Beliefs of Successful Men and Women in Mathematics, Science, and Technology Careers. In: *J. Res. Sci. Teach.* 45 (9), S. 1036–1058.

Zeldin, Amy L.; Pajares, Frank (2000): Against the Odds. Self-Efficacy Beliefs of Women in Mathematical, Scientific, and Technological Careers. In: *American Educational Research Journal* 37 (1), S. 215–246.

Zimmer, Lynn (1988): Tokenism and Women in the Workplace: The Limits of Gender-Neutral Theory. In: *Social Problems* 35 (1), S. 64–77.

Zimmermann, Matthias (1996): Wissenschaftliche Aspiration von Studierenden und ihre Bedeutung für die Förderung des wissenschaflichen Nachwuchses. In: Bärbel Kracke (Hg.): Arbeitsplatz Hochschule. Überlegungen und Befunde zur beruflichen Situation und Förderung des wissenschaftlichen Nachwuchses. Heidelberg: Mattes, S. 19–45.

Zimolong, Bernhard; Elke, Gabriele (2001): Die erfolgreichen Strategien und Praktiken in Unternehmen. In: Bernhard Zimolong (Hg.): Management des Arbeits- und Gesundheitsschutzes. Die erfolgreichen Strategien der Unternehmen. Wiesbaden: Gabler, S. 235–268.

Zuber, Margit A. (2001): Unterrepräsentation von Frauen bei Gutachtern und Lehrbuchautoren in der Humanmedizin in Deutschland. In: *Medizinische Klinik* 96 (3), S. 173–180.

The manufacturer's authorised representative in the EU is Springer Nature Customer Service Centre GmbH, Europaplatz 3, 69115 Heidelberg, Germany. If you have any concerns regarding our products, please contact ProductSafety@springernature.com

Printed and bound by CPI Group (UK) Ltd, Croydon, CR0 4YY
25/03/2026
02078194-0008